하루 6개
1등급
영어독해

전국연합학력평가 기출 **고1**

📄 정답과 해설은 EBS*i* 사이트(www.ebsi.co.kr)에서 다운로드 받으실 수 있습니다.

| 교재
내용
문의 | 교재 내용 문의는 EBS*i* 사이트
(www.ebsi.co.kr)의 교재 Q&A 서비스를
활용하시기 바랍니다. | 교 재
정오표
공 지 | 발행 이후 발견된 정오 사항을 EBS*i* 사이트
정오표 코너에서 알려 드립니다.
교재 ▶ 교재 자료실 ▶ 교재 정오표 | 교재
정정
신청 | 공지된 정오 내용 외에 발견된 정오 사항이
있다면 EBS*i* 사이트를 통해 알려 주세요.
교재 ▶ 교재 정정 신청 |

고교 내신 대비 EBS Line Up

고등학교 0학년 필수 교재
고등예비과정

국어, 영어, 수학, 한국사, 사회, 과학 6책

모든 교과서를 한 권으로,
교육과정 필수 내용을 빠르고 쉽게!

국어 · 영어 · 수학 내신 + 수능 기본서
올림포스

국어, 영어, 수학 16책

내신과 수능의 기초를 다지는 기본서
학교 수업과 보충 수업용 선택 No.1

국어 · 영어 · 수학 개념+기출 기본서
올림포스
전국연합학력평가
기출문제집

국어, 영어, 수학 8책

개념과 기출을 동시에 잡는 신개념 기본서
최신 학력평가 기출문제 완벽 분석

한국사 · 사회 · 과학 개념 학습 기본서
개념완성

한국사, 사회, 과학 19책

한 권으로 완성하는 한국사, 탐구영역의 개념
부가 자료와 수행평가 학습자료 제공

수준에 따라 선택하는 영어 특화 기본서
영어 POWER 시리즈

Grammar POWER 3책
Reading POWER 4책
Listening POWER 2책
Voca POWER 2책

원리로 익히는 국어 특화 기본서
국어 독해의 원리

현대시, 현대 소설, 고전 시가, 고전 산문,
독서 5책

국어 문법의 원리

수능 국어 문법, 수능 국어 문법 180제 2책

유형별 문항 연습부터 고난도 문항까지
올림포스 유형편

수학(상), 수학(하), 수학Ⅰ, 수학Ⅱ,
확률과 통계, 미적분 6책

올림포스 고난도

수학(상), 수학(하), 수학Ⅰ, 수학Ⅱ,
확률과 통계, 미적분 6책

최다 문항 수록 수학 특화 기본서
수학의 왕도

수학(상), 수학(하), 수학Ⅰ, 수학Ⅱ,
확률과 통계, 미적분 6책

개념의 시각화 + 세분화된 문항 수록
기초에서 고난도 문항까지 계단식 학습

단기간에 끝내는 내신
단기 특강

국어, 영어, 수학 8책

얇지만 확실하게, 빠르지만 강하게!
내신을 완성시키는 문항 연습

하루 6개
1등급
영어독해

전국연합학력평가 기출 **고1**

이 책의
구성과 특징

본 교재는 대학수학능력시험을 준비하는 고1 예비 수험생들이 영어 영역 1등급 목표 달성을 위해 하루 6개의 문항을 1주일에 5일씩 5주간 풀어 보며 실력을 향상할 수 있도록 전국연합학력평가에서 총 150문항을 선제하여 구성한 기출 유형서입니다. 최근 7개년간의 문항 중 등급을 가르는 최고 오답률의 유형을 중심으로 엄선하여 매일 집중하여 학습할 수 있도록 구성하였습니다.

본문

Preview

한 주간 학습하게 될 30문항에 대하여 각 Day 별로 문항 유형, 오답률, 출처, 난도 그리고 모듈 설명 및 출제 경향 등을 제시하여 학습의 길잡이 가 될 수 있도록 하였습니다.

Word Preview

한 주간의 학습에서 다루게 될 어휘를 미리 확인 및 학습할 수 있도록 제시하였습니다.

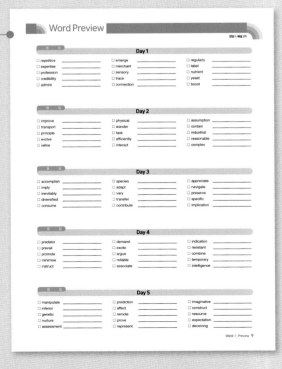

Day

하루 6문항씩 학습하도록 구성하였고, [풀이 포인트]에 문항 정보와 효과적인 문항 접근 방법을 제시하여 학습에 도움을 주고자 하였습니다. 목표 풀이 시간을 제시하고 풀이 시작 시간과 종료 시간을 기입하도록 하여 문항을 해결하는 데 걸린 시간을 확인하며 속도를 점검할 수 있도록 하였습니다.

* 목표 풀이 시간은 유형 및 난이도를 고려하여 제시한 것이므로 참고용으로만 활용하세요.

Daily Review

하루 동안 학습한 문항에 대한 중요 어휘와 핵심 문법을 복습할 수 있도록 구성하였습니다.

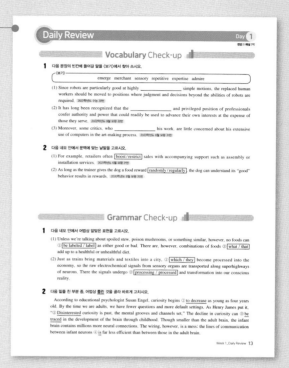

정답과 해설

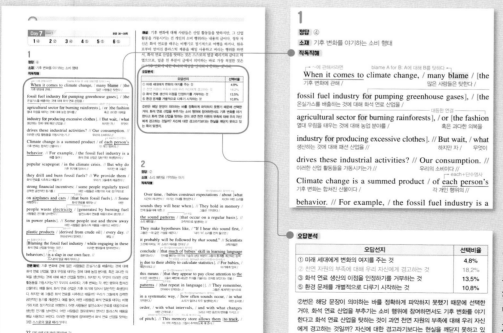

직독직해

지문마다 끊어 읽기와 첨삭 설명을 넣어 내용을 직관적으로 이해할 수 있도록 생생한 해설을 제공하였습니다.

오답분석

최다 선택 오답을 표시하고 오답을 선택하게 된 이유를 제시하면서, 매력적인 오답을 피해 가는 방법에 대한 가이드를 제시하였습니다.

본문과 해설의 오답률은 EBSi 사이트의 이용자 자료를 바탕으로 제시한 자료로써, 데이터 수집 시점과 기준에 따라 수치가 다소 불일치하는 부분이 있고, 시험별 오답률 TOP15에 포함되지 않은 문항에는 오답률이 기재되어 있지 않다는 점을 참고하여 활용하시기 바랍니다.

목차
Contents

학습계획표

○ 계획적인 학습 - 매일매일 일정한 분량을 꾸준히 공부하세요.
○ 학습 체크 - 학습하고 나서 Day 아래에 있는 □에 ✓표 하고 '학습한 날짜'도 기록해 보세요.

Week 1	Day 1 □ 월 일	Day 2 □ 월 일	Day 3 □ 월 일	Day 4 □ 월 일	Day 5 □ 월 일
Week 2	Day 6 □ 월 일	Day 7 □ 월 일	Day 8 □ 월 일	Day 9 □ 월 일	Day 10 □ 월 일
Week 3	Day 11 □ 월 일	Day 12 □ 월 일	Day 13 □ 월 일	Day 14 □ 월 일	Day 15 □ 월 일
Week 4	Day 16 □ 월 일	Day 17 □ 월 일	Day 18 □ 월 일	Day 19 □ 월 일	Day 20 □ 월 일
Week 5	Day 21 □ 월 일	Day 22 □ 월 일	Day 23 □ 월 일	Day 24 □ 월 일	Day 25 □ 월 일

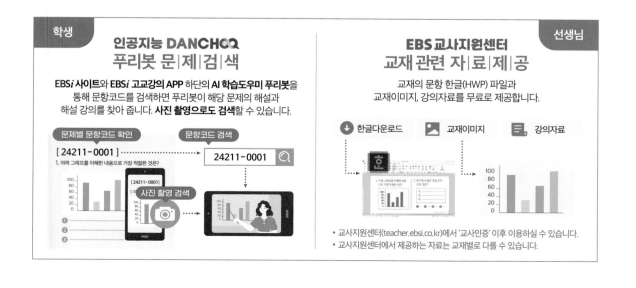

하루 6개
1등급 영어독해
(고1)

(2023학년도 6월 학평) ~ (2022학년도 6월 학평)

일차	문항 번호	유형	오답률	출처		난도
Day 1	1	요지	51.1%	2023학년도 고1 전국연합 학력평가 6월	22번	★★★
	2	빈칸 추론(한 단어)	51.1%		31번	★★★
	3	빈칸 추론(짧은 어구)	61.1%		32번	★★★★
	4	주어진 문장의 적합한 위치	72.2%		39번	★★★★★
	5	문단 요약	51.3%		40번	★★★
	6	어휘	50%		30번	★★★
Day 2	1	주제	64.1%	2023학년도 고1 전국연합 학력평가 3월	23번	★★★★
	2	빈칸 추론(짧은 어구)	57.3%		33번	★★★
	3	빈칸 추론(긴 어구)	50.7%		34번	★★★
	4	글의 순서	67.4%		36번	★★★★★
	5	주어진 문장의 적합한 위치	57.1%		39번	★★★
	6	어휘	63.8%		30번	★★★★
Day 3	1	함축 의미	54.2%	2022학년도 고1 전국연합 학력평가 11월	21번	★★★
	2	빈칸 추론(긴 어구)	61.5%		32번	★★★★
	3	빈칸 추론(긴 어구)	53.2%		34번	★★★
	4	글의 순서	47.0%		37번	★★★
	5	주어진 문장의 적합한 위치	57.2%		38번	★★★
	6	어법	54.5%		29번	★★★
Day 4	1	주제	46.4%	2022학년도 고1 전국연합 학력평가 9월	23번	★★
	2	빈칸 추론(한 단어)	58.6%		31번	★★★
	3	빈칸 추론(짧은 어구)	56.3%		33번	★★★
	4	주어진 문장의 적합한 위치	63.2%		39번	★★★★
	5	문단 요약	59.8%		40번	★★★
	6	어휘	44.8%		30번	★★★
Day 5	1	빈칸 추론(짧은 어구)	59.0%	2022학년도 고1 전국연합 학력평가 6월	33번	★★★
	2	빈칸 추론(긴 어구)	58.0%		34번	★★★
	3	글의 순서	42.0%		37번	★★
	4	주어진 문장의 적합한 위치	59.0%		39번	★★★
	5	어법	44.0%		29번	★★★
	6	어휘	43.0%		30번	★★★

모듈 정리

모듈 1 대의파악

◉ 모듈 설명
대의파악 모듈은 글을 읽고 전체적인 내용을 이해, 추론하는 능력을 측정하는 유형의 문항들을 가리킵니다. 대의 파악 유형 문항에서는 필자의 주장과 글의 주제와 같은 핵심 내용을 직접적으로 알려 주는 결정적인 문장이 있는 경우가 많으며, 그 문장을 잘 찾아서 정확히 이해하는 능력을 평가합니다.

◉ 유형 분류
글의 목적, 심경 변화, 필자의 주장, 함축 의미, 글의 요지, 주제, 그리고 제목 유형을 포함하며, 흔히 모의고사 18번 에서 24번까지가 이 유형에 해당합니다.

◉ 출제 경향
전반적으로는 쉬운 유형으로 분류되는 편이지만, 최근 '밑줄 친 표현의 함축 의미 추론' 문제의 등장과 함께 한 두 문제의 난도 높은 문항이 출제되고 있습니다. 왼쪽 표에서 색칠된 문제들이 대표적인 최근의 고난도 대의 파악 유형 문제입니다.

◉ 만점 전략
글의 핵심을 드러내고 강조하기 위해 사용하는 표현에 주목하세요!
예1 역접이나 결과의 연결 어구 이후의 문장에 주목하기
예2 나열한 예시를 정리, 요약하는 문장에 주목하기
예3 명령문 및 should, must, need 등의 조동사를 포함한 문장에 주목하기
예4 강조를 나타내는 표현 및 반복되는 어구에 주목하기

Word Preview

정답과 해설 2쪽

월 일
Day 1

- [ ] repetitive _____
- [ ] expertise _____
- [ ] profession _____
- [ ] credibility _____
- [ ] admire _____

- [ ] emerge _____
- [ ] merchant _____
- [ ] sensory _____
- [ ] trace _____
- [ ] connection _____

- [ ] regularly _____
- [ ] label _____
- [ ] nutrient _____
- [ ] yeast _____
- [ ] boost _____

월 일
Day 2

- [ ] improve _____
- [ ] transport _____
- [ ] principle _____
- [ ] evolve _____
- [ ] refine _____

- [ ] physical _____
- [ ] wander _____
- [ ] task _____
- [ ] efficiently _____
- [ ] interact _____

- [ ] assumption _____
- [ ] contain _____
- [ ] industrial _____
- [ ] reasonable _____
- [ ] complex _____

월 일
Day 3

- [ ] accomplish _____
- [ ] imply _____
- [ ] inevitably _____
- [ ] diversified _____
- [ ] consume _____

- [ ] species _____
- [ ] adapt _____
- [ ] vary _____
- [ ] transfer _____
- [ ] contribute _____

- [ ] appreciate _____
- [ ] navigate _____
- [ ] preserve _____
- [ ] specific _____
- [ ] implication _____

월 일
Day 4

- [ ] predator _____
- [ ] prevail _____
- [ ] promote _____
- [ ] minimise _____
- [ ] instruct _____

- [ ] demand _____
- [ ] exotic _____
- [ ] argue _____
- [ ] reliable _____
- [ ] associate _____

- [ ] indication _____
- [ ] resistant _____
- [ ] combine _____
- [ ] temporary _____
- [ ] intelligence _____

월 일
Day 5

- [ ] manipulate _____
- [ ] inferior _____
- [ ] genetic _____
- [ ] nurture _____
- [ ] assessment _____

- [ ] prediction _____
- [ ] affect _____
- [ ] remote _____
- [ ] prove _____
- [ ] represent _____

- [ ] imaginative _____
- [ ] construct _____
- [ ] resource _____
- [ ] expectation _____
- [ ] deceiving _____

1 2023학년도 6월 학평 22번   [24211-0001]

다음 글의 요지로 가장 적절한 것은?

The promise of a computerized society, we were told, was that it would pass to machines all of the repetitive drudgery of work, allowing us humans to pursue higher purposes and to have more leisure time. It didn't work out this way. Instead of more time, most of us have less. Companies large and small have off-loaded work onto the backs of consumers. Things that used to be done for us, as part of the value-added service of working with a company, we are now expected to do ourselves. With air travel, we're now expected to complete our own reservations and check-in, jobs that used to be done by airline employees or travel agents. At the grocery store, we're expected to bag our own groceries and, in some supermarkets, to scan our own purchases.

*drudgery: 고된 일

① 컴퓨터 기반 사회에서는 여가 시간이 더 늘어난다.
② 회사 업무의 전산화는 업무 능률을 향상시킨다.
③ 컴퓨터화된 사회에서 소비자는 더 많은 일을 하게 된다.
④ 온라인 거래가 모든 소비자들을 만족시키기에는 한계가 있다.
⑤ 산업의 발전으로 인해 기계가 인간의 일자리를 대신하고 있다.

모듈/유형 대의 파악 / 요지	**오답률** 51.1%
난도 ★★★	**목표 풀이 시간** 1분 30초

풀이포인트 이 글은 첫 문장에서 컴퓨터화된 사회의 약속에 대해서 진술함으로 시작하고 있어. 그런데 그 약속이 현실에서 그대로 이루어졌을까? 필자는 It didn't work out this way.라고 두 번째 문장에서 말하며, 그 뒤에 컴퓨터화된 사회의 약속에 대한 자신의 생각을 하나씩 예를 들면서 설명하고 있어. 두 번째 문장 이후를 잘 이해하는 것이 이 문제의 포인트야!

2 2023학년도 6월 학평 31번   [24211-0002]

다음 빈칸에 들어갈 말로 가장 적절한 것은?

Individuals who perform at a high level in their profession often have instant credibility with others. People admire them, they want to be like them, and they feel connected to them. When they speak, others listen — even if the area of their skill has nothing to do with the advice they give. Think about a world-famous basketball player. He has made more money from endorsements than he ever did playing basketball. Is it because of his knowledge of the products he endorses? No. It's because of what he can do with a basketball. The same can be said of an Olympic medalist swimmer. People listen to him because of what he can do in the pool. And when an actor tells us we should drive a certain car, we don't listen because of his expertise on engines. We listen because we admire his talent. _____ connects. If you possess a high level of ability in an area, others may desire to connect with you because of it.

*endorsement: (유명인의 텔레비전 등에서의 상품) 보증 선전

① Patience
② Sacrifice
③ Honesty
④ Excellence
⑤ Creativity

모듈/유형 상호 작용 / 빈칸 추론(한 단어)	**오답률** 51.1%
난도 ★★★	**목표 풀이 시간** 2분

풀이포인트 첫 문장에서 어떤 사람들이 다른 사람들의 즉각적인 신뢰를 얻는다고 했지? 그리고 필자는 어떤 사람들을 예로 들며 그 사람들의 말을 다른 사람들이 경청한다고 했어? 그들은 바로 세계적으로 유명한 농구 선수, 올림픽 메달리스트 수영 선수, 그리고 차 광고에 나올 정도로 유명한 어떤 배우였지. 이들의 공통점이 무엇인지 찾는 것이 빈칸에 들어갈 단어를 찾는 포인트니까 잘 생각해 봐!

3

2023학년도 6월 학평 32번　　　　　　　[24211-0003]

다음 빈칸에 들어갈 말로 가장 적절한 것은?

　Think of the brain as a city. If you were to look out over a city and ask "where is the economy located?" you'd see there's no good answer to the question. Instead, the economy emerges from the interaction of all the elements — from the stores and the banks to the merchants and the customers. And so it is with the brain's operation: it doesn't happen in one spot. Just as in a city, no neighborhood of the brain _____. In brains and in cities, everything emerges from the interaction between residents, at all scales, locally and distantly. Just as trains bring materials and textiles into a city, which become processed into the economy, so the raw electrochemical signals from sensory organs are transported along superhighways of neurons. There the signals undergo processing and transformation into our conscious reality.

*electrochemical: 전기화학의

① operates in isolation
② suffers from rapid changes
③ resembles economic elements
④ works in a systematic way
⑤ interacts with another

모듈/유형	상호 작용 / 빈칸 추론(짧은 어구)	오답률 61.1%
난도	★★★★	목표 풀이 시간 2분 10초

풀이 포인트 이 글은 '뇌를 도시라고 생각해 보라'는 문장으로 시작하지. 그리고 도시 안에서 이루어지는 경제가 모든 요소의 상호 작용으로부터 나타나며, 그 것은 뇌의 작동도 마찬가지라고 했잖아. 그 말은 뇌도 모든 요소의 상호 작용으로 작동한다는 말 아닐까? 빈칸 뒤에서 이에 대해 더 구체적으로 말하고 있으니 잘 읽어 봐. 그러면 정답에 대한 명확한 단서를 찾을 수 있을 거야.

4

2023학년도 6월 학평 39번　　　　　　　[24211-0004]

글의 흐름으로 보아, 주어진 문장이 들어가기에 가장 적절한 곳은?

> As children absorb more evidence from the world around them, certain possibilities become much more likely and more useful and harden into knowledge or beliefs.

　According to educational psychologist Susan Engel, curiosity begins to decrease as young as four years old. By the time we are adults, we have fewer questions and more default settings. As Henry James put it, "Disinterested curiosity is past, the mental grooves and channels set." (①) The decline in curiosity can be traced in the development of the brain through childhood. (②) Though smaller than the adult brain, the infant brain contains millions more neural connections. (③) The wiring, however, is a mess; the lines of communication between infant neurons are far less efficient than between those in the adult brain. (④) The baby's perception of the world is consequently both intensely rich and wildly disordered. (⑤) The neural pathways that enable those beliefs become faster and more automatic, while the ones that the child doesn't use regularly are pruned away.

* default setting: 기본값　**groove: 고랑　***prune: 가지치기하다

모듈/유형	간접 쓰기 / 주어진 문장의 적합한 위치	오답률 72.2%
난도	★★★★★	목표 풀이 시간 2분 20초

풀이 포인트 이 유형의 문제는 글을 읽으며 논리적인 공백을 찾는 것이 포인트야. 그러기 위해서는 지시어, 대명사, 연결사 등을 잘 확인하는 것이 중요하겠지? 이 문제에서는 ⑤번 뒤 문장의 those beliefs가 가리키는 대상이 무엇인지 찾는 것이 중요한 포인트가 될 수 있어. those beliefs가 가리키는 대상은 분명히 그 앞에 있을 테니 잘 찾아봐! 그것을 포함한 문장 뒤가 정답이니까.

5 2023학년도 6월 학평 40번   [24211-0005]

다음 글의 내용을 한 문장으로 요약하고자 한다. 빈칸 (A), (B)에 들어갈 말로 가장 적절한 것은?

Nearly eight of ten U.S. adults believe there are "good foods" and "bad foods." Unless we're talking about spoiled stew, poison mushrooms, or something similar, however, no foods can be labeled as either good or bad. There are, however, combinations of foods that add up to a healthful or unhealthful diet. Consider the case of an adult who eats only foods thought of as "good" — for example, raw broccoli, apples, orange juice, boiled tofu, and carrots. Although all these foods are nutrient-dense, they do not add up to a healthy diet because they don't supply a wide enough variety of the nutrients we need. Or take the case of the teenager who occasionally eats fried chicken, but otherwise stays away from fried foods. The occasional fried chicken isn't going to knock his or her diet off track. But the person who eats fried foods every day, with few vegetables or fruits, and loads up on supersized soft drinks, candy, and chips for snacks has a bad diet.

⬇

Unlike the common belief, defining foods as good or bad is not _____(A)_____ ; in fact, a healthy diet is determined largely by what the diet is _____(B)_____ .

	(A)		(B)
①	incorrect	·····	limited to
②	appropriate	·····	composed of
③	wrong	·····	aimed at
④	appropriate	·····	tested on
⑤	incorrect	·····	adjusted to

모듈/유형 간접 쓰기 / 문단 요약   **오답률** 51.3%
난도 ★★★   **목표 풀이 시간** 1분 50초

풀이 포인트 이 글의 도입부에서는 음식을 좋고 나쁨으로 분류하는 것이 가능하다고 했어, 아니면 가능하지 않다고 했어? 그것을 알면 (A)의 정답을 찾을 수 있겠지? 그런데 여기서 주의할 점은 (A) 앞에 부정어 not이 있다는 거야. not까지 꼭 포함시켜서 의미에 맞는 답을 골라야 해. 그리고 (B)는 필자가 든 여러 가지 예들을 통해서 알 수 있어. 과연 필자는 좋은 음식이라고 생각되는 음식만 먹는 성인, 튀긴 치킨을 가끔 먹지만 평소에는 튀긴 음식을 멀리하는 십 대, 그리고 채소나 과일을 거의 먹지 않으면서 매일 튀긴 음식을 먹는 사람을 통해서 무엇의 중요성을 말하고 싶었던 것일까? 잘 읽고 생각해 봐!

6 2023학년도 6월 학평 30번   [24211-0006]

다음 글의 밑줄 친 부분 중, 문맥상 낱말의 쓰임이 적절하지 않은 것은?

Advertisers often displayed considerable facility in ① adapting their claims to the market status of the goods they promoted. Fleischmann's yeast, for instance, was used as an ingredient for cooking homemade bread. Yet more and more people in the early 20th century were buying their bread from stores or bakeries, so consumer demand for yeast ② increased. The producer of Fleischmann's yeast hired the J. Walter Thompson advertising agency to come up with a different marketing strategy to ③ boost sales. No longer the "Soul of Bread," the Thompson agency first turned yeast into an important source of vitamins with significant health ④ benefits. Shortly thereafter, the advertising agency transformed yeast into a natural laxative. ⑤ Repositioning yeast helped increase sales.

*laxative: 완하제(배변을 쉽게 하는 약·음식·음료)

모듈/유형 문법·어휘 / 어휘   **오답률** 50%
난도 ★★★   **목표 풀이 시간** 2분 00초

풀이 포인트 빵 만들 때 재료로 사용되던 Fleischmann의 효모가 집에서 빵을 많이 만들어 먹었던 시절에는 많이 팔렸겠지. 하지만 20세기 초, 가게나 빵집에서 빵을 사먹는 사람들이 점점 늘어나면서 그 효모의 수요가 어떻게 변했을까? 그러한 변화 때문에 Fleischmann의 효모 생산자가 J. Walter Thompson 광고 대행사를 고용했다고 했잖아. 이 포인트를 잘 생각하면서 글을 읽어보면 답을 찾을 수 있을 거야.

Vocabulary Check-up

1 다음 문장의 빈칸에 들어갈 말을 〈보기〉에서 찾아 쓰시오.

〈보기〉
emerge merchant sensory repetitive expertise admire

(1) Since robots are particularly good at highly _____ simple motions, the replaced human workers should be moved to positions where judgment and decisions beyond the abilities of robots are required. 2022학년도 수능 38번

(2) It has long been recognized that the _____ and privileged position of professionals confer authority and power that could readily be used to advance their own interests at the expense of those they serve. 2022학년도 9월 모평 22번

(3) Moreover, some critics, who _____ his work, are little concerned about his extensive use of computers in the art-making process. 2023학년도 6월 모평 31번

2 다음 네모 안에서 문맥에 맞는 낱말을 고르시오.

(1) For example, retailers often boost / restrict sales with accompanying support such as assembly or installation services. 2021학년도 6월 모평 21번

(2) As long as the trainer gives the dog a food reward randomly / regularly , the dog can understand its "good" behavior results in rewards. 2020학년도 6월 모평 35번

Grammar Check-up

1 다음 네모 안에서 어법상 알맞은 표현을 고르시오.

(1) Unless we're talking about spoiled stew, poison mushrooms, or something similar, however, no foods can ① be labeled / label as either good or bad. There are, however, combinations of foods ② what / that add up to a healthful or unhealthful diet.

(2) Just as trains bring materials and textiles into a city, ① which / they become processed into the economy, so the raw electrochemical signals from sensory organs are transported along superhighways of neurons. There the signals undergo ② processing / processed and transformation into our conscious reality.

2 다음 밑줄 친 부분 중, 어법상 틀린 것을 골라 바르게 고치시오.

According to educational psychologist Susan Engel, curiosity begins ① to decrease as young as four years old. By the time we are adults, we have fewer questions and more default settings. As Henry James put it, "② Disinterested curiosity is past, the mental grooves and channels set." The decline in curiosity can ③ be traced in the development of the brain through childhood. Though smaller than the adult brain, the infant brain contains millions more neural connections. The wiring, however, is a mess; the lines of communication between infant neurons ④ is far less efficient than between those in the adult brain.

1 2023학년도 3월 학평 23번   [24211-0007]

다음 글의 주제로 가장 적절한 것은?

As the social and economic situation of countries got better, wage levels and working conditions improved. Gradually people were given more time off. At the same time, forms of transport improved and it became faster and cheaper to get to places. England's industrial revolution led to many of these changes. Railways, in the nineteenth century, opened up now famous seaside resorts such as Blackpool and Brighton. With the railways came many large hotels. In Canada, for example, the new coast-to-coast railway system made possible the building of such famous hotels as Banff Springs and Chateau Lake Louise in the Rockies. Later, the arrival of air transport opened up more of the world and led to tourism growth.

① factors that caused tourism expansion
② discomfort at a popular tourist destination
③ importance of tourism in society and economy
④ negative impacts of tourism on the environment
⑤ various types of tourism and their characteristics

2 2023학년도 3월 학평 33번   [24211-0008]

다음 빈칸에 들어갈 말로 가장 적절한 것은?

In Lewis Carroll's *Through the Looking-Glass*, the Red Queen takes Alice on a race through the countryside. They run and they run, but then Alice discovers that they're still under the same tree that they started from. The Red Queen explains to Alice: "*here*, you see, it takes all the running you can do, to keep in the same place." Biologists sometimes use this Red Queen Effect to explain an evolutionary principle. If foxes evolve to run faster so they can catch more rabbits, then only the fastest rabbits will live long enough to make a new generation of bunnies that run even faster — in which case, of course, only the fastest foxes will catch enough rabbits to thrive and pass on their genes. Even though they might run, the two species _____.

*thrive: 번성하다

① just stay in place
② end up walking slowly
③ never run into each other
④ won't be able to adapt to changes
⑤ cannot run faster than their parents

모듈/유형	대의 파악 / 주제	오답률	64.1%
난도	★★★★	목표 풀이 시간	1분 50초

풀이 포인트 글 전체를 읽고 종합해서 주제를 추론하는 것이 문제 풀이의 포인트가 될 수 있어. 한 문장에 주제가 압축되어 있지 않고 글 전체를 통해서 어떤 요인들이 관광 산업의 확장에 영향을 미쳤는지 나열하고 있거든. 근로 여건의 개선으로 휴가가 더 많이 생기고, 동시에 장소 이동이 더 저렴해지고, 철도로 인해 리조트가 많이 생겼고, 항공 운송이 출현했다는 사실이 관광 산업의 성장과 어떤 연관이 있는지 생각해 봐.

모듈/유형	상호 작용 / 빈칸 추론(짧은 어구)	오답률	57.3%
난도	★★★	목표 풀이 시간	2분

풀이 포인트 붉은 여왕과 Alice의 사례가 여우와 토끼의 사례와 같은 원리를 설명하기 위해 쓰였음을 이해해야 해. '붉은 여왕 효과'가 나오게 된 계기인 Alice와 붉은 여왕의 상황에서 결국 Alice와 붉은 여왕이 아무리 달려도 같은 장소에 머물게 되었다고 했지. 세 번째 문장의 'keep in the same place'를 기억해. 생물학적 관점에서 여우가 기존보다 더 빨리 달리도록 진화한다고 했을 때, 토끼도 살아남기 위해 기존보다 더 빨리 달리도록 진화하게 된다면 결과는 어떤 상황이 될까?

3

[24211-0009]

다음 빈칸에 들어갈 말로 가장 적절한 것은?

Everything in the world around us was finished in the mind of its creator before it was started. The houses we live in, the cars we drive, and our clothing — all of these began with an idea. Each idea was then studied, refined and perfected before the first nail was driven or the first piece of cloth was cut. Long before the idea was turned into a physical reality, the mind had clearly pictured the finished product. The human being designs his or her own future through much the same process. We begin with an idea about how the future will be. Over a period of time we refine and perfect the vision. Before long, our every thought, decision and activity are all working in harmony to bring into existence what we _____.

*refine: 다듬다

① didn't even have the potential to accomplish
② have mentally concluded about the future
③ haven't been able to picture in our mind
④ considered careless and irresponsible
⑤ have observed in some professionals

4

[24211-0010]

주어진 글 다음에 이어질 글의 순서로 가장 적절한 것은?

In the Old Stone Age, small bands of 20 to 60 people wandered from place to place in search of food. Once people began farming, they could settle down near their farms.

(A) While some workers grew crops, others built new houses and made tools. Village dwellers also learned to work together to do a task faster.

(B) For example, toolmakers could share the work of making stone axes and knives. By working together, they could make more tools in the same amount of time.

(C) As a result, towns and villages grew larger. Living in communities allowed people to organize themselves more efficiently. They could divide up the work of producing food and other things they needed.

*dweller: 거주자

① (A) – (C) – (B) ② (B) – (A) – (C)
③ (B) – (C) – (A) ④ (C) – (A) – (B)
⑤ (C) – (B) – (A)

모듈/유형 상호 작용 / 빈칸 추론(긴 어구)	오답률 50.7%
난도 ★★★	목표 풀이 시간 2분

풀이 포인트 첫 문장에서 세상의 모든 것은 그것이 시작되기도 전에 그것을 만들어 낸 사람의 마음속에서 먼저 완성된다고 했고, 중간 부분에서 인간의 미래도 같은 과정이라고 했어. 즉, 앞쪽에서 설명한 '창작자 마음속으로 완성 → 창작물 실현'의 과정과, 뒤쪽에서 '인간이 미래를 머릿속으로 설계 → 그 미래를 실현'하는 과정이 동일함을 기억해야 해. 빈칸 문장에서 'bring into existence'는 '탄생시키다', 즉 무언가를 실현하는 것이므로 그 '무언가'는 인간이 머릿속으로 설계한 것이 되어야겠지.

모듈/유형 간접 쓰기 / 글의 순서	오답률 67.4%
난도 ★★★★★	목표 풀이 시간 2분 20초

풀이 포인트 글의 내용이 논리적으로 자연스럽게 이어지는지 살펴야 하는데, As a result, For example 등이 힌트가 될 수 있어. As a result의 앞에는 어떤 상황을 일으키는 이유가, 뒤에는 그 이유로 인한 결과가 나타나. 주어진 문장에서 사람들이 농사를 짓기 시작하면서 정착할 수 있었다고 했으니, 그 결과로 (C)처럼 도시와 마을이 커졌겠지? 그리고 For example의 앞에는 일반적인 진술이, 뒤에는 그 진술에 대한 구체적인 예시가 와. (A)에서 일을 더 빨리 하기 위해 협업을 하게 되었다고 했는데, 그 예로 (B)에서 도구 제작자들이 돌도끼와 돌칼 만드는 작업을 함께 하게 되었다는 사례를 제시하고 있어.

5

2023학년도 3월 학평 39번   [24211-0011]

글의 흐름으로 보아, 주어진 문장이 들어가기에 가장 적절한 곳은?

> It was also found that those students who expected the lecturer to be warm tended to interact with him more.

People commonly make the mistaken assumption that because a person has one type of characteristic, then they automatically have other characteristics which go with it. (①) In one study, university students were given descriptions of a guest lecturer before he spoke to the group. (②) Half the students received a description containing the word 'warm', the other half were told the speaker was 'cold'. (③) The guest lecturer then led a discussion, after which the students were asked to give their impressions of him. (④) As expected, there were large differences between the impressions formed by the students, depending upon their original information of the lecturer. (⑤) This shows that different expectations not only affect the impressions we form but also our behaviour and the relationship which is formed.

6

2023학년도 3월 학평 30번   [24211-0012]

다음 글의 밑줄 친 부분 중, 문맥상 낱말의 쓰임이 적절하지 않은 것은?

The major philosophical shift in the idea of selling came when industrial societies became more affluent, more competitive, and more geographically spread out during the 1940s and 1950s. This forced business to develop ① closer relations with buyers and clients, which in turn made business realize that it was not enough to produce a quality product at a reasonable price. In fact, it was equally ② essential to deliver products that customers actually wanted. Henry Ford produced his best-selling T-model Ford in one color only (black) in 1908, but in modern societies this was no longer ③ possible. The modernization of society led to a marketing revolution that ④ strengthened the view that production would create its own demand. Customers, and the desire to ⑤ meet their diverse and often complex needs, became the focus of business.

*affluent: 부유한

모듈/유형	간접 쓰기 / 주어진 문장의 적합한 위치	오답률	57.1%
난도	★★★	목표 풀이 시간	2분

풀이 포인트 주어진 문장의 의미를 정확하게 파악하면서 맥락을 유추해야 해. 주어진 문장에서는 그 강사가 따뜻할 거라고 기대한 학생들이 강사와 더 많이 상호작용하는 경향이 있다는 것이 '또한' 밝혀졌다고 했어. 이를 통해 강사에 대해 학생이 기대하는 바와 행동에 대한 어떤 사항이 그 앞에 먼저 언급된 후에 주어진 문장이 와야 한다는 걸 알 수 있지.

모듈/유형	문법 · 어휘 / 어휘	오답률	63.8%
난도	★★★★	목표 풀이 시간	2분

풀이 포인트 첫 문장을 통해 글의 맥락을 파악하고, 그 후 문장들을 읽으면서 주제의 방향을 추론해야 해. 첫 문장에서 산업 사회가 더 경쟁적이 되었다고 했으니 기업은 가격 경쟁력만으로는 성공할 수 없고 고객의 니즈, 즉 수요를 파악하는 게 중요한 일이 되었겠지. ④의 '생산이 그 자체의 수요를 창출할 것이다'라는 견해는 생산만 하면 수요가 생길 것이라는 의미겠지? 이는 수요에 따른 생산을 중요하게 여기는 견해와는 반대라는 걸 생각해 봐!

Vocabulary Check-up

1 다음 문장의 빈칸에 들어갈 말을 〈보기〉에서 찾아 쓰시오.

〈보기〉
reasonable transport improve wander principle complex

(1) Jean practiced hard to be a good example to the beginners and her skills _____(e)d incredibly day after day. 2019학년도 6월 모평 19번

(2) This relates to a basic _____ that children are taught in the offline world as well: 'do not do to others what you would not want others to do to you'. 2018학년도 수능 35번

(3) At length, they settled the deal, and he was delighted to purchase the carving at a _____ price and thanked Bob. 2017학년도 수능 30번

2 다음 네모 안에서 문맥에 맞는 낱말을 고르시오.

(1) A common error in current Darwinian thinking is the assumption / consumption that "selfish genes" are the prime mover in evolution. 2021학년도 6월 모평 24번

(2) The Atitlán Giant Grebe was a large, flightless bird that had involved / evolved from the much more widespread and smaller Pied-billed Grebe. 2016학년도 수능 29번

Grammar Check-up

1 다음 네모 안에서 어법상 알맞은 표현을 고르시오.

(1) At the same time, forms of transport improved and ① it / that became faster and cheaper to get to places. With the railways came many large hotels. In Canada, for example, the new coast-to-coast railway system made ② possible / possibly the building of such famous hotels as Banff Springs and Chateau Lake Louise in the Rockies.

(2) This forced business ① develop / to develop closer relations with buyers and clients, which in turn made business realize ② which / that it was not enough to produce a quality product at a reasonable price.

2 다음 밑줄 친 부분 중, 어법상 틀린 것을 골라 바르게 고치시오.

   People commonly make the mistaken assumption that because a person has one type of characteristic, then they automatically have other characteristics which go with ① it. In one study, university students were given descriptions of a guest lecturer before he spoke to the group. Half the students received a description ② containing the word 'warm', the other half were told the speaker was 'cold'. The guest lecturer then led a discussion, ③ which the students were asked to give their impressions of him. As ④ expected, there were large differences between the impressions formed by the students, depending upon their original information of the lecturer.

1 2022학년도 11월 학평 21번 [24211-0013]

밑줄 친 challenge this sacred cow가 다음 글에서 의미하는 바로 가장 적절한 것은?

Our language helps to reveal our deeper assumptions. Think of these revealing phrases: When we accomplish something important, we say it took "blood, sweat, and tears." We say important achievements are "hard-earned." We recommend a "hard day's work" when "day's work" would be enough. When we talk of "easy money," we are implying it was obtained through illegal or questionable means. We use the phrase "That's easy for you to say" as a criticism, usually when we are seeking to invalidate someone's opinion. It's like we all automatically accept that the "right" way is, inevitably, the harder one. In my experience this is hardly ever questioned. What would happen if you do challenge this sacred cow? We don't even pause to consider that something important and valuable could be made easy. What if the biggest thing keeping us from doing what matters is the false assumption that it has to take huge effort?

*invalidate: 틀렸음을 입증하다

① resist the tendency to avoid any hardship
② escape from the pressure of using formal language
③ doubt the solid belief that only hard work is worthy
④ abandon the old notion that money always comes first
⑤ break the superstition that holy animals bring good luck

2 2022학년도 11월 학평 32번 [24211-0014]

다음 빈칸에 들어갈 말로 가장 적절한 것은?

The best way in which innovation changes our lives is by _____. The main theme of human history is that we become steadily more specialized in what we produce, and steadily more diversified in what we consume: we move away from unstable self-sufficiency to safer mutual interdependence. By concentrating on serving other people's needs for forty hours a week — which we call a job — you can spend the other seventy-two hours (not counting fifty-six hours in bed) relying on the services provided to you by other people. Innovation has made it possible to work for a fraction of a second in order to be able to afford to turn on an electric lamp for an hour, providing the quantity of light that would have required a whole day's work if you had to make it yourself by collecting and refining sesame oil or lamb fat to burn in a simple lamp, as much of humanity did in the not so distant past.

*a fraction of a second: 아주 짧은 시간 **refine: 정제하다

① respecting the values of the old days
② enabling people to work for each other
③ providing opportunities to think creatively
④ satisfying customers with personalized services
⑤ introducing and commercializing unusual products

모듈/유형 대의 파악 / 함축 의미 　　**오답률** 54.2%

난도 ★★★ 　　**목표 풀이 시간** 1분 50초

풀이 포인트 글에서 반복되는 진술을 정확하게 파악하는 것이 포인트가 될 수 있어. 첫 문장에서 언어는 우리의 더 깊은 전제를 드러낸다고 했고, 뒤에 이어 그 전제를 설명하면서 우리는 중요한 성과는 '힘들게 얻은' 것이라고 표현하면서 올바른 방법이 반드시 더 어려운 방법이라고 받아들이게 된다고 했어. 그리고 이에 의문을 제기하지도 않는다고 했지. 밑줄 친 부분에서 '이 신성한 소에 맞선다면 어떤 일이 벌어질까?'라고 의문을 제기했을 때, '신성한 소'는 앞부분에서 설명한 전제를 나타내겠지?

모듈/유형 상호작용 / 빈칸 추론(긴 어구) 　　**오답률** 61.5%

난도 ★★★★ 　　**목표 풀이 시간** 2분 10초

풀이 포인트 빈칸 뒤의 내용을 종합해서 글의 주제를 찾아내는 것이 풀이 포인트가 될 수 있어. 혁신이 우리의 삶을 바꾸는 최고의 방법은 무엇인지 찾아야겠지? 빈칸 다음 문장에서 '상호의존으로 옮겨간다'고 언급한 점에 유의해야 해. 나머지 부분에서 부연 설명을 통해, 우리는 각자 직업에만 집중하고 나머지는 다른 사람이 제공하는 서비스에 의지함으로써, 스스로 해야 했다면 하루 종일 일해야 했을 수고를 덜게 된다고 했어. 서로의 서비스를 이용하게 된다는 의미에 가장 가까운 선택지는 무엇일까?

3

다음 빈칸에 들어갈 말로 가장 적절한 것은?

Our homes aren't just ecosystems, they're unique ones, hosting species that are adapted to indoor environments and pushing evolution in new directions. Indoor microbes, insects, and rats have all evolved the ability to survive our chemical attacks, developing resistance to antibacterials, insecticides, and poisons. German cockroaches are known to have developed a distaste for glucose, which is commonly used as bait in roach traps. Some indoor insects, which have fewer opportunities to feed than their outdoor counterparts, seem to have developed the ability to survive when food is limited. Dunn and other ecologists have suggested that as the planet becomes more developed and more urban, more species will _____. Over a long enough time period, indoor living could drive our evolution, too. Perhaps my indoorsy self represents the future of humanity.

*glucose: 포도당 **bait: 미끼

① produce chemicals to protect themselves
② become extinct with the destroyed habitats
③ evolve the traits they need to thrive indoors
④ compete with outside organisms to find their prey
⑤ break the boundaries between wildlife and humans

모듈/유형 상호 작용 / 빈칸 추론(긴 어구) **오답률** 53.2%

난도 ★★★ **목표 풀이 시간** 2분

풀이 포인트 글 전체를 통해 말하고자 하는 핵심적 주제가 무엇인지 파악해야 해. 우리의 집, 즉 실내 환경에 실내 미생물, 곤충, 쥐, 바퀴벌레 등이 적응하면서 어떤 능력을 발달시켜 왔다고 했지? 항균제, 살충제, 독에 대한 내성을 키우고 미끼로 사용되는 포도당에 대한 혐오감을 발달시켜 왔다고 했어. 또한 야외에 비해 먹이가 제한적인 상황에서도 살아남는 능력을 발달시켜 왔다고 했지. 모두 다 실내에서 살아남기 위한 발달이겠지?

4

주어진 글 다음에 이어질 글의 순서로 가장 적절한 것은?

Each beech tree grows in a particular location and soil conditions can vary greatly in just a few yards. The soil can have a great deal of water or almost no water. It can be full of nutrients or not.

(A) This is taking place underground through the roots. Whoever has an abundance of sugar hands some over; whoever is running short gets help. Their network acts as a system to make sure that no trees fall too far behind.

(B) However, the rate is the same. Whether they are thick or thin, all the trees of the same species are using light to produce the same amount of sugar per leaf. Some trees have plenty of sugar and some have less, but the trees equalize this difference between them by transferring sugar.

(C) Accordingly, each tree grows more quickly or more slowly and produces more or less sugar, and thus you would expect every tree to be photosynthesizing at a different rate.

*photosynthesize: 광합성하다

① (A) – (C) – (B)   ② (B) – (A) – (C)
③ (B) – (C) – (A)   ④ (C) – (A) – (B)
⑤ (C) – (B) – (A)

모듈/유형 간접 쓰기 / 글의 순서 **오답률** 47.0%

난도 ★★★ **목표 풀이 시간** 1분 50초

풀이 포인트 주어진 문단의 맨 앞에 있는 말들에 유의해야 해. 주어진 문장에서는 너도밤나무가 자라는 토양의 조건은 서로 다르다고 했지? (C)의 Accordingly는 '그에 따라'라는 뜻이니까, 토양의 조건에 따라 나무가 자라는 속도나 당분 생산량이 달라진다는 내용이 주어진 문장에 자연스럽게 이어지지. (A)의 지시어 This는 뿌리를 통해 일어나는 일이면서 나무가 서로 당을 나눈다는 내용을 가리키니까, 나무들이 당을 전달한다는 내용이 나오는 (B)의 뒤에 이어져야겠지.

5

글의 흐름으로 보아, 주어진 문장이 들어가기에 가장 적절한 곳은?

> Nevertheless, language is enormously important in human life and contributes largely to our ability to cooperate with each other in dealing with the world.

Should we use language to understand mind or mind to understand language? (①) Analytic philosophy historically assumes that language is basic and that mind would make sense if proper use of language was appreciated. (②) Modern cognitive science, however, rightly judges that language is just one aspect of mind of great importance in human beings but not fundamental to all kinds of thinking. (③) Countless species of animals manage to navigate the world, solve problems, and learn without using language, through brain mechanisms that are largely preserved in the minds of humans. (④) There is no reason to assume that language is fundamental to mental operations. (⑤) Our species *homo sapiens* has been astonishingly successful, which depended in part on language, first as an effective contributor to collaborative problem solving and much later, as collective memory through written records.

*appreciate: (제대로) 인식하다

6

다음 글의 밑줄 친 부분 중, 어법상 틀린 것은?

You may have seen headlines in the news about some of the things machines powered by artificial intelligence can do. However, if you were to consider all the tasks ① that AI-powered machines could actually perform, it would be quite mind-blowing! One of the key features of artificial intelligence ② is that it enables machines to learn new things, rather than requiring programming specific to new tasks. Therefore, the core difference between computers of the future and ③ those of the past is that future computers will be able to learn and self-improve. In the near future, smart virtual assistants will know more about you than your closest friends and family members ④ are. Can you imagine how that might change our lives? These kinds of changes are exactly why it is so important ⑤ to recognize the implications that new technologies will have for our world.

모듈/유형	간접 쓰기 / 주어진 문장의 적합한 위치	오답률	57.2%
난도	★★★	목표 풀이 시간	2분

풀이 포인트 주어진 문장을 시작하는 연결어 Nevertheless가 서로 반대되는 내용을 연결하는 역할을 한다는 점이 문제 풀이의 포인트가 될 수 있어. 주어진 문장은 언어가 인간의 삶에서 매우 중요하고 협력 능력에 크게 기여한다는 내용이지? 그러면 주어진 문장의 바로 앞까지는 언어가 그다지 중요하지 않을 수 있다는 내용이 오고, 주어진 문장 다음에는 언어가 매우 중요한 역할을 한다는 내용이 와야 할 거야. 따라서 언어의 중요성에 대해 갑작스럽게 반대의 내용이 이어지는 부분을 찾으면 되겠지?

모듈/유형	문법 · 어휘 / 어법	오답률	54.5%
난도	★★★	목표 풀이 시간	1분 40초

풀이 포인트 관계대명사 that의 쓰임, 주어와 동사 수의 일치, 대명사가 지칭하는 바, 대동사가 가리키는 바, 내용상의 주어 역할을 하는 to부정사와 관련된 사항을 알고 있어야 해.

Vocabulary Check-up

1 다음 문장의 빈칸에 들어갈 말을 〈보기〉에서 찾아 쓰시오.

〈보기〉
implications   accomplish   vary   species   specific   diversified

(1) The design process concentrates on how the agents will cooperate and coordinate with each other to _____ the team goals. 2023학년도 6월 모평 24번

(2) Many _____ of tree are now endangered, including mahogany and teak. 2014학년도 9월 모평 31번

(3) In some cases, the habitat that provides the best opportunity for survival may not be the same habitat as the one that provides for highest reproductive capacity because of requirements _____ to the reproductive period. 2020학년도 수능 38번

2 다음 네모 안에서 문맥에 맞는 낱말을 고르시오.

(1) This replies / implies that major structural changes to tourism itself, rather than awareness campaigns, may be required to foster a welcoming attitude. 2017학년도 9월 모평 35번

(2) With your donation, we can preserve / prevent fragile coral reefs around the world. 2016학년도 9월 모평 18번

Grammar Check-up

1 다음 네모 안에서 어법상 알맞은 표현을 고르시오.

(1) We don't even pause to consider that something important and valuable could ① make / be made easy. What if the biggest thing keeping us from doing what matters is the false assumption ② that / which it has to take huge effort?

(2) Innovation has made ① it / them possible to work for a fraction of a second in order to be able to afford to turn on an electric lamp for an hour, providing the quantity of light that would have required a whole day's work if you had to make it yourself by collecting and refining sesame oil or lamb fat to burn in a simple lamp, as much of humanity ② did / was in the not so distant past.

2 다음 밑줄 친 부분 중, 어법상 틀린 것을 골라 바르게 고치시오.

Our homes aren't just ecosystems, they're unique ones, hosting species that are adapted to indoor environments and ① pushing evolution in new directions. Indoor microbes, insects, and rats have all evolved the ability ② to survive our chemical attacks, developing resistance to antibacterials, insecticides, and poisons. German cockroaches are known to have developed a distaste for glucose, ③ it is commonly used as bait in roach traps. Some indoor insects, which have fewer opportunities to feed than their outdoor counterparts, seem to ④ have developed the ability to survive when food is limited.

1 2022학년도 9월 학평 23번 [24211-0019]

다음 글의 주제로 가장 적절한 것은?

For creatures like us, evolution smiled upon those with a strong need to belong. Survival and reproduction are the criteria of success by natural selection, and forming relationships with other people can be useful for both survival and reproduction. Groups can share resources, care for sick members, scare off predators, fight together against enemies, divide tasks so as to improve efficiency, and contribute to survival in many other ways. In particular, if an individual and a group want the same resource, the group will generally prevail, so competition for resources would especially favor a need to belong. Belongingness will likewise promote reproduction, such as by bringing potential mates into contact with each other, and in particular by keeping parents together to care for their children, who are much more likely to survive if they have more than one caregiver.

① skills for the weak to survive modern life
② usefulness of belonging for human evolution
③ ways to avoid competition among social groups
④ roles of social relationships in children's education
⑤ differences between two major evolutionary theories

2 2022학년도 9월 학평 31번 [24211-0020]

다음 빈칸에 들어갈 말로 가장 적절한 것은?

We worry that the robots are taking our jobs, but just as common a problem is that the robots are taking our _____. In the large warehouses so common behind the scenes of today's economy, human 'pickers' hurry around grabbing products off shelves and moving them to where they can be packed and dispatched. In their ears are headpieces: the voice of 'Jennifer', a piece of software, tells them where to go and what to do, controlling the smallest details of their movements. Jennifer breaks down instructions into tiny chunks, to minimise error and maximise productivity — for example, rather than picking eighteen copies of a book off a shelf, the human worker would be politely instructed to pick five. Then another five. Then yet another five. Then another three. Working in such conditions reduces people to machines made of flesh. Rather than asking us to think or adapt, the Jennifer unit takes over the thought process and treats workers as an inexpensive source of some visual processing and a pair of opposable thumbs.

*dispatch: 발송하다   **chunk: 덩어리

① reliability
② judgment
③ endurance
④ sociability
⑤ cooperation

모듈/유형	대의 파악 / 주제	오답률	46.4%
난도	★★	목표 풀이 시간	1분 30초

풀이 포인트 첫 문장을 정확하게 해석해 보자! 진화가 소속하려는 강한 욕구를 가진 것들에게 미소를 지었다는 말은 소속에 대한 욕구가 진화에 유리했다는 말이 되겠지? 그다음 문장에서도 역시 다른 사람들과 관계를 형성하는 것이 생존과 번식에 유리했다고 했어. 두 가지 문장을 종합해 보면 타인과 관계를 맺고 집단에 소속되는 것이 진화에 유용했다는 말이 되겠지? 지문의 나머지 부분이 일관성 있게 이 진술을 뒷받침하고 있는지 체크해 봐!

모듈/유형	상호 작용 / 빈칸 추론(한 단어)	오답률	58.6%
난도	★★★	목표 풀이 시간	2분

풀이 포인트 빈칸이 들어 있는 문장을 살펴보면 나머지 지문에서 찾아야 하는 정보를 알 수 있어. 로봇이 우리에게서 무엇을 빼앗아 가는지를 찾으면서 읽어야겠지? 나머지 지문에서 사람들은 프로그램의 지시사항을 들으며 마치 기계처럼 일한다고 말하고 있어. 생각하거나 적응할 필요 없이 로봇에게 사고 과정을 빼앗긴 채 일하는 이 사람들을 생각할 때, 로봇은 우리에게서 무엇을 빼앗아 간 것일까?

3

2022학년도 9월 학평 33번 [24211-0021]

다음 빈칸에 들어갈 말로 가장 적절한 것은?

The demand for freshness can _____. While freshness is now being used as a term in food marketing as part of a return to nature, the demand for year-round supplies of fresh produce such as soft fruit and exotic vegetables has led to the widespread use of hot houses in cold climates and increasing reliance on total quality control — management by temperature control, use of pesticides and computer/satellite-based logistics. The demand for freshness has also contributed to concerns about food wastage. Use of 'best before', 'sell by' and 'eat by' labels has legally allowed institutional waste. Campaigners have exposed the scandal of over-production and waste. Tristram Stuart, one of the global band of anti-waste campaigners, argues that, with freshly made sandwiches, over-ordering is standard practice across the retail sector to avoid the appearance of empty shelf space, leading to high volumes of waste when supply regularly exceeds demand.

*pesticide: 살충제 **logistics: 물류, 유통

① have hidden environmental costs
② worsen the global hunger problem
③ bring about technological advances
④ improve nutrition and quality of food
⑤ diversify the diet of a local community

모듈/유형 상호 작용 / 빈칸 추론(짧은 어구) **오답률** 56.3%

난도 ★★★ **목표 풀이 시간** 2분

풀이 포인트 글의 주제에 빈칸이 있는 경우가 많으므로 글 전체의 내용을 종합할 수 있는 어구를 선택해야 해. 신선함에 대한 요구 때문에 어떤 일이 일어난다고 하는 것일까? 빈칸 뒤에서는 두 가지가 언급되고 있는데, 한 가지는 신선한 식품을 일년 내내 공급해야 하기 때문에 추운 기후에서 온실을 사용한다거나 살충제, 컴퓨터/위성 기반의 물류에 대해 의존성이 늘어났다는 점이야. 다른 한 가지는 '언제까지 먹어야 한다'를 표시하는 라벨 제도, 그리고 판매대가 비어 보이지 않게 하기 위해 초과 주문을 하는 것 때문에 식량 낭비가 많아진다는 점이지. 이 두 가지로 인해 무슨 일이 일어날까?

4

2022학년도 9월 학평 39번 [24211-0022]

글의 흐름으로 보아, 주어진 문장이 들어가기에 가장 적절한 곳은?

> What we need is a reliable and reproducible method for measuring the relative hotness or coldness of objects rather than the rate of energy transfer.

We often associate the concept of temperature with how hot or cold an object feels when we touch it. In this way, our senses provide us with a qualitative indication of temperature. (①) Our senses, however, are unreliable and often mislead us. (②) For example, if you stand in bare feet with one foot on carpet and the other on a tile floor, the tile feels colder than the carpet *even though both are at the same temperature*. (③) The two objects feel different because tile transfers energy by heat at a higher rate than carpet does. (④) Your skin "measures" the rate of energy transfer by heat rather than the actual temperature. (⑤) Scientists have developed a variety of thermometers for making such quantitative measurements.

*thermometer: 온도계

모듈/유형 간접 쓰기 / 주어진 문장의 적합한 위치 **오답률** 63.2%

난도 ★★★★ **목표 풀이 시간** 2분 10초

풀이 포인트 주어진 문장을 정확하게 해석하는 것과 동시에, 나머지 지문에서 'such' 등의 표현에 유의해야 해. 이 글에서는 온도의 '정성적(qualitative) 지표'와 '정량적(quantitative) 지표'를 비교해서 말하고 있는데, 맨 마지막 문장에서 '그러한(such) 정량적인 측정'이라는 말이 나오잖아. 그런데 여기서 'such'라는 표현을 쓰기 위해서는 정량적인 측정에 대한 언급이 그 앞에 나와야겠지?

5 2022학년도 9월 학평 40번   [24211-0023]

다음 글의 내용을 한 문장으로 요약하고자 한다. 빈칸 (A), (B)에 들어갈 말로 가장 적절한 것은?

My colleagues and I ran an experiment testing two different messages meant to convince thousands of resistant alumni to make a donation. One message emphasized the opportunity to do good: donating would benefit students, faculty, and staff. The other emphasized the opportunity to feel good: donors would enjoy the warm glow of giving. The two messages were equally effective: in both cases, 6.5 percent of the unwilling alumni ended up donating. Then we combined them, because two reasons are better than one. Except they weren't. When we put the two reasons together, the giving rate dropped below 3 percent. Each reason alone was more than twice as effective as the two combined. The audience was already skeptical. When we gave them different kinds of reasons to donate, we triggered their awareness that someone was trying to persuade them — and they shielded themselves against it.

*alumni: 졸업생 **skeptical: 회의적인

↓

In the experiment mentioned above, when the two different reasons to donate were given ____(A)____, the audience was less likely to be ____(B)____ because they could recognize the intention to persuade them.

	(A)		(B)
①	simultaneously	……	convinced
②	separately	……	confused
③	frequently	……	annoyed
④	separately	……	satisfied
⑤	simultaneously	……	offended

모듈/유형 간접 쓰기 / 문단 요약   **오답률** 59.8%
난도 ★★★   **목표 풀이 시간** 2분

풀이 포인트 요약문에 실험이나 연구에 대한 말이 나오는 경우, 원인과 결과를 파악해서 실험을 한 문장으로 정리할 수 있어야 하지. 이 실험의 경우는 기부를 늘리기 위해 '기부를 하면 이익이 된다'는 메시지와 '기부를 하면 좋은 기분을 느낄 수 있다'라는 메시지 중 어떤 메시지로 설득을 하는 게 효과적인지 알아본 거야. 결과는 똑같이 효과적이었다는 거야. 그러면 두 개를 결합해서 동시에 제시하면 효과가 더 좋아질까? 그 결과를 요약문으로 어떻게 나타낼지 생각해 보자.

6 2022학년도 9월 학평 30번   [24211-0024]

다음 글의 밑줄 친 부분 중, 문맥상 낱말의 쓰임이 적절하지 않은 것은?

It is widely believed that certain herbs somehow magically improve the work of certain organs, and "cure" specific diseases as a result. Such statements are unscientific and groundless. Sometimes herbs appear to work, since they tend to ① increase your blood circulation in an aggressive attempt by your body to eliminate them from your system. That can create a ② temporary feeling of a high, which makes it seem as if your health condition has improved. Also, herbs can have a placebo effect, just like any other method, thus helping you feel better. Whatever the case, it is your body that has the intelligence to ③ regain health, and not the herbs. How can herbs have the intelligence needed to direct your body into getting healthier? That is impossible. Try to imagine how herbs might come into your body and intelligently ④ fix your problems. If you try to do that, you will see how impossible it seems. Otherwise, it would mean that herbs are ⑤ less intelligent than the human body, which is truly hard to believe.

*placebo effect: 위약 효과

모듈/유형 문법·어휘 / 어휘   **오답률** 44.8%
난도 ★★★   **목표 풀이 시간** 1분 50초

풀이 포인트 선택지가 시작되기 전의 처음 한두 문장에서 지문의 방향이 결정되는 경우가 많아. 그 내용을 잘 기억했다가, 그 내용과 반대되는 어휘가 나오는지 체크해야 해. 이 글의 내용은 어떤 허브가 마법처럼 특정 질병을 고친다는 진술은 비과학적이고 근거가 없다는 거야. 글을 읽으면서 허브에 대해 부정적인 진술이 아닌 것을 찾아봐.

Vocabulary Check-up

1 다음 문장의 빈칸에 들어갈 말을 〈보기〉에서 찾아 쓰시오.

〈보기〉
associate predator resistant reliable prevail promote

(1) The horse's efficient mechanism for running would never have evolved except for the fact that meat-eating _____s were at the same time evolving more efficient methods of attack. 2020학년도 9월 모평 30번

(2) Such reporting helps ensure that private investors have _____ information on which to base their investment decisions. 2018학년도 9월 모평 23번

(3) The best competitions _____ excellence, not just winning or "beating" others. 2021학년도 9월 모평 29번

2 다음 네모 안에서 문맥에 맞는 낱말을 고르시오.

(1) A woman cried, "My husband's not breathing!" I constructed / instructed her to begin CPR.
2016학년도 9월 모평 19번

(2) So often, we get caught up in the minutiae of our jobs — tedious annoyances and struggles that may be temporary / literary roadblocks but feel more like concrete mountains. 2014학년도 9월 모평 32번

Grammar Check-up

1 다음 네모 안에서 어법상 알맞은 표현을 고르시오.

(1) In their ears ① headpieces are / are headpieces : the voice of 'Jennifer', a piece of software, tells them where to go and what to do, ② controlling / controlled the smallest details of their movements.

(2) If you try to do that, you will see how ① impossible / impossibly it seems. Otherwise, it would mean ② that / as herbs are more intelligent than the human body, which is truly hard to believe.

2 다음 밑줄 친 부분 중, 어법상 틀린 것을 골라 바르게 고치시오.

　　For example, if you stand in bare feet with one foot on carpet and ① the other on a tile floor, the tile feels colder than the carpet *even though both are at the same temperature*. The two objects feel different because tile transfers energy by heat at a higher rate than carpet ② is. Your skin "measures" the rate of energy transfer by heat rather than the actual temperature. ③ What we need is a reliable and reproducible method for measuring the relative hotness or coldness of objects rather than the rate of energy transfer. Scientists have developed a variety of thermometers for making ④ such quantitative measurements.

Day 5 Week 1

1 2022학년도 6월 학평 33번 [24211-0025]

다음 빈칸에 들어갈 말로 가장 적절한 것은?

In a study at Princeton University in 1992, research scientists looked at two different groups of mice. One group was made intellectually superior by modifying the gene for the glutamate receptor. Glutamate is a brain chemical that is necessary in learning. The other group was manipulated to be intellectually inferior, also done by modifying the gene for the glutamate receptor. The smart mice were then raised in standard cages, while the inferior mice were raised in large cages with toys and exercise wheels and with lots of social interaction. At the end of the study, although the intellectually inferior mice were genetically handicapped, they were able to perform just as well as their genetic superiors. This was a real triumph for nurture over nature. Genes are turned on or off _____.

*glutamate: 글루타민산염 **manipulate: 조작하다

① by themselves for survival
② free from social interaction
③ based on what is around you
④ depending on genetic superiority
⑤ so as to keep ourselves entertained

2 2022학년도 6월 학평 34번 [24211-0026]

다음 빈칸에 들어갈 말로 가장 적절한 것은?

Researchers are working on a project that asks coastal towns how they are preparing for rising sea levels. Some towns have risk assessments; some towns even have a plan. But it's a rare town that is actually carrying out a plan. One reason we've failed to act on climate change is the common belief that _____. For decades, climate change was a prediction about the future, so scientists talked about it in the future tense. This became a habit — so that even today many scientists still use the future tense, even though we know that a climate crisis is ongoing. Scientists also often focus on regions most affected by the crisis, such as Bangladesh or the West Antarctic Ice Sheet, which for most Americans are physically remote.

① it is not related to science
② it is far away in time and space
③ energy efficiency matters the most
④ careful planning can fix the problem
⑤ it is too late to prevent it from happening

모듈/유형	상호 작용 / 빈칸 추론(짧은 어구)	오답률 59.0%
난도 ★★★		목표 풀이 시간 2분

풀이 포인트 쥐를 두 집단으로 나누어 유전자 조작으로 한 집단은 똑똑하게, 다른 집단은 지적으로 열등하게 만들었어. 대신 열등한 쥐들은 장난감과 운동용 쳇바퀴가 있고 사회적 상호 작용이 많은 환경을 조성해 주었지. 그 두 집단이 수행을 얼마나 잘하는지를 보았더니 두 집단 모두 똑같았다는 거야! 선천적 성질이 열등하더라도 환경을 잘 조성해 주면 보완이 된다는 이야기겠지? 그렇다면 '환경'을 나타내는 표현을 선택지에서 찾아봐.

모듈/유형	상호 작용 / 빈칸 추론(긴 어구)	오답률 58.0%
난도 ★★★		목표 풀이 시간 2분

풀이 포인트 빈칸 뒤의 내용을 종합해서 필자가 말하고자 하는 바를 추론해야 해. 기후 변화에 대한 대처가 실패하는 이유가 뭘까? 뒤에서는 두 가지를 이야기하고 있는데, 한 가지는 우리가 미래 시제로 기후 변화에 대해 이야기한다는 거야. 즉 시간적으로 먼 이야기라고 생각한다는 거지. 다른 한 가지는 방글라데시나 서남극 빙상 같은 지역에 초점을 맞추고 있어서, 물리적으로 멀리 떨어져 있다는 거야. 두 가지를 합한 선택지는 무엇일까?

3

주어진 글 다음에 이어질 글의 순서로 가장 적절한 것은?

> According to legend, once a vampire bites a person, that person turns into a vampire who seeks the blood of others. A researcher came up with some simple math, which proves that these highly popular creatures can't exist.

(A) In just two-and-a-half years, the original human population would all have become vampires with no humans left. But look around you. Have vampires taken over the world? No, because there's no such thing.

(B) If the first vampire came into existence that day and bit one person a month, there would have been two vampires by February 1st, 1600. A month later there would have been four, the next month eight, then sixteen, and so on.

(C) University of Central Florida physics professor Costas Efthimiou's work breaks down the myth. Suppose that on January 1st, 1600, the human population was just over five hundred million.

① (A) – (C) – (B)   ② (B) – (A) – (C)

③ (B) – (C) – (A)   ④ (C) – (A) – (B)

⑤ (C) – (B) – (A)

모듈/유형	간접 쓰기 / 글의 순서	오답률	42.0%
난도	★★	목표 풀이 시간	1분 50초

풀이 포인트 연결어나 지시대명사 힌트가 거의 없는 지문은 내용상 흐름을 논리적으로 따라가야 해. 주어진 글에서는 흡혈귀에 대한 전설이 있는데, 한 연구자가 그 전설이 실존하지 않는다는 증명법을 생각해 냈다고 했어. 그리고 (C)에서 그 전설을 '그 미신(the myth)'으로 지칭하고 그 연구를 설명하기 시작하면서 1600년 1월 1일을 언급해. 그리고 (B)에서 이를 '그날(that day)'이라고 지칭했어. 그리고는 흡혈귀 수에 대한 계산을 시작하지. (A)에서 그 계산이 이어져.

4

글의 흐름으로 보아, 주어진 문장이 들어가기에 가장 적절한 곳은?

> But, a blind person will associate the same friend with a unique combination of experiences from their non-visual senses that act to represent that friend.

Humans born without sight are not able to collect visual experiences, so they understand the world entirely through their other senses. (①) As a result, people with blindness at birth develop an amazing ability to understand the world through the collection of experiences and memories that come from these non-visual senses. (②) The dreams of a person who has been without sight since birth can be just as vivid and imaginative as those of someone with normal vision. (③) They are unique, however, because their dreams are constructed from the non-visual experiences and memories they have collected. (④) A person with normal vision will dream about a familiar friend using visual memories of shape, lighting, and colour. (⑤) In other words, people blind at birth have similar overall dreaming experiences even though they do not dream in pictures.

모듈/유형	간접 쓰기 / 주어진 문장의 적합한 위치	오답률	59.0%
난도	★★★	목표 풀이 시간	2분

풀이 포인트 주어진 문장을 정확하게 해석하는 것뿐 아니라 지문 안에 있는 연결어 힌트를 잘 이용하는 것이 이 문제의 포인트야. ⑤ 뒤의 문장은 'In other words'로 시작하고 있지? 즉, 바로 앞 문장과 같은 내용을 반복하는 문장이야. 현재 있는 ⑤ 앞 문장과 뒤 문장이 서로 같은 내용을 말하고 있는지 확인해 보자.

5 2022학년도 6월 학평 29번   [24211-0029]

다음 글의 밑줄 친 부분 중, 어법상 틀린 것은?

Despite all the high-tech devices that seem to deny the need for paper, paper use in the United States ① has nearly doubled recently. We now consume more paper than ever: 400 million tons globally and growing. Paper is not the only resource ② that we are using more of. Technological advances often come with the promise of ③ using fewer materials. However, the reality is that they have historically caused more materials use, making us ④ dependently on more natural resources. The world now consumes far more "stuff" than it ever has. We use twenty-seven times more industrial minerals, such as gold, copper, and rare metals, than we ⑤ did just over a century ago. We also each individually use more resources. Much of that is due to our high-tech lifestyle.

*copper: 구리

6 2022학년도 6월 학평 30번   [24211-0030]

다음 글의 밑줄 친 부분 중, 문맥상 낱말의 쓰임이 적절하지 않은 것은?

Do you sometimes feel like you don't love your life? Like, deep inside, something is missing? That's because we are living someone else's life. We allow other people to ① influence our choices. We are trying to meet their expectations. Social pressure is deceiving — we are all impacted without noticing it. Before we realize we are losing ownership of our lives, we end up ② ignoring how other people live. Then, we can only see the greener grass — ours is never good enough. To regain that passion for the life you want, you must ③ recover control of your choices. No one but yourself can choose how you live. But, how? The first step to getting rid of expectations is to treat yourself ④ kindly. You can't truly love other people if you don't love yourself first. When we accept who we are, there's no room for other's ⑤ expectations.

모듈/유형	문법 · 어휘 / 어법	오답률	44.0%
난도	★★★	목표 풀이 시간	1분 40초

풀이 포인트 주어와 동사 수의 일치, 관계대명사 that의 쓰임, 전치사의 목적어 역할을 하는 동명사, 목적격 보어로 쓰일 수 있는 품사, 대동사의 쓰임을 아는 것이 이 문제의 포인트야.

모듈/유형	문법 · 어휘 / 어휘	오답률	43.0%
난도	★★★	목표 풀이 시간	1분 50초

풀이 포인트 시작 부분에서 필자의 포인트가 뭐지? 타인의 삶을 살면 마음이 공허하고 자신의 삶을 사랑하지 않는 것처럼 느낀다는 거야. 즉, 타인이 아닌 나 자신의 삶을 살라는 이야기지. 그것과 반대되는 이야기를 하고 있는 부분을 선택지에서 찾아봐.

Vocabulary Check-up

1 다음 문장의 빈칸에 들어갈 말을 〈보기〉에서 찾아 쓰시오.

〈보기〉
affect genetic prove remote assessment nurture

(1) If a physician identifies too closely as co-sufferer with the patient, she loses the objectivity essential to the most precise _____ of what is wrong, of what can be done, and of what should be done to meet those needs. 2015학년도 9월 모평 32번

(2) In this way, farmers in _____ areas will be able to access weather data, and rural children will be able to pursue online educations. 2016학년도 6월 모평 21번

(3) Feelings may _____ various aspects of your eating, including your motivation to eat, your food choices, where and with whom you eat, and the speed at which you eat. 2019학년도 9월 모평 36번

2 다음 네모 안에서 문맥에 맞는 낱말을 고르시오.

(1) People sometimes make downward social comparisons — comparing themselves to superior / inferior or worse-off others — to feel better about themselves. 2018학년도 9월 모평 21번

(2) The children who listened to the radio produced more imaginative / unimaginative responses, whereas the children who watched the television produced more words that repeated the original story.

2015학년도 9월 모평 38번

Grammar Check-up

1 다음 네모 안에서 어법상 알맞은 표현을 고르시오.

(1) At the end of the study, ① despite / although the intellectually inferior mice were genetically handicapped, they were able to perform just as ② good / well as their genetic superiors.

(2) If the first vampire came into existence that day and bit one person a month, there would ① be / have been two vampires by February 1st, 1600. In just two-and-a-half years, the original human population would all have become vampires with no humans ② leaving / left . But look around you. Have vampires taken over the world? No, because there's no such thing.

2 다음 밑줄 친 부분 중, 어법상 틀린 것을 골라 바르게 고치시오.

Humans ① born without sight are not able to collect visual experiences, so they understand the world entirely through their other senses. As a result, people with blindness at birth develop an amazing ability to understand the world through the collection of experiences and memories ② that come from these non-visual senses. The dreams of a person who has been without sight since birth can be just as vivid and imaginative as ③ that of someone with normal vision. They are unique, however, because their dreams are constructed from the non-visual experiences and memories they ④ have collected.

일차	문항 번호	유형	오답률	출처		난도
Day 6	1	빈칸 추론(한 단어)	58.0%	2022학년도 고1 전국연합 학력평가 3월	31번	★★★
	2	빈칸 추론(짧은 어구)	83.0%		34번	★★★★★
	3	주어진 문장의 적합한 위치	70.4%		39번	★★★★★
	4	어휘	58.3%		30번	★★★
	5	1지문 2문항(제목)	52.4%		41번	★★★
	6	1지문 2문항(어휘)	52.0%		42번	★★★
Day 7	1	함축 의미	52.9%	2021학년도 고1 전국연합 학력평가 11월	21번	★★★
	2	빈칸 추론(짧은 어구)	67.4%		33번	★★★★★
	3	빈칸 추론(짧은 어구)	55.0%		34번	★★★
	4	글의 순서	63.8%		37번	★★★★
	5	주어진 문장의 적합한 위치	70.8%		39번	★★★★★
	6	어휘	77.3%		30번	★★★★★
Day 8	1	함축 의미	61.5%	2021학년도 고1 전국연합 학력평가 9월	21번	★★★★
	2	빈칸 추론(짧은 어구)	67.2%		33번	★★★★
	3	빈칸 추론(긴 어구)	55.3%		34번	★★★
	4	글의 순서	65.2%		37번	★★★★
	5	문단 요약	66.1%		40번	★★★★
	6	어법	57.8%		29번	★★★
Day 9	1	함축 의미	53.3%	2021학년도 고1 전국연합 학력평가 6월	21번	★★★
	2	빈칸 추론(한 단어)	61.2%		31번	★★★★
	3	빈칸 추론(긴 어구)	62.8%		33번	★★★★
	4	어휘	68.1%		30번	★★★★
	5	1지문 2문항(제목)	64.4%		41번	★★★★
	6	1지문 2문항(어휘)	48.8%		42번	★★★
Day 10	1	주제	43.7%	2021학년도 고1 전국연합 학력평가 3월	23번	★★
	2	빈칸 추론(한 단어)	58.9%		31번	★★★
	3	빈칸 추론(긴 어구)	70.3%		34번	★★★★★
	4	주어진 문장의 적합한 위치	71.8%		38번	★★★★★
	5	문단 요약	57.9%		40번	★★★
	6	어휘	52.6%		30번	★★★

모듈 정리

모듈 2 상호 작용

◉ **모듈 설명**

상호 작용 모듈은 상호 작용 이해 방식을 작동하여 지문에 명시되지 않은 정보를 논리적으로 추론할 수 있는 능력을 측정하는 유형의 문항들을 가리킵니다. 상호 작용 유형 문항에서는 보통 글의 핵심 내용과 연관되는 말을 선택지에서 찾아 빈칸을 완성하는 능력을 평가합니다.

◉ **유형 분류**

글에서 빠진 정보(단어, 구, 절, 문장)를 추론하는 빈칸 완성 유형의 문항이며, 흔히 모의고사 31번에서 34번까지가 이 유형에 해당합니다.

◉ **출제 경향**

전반적으로 어려운 유형으로 분류되는 편이며, 글의 전반적인 내용을 파악한 뒤 논리적으로 가장 자연스러운 말을 추론하는 문항이 출제되고 있습니다. 주로 글의 핵심적인 내용에 해당하는 부분을 빈칸으로 제시하고, 빈칸이 있는 문장의 앞뒤에 결정적인 단서가 있는 경우가 많으므로, 이 점을 명심해야 합니다. 왼쪽 표에서 색칠된 문제들이 대표적인 최근의 고난도 상호 작용 유형 문제입니다.

◉ **만점 전략**

예1 글을 전반적으로 읽고 핵심 내용 파악하기

예2 핵심 내용과 연관되는 말을 선택지에서 찾기

예3 선택한 말을 빈칸에 넣어 의미가 잘 통하는지 확인하기

Word Preview

정답과 해설 27쪽

Day 6

- □ generalization _____
- □ engaging _____
- □ provide _____
- □ perceive _____
- □ competitive _____
- □ factor _____
- □ civilization _____
- □ inspire _____
- □ commerce _____
- □ rejection _____
- □ deliberately _____
- □ unfavorable _____
- □ frustration _____
- □ reside _____
- □ miserable _____

Day 7

- □ excessive _____
- □ generate _____
- □ interval _____
- □ neural _____
- □ organism _____
- □ imitate _____
- □ molecule _____
- □ claim _____
- □ proportion _____
- □ approach _____
- □ kinetic _____
- □ conserve _____
- □ extinction _____
- □ occur _____
- □ supplement _____

Day 8

- □ relative _____
- □ remove _____
- □ eliminate _____
- □ advantage _____
- □ individual _____
- □ conclusively _____
- □ stick _____
- □ resident _____
- □ approve _____
- □ commitment _____
- □ willingness _____
- □ disagreement _____
- □ reveal _____
- □ dismiss _____
- □ recession _____

Day 9

- □ interpret _____
- □ arrange _____
- □ phenomenon _____
- □ maintain _____
- □ consideration _____
- □ negotiate _____
- □ innovation _____
- □ availability _____
- □ confront _____
- □ essential _____
- □ disastrous _____
- □ socializing _____
- □ inanimate _____
- □ suffer _____
- □ progression _____

Day 10

- □ process _____
- □ aspect _____
- □ distress _____
- □ ensure _____
- □ withhold _____
- □ distinguish _____
- □ incapable _____
- □ opportunity _____
- □ overestimate _____
- □ convince _____
- □ notable _____
- □ decline _____
- □ empathy _____
- □ fundamental _____
- □ artificial _____

1 2022학년도 3월 학평 31번 [24211-0031]

다음 빈칸에 들어갈 말로 가장 적절한 것은?

　Generalization without specific examples that humanize writing is boring to the listener and to the reader. Who wants to read platitudes all day? Who wants to hear the words great, greater, best, smartest, finest, humanitarian, on and on and on without specific examples? Instead of using these 'nothing words,' leave them out and just describe the _____. There is nothing worse than reading a scene in a novel in which a main character is described up front as heroic or brave or tragic or funny, while thereafter, the writer quickly moves on to something else. That's no good, no good at all. You have to use less one word descriptions and more detailed, engaging descriptions if you want to make something real.

*platitude: 상투적인 말

① similarities
② particulars
③ fantasies
④ boredom
⑤ wisdom

모듈/유형 상호 작용 / 빈칸 추론(한 단어)　**오답률** 58.0%

난도 ★★★　　　**목표 풀이 시간** 2분

풀이 포인트 글 전체에서 반복되는 필자의 메시지를 파악하는 것이 포인트가 될 수 있어. 첫 번째 문장에서 구체적 사례가 없는 일반화는 지루하다고 했지? 마지막 문장에서도 역시 세밀하고 마음을 끄는 묘사를 사용해야 한다고 강조했어. 필자가 이렇게 강조하는 메시지는 무엇을 서술하라고 하는 것일까?

2 2022학년도 3월 학평 34번 [24211-0032]

다음 빈칸에 들어갈 말로 가장 적절한 것은?

　One dynamic that can change dramatically in sport is the concept of the home-field advantage, in which perceived demands and resources seem to play a role. Under normal circumstances, the home ground would appear to provide greater perceived resources (fans, home field, and so on). However, researchers Roy Baumeister and Andrew Steinhilber were among the first to point out that these competitive factors can change; for example, the success percentage for home teams in the final games of a playoff or World Series seems to drop. Fans can become part of the perceived demands rather than resources under those circumstances. This change in perception can also explain why a team that's struggling at the start of the year will _____ to reduce perceived demands and pressures.

*perceive: 인식하다 **playoff: 우승 결정전

① often welcome a road trip
② avoid international matches
③ focus on increasing ticket sales
④ want to have an eco-friendly stadium
⑤ try to advertise their upcoming games

모듈/유형 상호 작용 / 빈칸 추론(짧은 어구)　**오답률** 83.0%

난도 ★★★★★　　　**목표 풀이 시간** 2분 20초

풀이 포인트 빈칸이 들어 있는 문장을 정확하게 해석한 후, 이 글의 핵심 메시지를 적용해 보는 것이 포인트가 될 수 있어. 빈칸이 들어 있는 문장을 읽어 보면, 연초에 고전하는 팀이 부담과 압박을 줄이기 위해 어떤 일을 할지 추론해야 한다는 걸 알 수 있지? 이 글의 메시지는 홈그라운드가 장점이 있는 반면, 팬의 존재가 오히려 부담이 될 수도 있다는 거야. 축구 경기에서 홈팀을 열성적으로 응원하는 팬들의 열기를 생각해 봐. 실수라도 하는 순간, 그 팬들의 열기는 압박으로 변하지 않겠어? 그러면 성적이 좋지 않은 팀은 오히려 홈 경기를 피하고 싶겠지.

3

2022학년도 3월 학평 39번 [24211-0033]

글의 흐름으로 보아, 주어진 문장이 들어가기에 가장 적절한 곳은?

> Since the dawn of civilization, our ancestors created myths and told legendary stories about the night sky.

We are connected to the night sky in many ways. (①) It has always inspired people to wonder and to imagine. (②) Elements of those narratives became embedded in the social and cultural identities of many generations. (③) On a practical level, the night sky helped past generations to keep track of time and create calendars — essential to developing societies as aids to farming and seasonal gathering. (④) For many centuries, it also provided a useful navigation tool, vital for commerce and for exploring new worlds. (⑤) Even in modern times, many people in remote areas of the planet observe the night sky for such practical purposes.

*embed: 깊이 새겨 두다 **commerce: 무역

4

2022학년도 3월 학평 30번 [24211-0034]

다음 글의 밑줄 친 부분 중, 문맥상 낱말의 쓰임이 적절하지 <u>않은</u> 것은?

Rejection is an everyday part of our lives, yet most people can't handle it well. For many, it's so painful that they'd rather not ask for something at all than ask and ① risk rejection. Yet, as the old saying goes, if you don't ask, the answer is always no. Avoiding rejection ② negatively affects many aspects of your life. All of that happens only because you're not ③ tough enough to handle it. For this reason, consider rejection therapy. Come up with a ④ request or an activity that usually results in a rejection. Working in sales is one such example. Asking for discounts at the stores will also work. By deliberately getting yourself ⑤ welcomed you'll grow a thicker skin that will allow you to take on much more in life, thus making you more successful at dealing with unfavorable circumstances.

*deliberately: 의도적으로

모듈/유형 간접 쓰기 / 주어진 문장의 적합한 위치   **오답률** 70.4%

난도 ★★★★★   **목표 풀이 시간** 2분 20초

풀이 포인트 지문에 있는 지시 형용사에 유의해서 그것이 무엇을 가리키는지 파악해 내는 게 이 문제의 포인트야. ② 뒤 문장을 살펴보면, those narratives 라는 표현이 보이지? narratives는 이야기를 뜻하니까, 앞 부분에 이야기를 나타내는 표현이 와야 하겠지. 그런데 ②의 앞에는 '그 이야기들'로 지칭할 만한 명사구가 없어. 그렇다면 이제 주어진 문장에 those narratives가 지칭할 만한 표현이 있는지 확인해 봐.

모듈/유형 문법 · 어휘 / 어휘   **오답률** 58.3%

난도 ★★★   **목표 풀이 시간** 2분

풀이 포인트 거절을 두려워하지 말라는 글 전체의 메시지와 거절 요법의 취지를 이해해야 해. 필자는 요청하지 않으면 대답은 항상 '아니요'라고 했어. 즉, 거절이 두려워서 요청조차 하지 않는다면 얻을 수 있는 게 없고 삶에 부정적인 영향만 받을 뿐이라는 거지. 그렇다면 어떻게 해야 할까? 거절 요법을 시도해서 거절당할 만한 요청이나 활동을 시도하는 거야! 거절당할 상황을 의도적으로 만들어 보는 거지. 그러면 대처 방법을 연습할 수 있을 테니까.

[5~6] 2022학년도 3월 학평 41~42번

다음 글을 읽고, 물음에 답하시오.

The longest journey we will make is the eighteen inches between our head and heart. If we take this journey, it can shorten our (a) misery in the world. Impatience, judgment, frustration, and anger reside in our heads. When we live in that place too long, it makes us (b) unhappy. But when we take the journey from our heads to our hearts, something shifts (c) inside. What if we were able to love everything that gets in our way? What if we tried loving the shopper who unknowingly steps in front of us in line, the driver who cuts us off in traffic, the swimmer who splashes us with water during a belly dive, or the reader who pens a bad online review of our writing?

Every person who makes us miserable is (d) like us — a human being, most likely doing the best they can, deeply loved by their parents, a child, or a friend. And how many times have we unknowingly stepped in front of someone in line? Cut someone off in traffic? Splashed someone in a pool? Or made a negative statement about something we've read? It helps to (e) deny that a piece of us resides in every person we meet.

*reside: (어떤 장소에) 있다

5
[24211-0036]

윗글의 제목으로 가장 적절한 것은?

① Why It Is So Difficult to Forgive Others
② Even Acts of Kindness Can Hurt Somebody
③ Time Is the Best Healer for a Broken Heart
④ Celebrate the Happy Moments in Your Everyday Life
⑤ Understand Others to Save Yourself from Unhappiness

6
[24211-0035]

밑줄 친 (a)~(e) 중에서 문맥상 낱말의 쓰임이 적절하지 않은 것은?

① (a)   ② (b)   ③ (c)   ④ (d)   ⑤ (e)

모듈/유형 복합 / 1지문 2문항(제목 / 어휘)   **오답률** 52.4% / 52.0%

난도 ★★★ / ★★★   **목표 풀이 시간** 2분 30초

풀이 포인트 5 제목 추론 문제에서는 자신을 분노하게 하는 것들을 사랑하고 타인을 이해하면 불행을 막을 수 있다는 요지를 파악하는 것이 포인트야. 필자는 조급함, 비난, 좌절, 분노 속에 너무 오래 머물면 불행하다고 하면서, 줄 앞에 끼어든 사람, 물을 튀긴 사람 등 부정적 감정을 유발하는 사람들을 사랑하려고 노력하자고 제안하고 있거든. 이 내용을 표현한 선지를 찾으면 돼.

6 어휘 문제에서는 두 번째 문단의 첫 문장이 핵심이라고 할 수 있어. 우리에게 부정적인 감정을 일으키는 모든 사람은 우리와 같다는 말은, 타인도 우리와 같은 사람들이고, 우리 역시 타인에게 부정적 감정을 일으킨 적이 있었을 수도 있다는 말이지. 그걸 기억한다면 타인을 이해하고 사랑하는 데 도움이 되지 않을까?

정답과 **해설** 31쪽

Vocabulary Check-up

1 다음 문장의 빈칸에 들어갈 말을 〈보기〉에서 찾아 쓰시오.

〈보기〉
reside competitive perceive miserable factor civilization

(1) We tend to _____ the door of a classroom as rectangular no matter from which angle it is viewed. 2014학년도 수능 38번

(2) The crucial _____ in the success of the suffragette movement was that its supporters were *consistent* in their views, and this created a considerable degree of social influence. 2019학년도 수능 32번

(3) It may be that robots are needed to reduce manufacturing costs so that the company remains _____, but planning for such cost reductions should be done jointly by labor and management. 2022학년도 수능 38번

2 다음 네모 안에서 문맥에 맞는 낱말을 고르시오.

(1) Equality involves not just injection / rejection of irrelevant differences as is commonly argued, but also full recognition of legitimate and relevant ones. 2021학년도 9월 모평 33번

(2) It was Emilia's favorite painting and had inspired / inspected her to become a painter.
2023학년도 9월 모평 43~45번

Grammar Check-up

1 다음 네모 안에서 어법상 알맞은 표현을 고르시오.

(1) Instead of using these 'nothing words,' leave ① out them / them out and just describe the particulars. There is nothing worse than reading a scene in a novel ② which / in which a main character is described up front as heroic or brave or tragic or funny, while thereafter, the writer quickly moves on to something else.

(2) Under normal circumstances, the home ground would appear ① to provide / providing greater perceived resources (fans, home field, and so on). However, researchers Roy Baumeister and Andrew Steinhilber were among the first to point out that these competitive factors can change; for example, the success percentage for home teams in the final games of a playoff or World Series ② seem / seems to drop.

2 다음 밑줄 친 부분 중, 어법상 **틀린** 것을 골라 바르게 고치시오.

Avoiding rejection negatively affects many aspects of your life. All of that happens only because you're not tough enough ① to handle it. For this reason, consider rejection therapy. Come up with a request or an activity ② that usually results in a rejection. Working in sales ③ is one such example. Asking for discounts at the stores will also work. By deliberately getting yourself ④ rejecting you'll grow a thicker skin that will allow you to take on much more in life, thus making you more successful at dealing with unfavorable circumstances.

Day 7 Week 2

1

2021학년도 11월 학평 21번 [24211-0037]

밑줄 친 a slap in our own face가 다음 글에서 의미하는 바로 가장 적절한 것은?

When it comes to climate change, many blame the fossil fuel industry for pumping greenhouse gases, the agricultural sector for burning rainforests, or the fashion industry for producing excessive clothes. But wait, what drives these industrial activities? Our consumption. Climate change is a summed product of each person's behavior. For example, the fossil fuel industry is a popular scapegoat in the climate crisis. But why do they drill and burn fossil fuels? We provide them strong financial incentives: some people regularly travel on airplanes and cars that burn fossil fuels. Some people waste electricity generated by burning fuel in power plants. Some people use and throw away plastic products derived from crude oil every day. Blaming the fossil fuel industry while engaging in these behaviors is a slap in our own face.

*scapegoat: 희생양

① giving the future generation room for change
② warning ourselves about the lack of natural resources
③ refusing to admit the benefits of fossil fuel production
④ failing to recognize our responsibility for climate change
⑤ starting to deal with environmental problems individually

2

2021학년도 11월 학평 33번 [24211-0038]

다음 빈칸에 들어갈 말로 가장 적절한 것은?

Over time, babies construct expectations about what sounds they will hear when. They hold in memory the sound patterns that occur on a regular basis. They make hypotheses like, "If I hear *this* sound first, it probably will be followed by *that* sound." Scientists conclude that much of babies' skill in learning language is due to their _____. For babies, this means that they appear to pay close attention to the patterns that repeat in language. They remember, in a systematic way, how often sounds occur, in what order, with what intervals, and with what changes of pitch. This memory store allows them to track, within the neural circuits of their brains, the frequency of sound patterns and to use this knowledge to make predictions about the meaning in patterns of sounds.

① lack of social pressures
② ability to calculate statistics
③ desire to interact with others
④ preference for simpler sounds
⑤ tendency to imitate caregivers

모듈/유형	대의 파악 / 함축 의미	**오답률** 52.9%
난도 ★★★		**목표 풀이 시간** 2분

풀이 포인트 글에서 설명하는 상황을 정확히 파악해야 해. 자신은 정작 화석 연료를 이용한 비행기나 자동차를 정기적으로 이용하면서 화석 연료 산업이 기후 변화를 야기한다고 비난한다면, 그건 기후 변화가 궁극적으로는 나 자신의 소비 행위 때문에 일어난다는 걸 깨닫지 못하고 엉뚱한 곳을 탓하는 게 되겠지?

모듈/유형	상호 작용 / 빈칸 추론(짧은 어구)	**오답률** 67.4%
난도 ★★★★★		**목표 풀이 시간** 2분 20초

풀이 포인트 빈칸 뒤에 있는 내용을 캐치하는 것이 포인트야. 이 글 전체를 통해 '패턴'이라는 말이 반복되고 있지? 아기들이 언어에서 반복되는 패턴에 세심한 주의를 기울이고 있다는 거야. 그 패턴의 빈도, 순서, 간격, 음조 변화를 체계적 방식으로 기억하고, 이를 이용해서 소리 패턴의 빈도를 추적하고 그 의미를 예측할 수 있다고 했어. 이렇게 주어진 데이터를 분석해서 일정한 체계에 따라 파악하거나 나타내는 행위를 무엇이라고 부를까?

3

2021학년도 11월 학평 34번   [24211-0039]

다음 빈칸에 들어갈 말로 가장 적절한 것은?

   Some deep-sea organisms are known to use bioluminescence as a lure, to attract prey with a little glow imitating the movements of their favorite fish, or like fireflies, as a sexual attractant to find mates. While there are many possible evolutionary theories for the survival value of bioluminescence, one of the most fascinating is to _____. The color of almost all bioluminescent molecules is blue-green, the same color as the ocean above. By self-glowing blue-green, the creatures no longer cast a shadow or create a silhouette, especially when viewed from below against the brighter waters above. Rather, by glowing themselves, they can blend into the sparkles, reflections, and scattered blue-green glow of sunlight or moonlight. Thus, they are most likely making their own light not to see, but to be un-seen.

   *bioluminescence: 생물 발광 **lure: 가짜 미끼

① send a signal for help
② threaten enemies nearby
③ lift the veil of hidden prey
④ create a cloak of invisibility
⑤ serve as a navigation system

모듈/유형	상호 작용 / 빈칸 추론(짧은 어구)	오답률	55.0%
난도	★★★	목표 풀이 시간	2분

풀이 포인트 맨 마지막 문장이 결정적인 힌트가 될 수 있어. '보이지 않기 위해 자신만의 빛을 만들어 낸다'고 했지? 일부 심해 생물이 바다 위층과 같은 청록색으로 자체 발광을 해서 자신의 그림자나 실루엣을 감출 수 있다는 거야. 이 것을 표현한 선택지를 찾아봐.

4

2021학년도 11월 학평 37번   [24211-0040]

주어진 글 다음에 이어질 글의 순서로 가장 적절한 것은?

> Literary works, by their nature, suggest rather than explain; they imply rather than state their claims boldly and directly.

(A) What a text implies is often of great interest to us. And our work of figuring out a text's implications tests our analytical powers. In considering what a text suggests, we gain practice in making sense of texts.

(B) But whatever the proportion of a work's showing to telling, there is always something for readers to interpret. Thus we ask the question "What does the text suggest?" as a way to approach literary interpretation, as a way to begin thinking about a text's implications.

(C) This broad generalization, however, does not mean that works of literature do not include direct statements. Depending on when they were written and by whom, literary works may contain large amounts of direct telling and lesser amounts of suggestion and implication.

① (A) – (C) – (B)   ② (B) – (A) – (C)
③ (B) – (C) – (A)   ④ (C) – (A) – (B)
⑤ (C) – (B) – (A)

모듈/유형	간접 쓰기 / 글의 순서	오답률	63.8%
난도	★★★★	목표 풀이 시간	2분 10초

풀이 포인트 글의 논리적 내용을 따라가는 것과 동시에 '역접'의 개념을 이해하는 것이 포인트야. 지문의 however나 But은 그 앞뒤의 내용이 반대가 되어야 한다는 것을 명심하면서 내용을 배열해 보면 돼.

5 2021학년도 11월 학평 39번 [24211-0041]

글의 흐름으로 보아, 주어진 문장이 들어가기에 가장 적절한 곳은?

> But after this brief moment of rest, the pendulum swings back again and therefore part of the total energy is then given in the form of kinetic energy.

In general, kinetic energy is the energy associated with motion, while potential energy represents the energy which is "stored" in a physical system. Moreover, the total energy is always conserved. (①) But while the total energy remains unchanged, the kinetic and potential parts of the total energy can change all the time. (②) Imagine, for example, a pendulum which swings back and forth. (③) When it swings, it sweeps out an arc and then slows down as it comes closer to its highest point, where the pendulum does not move at all. (④) So at this point, the energy is completely given in terms of potential energy. (⑤) So as the pendulum swings, kinetic and potential energy constantly change into each other.

*pendulum: 추(錘) **arc: 호(弧)

6 2021학년도 11월 학평 30번 [24211-0042]

다음 글의 밑줄 친 부분 중, 문맥상 낱말의 쓰임이 적절하지 않은 것은?

For species approaching extinction, zoos can act as a last chance for survival. ① Recovery programs are established to coordinate the efforts of field conservationists and wildlife authorities. As populations of those species ② diminish it is not unusual for zoos to start captive breeding programs. Captive breeding acts to protect against extinction. In some cases captive-bred individuals may be released back into the wild, supplementing wild populations. This is most successful in situations where individuals are at greatest threat during a ③ particular life stage. For example, turtle eggs may be removed from high-risk locations until after they hatch. This may ④ increase the number of turtles that survive to adulthood. Crocodile programs have also been successful in protecting eggs and hatchlings, ⑤ capturing hatchlings once they are better equipped to protect themselves.

*captive breeding: 포획 사육 **hatch: 부화하다

모듈/유형	간접 쓰기 / 주어진 문장의 적합한 위치	오답률	70.8%
난도 ★★★★★		목표 풀이 시간	2분 20초

풀이 포인트 운동 에너지와 위치 에너지의 개념을 이해하고, 추가 호 모양으로 흔들리는 것을 상상하는 것이 이 문제의 포인트야. 최면술사들이 내 앞에서 추를 흔든다고 생각해 봐. 추는 왔다 갔다 하면서 가장 높은 지점에 있을 때 잠시 멈추었다가 반대편으로 다시 움직이지? 가장 높은 지점에 있을 때는 운동을 하지 않으니까 운동 에너지가 없이 위치 에너지만 있을 것이고, 움직이기 시작할 때 운동 에너지가 생기기 시작할 거야.

모듈/유형	문법 · 어휘 / 어휘	오답률	77.3%
난도 ★★★★★		목표 풀이 시간	2분 20초

풀이 포인트 밑줄이 없는 문장에서 근거를 찾는 것이 풀이 포인트가 될 수 있어. 가운데에 Captive로 시작하는 두 문장에서 포획 사육이 멸종을 막기 위해 작용하고, 포획 사육된 후 다시 야생으로 방생된다고 했지? 즉, 사육을 통해 그 개체가 살아갈 수 있는 힘을 마련해 주고 다시 야생으로 돌려보내는 프로그램이야. 그 과정에 맞지 않는 단어를 찾아봐!

Vocabulary Check-up

1 다음 문장의 빈칸에 들어갈 말을 〈보기〉에서 찾아 쓰시오.

〈보기〉
occur neural excessive molecule generate interval

(1) For example, in an early study by Conrad, adults were shown six-letter sequences, with letters being presented visually, one at a time, at _____s of three-fourths of a second. 2017학년도 9월 모평 33번

(2) But even though it feels reassuring for individuals to be hyperconnected, it's better for the organization if they periodically go off and think for themselves and _____ diverse — if not quite mature — ideas. 2022학년도 9월 모평 21번

(3) By this I mean that we have two different _____ systems that manipulate our facial muscles.
2019학년도 6월 모평 39번

2 다음 네모 안에서 문맥에 맞는 낱말을 고르시오.

(1) This snake is infamous for causing the extinction / fiction of the majority of native bird species in Guam. 2018학년도 9월 모평 25번

(2) Although richer people spend smaller proposals / proportions of their income on food, in total they consume more food — and richer food, which contributes to various kinds of disease and debilitation.
2020학년도 9월 모평 32번

Grammar Check-up

1 다음 네모 안에서 어법상 알맞은 표현을 고르시오.

(1) Some people use and throw away plastic products ① derived / deriving from crude oil every day. Blaming the fossil fuel industry while engaging in these behaviors ② is / are a slap in our own face.

(2) But ① what / whatever the proportion of a work's showing to telling, there is always something ② for / of readers to interpret.

2 다음 밑줄 친 부분 중, 어법상 틀린 것을 골라 바르게 고치시오.

As populations of those species diminish it is not unusual for zoos ① to start captive breeding programs. Captive breeding acts to protect against extinction. In some cases captive-bred individuals may be released back into the wild, supplementing wild populations. This is most successful in situations ② where individuals are at greatest threat during a particular life stage. For example, turtle eggs may be removed from high-risk locations until after ③ they hatch. This may increase the number of turtles that survive to adulthood. Crocodile programs have also been successful in protecting eggs and hatchlings, ④ release hatchlings once they are better equipped to protect themselves.

Day 8 Week 2

1
2021학년도 9월 학평 21번 [24211-0043]

밑줄 친 "matter out of place"가 다음 글에서 의미하는 바로 가장 적절한 것은?

Nothing is trash by nature. Anthropologist Mary Douglas brings back and analyzes the common saying that dirt is "matter out of place." Dirt is relative, she emphasizes. "Shoes are not dirty in themselves, but it is dirty to place them on the dining table; food is not dirty in itself, but it is dirty to leave pots and pans in the bedroom, or food all over clothing; similarly, bathroom items in the living room; clothing lying on chairs; outdoor things placed indoors; upstairs things downstairs, and so on." Sorting the dirty from the clean — removing the shoes from the table, putting the dirty clothing in the washing machine — involves systematic ordering and classifying. Eliminating dirt is thus a positive process.

① something that is completely broken
② a tiny dust that nobody notices
③ a dirty but renewable material
④ what can be easily replaced
⑤ a thing that is not in order

모듈/유형 대의 파악 / 함축 의미 추론 **오답률** 61.5%
난도 ★★★★ **목표 풀이 시간** 2분 10초

풀이포인트 이 글에서 저자는 더러운 것은 본래부터 더러운 것이 아니라 상대적인 것이라고 하면서, 신발, 음식, 냄비와 팬 등의 물건을 예로 들며 제자리에 놓여 있지 않은 것이 더러운 것이라고 이야기하고 있어. 그러면서 깨끗한 것과 더러운 것을 체계적으로 분류하고 정리하는 것이 긍정적인 과정이라고 말하고 있지. 밑줄 친 표현 중에서 out of place와 비슷한 의미의 표현을 포함하고 있는 선택지가 무엇일까? 이 글의 전체적 내용을 이해했다면 밑줄 친 표현의 의미는 문맥에서 추론할 수 있을 거야.

2
2021학년도 9월 학평 33번 [24211-0044]

다음 빈칸에 들어갈 말로 가장 적절한 것은?

One big difference between science and stage magic is that while magicians hide their mistakes from the audience, in science you make your mistakes in public. You show them off so that everybody can learn from them. This way, you get the advantage of everybody else's experience, and not just your own idiosyncratic path through the space of mistakes. This, by the way, is another reason why we humans are so much smarter than every other species. It is not that our brains are bigger or more powerful, or even that we have the ability to reflect on our own past errors, but that we _____ that our individual brains have earned from their individual histories of trial and error.

*idiosyncratic: (개인에게) 특유한

① share the benefits
② overlook the insights
③ develop creative skills
④ exaggerate the achievements
⑤ underestimate the knowledge

모듈/유형 상호 작용 / 빈칸 추론(짧은 어구) **오답률** 67.2%
난도 ★★★★ **목표 풀이 시간** 2분 20초

풀이포인트 언뜻 보면 이 글이 단순히 인간이 실수로부터 배운다는 이야기를 하고 있는 것 같지만 세부적인 주제는, 앞부분의 you get the advantage of everybody else's experience나 빈칸 뒷부분의 our individual brains have earned from their individual histories of trial and error에서 알 수 있듯이, 우리 인간이 자신의 경험과 실수뿐 아니라 다른 사람들의 경험과 시행착오에서 배운다는 걸 강조하고 있어. 글에서 전하고자 하는 핵심 메시지를 놓치지 않도록 유의해!

3

다음 빈칸에 들어갈 말로 가장 적절한 것은?

The last two decades of research on the science of learning have shown conclusively that we remember things better, and longer, if _____. This is the teaching method practiced by physics professor Eric Mazur. He doesn't lecture in his classes at Harvard. Instead, he asks students difficult questions, based on their homework reading, that require them to pull together sources of information to solve a problem. Mazur doesn't give them the answer; instead, he asks the students to break off into small groups and discuss the problem among themselves. Eventually, nearly everyone in the class gets the answer right, and the concepts stick with them because they had to find their own way to the answer.

① they are taught repeatedly in class

② we fully focus on them without any distractions

③ equal opportunities are given to complete tasks

④ there's no right or wrong way to learn about a topic

⑤ we discover them ourselves rather than being told them

4

주어진 글 다음에 이어질 글의 순서로 가장 적절한 것은?

In a study, a researcher pretending to be a volunteer surveyed a California neighborhood, asking residents if they would allow a large sign reading "Drive Carefully" to be displayed on their front lawns.

(A) The reason that they agreed was this: two weeks earlier, these residents had been asked by another volunteer to make a small commitment to display a tiny sign that read "Be a Safe Driver" in their windows.

(B) Since it was such a small and simple request, nearly all of them agreed. The astonishing result was that the initial small commitment deeply influenced their willingness to accept the much larger request two weeks later.

(C) To help them understand what it would look like, the volunteer showed his participants a picture of the large sign blocking the view of a beautiful house. Naturally, most people refused, but in one particular group, an incredible 76 percent actually approved.

① (A) – (C) – (B)   ② (B) – (A) – (C)

③ (B) – (C) – (A)   ④ (C) – (A) – (B)

⑤ (C) – (B) – (A)

모듈/유형 상호 작용 / 빈칸 추론(긴 어구)   **오답률** 55.3%

난도 ★★★   **목표 풀이 시간** 2분

풀이 포인트 빈칸 뒤에 Eric Mazur의 교수법에 대해 제시되어 있는데, 교수가 학생들에게 강의를 하지 않고, 답을 주지 않은 채 학생들이 읽고 토론하도록 요구한다는 내용이 나오지? 그것이 빈칸에 들어갈 말을 찾는 데 단서가 될 수 있어. 그리고 마지막 문장 중 the concepts stick with them because they had to find their own way to the answer라는 부분에서 '학생들이 스스로 정답으로 가는 자신만의 방법을 찾아야 했기 때문에 개념들이 그들에게 계속 남는다'고 말하고 있는데, 그것 또한 빈칸이 들어 있는 문장과 의미상 유사한 내용을 다른 표현을 사용해 나타낸 것임을 알 수 있어.

모듈/유형 간접 쓰기 / 글의 순서   **오답률** 65.2%

난도 ★★★★   **목표 풀이 시간** 2분 10초

풀이 포인트 이 글은 작고 단순한 요청의 승낙이 이후의 더 큰 요청을 수락하는 데 영향을 미친다는 것을 보여주는 실험 결과에 관한 글이야. (A)에서 they agreed(그들이 동의했다)는 것이 가리키는 것이 무엇인지, (B)와 (C)의 문장 앞부분에 있는 it이 지칭하는 것이 무엇인지를 파악해서 글의 순서를 배열하기 위한 단서를 찾는 것이 중요해! 이 글에 등장하는 sign(표지판)도 큰 것과 작은 것이 등장하고 request(요청)로 작고 단순한 것과 더 큰 것이 대비적으로 나오기 때문에 꼼꼼하게 읽을 필요가 있어!

5

다음 글의 내용을 한 문장으로 요약하고자 한다. 빈칸 (A), (B)에 들어갈 말로 가장 적절한 것은?

Nancy Lowry and David Johnson conducted an experiment to study a teaching environment where fifth and sixth graders were assigned to interact on a topic. With one group, the discussion was led in a way that built an agreement. With the second group, the discussion was designed to produce disagreements about the right answer. Students who easily reached an agreement were less interested in the topic, studied less, and were less likely to visit the library to get additional information. The most noticeable difference, though, was revealed when teachers showed a special film about the discussion topic — during lunch time! Only 18 percent of the agreement group missed lunch time to see the film, but 45 percent of the students from the disagreement group stayed for the film. The thirst to fill a knowledge gap — to find out who was right within the group — can be more powerful than the thirst for slides and jungle gyms.

↓

> According to the experiment above, students' interest in a topic ____(A)____ when they are encouraged to ____(B)____.

	(A)		(B)
①	increases	·····	differ
②	increases	·····	approve
③	increases	·····	cooperate
④	decreases	·····	participate
⑤	decreases	·····	argue

모듈/유형 간접 쓰기 / 문단 요약	오답률 66.1%
난도 ★★★★	목표 풀이 시간 2분 10초

풀이 포인트 이런 문단 요약 유형의 문제는 먼저 요약문을 읽으면서 이 글의 소재를 파악하고, 지문을 읽을 때 어떤 부분에 초점을 두고 읽어야 할지 미리 생각해 보면 좋아. 이 글의 요약문은 실험의 결과를 요약한 것인데, '학생들이 (B)하는 것을 장려받을 때 어떤 주제에 대한 관심이 (A)하다'라는 내용이니까 빈칸 (A)와 (B)에 들어갈 말이 무엇인지 초점을 맞추어 지문을 읽어보면 정답을 찾을 수 있을 거야!

6

다음 글의 밑줄 친 부분 중, 어법상 틀린 것은?

An economic theory of Say's Law holds that everything that's made will get sold. The money from anything that's produced is used to ① buy something else. There can never be a situation ② which a firm finds that it can't sell its goods and so has to dismiss workers and close its factories. Therefore, recessions and unemployment are impossible. Picture the level of spending like the level of water in a bath. Say's Law applies ③ because people use all their earnings to buy things. But what happens if people don't spend all their money, saving some of ④ it instead? Savings are a 'leakage' of spending from the economy. You're probably imagining the water level now falling, so there's less spending in the economy. That would mean firms producing less and ⑤ dismissing some of their workers.

*recession: 경기 후퇴

모듈/유형 문법 · 어휘 / 어법	오답률 57.8%
난도 ★★★	목표 풀이 시간 1분 50초

풀이 포인트 부사적 용법으로 쓰인 to부정사의 형태, 완전한 절을 이끄는 '이유'를 나타내는 접속사 because의 사용, money를 받는 지시대명사, 동명사 producing과 병렬 관계인 동명사구의 형태를 이해하는 것이 이 어법 문제 해결을 위한 포인트야.

Vocabulary Check-up

1 다음 문장의 빈칸에 들어갈 말을 〈보기〉에서 찾아 쓰시오.

〈보기〉
individual eliminate recession advantage relative dismiss

(1) It is a century that is characterized by knowledge as the important resource that gains competitive _____ for companies. 2020학년도 6월 모평 22번

(2) The exercises or activities are devised to _____ different options and to focus on predetermined results. 2017학년도 수능 31번

(3) For instance, deciding whether to spend Saturday afternoon relaxing with your family or exercising will be determined by the _____ importance that you place on family versus health.
2017학년도 9월 모평 39번

2 다음 네모 안에서 문맥에 맞는 낱말을 고르시오.

(1) When there is no immediate danger, it is usually best to approve / disapprove of the child's play without interfering. 2015학년도 수능 21번

(2) Cinema is valuable not for its ability to make visible the hidden outlines of our reality, but for its ability to conceal / reveal what reality itself veils — the dimension of fantasy. 2022학년도 수능 39번

Grammar Check-up

1 다음 네모 안에서 어법상 알맞은 표현을 고르시오.

(1) It is not that our brains are bigger or more powerful, or even that we have the ability to reflect on our own past errors, but ① that / what we share the benefits ② that / where our individual brains have earned from their individual histories of trial and error.

(2) In a study, a researcher pretending to be a volunteer surveyed a California neighborhood, asking residents if they would allow a large sign reading "Drive Carefully" ① being / to be displayed on their front lawns. To help them understand ② that / what it would look like, the volunteer showed his participants a picture of the large sign blocking the view of a beautiful house.

2 다음 밑줄 친 부분 중, 어법상 틀린 것을 골라 바르게 고치시오.

Nancy Lowry and David Johnson conducted an experiment to study a teaching environment ① where fifth and sixth graders were assigned to interact on a topic. With one group, the discussion was led in a way that built an agreement. With the second group, the discussion ② was designed to produce disagreements about the right answer. Students who easily reached an agreement ③ were less interested in the topic, studied less, and were less likely to visit the library to get additional information. The most noticeable difference, though, ④ revealing when teachers showed a special film about the discussion topic — during lunch time! Only 18 percent of the agreement group missed lunch time to see the film, but 45 percent of the students from the disagreement group stayed for the film. The thirst to fill a knowledge gap — to find out who was right within the group — can be more powerful than the thirst for slides and jungle gyms.

1
2021학년도 6월 학평 21번 [24211-0049]

밑줄 친 want to use a hammer가 다음 글에서 의미하는 바로 가장 적절한 것은?

We have a tendency to interpret events selectively. If we want things to be "this way" or "that way" we can most certainly select, stack, or arrange evidence in a way that supports such a viewpoint. Selective perception is based on what seems to us to stand out. However, what seems to us to be standing out may very well be related to our goals, interests, expectations, past experiences, or current demands of the situation — "with a hammer in hand, everything looks like a nail." This quote highlights the phenomenon of selective perception. If we want to use a hammer, then the world around us may begin to look as though it is full of nails!

① are unwilling to stand out
② make our effort meaningless
③ intend to do something in a certain way
④ hope others have a viewpoint similar to ours
⑤ have a way of thinking that is accepted by others

2
2021학년도 6월 학평 31번 [24211-0050]

다음 빈칸에 들어갈 말로 가장 적절한 것은?

In a culture where there is a belief that you can have anything you truly want, there is no problem in choosing. Many cultures, however, do not maintain this belief. In fact, many people do not believe that life is about getting what you want. Life is about doing what you are *supposed* to do. The reason they have trouble making choices is they believe that what they may want is not related to what they are supposed to do. The weight of outside considerations is greater than their _____. When this is an issue in a group, we discuss what makes for good decisions. If a person can be unburdened from their cares and duties and, just for a moment, consider what appeals to them, they get the chance to sort out what is important to them. Then they can consider and negotiate with their external pressures.

① desires
② merits
③ abilities
④ limitations
⑤ worries

모듈/유형 대의 파악 / 함축 의미 **오답률** 53.3%
난도 ★★★ **목표 풀이 시간** 2분

풀이 포인트 두 번째 문장(If we want things to be "this way" or "that way" we can most certainly select, stack, or arrange evidence in a way that supports such a viewpoint.)을 보면 우리가 일을 하고자 하는 방식, 우리의 관점을 뒷받침하는 방식으로 사건을 선택적으로 해석을 한다는 것을 알 수 있어. 인용구에서 언급된 망치(hammer)와 못(nails)이 앞에서 설명한 선택적 지각(selective perception)과 관련해 어떤 연관성이 있는지, 무엇을 비유하는지 파악하는 게 중요해! 여기에서 망치(hammer)는 우리의 특정한 관점, 의도를 비유하는 것으로 볼 수 있을 거야.

모듈/유형 상호 작용 / 빈칸 추론(한 단어) **오답률** 61.2%
난도 ★★★★ **목표 풀이 시간** 2분 10초

풀이 포인트 글의 앞부분에서 저자는, 많은 문화에서 하고 싶은 일(what you want)과 해야 할 일(what you are *supposed* to do)이 서로 관련이 없다고 믿기 때문에 사람들이 외적인 부담과 압박 속에서 자신이 원하는 것을 선택하는 데 어려움을 겪는다고 말하고 있어. 특히 이 글의 빈칸이 있는 문장은 비교문이기 때문에 비교 대상을 잘 파악해야 해. 빈칸에 들어갈 말로 outside considerations와 대비되면서, what they may want와 what appeals to them과 관련 있는 그 어휘가 무엇일지 잘 찾아봐!

3 2021학년도 6월 학평 33번 [24211-0051]

다음 빈칸에 들어갈 말로 가장 적절한 것은?

Due to technological innovations, music can now be experienced by more people, for more of the time than ever before. Mass availability has given individuals unheard-of control over their own sound-environment. However, it has also confronted them with the simultaneous availability of countless genres of music, in which they have to orient themselves. People start filtering out and organizing their digital libraries like they used to do with their physical music collections. However, there is the difference that the choice lies in their own hands. Without being restricted to the limited collection of music-distributors, nor being guided by the local radio program as a 'preselector' of the latest hits, the individual actively has to _____. The search for the right song is thus associated with considerable effort.

*simultaneous: 동시의

① choose and determine his or her musical preferences

② understand the technical aspects of recording sessions

③ share unique and inspiring playlists on social media

④ interpret lyrics with background knowledge of the songs

⑤ seek the advice of a voice specialist for better performances

4 2021학년도 6월 학평 30번 [24211-0052]

다음 글의 밑줄 친 부분 중, 문맥상 낱말의 쓰임이 적절하지 않은 것은?

Detailed study over the past two or three decades is showing that the complex forms of natural systems are essential to their functioning. The attempt to ① straighten rivers and give them regular cross-sections is perhaps the most disastrous example of this form-and-function relationship. The natural river has a very ② irregular form: it curves a lot, spills across floodplains, and leaks into wetlands, giving it an ever-changing and incredibly complex shoreline. This allows the river to ③ prevent variations in water level and speed. Pushing the river into tidy geometry ④ destroys functional capacity and results in disasters like the Mississippi floods of 1927 and 1993 and, more recently, the unnatural disaster of Hurricane Katrina. A $50 billion plan to "let the river loose" in Louisiana recognizes that the ⑤ controlled Mississippi is washing away twenty-four square miles of that state annually.

*geometry: 기하학 **capacity: 수용 능력

모듈/유형	상호 작용 / 빈칸 추론(긴 어구)	오답률	62.8%
난도	★★★★	목표 풀이 시간	2분 10초

풀이 포인트 이 글은 기술 혁신으로 가능해진 음악의 대중 이용 가능성(mass availability)으로 인한 변화들에 대한 내용을 담고 있어. 과거에 실체가 있는 물리적 음악 수집을 하던 때에 비해 현재 음악 소비 환경이 어떻게 달라졌는지에 대한 설명에 주목을 하며 읽어 봐. 무수히 많은 장르의 음악을 동시에 이용할 수 있게 되었고 선택권이 개인에게 있다는 점이 차이라고 말하고 있어. 빈칸에 들어갈 말은, 음악 배급업자나 지역 라디오 프로그램의 음악 수집에 대한 제한이나 안내가 없어진 환경에서 개인이 무엇을 해야 하는지를 찾으면 돼.

모듈/유형	문법 · 어휘 / 어휘	오답률	68.1%
난도	★★★★	목표 풀이 시간	2분 20초

풀이 포인트 문맥상 낱말의 쓰임이 적절한지 여부를 판단하려면 전반적인 글의 내용, 주제, 요지 등을 파악해야 해. 강의 복잡한 형태와 강의 기능은 서로 연관이 되어 있다는 내용의 글로, 이러한 강의 불규칙적인 형태를 억지로 정돈하려 할 때 재난이 일어날 수 있다는 점을 언급하고 있어. 밑줄 친 부분들이 글의 그러한 요지와 흐름에 적절한지 판단해 봐!

[5~6] 2021학년도 6월 학평 41~42번

다음 글을 읽고, 물음에 답하시오.

If you were afraid of standing on balconies, you would start on some lower floors and slowly work your way up to higher ones. It would be easy to face a fear of standing on high balconies in a way that's totally controlled. Socializing is (a) trickier. People aren't like inanimate features of a building that you just have to be around to get used to. You have to interact with them, and their responses can be unpredictable. Your feelings toward them are more complex too. Most people's self-esteem isn't going to be affected that much if they don't like balconies, but your confidence can (b) suffer if you can't socialize effectively.

It's also harder to design a tidy way to gradually face many social fears. The social situations you need to expose yourself to may not be (c) available when you want them, or they may not go well enough for you to sense that things are under control. The progression from one step to the next may not be clear, creating unavoidable large (d) decreases in difficulty from one to the next. People around you aren't robots that you can endlessly experiment with for your own purposes. This is not to say that facing your fears is pointless when socializing. The principles of gradual exposure are still very (e) useful. The process of applying them is just messier, and knowing that before you start is helpful.

5
[24211-0054]

윗글의 제목으로 가장 적절한 것은?

① How to Improve Your Self Esteem
② Socializing with Someone You Fear: Good or Bad?
③ Relaxation May Lead to Getting Over Social Fears
④ Are Social Exposures Related with Fear of Heights?
⑤ Overcoming Social Anxiety Is Difficult; Try Gradually!

6
[24211-0053]

밑줄 친 (a)~(e) 중에서 문맥상 낱말의 쓰임이 적절하지 않은 것은?

① (a)   ② (b)   ③ (c)   ④ (d)   ⑤ (e)

모듈/유형	복합 / 1지문 2문항(제목/어휘)	오답률	64.4% / 48.8%
난도	★★★★ / ★★★	목표 풀이 시간	2분 40초

풀이 포인트 **5** 제목 추론 문제에서는 먼저 글의 앞부분에서 빠르게 소재를 파악하는 것이 중요해. 첫 단락에서 발코니에 서 있는 것에 대한 두려움의 극복 과정을 도입부로 소개하고 있는데, 이 글에서 말하고자 하는 것은 세 번째 문장(Socializing is trickier.)에서 '사람 사귀기의 어려움'임을 알 수 있어. 그리고 글의 결론이 드러나는 뒷부분에서 '점진적 노출의 원칙은 여전히 매우 유용하다(The principles of gradual exposure are still very useful.)'고 했으니까 제목으로 적절한 것을 추론할 수 있겠지?

6 어휘 문제에서는 물론 밑줄 친 단어들의 뜻을 알고 있는 것이 필요하겠지만 문맥상 적절하게 쓰였는지 판단하는 연습을 해야 해. 밑줄 친 부분을 포함하고 있는 문장 자체만 해석해서는 해결할 수 없는 경우가 많지. 글의 두 번째 단락은 사교적 상황들은 당신이 원할 때 이용 가능하지 않을 수 있고, 또는 그것들은 당신이 상황이 통제 가능하다고 감지할 만큼 충분히 잘 진행되지 않을지도 모르기 때문에 어렵다고 말하고 있어. 그럼 이제 문맥상 쓰임이 적절하지 않은 낱말을 찾아봐.

Vocabulary Check-up

1 다음 문장의 빈칸에 들어갈 말을 〈보기〉에서 찾아 쓰시오.

⎯〈보기〉⎯⎯⎯⎯⎯⎯⎯⎯⎯⎯⎯⎯⎯⎯⎯⎯⎯⎯⎯⎯⎯⎯⎯⎯⎯⎯⎯⎯⎯⎯
essential   suffer   disastrous   arrange   interpret   inanimate

(1) Once you are registered, we will match you with a perfect tutor and contact you to _____ your schedule. 2017학년도 수능 18번

(2) A person trying to _____ a situation often looks at those around him to see how he should react. 2023학년도 6월 모평 41∼42번

(3) An introvert would enjoy reflecting on their thoughts, and thus would be far less likely to _____ from boredom without outside stimulation. 2019학년도 6월 모평 35번

2 다음 네모 안에서 문맥에 맞는 낱말을 고르시오.

(1) Many present efforts to guard and ignore / maintain human progress, to meet human needs, and to realize human ambitions are simply unsustainable — in both the rich and poor nations. 2017학년도 수능 20번

(2) As a result, the availability / unavailability of transportation infrastructure and services has been considered a fundamental precondition for tourism. 2019학년도 9월 모평 35번

Grammar Check-up

1 다음 네모 안에서 어법상 알맞은 표현을 고르시오.

(1) This is not to say that / what facing your fears is pointless when socializing. The principles of gradual exposure are still very useful. The process of applying them is just messier, and knows / knowing that before you start is helpful.

(2) The attempt to straighten rivers and give them regular cross-sections ① is / are perhaps the most disastrous example of this form-and-function relationship. The natural river has a very irregular form: it curves a lot, spills across floodplains, and leaks into wetlands, ② gave / giving it an ever-changing and incredibly complex shoreline.

2 다음 밑줄 친 부분 중, 어법상 틀린 것을 골라 바르게 고치시오.

Due to technological innovations, music can now ① be experienced by more people, for more of the time than ever before. Mass availability has given individuals unheard-of control over their own sound-environment. However, it has also confronted them with the simultaneous availability of countless genres of music, ② which they have to orient themselves. People start filtering out and organizing their digital libraries like they used ③ to do with their physical music collections. However, there is the difference that the choice lies in their own hands. Without being restricted to the limited collection of music-distributors, nor ④ being guided by the local radio program as a 'preselector' of the latest hits, the individual actively has to choose and determine his or her musical preferences. The search for the right song is thus associated with considerable effort.

Day 10 Week 2

1 2021학년도 3월 학평 23번 [24211-0055]

다음 글의 주제로 가장 적절한 것은?

When two people are involved in an honest and open conversation, there is a back and forth flow of information. It is a smooth exchange. Since each one is drawing on their past personal experiences, the pace of the exchange is as fast as memory. When one person lies, their responses will come more slowly because the brain needs more time to process the details of a new invention than to recall stored facts. As they say, "Timing is everything." You will notice the time lag when you are having a conversation with someone who is making things up as they go. Don't forget that the other person may be reading your body language as well, and if you seem to be disbelieving their story, they will have to pause to process that information, too.

*lag: 지연

① delayed responses as a sign of lying
② ways listeners encourage the speaker
③ difficulties in finding useful information
④ necessity of white lies in social settings
⑤ shared experiences as conversation topics

모듈/유형 대의 파악 / 주제	오답률 43.7%
난도 ★★	목표 풀이 시간 1분 30초

풀이 포인트 솔직하고 진술한 대화(honest and open conversation)와 한 사람이 거짓말을 할 때(when person lies)의 대화를 주고받는 반응의 속도가 다르다고 말하고 있어. When one person lies, their responses will come more slowly라는 부분과 You will notice the time lag when you are having a conversation with someone who is making things up이라는 부분에서 이 글의 주제에 대한 단서들을 찾을 수 있을 거야. 거짓말을 할 때 반응이 더 느리게(more slowly) 나오고 시간의 지연(time lag)이 생길 것이라는 말과 통하는 말을 선택지에서 골라 봐!

2 2021학년도 3월 학평 31번 [24211-0056]

다음 빈칸에 들어갈 말로 가장 적절한 것은?

One of the most important aspects of providing good care is making sure that an animal's needs are being met consistently and predictably. Like humans, animals need a sense of control. So an animal who may get enough food but doesn't know when the food will appear and can see no consistent schedule may experience distress. We can provide a sense of control by ensuring that our animal's environment is _____: there is always water available and always in the same place. There is always food when we get up in the morning and after our evening walk. There will always be a time and place to eliminate, without having to hold things in to the point of discomfort. Human companions can display consistent emotional support, rather than providing love one moment and withholding love the next. When animals know what to expect, they can feel more confident and calm.

*eliminate: 배설하다

① silent
② natural
③ isolated
④ dynamic
⑤ predictable

모듈/유형 상호 작용 / 빈칸 추론(한 단어)	오답률 58.9%
난도 ★★★	목표 풀이 시간 2분

풀이 포인트 첫 문장 One of the most important aspects of providing good care is making sure that an animal's needs are being met consistently and predictably.에서 이 글의 내용이 동물을 보살핌에 있어 중요한 것이 무엇인지에 관한 것임을 알 수 있어. 그것은 바로 일관되게 그리고 예측 가능하게(consistently and predictably) 동물의 욕구를 충족시켜 주는 거야. 그리고 빈칸 뒤에 나오는 문장(there is always water available and always in the same place)에서 구체적인 예시로 부연 설명을 해 주고 있으니 빈칸에 들어갈 말이 무엇인지 추론할 수 있겠지?

3 2021학년도 3월 학평 34번 [24211-0057]

다음 빈칸에 들어갈 말로 가장 적절한 것은?

It is important to distinguish between being legally allowed to do something, and actually being able to go and do it. A law could be passed allowing everyone, if they so wish, to run a mile in two minutes. That would not, however, increase their *effective* freedom, because, although allowed to do so, they are physically incapable of it. Having a minimum of restrictions and a maximum of possibilities is fine. But in the real world most people will never have the opportunity either to become all that they are allowed to become, or to need to be restrained from doing everything that is possible for them to do. Their effective freedom depends on actually _____.

*restriction: 제약 **restrain: 저지하다

① respecting others' rights to freedom

② protecting and providing for the needy

③ learning what socially acceptable behaviors are

④ determining how much they can expect from others

⑤ having the means and ability to do what they choose

모듈/유형 상호 작용 / 빈칸 추론(긴 어구) **오답률** 70.3%

난도 ★★★★★ **목표 풀이 시간** 2분 30초

풀이 포인트 첫 문장에서 어떤 일을 할 수 있도록 법적으로 허용되는 것과 실제로 그것을 해 버리는 것은 다르다고 말하고 있어. 그리고 법적으로 허용되더라도 물리적으로 가능하지 못하면 실질적인 자유(effective freedom)가 증가되는 것은 아니라고 말하고 있지. 빈칸이 있는 문장을 보면 실질적인 자유란 '무엇'에 달려 있다고 말하는데, 바로 앞 문장이 현실 세계에서 대부분의 사람에게 자신이 되도록 허용된 모든 것이 될 수는 없다고 말하고 있는 걸 보면, '무엇'에 따라 실질적인 자유가 가능할 수 있는 건지 추론할 수 있을 거야.

4 2021학년도 3월 학평 38번 [24211-0058]

글의 흐름으로 보아, 주어진 문장이 들어가기에 가장 적절한 곳은?

> Meanwhile, improving by 1 percent isn't particularly notable, but it can be far more meaningful in the long run.

It is so easy to overestimate the importance of one defining moment and underestimate the value of making small improvements on a daily basis. Too often, we convince ourselves that massive success requires massive action. (①) Whether it is losing weight, winning a championship, or achieving any other goal, we put pressure on ourselves to make some earthshaking improvement that everyone will talk about. (②) The difference this tiny improvement can make over time is surprising. (③) Here's how the math works out: if you can get 1 percent better each day for one year, you'll end up thirty-seven times better by the time you're done. (④) Conversely, if you get 1 percent worse each day for one year, you'll decline nearly down to zero. (⑤) What starts as a small win or a minor failure adds up to something much more.

모듈/유형 간접 쓰기 / 주어진 문장의 적합한 위치 **오답률** 71.8%

난도 ★★★★★ **목표 풀이 시간** 2분 30초

풀이 포인트 주어진 문장은 1퍼센트만큼 발전하는 것이 특별히 눈에 띄지는 않지만 장기적으로는 훨씬 더 의미가 있을 수 있다고 말하고 있어. 주어진 문장을 이끄는 연결어가 있을 때 그것에 주목해서 문장의 위치에 대한 단서를 찾을 필요가 있는데, 여기에서는 'Meanwhile(한편)'이라는 연결어로 시작하고 있지? 그렇다면 주어진 문장 앞에는 다소 대비되는 내용이 전개되는 것이 글의 흐름상 자연스러울 거야. 조금씩 발전하는 것의 중요성과 대비되는 내용이라면 깜짝 놀랄 만한 발전을 강조하는 부분이겠지? 그럼 주어진 문장이 들어갈 가장 적절한 곳을 한번 찾아봐!

5 2021학년도 3월 학평 40번   [24211-0059]

다음 글의 내용을 한 문장으로 요약하고자 한다. 빈칸 (A), (B)에 들어갈 말로 가장 적절한 것은?

In one study, researchers asked pairs of strangers to sit down in a room and chat. In half of the rooms, a cell phone was placed on a nearby table; in the other half, no phone was present. After the conversations had ended, the researchers asked the participants what they thought of each other. Here's what they learned: when a cell phone was present in the room, the participants reported the quality of their relationship was worse than those who'd talked in a cell phone-free room. The pairs who talked in the rooms with cell phones thought their partners showed less empathy. Think of all the times you've sat down to have lunch with a friend and set your phone on the table. You might have felt good about yourself because you didn't pick it up to check your messages, but your unchecked messages were still hurting your connection with the person sitting across from you.

↓
*empathy: 공감

> The presence of a cell phone ____(A)____ the connection between people involved in conversations, even when the phone is being ____(B)____.

	(A)		(B)
①	weakens	……	answered
②	weakens	……	ignored
③	renews	……	answered
④	maintains	……	ignored
⑤	maintains	……	updated

모듈/유형 간접 쓰기 / 문단 요약   **오답률** 57.9%

난도 ★★★   **목표 풀이 시간** 2분

풀이 포인트 요약문을 먼저 살펴보면, 이 글이 휴대폰의 존재가 대화에 참여하는 사람들 간의 관계에 어떤 영향을 미치는지에 관한 내용임을 미리 파악할 수 있어. 글의 중간에 실험 결과가 나와 있는데, '방에 휴대폰이 있을 때 참가자들은 자신들의 관계의 질이 더 나빴다고 보고했다(when a cell phone was present in the room, the participants reported the quality of their relationship was worse)'고 했지? 그럼 빈칸 (A)에 들어갈 말을 추론할 수 있을 거야. 그리고 마지막 문장 중 '확인하지 않은 당신의 메시지는 여전히 맞은편에 앉아 있는 사람과의 관계를 상하게 하고 있었다(your unchecked messages were still hurting your connection with the person sitting across from you)'는 부분에서 빈칸 (B)에 들어갈 말의 근거를 찾을 수 있을 거야.

6 2021학년도 3월 학평 30번   [24211-0060]

다음 글의 밑줄 친 부분 중, 문맥상 낱말의 쓰임이 적절하지 <u>않은</u> 것은?

When the price of something fundamental drops greatly, the whole world can change. Consider light. Chances are you are reading this sentence under some kind of artificial light. Moreover, you probably never thought about whether using artificial light for reading was worth it. Light is so ① cheap that you use it without thinking. But in the early 1800s, it would have cost you four hundred times what you are paying now for the same amount of light. At that price, you would ② notice the cost and would think twice before using artificial light to read a book. The ③ increase in the price of light lit up the world. Not only did it turn night into day, but it allowed us to live and work in big buildings that ④ natural light could not enter. Nearly nothing we have today would be ⑤ possible if the cost of artificial light had not dropped to almost nothing.

*artificial: 인공의

모듈/유형 문법 · 어휘 / 어휘   **오답률** 52.6%

난도 ★★★   **목표 풀이 시간** 2분

풀이 포인트 문맥상 낱말의 쓰임이 적절한지의 여부를 판단하려면 전반적인 글의 흐름을 파악하는 게 도움이 돼. 이 글은 기본적인 것의 가격이 크게 하락하면 온 세상이 바뀔 수 있다고 말하면서, '조명(light)' 가격의 하락이 세상에 미친 영향을 그것의 예시로 들고 있어. 밑줄 친 부분이 들어있는 문장의 앞과 뒤에 제시된 문장들에서 단서를 찾아가며 각 밑줄 친 부분이 문맥상 낱말의 쓰임이 적절한지 하나씩 확인해 봐!

Vocabulary Check-up

1 다음 문장의 빈칸에 들어갈 말을 〈보기〉에서 찾아 쓰시오.

〈보기〉
empathy   convincing   distinguishing   opportunity   distress   withholding

(1) When we are unable to set healthy limits, it causes _____ in our relationships. 2014학년도 수능 B형 23번

(2) It can seem strange, at least at first, to stop praising; it can feel as though you're being chilly or _____ something. 2018학년도 9월 모평 20번

(3) Team sports such as basketball and soccer provide a(n) _____ for students to develop skills and to enjoy working and competing together as a team. 2016학년도 6월 모평 35번

2 다음 네모 안에서 문맥에 맞는 낱말을 고르시오.

(1) The typical scenario in the less developed world is one in which a very few commercial agriculturalists are technologically advanced while the vast majority are capable / incapable of competing.
2018학년도 수능 33번

(2) They then have less pleasure in life and less balance — and their work performance actually declines / increases . 2014학년도 수능 A형 25번

Grammar Check-up

1 다음 네모 안에서 어법상 알맞은 표현을 고르시오.

(1) Since each one is drawing on their past personal experiences, the pace of the exchange ① being / is as fast as memory. When one person lies, their responses will come more slowly because the brain needs more time to process the details of a new invention than ② recalling / to recall stored facts.

(2) In one study, researchers asked pairs of strangers to sit down in a room and chat. In half of the rooms, a cell phone ① placed / was placed on a nearby table; in the other half, no phone was present. After the conversations had ended, the researchers asked the participants ② that / what they thought of each other.

2 다음 밑줄 친 부분 중, 어법상 틀린 것을 골라 바르게 고치시오.

It is important to distinguish between being legally allowed to do something, and actually ① being able to go and do it. A law could be passed ② allowing everyone, if they so wish, to run a mile in two minutes. That would not, however, increase their *effective* freedom, because, although ③ allowed to do so, they are physically incapable of it. Having a minimum of restrictions and a maximum of possibilities ④ are fine. But in the real world most people will never have the opportunity either to become all that they are allowed to become, or to need to be restrained from doing everything that is possible for them to do. Their effective freedom depends on actually having the means and ability to do what they choose.

(2020학년도 11월 학평) ~ (2019학년도 11월 학평)

일차	문항 번호	유형	오답률	출처		난도
Day 11	1	함축 의미	61.7%	2020학년도 고1 전국연합 학력평가 11월	21번	★★★★
	2	빈칸 추론(한 단어)	60.1%		31번	★★★★
	3	빈칸 추론(긴 어구)	66.6%		34번	★★★★★
	4	주어진 문장의 적합한 위치	59.7%		38번	★★★★
	5	문단 요약	54.2%		40번	★★★
	6	어휘	54.3%		30번	★★★
Day 12	1	주제	44.6%	2020학년도 고1 전국연합 학력평가 9월	23번	★★
	2	빈칸 추론(한 단어)	57.9%		31번	★★★
	3	빈칸 추론(짧은 어구)	74.8%		34번	★★★★★
	4	글의 순서	61.6%		37번	★★★★
	5	주어진 문장의 적합한 위치	63.6%		38번	★★★★
	6	어법	59.2%		29번	★★★
Day 13	1	빈칸 추론(짧은 어구)	53.8%	2020학년도 고1 전국연합 학력평가 6월	32번	★★★
	2	빈칸 추론(긴 어구)	52.8%		34번	★★★★
	3	글의 순서	49.8%		37번	★★★
	4	주어진 문장의 적합한 위치	52.5%		39번	★★★
	5	문단 요약	57.6%		40번	★★★
	6	어법	61.5%		29번	★★★★
Day 14	1	함축 의미	38.6%	2020년도 고1 전국연합 학력평가 3월	21번	★★
	2	빈칸 추론(한 단어)	44.0%		31번	★★★
	3	빈칸 추론(짧은 어구)	45.6%		34번	★★★
	4	주어진 문장의 적합한 위치	61.9%		37번	★★★★
	5	문단 요약	41.4%		40번	★★★
	6	어법	48.8%		29번	★★★
Day 15	1	주제	53.7%	2019학년도 고1 전국연합 학력평가 11월	23번	★★★
	2	빈칸 추론(한 단어)	71.6%		31번	★★★★★
	3	빈칸 추론(긴 어구)	71.0%		33번	★★★★★
	4	글의 순서	64.3%		37번	★★★★
	5	주어진 문장의 적합한 위치	64.1%		39번	★★★★
	6	어법	49.9%		29번	★★★

모듈 정리

모듈 3 간접 쓰기

● 모듈 설명
간접 쓰기 모듈은 주어진 지문을 통해 이해한 바를 가상의 쓰기에 적용할 수 있는 능력을 측정하는 유형의 문항들을 가리킵니다. 간접 쓰기 유형 문항에서는 보통 글의 의미적인 일관성(coherence)과 문장들 간의 응집력(cohesion)을 파악하는 능력을 평가합니다.

● 유형 분류
무관한 문장, 글의 순서, 주어진 문장의 적합한 위치, 그리고 문단 요약 유형을 포함하며, 흔히 모의고사 35번에서 40번까지가 이 유형에 해당합니다.

● 출제 경향
전반적으로 어려운 유형으로 분류되는 편이며, 글의 전체적인 맥락과 문장 간의 논리적인 흐름을 정교하게 파악해야 풀 수 있는 문항이 출제되고 있습니다. 글을 읽으며 전체적인 맥락과 무관한 문장을 고르고, 논리적인 순서를 파악하며, 주어진 문장을 글의 흐름상 적절한 위치에 넣고, 글의 내용을 요약한 문장을 완성할 수 있는 능력을 갖추어야 풀 수 있습니다. 왼쪽 표에서 색칠된 문제들이 대표적인 최근의 간접 쓰기 유형 문제입니다.

● 만점 전략
예1 역접, 인과, 예시, 추가의 연결 어구에 유의하며 글의 흐름 파악하기
예2 지시어나 대명사, 또는 관사에 유의하며 문장 간 관계 파악하기
예3 글을 읽으며 논리적인 비약이나 단절이 일어나는 곳 파악하기

Word Preview

월 일 Day 11

- [ ] differential _____
- [ ] distribution _____
- [ ] intuitive _____
- [ ] transportation _____
- [ ] destination _____
- [ ] beg _____
- [ ] sustain _____
- [ ] establish _____
- [ ] thrive _____
- [ ] purpose _____
- [ ] principal _____
- [ ] external _____
- [ ] innate _____
- [ ] evolutionary _____
- [ ] domestication _____

월 일 Day 12

- [ ] engage _____
- [ ] infancy _____
- [ ] behavior _____
- [ ] anniversary _____
- [ ] peak _____
- [ ] exposed _____
- [ ] pregnancy _____
- [ ] condition _____
- [ ] surface _____
- [ ] reversed _____
- [ ] coded _____
- [ ] captivity _____
- [ ] conflict _____
- [ ] possessor _____
- [ ] identify _____

월 일 Day 13

- [ ] successive _____
- [ ] humid _____
- [ ] material _____
- [ ] highlight _____
- [ ] equivalent _____
- [ ] extraordinary _____
- [ ] insecure _____
- [ ] exploit _____
- [ ] constant _____
- [ ] urge _____
- [ ] rarely _____
- [ ] hypothesis _____
- [ ] positive _____
- [ ] conform _____
- [ ] modify _____

월 일 Day 14

- [ ] temper _____
- [ ] attentive _____
- [ ] reconcile _____
- [ ] conscious _____
- [ ] awaken _____
- [ ] spiritual _____
- [ ] variety _____
- [ ] metaphor _____
- [ ] measure _____
- [ ] reflect _____
- [ ] cooperation _____
- [ ] means _____
- [ ] processed _____
- [ ] ingredient _____
- [ ] inform _____

월 일 Day 15

- [ ] polish _____
- [ ] critically _____
- [ ] obligation _____
- [ ] privilege _____
- [ ] vulnerable _____
- [ ] profound _____
- [ ] perspective _____
- [ ] significant _____
- [ ] subjective _____
- [ ] minority _____
- [ ] trigger _____
- [ ] relevant _____
- [ ] subtle _____
- [ ] adequately _____
- [ ] complement _____

Day 11 Week 3

1 2020학년도 11월 학평 21번 [24211-0061]

밑줄 친 popped out of the box가 다음 글에서 의미하는 바로 가장 적절한 것은?

With the Internet, everything changed. Product problems, overpromises, the lack of customer support, differential pricing — all of the issues that customers actually experienced from a marketing organization suddenly popped out of the box. No longer were there any controlled communications or even business systems. Consumers could generally learn through the Web whatever they wanted to know about a company, its products, its competitors, its distribution systems, and, most of all, its truthfulness when talking about its products and services. Just as important, the Internet opened up a forum for customers to compare products, experiences, and values with other customers easily and quickly. Now the customer had a way to talk back to the marketer and to do so through public forums instantly.

*differential pricing: 가격 차등

① could not be kept secret anymore
② might disappear from public attention
③ were no longer available to marketers
④ became too complicated to understand
⑤ began to improve companies' reputations

2 2020학년도 11월 학평 31번 [24211-0062]

다음 빈칸에 들어갈 말로 가장 적절한 것은?

There is nothing more fundamental to the human spirit than the need to be _____. It is the intuitive force that sparks our imaginations and opens pathways to life-changing opportunities. It is the catalyst for progress and personal freedom. Public transportation has been vital to that progress and freedom for more than two centuries. The transportation industry has always done more than carry travelers from one destination to another. It connects people, places, and possibilities. It provides access to what people need, what they love, and what they aspire to become. In so doing, it grows communities, creates jobs, strengthens the economy, expands social and commercial networks, saves time and energy, and helps millions of people achieve a better life.

*catalyst: 촉매, 기폭제

① secure
② mobile
③ exceptional
④ competitive
⑤ independent

모듈/유형	대의 파악 / 함축 의미	오답률	61.7%
난도	★★★★	목표 풀이 시간	2분 10초

풀이 포인트 인터넷이 생기면서, 이전까지 고객들이 마케팅 조직과의 관계에서 경험했지만 알려지지 않았던 문제들이 '상자 밖으로 튀어나왔다'(popped out of the box)'고 했는데, 그것이 무슨 의미일까? 뒤에 나오는 글에서는 소비자들이 인터넷을 통해 한 회사의 제품, 서비스 등에 관한 정보를 쉽게 찾아볼 수 있게 되었고, 타인과 소비 경험을 쉽고 빠르게 나눌 수 있게 되었으며, 마케터에 즉시 대응도 할 수 있게 됐다고 말하고 있어. 즉 인터넷이라는 공론의 장(public forums)을 통해 소비자들이 경험하던 문제들이 드러나게 되었다는 의미로 볼 수 있지. 그렇다면 밑줄 친 부분이 의미하는 것을 어떻게 다른 말로 표현할 수 있을까?

모듈/유형	상호 작용 / 빈칸 추론(한 단어)	오답률	60.1%
난도	★★★★	목표 풀이 시간	2분 10초

풀이 포인트 인간의 정신에서 가장 기본적인 욕구가 '무엇'을 향한 욕구인가를 찾아 빈칸에 넣는 문제야. 빈칸이 들어 있는 문장 뒤의 글에서는 대중교통(public transportation)은 진보와 자유에 없어서는 안 될 것이었다고 말하고 있고, 운송 산업(transportation industry)은 사람들을 목적지로 실어 나르는 것 이상의 영향력을 끼치며 사람들이 더 나은 삶을 누릴 수 있도록 도왔다고 말하고 있어. 그렇다면 이것이 어떤 욕구와 연관된 것인지 추론할 수 있겠지?

3

2020학년도 11월 학평 34번　　　　　[24211-0063]

다음 빈칸에 들어갈 말로 가장 적절한 것은?

Back in 1996, an American airline was faced with an interesting problem. At a time when most other airlines were losing money or going under, over 100 cities were begging the company to service their locations. However, that's not the interesting part. What's interesting is that the company turned down over 95 percent of those offers and began serving only four new locations. It turned down tremendous growth because ＿＿＿＿＿＿＿＿＿＿＿＿＿. Sure, its executives wanted to grow each year, but they didn't want to grow too much. Unlike other famous companies, they wanted to set their own pace, one that could be sustained in the long term. By doing this, they established a safety margin for growth that helped them continue to thrive at a time when the other airlines were flailing.

*flail: 마구 흔들리다

① it was being faced with serious financial crises

② there was no specific long-term plan on marketing

③ company leadership had set an upper limit for growth

④ its executives worried about the competing airlines' future

⑤ the company had emphasized moral duties more than profits

모듈/유형 상호 작용 / 빈칸 추론(긴 어구)　　　**오답률** 66.6%

난도 ★★★★★　　　　　　　　**목표 풀이 시간** 2분 20초

풀이 포인트 이 글은 한 미국 항공사가 다른 항공사들이 손해를 보던 시기에 엄청난 성장을 할 수 있는 기회를 거절했는데도 계속 성장할 수 있었던 이유를 설명하고 있어. 빈칸에 들어갈 말은 그 회사가 엄청난 성장을 거절한 이유인데, 뒤에 이어지는 글에서 '그들은 너무 많이 성장하기를 원하지 않았다(they didn't want to grow too much)'고 했고 '그들은 장기적으로 지속될 수 있는 것, 즉 자신만의 속도를 정하기를 원했다(they wanted to set their own pace, one that could be sustained in the long term)'고 말하고 있어. 이제 이 항공사가 엄청난 성장을 거절한 이유를 추론할 수 있겠지?

4

2020학년도 11월 학평 38번　　　　　[24211-0064]

글의 흐름으로 보아, 주어진 문장이 들어가기에 가장 적절한 곳은?

It is the reason that individuals with certain forms of blindness do not entirely lose their circadian rhythm.

Daylight isn't the only signal that the brain can use for the purpose of biological clock resetting, though it is the principal and preferential signal, when present. (①) So long as they are reliably repeating, the brain can also use other external cues, such as food, exercise, and even regularly timed social interaction. (②) All of these events have the ability to reset the biological clock, allowing it to strike a precise twenty-four-hour note. (③) Despite not receiving light cues due to their blindness, other phenomena act as their resetting triggers. (④) Any signal that the brain uses for the purpose of clock resetting is termed a zeitgeber, from the German "time giver" or "synchronizer." (⑤) Thus, while light is the most reliable and thus the primary zeitgeber, there are many factors that can be used in addition to, or in the absence of, daylight.

*circadian rhythm: 24시간 주기 리듬

모듈/유형 간접 쓰기 / 주어진 문장의 적합한 위치　　　**오답률** 59.7%

난도 ★★★★　　　　　　　　**목표 풀이 시간** 2분

풀이 포인트 주어진 문장을 살펴보면, 그 앞에 '어떤 유형의 시력 상실을 가진 개인이 24시간 주기의 리듬을 완전히 잃지 않는 이유'에 관한 내용이 올 것이라고 추론할 수 있을 거야. 그리고 글을 해석해 보면, 햇빛만이 아니라 음식, 운동 그리고 심지어는 정기적인 사회적 상호 작용과 같은 다른 외부적인 것들도 생체 시계를 재설정하는 신호가 될 수 있다고 설명하고 있어. 그러다 글의 중간에 Despite not receiving light cues due to their blindness라는 표현이 나오는데, 여기에서 'their blindness'가 지칭하는 정보가 앞에 언급되어 있지 않다는 것을 알 수 있지. 이러한 정보의 차이에서 문제 풀이의 단서를 찾을 수 있을 거야!

5 2020학년도 11월 학평 40번 [24211-0065]

다음 글의 내용을 한 문장으로 요약하고자 한다. 빈칸 (A), (B)에 들어갈 말로 가장 적절한 것은?

In their study in 2007 Katherine Kinzler and her colleagues at Harvard showed that our tendency to identify with an in-group to a large degree begins in infancy and may be innate. Kinzler and her team took a bunch of five-month-olds whose families only spoke English and showed the babies two videos. In one video, a woman was speaking English. In the other, a woman was speaking Spanish. Then they were shown a screen with both women side by side, not speaking. In infant psychology research, the standard measure for affinity or interest is attention — babies will apparently stare longer at the things they like more. In Kinzler's study, the babies stared at the English speakers longer. In other studies, researchers have found that infants are more likely to take a toy offered by someone who speaks the same language as them. Psychologists routinely cite these and other experiments as evidence of our built-in evolutionary preference for "our own kind."

*affinity: 애착

↓

Infants' more favorable responses to those who use a ____(A)____ language show that there can be a(n) ____(B)____ tendency to prefer in-group members.

	(A)		(B)		(A)		(B)
①	familiar	……	inborn	②	familiar	……	acquired
③	foreign	……	cultural	④	foreign	……	learned
⑤	formal	……	innate				

모듈/유형 간접 쓰기 / 문단 요약 　　**오답률** 54.2%

난도 ★★★　　**목표 풀이 시간** 1분 50초

풀이 포인트 요약문을 통해 우리는, 유아가 '어떠한' 언어를 사용하는 사람들에 대해 더 호의적인 반응을 보이는지, 그리고 그것이 내집단 구성원들을 선호하는 '어떤' 경향이 있을 수 있음을 보여 주는지 파악해야 한다는 걸 알 수 있지. 첫 문장에서 연구를 통해 내집단과 동일시하려는 우리의 경향이 선천적일(innate) 수 있음을 보여 준다고 했는데, 이 말을 통해 (B)에 들어갈 단어가 'innate'와 유사한 의미의 단어임을 알 수 있어. 그리고 마지막 문장에서 심리학자들이 '우리와 같은 종류(our own kind)'에 대한 내재된 선호(preference)에 대한 증거로 여러 실험들을 인용한다고 말하고 있으니 (A)에 들어갈 적절한 말도 추론할 수 있겠지?

6 2020학년도 11월 학평 30번 [24211-0066]

(A), (B), (C)의 각 네모 안에서 문맥에 맞는 낱말로 가장 적절한 것은?

Recent research suggests that evolving humans' relationship with dogs changed the structure of both species' brains. One of the various (A) physical / psychological changes caused by domestication is a reduction in the size of the brain: 16 percent for horses, 34 percent for pigs, and 10 to 30 percent for dogs. This is because once humans started to take care of these animals, they no longer needed various brain functions in order to survive. Animals who were fed and protected by humans did not need many of the skills required by their wild ancestors and (B) developed / lost the parts of the brain related to those capacities. A similar process occurred for humans, who seem to have been domesticated by wolves. About 10,000 years ago, when the role of dogs was firmly established in most human societies, the human brain also (C) expanded / shrank by about 10 percent.

	(A)		(B)		(C)
①	physical	……	developed	……	expanded
②	physical	……	lost	……	expanded
③	physical	……	lost	……	shrank
④	psychological	……	developed	……	shrank
⑤	psychological	……	lost	……	shrank

모듈/유형 문법 · 어휘 / 어휘 　　**오답률** 54.3%

난도 ★★★　　**목표 풀이 시간** 2분

풀이 포인트 (A)가 들어 있는 문장의 뒷부분에서 사육으로 인해 야기된 변화 중 하나가 '뇌 크기의 감소(a reduction in the size of the brain)'라고 했으니까 그것이 '어떠한' 변화인지 (A)에 들어갈 말을 추론할 수 있을 거야. (B)에 들어갈 말은, 그 문장에서 인간에 의해 사육된 동물들이 '그들의 야생 조상들에 의해 요구된 기술 중 많은 것들을 필요로 하지 않았다(did not need many of the skills required by their wild ancestors)'고 했으니 그런 능력과 관련된 능력이 어떻게 되었을지 추측할 수 있겠지? (C)에서는, 이와 유사한 과정이 인간에게도 나타났다고 하면서 늑대에게 길들여진 인간의 뇌가 확대되었는지 줄어들었는지를 묻고 있어. 그럼 이제 문맥에 맞는 낱말로 묶인 선택지를 골라 봐!

Vocabulary Check-up

1 다음 문장의 빈칸에 들어갈 말을 〈보기〉에서 찾아 쓰시오.

〈보기〉
purpose innate beg destination evolutionary thrive

(1) Each choice involves uncertainty about which path will get you to your _____. 2023학년도 수능 20번

(2) If you learn how to open up just a little bit with your opinions and thoughts, you will be able to _____ in both worlds. 2019학년도 6월 모평 35번

(3) We want to defend what we have done, and our _____ stubbornness refuses to permit us to accept the criticism we are receiving. 2015학년도 6월 모평 39번

2 다음 네모 안에서 문맥에 맞는 낱말을 고르시오.

(1) As the opposite of local networks, cosmopolitan networks offer little solidarity and have little capacity to comfort and sustain / exclude members. 2019학년도 9월 모평 35번

(2) When the latter are not relevant, equality entails uniform or identical treatment; when they are, it requires differential / similar treatment. 2021학년도 9월 모평 33번

Grammar Check-up

1 다음 네모 안에서 어법상 알맞은 표현을 고르시오.

(1) No longer ① was / were there any controlled communications or even business systems. Consumers could generally learn through the Web ② however / whatever they wanted to know about a company, its products, its competitors, its distribution systems, and, most of all, its truthfulness when talking about its products and services.

(2) All of these events have the ability to reset the biological clock, ① allow / allowing it to strike a precise twenty-four-hour note. It is the reason that individuals with certain forms of blindness ② do / does not entirely lose their circadian rhythm.

2 다음 밑줄 친 부분 중, 어법상 틀린 것을 골라 바르게 고치시오.

In their study in 2007 Katherine Kinzler and her colleagues at Harvard showed that our tendency to identify with an in-group to a large degree ① begins in infancy and may be innate. Kinzler and her team took a bunch of five-month-olds ② whose families only spoke English and showed the babies two videos. In one video, a woman was speaking English. In the other, a woman was speaking Spanish. Then they ③ showed a screen with both women side by side, not speaking. In infant psychology research, the standard measure for affinity or interest is attention — babies will apparently stare longer at the things they like more. In Kinzler's study, the babies stared at the English speakers longer. In other studies, researchers have found ④ that infants are more likely to take a toy offered by someone who speaks the same language as them. Psychologists routinely cite these and other experiments as evidence of our built-in evolutionary preference for "our own kind."

1 2020학년도 9월 학평 23번 [24211-0067]

다음 글의 주제로 가장 적절한 것은?

Animals as well as humans engage in play activities. In animals, play has long been seen as a way of learning and practicing skills and behaviors that are necessary for future survival. In children, too, play has important functions during development. From its earliest beginnings in infancy, play is a way in which children learn about the world and their place in it. Children's play serves as a training ground for developing physical abilities — skills like walking, running, and jumping that are necessary for everyday living. Play also allows children to try out and learn social behaviors and to acquire values and personality traits that will be important in adulthood. For example, they learn how to compete and cooperate with others, how to lead and follow, how to make decisions, and so on.

① necessity of trying out creative ideas
② roles of play in children's development
③ contrasts between human and animal play
④ effects of children's physical abilities on play
⑤ children's needs at various developmental stages

모듈/유형 대의 파악 / 주제	오답률 44.6%
난도 ★★	목표 풀이 시간 1분 30초

풀이 포인트 글의 앞부분에서 인간뿐만 아니라 동물도 놀이 활동에 참여하고 놀이를 통해 생존에 필요한 기술과 행동을 학습해 왔다고 말하면서, 어린이들에게도 놀이가 발달에 중요한 기능을 한다고 말하고 있어. 이 글의 핵심 소재가 '놀이(play)'라는 것을 알 수 있고, 뒤에 이어지는 글에는 놀이가 어린이들의 발달에 있어 어떤 기능과 역할을 하는지에 대한 부연 설명이 나올 것이라고 예측할 수 있을 거야. 그러면 이 글의 주제가 무엇인지 알 수 있겠지?

2 2020학년도 9월 학평 31번 [24211-0068]

다음 빈칸에 들어갈 말로 가장 적절한 것은?

As the tenth anniversary of the terrorist attacks of September 11, 2001, approached, 9/11-related media stories peaked in the days immediately surrounding the anniversary date and then dropped off rapidly in the weeks thereafter. Surveys conducted during those times asked citizens to choose two "especially important" events from the past seventy years. Two weeks prior to the anniversary, before the media blitz began, about 30 percent of respondents named 9/11. But as the anniversary drew closer, and the media treatment intensified, survey respondents started identifying 9/11 in increasing numbers — to a high of 65 percent. Two weeks later, though, after reportage had decreased to earlier levels, once again only about 30 percent of the participants placed it among their two especially important events of the past seventy years. Clearly, the _____ of news coverage can make a big difference in the *perceived* significance of an issue among observers as they are exposed to the coverage.

*blitz: 대선전, 집중 공세

① accuracy   ② tone   ③ amount
④ source   ⑤ type

모듈/유형 상호 작용 / 빈칸 추론(한 단어)	오답률 57.9%
난도 ★★★	목표 풀이 시간 2분

풀이 포인트 먼저 빈칸을 통해 찾아야 할 정보를 파악해 보면, 뉴스 보도의 '무엇'이, 그 보도에 노출될 때 관찰자들이 문제의 중요성을 인식하는 데 있어 큰 차이를 만드느냐에 관한 거야. 이 글은, 시민들에게 지난 70년 동안 있었던 중요한 사건 두 가지를 선택하게 하는 조사에서 9/11과 관련된 미디어 보도가 많고 적음에 따라 9/11을 중요한 사건으로 언급하는 사람들의 수가 달라졌다고 말하고 있어. 그럼 빈칸에 들어갈 적절한 단어가 무엇인지 추론할 수 있겠지?

3

2020학년도 9월 학평 34번 [24211-0069]

다음 빈칸에 들어갈 말로 가장 적절한 것은?

We're often told that newborns and infants are comforted by rocking because this motion is similar to what they experienced in the womb, and that they must take comfort in this familiar feeling. This may be true; however, to date there are no convincing data that demonstrate a significant relationship between the amount of time a mother moves during pregnancy and her newborn's response to rocking. Just as likely is the idea that newborns come to associate gentle rocking with being fed. Parents understand that rocking quiets a newborn, and they very often provide gentle, repetitive movement during feeding. Since the appearance of food is a primary reinforcer, newborns may _____ because they have been conditioned through a process of associative learning.

*womb: 자궁 **reinforcer: 강화물

① acquire a fondness for motion
② want consistent feeding
③ dislike severe rocking
④ remember the tastes of food
⑤ form a bond with their mothers

모듈/유형	상호 작용 / 빈칸 추론(짧은 어구)	오답률	74.8%
난도	★★★★★	목표 풀이 시간	2분 30초

풀이 포인트 글의 앞부분에서 신생아가 흔들림에 의해 편안해지는 이유에 관해 임신 기간 자궁 안에서 그들이 경험했던 움직임과 유사해서라는 이야기도 있지만, 그것을 입증하는 설득력 있는 데이터는 없다고 말하고 있어. 그러면서 필자는 신생아가 부드러운 흔들림을 젖을 먹는 것과 연관시키게 된다는 것의 가능성에 대해 언급하고 있지. 먹는 것과 흔들림과의 연관 학습의 과정을 통해 조건화된 신생아가 '무엇을 할' 수 있을지 추론해서 빈칸에 들어갈 말을 찾아봐!

4

2020학년도 9월 학평 37번 [24211-0070]

주어진 글 다음에 이어질 글의 순서로 가장 적절한 것은?

Mirrors and other smooth, shiny surfaces reflect light. We see reflections from such surfaces because the rays of light form an image on the retina of our eyes.

(A) Keep your eyes on the reflected image while you are writing and not on your paper. After a little practice, it will be easier to write "backwards." When your friend receives such a message he will be able to read it by holding the paper up to a mirror.

(B) Stand a mirror upright on the table, so that a piece of paper on the table can be clearly seen in the mirror. Now write a message that looks right when you look in the mirror.

(C) Such images are always reversed. Look at yourself in a mirror, wink your right eye and your left eye seems to wink back at you. You can use a mirror to send a coded message to a friend.

*retina: (눈의) 망막

① (A) – (C) – (B) ② (B) – (A) – (C)
③ (B) – (C) – (A) ④ (C) – (A) – (B)
⑤ (C) – (B) – (A)

모듈/유형	간접 쓰기 / 글의 순서	오답률	61.6%
난도	★★★★	목표 풀이 시간	2분 10초

풀이 포인트 주어진 글은 우리가 거울과 같이 빛을 반사하는 표면들로부터 반사된 상(reflections)을 볼 수 있다고 설명하고 있어. (C)의 '그러한 이미지들(such images)'이 가리키는 말은 뭘까? 거울에 비친 모습이 항상 거꾸로 되어 있다는 말이 나오지? 그럼 (C)가 어떤 문장의 뒤에 와야 하는지 알 수 있을 거야. 그리고 (A)와 (B) 모두 명령문으로 시작하고 있지? 거울을 이용해 메시지를 쓰고 확인하는 방법에 대해 설명하고 있는데, (B)는 메시지를 쓰는 법에 대해, (A)는 그 메시지를 친구가 받고 읽는 방법에 관해 말하고 있어. 이러한 것들을 단서로 삼아서 문장들을 적절한 순서로 배열해 봐.

5

2020학년도 9월 학평 38번   [24211-0071]

글의 흐름으로 보아, 주어진 문장이 들어가기에 가장 적절한 곳은?

> The few times that they do occur, it is the possessor who tries to make someone leave the circle.

Reciprocity can be explored in captivity by handing one chimpanzee a large amount of food, such as a watermelon or leafy branch, and then observing what follows. (①) The owner will be center stage, with a group of others around him or her, soon to be followed by newly formed groups around those who obtained a sizable share, until all food has been distributed. (②) Beggars may complain and cry, but aggressive conflicts are rare. (③) She will hit them over their head with her branch or bark at them in a high-pitched voice until they leave her alone. (④) Whatever their rank, possessors control the food flow. (⑤) Once chimpanzees enter reciprocity mode, their social rank no longer matters.

*reciprocity: 호혜주의, 상호의 이익

6

2020학년도 9월 학평 29번   [24211-0072]

다음 글의 밑줄 친 부분 중, 어법상 틀린 것은?

Although it is obvious that part of our assessment of food is its visual appearance, it is perhaps surprising ① how visual input can override taste and smell. People find it very ② difficult to correctly identify fruit-flavoured drinks if the colour is wrong, for instance an orange drink that is coloured green. Perhaps even more striking ③ is the experience of wine tasters. One study of Bordeaux University students of wine and wine making revealed that they chose tasting notes appropriate for red wines, such as 'prune and chocolate', when they ④ gave white wine coloured with a red dye. Experienced New Zealand wine experts were similarly tricked into thinking ⑤ that the white wine Chardonnay was in fact a red wine, when it had been coloured with a red dye.

*override: ~에 우선하다 **prune: 자두

모듈/유형	간접 쓰기 / 주어진 문장의 적합한 위치	오답률	63.6%
난도	★★★★	목표 풀이 시간	2분 10초

풀이 포인트 주어진 문장에서 '그러한 일들(they)'이 간혹 일어날 때, 누군가를 무리에서 떠나게 하려는 것은 바로 (먹이) 소유자(the possessor)라고 말하고 있어. 이 문장의 they는 무엇을 가리키는지를 찾는 것이 문제 해결의 실마리가 되겠지? 그리고 the possessor라고 했으니 주어진 문장의 앞에 possessor에 대해 처음 언급하는 글이 나와야 할 거야. 그럼 주어진 문장이 들어가기에 가장 적절한 곳을 찾아봐!

모듈/유형	문법 · 어휘 / 어법	오답률	59.2%
난도	★★★	목표 풀이 시간	1분 50초

풀이 포인트 내용상의 주어를 이끄는 의문사 how, find의 목적격 보어 형태, 도치 구문에서 주어와 수 일치하는 동사의 형태, 수동태, 그리고 thinking의 목적어인 명사절을 이끄는 접속사 that의 쓰임을 이해하는 것이 포인트야.

Vocabulary Check-up

1 다음 문장의 빈칸에 들어갈 말을 〈보기〉에서 찾아 쓰시오.

〈보기〉
captivity   engage   peak   identify   reversed   surface

(1) A sleeping mother has the ability to _____ the particular cry of her own baby. 2017학년도 9월 모평 31번

(2) Aristotle did not think that all human beings should be allowed to _____ in political activity.
2020학년도 6월 모평 41~42번

(3) There is a considerable difference as to whether people watch a film about the Himalayas on television and become excited by the 'untouched nature' of the majestic mountain _____s, or whether they get up and go on a trek to Nepal. 2019학년도 6월 모평 38번

2 다음 네모 안에서 문맥에 맞는 낱말을 고르시오.

(1) The sense of sight is so highly developed in humans that messages received from other senses are often ignored if they conform to / conflict with what is seen. 2014학년도 6월 모평 31번

(2) The "trick" here is to recognize that individual humans are social constructions themselves, embodying and reflecting the variety of social and cultural influences they have been exposed to / hidden from during their lives. 2021학년도 9월 모평 23번

Grammar Check-up

1 다음 네모 안에서 어법상 알맞은 표현을 고르시오.

(1) From its earliest beginnings in infancy, play is a way ① which / in which children learn about the world and their place in it. Children's play serves as a training ground for developing physical abilities — skills like walking, running, and jumping that are necessary for everyday living. Play also allows children to try out and learn social behaviors and ② acquiring / to acquire values and personality traits that will be important in adulthood.

(2) As the tenth anniversary of the terrorist attacks of September 11, 2001, approached, 9/11 related media stories ① peaking / peaked in the days immediately surrounding the anniversary date and then dropped off rapidly in the weeks thereafter. Surveys ② conducting / conducted during those times asked citizens to choose two "especially important" events from the past seventy years.

2 다음 밑줄 친 부분 중, 어법상 틀린 것을 골라 바르게 고치시오.

Reciprocity can be explored in captivity by handing one chimpanzee a large amount of food, such as a watermelon or leafy branch, and then ① observing what follows. The owner will be center stage, with a group of others around him or her, soon to be followed by newly formed groups around those who obtained a sizable share, until all food ② has distributed. Beggars may complain and cry, but aggressive conflicts are rare. The few times that they do occur, it is the possessor who tries to make someone ③ leave the circle. She will hit them over their head with her branch or bark at them in a high-pitched voice until they leave her alone. ④ Whatever their rank, possessors control the food flow. Once chimpanzees enter reciprocity mode, their social rank no longer matters.

1 2020학년도 6월 학평 32번 [24211-0073]

다음 빈칸에 들어갈 말로 가장 적절한 것은?

Humans are champion long-distance runners. As soon as a person and a chimp start running they both get hot. Chimps quickly overheat; humans do not, because they are much better at shedding body heat. According to one leading theory, ancestral humans lost their hair over successive generations because less hair meant cooler, more effective long-distance running. That ability let our ancestors outmaneuver and outrun prey. Try wearing a couple of extra jackets — or better yet, fur coats — on a hot humid day and run a mile. Now, take those jackets off and try it again. You'll see what a difference _____ makes.

*shed: 떨어뜨리다 **outmaneuver: ~에게 이기다

① hot weather
② a lack of fur
③ muscle strength
④ excessive exercise
⑤ a diversity of species

2 2020학년도 6월 학평 34번 [24211-0074]

다음 빈칸에 들어갈 말로 가장 적절한 것은?

One of the main reasons that students may think they know the material, even when they don't, is that they mistake familiarity for understanding. Here is how it works: You read the chapter once, perhaps highlighting as you go. Then later, you read the chapter again, perhaps focusing on the highlighted material. As you read it over, the material is familiar because you remember it from before, and this familiarity might lead you to think, "Okay, I know that." The problem is that this feeling of familiarity is not necessarily equivalent to knowing the material and may be of no help when you have to come up with an answer on the exam. In fact, familiarity can often lead to errors on multiple-choice exams because you might pick a choice that looks familiar, only to find later that it was something you had read, but _____.

*equivalent: 동등한

① you couldn't recall the parts you had highlighted
② it wasn't really the best answer to the question
③ that familiarity was based on your understanding
④ repetition enabled you to pick the correct answer
⑤ it indicated that familiarity was naturally built up

모듈/유형 상호 작용 / 빈칸 추론(짧은 어구) **오답률** 53.8%

난도 ★★★ **목표 풀이 시간** 1분 50초

풀이 포인트 이 글은 앞부분에서 인간이 침팬지에 비해서 장거리 달리기를 더 잘하는데, 그 이유가 인간이 침팬지에 비해 신체의 열을 떨어뜨리는 것을 훨씬 더 잘하기 때문이라고 말하고 있어. 그 뒤에 유력한 이론을 언급하며, 인간이 선조들이 잇따른 세대에 걸쳐 그들의 털을 잃었는데, '털이 더 적은 것이 더 시원하고 장거리 달리기에 더 효과적인 것을 의미했다(less hair meant cooler, more effective long-distance running)'고 말했어. 그렇다면 재킷이나 털 코트를 입고 달릴 때와 벗고 달릴 때의 차이를 만드는 것은 무엇일까? 마지막 문장의 빈칸에 들어갈 적절한 말을 찾아봐.

모듈/유형 상호 작용 / 빈칸 추론(긴 어구) **오답률** 52.8%

난도 ★★★★ **목표 풀이 시간** 2분 10초

풀이 포인트 이 글은 학생들이 '친숙함'과 '이해'를 착각하고 있고, 친숙한 느낌이 반드시 아는 것과 같은 것은 아니라고 말하고 있어. 빈칸이 들어 있는 문장을 살펴보면, 친숙함이 종종 선다형 시험에서 오류를 일으킬 수 있는데, 이는 우리가 익숙해 보이는 선택지를 선택할 수 있기 때문이며, 결국 그 선택지가 읽었던 것이지만 사실은 '어떠했다'는 것을 알게 된다고 말하고 있어. 읽었던 것이라 친숙하게 느껴져 답으로 골랐던 선택지가 결국 어떤 것이었을까? 빈칸에 들어갈 수 있는 가능한 정보를 추론해 봐.

3

주어진 글 다음에 이어질 글의 순서로 가장 적절한 것은?

When we compare human and animal desire we find many extraordinary differences. Animals tend to eat with their stomachs, and humans with their brains.

(A) It is due, also, to the knowledge that, in an insecure world, pleasure is uncertain. Therefore, the immediate pleasure of eating must be exploited to the full, even though it does violence to the digestion.

(B) This is largely due to anxiety, to the knowledge that a constant supply of food is uncertain. Therefore, they eat as much as possible while they can.

(C) When animals' stomachs are full, they stop eating, but humans are never sure when to stop. When they have eaten as much as their bellies can take, they still feel empty, they still feel an urge for further gratification.

*gratification: 만족감

① (A) – (C) – (B)   ② (B) – (A) – (C)

③ (B) – (C) – (A)   ④ (C) – (A) – (B)

⑤ (C) – (B) – (A)

모듈/유형 간접 쓰기 / 글의 순서   **오답률** 49.8%

난도 ★★★   **목표 풀이 시간** 2분

풀이 포인트 주어진 글은 먹으려는 욕구에 대해 인간과 동물의 차이점이 있다고 하면서 '동물은 위장으로 먹고 인간은 뇌로 먹는다'는 비유적인 표현을 사용하고 있어. 그 표현이 무슨 의미인지 설명하고 있는 글을 찾아봐. 그리고 (A)와 (B)에 모두 'due to(~ 때문에)'라는 표현이 들어 있지? 둘 다 모두 인간이 많이 먹어도 여전히 허전함과 그 이상의 만족감에 대한 충동을 느끼는 이유에 대해 말하고 있어. 그중에서도 (A)의 첫 문장은 also라는 말로 앞의 내용에 추가적인 정보를 제시하고 있지. 그럼 주어진 글 다음에 이어질 글의 순서를 배열해 볼 수 있겠지?

4

글의 흐름으로 보아, 주어진 문장이 들어가기에 가장 적절한 곳은?

Grown-ups rarely explain the meaning of new words to children, let alone how grammatical rules work.

Our brains are constantly solving problems. (①) Every time we learn, or remember, or make sense of something, we solve a problem. (②) Some psychologists have characterized all infant language-learning as problem-solving, extending to children such scientific procedures as "learning by experiment," or "hypothesis-testing." (③) Instead they use the words or the rules in conversation and leave it to children to figure out what is going on. (④) In order to learn language, an infant must make sense of the contexts in which language occurs; problems must be solved. (⑤) We have all been solving problems of this kind since childhood, usually without awareness of what we are doing.

모듈/유형 간접 쓰기 / 주어진 문장의 적합한 위치   **오답률** 52.5%

난도 ★★★   **목표 풀이 시간** 2분

풀이 포인트 주어진 문장에서 어른들이 아이들에게 문법 규칙이나 단어의 의미를 거의 설명하지 않는다고 말하고 있어. 글을 읽으면서 아이들의 언어 학습과 관련된 내용이 언급되는 곳을 찾아봐. 그리고 글의 중반쯤에 Instead라는 단어가 보이지? 이 연결어가 실마리가 될 수 있는데 Instead로 연결되는 문장은 그 앞 문장과 대조적인 내용을 담고 있다는 걸 추론할 수 있어. Instead 뒤에 they use the words or the rules in conversation이라는 말이 나오는데 the words or the rules가 가리키는 것이 글의 어느 부분에 있는지 찾아봐. 이런 단서들을 종합하면, 주어진 문장이 들어갈 적절한 위치를 찾을 수 있을 거야.

5

2020학년도 6월 학평 40번   [24211-0077]

다음 글의 내용을 한 문장으로 요약하고자 한다. 빈칸 (A), (B)에 들어갈 말로 가장 적절한 것은?

Have you noticed that some coaches get the most out of their athletes while others don't? A poor coach will tell you what you did wrong and then tell you not to do it again: "Don't drop the ball!" What happens next? The images you see in your head are images of you dropping the ball! Naturally, your mind recreates what it just "saw" based on what it's been told. Not surprisingly, you walk on the court and drop the ball. What does the good coach do? He or she points out what could be improved, but will then tell you how you could or should perform: "I know you'll catch the ball perfectly this time." Sure enough, the next image in your mind is you *catching* the ball and *scoring* a goal. Once again, your mind makes your last thoughts part of reality — but this time, that "reality" is positive, not negative.

↓

Unlike ineffective coaches, who focus on players' _____(A)_____ , effective coaches help players improve by encouraging them to _____(B)_____ successful plays.

	(A)		(B)
①	scores	……	complete
②	scores	……	remember
③	mistakes	……	picture
④	mistakes	……	ignore
⑤	strengths	……	achieve

모듈/유형 간접 쓰기 / 문단 요약   **오답률** 57.6%

난도 ★★★   **목표 풀이 시간** 2분

풀이 포인트 글을 읽기 전에 요약문을 먼저 해석해서 글의 요지를 예측해 보는 것이 좋아. 요약문에는, 선수의 '무엇'에 초점을 맞추는 유능하지 않은 코치와 달리, 유능한 코치는 선수들이 성공적인 경기를 '무엇하도록' 격려함으로써 그들이 향상되도록 돕는다는 내용이 나와 있는데 빈칸에 들어갈 정보에 주목하며 글을 읽어 봐. 서투른 코치는 선수에게 '무엇을 잘못했는지(what you did wrong)'를 말해 준다고 했고, 좋은 코치는 '어떻게 할 수 있고 해야 할지(how you could or should perform)'를 말해 준다고 했으니까 요약문의 빈칸에 들어갈 말이 무엇인지 추론할 수 있겠지?

6

2020학년도 6월 학평 29번   [24211-0078]

다음 글의 밑줄 친 부분 중, 어법상 틀린 것은?

Positively or negatively, our parents and families are powerful influences on us. But even ① stronger, especially when we're young, are our friends. We often choose friends as a way of ② expanding our sense of identity beyond our families. As a result, the pressure to conform to the standards and expectations of friends and other social groups ③ is likely to be intense. Judith Rich Harris, who is a developmental psychologist, ④ arguing that three main forces shape our development: personal temperament, our parents, and our peers. The influence of peers, she argues, is much stronger than that of parents. "The world ⑤ that children share with their peers," she says, "is what shapes their behavior and modifies the characteristics they were born with, and hence determines the sort of people they will be when they grow up."

*temperament: 기질

모듈/유형 문법 · 어휘 / 어법   **오답률** 61.5%

난도 ★★★★   **목표 풀이 시간** 2분

풀이 포인트 이 어법 문제를 해결하기 위해선, 주격 보어로 쓰인 형용사의 비교급 형태, 전치사 of의 목적어 자리에 오는 동명사, 주어와 동사의 수 일치, 문장에서의 동사의 유무, 목적격 관계대명사 that에 대한 이해가 필요해.

Vocabulary Check-up

1 다음 문장의 빈칸에 들어갈 말을 〈보기〉에서 찾아 쓰시오.

〈보기〉
conform humid modify equivalent constant urge

(1) Make _____ efforts until everyone you explain your idea to understands it. 2014학년도 6월 모평 A형 27번

(2) Analysis of the errors leads the teacher to _____ the teaching of these procedures, using the language 'seven and three more' rather than 'seven, count on three'. 2016학년도 9월 모평 37번

(3) Elephants may greet each other simply by reaching their trunks into each other's mouths, possibly _____ to a human peck on the cheek. 2020학년도 수능 40번

2 다음 네모 안에서 문맥에 맞는 낱말을 고르시오.

(1) The self-fulfilling effects in these cases strongly suggest that managers adopt negative / positive and optimistic approaches toward others at work. 2015학년도 9월 모평 36번

(2) They may feel secure / insecure in their ability to "keep up" in their fields and can react badly when forced to put more important work on hold to complete a task that doesn't intrigue them. 2016학년도 9월 모평 32번

Grammar Check-up

1 다음 네모 안에서 어법상 알맞은 표현을 고르시오.

(1) The problem is that this feeling of familiarity is not necessarily equivalent to ① know / knowing the material and may be of no help when you have to come up with an answer on the exam. In fact, familiarity can often lead to errors on multiple-choice exams because you might pick a choice that looks familiar, only ② find / to find later that it was something you had read, but it wasn't really the best answer to the question.

(2) It is due, also, to the knowledge ① that / which , in an insecure world, pleasure is uncertain. Therefore, the immediate pleasure of eating must be ② exploited / exploiting to the full, even though it does violence to the digestion.

2 다음 밑줄 친 부분 중, 어법상 틀린 것을 골라 바르게 고치시오.

Positively or negatively, our parents and families are powerful influences on us. But even stronger, especially when we're young, ① are our friends. We often choose friends as a way of expanding our sense of identity beyond our families. As a result, the pressure ② to conform to the standards and expectations of friends and other social groups is likely to be intense. Judith Rich Harris, who is a developmental psychologist, ③ argues that three main forces shape our development: personal temperament, our parents, and our peers. The influence of peers, she argues, is much stronger than ④ those of parents. "The world that children share with their peers," she says, "is what shapes their behavior and modifies the characteristics they were born with, and hence determines the sort of people they will be when they grow up."

1 2020학년도 3월 학평 21번 [24211-0079]

밑줄 친 "rise to the bait"가 다음 글에서 의미하는 바로 가장 적절한 것은?

We all know that tempers are one of the first things lost in many arguments. It's easy to say one should keep cool, but how do you do it? The point to remember is that sometimes in arguments the other person is trying to get you to be angry. They may be saying things that are intentionally designed to annoy you. They know that if they get you to lose your cool you'll say something that sounds foolish; you'll simply get angry and then it will be impossible for you to win the argument. So don't fall for it. A remark may be made to cause your anger, but responding with a cool answer that focuses on the issue raised is likely to be most effective. Indeed, any attentive listener will admire the fact that you didn't "rise to the bait."

① stay calm
② blame yourself
③ lose your temper
④ listen to the audience
⑤ apologize for your behavior

2 2020학년도 3월 학평 31번 [24211-0080]

다음 빈칸에 들어갈 말로 가장 적절한 것은?

Remember that _____ is always of the essence. If an apology is not accepted, thank the individual for hearing you out and leave the door open for if and when he wishes to reconcile. Be conscious of the fact that just because someone accepts your apology does not mean she has fully forgiven you. It can take time, maybe a long time, before the injured party can completely let go and fully trust you again. There is little you can do to speed this process up. If the person is truly important to you, it is worthwhile to give him or her the time and space needed to heal. Do not expect the person to go right back to acting normally immediately.

*reconcile: 화해하다

① curiosity
② independence
③ patience
④ creativity
⑤ honesty

모듈/유형 대의 파악 / 함축 의미   **오답률** 38.6%

난도 ★★   **목표 풀이 시간** 1분 50초

풀이 포인트 글에서 설명하는 상황을 머릿속으로 그려 보는 것이 포인트야. 논쟁에서 상대방이 나를 화나게 하려고 하는 상황을 상상해 보자. 내가 그것에 속아 넘어간다면, 그 논쟁에서 이기기 어렵겠지. 반면 제기된 문제에 초점을 맞춘 침착한 답변으로 대응한다면, 나는 '미끼를 물지' 않은 거겠지? 즉, 상대방이 나를 화나게 하려고 짠 계략에 넘어가지 않은 거야. 그렇다면 미끼를 문다는 말은 무슨 의미일까?

모듈/유형 상호 작용 / 빈칸 추론(한 단어)   **오답률** 44.0%

난도 ★★★   **목표 풀이 시간** 1분 50초

풀이 포인트 문단의 나머지 부분에서 반복적으로 전하는 메시지에 집중하는 것이 포인트야. 빈칸 문장 뒤의 문장들을 살펴보면, 누군가와 화해하고 싶을 때, '시간이 걸린다' '오래 걸릴 수 있다' '그 사람에게 필요한 시간과 공간을 줘라'라는 말이 나오고 있어. 그렇게 하기 위해 필요한 건 뭘까?

3 2020학년도 3월 학평 34번
[24211-0081]

다음 빈칸에 들어갈 말로 가장 적절한 것은?

Say you normally go to a park to walk or work out. Maybe today you should choose a different park. Why? Well, who knows? Maybe it's because you need the connection to the different energy in the other park. Maybe you'll run into people there that you've never met before. You could make a new best friend simply by visiting a different park. You never know what great things will happen to you until you step outside the zone where you feel comfortable. If you're staying in your comfort zone and you're not pushing yourself past that same old energy, then you're not going to move forward on your path. By forcing yourself to do something different, you're awakening yourself on a spiritual level and you're forcing yourself to do something that will benefit you in the long run. As they say, _____.

① variety is the spice of life

② fantasy is the mirror of reality

③ failure teaches more than success

④ laziness is the mother of invention

⑤ conflict strengthens the relationship

4 2020학년도 3월 학평 37번
[24211-0082]

글의 흐름으로 보아, 주어진 문장이 들어가기에 가장 적절한 곳은?

> In the U.S. we have so many metaphors for time and its passing that we think of time as "a thing," that is "the weekend is almost gone," or "I haven't got the time."

There are some cultures that can be referred to as "people who live outside of time." The Amondawa tribe, living in Brazil, does not have a concept of time that can be measured or counted. (①) Rather they live in a world of serial events, rather than seeing events as being rooted in time. (②) Researchers also found that no one had an age. (③) Instead, they change their names to reflect their stage of life and position within their society, so a little child will give up their name to a newborn sibling and take on a new one. (④) We think such statements are objective, but they aren't. (⑤) We create these metaphors, but the Amondawa don't talk or think in metaphors for time.

*metaphor: 은유 **sibling: 형제자매

모듈/유형	상호 작용 / 빈칸 추론(짧은 어구)	오답률	45.6%
난도	★★★	목표 풀이 시간	2분

풀이 포인트 반복되는 단어에 집중해 보자. 이 문단에서는 'different'라는 단어가 여러 번 반복되고 있어. 평소 가던 곳과 다른 공원에서 산책을 하고, 다른 친구를 만나고, 다른 어떤 것을 한다는 내용이 계속되고 있지? 그리고 그렇게 평소와 다른 것을 하면 앞으로 나아가게 되고 자신을 이롭게 하게 될 것이라는 내용이야. 그 내용에 가장 잘 맞는 문장은 무엇일까?

모듈/유형	간접 쓰기 / 주어진 문장의 적합한 위치	오답률	61.9%
난도	★★★★	목표 풀이 시간	2분 10초

풀이 포인트 지문에서 논리의 흐름이 갑자기 끊기는 부분을 찾는 것이 포인트야. ④ 뒤의 'such statements'를 살펴보자. 주어진 지문에서 '그러한 진술'이라고 부를 수 있는 진술이 있을까? 우리가 객관적이라고 생각하는 말이자, Amondawa 사람들은 하지 않는 말이라고 부를 수 있는 진술이 어디에 있는지 찾아보자.

5 2020학년도 3월 학평 40번 [24211-0083]

다음 글의 내용을 한 문장으로 요약하고자 한다. 빈칸 (A), (B)에 들어갈 말로 가장 적절한 것은?

While there are many evolutionary or cultural reasons for cooperation, the eyes are one of the most important means of cooperation, and eye contact may be the most powerful human force we lose in traffic. It is, arguably, the reason why humans, normally a quite cooperative species, can become so noncooperative on the road. Most of the time we are moving too fast — we begin to lose the ability to keep eye contact around 20 miles per hour — or it is not safe to look. Maybe our view is blocked. Often other drivers are wearing sunglasses, or their car may have tinted windows. (And do you really want to make eye contact with those drivers?) Sometimes we make eye contact through the rearview mirror, but it feels weak, not quite believable at first, as it is not "face-to-face."

*tinted: 색이 옅게 들어간

↓

> While driving, people become _____(A)_____, because they make _____(B)_____ eye contact.

	(A)		(B)
①	uncooperative	⋯⋯	little
②	careful	⋯⋯	direct
③	confident	⋯⋯	regular
④	uncooperative	⋯⋯	direct
⑤	careful	⋯⋯	little

6 2020학년도 3월 학평 29번 [24211-0084]

다음 글의 밑줄 친 부분 중, 어법상 틀린 것은?

"You are what you eat." That phrase is often used to ① show the relationship between the foods you eat and your physical health. But do you really know what you are eating when you buy processed foods, canned foods, and packaged goods? Many of the manufactured products made today contain so many chemicals and artificial ingredients ② which it is sometimes difficult to know exactly what is inside them. Fortunately, now there are food labels. Food labels are a good way ③ to find the information about the foods you eat. Labels on food are ④ like the table of contents found in books. The main purpose of food labels ⑤ is to inform you what is inside the food you are purchasing.

*manufactured: (공장에서) 제조된
**table of contents: (책 등의) 목차

모듈/유형	간접 쓰기 / 문단 요약	오답률	41.4%
난도	★★★	목표 풀이 시간	1분 50초

풀이 포인트 요약문을 먼저 읽고, 지문을 읽으면서 찾아야 하는 핵심어를 미리 파악하는 것이 포인트야. 운전하는 동안 사람들이 어떤 상태가 되는지, 어떠한 시선 마주치기를 하는지 파악해야겠지? 첫 두 문장을 통해서 인간이 도로에서 어떤 상태가 된다고 말하고 있는지, 그 이유가 무엇인지 파악해 봐. 또한 지문 후반부에서 빨리 움직이는 것, 선글라스를 끼는 것, 창문에 색이 들어간 것 등이 시선 마주치기에 대해서 어떤 내용을 말하고 있는지 알 수 있어.

모듈/유형	문법·어휘 / 어법	오답률	48.8%
난도	★★★	목표 풀이 시간	1분 50초

풀이 포인트 to부정사의 다양한 용법, 「so ~ that ....」 구문, 전치사로 쓰이는 like의 용법, 주어와 동사 수의 일치의 용법을 이해하고 적용하는 것이 포인트야.

Vocabulary Check-up

1 다음 문장의 빈칸에 들어갈 말을 〈보기〉에서 찾아 쓰시오.

〈보기〉
ingredient   attentive   spiritual   temper   awaken   measure

(1) In other words, higher-status individuals can be indifferent while lower-status persons are required to be _____ with their gaze. 2014학년도 수능 33번

(2) Fortunately, rare metals are key _____s in green technologies such as electric cars, wind turbines, and solar panels. 2020학년도 수능 33번

(3) Information has become a recognized entity to be _____(e)d, evaluated, and priced.
2019학년도 수능 22번

2 다음 네모 안에서 문맥에 맞는 낱말을 고르시오.

(1) The "trick" here is to recognize that individual humans are social constructions themselves, embodying and reflecting / refusing the variety of social and cultural influences they have been exposed to during their lives. 2021학년도 9월 모평 23번

(2) However, the world the reader encounters in literature is already confessed / processed and filtered by another consciousness. 2022학년도 수능 37번

Grammar Check-up

1 다음 네모 안에서 어법상 알맞은 표현을 고르시오.

(1) Instead, they change their names to reflect their stage of life and position within their society, so a little child will give up their name to a newborn sibling and ① take / to take on a new one. In the U.S. we have so many metaphors for time and its passing ② which / that we think of time as "a thing," that is "the weekend is almost gone," or "I haven't got the time."

(2) Most of the time we are moving too fast — we begin to lose the ability to keep eye contact around 20 miles per hour — or ① it / that is not safe to look. Maybe our view is ② blocking / blocked .

2 다음 밑줄 친 부분 중, 어법상 틀린 것을 골라 바르게 고치시오.

　　Remember that patience is always of the essence. If an apology is not accepted, thank the individual for hearing you out and leave the door open for ① if and when he wishes to reconcile. Be conscious of the fact ② which just because someone accepts your apology does not mean she has fully forgiven you. It can take time, maybe a long time, before the injured party can completely let go and fully ③ trust you again. There is little you can do to speed this process up. If the person is truly important to you, it is worthwhile ④ to give him or her the time and space needed to heal.

Day 15 Week 3

1 2019학년도 11월 학평 23번 [24211-0085]

다음 글의 주제로 가장 적절한 것은?

You can say that information sits in one brain until it is communicated to another, unchanged in the conversation. That's true of *sheer* information, like your phone number or the place you left your keys. But it's not true of knowledge. Knowledge relies on judgements, which you discover and polish in conversation with other people or with yourself. Therefore you don't learn the details of your thinking until speaking or writing it out in detail and looking back critically at the result. "Is what I just said foolish, or is what I just wrote a deep truth?" In the speaking or writing, you uncover your bad ideas, often embarrassing ones, and good ideas too, sometimes fame-making ones. Thinking requires its expression.

① critical roles of speaking or writing in refining thoughts

② persuasive ways to communicate what you think to people

③ important tips to select the right information for your writing

④ positive effects of logical thinking on reading comprehension

⑤ enormous gaps between spoken language and written language

2 2019학년도 11월 학평 31번 [24211-0086]

다음 빈칸에 들어갈 말로 가장 적절한 것은?

People engage in typical patterns of interaction based on the relationship between their roles and the roles of others. Employers are expected to interact with employees in a certain way, as are doctors with patients. In each case, actions are restricted by the role responsibilities and obligations associated with individuals' positions within society. For instance, parents and children are linked by certain rights, privileges, and obligations. Parents are responsible for providing their children with the basic necessities of life — food, clothing, shelter, and so forth. These expectations are so powerful that not meeting them may make the parents vulnerable to charges of negligence or abuse. Children, in turn, are expected to do as their parents say. Thus, interactions within a relationship are functions not only of the individual personalities of the people involved but also of the role requirements associated with the _____ they have.

*vulnerable: 비난받기 쉬운 **negligence: 태만

① careers

② statuses

③ abilities

④ motivations

⑤ perspectives

모듈/유형 대의 파악 / 주제   **오답률** 53.7%

난도 ★★★   **목표 풀이 시간** 1분 40초

풀이 **포인트** 문단의 중반부 이전에 역접의 접속사가 있는 경우 그 문장에 유의하는 게 포인트야. 글쓴이가 하고 싶은 말이 그때부터 시작되거든. 이 문단은 처음에 '정보가 대화 속에서 변하지 않는다'고 언급하다가, 역접의 접속사 But 이후에 '이것은 지식에 대해서는 사실이 아니다'라고 말하면서, 대화나 글쓰기를 통해 판단, 즉 사고에 대한 결과를 비판적으로 되돌아보게 된다고 했어. 특히 마지막 문장에서 이 내용을 압축했지. 이런 내용을 나타낸 선택지는 무엇일까?

모듈/유형 상호 작용 / 빈칸 추론(한 단어)   **오답률** 71.6%

난도 ★★★★★   **목표 풀이 시간** 2분 20초

풀이 **포인트** 시작 부분에 있는 '역할', '사회 내의 개인의 지위'라는 단어에 주목하는 것이 포인트야. 사람들이 상호작용할 때 어떤 행동을 할지 기대하는 것은 그 사람이 가지고 있는 역할, 혹은 그 사람이 사회 내에서 가진 지위에 따라 달라진다는 거지. 그 뒤에 나오는 부모와 자식에 대한 예시가 이에 들어맞는지 살펴보고 정답을 찾으면 되겠지?

3

2019학년도 11월 학평 33번 [24211-0087]

다음 빈칸에 들어갈 말로 가장 적절한 것은?

Focusing on the differences among societies conceals a deeper reality: their similarities are greater and more profound than their dissimilarities. Imagine studying two hills while standing on a ten-thousand-foot-high plateau. Seen from your perspective, one hill appears to be three hundred feet high, and the other appears to be nine hundred feet. This difference may seem large, and you might focus your attention on what local forces, such as erosion, account for the difference in size. But this narrow perspective misses the opportunity to study the other, more significant geological forces that created what are actually two very similar mountains, one 10,300 feet high and the other 10,900 feet. And when it comes to human societies, people have been standing on a ten-thousand-foot plateau, letting the differences among societies _____.

*erosion: 침식

① prove the uniqueness of each society
② prevent cross-cultural understanding
③ mask the more overwhelming similarities
④ change their perspective on what diversity is
⑤ encourage them to step out of their mental frame

모듈/유형	상호 작용 / 빈칸 추론(긴 어구)	오답률	71.0%
난도	★★★★★	목표 풀이 시간	2분 20초

풀이 **포인트** 첫 두 문장에서 이 글의 주제를 이해하는 것이 이 문제의 포인트야. 차이점에 집중하는 것은 더 깊은 크고 심오한 실체인 유사점을 숨기는 결과를 가져올 수 있다고 했지? 사실은 유사점이 더 본질적이고 중요한 점인데 조그마한 차이점에 집중하다 보면 그 유사점이 가려지게 된다는 거야. 빈칸이 있는 문장도 그 주제에서 벗어나지 않아.

4

2019학년도 11월 학평 37번 [24211-0088]

주어진 글 다음에 이어질 글의 순서로 가장 적절한 것은?

Many studies have shown that people's health and subjective well-being are affected by ethnic relations. Members of minority groups in general have poorer health outcomes than the majority group.

(A) One possible answer is stress. From multiple physiological studies, we know that encounters with members of other ethnic-racial categories, even in the relatively safe environment of laboratories, trigger stress responses.

(B) But that difference remains even when obvious factors, such as social class and access to medical services are controlled for. This suggests that dominance relations have their own effect on people's health. How could that be the case?

(C) Minority individuals have many encounters with majority individuals, each of which may trigger such responses. However minimal these effects may be, their frequency may increase total stress, which would account for part of the health disadvantage of minority individuals.

① (A) – (C) – (B)   ② (B) – (A) – (C)
③ (B) – (C) – (A)   ④ (C) – (A) – (B)
⑤ (C) – (B) – (A)

모듈/유형	간접 쓰기 / 글의 순서	오답률	64.3%
난도	★★★★	목표 풀이 시간	2분 10초

풀이 **포인트** 지시형용사가 쓰인 'that difference'가 가리키는 바, 그리고 질문과 답으로 이어지는 글의 논리 구조를 파악하는 것이 포인트야. 주어진 문장에서는 소수 집단의 구성원들이 일반적으로 다수 집단보다 더 좋지 않은 건강 결과를 보인다고 했지? 즉, 소수 집단과 다수 집단 사이에 건강상 차이가 있다는 거야. 이어 (B)의 내용은 명백한 요소들이 통제될 때조차도 '그러한 차이'가 있다고 하면서 주어진 문장의 차이를 언급해. 또한, (B)의 마지막 부분에 질문이 이어지고, (A)에서는 이에 대한 대답을 하고 있지.

5 2019학년도 11월 학평 39번   [24211-0089]

글의 흐름으로 보아, 주어진 문장이 들어가기에 가장 적절한 곳은?

> In this way, quick judgements are not only relevant in employment matters; they are equally applicable in love and relationship matters too.

You've probably heard the expression, "first impressions matter a lot". (①) Life really doesn't give many people a second chance to make a good first impression. (②) It has been determined that it takes only a few seconds for anyone to assess another individual. (③) This is very noticeable in recruitment processes, where top recruiters can predict the direction of their eventual decision on any candidate within a few seconds of introducing themselves. (④) So, a candidate's CV may 'speak' knowledge and competence, but their appearance and introduction may tell of a lack of coordination, fear, and poor interpersonal skills. (⑤) On a date with a wonderful somebody who you've painstakingly tracked down for months, subtle things like bad breath or wrinkled clothes may spoil your noble efforts.

*CV: 이력서(curriculum vitae)

6 2019학년도 11월 학평 29번   [24211-0090]

다음 글의 밑줄 친 부분 중, 어법상 틀린 것은?

Non-verbal communication is not a substitute for verbal communication. Rather, it should function as a supplement, ① serving to enhance the richness of the content of the message that is being passed across. Non-verbal communication can be useful in situations ② where speaking may be impossible or inappropriate. Imagine you are in an uncomfortable position while talking to an individual. Non-verbal communication will help you ③ get the message across to him or her to give you some time off the conversation to be comfortable again. Another advantage of non-verbal communication is ④ what it offers you the opportunity to express emotions and attitudes properly. Without the aid of non-verbal communication, there are several aspects of your nature and personality that will not be adequately expressed. So, again, it does not substitute verbal communication but rather ⑤ complements it.

*supplement: 보충

모듈/유형	간접 쓰기 / 주어진 문장의 적합한 위치	오답률 64.1%
난도 ★★★★		목표 풀이 시간 2분 10초

풀이 포인트 주어진 문장의 in this way, employment, love and relationship에 집중하는 것이 포인트야. 'In this way'는 앞서 설명한 방식을 언급할 테니, 주어진 문장의 앞에서 채용과 관련된 설명이 나왔음을 짐작할 수 있지? 또한 세미콜론 뒤에서 'love and relationship'이라고 언급했으니 주어진 문장 뒤에서는 사랑과 관계에 대해 설명할 것임을 짐작할 수 있어. 채용에 관련된 내용에서 사랑에 관련된 내용으로 바뀌는 부분을 찾아보자.

모듈/유형	문법·어휘 / 어법	오답률 49.9%
난도 ★★★		목표 풀이 시간 1분 40초

풀이 포인트 분사구문에서 적절한 분사의 형태(현재분사/과거분사), 관계부사와 관계대명사 구분, 동사 help의 목적격 보어 형태, 관계대명사 what과 접속사 that의 구분, 상관접속사 「not A but B」 구문을 이해하는 것이 포인트야.

Vocabulary Check-up

1 다음 문장의 빈칸에 들어갈 말을 〈보기〉에서 찾아 쓰시오.

〈보기〉
vulnerable polish trigger profound obligation minority

(1) At the same time, the results of science have _____, and sometimes unexpected, impacts on every human being on earth. 2016학년도 9월 모평 41~42번

(2) Then, you can go back to revise and _____ your writing. 2015학년도 9월 모평 21번

(3) Many of what we now regard as 'major' social movements (e.g. Christianity, trade unionism or feminism) were originally due to the influence of an outspoken _____. 2019학년도 수능 32번

2 다음 네모 안에서 문맥에 맞는 낱말을 고르시오.

(1) Scientific experiments should be designed to show that your hypothesis is wrong and should be conducted completely objectively with no possible subjective / protective influence on the outcome. 2016학년도 9월 모평 39번

(2) Can we sustain our standard of living in the same ecological space while consuming the resources of that space? This question is particularly relevant / irrelevant since we are living in an era of skyrocketing fuel costs and humans' ever-growing carbon footprints. 2016학년도 9월 모평 38번

Grammar Check-up

1 다음 네모 안에서 어법상 알맞은 표현을 고르시오.

(1) Minority individuals have many encounters with majority individuals, each of ① them / which may trigger such responses. ② However / Whatever minimal these effects may be, their frequency may increase total stress, which would account for part of the health disadvantage of minority individuals.

(2) ① That / It has been determined that it takes only a few seconds for anyone to assess another individual. This is very noticeable in recruitment processes, ② which / where top recruiters can predict the direction of their eventual decision on any candidate within a few seconds of introducing themselves.

2 다음 밑줄 친 부분 중, 어법상 틀린 것을 골라 바르게 고치시오.

Imagine studying two hills ① while standing on a ten-thousand-foot-high plateau. ② Seeing from your perspective, one hill appears to be three hundred feet high, and the other appears to be nine hundred feet. This difference may seem ③ large, and you might focus your attention on what local forces, such as erosion, account for the difference in size. But this narrow perspective misses the opportunity to study the other, more significant geological forces that created ④ what are actually two very similar mountains, one 10,300 feet high and the other 10,900 feet.

(2019학년도 9월 학평) ~ (2018학년도 9월 학평)

일차	문항 번호	유형	오답률	출처		난도
Day 16	1	함축 의미	46.1%	2019학년도 고1 전국연합 학력평가 9월	21번	★★
	2	빈칸 추론(짧은 어구)	71.1%		32번	★★★★★
	3	빈칸 추론(짧은 어구)	48.4%		33번	★★★
	4	글의 순서	67.6%		37번	★★★★
	5	문단 요약	61.4%		40번	★★★★
	6	어휘	65.2%		30번	★★★★
Day 17	1	빈칸 추론(한 단어)	69.1%	2019학년도 고1 전국연합 학력평가 6월	31번	★★★★★
	2	빈칸 추론(짧은 어구)	53.4%		33번	★★★
	3	주어진 문장의 적합한 위치	59.0%		38번	★★★
	4	어법	54.6%		29번	★★★
	5	1지문 2문항(제목)	48.1%		41번	★★
	6	1지문 2문항(어휘)	60.1%		42번	★★★
Day 18	1	빈칸 추론(긴 어구)	66.1%	2019학년도 고1 전국연합 학력평가 3월	34번	★★★★★
	2	글의 순서	65.6%		36번	★★★★
	3	주어진 문장의 적합한 위치	66.3%		38번	★★★★★
	4	어법	58.8%		28번	★★★
	5	1지문 2문항(제목)	58.8%		41번	★★★
	6	1지문 2문항(어휘)	70.5%		42번	★★★★★
Day 19	1	빈칸 추론(긴 어구)	70.0%	2018학년도 고1 전국연합 학력평가 11월	34번	★★★★★
	2	주어진 문장의 적합한 위치	78.5%		38번	★★★★★
	3	문단 요약	67.6%		40번	★★★★
	4	어휘	51.8%		29번	★★★
	5	1지문 2문항(제목)	42.5%		41번	★★★
	6	1지문 2문항(빈칸 추론)	69.0%		42번	★★★★
Day 20	1	빈칸 추론(긴 어구)	55.8%	2018학년도 고1 전국연합 학력평가 9월	33번	★★★
	2	빈칸 추론(긴 어구)	61.2%		34번	★★★★
	3	무관한 문장	60.3%		35번	★★★★
	4	주어진 문장의 적합한 위치	63.2%		38번	★★★★
	5	문단 요약	54.3%		40번	★★★
	6	어휘	61.5%		29번	★★★★

모듈 정리

모듈 4 문법·어휘

◉ **모듈 설명**
문법 · 어휘 모듈은 글의 전체적인 의미나 문장 간의 의미적 관련성을 통하여 언어형식이나 어휘의 적합성을 파악하는 능력을 측정하는 유형의 문항들을 가리킵니다. 문법 · 어휘 유형 문항에서는 문맥에 따른 언어형식이나 어휘의 적절성을 파악하는 능력을 평가합니다.

◉ **유형 분류**
어법, 어휘 유형을 포함하며, 흔히 모의고사 29번과 30번이 이 유형에 해당합니다.

◉ **출제 경향**
전반적으로 어려운 유형으로 분류되는 편이며, 글의 맥락 이해를 토대로 문장의 핵심 구조를 분석하고 글의 흐름상 적절한 또는 부적절한 어휘를 파악해야 풀 수 있는 문항이 출제되고 있습니다. 어법, 어휘 유형의 문항은 공히 글의 내용 이해가 문제 풀이의 기본적인 단서가 된다는 사실을 유념해야 합니다. 왼쪽 표에서 색칠된 문제들이 대표적인 최근의 고난도 문법 · 어휘 유형 문제입니다.

◉ **만점 전략**
예1 자주 출제되는 문법 항목 정리하기(대명사, 수일치, 대등한 연결, 관계사, 조동사, 준동사, 태, 형용사/부사 등)
예2 글의 흐름에 적절한 어휘와 반대되는 어휘가 제시되는 경우가 많으므로, 평소 서로 반대 의미를 갖는 어휘들을 묶어서 학습하기

Word Preview

Day 16

- ☐ equate _____
- ☐ proceed _____
- ☐ domain _____
- ☐ dwell _____
- ☐ continually _____

- ☐ vital _____
- ☐ optimist _____
- ☐ transform _____
- ☐ mean _____
- ☐ randomly _____

- ☐ assign _____
- ☐ observe _____
- ☐ tendency _____
- ☐ struggle _____
- ☐ enhance _____

Day 17

- ☐ acquire _____
- ☐ recognize _____
- ☐ complicated _____
- ☐ analyze _____
- ☐ inquiry _____

- ☐ decisive _____
- ☐ advance _____
- ☐ motive _____
- ☐ release _____
- ☐ chemical _____

- ☐ cautious _____
- ☐ conduct _____
- ☐ misleading _____
- ☐ objective _____
- ☐ typical _____

Day 18

- ☐ poll _____
- ☐ anxiety _____
- ☐ obstacle _____
- ☐ route _____
- ☐ deterministic _____

- ☐ interconnect _____
- ☐ criterion _____
- ☐ appropriate _____
- ☐ capacity _____
- ☐ dissipate _____

- ☐ separate _____
- ☐ boundary _____
- ☐ apparent _____
- ☐ involve _____
- ☐ supply _____

Day 19

- ☐ distinction _____
- ☐ clarify _____
- ☐ consistent _____
- ☐ likelihood _____
- ☐ advocate _____

- ☐ polarize _____
- ☐ assurance _____
- ☐ extension _____
- ☐ core _____
- ☐ notice _____

- ☐ repetition _____
- ☐ mechanical _____
- ☐ substance _____
- ☐ convert _____
- ☐ expend _____

Day 20

- ☐ exceptionally _____
- ☐ article _____
- ☐ marble _____
- ☐ friction _____
- ☐ substantially _____

- ☐ ultimate _____
- ☐ constitution _____
- ☐ property _____
- ☐ overlook _____
- ☐ blame _____

- ☐ determine _____
- ☐ abuse _____
- ☐ retrieve _____
- ☐ persuasive _____
- ☐ attribution _____

1 2019학년도 9월 학평 21번 [24211-0091]

밑줄 친 "There is no there there."가 다음 글에서 의미하는 바로 가장 적절한 것은?

I believe the second decade of this new century is already very different. There are, of course, still millions of people who equate success with money and power — who are determined to never get off that treadmill despite the cost in terms of their well-being, relationships, and happiness. There are still millions desperately looking for the next promotion, the next million-dollar payday that they believe will satisfy their longing to feel better about themselves, or silence their dissatisfaction. But both in the West and in emerging economies, there are more people every day who recognize that these are all dead ends — that they are chasing a broken dream. That we cannot find the answer in our current definition of success alone because — as Gertrude Stein once said of Oakland — "There is no there there."

① People are losing confidence in themselves.
② Without dreams, there is no chance for growth.
③ We should not live according to others' expectations.
④ It is hard to realize our potential in difficult situations.
⑤ Money and power do not necessarily lead you to success.

모듈/유형 대의 파악 / 함축 의미   **오답률** 46.1%
난도 ★★   **목표 풀이 시간** 1분 50초

풀이 포인트 글의 첫 부분에서 '돈과 권력을 성공과 동일시하는 사람들'을 '웰빙, 관계, 행복에 있어 대가를 치르고도 쳇바퀴에서 내려오지 않으려고 하는 사람들'이라고 칭하고, 글의 후반부에서 이러한 것들은 '막다른 길'이며 '부서진 꿈을 좇는 것'이라고 칭했다는 걸 기억해. 즉, 돈과 권력을 성공으로 정의하는 것은 올바르지 않다는 것이 중심 내용이야.

2 2019학년도 9월 학평 32번 [24211-0092]

다음 빈칸에 들어갈 말로 가장 적절한 것은?

In an experiment, researchers presented participants with two photos of faces and asked participants to choose the photo that they thought was more attractive, and then handed participants that photo. Using a clever trick inspired by stage magic, when participants received the photo, it had been switched to the photo not chosen by the participant — the less attractive photo. Remarkably, most participants accepted this photo as their own choice and then proceeded to give arguments for why they had chosen that face in the first place. This revealed a striking mismatch between our choices and our ability to _____. This same finding has since been observed in various domains including taste for jam and financial decisions.

① keep focused
② solve problems
③ rationalize outcomes
④ control our emotions
⑤ attract others' attention

모듈/유형 상호 작용 / 빈칸 추론(짧은 어구)   **오답률** 71.1%
난도 ★★★★★   **목표 풀이 시간** 2분 20초

풀이 포인트 글에 제시된 실험 과정과 결과를 종합하는 것이 문제의 포인트야. 사람들에게 두 장의 얼굴 사진 중 더 매력적이라고 생각하는 사진 한 개를 고르게 한 뒤, 실제로는 그들이 고르지 않은 사진, 즉 그들에게 덜 매력적으로 느껴졌던 사진을 그들이 고른 사진이라고 하면서 주었다고 했지? 그 때 사람들의 반응은 어땠지? 그 사진을 자신이 선택한 사진이라고 하면서 그 사진이 왜 매력적인지 설명까지 했다고 했어. 이러한 사람들의 반응을 어떤 말로 표현할 수 있을까?

3

2019학년도 9월 학평 33번

[24211-0093]

다음 빈칸에 들어갈 말로 가장 적절한 것은?

All improvement in your life begins with an improvement in your _____.
If you talk to unhappy people and ask them what they think about most of the time, you will find that almost without fail, they think about their problems, their bills, their negative relationships, and all the difficulties in their lives. But when you talk to successful, happy people, you find that they think and talk most of the time about the things that they want to be, do, and have. They think and talk about the specific action steps they can take to get them. They dwell continually on vivid, exciting pictures of what their goals will look like when they are realized, and what their dreams will look like when they come true.

① mental pictures
② physical competence
③ cooperative attitude
④ learning environment
⑤ academic achievements

모듈/유형	상호 작용 / 빈칸 추론(짧은 어구)	오답률 48.4%
난도 ★★★		목표 풀이 시간 1분 50초

풀이 **포인트** 빈칸 뒤 모든 내용이 '생각하는' 것에 초점이 맞춰져 있다는 것이 포인트야. think라는 단어가 계속 반복되고 있고, 'dwell on(~을 깊이 생각하다)'라는 표현도 보이지? 불행한 사람들은 불행에 관한 생각을 하고, 성공적이고 행복한 사람들은 자신의 꿈과 실현 방안, 그 결과에 대해 생각한다는 내용이야. 그렇다면 우리 삶의 향상은 무엇이 향상되어야 시작될까?

4

2019학년도 9월 학평 37번

[24211-0094]

주어진 글 다음에 이어질 글의 순서로 가장 적절한 것은?

To be successful, you need to understand the vital difference between believing you will succeed, and believing you will succeed easily.

(A) Unrealistic optimists, on the other hand, believe that success will happen to them — that the universe will reward them for all their positive thinking, or that somehow they will be transformed overnight into the kind of person for whom obstacles don't exist anymore.

(B) Put another way, it's the difference between being a realistic optimist, and an unrealistic optimist. Realistic optimists believe they will succeed, but also believe they have to make success happen — through things like careful planning and choosing the right strategies.

(C) They recognize the need for giving serious thought to how they will deal with obstacles. This preparation only increases their confidence in their own ability to get things done.

① (A) – (C) – (B)　　② (B) – (A) – (C)
③ (B) – (C) – (A)　　④ (C) – (A) – (B)
⑤ (C) – (B) – (A)

모듈/유형	간접 쓰기 / 글의 순서	오답률 67.6%
난도 ★★★★		목표 풀이 시간 2분 10초

풀이 **포인트** (A)의 'on the other hand(반면에)', (B)의 'Put another way(다시 말해서)', 그리고 (C)의 지시대명사 They가 가리키는 바를 이해하는 것이 포인트야. 주어진 문장에서는 성공할 것이라고 믿는 것과 쉽게 성공할 것이라고 믿는 것 사이에는 중요한 차이가 있다고 했지? 그리고 그와 비슷한 진술이 현실적인 낙관주의자와 비현실적인 낙관주의자가 되는 것 사이에 차이가 있다는 (B)의 내용이고, 그 내용이 'Put another way'를 통해 이어지고 있어. (B)의 마지막에서는 현실적인 낙관주의자에 대해 설명하고 있는데, 내용상 (C)에서 가리키는 They 역시 현실적인 낙관주의자야. 현실적인 낙관주의자에 대한 설명 뒤에 (A)에서 'on the other hand'로 이어 비현실적인 낙관주의자에 대해 설명한다면 글의 순서가 적절하겠지?

5

2019학년도 9월 학평 40번 [24211-0095]

다음 글의 내용을 한 문장으로 요약하고자 한다. 빈칸 (A), (B)에 들어갈 말로 가장 적절한 것은?

In a study, psychologist Laurence Steinberg of Temple University and his co-author, psychologist Margo Gardner divided 306 people into three age groups: young adolescents, with a mean age of 14; older adolescents, with a mean age of 19; and adults, aged 24 and older. Subjects played a computerized driving game in which the player must avoid crashing into a wall that appears, without warning, on the roadway. Steinberg and Gardner randomly assigned some participants to play alone or with two same-age peers looking on. Older adolescents scored about 50 percent higher on an index of risky driving when their peers were in the room — and the driving of early adolescents was fully twice as reckless when other young teens were around. In contrast, adults behaved in similar ways regardless of whether they were on their own or observed by others.

*reckless: 무모한

↓

> The _____(A)_____ of peers makes adolescents, but not adults, more likely to _____(B)_____.

	(A)		(B)
①	presence	·····	take risks
②	presence	·····	behave cautiously
③	indifference	·····	perform poorly
④	absence	·····	enjoy adventures
⑤	absence	·····	act independently

모듈/유형 간접 쓰기 / 문단 요약	오답률 61.4%
난도 ★★★★	목표 풀이 시간 2분

풀이 포인트 실험의 결과를 나타내는 문장을 찾는 것이 포인트야. 글의 후반부에서 나이가 더 많은 청소년들은 또래가 같은 방에 있을 때 위험 운전 지수가 약 50퍼센트 더 높았고, 어린 청소년들은 또래가 주변에 있을 때 두 배 더 무모하게 굴었다고 했지. 반면에 성인은 또래의 존재와 상관 없이 행동했다고 했어. 그렇다면 청소년들은 또래가 있을 때 더 무모해졌다는 이야기겠지?

6

2019학년도 9월 학평 30번 [24211-0096]

다음 글의 밑줄 친 부분 중, 문맥상 낱말의 쓰임이 적절하지 않은 것은?

Technological development often forces change, and change is uncomfortable. This is one of the main reasons why technology is often resisted and why some perceive it as a ① threat. It is important to understand our natural ② hate of being uncomfortable when we consider the impact of technology on our lives. As a matter of fact, most of us prefer the path of ③ least resistance. This tendency means that the true potential of new technologies may remain ④ unrealized because, for many, starting something new is just too much of a struggle. Even our ideas about how new technology can enhance our lives may be ⑤ encouraged by this natural desire for comfort.

모듈/유형 문법·어휘 / 어휘	오답률 65.2%
난도 ★★★★	목표 풀이 시간 2분 10초

풀이 포인트 밑줄이 없는 첫 문장을 통해 글의 방향을 파악하는 것이 포인트야. 과학 기술의 발전이 가져오는 변화가 사람들에게 불편할 수 있다는 내용이 이 글의 요지임을 알 수 있지? 새로운 시작과 변화를 싫어하는 사람들의 성향 때문에 좋은 과학 기술조차도 사람들의 환영을 받지 못할 수 있을 거야. 그렇다면 이러한 내용과 반대되는 문장은 어떤 것일까?

Vocabulary Check-up

1 다음 문장의 빈칸에 들어갈 말을 〈보기〉에서 찾아 쓰시오.

〈보기〉
tendency proceed struggle vital mean domain

(1) A well-developed plan does not guarantee that the executing process will _____ flawlessly or that the project will even succeed in meeting its objectives. 2022학년도 6월 모평 22번

(2) They play a _____ role in this area's ecosystem as a wide range of animals, as well as humans, consume them. 2020학년도 6월 모평 26번

(3) Of particular importance in considering emotional changes in old age is the presence of a positivity bias: that is, a _____ to notice, attend to, and remember more positive compared to negative information. 2022학년도 6월 모평 24번

2 다음 네모 안에서 문맥에 맞는 낱말을 고르시오.

(1) At the Natural Jade Resort, we are randomly / continually improving our facilities to better serve our guests. 2023학년도 수능 27번

(2) Information is extracted or learned from these sources of data, and this captured information is then trashed / transformed into knowledge that is eventually used to trigger actions or decisions. 2020학년도 6월 모평 22번

Grammar Check-up

1 다음 네모 안에서 어법상 알맞은 표현을 고르시오.

(1) But when you talk to successful, happy people, you find ① what / that they think and talk most of the time about the things that they want to be, do, and have. They think and talk about the specific action steps they can take to get ② it / them.

(2) In an experiment, researchers presented participants with two photos of faces and asked participants to choose the photo that they thought ① was / were more attractive, and then handed participants that photo. Using a clever trick inspired by stage magic, when participants received the photo, it had ② switched / been switched to the photo not chosen by the participant — the less attractive photo.

2 다음 밑줄 친 부분 중, 어법상 틀린 것을 골라 바르게 고치시오.

　　Subjects played a computerized driving game ① in which the player must avoid crashing into a wall that appears, without warning, on the roadway. Steinberg and Gardner randomly assigned some participants to play alone or with two same-age peers ② looking on. Older adolescents scored about 50 percent higher on an index of risky driving when their peers were in the room — and the driving of early adolescents was fully twice as ③ recklessly when other young teens were around. In contrast, adults behaved in similar ways regardless of ④ whether they were on their own or observed by others.

Day 17 Week 4

1

2019학년도 6월 학평 31번 [24211-0097]

다음 빈칸에 들어갈 말로 가장 적절한 것은?

Creativity is a skill we usually consider uniquely human. For all of human history, we have been the most creative beings on Earth. Birds can make their nests, ants can make their hills, but no other species on Earth comes close to the level of creativity we humans display. However, just in the last decade we have acquired the ability to do amazing things with computers, like developing robots. With the artificial intelligence boom of the 2010s, computers can now recognize faces, translate languages, take calls for you, write poems, and beat players at the world's most complicated board game, to name a few things. All of a sudden, we must face the possibility that our ability to be creative is not _____.

① unrivaled
② learned
③ universal
④ ignored
⑤ challenged

| 모듈/유형 | 상호 작용 / 빈칸 추론(한 단어) | 오답률 | 69.1% |
| 난도 | ★★★★★ | 목표 풀이 시간 | 2분 20초 |

풀이 포인트 글의 중반에 있는 However 뒤의 핵심 내용을 이해하는 것이 포인트야. 글의 전반부 이후에 역접의 접속사가 나오면 주의 깊게 보아야 한다고 했지? However 뒤에서는 컴퓨터가 인간 못지 않게 놀라운 능력을 습득하게 되었다는 내용이 있어. 그렇다면 창의력은 더 이상 인간만의 고유한 능력이 아니고, 인간의 창의력도 도전받을 위기에 놓이지 않을까?

2

2019학년도 6월 학평 33번 [24211-0098]

다음 빈칸에 들어갈 말로 가장 적절한 것은?

The mind is essentially a survival machine. Attack and defense against other minds, gathering, storing, and analyzing information — this is what it is good at, but it is not at all creative. All true artists create from a place of no-mind, from inner stillness. Even great scientists have reported that their creative breakthroughs came at a time of mental quietude. The surprising result of a nationwide inquiry among America's most famous mathematicians, including Einstein, to find out their working methods, was that thinking "plays only a subordinate part in the brief, decisive phase of the creative act itself." So I would say that the simple reason why the majority of scientists are *not* creative is not because they don't know how to think, but because they don't know how to _____!

*quietude: 정적 **subordinate: 부수적인

① organize their ideas
② interact socially
③ stop thinking
④ gather information
⑤ use their imagination

| 모듈/유형 | 상호 작용 / 빈칸 추론(짧은 어구) | 오답률 | 53.4% |
| 난도 | ★★★ | 목표 풀이 시간 | 1분 50초 |

풀이 포인트 The mind가 '생각'을 가리키는 것이라는 것을 알고 글 전체를 통해 반복해서 강조되고 있는 점을 찾아 내는 것이 포인트야. 글의 전반부에서 생각은 정보 수집, 저장, 분석, 다른 생각에 대한 공격과 수비는 잘하지만 전혀 창의적이지는 않다고 했지. 예술가들은 생각이 없는 상태에서 창작을 하고, 과학자들도 정신적인 정적 상태에서 창의적 돌파구가 생긴다고 했어. 그렇다면 생각이 창의력에 방해가 되는 것이 아닐까?

3

2019학년도 6월 학평 38번 [24211-0099]

글의 흐름으로 보아, 주어진 문장이 들어가기에 가장 적절한 곳은?

> When the boy learned that he had misspelled the word, he went to the judges and told them.

Some years ago at the national spelling bee in Washington, D.C., a thirteen-year-old boy was asked to spell *echolalia*, a word that means a tendency to repeat whatever one hears. (①) Although he misspelled the word, the judges misheard him, told him he had spelled the word right, and allowed him to advance. (②) So he was eliminated from the competition after all. (③) Newspaper headlines the next day called the honest young man a "spelling bee hero," and his photo appeared in *The New York Times*. (④) "The judges said I had a lot of honesty," the boy told reporters. (⑤) He added that part of his motive was, "I didn't want to feel like a liar."

*spelling bee: 단어 철자 맞히기 대회

모듈/유형 간접 쓰기 / 주어진 문장의 적합한 위치	오답률 59.0%
난도 ★★★	목표 풀이 시간 2분

풀이 포인트 이야기 구조의 글 속에서 흐름이 갑자기 어색해지는 곳을 찾는 것이 포인트야. 한 소년이 철자 맞히기 대회에서 잘못 말했지만 심판들이 잘못 듣고 다음 단계로 진출하도록 허락했다고 했지? 그런데 ② 뒤에서 갑자기 'So(그래서)'로 연결되면서 그 소년이 대회에서 탈락했다는 내용이 나와. 그 부분에 주어진 문장을 넣어 보자.

4

2019학년도 6월 학평 29번 [24211-0100]

다음 글의 밑줄 친 부분 중, 어법상 <u>틀린</u> 것은?

Bad lighting can increase stress on your eyes, as can light that is too bright, or light that shines ① <u>directly</u> into your eyes. Fluorescent lighting can also be ② <u>tiring</u>. What you may not appreciate is that the quality of light may also be important. Most people are happiest in bright sunshine — this may cause a release of chemicals in the body ③ <u>that</u> bring a feeling of emotional well-being. Artificial light, which typically contains only a few wavelengths of light, ④ <u>do</u> not seem to have the same effect on mood that sunlight has. Try experimenting with working by a window or ⑤ <u>using</u> full spectrum bulbs in your desk lamp. You will probably find that this improves the quality of your working environment.

*fluorescent lighting: 형광등

모듈/유형 문법 · 어휘 / 어법	오답률 54.6%
난도 ★★★	목표 풀이 시간 1분 50초

풀이 포인트 동사를 수식하는 부사, 능동의 의미를 나타내는 현재분사, 관계대명사 that의 쓰임, 주어와 동사 수의 일치, or로 연결되는 대등한 구조를 이해하는 것이 포인트야.

[5~6] 2019학년도 6월 학평 41~42번

다음 글을 읽고, 물음에 답하시오.

Many advertisements cite statistical surveys. But we should be (a) <u>cautious</u> because we usually do not know how these surveys are conducted. For example, a toothpaste manufacturer once had a poster that said, "More than 80% of dentists recommend *Smiley Toothpaste*." This seems to say that most dentists (b) <u>prefer</u> *Smiley Toothpaste* to other brands. But it turns out that the survey questions allowed the dentists to recommend more than one brand, and in fact another competitor's brand was recommended just as often as *Smiley Toothpaste*! No wonder the UK Advertising Standards Authority ruled in 2007 that the poster was (c) <u>misleading</u> and it could no longer be displayed.

A similar case concerns a well-known cosmetics firm marketing a cream that is supposed to rapidly reduce wrinkles. But the only evidence provided is that "76% of 50 women agreed." But what this means is that the evidence is based on just the personal opinions from a small sample with no objective measurement of their skin's condition. Furthermore, we are not told how these women were selected. Without such information, the "evidence" provided is pretty much (d) <u>useful</u>. Unfortunately, such advertisements are quite typical, and as consumers we just have to use our own judgment and (e) <u>avoid</u> taking advertising claims too seriously.

5

[24211-0102]

윗글의 제목으로 가장 적절한 것은?

① The Link between Advertisements and the Economy
② Are Statistical Data in Advertisements Reliable?
③ Statistics in Advertisements Are Objective!
④ The Bright Side of Public Advertisements
⑤ Quality or Price, Which Matters More?

6

[24211-0101]

밑줄 친 (a)~(e) 중에서 문맥상 낱말의 쓰임이 적절하지 않은 것은?

① (a)   ② (b)   ③ (c)   ④ (d)   ⑤ (e)

모듈/유형 복합 / 1지문 2문항(제목/어휘)   **오답률** 48.1% / 60.1%

난도 ★★ / ★★★   **목표 풀이 시간** 2분 40초

풀이 포인트 **5** 제목 문제에서는 글의 처음과 마지막 부분을 통해 글의 요지를 파악하는 것이 포인트야. 필자는 많은 광고가 통계 조사를 인용하지만 그 조사들이 어떻게 실시되는지를 모르기 때문에 신중해야 하고, 소비자 스스로 판단해야 하며, 광고의 주장을 너무 진지하게 받아들이면 안 된다는 내용을 치약 광고와 크림 광고를 통해서 설명하고 있거든. 이 내용을 표현한 선지를 찾으면 돼.

6 어휘 문제에서는 광고의 통계에 대한 객관적인 증거나 정보가 없는 상태에서 광고를 믿을 수 없다는 필자의 주장과 주어진 선택지를 비교해 보는 것이 포인트야. 크림 광고에서 내세우는 유일한 증거가 객관적이지 않을 때, 그 증거가 과연 유용할까?

Vocabulary Check-up

1 다음 문장의 빈칸에 들어갈 말을 〈보기〉에서 찾아 쓰시오.

〈보기〉

chemical   cautious   complicated   advance   motive   recognize

(1) When two natural bodies of water stand at different levels, building a canal between them presents a(n) _____ engineering problem. 2023학년도 9월 모평 36번

(2) Cells that help you _____ people's faces need to be extremely sensitive to details of shape, but they can pay less attention to location. 2023학년도 수능 24번

(3) This is the main _____ for gossiping about well-known figures and superiors. 2020학년도 9월 모평 29번

2 다음 네모 안에서 문맥에 맞는 낱말을 고르시오.

(1) Stressful events sometimes force people to develop new skills, reevaluate priorities, learn new insights, and acquire / account new strengths. 2021학년도 6월 모평 36번

(2) Since their introduction, information systems have substantially changed the way business is confessed / conducted. 2022학년도 수능 35번

Grammar Check-up

1 다음 네모 안에서 어법상 알맞은 표현을 고르시오.

(1) With the artificial intelligence boom of the 2010s, computers can now recognize faces, translate languages, take calls for you, write poems, and ① beat / to beat players at the world's most complicated board game, to name a few things. All of a sudden, we must face the possibility ② which / that our ability to be creative is not unrivaled.

(2) The ① surprising / surprised result of a nationwide inquiry among America's most famous mathematicians, including Einstein, to find out their working methods, ② was / were that thinking "plays only a subordinate part in the brief, decisive phase of the creative act itself."

2 다음 밑줄 친 부분 중, 어법상 틀린 것을 골라 바르게 고치시오.

A similar case ① concerning a well-known cosmetics firm marketing a cream that is supposed to rapidly reduce wrinkles. But the only evidence provided is that "76% of 50 women agreed." But ② what this means is that the evidence is based on just the personal opinions from a small sample with no objective measurement of ③ their skin's condition. Furthermore, we are not ④ told how these women were selected. Without such information, the "evidence" provided is pretty much useless.

1

2019학년도 3월 학평 34번

[24211-0103]

다음 빈칸에 들어갈 말로 가장 적절한 것은?

It is difficult to know how to determine whether one culture is better than another. What is the cultural rank order of rock, jazz, and classical music? When it comes to public opinion polls about whether cultural changes are for the better or the worse, looking forward would lead to one answer and looking backward would lead to a very different answer. Our children would be horrified if they were told they had to go back to the culture of their grandparents. Our parents would be horrified if they were told they had to participate in the culture of their grandchildren. Humans tend to _____. After a certain age, anxieties arise when sudden cultural changes are coming. Our culture is part of who we are and where we stand, and we don't like to think that who we are and where we stand are short-lived.

① seek cooperation between generations

② be forgetful of what they experienced

③ adjust quickly to the new environment

④ make efforts to remember what their ancestors did

⑤ like what they have grown up in and gotten used to

2

2019학년도 3월 학평 36번

[24211-0104]

주어진 글 다음에 이어질 글의 순서로 가장 적절한 것은?

The basic difference between an AI robot and a normal robot is the ability of the robot and its software to make decisions, and learn and adapt to its environment based on data from its sensors.

(A) For instance, if faced with the same situation, such as running into an obstacle, then the robot will always do the same thing, such as go around the obstacle to the left. An AI robot, however, can do two things the normal robot cannot: make decisions and learn from experience.

(B) It will adapt to circumstances, and may do something different each time a situation is faced. The AI robot may try to push the obstacle out of the way, or make up a new route, or change goals.

(C) To be a bit more specific, the normal robot shows deterministic behaviors. That is, for a set of inputs, the robot will always produce the same output.

*deterministic: 결정론적인

① (A) – (C) – (B)   ② (B) – (A) – (C)

③ (B) – (C) – (A)   ④ (C) – (A) – (B)

⑤ (C) – (B) – (A)

모듈/유형 상호 작용 / 빈칸 추론(긴 어구)   **오답률** 66.1%

난도 ★★★★★   **목표 풀이 시간** 2분 20초

풀이 포인트 빈칸 앞뒤의 내용을 파악하는 것이 포인트야. 빈칸의 앞에서는 아이들은 조부모의 문화로 되돌아가야 한다고 하면 겁을 내지만, 부모는 손주의 문화에 참여해야 한다고 하면 겁을 낸다고 했어. 빈칸의 뒤에서는 갑작스러운 문화적 변화가 다가오면 불안감을 느끼게 된다고 했지. 인간의 어떤 경향이 이러한 현상을 일으킬까?

모듈/유형 간접 쓰기 / 글의 순서   **오답률** 65.6%

난도 ★★★★   **목표 풀이 시간** 2분 10초

풀이 포인트 (A)의 'For instance(예를 들어)', (B)의 지시대명사 It이 가리키는 바를 파악하고 내용의 논리적 연결을 이해하는 것이 포인트야. 주어진 문장에서는 AI 로봇과 보통 로봇의 차이에 대해 진술하고 있지? 그리고 나머지 주어진 글에서 보통 로봇과 AI 로봇 각각에 대해 비교하면서 설명하고 있어. (A)에 주어진 예시는 어떤 진술을 설명하는 것일까? (B)에 나온 'It(그것)'은 AI 로봇을 가리키는 것일까, 일반 로봇을 가리키는 것일까?

3

글의 흐름으로 보아, 주어진 문장이 들어가기에 가장 적절한 곳은?

> This may have worked in the past, but today, with interconnected team processes, we don't want all people who are the same.

Most of us have hired many people based on human resources criteria along with some technical and personal information that the boss thought was important. (①) I have found that most people like to hire people just like themselves. (②) In a team, some need to be leaders, some need to be doers, some need to provide creative strengths, some need to be inspirers, some need to provide imagination, and so on. (③) In other words, we are looking for a diversified team where members complement one another. (④) When putting together a new team or hiring team members, we need to look at each individual and how he or she fits into the whole of our team objective. (⑤) The bigger the team, the more possibilities exist for diversity.

*criteria: 기준

모듈/유형 간접 쓰기 / 주어진 문장의 적합한 위치 **오답률** 66.3%

난도 ★★★★★ **목표 풀이 시간** 2분 20초

풀이 포인트 주어진 문장의 This가 가리키는 바를 파악하고, 주어진 문장 뒤에 이어질 내용을 예상하는 것이 포인트야. 주어진 문장을 읽어 보면, 'This(이것)'가 과거에는 효과가 있었겠지만 상호 연결된 팀의 과정이 있는 오늘날에는 (이것과는 반대로) 우리가 전원이 똑같은 사람이기를 원치 않는다고 했어. 즉, This가 가리키는 것은 전원이 똑같은 사람이기를 바랐던 과거의 관습 같은 게 아닐까? 주어진 문장 뒤에는 서로 다른 특징을 가진 사람들로 이루어지는 무언가에 대한 내용이 이어지겠지?

4

(A), (B), (C)의 각 네모 안에서 어법에 맞는 표현으로 가장 적절한 것은?

Clothing doesn't have to be expensive to provide comfort during exercise. Select clothing appropriate for the temperature and environmental conditions (A) which / in which you will be doing exercise. Clothing that is appropriate for exercise and the season can improve your exercise experience. In warm environments, clothes that have a wicking capacity (B) is / are helpful in dissipating heat from the body. In contrast, it is best to face cold environments with layers so you can adjust your body temperature to avoid sweating and remain (C) comfortable / comfortably .

*wick: (모세관 작용으로) 수분을 흡수하거나 배출하다
**dissipate: (열을) 발산하다

	(A)	(B)	(C)
①	which	is	comfortable
②	which	are	comfortable
③	in which	are	comfortable
④	in which	is	comfortably
⑤	in which	are	comfortably

모듈/유형 문법·어휘 / 어법 **오답률** 58.8%

난도 ★★★ **목표 풀이 시간** 1분 50초

풀이 포인트 관계절에서 전치사가 필요한지 여부의 판단(전치사+관계대명사), 주어와 동사 수의 일치, 보어로 쓰이는 형용사에 대해 이해하는 것이 포인트야.

[5~6] 2019학년도 3월 학평 41~42번

다음 글을 읽고, 물음에 답하시오.

Researchers brought two groups of 11-year-old boys to a summer camp at Robbers Cave State Park in Oklahoma. The boys were strangers to one another and upon arrival at the camp, were randomly separated into two groups. The groups were kept apart for about a week. They swam, camped, and hiked. Each group chose a name for itself, and the boys printed their group's name on their caps and T-shirts. Then the two groups met. A series of athletic competitions were set up between them. Soon, each group considered the other an (a) enemy. Each group came to look down on the other. The boys started food fights and stole various items from members of the other group. Thus, under competitive conditions, the boys quickly (b) drew sharp group boundaries.

The researchers next stopped the athletic competitions and created several apparent emergencies whose solution (c) required cooperation between the two groups. One such emergency involved a leak in the pipe supplying water to the camp. The researchers assigned the boys to teams made up of members of both groups. Their job was to look into the pipe and fix the leak. After engaging in several such (d) cooperative activities, the boys started playing together without fighting. Once cooperation replaced competition and the groups (e) started to look down on each other, group boundaries melted away as quickly as they had formed.

*apparent: ~인 것으로 보이는

5
[24211-0108]

윗글의 제목으로 가장 적절한 것은?

① How Are Athletic Competitions Helpful for Teens?
② Preparation: The Key to Preventing Emergencies
③ What Makes Group Boundaries Disappear?
④ Respect Individual Differences in Teams
⑤ Free Riders: Headaches in Teams

6
[24211-0107]

밑줄 친 (a)~(e) 중에서 문맥상 낱말의 쓰임이 적절하지 않은 것은?

① (a)   ② (b)   ③ (c)   ④ (d)   ⑤ (e)

모듈/유형	복합 / 1지문 2문항(제목/어휘)	오답률	58.8% / 70.5%
난도	★★★ / ★★★★★	목표 풀이 시간	2분 50초

풀이 **포인트** 5 제목 문제에서는 두 가지 실험 상황의 차이점을 파악하는 것이 포인트야. 소년들을 그룹으로 나누어 경쟁하는 상황을 마련하자 그룹 경계가 지어졌고, 협력하는 상황을 마련하자 그룹 경계가 빠르게 사라졌다는 내용이지. 이 내용을 표현한 선지를 찾으면 돼.

6 어휘 문제에서는 경쟁이 아닌 협력이 시작되었을 때 소년들이 서로에게 어떤 태도로 변했을지를 파악하는 것이 핵심이라고 할 수 있어. 첫 문단에서 소년들이 경쟁 상태였을 때 각 그룹은 서로를 적으로 여기고 얕잡아 보았다고 했지? 그렇다면 반대로 협력 상태가 되었을 때는 어떻게 변했을까?

Vocabulary Check-up

1 다음 문장의 빈칸에 들어갈 말을 〈보기〉에서 찾아 쓰시오.

〈보기〉

anxiety poll capacity apparent dissipated boundary

(1) Research has shown that when people who feel helpless fail to take control, they experience negative emotional states such as _____ and depression. 2017학년도 9월 모평 32번

(2) Since that time, it has become _____ that broadly effective pesticides can have harmful effects on beneficial insects, which can negate their effects in controlling pests, and that persistent pesticides can damage non-target organisms in the ecosystem, such as birds and people. 2023학년도 6월 모평 38번

(3) In many situations, however, the _____ between good and bad is a reference point that changes over time and depends on the immediate circumstances. 2016학년도 수능 32번

2 다음 네모 안에서 문맥에 맞는 낱말을 고르시오.

(1) On the other hand, we often fail to prevent mass tragedies or take appropriate / inappropriate measures to reduce potential losses from natural disasters. 2019학년도 수능 24번

(2) Each choice invests / involves uncertainty about which path will get you to your destination.

2023학년도 수능 20번

Grammar Check-up

1 다음 네모 안에서 어법상 알맞은 표현을 고르시오.

(1) Our parents would ① be / have been horrified if they were told they had to participate in the culture of their grandchildren. Humans tend to like what they have grown up in and gotten used ② to / to it .

(2) In other words, we are looking for a diversified team ① which / where members complement one another. The ② big / bigger the team, the more possibilities exist for diversity.

2 다음 밑줄 친 부분 중, 어법상 틀린 것을 골라 바르게 고치시오.

The researchers next stopped the athletic competitions and created several apparent emergencies ① that solution required cooperation between the two groups. One such emergency involved a leak in the pipe ② supplying water to the camp. The researchers assigned the boys to teams ③ made up of members of both groups. Their job was to look into the pipe and fix the leak. After engaging in several such cooperative activities, the boys started playing together without fighting. Once cooperation replaced competition and the groups stopped to look down on each other, group boundaries melted away as ④ quickly as they had formed.

1 2018학년도 11월 학평 34번 [24211-0109]

다음 빈칸에 들어갈 말로 가장 적절한 것은?

Interestingly, in nature, _____. The distinction between predator and prey offers a clarifying example of this. The key feature that distinguishes predator species from prey species isn't the presence of claws or any other feature related to biological weaponry. The key feature is *the position of their eyes*. Predators evolved with eyes facing forward — which allows for binocular vision that offers accurate depth perception when pursuing prey. Prey, on the other hand, often have eyes facing outward, maximizing peripheral vision, which allows the hunted to detect danger that may be approaching from any angle. Consistent with our place at the top of the food chain, humans have eyes that face forward. We have the ability to gauge depth and pursue our goals, but we can also miss important action on our periphery.

*depth perception: 거리 감각 **periphery: 주변

① eyes facing outward are linked with the success of hunting

② the more powerful species have a narrower field of vision

③ humans' eyes facing forward enable them to detect danger

④ eyesight is closely related to the extinction of weak species

⑤ animals use their eyesight to identify members of their species

2 2018학년도 11월 학평 38번 [24211-0110]

글의 흐름으로 보아, 주어진 문장이 들어가기에 가장 적절한 곳은?

> However, as society becomes more diverse, the likelihood that people share assumptions and values diminishes.

The way we communicate influences our ability to build strong and healthy communities. Traditional ways of building communities have emphasized debate and argument. (①) For example, the United States has a strong tradition of using town hall meetings to deliberate important issues within communities. (②) In these settings, advocates for each side of the issue present arguments for their positions, and public issues have been discussed in such public forums. (③) Yet for debate and argument to work well, people need to come to such forums with similar assumptions and values. (④) The shared assumptions and values serve as a foundation for the discussion. (⑤) As a result, forms of communication such as argument and debate become polarized, which may drive communities apart as opposed to bringing them together.

모듈/유형 간접 쓰기 / 주어진 문장의 적합한 위치 **오답률** 78.5%

난도 ★★★★★ **목표 풀이 시간** 2분 20초

풀이 포인트 주어진 문장의 However에 주목하고, 글에서 갑작스러운 내용의 전환이 이루어지는 곳을 찾는 것이 포인트야. 주어진 문장에서는 사회가 다양화되면서 가정과 가치를 공유할 가능성이 줄어든다는 내용이 'However(그러나)'로 시작되고 있지? 그러면 그 앞에는 가정과 가치를 공유하곤 했다는 내용이 올 것임을 짐작할 수 있어. 글을 살펴보면, ⑤ 뒤에서 양극화와 공동체의 분열을 언급하고 있는데, 이는 ⑤ 앞에 있는 공유된 가정과 가치가 논의의 기반을 마련한다는 내용과 'As a result(결과적으로)'를 통해 연결되기에 매우 어색해.

모듈/유형 상호 작용 / 빈칸 추론(긴 어구) **오답률** 70.0%

난도 ★★★★★ **목표 풀이 시간** 2분 20초

풀이 포인트 글 전체에 걸쳐 설명된 포식자와 피식자의 눈의 위치의 차이점을 이해하는 것이 포인트야. 이탤릭체로 된 부분에서 '눈의 위치'가 중요한 특징이라고 했지? 포식자는 앞쪽을 향하는 눈을 가졌고, 피식자는 바깥쪽으로 향하는 눈을 가져서 주변 시야를 최대화한다고 했어. 더불어 최대 포식자인 인간은 앞쪽을 향하는 눈을 가지고 있어서 주변의 중요한 행동을 놓칠 수도 있다고 했지. 그렇다면 포식자와 피식자의 차이를 가장 잘 설명한 선택지는 무엇일까?

3

[24211-0111]

다음 글의 내용을 한 문장으로 요약하고자 한다. 빈칸 (A), (B)에 들어갈 말로 가장 적절한 것은?

We cannot predict the outcomes of sporting contests, which vary from week to week. This heterogeneity is a feature of sport. It is the uncertainty of the result and the quality of the contest that consumers find attractive. For the sport marketer, this is problematic, as the quality of the contest cannot be guaranteed, no promises can be made in relations to the result and no assurances can be given in respect of the performance of star players. Unlike consumer products, sport cannot and does not display consistency as a key feature of marketing strategies. The sport marketer therefore must avoid marketing strategies based solely on winning, and must instead focus on developing product extensions such as the facility, parking, merchandise, souvenirs, food and beverages rather than on the core product (that is, the game itself).

*heterogeneity: 이질성(異質性)

↓

> Sport has the essential nature of being ＿＿＿(A)＿＿＿, which requires that its marketing strategies ＿＿＿(B)＿＿＿ products and services more than just the sports match.

	(A)		(B)
①	unreliable	……	feature
②	unreliable	……	exclude
③	risky	……	ignore
④	consistent	……	involve
⑤	consistent	……	promote

모듈/유형 간접 쓰기 / 문단 요약　　**오답률** 67.6%

난도 ★★★★　　**목표 풀이 시간** 2분 10초

풀이 포인트 글의 첫 문장과 마지막 문장에서 결정적인 단서를 얻을 수 있어. 스포츠 경기의 결과를 예측할 수 없고 매주 달라진다는 것이 스포츠의 특징이라고 했지? 승리를 확신할 수 없기 때문에 시합 자체보다는 시설, 주차, 상품, 기념품, 식음료와 같은 제품 확장 개발에 집중해야 한다고 했어. 그 내용을 한 문장으로 만들어 보자.

4

[24211-0112]

(A), (B), (C)의 각 네모 안에서 문맥에 맞는 낱말로 가장 적절한 것은?

We notice repetition among confusion, and the opposite: we notice a break in a repetitive pattern. But how do these arrangements make us feel? And what about "perfect" regularity and "perfect" chaos? Some repetition gives us a sense of security, in that we know what is coming next. We like some (A) predictability / unpredictability. We arrange our lives in largely repetitive schedules. Randomness, in organization or in events, is more challenging and more frightening for most of us. With "perfect" chaos we are (B) excited / frustrated by having to adapt and react again and again. But "perfect" regularity is perhaps even more horrifying in its monotony than randomness is. It (C) denies / implies a cold, unfeeling, mechanical quality. Such perfect order does not exist in nature; there are too many forces working against each other. Either extreme, therefore, feels threatening.

	(A)		(B)		(C)
①	predictability	……	excited	……	denies
②	predictability	……	frustrated	……	implies
③	predictability	……	frustrated	……	denies
④	unpredictability	……	excited	……	implies
⑤	unpredictability	……	frustrated	……	implies

모듈/유형 문법·어휘 / 어휘　　**오답률** 51.8%

난도 ★★★　　**목표 풀이 시간** 1분 50초

풀이 포인트 선택지가 있는 문장의 주변에서 어휘에 대한 단서를 찾는 것이 포인트야. (A)의 앞문장에서 우리가 다음에 무엇이 올지 알면 안정감을 느낀다고 했지? 그렇다면 우리는 예측 가능성을 좋아할까, 예측 불가능성을 좋아할까? (B)의 앞에서는 우리가 임의성은 힘들고 무섭다고 했어. 임의성이란 규칙이 없어서 예측할 수 없는 성질을 뜻하니까, 완전한 무질서와 같은 말이겠지. 그것은 우리에게 즐거움을 가져다줄까, 좌절을 가져다줄까? (C)의 앞에서는 완전한 규칙성이 단조로움에 있어 훨씬 더 끔찍하다고 했어. 그렇다면 완전한 규칙성은 차갑고 냉혹하며 기계 같은 특성을 부인하는 것일까, 내포하는 것일까?

[5~6] 2018학년도 11월 학평 41~42번

다음 글을 읽고, 물음에 답하시오.

Plants are nature's alchemists; they are expert at transforming water, soil, and sunlight into an array of precious substances. Many of these substances are beyond the ability of human beings to conceive. While we were perfecting consciousness and learning to walk on two feet, they were, by the same process of natural selection, inventing photosynthesis (the astonishing trick of converting sunlight into food) and perfecting organic chemistry. As it turns out, many of the plants' discoveries in chemistry and physics have served us well. From plants come chemical compounds that nourish and heal and delight the senses.

Why would they go to all this trouble? Why should plants bother to devise the recipes for so many complex molecules and then expend the energy needed to manufacture them? Plants can't move, which means they can't escape the creatures that feed on them. A great many of the chemicals plants produce are designed, by natural selection, to compel other creatures to leave them alone: deadly poisons, foul flavors, toxins to confuse the minds of predators. Plants also can't change location or extend their reproductive range without help. Many other of the substances plants make draw other creatures to them by stirring and gratifying their desire. It is this fact of plants' _____ that causes them to make chemicals.

5

[24211-0114]

윗글의 제목으로 가장 적절한 것은?

① Why Plants Need Photosynthesis to Survive
② Manage Unwanted Plants with New Chemicals
③ How Plants Became Nature's Chemical Producers
④ Adaptation Is Not a Necessity But a Choice for Plants
⑤ The Constant Survival Game Between Plants and Animals

6

[24211-0113]

윗글의 빈칸에 들어갈 말로 가장 적절한 것은?

① immobility   ② impatience
③ isolation   ④ sacrifice
⑤ scarcity

모듈/유형 복합 / 1지문 2문항(제목/빈칸 추론)   **오답률** 42.5% / 69.0%

난도 ★★★ / ★★★★   **목표 풀이 시간** 2분 40초

풀이 포인트 **5** 제목 문제에서는 두 문단에 걸쳐서 식물의 어떤 면에 대해 이야기하고 있는지를 파악하는 것이 포인트야. 첫 문단에서는 식물이 화합물을 만들어 낸다는 내용을 설명하고 있고, 두 번째 문단에서는 왜 그렇게 화학 물질을 만들어 내느라 애를 써야 하는지 그 이유를 설명하고 있거든. 그 내용을 표현한 선지를 찾으면 돼.

6 빈칸 추론 문제에서는 두 번째 문단의 전반부에 있는 질문과 이에 대한 대답이 핵심이라고 할 수 있어. 첫 두 문장의 질문을 통해 식물이 왜 그렇게 애써 화학 물질을 만들어야 하는지 묻고 있고, 세 번째 문장에서 식물은 그것들을 먹이로 먹으려는 생물체로부터 도망갈 수 없기 때문이라고 대답하고 있어. 또한 그 뒤에서 식물은 위치를 바꿀 수 없다고도 설명하지. 즉, 식물이 움직일 수 없다는 내용을 표현한 선택지를 찾으면 돼.

Vocabulary Check-up

1 다음 문장의 빈칸에 들어갈 말을 〈보기〉에서 찾아 쓰시오.

〈보기〉
convert consistent mechanical distinction likelihood advocate

(1) A(n) _____ needs to be made between designers working truly alone and those working in a group.
2023학년도 9월 모평 40번

(2) You likely exhibited behaviors that are not _____ with how you usually act. 2017학년도 6월 모평 20번

(3) They help to _____ free natural resources like the sun and wind into the power that fuels our lives.
2020학년도 수능 33번

2 다음 네모 안에서 문맥에 맞는 낱말을 고르시오.

(1) Furthermore, it was discovered that the properties of a material could be altered by heat treatments and by the addition of other substances / distances . 2022학년도 9월 모평 38번

(2) We tend not to slice / notice those cultural norms until they violate what we consider to be common sense, good judgment, or the nature of things. 2023학년도 9월 모평 20번

Grammar Check-up

1 다음 네모 안에서 어법상 알맞은 표현을 고르시오.

(1) In these settings, advocates for each side of the issue ① presents / present arguments for their positions, and public issues have ② discussed / been discussed in such public forums.

(2) With "perfect" chaos we are ① frustrating / frustrated by having to adapt and react again and again. But "perfect" regularity is perhaps even more horrifying in its monotony than randomness ② is / does .

2 다음 밑줄 친 부분 중, 어법상 틀린 것을 골라 바르게 고치시오.

Plants can't move, which means they can't escape the creatures that feed on ① them. A great many of the chemicals plants produce are designed, by natural selection, to compel other creatures ② to leave them alone: deadly poisons, foul flavors, toxins to confuse the minds of predators. Plants also can't change location or extend their reproductive range without help. Many other of the substances plants make ③ drawing other creatures to them by stirring and gratifying their desire. It is this fact of plants' immobility ④ that causes them to make chemicals.

Day 20 Week 4

1

2018학년도 9월 학평 33번 [24211-0115]

다음 빈칸에 들어갈 말로 가장 적절한 것은?

How funny are you? While some people are natural humorists, being funny is a set of skills that can be learned. Exceptionally funny people don't depend upon their memory to keep track of everything they find funny. In the olden days, great comedians carried notebooks to write down funny thoughts or observations and scrapbooks for news clippings that struck them as funny. Today, you can do that easily with your smartphone. If you have a funny thought, record it as an audio note. If you read a funny article, save the link in your bookmarks. The world is a funny place and your existence within it is probably funnier. Accepting that fact is a blessing that gives you everything you need to see humor and craft stories on a daily basis. All you have to do is _____.

① keep away from new technology
② take risks and challenge yourself
③ have friendly people close to you
④ document them and then tell someone
⑤ improve interpersonal relationship at work

모듈/유형 상호 작용 / 빈칸 추론(긴 어구) **오답률** 55.8%

난도 ★★★ **목표 풀이 시간** 2분

풀이 **포인트** 글의 앞부분은 재미있다는 것이 타고난 것일 수도 있지만 배울 수도 있는 기술이라고 말하고 있어. 그러면서 예전 위대한 코미디언들이 어떤 방법을 사용했는지를 말하고 있는데, 재미있는 생각이나 관찰한 것들을 적기 위한 공책과 재미있다고 생각한 뉴스 기사들을 위한 스크랩북을 가지고 다녔다고 하면서, 오늘날에는 스마트폰을 이용할 수 있으니 재미있는 생각을 음성 녹음하거나 재미있는 기사를 북마크에 저장하라고 조언하고 있어. 마지막 문장의 빈칸에는 재미있는 사람이 되기 위해 해야 할 일이 무엇인지에 관한 내용이 들어가야 할 테니까 답을 찾을 수 있겠지?

2

2018학년도 9월 학평 34번 [24211-0116]

다음 빈칸에 들어갈 말로 가장 적절한 것은?

If you ask a physicist how long it would take a marble to fall from the top of a ten-story building, he will likely answer the question by assuming that the marble falls in a vacuum. In reality, the building is surrounded by air, which applies friction to the falling marble and slows it down. Yet the physicist will point out that the friction on the marble is so small that its effect is negligible. Assuming the marble falls in a vacuum simplifies the problem without substantially affecting the answer. Economists make assumptions for the same reason: Assumptions can simplify the complex world and make it easier to understand. To study the effects of international trade, for example, we might assume that the world consists of only two countries and that each country produces only two goods. By doing so, we can _____. Thus, we are in a better position to understand international trade in the complex world.

*negligible: 무시할 수 있는

① prevent violations of consumer rights
② understand the value of cultural diversity
③ guarantee the safety of experimenters in labs
④ focus our thinking on the essence of the problem
⑤ realize the differences between physics and economics

모듈/유형 상호 작용 / 빈칸 추론(긴 어구) **오답률** 61.2%

난도 ★★★★ **목표 풀이 시간** 2분 10초

풀이 **포인트** 이 글의 앞부분에서, 물리학자에게 구슬의 낙하 시간에 관해 질문하면, 실제로는 공기로 인한 마찰이 발생해 낙하 속도가 떨어지지만, 구슬이 진공 상태에서 떨어진다고 가정하면서 문제를 단순화한다고 말하고 있어. 그 뒤에는 경제학자들도 같은 이유로 '가정'을 한다고 말하면서 가정이 복잡한 세상을 단순화하고 이해하는 것을 더 쉽게 만들 수 있다(Assumptions can simplify the complex world and make it easier to understand.)고 말하지. 빈칸이 들어있는 문장의 "doing so"는 문제를 단순하게 가정하는 것을 가리킨다는 것을 알 수 있어. 그럼 가정함으로써 우리가 '무엇을 할' 수 있는지 빈칸에 들어갈 내용을 추론해 봐.

3

다음 글에서 전체 흐름과 관계 <u>없는</u> 문장은?

Water is the ultimate commons. Once, watercourses seemed boundless and the idea of protecting water was considered silly. But rules change. Time and again, communities have studied water systems and redefined wise use. ① Now Ecuador has become the first nation on Earth to put the rights of nature in its constitution. ② This move has proclaimed that rivers and forests are not simply property but maintain their own right to flourish. ③ Developing a water-based transportation system will modernize Ecuador's transportation infrastructure. ④ According to the constitution, a citizen might file suit on behalf of an injured watershed, recognizing that its health is crucial to the common good. ⑤ More countries are acknowledging nature's rights and are expected to follow Ecuador's lead.

*commons: 공유 자원 **watershed: (강) 유역

4

글의 흐름으로 보아, 주어진 문장이 들어가기에 가장 적절한 곳은?

> However, thinking about it this way overlooks debt among people in low-income brackets who have no other way than debt to acquire basic necessities of life.

Have you heard someone say, "He has no one to blame but himself" for some problem? In everyday life we often blame people for "creating" their own problems. (①) Although individual behavior can contribute to social problems, our individual experiences are often largely beyond our own control. (②) They are determined by society as a whole — by its historical development and its organization. (③) If a person sinks into debt because of overspending or credit card abuse, other people often consider the problem to be the result of the individual's personal failings. (④) By contrast, at middle- and upper-income levels, overspending takes on a variety of meanings typically influenced by what people think of as essential for their well-being and associated with the so-called "good life" that is so heavily marketed. (⑤) But across income and wealth levels, larger-scale economic and social problems may affect the person's ability to pay for consumer goods and services.

모듈/유형 간접 쓰기 / 무관한 문장   **오답률** 60.3%

난도 ★★★★   **목표 풀이 시간** 2분

풀이 포인트 글의 앞부분에서, 끝이 없는 자연인 물을 보호한다는 발상이 어리석게 여겨졌지만 규칙은 변한다고 말하며 사회가 수계를 연구하고 현명한 사용을 재정의해 왔다고 말하고 있어. 그러면서 자연의 권리를 헌법에 포함시킨 지구상 첫 번째 국가인 에콰도르의 이야기를 소개하고 있지. 자연의 권리 (nature's right)나 그것을 보호하는 에콰도르의 헌법(constitution)과 관련되지 않은 문장을 찾아봐.

모듈/유형 간접 쓰기 / 주어진 문장의 적합한 위치   **오답률** 63.2%

난도 ★★★★   **목표 풀이 시간** 2분 10초

풀이 포인트 개인의 행동으로 일어난 문제가 개인의 탓만이 아니라 사회 구조의 문제의 영향을 받은 것이라는 내용의 글이야. 주어진 문장에 앞 문장과 역접 관계를 만들어 주는 However가 있는데, 이런 연결어가 문장의 위치를 찾는 데 단서를 제공해 줄 수 있으니 주목해야 해. 주어진 문장에서 '이런 식으로 생각하는 것(thinking about it this way)'이 경제적인 이유로 부득이하게 빚을 지게 되는 상황을 간과하고 있다고 했으니까, 앞에는 그 생각하는 방식을 나타내는 반대되는 내용이 나오겠지. 글에 있는 By contrast와 같은 연결어도 주어진 문장의 위치를 확인하는 데 실마리가 될 거야. 그럼 이제 주어진 문장이 들어갈 위치가 어디인지 찾아볼까?

5

2018학년도 9월 학평 40번 [24211-0119]

다음 글의 내용을 한 문장으로 요약하고자 한다. 빈칸 (A)와 (B)에 들어갈 말로 가장 적절한 것은?

At the Leipzig Zoo in Germany, 34 zoo chimpanzees and orangutans participating in a study were each individually tested in a room, where they were put in front of two boxes. An experimenter would place an object inside one box and leave the room. Another experimenter would enter the room, move the object into the other box and exit. When the first experimenter returned and tried retrieving the object from the first box, the great ape would help the experimenter open the second box, which it knew the object had been transferred to. However, most apes in the study did not help the first experimenter open the second box if the first experimenter was still in the room to see the second experimenter move the item. The findings show the great apes understood when the first experimenter still thought the item was where he or she last left it.

↓

According to the study, great apes can distinguish whether or not people have a(n) _____(A)_____ belief about reality and use this understanding to _____(B)_____ people.

	(A)		(B)
①	false	……	help
②	ethical	……	obey
③	scientific	……	imitate
④	irrational	……	deceive
⑤	widespread	……	correct

모듈/유형 간접 쓰기 / 문단 요약　　**오답률** 54.3%

난도 ★★★　　**목표 풀이 시간** 1분 50초

풀이 포인트 먼저 요약문을 보면, 침팬지와 오랑우탄을 실험 대상으로 한 연구 결과가 암시하는 내용을 정리하고 있는데, 유인원이 인간이 현실에 대해 '어떠한' 믿음을 갖고 있는지 아닌지를 분별할 수 있고, 이 이해를 인간을 '무엇'하는 데 사용할 수 있다고 말하고 있어. 이제 빈칸에 들어갈 정보를 찾으려고 집중하면서 글을 읽어 봐. 실험 과정과 관찰한 것을 설명하는 부분을 해석할 때, 첫 번째 실험자와 두 번째 실험자가 나와서 혼동할 수가 있으니 유의해. 유인원이 첫 번째 실험자가 물건의 위치가 옮겨진 것을 모른다고 판단했을 때에는 물건이 들어 있는 상자를 열도록 도왔고, 위치를 알고 있다고 판단됐을 땐 돕지 않았다고 했어. 그럼 이제 빈칸에 들어갈 말을 추론할 수 있겠지?

6

2018학년도 9월 학평 29번 [24211-0120]

다음 글의 밑줄 친 부분 중, 문맥상 낱말의 쓰임이 적절하지 않은 것은?

People are innately inclined to look for causes of events, to form explanations and stories. That is one reason storytelling is such a ① persuasive medium. Stories resonate with our experiences and provide examples of new instances. From our experiences and the stories of others we tend to form ② generalizations about the way people behave and things work. We attribute causes to events, and as long as these cause-and-effect ③ pairings make sense, we use them for understanding future events. Yet these causal attributions are often mistaken. Sometimes they implicate the ④ wrong causes, and for some things that happen, there is no single cause. Rather, there is a complex chain of events that all contribute to the result; if any one of the events would not have occurred, the result would be ⑤ similar. But even when there is no single causal act, that doesn't stop people from assigning one.

*resonate: 떠올리게 하다　**implicate: 연관시키다

모듈/유형 문법·어휘 / 어휘　　**오답률** 61.5%

난도 ★★★★　　**목표 풀이 시간** 2분 10초

풀이 포인트 문맥상 낱말이 적절하게 쓰였는지를 파악하기 위해서는, 밑줄 친 부분이 들어 있는 문장과 그 문장의 앞과 뒤의 문장을 꼼꼼하게 해석해서 연결이 자연스러운지 살펴봐야 해. 이 글은 인간이 선천적으로 사건의 원인을 찾아 설명과 이야기를 구성하려는 경향이 있기 때문에 스토리텔링이 설득력 있는 수단이 되었다고 말하고 있는데, 종종 결과에 잘못된 원인을 연관시키기도 하는 등 사건의 인과관계의 연결이 잘못되기도 한다고 말하고 있어. 또한 어떤 일에 단 하나의 원인만 있는 게 아니라 복잡한 일련의 사건들이 모두 원인이 된다고 했어. 만약 이런 원인이 되는 여러 사건 중 하나가 일어나지 않는다면 그 결과는 여전히 같을까? 이런 글의 내용을 바탕으로 문맥상 어색하게 사용된 낱말을 찾아봐!

Vocabulary Check-up

1 다음 문장의 빈칸에 들어갈 말을 〈보기〉에서 찾아 쓰시오.

〈보기〉

friction   article   determine   retrieve   persuasive   ultimate

(1) They'll go to the edge of a difficult slope, look all the way down to the bottom, and _____ that the slope is too steep for them to try. 2015학년도 수능 23번

(2) In the nutrition industry, _____s are often written discussing a new nutrient under investigation. 2018학년도 6월 모평 36번

(3) Pride is a sense that I am better than others, I have the _____ beauty, talent, and answers, and I alone should rule the world. 2014학년도 9월 모평 A형 37번

2 다음 네모 안에서 문맥에 맞는 낱말을 고르시오.

(1) No matter how appealing the taste, an unattractive appearance is hard to | hate / overlook |. 2014학년도 6월 모평 B형 31번

(2) Cities, on the other hand, are often | praised / blamed | as a major cause of ecological destruction — artificial, crowded places that suck up precious resources. 2021학년도 6월 모평 35번

Grammar Check-up

1 다음 네모 안에서 어법상 알맞은 표현을 고르시오.

(1) According to the constitution, a citizen might file suit on behalf of an injured watershed, ① | recognize / recognizing | that its health is crucial to the common good. More countries are acknowledging nature's rights and are ② | expected / expecting | to follow Ecuador's lead.

(2) At the Leipzig Zoo in Germany, 34 zoo chimpanzees and orangutans participating in a study ① | was / were | each individually tested in a room, where they were put in front of two boxes. An experimenter would place an object inside one box and ② | leave / leaving | the room.

2 다음 밑줄 친 부분 중, 어법상 틀린 것을 골라 바르게 고치시오.

If you ask a physicist how long it would take a marble to fall from the top of a ten-story building, he will likely answer the question by assuming ① that the marble falls in a vacuum. In reality, the building is surrounded by air, ② which applies friction to the falling marble and slows it down. Yet the physicist will point out that the friction on the marble is so small that its effect is negligible. Assuming the marble falls in a vacuum ③ simplifying the problem without substantially affecting the answer. Economists make assumptions for the same reason: Assumptions can simplify the complex world and make it easier ④ to understand. To study the effects of international trade, for example, we might assume that the world consists of only two countries and that each country produces only two goods. By doing so, we can focus our thinking on the essence of the problem. Thus, we are in a better position to understand international trade in the complex world.

(2018학년도 6월 학평) ~ (2017학년도 6월 학평)

일차	문항 번호	유형	오답률	출처		난도
Day 21	1	빈칸 추론(짧은 어구)	62.7%	2018학년도 고1 전국연합 학력평가 6월	32번	★★★★
	2	빈칸 추론(긴 어구)	68.1%		34번	★★★★★
	3	글의 순서	68.9%		35번	★★★★★
	4	어법	70.5%		28번	★★★★★
	5	1지문 2문항(제목)	-		41번	★
	6	1지문 2문항(빈칸 추론)	76.6%		42번	★★★★★
Day 22	1	빈칸 추론(한 단어)	76.1%	2018학년도 고1 전국연합 학력평가 3월	31번	★★★★★
	2	주어진 문장의 적합한 위치	75.5%		37번	★★★★★
	3	문단 요약	65.3%		40번	★★★★
	4	어휘	66.2%		30번	★★★★
	5	1지문 2문항(제목)	—		41번	★
	6	1지문 2문항(어휘)	76.5%		42번	★★★★★
Day 23	1	제목	66.8%	2017학년도 고1 전국연합 학력평가 11월	22번	★★★★
	2	빈칸 추론(짧은 어구)	75.3%		33번	★★★★★
	3	빈칸 추론(긴 어구)	80.8%		34번	★★★★★
	4	주어진 문장의 적합한 위치	59.8%		38번	★★★
	5	문단 요약	61.1%		40번	★★★★
	6	어휘	75.3%		29번	★★★★★
Day 24	1	빈칸 추론(짧은 어구)	63.6%	2017학년도 고1 전국연합 학력평가 9월	31번	★★★★
	2	빈칸 추론(긴 어구)	64.3%		34번	★★★★
	3	글의 순서	63.3%		36번	★★★★
	4	주어진 문장의 적합한 위치	61.9%		38번	★★★★
	5	무관한 문장	49.5%		39번	★★
	6	어휘	57.1%		29번	★★★
Day 25	1	제목	61.8%	2017학년도 고1 전국연합 학력평가 6월	23번	★★★★
	2	빈칸 추론(짧은 어구)	63.2%		33번	★★★★
	3	빈칸 추론(긴 어구)	62.1%		34번	★★★★
	4	주어진 문장의 적합한 위치	67.5%		38번	★★★★★
	5	무관한 문장	61.5%		39번	★★★★
	6	어휘	53.9%		29번	★★★

모듈 정리

모듈 5 복합

◉ 모듈 설명
복합 모듈은 상향, 하향, 상호 작용 이해 방식을 작동하여 하나의 긴 지문을 통해 글의 중심 및 세부 내용 등 학습자의 다양한 읽기 능력을 측정하는 유형의 문항들을 가리킵니다. 복합 유형 문항에서는 장문을 읽은 후, 두 문항 또는 세 문항에 답하는 유형으로 출제됩니다.

◉ 유형 분류
제목, 어휘, 글의 순서, 지칭 추론, 내용 불일치 유형을 포함하며, 흔히 모의고사 41번에서 45번까지가 이 유형에 해당합니다.

◉ 출제 경향
전반적으로는 쉬운 유형으로 분류되는 편이나 42번 어휘 문항의 경우 장문을 읽고 맥락을 정확히 이해해야 풀 수 있는 문제로 출제되어 어려운 문항으로 간주됩니다. 또한, 문항 배치상 마지막 다섯 문항으로서 시간의 압박 속에서 긴 지문을 읽고 중심 및 세부 내용, 글의 적절한 순서, 대명사의 지칭 대상 등의 문제를 풀어 내야 하므로, 평소 글을 빠르게 읽고 정확히 이해하는 훈련을 꾸준히 해야 합니다. 왼쪽 표에서 색칠된 문제들이 대표적인 최근의 고난도 복합 유형 문제입니다.

◉ 만점 전략
예1 글을 읽으며 중심 내용(제목)과 맥락에 따른 세부 내용(어휘, 내용 불일치)을 동시에 파악하기
예2 시간의 흐름 및 대명사, 연결사의 기능에 따른 글의 순서 파악하기
예3 내용 이해를 토대로 대명사가 지칭하는 대상 파악하기

Word Preview

정답과 해설 98쪽

Day 21

- [ ] overcome _____
- [ ] tap _____
- [ ] time-consuming _____
- [ ] content _____
- [ ] dimension _____
- [ ] command _____
- [ ] violate _____
- [ ] current _____
- [ ] marine _____
- [ ] particle _____
- [ ] enormous _____
- [ ] inhabitant _____
- [ ] custom _____
- [ ] texture _____
- [ ] curiosity _____

Day 22

- [ ] academic _____
- [ ] inspiration _____
- [ ] worthwhile _____
- [ ] passion _____
- [ ] attempt _____
- [ ] philosopher _____
- [ ] superior _____
- [ ] purify _____
- [ ] hatching _____
- [ ] flexible _____
- [ ] enable _____
- [ ] reputation _____
- [ ] intention _____
- [ ] subject _____
- [ ] branch _____

Day 23

- [ ] dispose _____
- [ ] interfere _____
- [ ] dense _____
- [ ] guilt _____
- [ ] acceleration _____
- [ ] alter _____
- [ ] settlement _____
- [ ] rational _____
- [ ] permanent _____
- [ ] shifting _____
- [ ] implementation _____
- [ ] intense _____
- [ ] emphasize _____
- [ ] appealing _____
- [ ] inherently _____

Day 24

- [ ] colonize _____
- [ ] revolution _____
- [ ] demonstrate _____
- [ ] vivid _____
- [ ] concentrated _____
- [ ] arousing _____
- [ ] inaccurate _____
- [ ] ridiculous _____
- [ ] illustrate _____
- [ ] preference _____
- [ ] frustrating _____
- [ ] undergo _____
- [ ] vocation _____
- [ ] humanity _____
- [ ] inadequate _____

Day 25

- [ ] suppose _____
- [ ] profit _____
- [ ] rural _____
- [ ] export _____
- [ ] incentive _____
- [ ] reduction _____
- [ ] hesitation _____
- [ ] enthusiastically _____
- [ ] recover _____
- [ ] aging _____
- [ ] additional _____
- [ ] routine _____
- [ ] remind _____
- [ ] hardship _____
- [ ] negative _____

1
2018학년도 6월 학평 32번 [24211-0121]

다음 빈칸에 들어갈 말로 가장 적절한 것은?

Good managers have learned to overcome the initial feelings of anxiety when assigning tasks. They are aware that no two people act in exactly the same way and so do not feel threatened if they see one employee going about a task differently than another. Instead, they focus on _____. If a job was successfully done, as long as people are working in a manner acceptable to the organization (for example, as long as salespeople are keeping to the company's ethical selling policy), then that's fine. If an acceptable final outcome wasn't achieved, then such managers respond by discussing it with the employee and analyzing the situation, to find out what training or additional skills that person will need to do the task successfully in the future.

*assign: (일·책임 등을) 맡기다

① the end result
② the welfare policy
③ the uniform procedure
④ the informal atmosphere
⑤ the employee's personality

모듈/유형	상호 작용 / 빈칸 추론(짧은 어구)	오답률 62.7%
난도 ★★★★		목표 풀이 시간 2분 10초

풀이 포인트 좋은 관리자들은 직원들이 과업을 하는 방식이 달라도 두려워하지 않는다고 하면서 업무를 수용할 만한 방식으로 성공적으로 해낸다면 괜찮다고 생각한다는 내용의 글이야. 빈칸 부분은, 좋은 관리자들이 '무엇'에 초점을 맞추는지를 묻고 있는데, 뒤에 이어지는 글에서 '만약 어떤 업무가 성공적으로 완료되었다면(If a job was successfully done)' 괜찮다고 했고, '만약 수용할 만한 최종 결과가 성취되지 않았다면(If an acceptable final outcome wasn't achieved)' 좋은 관리자들은 그 과업을 성공적으로 수행할 수 있도록 직원과 논의하고 필요한 기술이 무엇인지 알아낸다고 했으니까, 빈칸에 들어갈 말이 무엇일지 추측할 수 있을 거야.

2
2018학년도 6월 학평 34번 [24211-0122]

다음 빈칸에 들어갈 말로 가장 적절한 것은?

There is a very old story involving a man trying to fix his broken boiler. Despite his best efforts over many months, he can't do it. Eventually, he gives up and decides to call in an expert. The engineer arrives, gives one gentle tap on the side of the boiler, and it springs to life. The engineer gives a bill to the man, and the man argues that he should pay only a small fee as the job took the engineer only a few moments. The engineer explains that the man is not paying for the time he took to tap the boiler but rather the years of experience involved in knowing exactly where to tap. Just like the expert engineer tapping the boiler, effective change _____. In fact, it is often simply a question of knowing exactly where to tap.

① needs competition among experts
② does not have to be time-consuming
③ requires the development of equipment
④ does not come from previous experience
⑤ often takes place as a result of good luck

모듈/유형	상호 작용 / 빈칸 추론(긴 어구)	오답률 68.1%
난도 ★★★★★		목표 풀이 시간 2분 20초

풀이 포인트 고장 난 보일러를 전문 수리 기사에게 의뢰한 남자가 가볍게 한 번 두드려 보일러를 고친 것에 대해 수리 시간이 짧기 때문에 요금을 적게 지불해야 한다고 주장하자, 전문 수리 기사는 남자가 돈을 지불하는 것은 수리에 걸린 시간이 아니라 수년간의 경험에 대한 것이라고 설명하고 있어. 그렇다면 빈칸에 들어갈 정보는 효과적인 변화(effective change)란 '어떠한지'에 관한 것이겠지? '전문 기사가 보일러를 두드리는 것과 꼭 마찬가지로(Just like the expert engineer tapping the boiler)'라는 말로 빈칸이 들어 있는 문장이 시작되고 있으니 뒤에 자연스럽게 연결될 수 있으면서도 주제를 전달할 수 있는 말을 찾아봐.

3

2018학년도 6월 학평 35번

[24211-0123]

주어진 글 다음에 이어질 글의 순서로 가장 적절한 것은?

> Interpersonal messages combine content and relationship dimensions. That is, they refer to the real world, to something external to both speaker and listener; at the same time they also refer to the relationship between parties.

(A) You can appreciate this most clearly if you visualize the same command being made by the trainee to the supervisor. It appears awkward and out of place, because it violates the normal relationship between supervisor and trainee.

(B) It also contains a relationship message that says something about the connection between the supervisor and the trainee. Even the use of the simple command shows there is a status difference that allows the supervisor to command the trainee.

(C) For example, a supervisor may say to a trainee, "See me after the meeting." This simple message has a content message that tells the trainee to see the supervisor after the meeting.

① (A) – (C) – (B)　　② (B) – (A) – (C)
③ (B) – (C) – (A)　　④ (C) – (A) – (B)
⑤ (C) – (B) – (A)

모듈/유형 간접 쓰기 / 글의 순서	오답률 68.9%
난도 ★★★★★	목표 풀이 시간 2분 20초

풀이 포인트 주어진 글에서, 대인 메시지는 내용 차원과 관계 차원을 결합한다고 말하고 있어. 뒤에 이어질 글의 순서를 파악하기 위해 (A)에서 'this'가 가리키는 것이 무엇인지, the same command에 앞서 언급된 '명령'이 무엇인지 찾아봐. 그리고 (B)의 It은 무엇을 가리키고 있는지, (C)의 For example 이하의 문장은 어떤 내용에 대한 예시를 제시하고 있는 건지 찾아낼 수 있다면 주어진 글 다음에 이어질 글을 올바르게 파악할 수 있을 거야.

4

2018학년도 6월 학평 28번

[24211-0124]

다음 글의 밑줄 친 부분 중, 어법상 틀린 것은?

Plastic is extremely slow to degrade and tends to float, ① which allows it to travel in ocean currents for thousands of miles. Most plastics break down into smaller and smaller pieces when exposed to ultraviolet (UV) light, ② forming microplastics. These microplastics are very difficult to measure once they are small enough to pass through the nets typically used to collect ③ themselves. Their impacts on the marine environment and food webs are still poorly understood. These tiny particles are known to be eaten by various animals and to get into the food chain. Because most of the plastic particles in the ocean ④ are so small, there is no practical way to clean up the ocean. One would have to filter enormous amounts of water to collect a ⑤ relatively small amount of plastic.

*degrade: 분해되다

모듈/유형 문법·어휘 / 어법	오답률 70.5%
난도 ★★★★★	목표 풀이 시간 2분 10초

풀이 포인트 이 문제에서 포인트가 되는 문법은, 계속적 용법의 관계대명사 which의 사용, 분사구문 forming microplastics의 형태, 재귀대명사의 쓰임, 주어와 동사의 수 일치, 형용사를 수식하는 부사의 역할에 대한 이해야.

[5~6] 2018학년도 6월 학평 41~42번

다음 글을 읽고, 물음에 답하시오.

Hundreds of thousands of people journeyed far to take part in the Canadian fur trade. Many saw how inhabitants of the northern regions stored their food in the winter — by burying the meats and vegetables in the snow. But probably few of them had thoughts about how this custom might relate to other fields. One who did was a young man named Clarence Birdseye. He was amazed to find that freshly caught fish and duck, frozen quickly in such a fashion, kept their taste and texture. He started wondering: Why can't we sell food in America that operates on the same basic principle? With this thought, the frozen foods industry was born. He made something extraordinary from what, for the northern folk, was the ordinary practice of preserving food. So, what went on in his mind when he observed this means of storage? Something mysterious happened in his curious, fully engaged mind. Curiosity is a way of adding value to what you see. In the case of Birdseye, it was strong enough to lift him out of the _____ way of seeing things. It set the stage for innovation and discovery, for coming up with something new.

5
[24211-0126]

윗글의 제목으로 가장 적절한 것은?

① The Frozen Foods Industry Started from a Man's Curiosity
② Innovative Food Production Technologies in History
③ How Can We Develop Our Children's Curiosity?
④ Quick Freezing: The Wisdom of Ancestors
⑤ The Secret to Living a Simple Life

6
[24211-0125]

윗글의 빈칸에 들어갈 말로 가장 적절한 것은?

① unique   ② routine   ③ logical
④ extreme   ⑤ negative

모듈/유형 복합 / 1지문 2문항(제목/빈칸 추론)   오답률 −% / 76.6%
난도 ★ / ★★★★★   목표 풀이 시간 2분 40초

풀이 포인트 5 이 글의 제목을 추론하는 문제야. 많은 사람들이 북쪽 지역 거주 민들이 겨울에 식량 저장을 위해 눈 속에 고기와 채소를 묻어 두던 것을 보았 지만 이 관습이 다른 분야와 어떻게 연관될 수 있는지 생각한 사람은 거의 없 었을 거라고 말하고 있어. 그러고는 뒤의 문장에서 Clarence Birdseye라는 이름의 젊은이가 그렇게 했다고 말하면서 '왜 우리는 그와 같은 기본적인 원칙 에 따라 가공한 음식을 미국에서 팔 수 없을까?'라는 궁금증을 갖기 시작했다 고 말했고, 이 생각에서 냉동식품 산업이 탄생했다고 했어. 그럼 이러한 글의 전체적 내용에 대한 이해를 바탕으로, 이 글의 제목을 추론해 볼 수 있겠지?

6 빈칸 추론 문제야. 빈칸이 있는 문장을 해석해 보면, Birdseye의 경우, 호기심은 사물을 보는 '어떠한' 관점에서 그를 벗어나게 할 만큼 충분히 강했다 는 내용인데. Birdseye가 북부 사람들의 평범한 음식 저장 관행으로부터 뭔 가 특별한 것을 만들어 냈다고 했으니까 빈칸에 들어갈 가장 적절한 말을 추론 해 봐.

Vocabulary Check-up

1 다음 문장의 빈칸에 들어갈 말을 〈보기〉에서 찾아 쓰시오.

〈보기〉
particle command curiosity marine current dimension

(1) Decide to spend a day exploring a park or a neighborhood with _____ as your only guide.
2016학년도 6월 모평 20번

(2) The challenges today are different from the ones faced twenty years ago, and experience shows that when _____ challenges are met, a new social situation is created in which new challenges emerge.
2020학년도 6월 모평 24번

(3) Cinema is valuable not for its ability to make visible the hidden outlines of our reality, but for its ability to reveal what reality itself veils — the _____ of fantasy. 2022학년도 수능 39번

2 다음 네모 안에서 문맥에 맞는 낱말을 고르시오.

(1) To admit / overcome disadvantages of their size, small animals have developed useful weapons such as poison to protect themselves in the wild. 2014학년도 수능 26번

(2) The person will tend to feel guilty when his or her own conduct assists / violates that principle and to disapprove of others whose behavior conflicts with it. 2015학년도 수능 22번

Grammar Check-up

1 다음 네모 안에서 어법상 알맞은 표현을 고르시오.

(1) Good managers have learned to overcome the initial feelings of anxiety when ① assigning / assigned tasks. They are aware that no two people act in exactly the same way and so do not feel threatened if they see one employee ② to go / going about a task differently than another.

(2) Even the use of the simple command ① shows / showing there is a status difference that allows the supervisor to command the trainee. You can appreciate this most clearly if you visualize the same command ② making / being made by the trainee to the supervisor.

2 다음 밑줄 친 부분 중, 어법상 틀린 것을 골라 바르게 고치시오.

Hundreds of thousands of people journeyed far to take part in the Canadian fur trade. Many saw how inhabitants of the northern regions stored their food in the winter — by ① <u>burying</u> the meats and vegetables in the snow. But probably few of them had thoughts about how this custom might relate to other fields. One who ② <u>did</u> was a young man named Clarence Birdseye. He was amazed to find that freshly caught fish and duck, frozen quickly in such a fashion, ③ <u>keeping</u> their taste and texture. He started wondering: Why can't we sell food in America that operates on the same basic principle? With this thought, the frozen foods industry was born. He made something extraordinary from ④ <u>what</u>, for the northern folk, was the ordinary practice of preserving food. So, what went on in his mind when he observed this means of storage? Something mysterious happened in his curious, fully engaged mind. Curiosity is a way of adding value to what you see. In the case of Birdseye, it was strong enough to lift him out of the routine way of seeing things. It set the stage for innovation and discovery, for coming up with something new.

1

다음 빈칸에 들어갈 말로 가장 적절한 것은?

Since a great deal of day-to-day academic work is boring and repetitive, you need to be well motivated to keep doing it. A mathematician sharpens her pencils, works on a proof, tries a few approaches, gets nowhere, and finishes for the day. A writer sits down at his desk, produces a few hundred words, decides they are no good, throws them in the bin, and hopes for better inspiration tomorrow. To produce something worthwhile — if it ever happens — may require years of such _____ labor. The Nobel Prize-winning biologist Peter Medawar said that about four-fifths of his time in science was wasted, adding sadly that "nearly all scientific research leads nowhere." What kept all of these people going when things were going badly was their passion for their subject. Without such passion, they would have achieved nothing.

*proof: (수학) 증명

① cooperative   ② productive   ③ fruitless
④ dangerous   ⑤ irregular

2

글의 흐름으로 보아, 주어진 문장이 들어가기에 가장 적절한 곳은?

> A camping trip where each person attempted to gain the maximum rewards from the other campers in exchange for the use of his or her talents would quickly end in disaster and unhappiness.

The philosopher G. A. Cohen provides an example of a camping trip as a metaphor for the ideal society. (①) On a camping trip, he argues, it is unimaginable that someone would say something like, "I cooked the dinner and therefore you can't eat it unless you pay me for my superior cooking skills." (②) Rather, one person cooks dinner, another sets up the tent, another purifies the water, and so on, each in accordance with his or her abilities. (③) All these goods are shared and a spirit of community makes all participants happier. (④) Moreover, the experience would be ruined if people were to behave in such a way. (⑤) So, we would have a better life in a more equal and cooperative society.

*metaphor: 비유

모듈/유형 상호 작용 / 빈칸 추론(한 단어)   **오답률** 76.1%

난도 ★★★★★   **목표 풀이 시간** 2분 20초

풀이 포인트 첫 문장에서 매일 많은 양의 지루하고 반복되는 학업을 계속하기 위해서는 많은 의욕이 필요하다고 말하고 있어. 이어서 수학자와 작가의 사례가 제시되고 뒤에 빈칸이 들어 있는 문장이 나오는데, 무언가 가치 있는 것을 만들어 내기 위해서는 앞의 사례들에서와 같은 노동을 필요로 할지도 모른다는 내용이야. 앞의 두 사례는 수학자와 작가가 자신의 목표를 달성하기 위해서 성과가 없지만 반복되는 일상적인 일들을 해 나가는 모습을 묘사한 글이니까, 가치 있는 무언가를 만들기 위해 '어떠한' 노동이 필요한지, 빈칸에 들어갈 적절한 단어를 추론할 수 있겠지?

모듈/유형 간접 쓰기 / 주어진 문장의 적합한 위치   **오답률** 75.5%

난도 ★★★★★   **목표 풀이 시간** 2분 20초

풀이 포인트 이 글은 철학자 Cohen이 이상적인 사회에 대해 캠핑 여행을 비유로 들며 설명하는 글이야. 주어진 문장은 캠핑 여행에서 사람들이 자신의 재능 사용에 대한 최대한의 보상을 타인에게 요구하면 캠핑은 재앙과 불행으로 끝날 거라고 말하고 있어. ④ 앞의 글은 참가자들이 각자 자신의 능력과 재능에 맞게 일하는 모습과 이러한 공공재들이 공유되고 공동체 의식은 모든 참가자들을 더 행복하게 만들 것이라는 내용인데, ④ 뒤의 문장이 Moreover(게다가)라는 접속사로 시작하는데, 사람들이 그런 식으로 행동하려 한다면 그 경험은 망쳐질 것이라는 내용으로 앞 문장의 내용과는 완전히 대조적인 내용을 말하고 있어. 즉, ④의 앞과 뒤의 문장의 흐름이 끊기는 걸 알 수 있지. 거기에 바로 주어진 문장을 넣고 글의 흐름이 자연스러운지 확인해 봐.

3

3 2018학년도 3월 학평 40번 [24211-0129]

다음 글의 내용을 한 문장으로 요약하고자 한다. 빈칸 (A), (B)에 들어갈 말로 가장 적절한 것은?

Crows are a remarkably clever family of birds. They are capable of solving many more complex problems compared to other birds, such as chickens. After hatching, chickens peck busily for their own food much faster than crows, which rely on the parent bird to bring them food in the nest. However, as adults, chickens have very limited hunting skills whereas crows are much more flexible in hunting for food. Crows also end up with bigger and more complex brains. Their extended period between hatching and flight from the nest enables them to develop intelligence.

*peck: (모이를) 쪼아 먹다

↓

Crows are more ___(A)___ than chickens because crows have a longer period of ___(B)___.

(A) ...... (B)
① intelligent ...... dependency
② passive ...... dependency
③ selfish ...... competition
④ intelligent ...... competition
⑤ passive ...... hunting

모듈/유형 간접 쓰기 / 문단 요약　오답률 65.3%
난도 ★★★★　목표 풀이 시간 2분

풀이 포인트 글을 읽기 전에 요약문을 먼저 살펴보면 글의 핵심 소재와 요지를 대략적으로 파악할 수 있지. 그러고 나서 빈칸에 들어갈 정보에 주목하며 글을 읽으면 글의 흐름을 따라가기가 좀 더 쉬울 거야. 요약문이 '까마귀가 더 긴 (B)의 기간을 가지기 때문에 닭보다 더 (A)하다'는 내용인데, 먹이를 가져다주는 어미새에게 의존하는 까마귀가 부화 후 훨씬 더 빨리 자신의 먹이를 쪼아먹는 닭보다, 다 자랐을 때 먹이를 찾는 데 훨씬 더 유연하게 되고 더 크고 복잡한 뇌를 가지게 된다고 했어. 그럼 빈칸에 들어갈 단어가 무엇일지 추론할 수 있겠지?

4 2018학년도 3월 학평 30번 [24211-0130]

다음 글의 밑줄 친 부분 중, 문맥상 낱말의 쓰임이 적절하지 않은 것은?

Honesty is a fundamental part of every strong relationship. Use it to your advantage by being open with what you feel and giving a ① truthful opinion when asked. This approach can help you escape uncomfortable social situations and make friends with honest people. Follow this simple policy in life — never lie. When you ② develop a reputation for always telling the truth, you will enjoy strong relationships based on trust. It will also be more difficult to manipulate you. People who lie get into trouble when someone threatens to ③ uncover their lie. By living true to yourself, you'll ④ avoid a lot of headaches. Your relationships will also be free from the poison of lies and secrets. Don't be afraid to be honest with your friends, no matter how painful the truth is. In the long term, lies with good intentions ⑤ comfort people much more than telling the truth.

*manipulate: (사람을) 조종하다

모듈/유형 문법·어휘 / 어휘　오답률 66.2%
난도 ★★★★　목표 풀이 시간 2분 10초

풀이 포인트 문맥상 낱말의 쓰임의 적절성을 묻는 유형의 문제를 해결하기 위해서는, 밑줄 친 부분이 들어 있는 문장 내에서, 또는 그 문장의 전후 내용과의 연결에서 적절한 낱말인지 파악하는 데 도움을 주는 단서들이 있으니 꼼꼼하게 살펴봐야 해! ⑤번이 들어 있는 문장(In the long term, lies with good intentions comfort people much more than telling the truth.)은 이 문장 자체만 따로 봤을 때는 의미상 성립 가능한 문장인데, comfort라는 어휘가 문맥상 자연스럽게 쓰인 것인지의 여부를 판단하려면 바로 앞 문장을 잘 봐야 해. '진실이 아무리 고통스러울지라도 친구들에게 정직하게 대하는 것을 두려워하지 말라(Don't be afraid to be honest with your friends, no matter how painful the truth is)'는 말에 이어지는 내용이어야 하니까 좋은 의도를 가진 거짓말이라도 사람들에게 부정적인 영향을 준다는 의미가 와야겠지?

Week 5_Day 22　103

[5~6] 2018학년도 3월 학평 41~42번

다음 글을 읽고, 물음에 답하시오.

Think of the most famous scientists you know — Isaac Newton, Louis Pasteur, Albert Einstein, Thomas Edison, Pierre and Marie Curie, Stephen Hawking, and so on. What do all these people have in common? Well, for one thing, they're all very smart. In some cases they even taught themselves most of what they knew about their particular subject. In fact, Sir Isaac Newton had to invent a new branch of mathematics (calculus) just to solve the problems he was trying to do in physics. There is something else they all had in common that set them apart from the other smart people of their time — their ability to ask questions.

Just having a good brain isn't always enough. To be a great scientist, you need to be able to look at a problem that hundreds, maybe even thousands, of people have already looked at and have been unable to solve, and ask the question in a new way. Then you take that question and come up with a new way to answer it. That is what made Newton and the others so famous. They _____ intelligence with a curiosity that said, "I want to know the answer to this." After coming up with the right questions, they discovered ways of answering those questions and became famous for their discoveries.

*calculus: 미적분학

5

[24211-0132]

윗글의 제목으로 가장 적절한 것은?

① Science: Poison or Medicine?
② What Does It Take to Be a Great Scientist?
③ Share Your Talent for a Better Future
④ Science in Art, Art in Science
⑤ No Emotion, No Intelligence

6

[24211-0131]

윗글의 빈칸에 들어갈 말로 가장 적절한 것은?

① coupled ② replaced ③ confused
④ minimized ⑤ compared

모듈/유형 복합 / 1지문 2문항(제목/어휘) **오답률** -% / 76.5%
난도 ★ / ★★★★★ **목표 풀이 시간** 2분 40초

풀이 포인트 5 이 글의 제목을 묻는 문제야. 첫 문장에서 유명한 과학자들의 이름을 열거하고 두 번째 문장에서 이들의 공통점이 무엇인지 질문을 던지고 있어. 따라서 그 뒤에는 훌륭한 과학자들의 공통점이나 특성, 훌륭한 과학자가 되기 위한 조건 등을 설명하는 내용이 나올 것이라고 추론해 볼 수 있겠지. 그런 내용을 가장 잘 나타내고 있는 제목이 무엇일지 선택지에서 찾아봐!

6 어휘 문제는 훌륭한 과학자들이 지성(intelligence)과 호기심(curiosity)을 '어떻게 했는지'를 나타내는 동사를 빈칸으로 묻고 있어. 선택지에 있는 단어들을 하나씩 넣어 보며 적절함을 따져 보는 것도 방법이 될 수 있지. ①번의 'coupled'라는 단어는 익숙해 보이면서도 생소하게 느껴질 수도 있을 거야. couple A with B는 'A와 B를 결합시키다'라는 의미를 가진 표현이야. 훌륭한 과학자들이 좋은 두뇌를 갖는 것만으로는 충분치 않고 새로운 방식으로 질문을 할 수 있어야 한다고 했으니까 호기심도 필요하다고 말하고 있어. 그렇다면 빈칸에 들어갈 적절한 말을 찾을 수 있겠지?

Vocabulary Check-up

1 다음 문장의 빈칸에 들어갈 말을 〈보기〉에서 찾아 쓰시오.

〈보기〉
branch   attempt   subject   reputation   passion   philosopher

(1) There have been many _____ (e)s to define what music is in terms of the specific attributes of musical sounds.   2020학년도 수능 34번

(2) Your company has an excellent _____ as a research institution and has many aspects that are very attractive to me.   2015학년도 6월 모평 18번

(3) They now recognized her extraordinary gift and _____ as a bird-watcher.   2019학년도 9월 모평 43~45번

2 다음 네모 안에서 문맥에 맞는 낱말을 고르시오.

(1) The possibility also exists that an unfamiliar object may be useful, so if it poses no immediate threat, a closer inspection may be worthless / worthwhile .   2022학년도 9월 모평 34번

(2) Since group performance in problem solving is inferior / superior to even the individual work of the most expert group members, it should not be surprising that students learn better when they cooperate.
2015학년도 6월 모평 38번

Grammar Check-up

1 다음 네모 안에서 어법상 알맞은 표현을 고르시오.

(1) The Nobel Prize-winning biologist Peter Medawar said that about four-fifths of his time in science was wasted, ① added / adding sadly that "nearly all scientific research leads nowhere." ② That / What kept all of these people going when things were going badly was their passion for their subject. Without such passion, they would have achieved nothing.

(2) That is what made Newton and the others so ① famous / famously . They coupled intelligence with a curiosity that said, "I want to know the answer to this." After coming up with the right questions, they discovered ways of answering those questions and ② became / becoming famous for their discoveries.

2 다음 밑줄 친 부분 중, 어법상 틀린 것을 골라 바르게 고치시오.

　Honesty is a fundamental part of every strong relationship. Use it to your advantage by being open with what you feel and giving a truthful opinion ① when asked. This approach can help you escape uncomfortable social situations and ② make friends with honest people. Follow this simple policy in life — never lie. When you develop a reputation for always telling the truth, you will enjoy strong relationships based on trust. It will also be more difficult ③ to manipulate you. People who lie get into trouble when someone threatens to uncover their lie. By living true to yourself, you'll avoid a lot of headaches. Your relationships will also be free from the poison of lies and secrets. Don't be afraid to be honest with your friends, ④ no matter what painful the truth is. In the long term, lies with good intentions hurt people much more than telling the truth.

Day 23 Week 5

1 2017학년도 11월 학평 22번   [24211-0133]

다음 글의 제목으로 가장 적절한 것은?

The often-used phrase "pay attention" is insightful: you dispose of a limited budget of attention that you can allocate to activities, and if you try to go beyond your budget, you will fail. It is the mark of effortful activities that they interfere with each other, which is why it is difficult or impossible to conduct several at once. You could not compute the product of 17 × 24 while making a left turn into dense traffic, and you certainly should not try. You can do several things at once, but only if they are easy and undemanding. You are probably safe carrying on a conversation with a passenger while driving on an empty highway, and many parents have discovered, perhaps with some guilt, that they can read a story to a child while thinking of something else.

① Storytelling: The Tool for Focusing Children's Attention
② Why Attention Needs Frequent Mental Relaxation
③ Paying Attention Makes the Impossible Possible
④ How Mathematics Helps Us Think Logically
⑤ Keep Yourself Within Your Attention Limit

모듈/유형 대의 파악 / 제목   **오답률** 66.8%

난도 ★★★★   **목표 풀이 시간** 1분 50초

풀이 포인트 주의(attention)를 기울인다고 할 때 영어에서는 'pay(지불하다)'라는 표현을 쓰지? 이 글의 앞부분에서 주의력을 '제한된 예산(a limited budget)'으로 표현하고 있어. 그래서 우리가 여러 활동들을 하는 데 할당한, 제한된 예산의 주의력을 사용하고 있고, 그 예산을 넘으려고 하면 실패한다(you dispose of a limited budget of attention that you can allocate to activities, and if you try to go beyond your budget, you will fail)고 말하고 있어. 글의 뒷부분에 나오는 운전과 아이에게 책 읽어 주기에 관한 이야기는 그것의 예시라고 볼 수 있지. 그럼 이제 이 글에서 말하고자 하는 메시지를 제목으로 적절하게 표현한 것을 찾아보자!

2 2017학년도 11월 학평 33번   [24211-0134]

다음 빈칸에 들어갈 말로 가장 적절한 것은?

The acceleration of human migration toward the shores is a contemporary phenomenon, but the knowledge and understanding of the potential risks regarding coastal living are not. Indeed, even at a time when human-induced greenhouse-gas emissions were not exponentially altering the climate, warming the oceans, and leading to rising seas, our ancestors knew how to better listen to and respect the many movements and warnings of the seas, thus _____. For instance, along Japan's coast, hundreds of so-called tsunami stones, some more than six centuries old, were put in place to warn people not to build homes below a certain point. Over the world, moon and tides, winds, rains and hurricanes were naturally guiding humans' settlement choice.

*exponentially: 기하급수적으로

① ruining natural habitats
② leveling the ground evenly
③ forming primitive superstitions
④ blaming their ancestors
⑤ settling farther inland

모듈/유형 상호 작용 / 빈칸 추론(짧은 어구)   **오답률** 75.3%

난도 ★★★★★   **목표 풀이 시간** 2분 20초

풀이 포인트 글의 첫 문장을 보면 해안 쪽으로 인구 이동의 가속화가 이루어지는 것이 현대적 현상이지만 해안 거주와 관련된 잠재적 위험성(the potential risks regarding coastal living)에 대한 지식과 이해는 그렇지 않다고 말하고 있어. 그런데 그 다음 문장에서, 우리 조상들은 바다의 많은 움직임과 경고를 어떻게 더 잘 듣고 존중할지를 알고 있었다(our ancestors knew how to better listen to and respect the many movements and warnings of the seas)고 말하고 있어. 그러면, 그러한 우리 조상들은 무엇을 했을까? 이제 빈칸에 들어갈 말을 찾을 수 있겠지?

3

2017학년도 11월 학평 34번   [24211-0135]

다음 빈칸에 들어갈 말로 가장 적절한 것은?

We like to make a show of how much our decisions are based on rational considerations, but the truth is that we are largely governed by our emotions, which continually influence our perceptions. What this means is that the people around you, constantly under the pull of their emotions, change their ideas by the day or by the hour, depending on their mood. You must never assume that what people say or do in a particular moment is a statement of their permanent desires. Yesterday they were in love with your idea; today they seem cold. This will confuse you and if you are not careful, you will waste valuable mental space trying to figure out their real feelings, their mood of the moment, and their fleeting motivations. It is best to _____ from their shifting emotions so that you are not caught up in the process.

*fleeting: 빨리 지나가는

① cultivate both distance and a degree of detachment
② find out some clues or hints to their occupation
③ learn to be more empathetic for them
④ discover honesty in their character
⑤ relieve their anxiety and worries

모듈/유형 상호 작용 / 빈칸 추론(긴 어구)	**오답률** 80.8%
난도 ★★★★★	**목표 풀이 시간** 2분 30초

풀이 포인트 첫 문장에서 우리가 이성이 아닌 감정(emotions)에 의해 주로 지배당하고 있다고 말하고 있어. 필자는, 여러분의 주변 사람들도 기분에 따라 생각을 바꾸고 행동을 하는데, 그것이 여러분을 혼란스럽게 할 것이므로, 주의하지 않는다면 소중한 정신적 공간을 낭비하게 될 것(This will confuse you and if you are not careful, you will waste valuable mental space)이라고 경고하고 있어. 그러니까 결론이 되는 마지막 문장의 빈칸에 들어갈 말은, 주변 사람들의 흔들리는 감정으로부터(from their shifting emotions) 여러분이 어떻게 행동해야 하는지에 관한 내용을 담고 있어야 하겠지?

4

2017학년도 11월 학평 38번   [24211-0136]

글의 흐름으로 보아, 주어진 문장이 들어가기에 가장 적절한 곳은?

> However, when you start putting the plan into practice to achieve your goal, the happiness, excitement, and a lot of fuel suddenly disappear.

When we set a plan, we are very excited about it. (①) In this stage, we can even imagine ourselves victoriously dancing on the top of that mountain, feeling successful and ultimately happy. (②) That is because the road to your goal, the implementation of the plan is not as appealing as the plan. (③) You can easily lose motivation when you face the plain reality of the road to success. (④) The road is paved with grey stones and offers less intense emotions than those imagined at the beginning. (⑤) When you reach the end and look back at the road, however, you'll realize how much more valuable, colorful, and meaningful it was than you anticipated it to be in the moment.

모듈/유형 간접 쓰기 / 주어진 문장의 적합한 위치	**오답률** 59.8%
난도 ★★★	**목표 풀이 시간** 2분

풀이 포인트 이 글의 도입부는 목표를 세우는 단계에서 느끼는 흥분과 기대감에 대해 말하고 있어. 주어진 글은 'However'라는 역접의 접속사로 시작되고 있는데 뒤에 나오는 문장(when you start putting the plan into practice to achieve your goal, the happiness, excitement, and a lot of fuel suddenly disappear)을 잘 이해한 후, 그 내용과 대조적인 말을 찾아서 그 뒤에 주어진 문장을 넣으면 될 거야.

5

다음 글의 내용을 한 문장으로 요약하고자 한다. 빈칸 (A), (B)에 들어갈 말로 가장 적절한 것은?

If you want to modify people's behavior, is it better to highlight the benefits of changing or the costs of not changing? According to Peter Salovey, one of the originators of the concept of emotional intelligence, it depends on whether they perceive the new behavior as safe or risky. If they think the behavior is safe, we should emphasize all the good things that will happen if they do it — they'll want to act immediately to obtain those certain gains. But when people believe a behavior is risky, that approach doesn't work. They're already comfortable with the status quo, so the benefits of change aren't attractive, and the stop system kicks in. Instead, we need to destabilize the status quo and emphasize the bad things that will happen if they don't change. Taking a risk is more appealing when they're faced with a guaranteed loss if they don't. The prospect of a certain loss brings the go system online.   *status quo: 현재 상태

⬇

The way to modify people's behavior depends on their ____(A)____ : if the new behavior is regarded as safe, emphasizing the rewards works but if regarded as risky, highlighting the loss of staying ____(B)____ works.

	(A)		(B)
①	perception	......	changed
②	perception	......	unchanged
③	recognition	......	changed
④	consistency	......	unchanged
⑤	consistency	......	focused

모듈/유형 간접 쓰기 / 문단 요약   **오답률** 61.1%

난도 ★★★★   **목표 풀이 시간** 2분

풀이포인트 이 유형의 문제는 글을 읽기 전에 요약문을 먼저 살펴보는 게 도움이 돼. 글의 주제를 대략적으로 파악할 수 있고 글을 읽을 때 집중해서 읽어야 할 정보가 무엇인지 미리 감을 잡게 도와주거든. 사람들이 새로운 행동이 안전하다고 여기는지 위험하다고 생각하는지에 따라 행동 수정 방법이 달라진다고 했으니까, 사람들이 새로운 행동을 '어떻게 받아들이고 생각하는지'에 따라 달라진다고 말할 수 있겠지? 그럼 (A)에는 사람들이 '받아들이고 생각하는 것'을 다르게 표현한 단어를 찾아 넣으면 될 거야. 그리고 사람들이 새로운 행동이 위험하다고 믿을 때(when people believe a behavior is risky) 그들이 바뀌지 않으면 생길 나쁜 일들, 즉 손실(loss)을 강조해야(emphasize the bad things that will happen if they don't change) 한다고 했으니까 (B)에 들어갈 말도 추론할 수 있겠지?

6

(A), (B), (C)의 각 네모 안에서 문맥에 맞는 낱말로 가장 적절한 것은?

Everyone knows a young person who is impressively "street smart" but does poorly in school. We think it is a waste that one who is so (A) intelligent / unintelligent about so many things in life seems unable to apply that intelligence to academic work. What we don't realize is that schools and colleges might be at fault for missing the opportunity to draw such street smarts and guide them toward good academic work. Nor do we consider one of the major reasons why schools and colleges (B) accept / overlook the intellectual potential of street smarts: the fact that we associate those street smarts with anti-intellectual concerns. We associate the educated life, the life of the mind, too (C) narrowly / widely with subjects and texts that we consider inherently weighty and academic.

	(A)		(B)		(C)
①	intelligent	......	accept	......	widely
②	intelligent	......	overlook	......	narrowly
③	unintelligent	......	overlook	......	widely
④	unintelligent	......	overlook	......	narrowly
⑤	unintelligent	......	accept	......	widely

모듈/유형 문법·어휘 / 어휘   **오답률** 75.3%

난도 ★★★★★   **목표 풀이 시간** 2분 30초

풀이포인트 먼저 이 글의 소재가 무엇인지 파악을 하는 것이 문맥에 맞는 낱말들을 선택하기 위한 나침반을 얻는 것과 같을 거야. 첫 문장에서 이 글이 'street smart'한 사람에 대한 글임을 추측해 볼 수 있어. 'street smart(세상 물정에 밝은)'라는 단어의 뜻을 정확히 모르더라도, 알고 있는 단어 뜻을 조합해서 '길에서는 영리'하지만 학교에서는 부진한 젊은이(a young person who is impressively "street smart" but does poorly in school)라는 표현을 이해하면 'street smart'가 학교와 대비되는 공간에서 영리함을 가리키는 말이라는 걸 추측할 수 있지. 이 글은 학교와 대학이 'street smart'한 사람들의 능력을 간과하고 있다는 내용을 담고 있어. (A), (B), (C)는 서로 반대 의미를 지닌 단어들로 구성되어 있는데 글의 흐름에 적절한 것을 선택해 봐.

Vocabulary Check-up

1 다음 문장의 빈칸에 들어갈 말을 〈보기〉에서 찾아 쓰시오.

〈보기〉
emphasize interfere appealing dispose dense shifting

(1) Unless something _____s, the inferior competitor loses out and the competitively superior species takes over. 2015학년도 9월 모평 41~42번

(2) Cute, baby-like features are inherently _____, producing a nurturing response in most humans.
2018학년도 6월 모평 35번

(3) When a definition _____s rules, competition, and high performance, many people will be excluded from participation or avoid other physical activities that are defined as "second class." 2021학년도 6월 모평 22번

2 다음 네모 안에서 문맥에 맞는 낱말을 고르시오.

(1) However, jobs may not be permanent / temporary , and you may lose your job for countless reasons, some of which you may not even be responsible for. 2017학년도 수능 35번

(2) From this perspective, it is assumed that individuals are rational / irrational actors, i.e., that they make migration decisions based on their assessment of the costs as well as benefits of remaining in a given area versus the costs and benefits of leaving. 2022학년도 9월 모평 35번

Grammar Check-up

1 다음 네모 안에서 어법상 알맞은 표현을 고르시오.

(1) The acceleration of human migration toward the shores ① is / are a contemporary phenomenon, but the knowledge and understanding of the potential risks regarding coastal living are not. Indeed, even at a time when human-induced greenhouse-gas emissions were not exponentially altering the climate, warming the oceans, and leading to rising seas, our ancestors knew how to better listen to and ② respect / respected the many movements and warnings of the seas, thus settling farther inland.

(2) The road is paved with grey stones and offers less intense emotions than those ① imagined / imagining at the beginning. When you reach the end and look back at the road, however, you'll realize how much more valuable, colorful, and meaningful it was than you anticipated it ② be / to be in the moment.

2 다음 밑줄 친 부분 중, 어법상 틀린 것을 골라 바르게 고치시오.

We like to make a show of how much our decisions are based on rational considerations, but the truth is that we are largely governed by our emotions, ① <u>which</u> continually influence our perceptions. What this means is that the people around you, constantly under the pull of their emotions, ② <u>changing</u> their ideas by the day or by the hour, depending on their mood. You must never assume that ③ <u>what</u> people say or do in a particular moment is a statement of their permanent desires. Yesterday they were in love with your idea; today they seem cold. This will confuse you and if you are not careful, you will waste valuable mental space ④ <u>trying</u> to figure out their real feelings, their mood of the moment, and their fleeting motivations. It is best to cultivate both distance and a degree of detachment from their shifting emotions so that you are not caught up in the process.

1 2017학년도 9월 학평 31번 [24211-0139]

다음 빈칸에 들어갈 말로 가장 적절한 것은?

Why doesn't the modern American accent sound similar to a British accent? After all, didn't the British colonize the U.S.? Experts believe that British residents and the colonists who settled America all sounded the same back in the 18th century, and they probably all sounded more like modern Americans than modern Brits. The accent that we identify as British today was developed around the time of the American Revolution by people of low birth rank who had become wealthy during the Industrial Revolution. To distinguish themselves from other commoners, these people developed new ways of speaking to set themselves apart and demonstrate their new, elevated _____. In the 19th century, this distinctive accent was standardized as Received Pronunciation and taught widely by pronunciation tutors to people who wanted to learn to speak fashionably.

*Received Pronunciation: 영국 표준 발음

① social status ② fashion sense
③ political pressures ④ colonial involvement
⑤ intellectual achievements

2 2017학년도 9월 학평 34번 [24211-0140]

다음 빈칸에 들어갈 말로 가장 적절한 것은?

Having extremely vivid memories of past emotional experiences and only weak memories of past everyday events means we _____. We tend to view the past as a concentrated time line of emotionally exciting events. We remember the arousing aspects of an episode and forget the boring bits. A summer vacation will be recalled for its highlights, and the less exciting parts will fade away with time, eventually to be forgotten forever. As a result, when we estimate how our next summer vacation will make us feel, we overestimate the positive. It seems as though an imprecise picture of the past is one reason for our inaccurate forecasts of the future.

① focus primarily on the future
② remember every detail of our lives
③ maintain a biased perception of the past
④ have trouble overcoming our emotional problems
⑤ share negative emotional experiences with others

모듈/유형 상호 작용 / 빈칸 추론(짧은 어구) **오답률** 63.6%

난도 ★★★★ **목표 풀이 시간** 2분 10초

풀이 포인트 필자는 미국이 영국을 식민화했는데 왜 현대 미국 영어와 영국 영어의 억양이 비슷하지 않은지 질문을 던지며 이야기를 시작하고 있어. 18세기에는 영국 주민들과 미국에 정착한 식민지 개척자들의 발음이 같았을 뿐만 아니라 심지어 현대 미국 발음에 더 가까웠을 것이라고 말하면서, 영국 영어 억양이 생겨난 역사적 배경을 설명해 주는 글이야. 영국 영어 억양이 산업혁명 시기에 부유해진 하층계급의 사람들에 의해 만들어졌다고 말하면서, 그 이유로 To distinguish themselves from other commoners. 그리고 to set themselves apart를 언급하고 있어. 그들은 자신의 새롭고 높아진(new and elevated) '무엇'을 드러내기 위해 새로운 말하기 방식을 개발했을까? 빈칸이 있는 문장과 그 주변의 문장들을 정확하게 해석하면 빈칸에 들어갈 '무엇'을 바르게 추론할 수 있을 거야.

모듈/유형 상호 작용 / 빈칸 추론(긴 어구) **오답률** 64.3%

난도 ★★★★ **목표 풀이 시간** 2분 10초

풀이 포인트 이 글은 첫 문장에서 과거의 정서적 경험을 매우 생생히 기억하는 것과 과거의 일상적인 사건을 희미하게 기억하는 것을 대비시키며 그것이 무엇을 의미하는지를 빈칸으로 묻고 있어. 뒤에 여름휴가에 대한 기억을 예시로 들고 있는데, 가장 흥미로운 부분은 기억되고, 덜 흥미로운 부분은 시간이 지나면서 희미해질 것(A summer vacation will be recalled for its highlights, and the less exciting parts will fade away with time)이라고 말하고 있지. 종합해 보면, 이 글은 우리의 과거에 대한 기억이 부정확한데, 우리는 일상적인 사건보다 자극적이며 정서적으로 흥미로운 측면을 더 잘 기억하는 경향이 있다는 내용을 담고 있다는 걸 알 수 있어. 그럼 이제, 이러한 내용을 담고 있는 적절한 말을 선택지 중에서 골라 봐!

3

2017학년도 9월 학평 36번　[24211-0141]

주어진 글 다음에 이어질 글의 순서로 가장 적절한 것은?

> From a correlational observation, we conclude that one variable is related to a second variable. But neither behavior could be directly causing the other even though there is a relationship.

(A) They found the best predictor to be the number of tattoos the rider had. It would be a ridiculous error to conclude that tattoos cause motorcycle accidents or that motorcycle accidents cause tattoos.

(B) The following example will illustrate why it is difficult to make causal statements on the basis of correlational observation. The researchers at the U.S. Army conducted a study of motorcycle accidents, attempting to correlate the number of accidents with other variables such as socioeconomic level and age.

(C) Obviously, a third variable is related to both — perhaps preference for risk. A person who is willing to take risks likes to be tattooed and also takes more chances on a motorcycle.

*variable: 변인

① (A) – (C) – (B)
② (B) – (A) – (C)
③ (B) – (C) – (A)
④ (C) – (A) – (B)
⑤ (C) – (B) – (A)

모듈/유형 간접 쓰기 / 글의 순서　　**오답률** 63.3%

난도 ★★★★　　**목표 풀이 시간** 2분 10초

풀이 포인트 먼저 주어진 글을 통해 이 글의 전반적인 주제를 파악해 볼 수 있어. 관련성이 있어도 하나의 행동이 직접적으로 다른 행동을 초래하지 않을 수 있다는 내용이지. 보통 (A), (B), (C) 각 문장에는 서로의 전후 관계를 밝혀 줄 단서들이 숨어 있으니 그걸 찾아보도록 해. 먼저 (A)의 They found the best predictor에서 They가 무얼 가리키는지 찾아 그것이 언급된 문장을 앞에 배치해야 할 거야. (B)는 상관관계의 관찰에 기초해 인과관계를 진술하는 것이 왜 어려운지에 대한 예시를 보여 줄 거라고 말하고 있으니까 그 앞에는 인과관계 진술의 어려움을 언급한 문장이 와야겠지. (C)는 제3의 변인이 '둘 다(both)'와 관련 있다고 말하고 있는데 both가 지칭하고 있는 것이 무엇인지 찾아 그것이 들어 있는 문장의 뒤에 (C)를 배치해야 할 거야. 이제 이 글의 순서 배열이라는 퍼즐을 맞춰 볼 수 있겠지?

4

2017학년도 9월 학평 38번　[24211-0142]

글의 흐름으로 보아, 주어진 문장이 들어가기에 가장 적절한 곳은?

> But as soon as he puts skis on his feet, it is as though he had to learn to walk all over again.

Reading is like skiing. When done well, when done by an expert, both reading and skiing are graceful, harmonious activities. When done by a beginner, both are awkward, frustrating, and slow. (①) Learning to ski is one of the most embarrassing experiences an adult can undergo. (②) After all, an adult has been walking for a long time; he knows where his feet are; he knows how to put one foot in front of the other in order to get somewhere. (③) He slips and slides, falls down, has trouble getting up, and generally looks — and feels — like a fool. (④) It is the same with reading. (⑤) Probably you have been reading for a long time, too, and starting to learn all over again would be humiliating.

모듈/유형 간접 쓰기 / 주어진 문장의 적합한 위치　　**오답률** 61.9%

난도 ★★★★　　**목표 풀이 시간** 2분 10초

풀이 포인트 이 유형의 문제는, 종종 주어진 문장의 맨 앞에 나오는 접속사가 그 문장의 적절한 위치를 찾는 데 결정적인 단서를 제공하곤 해. 주어진 문장이 But이라는 역접의 의미를 가진 접속사로 시작하지? 그러면 그 뒤의 문장을 해석한 후 그와 상반된 내용의 문장을 찾아 주어진 문장의 앞에 배치하면 돼. "But as soon as he puts skis on his feet, it is as though he had to learn to walk all over again."을 해석하면 '하지만 그(성인)가 스키를 발에 신자마자, 그것은 마치 그가 처음부터 다시 걷는 것을 배워야만 하는 것과 같다'라는 의미야. 그렇다면 이 문장의 앞에는 스키를 신지 않았을 때에 관한 이야기가 나올 수 있겠지? 뒤에는 스키를 신고 나서 성인이 겪는 구체적인 어려움에 관한 진술이 이어질 수 있다고 추론해 볼 수 있을 거야. 그런 추론을 바탕으로 글을 읽으면서 주어진 글이 들어갈 위치를 찾아봐!

5

다음 글에서 전체 흐름과 관계 없는 문장은?

Studying history can make you more knowledgeable or interesting to talk to or can lead to all sorts of brilliant vocations, explorations, and careers. ① But even more importantly, studying history helps us ask and answer humanity's Big Questions. ② If you want to know why something is happening in the present, you might ask a sociologist or an economist. ③ But if you want to know deep background, you ask historians. ④ A career as a historian is a rare job, which is probably why you have never met one. ⑤ That's because they are the people who know and understand the past and can explain its complex interrelationships with the present.

모듈/유형 간접 쓰기 / 무관한 문장	오답률 49.5%
난도 ★★	목표 풀이 시간 1분 40초

풀이 **포인트** 첫 문장을 보면 역사를 공부하는 이유에 관한 글임을 알 수 있지. 두 번째 문장도 첫 문장에 이어 역사를 공부하는 훨씬 더 중요한 이유는 인류의 중요한 질문들(Big Questions)을 묻고 답하는 데 도움을 주기 때문이라고 말하고 있어. 전체 흐름과 관계없는 문장을 고르는 유형의 문제를 해결할 때, 각 문장을 유의해서 꼼꼼하게 해석해 봐야 해. 왜냐하면 글의 흐름과 관계없는 문장일지라도 전체 글이 다루는 주요 소재와 관련된 내용으로 구성되거나 글 중에 언급된 단어를 그대로 활용한 문장이 제시돼서 문장들이 자연스럽게 연결되는 것처럼 착각하게 만들기 때문이야. 그럼 이제 역사 공부의 이점에 관한 이 글의 전체 흐름과 관계없는 문장을 찾아볼까?

6

(A), (B), (C)의 각 네모 안에서 문맥에 맞는 낱말로 가장 적절한 것은?

From the beginning of human history, people have asked questions about the world and their place within it. For early societies, the answers to the most basic questions were found in (A) religion / science . Some people, however, found the traditional religious explanations inadequate, and they began to search for answers based on reason. This (B) consistency / shift marked the birth of philosophy, and the first of the great thinkers that we know of was Thales of Miletus. He used reason to inquire into the nature of the universe, and encouraged others to do likewise. He passed on to his followers not only his answers but also the process of thinking (C) rationally / irrationally , together with an idea of what kind of explanations could be considered satisfactory.

	(A)	(B)	(C)
①	religion	consistency	rationally
②	religion	shift	irrationally
③	religion	shift	rationally
④	science	shift	irrationally
⑤	science	consistency	rationally

모듈/유형 문법·어휘 / 어휘	오답률 57.1%
난도 ★★★	목표 풀이 시간 2분

풀이 **포인트** (A), (B), (C)에 들어갈 문맥에 맞는 어휘를 선택하기 위해서는, 먼저 글의 앞부분에서 전반적인 글의 소재나 주제를 파악한 후, 각 어휘가 제시되는 문장의 앞과 뒤에 나오는 글의 내용을 잘 이해하는 것이 중요해. 이 글에서 (A)에 들어갈 어휘 추론의 근거는 뒷 문장 Some people, however, found the traditional religious explanations inadequate(그러나 몇몇 사람들은 그 전통적인 종교적 설명이 충분하지 않다는 것을 알게 되었다)에서 찾을 수 있어. 그리고 (B) 어휘 앞에 있는 This라는 단어가 앞 문장의 '전통적인 종교적 설명이 충분치 않아 이성에 근거해 답을 찾기 시작했다'는 내용을 지칭하는 것이니 어휘를 추론하는 단서가 될 수 있을 거야. (C)는 앞에서 그(Thales)가 이성(reason)을 사용했다고 했으니 그의 사고 과정의 방식을 표현하는 어휘로 적절한 것이 무엇인지 고를 수 있겠지?

Vocabulary Check-up

1 다음 문장의 빈칸에 들어갈 말을 〈보기〉에서 찾아 쓰시오.

〈보기〉
demonstrate statement vivid humanity colonize frustrating

(1) If students do a science project, it is a good idea for them to present it and _____ why it makes an important contribution. 2014학년도 6월 모평 B형 23번

(2) It can be _____ for athletes to work extremely hard but not make the progress they wanted. 2023학년도 6월 모평 20번

(3) The Downtown Central Science Museum is the perfect spot to catch the _____ view! 2023학년도 6월 모평 28번

2 다음 네모 안에서 문맥에 맞는 낱말을 고르시오.

(1) Rather, information is selectively included or ignored, and scientific and clinical implications of genetic discoveries are often accurate / inaccurate or overstated. 2020학년도 9월 모평 22번

(2) Related issues arise in connection with current and persistently adequate / inadequate aid for these (poorest) nations, in the face of growing threats to agriculture and water supply, and the rules of international trade that mainly benefit rich countries. 2019학년도 수능 23번

Grammar Check-up

1 다음 네모 안에서 어법상 알맞은 표현을 고르시오.

(1) He used reason to inquire into the nature of the universe, and ① encouraged / encouraging others to do likewise. He passed on to his followers not only his answers but also the process of thinking rationally, together with an idea of what kind of explanations could ② consider / be considered satisfactory.

(2) The researchers at the U.S. Army conducted a study of motorcycle accidents, ① attempted / attempting to correlate the number of accidents with other variables such as socioeconomic level and age. They found the best predictor to be the number of tattoos the rider had. It would be a ridiculous error to conclude ② that / what tattoos cause motorcycle accidents or that motorcycle accidents cause tattoos.

2 다음 밑줄 친 부분 중, 어법상 틀린 것을 골라 바르게 고치시오.

Having extremely vivid memories of past emotional experiences and only weak memories of past everyday events ① means we maintain a biased perception of the past. We tend to view the past as a concentrated time line of emotionally exciting events. We remember the arousing aspects of an episode and ② forget the boring bits. A summer vacation will be ③ recalling for its highlights, and the less exciting parts will fade away with time, eventually to be forgotten forever. As a result, when we estimate how our next summer vacation will make us ④ feel, we overestimate the positive. It seems as though an imprecise picture of the past is one reason for our inaccurate forecasts of the future.

Day 25 Week 5

1 2017학년도 6월 학평 23번 [24211-0145]

다음 글의 제목으로 가장 적절한 것은?

Many people suppose that to keep bees, it is necessary to have a large garden in the country; but this is a mistake. Bees will, of course, do better in the midst of fruit blossoms in May and white clovers in June than in a city where they have to fly a long distance to reach the open fields. However, bees can be kept with profit even under unfavorable circumstances. Bees do very well in the suburbs of large cities since the series of flowers in the gardens of the villas allow a constant supply of honey from early spring until autumn. Therefore, almost every person — except those who are seriously afraid of bees — can keep them profitably and enjoyably.

① The Best Season for Honey Harvest in Cities
② Myth and Truth about Where to Keep Bees
③ How Can We Overcome Fear of Bees?
④ Benefits of Bee Farming on Nature
⑤ Bee Farming: Not an Easy Job

2 2017학년도 6월 학평 33번 [24211-0146]

다음 빈칸에 들어갈 말로 가장 적절한 것은?

What do rural Africans think as they pass fields of cash crops such as sunflowers, roses, or coffee, while walking five kilometers a day to collect water? Some African countries find it difficult to feed their own people or provide safe drinking water, yet precious water is used to produce export crops for European markets. But, African farmers cannot help but grow those crops because they are one of only a few sources of income for them. In a sense, African countries are exporting their water in the very crops they grow. They need water, but they also need to export water through the crops they produce. Environmental pressure groups argue that European customers who buy African coffee or flowers are _____ in Africa.

① lowering the prices of crops
② making water shortages worse
③ making farmers' incomes lower
④ producing goods with more profit
⑤ criticizing the unfair trade of water

모듈/유형 대의 파악 / 제목	**오답률** 61.8%
난도 ★★★★	**목표 풀이 시간** 1분 50초

풀이 포인트 글의 전체적인 주제를 파악하는 데 글의 첫 문장을 주목하는 것이 도움이 되는 경우가 많아. 이 글의 첫 문장(Many people suppose that to keep bees, it is necessary to have a large garden in the country; but this is a mistake.)에서 '많은 사람들이 벌을 기르기 위해 시골에 있는 넓은 정원이 있을 필요가 있다고 생각하는데, 그러나 이것은 착각이다'라고 말하고 있어. 그럼 이 글의 뒤에는 어떤 내용이 나올까? 필자가 벌을 기르는 장소에 대해 많은 사람들이 잘못 알고 있다고 말하는 근거에 대해 부연 설명을 하겠지? 그러니 이 글의 주제를 담고 있는 제목을 추론할 수 있을 거야.

모듈/유형 상호 작용 / 빈칸 추론(짧은 어구)	**오답률** 63.2%
난도 ★★★★	**목표 풀이 시간** 2분 10초

풀이 포인트 마지막 빈칸이 들어 있는 문장을 먼저 살펴보고 전체 글을 읽으면 주목할만한 정보를 찾아 집중하며 읽을 수 있어. 마지막 문장은, 환경 보호 압력 단체(Environmental pressure groups)들이 아프리카산 커피와 꽃을 구매하는 유럽의 소비자들(European customers who buy African coffee or flowers)이 아프리카에서 '무엇을 하고 있다'고 주장하고 있다는 내용이야. 글의 초반부에 일부 아프리카 국가들이 식수를 공급하는 데 어려움이 있는데도 불구하고 유럽에 수출하는 작물을 생산하는 데 귀한 물을 사용하고 있음을 지적했으니까 아프리카의 물 부족 문제가 주요 소재임을 알 수 있어. 그럼 이제 빈칸에 들어갈 말을 추론할 수 있겠지?

3

2017학년도 6월 학평 34번   [24211-0147]

다음 빈칸에 들어갈 말로 가장 적절한 것은?

One real concern in the marketing industry today is how to _____ in the age of the remote control and mobile devices. With the growing popularity of digital video recorders, consumers can mute, fast-forward, and skip over commercials entirely. Some advertisers are trying to adapt to these technologies, by planting hidden coupons in frames of their television commercials. Others are desperately trying to make their advertisements more interesting and entertaining to discourage viewers from skipping their ads; still others are simply giving up on television advertising altogether. Some industry experts predict that cable providers and advertisers will eventually be forced to provide incentives in order to encourage consumers to watch their messages. These incentives may come in the form of coupons, or a reduction in the cable bill for each advertisement watched.

*mute: 음소거하다

① guide people to be wise consumers
② reduce the cost of television advertising
③ keep a close eye on the quality of products
④ make it possible to deliver any goods any time
⑤ win the battle for broadcast advertising exposure

모듈/유형 상호 작용 / 빈칸 추론(긴 어구)   **오답률** 62.1%

난도 ★★★★   **목표 풀이 시간** 2분 10초

풀이 포인트 첫 문장을 보면 이 글이 마케팅 산업의 실질적인 한 가지 관심사가 무엇인지를 설명하는 글이라는 것임을 알 수 있어. 이 글의 주제를 파악하는 것이 곧 빈칸에 들어갈 말을 찾는 것과 연결된다고 할 수 있지. 빈칸이 들어 있는 문장의 뒤를 보면, 디지털 영상 녹화 장치의 인기가 증가함에 따라(With the growing popularity of digital video recorders) 소비자들이 광고를 음소거하거나 빨리 감거나 건너뛸 수가 있게 되었다고 말하고 있어. 그렇다면 마케팅을 하는 사람들의 관심사는 무엇일까? 그러한 상황에서도 소비자들에게 광고의 영향력을 극대화할 방법을 찾는 것이겠지.

4

2017학년도 6월 학평 38번   [24211-0148]

글의 흐름으로 보아, 주어진 문장이 들어가기에 가장 적절한 곳은?

Throw away your own hesitation and forget all your concerns about whether you are musically talented or whether you can sing or play an instrument.

Music appeals powerfully to young children. (①) Watch preschoolers' faces and bodies when they hear rhythm and sound — they light up and move eagerly and enthusiastically. (②) They communicate comfortably, express themselves creatively, and let out all sorts of thoughts and emotions as they interact with music. (③) In a word, young children think music is a lot of fun, so do all you can to make the most of the situation. (④) They don't matter when you are enjoying music with your child. (⑤) Just follow his or her lead, have fun, sing songs together, listen to different kinds of music, move, dance, and enjoy.

모듈/유형 간접 쓰기 / 주어진 문장의 적합한 위치   **오답률** 67.5%

난도 ★★★★★   **목표 풀이 시간** 2분 20초

풀이 포인트 글의 흐름상 주어진 문장이 들어갈 적절한 곳을 고르는 유형의 문제는 글을 읽기 전에 먼저 주어진 문장을 해석해 보는 것이 좋아. 주어진 문장은 '저저함을 버리고 당신이 음악적으로 재능이 있는지 혹은 노래를 할 수 있고 악기를 연주할 수 있는지에 대한 걱정들을 모두 잊으라'는 내용이야. 음악이 어린아이들에게 강력하게 호소한다는 첫 문장의 뒤에 오는 모든 문장들이 다 '아이들(preschoolers/young children)'을 주어로 해서 시작되고 있어.(①번 뒤: they light up and move eagerly ~. ②번 뒤: They communicate comfortably ~. ③번 뒤: young children think music is a lot of fun ~) 그런데 ④번 뒤의 문장 They don't matter(그것들은 문제가 되지 않는다)에서 They는 '아이들'이 아닌 다른 것을 지칭하고 있지. 이런 문장들 간 정보의 차이, 간격을 인식했다면 주어진 문장을 그 자리에 넣고 해석해 보는 거야. 어때, 자연스럽게 잘 연결되지?

5

2017학년도 6월 학평 39번 [24211-0149]

다음 글에서 전체 흐름과 관계 <u>없는</u> 문장은?

I have seen many companies rush their products or services to market too quickly. ① There are many reasons for taking such an action, including the need to recover costs or meet deadlines. ② The problem with moving too quickly, however, is that it has a harmful impact on the creative process. ③ Great ideas, like great wines, need proper aging: time to bring out their full flavor and quality. ④ As a result, many companies are hiring employees regardless of their age, education, and social background. ⑤ Rushing the creative process can lead to results that are below the standard of excellence that could have been achieved with additional time.

6

2017학년도 6월 학평 29번 [24211-0150]

(A), (B), (C)의 각 네모 안에서 문맥에 맞는 낱말로 가장 적절한 것은?

Many successful people tend to keep a good bedtime routine. They take the time just before bed to reflect on or write down three things that they are (A) regretful / thankful for that happened during the day. Keeping a diary of things that they appreciate reminds them of the progress they made that day in any aspect of their lives. It serves as a key way to stay motivated, especially when they experience a (B) hardship / success . In such case, many people fall easily into the trap of replaying negative situations from a hard day. But regardless of how badly their day went, successful people typically (C) avoid / employ that trap of negative self-talk. That is because they know it will only create more stress.

	(A)		(B)		(C)
①	regretful	⋯⋯	hardship	⋯⋯	avoid
②	regretful	⋯⋯	success	⋯⋯	employ
③	thankful	⋯⋯	hardship	⋯⋯	avoid
④	thankful	⋯⋯	success	⋯⋯	avoid
⑤	thankful	⋯⋯	hardship	⋯⋯	employ

모듈/유형 간접 쓰기 / 무관한 문장	**오답률** 61.5%
난도 ★★★★	**목표 풀이 시간** 2분 10초

풀이 포인트 많은 회사들이 제품과 서비스를 시장에 너무 서둘러 출시하는데 이렇게 지나치게 급한 행동의 문제점은 그것이 창의적 과정에 해로운 영향을 미친다는 내용의 글이야. 그리고 위대한 아이디어들이 와인처럼 적절한 숙성, 최고의 풍미와 품질을 만드는 데 걸리는 시간이 필요하다고 말하고 있어. 그럼 이제 이런 주제에서 벗어난, 글의 흐름과 무관한 문장을 찾을 수 있겠지?

모듈/유형 문법 · 어휘 / 어휘	**오답률** 53.9%
난도 ★★★	**목표 풀이 시간** 1분 50초

풀이 포인트 첫 문장을 통해 이 글이 성공하는 사람들의 취침 전 좋은 습관에 관한 글임을 알 수 있어. 그것이 어떤 습관인지에 집중하면서 글을 읽어 봐. (A)에 들어갈 낱말은 바로 뒷문장의 '그들이 감사하는 것들에 대한 일기를 쓰는 것(Keeping a diary of things that they appreciate)'이라는 말에서 단서를 얻어 추론할 수 있어. (B)에 들어갈 낱말은 바로 뒤 문장에서 추측의 근거를 찾을 수 있는데, '그런 경우에는 많은 사람이 힘든 하루에서 겪은 부정적인 상황을 되풀이해 떠올리는 덫에 쉽게 빠진다(In such case, many people fall easily into the trap of replaying negative situations from a hard day.)'는 말에서 성공하는 사람들이 어려움(hardship)을 경험할 때를 말하고 있음을 알 수 있지. (C)에서는, 성공하는 사람들이 '부정적인 자기 대화(negative self-talk)가 더 많은 스트레스를 유발할 뿐임을 알고 있기 때문'이라는 마지막 문장에서, 성공하는 사람들이 어떤 행동을 취할지, 그것을 나타내는 단어를 추측할 수 있을 거야.

Vocabulary Check-up

1 다음 문장의 빈칸에 들어갈 말을 〈보기〉에서 찾아 쓰시오.

〈보기〉
rural additional hesitation incentive hardship routine

(1) A pet's continuing affection becomes crucially important for those enduring _____ because it reassures them that their core essence has not been damaged. 2017학년도 수능 28번

(2) People were not particularly motivated to produce more goods for stockpiling, as there was little _____ to do so where there was little security from raids. 2015학년도 9월 모평 23번

(3) With the evolution of more settled _____ societies based on agriculture, other characteristics, other traditions of form appropriate to the new patterns of life, rapidly emerged. 2016학년도 9월 모평 31번

2 다음 네모 안에서 문맥에 맞는 낱말을 고르시오.

(1) At such times, negative / positive emotions like grief offer a kind of testimonial to the authenticity of love or respect. 2017학년도 수능 33번

(2) It may be that robots are needed to reduce manufacturing costs so that the company remains competitive, but planning for such cost increases / reductions should be done jointly by labor and management. 2022학년도 수능 38번

Grammar Check-up

1 다음 네모 안에서 어법상 알맞은 표현을 고르시오.

(1) Bees will, of course, do better in the midst of fruit blossoms in May and white clovers in June than in a city ① which / where they have to fly a long distance to reach the open fields. However, bees can ② keep / be kept with profit even under unfavorable circumstances.

(2) Some African countries find it difficult to feed their own people or provide safe drinking water, yet precious water is used to ① produce / producing export crops for European markets. But, African farmers cannot help but ② grow / growing those crops because they are one of only a few sources of income for them.

2 다음 밑줄 친 부분 중, 어법상 틀린 것을 골라 바르게 고치시오.

I have seen many companies ① rush their products or services to market too quickly. There are many reasons for taking such an action, ② including the need to recover costs or meet deadlines. The problem with moving too quickly, however, is ③ that it has a harmful impact on the creative process. Great ideas, like great wines, need proper aging: time to bring out their full flavor and quality. ④ Rush the creative process can lead to results that are below the standard of excellence that could have been achieved with additional time.

한눈에 보는 정답

Week 1

Day 1 Week 1 　　　　　　　　　본문 10~12쪽

1 ③　2 ④　3 ①　4 ⑤　5 ②　6 ②

Daily Review 　　　　　　　　　Day 1

Vocabulary Check-up

1 (1) repetitive (2) expertise (3) admire
2 (1) boost (2) regularly

Grammar Check-up

1 (1) ① be labeled ② that (2) ① which ② processing
2 ④ → are

Day 2 Week 1 　　　　　　　　　본문 14~16쪽

1 ①　2 ①　3 ②　4 ④　5 ⑤　6 ④

Daily Review 　　　　　　　　　Day 2

Vocabulary Check-up

1 (1) improve (2) principle (3) reasonable
2 (1) assumption (2) evolved

Grammar Check-up

1 (1) ① it ② possible (2) ① to develop ② that
2 ③ → after which

Day 3 Week 1 　　　　　　　　　본문 18~20쪽

1 ③　2 ②　3 ③　4 ⑤　5 ⑤　6 ④

Daily Review 　　　　　　　　　Day 3

Vocabulary Check-up

1 (1) accomplish (2) species (3) specific
2 (1) implies (2) preserve

Grammar Check-up

1 (1) ① be made ② that (2) ① it ② did
2 ③ → which

Day 4 Week 1 　　　　　　　　　본문 22~24쪽

1 ②　2 ②　3 ①　4 ⑤　5 ①　6 ⑤

Daily Review 　　　　　　　　　Day 4

Vocabulary Check-up

1 (1) predator (2) reliable (3) promote
2 (1) instructed (2) temporary

Grammar Check-up

1 (1) ① are headpieces ② controlling
　　(2) ① impossible ② that
2 ② → does

Day 5 Week 1 　　　　　　　　　본문 26~28쪽

1 ③　2 ②　3 ⑤　4 ⑤　5 ④　6 ②

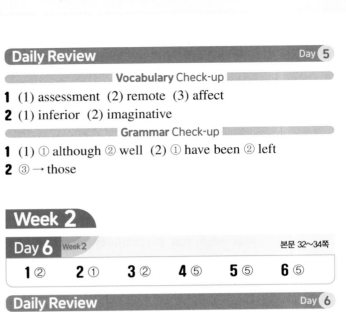

Daily Review 　　　　　　　　　Day 5

Vocabulary Check-up

1 (1) assessment (2) remote (3) affect
2 (1) inferior (2) imaginative

Grammar Check-up

1 (1) ① although ② well (2) ① have been ② left
2 ③ → those

Week 2

Day 6 Week 2 　　　　　　　　　본문 32~34쪽

1 ②　2 ①　3 ②　4 ⑤　5 ⑤　6 ⑤

Daily Review 　　　　　　　　　Day 6

Vocabulary Check-up

1 (1) perceive (2) factor (3) competitive
2 (1) rejection (2) inspired

Grammar Check-up

1 (1) ① them out ② in which (2) ① to provide ② seems
2 ④ → rejected

Day 7 Week 1 　　　　　　　　　본문 36~38쪽

1 ④　2 ②　3 ④　4 ⑤　5 ⑤　6 ⑤

Daily Review 　　　　　　　　　Day 7

Vocabulary Check-up

1 (1) interval (2) generate (3) neural
2 (1) extinction (2) proportions

Grammar Check-up

1 (1) ① derived ② is (2) ① whatever ② for
2 ④ → releasing

Day 8 Week 2 　　　　　　　　　본문 40~42쪽

1 ⑤　2 ①　3 ⑤　4 ④　5 ①　6 ②

Daily Review 　　　　　　　　　Day 8

Vocabulary Check-up

1 (1) advantage (2) eliminate (3) relative
2 (1) approve (2) reveal

Grammar Check-up

1 (1) ① that ② that (2) ① to be ② what
2 ④ → was revealed

Day 9 Week 2 　　　　　　　　　본문 44~46쪽

1 ③　2 ①　3 ①　4 ③　5 ⑤　6 ④

Daily Review 　　　　　　　　　Day 9

Vocabulary Check-up

1 (1) arrange (2) interpret (3) suffer
2 (1) maintain (2) availability

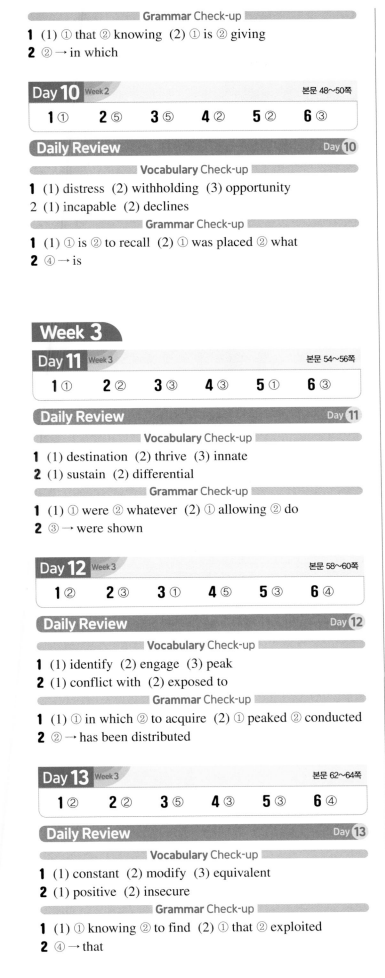

Grammar Check-up

1 (1) ① that ② knowing (2) ① is ② giving
2 ② → in which

Day 10 Week 2　　　　　　　본문 48~50쪽

1 ①　**2** ⑤　**3** ⑤　**4** ②　**5** ②　**6** ③

Daily Review　　　　　　　Day 10

Vocabulary Check-up

1 (1) distress (2) withholding (3) opportunity
2 (1) incapable (2) declines

Grammar Check-up

1 (1) ① is ② to recall (2) ① was placed ② what
2 ④ → is

Week 3

Day 11 Week 3　　　　　　　본문 54~56쪽

1 ①　**2** ②　**3** ③　**4** ③　**5** ①　**6** ③

Daily Review　　　　　　　Day 11

Vocabulary Check-up

1 (1) destination (2) thrive (3) innate
2 (1) sustain (2) differential

Grammar Check-up

1 (1) ① were ② whatever (2) ① allowing ② do
2 ③ → were shown

Day 12 Week 3　　　　　　　본문 58~60쪽

1 ②　**2** ③　**3** ①　**4** ⑤　**5** ③　**6** ④

Daily Review　　　　　　　Day 12

Vocabulary Check-up

1 (1) identify (2) engage (3) peak
2 (1) conflict with (2) exposed to

Grammar Check-up

1 (1) ① in which ② to acquire (2) ① peaked ② conducted
2 ② → has been distributed

Day 13 Week 3　　　　　　　본문 62~64쪽

1 ②　**2** ②　**3** ⑤　**4** ③　**5** ③　**6** ④

Daily Review　　　　　　　Day 13

Vocabulary Check-up

1 (1) constant (2) modify (3) equivalent
2 (1) positive (2) insecure

Grammar Check-up

1 (1) ① knowing ② to find (2) ① that ② exploited
2 ④ → that

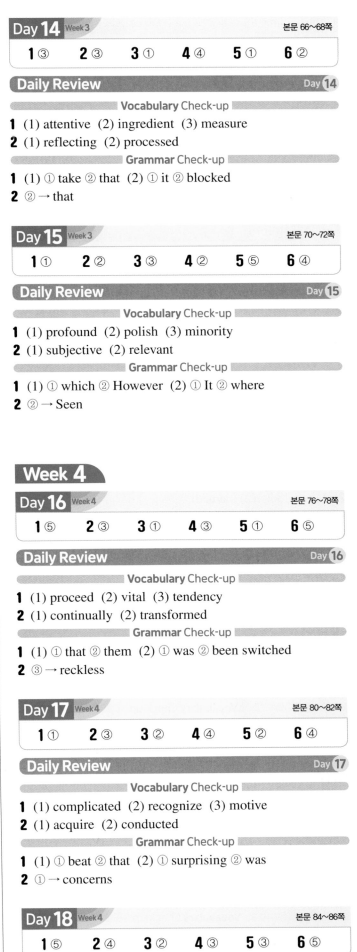

Day 14 Week 3　　　　　　　본문 66~68쪽

1 ③　**2** ③　**3** ①　**4** ④　**5** ①　**6** ②

Daily Review　　　　　　　Day 14

Vocabulary Check-up

1 (1) attentive (2) ingredient (3) measure
2 (1) reflecting (2) processed

Grammar Check-up

1 (1) ① take ② that (2) ① it ② blocked
2 ② → that

Day 15 Week 3　　　　　　　본문 70~72쪽

1 ①　**2** ②　**3** ③　**4** ②　**5** ⑤　**6** ④

Daily Review　　　　　　　Day 15

Vocabulary Check-up

1 (1) profound (2) polish (3) minority
2 (1) subjective (2) relevant

Grammar Check-up

1 (1) ① which ② However (2) ① It ② where
2 ② → Seen

Week 4

Day 16 Week 4　　　　　　　본문 76~78쪽

1 ⑤　**2** ③　**3** ①　**4** ③　**5** ①　**6** ⑤

Daily Review　　　　　　　Day 16

Vocabulary Check-up

1 (1) proceed (2) vital (3) tendency
2 (1) continually (2) transformed

Grammar Check-up

1 (1) ① that ② them (2) ① was ② been switched
2 ③ → reckless

Day 17 Week 4　　　　　　　본문 80~82쪽

1 ①　**2** ③　**3** ②　**4** ④　**5** ②　**6** ④

Daily Review　　　　　　　Day 17

Vocabulary Check-up

1 (1) complicated (2) recognize (3) motive
2 (1) acquire (2) conducted

Grammar Check-up

1 (1) ① beat ② that (2) ① surprising ② was
2 ① → concerns

Day 18 Week 4　　　　　　　본문 84~86쪽

1 ⑤　**2** ④　**3** ②　**4** ③　**5** ③　**6** ⑤

Daily Review — Day 18

Vocabulary Check-up

1 (1) anxiety (2) apparent (3) boundary
2 (1) appropriate (2) involves

Grammar Check-up

1 (1) ① be ② to (2) ① where ② bigger
2 ① → whose

Day 19 Week 4   본문 88~90쪽

| 1 ② | 2 ⑤ | 3 ① | 4 ② | 5 ③ | 6 ① |

Daily Review — Day 19

Vocabulary Check-up

1 (1) distinction (2) consistent (3) convert
2 (1) substances (2) notice

Grammar Check-up

1 (1) ① present ② been discussed (2) ① frustrated ② is
2 ③ → draw

Day 20 Week 4   본문 92~94쪽

| 1 ④ | 2 ④ | 3 ③ | 4 ④ | 5 ① | 6 ⑤ |

Daily Review — Day 20

Vocabulary Check-up

1 (1) determine (2) article (3) ultimate
2 (1) overlook (2) blamed

Grammar Check-up

1 (1) ① recognizing ② expected (2) ① were ② leave
2 ③ → simplifies

Week 5

Day 21 Week 5   본문 98~100쪽

| 1 ① | 2 ② | 3 ⑤ | 4 ③ | 5 ① | 6 ② |

Daily Review — Day 21

Vocabulary Check-up

1 (1) curiosity (2) current (3) dimension
2 (1) overcome (2) violates

Grammar Check-up

1 (1) ① assigning ② going (2) ① shows ② being made
2 ③ → kept

Day 22 Week 5   본문 102~104쪽

| 1 ③ | 2 ④ | 3 ① | 4 ⑤ | 5 ② | 6 ① |

Daily Review — Day 22

Vocabulary Check-up

1 (1) attempt (2) reputation (3) passion
2 (1) worthwhile (2) superior

Grammar Check-up

1 (1) ① adding ② What (2) ① famous ② became
2 ④ → no matter how

Day 23 Week 5   본문 106~108쪽

| 1 ⑤ | 2 ⑤ | 3 ① | 4 ② | 5 ② | 6 ② |

Daily Review — Day 23

Vocabulary Check-up

1 (1) interfere (2) appealing (3) emphasize
2 (1) permanent (2) rational

Grammar Check-up

1 (1) ① is ② respect (2) ① imagined ② to be
2 ② → change

Day 24 Week 5   본문 110~112쪽

| 1 ① | 2 ③ | 3 ② | 4 ③ | 5 ④ | 6 ③ |

Daily Review — Day 24

Vocabulary Check-up

1 (1) demonstrate (2) frustrating (3) vivid
2 (1) inaccurate (2) inadequate

Grammar Check-up

1 (1) ① encouraged ② be considered
  (2) ① attempting ② that
2 ③ → recalled

Day 25 Week 5   본문 114~116쪽

| 1 ② | 2 ② | 3 ⑤ | 4 ④ | 5 ④ | 6 ③ |

Daily Review — Day 25

Vocabulary Check-up

1 (1) hardship (2) incentive (3) rural
2 (1) negative (2) reductions

Grammar Check-up

1 (1) ① where ② be kept (2) ① produce ② grow
2 ④ → Rushing / To rush

내신에서 수능으로

수능의 시작, 감부터 잡자!

국어, 영어, 수학Ⅰ, 수학Ⅱ, 확률과 통계, 미적분

내신에서 수능으로 연결되는 포인트를 잡는 학습 전략

내신형 문항
내신 유형의 문항으로
익히는 개념과 해결법

동일한 소재·유형

수능형 문항
수능 유형의 문항을
통해 익숙해지는 수능

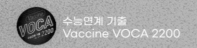
수능연계 기출
Vaccine VOCA 2200

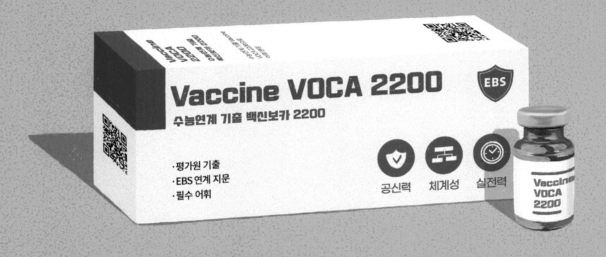

○ 수능 영단어장의 끝판왕!
10개년 수능 빈출 어휘 + 7개년 연계교재 핵심 어휘

○ 수능 적중 어휘 자동암기 3종 세트 제공
휴대용 포켓 단어장 / 표제어 & 예문 MP3 파일 / 수능형 어휘 문항 실전 테스트

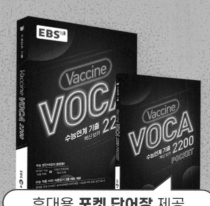
휴대용 **포켓 단어장** 제공

EBS

하루 6개
1등급
영어독해

전국연합학력평가 기출

 문제를 사진 찍고
해설 강의 보기
Google Play | App Store

 EBS*i* 사이트
무료 강의 제공

고1

정답과 해설

 '**한눈에 보는 정답**' 보기
& 정답과 해설 다운로드

하루 6개
1등급
영어독해

전국연합학력평가 기출 **고1**

Day 1

□ repetitive	반복적인, 되풀이되는	□ emerge	나타나다, 나오다	□ regularly	주기적으로, 규칙적으로
□ expertise	전문지식	□ merchant	상인; 상인의	□ label	(라벨을 붙여) 분류하다
□ profession	직업	□ sensory	감각[지각]의	□ nutrient	영양소
□ credibility	신뢰, 진실성	□ trace	찾아내다, 추적하다	□ yeast	효모
□ admire	존경하다, 칭찬하다	□ connection	연결	□ boost	촉진하다

Day 2

□ improve	개선되다, 향상하다	□ physical	물리적인, 신체적인	□ assumption	가정
□ transport	운송	□ wander	돌아다니다	□ contain	포함하다
□ principle	원리, 원칙	□ task	일, 과제	□ industrial	산업의
□ evolve	진화하다	□ efficiently	효율적으로	□ reasonable	합리적인
□ refine	다듬다	□ interact	상호 작용하다	□ complex	복잡한

Day 3

□ accomplish	성취하다	□ species	종	□ appreciate	인식하다
□ imply	넌지시 드러내다	□ adapt	적응시키다	□ navigate	항해하다
□ inevitably	반드시, 필연적으로	□ vary	다르다, 다양하다	□ preserve	보존하다
□ diversified	다양화된, 여러 가지의	□ transfer	전달하다	□ specific	특유한
□ consume	소비하다	□ contribute	기여하다	□ implication	영향, 함축

Day 4

□ predator	포식자	□ demand	요구	□ indication	지표, 표시
□ prevail	이기다, 우세하다	□ exotic	외국산의, 이국적인	□ resistant	저항하는
□ promote	촉진시키다	□ argue	주장하다	□ combine	결합하다
□ minimise	최소화하다	□ reliable	신뢰할 수 있는	□ temporary	일시적인
□ instruct	지시하다	□ associate	연관 짓다	□ intelligence	지성

Day 5

□ manipulate	조작하다	□ prediction	예측	□ imaginative	상상력이 풍부한
□ inferior	열등한	□ affect	영향을 미치다	□ construct	구성하다
□ genetic	유전적인	□ remote	멀리 떨어진	□ resource	자원
□ nurture	양육	□ prove	증명하다	□ expectation	기대
□ assessment	평가	□ represent	구현하다, 대표하다	□ deceiving	현혹시키는, 속이는

1

정답 ③

소재 컴퓨터화된 사회의 약속과 현실의 불일치

직독직해

The promise [of a computerized society], / we were told, /
컴퓨터화된 사회의 약속은 / 우리가 듣기로는 /

was [that it would pass to machines / all of the repetitive
그것이 기계에 넘긴다는 것이었다 / 모든 반복적인 고된 일을 /

drudgery of work], allowing us humans [to pursue higher
우리 인간들이 더 높은 목적을 추구하게 하면서 /

purposes] / and [to have more leisure time]. // It didn't
그리고 더 많은 여가 시간을 가질 수 있게 (하면서) // 그것은 되지는

work out / this way. // Instead of more time, / most of us /
않았다 / 이런 식으로 // 더 많은 시간 대신에 / 우리 대부분은 /

have less. // Companies large and small / have off-loaded
더 적은 시간을 가지고 있다 // 회사들은 크든 작든 / 일을 떠넘겼다 /

work / onto the backs of consumers. // Things [that used
소비자들의 등에 / 우리를 위해 행해지던 것들이 /

to be done for us, / {as part of the value-added service / of
부가가치 서비스의 일환으로 /

working with a company}], / we are now expected [to do
회사에 맡겨 해결하던 / 이제 우리가 스스로 하도록 기대된다 //

ourselves]. // [With air travel], / we're now expected / to
항공 여행의 경우 / 이제는 우리가 기대된다 /

complete [our own reservations and check-in], / [jobs that
예약과 체크인을 우리가 직접 완수하도록 /

used to be done by airline employees or travel agents]. //
항공사 직원이나 여행사 직원들에 의해 행해지던 일인 //

[At the grocery store], / we're expected / [to bag our own
식료품점에서는 / 우리는 기대된다 / 우리 자신의 식료품을

groceries] / and, [in some supermarkets], / [to scan our
봉지에 넣도록 / 그리고 일부 슈퍼마켓에서는 / 우리 자신이 구매한

own purchases]. //
물건을 스캔하도록 //

전문해석 컴퓨터화된 사회의 약속은, 우리가 듣기로는, 그것이 모든 반복적인 고된 일을 기계에 넘겨, 우리 인간들이 더 높은 목적을 추구하고 더 많은 여가 시간을 가질 수 있게 해 준다는 것이었다. 그것은 이런 식으로 되지는 않았다. 더 많은 시간 대신에, 우리 대부분은 더 적은 시간을 가지고 있다. 회사들은 크든 작든 일을 소비자들의 등에 떠넘겼다. 회사에 맡겨 해결하던 부가가치 서비스의 일환으로, 우리를 위해 행해지던 것들이 이제 우리가 스스로 하도록 기대된다. 항공 여행의 경우, 항공사 직원이나 여행사 직원들에 의해 행해지던 일인 예약과 체크인을 이제는 우리가 직접 완수하도록 기대된다. 식료품점에서, 우리가 우리 자신의 식료품을 봉지에 넣도록, 그리고 일부 슈퍼마켓에서는, 우리 자신이 구매한 물건을 스캔하도록 기대된다.

해설 컴퓨터화된 사회의 약속은 기계에 반복적인 고된 일을 맡기고 우리는 더 높은 목적을 추구하고 더 많은 여가 시간을 가질 수 있다는 것이었지만, 현실은 우리가 더 적은 시간을 가지고 있고 서비스로 우리를 위해 회사가 하던 일마저 우리가 스스로 해결해야 한다는 내용의 글이다. 따라서 글의 요지로 가장 적절한 것은 ③이다.

오답분석

오답선지	①	②	④	⑤
선택비율	15.7%	5.2%	5.4%	24.9%

⑤번은 첫 문장을 글의 주제문으로 보고 잘못 선택한 거야. 주제문이 도입부에 나오는 경우도 많지만, 일반적인 진술을 먼저 한 후 필자가 정말 하고 싶은 말은 역접의 의미를 갖는 연결사 뒤에 나오는 경우도 많아. 이 글에 역접의 연결사는 없지만, 두 번째 문장 It didn't work out this way.가 그 역할을 하고 있어. 따라서 그 뒤에 이어지는 내용을 잘 살펴보면, 이 글에서 필자가 하고 싶은 말이 무엇인지 알 수 있을 거야.

2

정답 ④

소재 전문성에 기반한 사람들의 신뢰

직독직해

Individuals [who perform at a high level in their
자신의 직업에서 높은 수준으로 수행하는 사람들은 /

profession] / often have instant credibility with others. //
흔히 다른 사람들에게 즉각적인 신뢰를 얻는다 //

People admire them, / they want to be like them, / and
사람들은 그들을 존경한다 / 그들처럼 되고 싶어 한다 /

they feel connected to them. // [When they speak], /
그리고 그들과 연결되어 있다고 느낀다 // 그들이 말할 때 /

others listen / — [even if the area of their skill has nothing
다른 사람들은 경청한다 / 그들의 기술 분야가 전혀 관련이 없을지라도 /

to do with / the advice {they give}]. // Think about a
그들이 주는 조언과 // 세계적으로 유명한

world-famous basketball player. // He has made more
농구 선수에 대해 생각해 보라 // 그는 광고에서 더 많은 돈을

money from endorsements / than he ever did playing
벌었다 / 농구를 하면서 그간 벌었던 것보다 /

basketball. // Is it because of his knowledge of the products /
그것이 제품에 대한 그의 지식 때문일까 /

[he endorses]? // No. // It's because of [what he can do /
그가 광고하는 // 아니다 // 그것은 그가 할 수 있는 것 때문이다 /

with a basketball]. // The same can be said of an Olympic
농구로 // 올림픽 메달리스트 수영 선수도 마찬가지일 것이다 //

medalist swimmer. // People listen to him / because of
사람들은 그의 말을 경청한다 / 그가 할 수 있는 것

[what he can do / in the pool]. // And [when an actor tells
때문에 / 수영장에서 // 그리고 어떤 배우가 우리에게 말할 때

us / {(that) we should drive a certain car}], / we don't listen /
특정 자동차를 운전해야 한다고 / 우리는 경청하는 것은

because of [his expertise on engines]. // We listen /
아니다 / 엔진에 대한 그의 전문 지식 때문에 // 우리는 경청한다 /

[because we admire his talent]. // Excellence connects. //
그의 재능을 존경하기 때문에 // 탁월함은 연결된다 //

→ 부사절(조건)
[If you possess a high level of ability / {in an area}], /
만약 당신이 높은 수준의 능력을 갖고 있다면 /   어떤 분야에서 /
→ 전치사구
→ to부정사구(desire의 목적어)
others may desire [to connect with you] / because of it. //
다른 사람들은 당신과 연결되기를 원할 수도 있다 /   그것 때문에 //

전문 해석 자신의 직업에서 높은 수준으로 수행하는 사람들은 흔히 다른 사람들에게 즉각적인 신뢰를 얻는다. 사람들은 그들을 존경하고, 그들처럼 되고 싶어 하고, 그들과 연결되어 있다고 느낀다. 그들이 말할 때, 다른 사람들은 그들의 기술 분야가 그들이 주는 조언과 전혀 관련이 없을지라도 경청한다. 세계적으로 유명한 농구 선수에 대해 생각해 보라. 그는 농구를 하면서 그간 벌었던 것보다 광고에서 더 많은 돈을 벌었다. 그것이 그가 광고하는 제품에 대한 그의 지식 때문일까? 아니다. 그것은 그가 농구로 할 수 있는 것 때문이다. 올림픽 메달리스트 수영 선수도 마찬가지일 것이다. 사람들은 그가 수영장에서 할 수 있는 것 때문에 그의 말을 경청한다. 그리고 어떤 배우가 우리에게 특정 자동차를 운전해야 한다고 말할 때, 우리는 엔진에 대한 그의 전문 지식 때문에 경청하는 것은 아니다. 우리는 그의 재능을 존경하기 때문에 경청한다. 탁월함은 연결된다. 만약 당신이 어떤 분야에서 높은 수준의 능력을 갖고 있다면, 다른 사람들은 그것 때문에 당신과 연결되기를 원할 수도 있다.

해설 뛰어난 전문성을 갖춘 사람들은 다른 사람들이 그들을 신뢰하고, 존경하고, 그들의 전문 분야와 무관한 주제에 대해서 조언을 해도 경청하는데, 이는 자신의 분야에서 보여준 탁월한 능력을 가지고 있는 그들과 사람들이 연결되고 싶어 하기 때문이라는 내용의 글이다. 따라서 빈칸에 들어갈 말로 가장 적절한 것은 ④이다.

오답분석

오답선지	① 인내	② 희생	③ 정직	⑤ 창의성
선택비율	9.7%	12.5%	18.1%	10.7%

③번은 지문을 정확히 이해하지 못하고 첫 문장의 ~ often have instant credibility with others만 보고 신뢰를 얻는 사람들은 보통 '정직'하다는 상식에 근거해서 답을 고른 것 같아. 하지만, 이 글 어디에도 사람들의 신뢰를 얻는 방법으로 정직을 언급한 곳은 없어. 정답을 고를 때는 자신의 상식에 의존하기보다 지문에서 일관되게 진술하고 있는 내용을 토대로 골라야 해!

3

정답 ①

소재 뇌와 도시의 공통점

직독직해

→ think of ~ as …: ~을 …으로 생각하다
Think of the brain as a city. // If you were to look out over
뇌를 도시라고 생각해 보라 //   만약 당신이 도시를 내다본다면 /

a city / and ask "where is the economy located?" / you'd
그리고 '경제가 어디에 위치해 있나요?'라고 묻는다면 /   당신은
→ 명사절(see의 목적어): 접속사 that 생략
see / [(that) there's no good answer to the question]. //
알게 될 것이다 / 그 질문에 대한 좋은 답이 없다는 것을 //
→ 전치사구
Instead, / the economy emerges / [from the interaction of
대신 /   경제는 나타난다 /   모든 요소의 상호 작용으로부터
→ from ~ to …: ~에서 …까지
all the elements] / — from the stores and the banks / to
                        상점과 은행에서 /

the merchants and the customers. // And so it is with the
상인과 고객에 이르기까지 //   그리고 그것은 뇌의 작동도
→ 전치사구
brain's operation: / it doesn't happen [in one spot]. // Just
그러하여 /   한 곳에서 일어나지 않는다 //

as in a city, / no neighborhood [of the brain] operates / [in
도시에서처럼 /   뇌의 어떤 지역도 작동하지 않는다 /
→ 전치사구   → 전치사구
isolation]. // [In brains and in cities], / everything emerges
독립적으로 //   뇌와 도시 안에서 /   모든 것은 상호 작용으로부터
→ 전치사구
[from the interaction] / [between residents], / [at all scales], /
나타난다 /   거주자들 간의 /   모든 규모에서 /
→ 전치사구   → 전치사구   → 전치사구
→ 부사절
locally and distantly. // [Just as trains bring materials and
근거리에서든 원거리에서든 //   기차가 자재와 직물을 도시로 들여오는 것처럼 /
→ 전치사구   → 관계절: materials and textiles 부연 설명
textiles {into a city}], / [which become processed into the
                              (그런데) 그것이 경제 속에서 처리된다 /
                                          → 전치사구
economy], / so the raw electrochemical signals / [from
            가공되지 않은 전기화학적 신호는 /
            → 수동태   → 전치사구
sensory organs] / are transported [along superhighways
감각 기관으로부터 오는 /   뉴런의 초고속도로를 따라서 전해진다 //
of neurons]. // There the signals undergo processing and
                거기서 신호는 처리와 변형을 겪는다 /
                              → 전치사구
transformation / [into our conscious reality]. //
                우리의 의식적인 현실로의 //

전문 해석 뇌를 도시라고 생각해 보라. 만약 당신이 도시를 내다보며 "경제가 어디에 위치해 있나요?"라고 묻는다면 그 질문에 대한 좋은 답이 없다는 것을 알게 될 것이다. 대신, 경제는 상점과 은행에서 상인과 고객에 이르기까지 모든 요소의 상호 작용으로부터 나타난다. 그리고 그것은 뇌의 작동도 그러하여, 한 곳에서 일어나지 않는다. 도시에서처럼, 뇌의 어떤 지역도 독립적으로 작동하지 않는다. 뇌와 도시 안에서, 모든 것은, 모든 규모에서, 근거리에서든 원거리에서든, 거주자들 간의 상호 작용으로부터 나타난다. 기차가 자재와 직물을 도시로 들여오고, 그것이 경제 속으로 처리되는 것처럼, 감각 기관으로부터 오는 가공되지 않은 전기화학적 신호는 뉴런의 초고속도로를 따라서 전해진다. 거기서 신호는 우리의 의식적인 현실로의 처리와 변형을 겪는다.

해설 뇌와 도시는 복잡한 상호 작용을 통해 기능하며, 어느 한 곳에서 독립적으로 발생하는 것이 아니라 다양한 요소들 간의 연결과 상호 의존성을 필요로 한다는 내용이므로, 빈칸에 들어갈 말로 가장 적절한 것은 ①이다.

오답분석

오답선지	선택비율
② 빠른 변화로 고통을 겪지	9%
③ 경제적 요소와 유사하지	21.9%
④ 체계적으로 작동하지	14.8%
⑤ 다른 대상과 상호 작용하지	15.4%

③번은 내용을 잘 이해하지 못한 채, 두 번째 문장에 있는 "where is the economy located?"라는 질문을 보고, 이 글이 경제와 관련이 있는 글이라고 생각하여 선택한 거야. 하지만, 이 글은 뇌와 도시를 비교하며 그 둘의 공통점에 대해 기술한 글이지, 경제가 주된 포인트가 아니야. 빈칸 추론 문제에서는 필자가 궁극적으로 말하고자 하는 포인트가 무엇인지 찾는 것이 중요해!

4

정답 ⑤

소재 호기심의 어린 시기에서 성인으로의 변화와 뇌의 발달

직독직해

→ ~에 따르면
According to educational psychologist Susan Engel, /
교육 심리학자 Susan Engel에 따르면 /

curiosity begins to decrease / as young as four years old. //
호기심은 줄어들기 시작한다 / 네 살 정도의 어린 나이에 //
→ ~(할) 무렵

By the time we are adults, / we have fewer questions /
우리가 어른이 될 무렵 / 질문은 더 적어진다 /
→ 부사절

and more default settings. // [As Henry James put it], /
그리고 기본값은 더 많아진다 // Henry James가 말했듯이 /

"Disinterested curiosity is past, / the mental grooves and
"흥미를 유발하지 않는 호기심은 없어지고 / 정신의 고랑과 경로가 자리 잡는다"
→ 전치사구 →수동태

channels set." // The decline [in curiosity] / can be traced
호기심의 감소는 / 뇌의 발달에서 원인이
→ 전치사구 →전치사구

[in the development of the brain] / [through childhood]. //
찾아질 수 있다 / 유년 시절을 통한 //
→ ~ 이지만, ~임에도 불구하고

Though smaller than the adult brain, / the infant brain
비록 성인의 뇌보다 작지만 / 유아의 뇌는 가지고 있다

contains / millions more neural connections. // The wiring,
수백만 개 더 많은 신경 연결을 // 그러나 연결 상태는
→ 전치사구

however, is a mess; / the lines of communication [between
엉망이다 / (그래서) 유아의 뉴런 간의 전달은 /
less 의미 강조 → ← less ~ than ... : ~보다 덜 ~한

infant neurons] / are far less efficient than between those in
성인 뇌의 그것들 사이에서보다 훨씬 덜 효율적이다 //

the adult brain. // The baby's perception [of the world] / is
세상에 대한 아기의 인식은 /
→ both ~ and ... : ~하면서 …한

consequently both intensely rich and wildly disordered. //
결과적으로 매우 풍부하면서도 상당히 무질서하다 //
→ 부사절

[As children absorb more evidence / {from the world
아이들이 더 많은 증거를 흡수함에 따라 / 그들 주변의 세상으로부터 /
→ more 의미 강조

around them}], / certain possibilities [become much more
특정한 가능성들이 훨씬 더 커지게 된다 /

likely / and more useful] / and [harden into knowledge or
그리고 더 유용하게 된다 / 그리고 지식이나 믿음으로 굳어진다 //
→ 관계절

beliefs]. // The neural pathways [that enable those beliefs] /
그러한 믿음을 가능하게 하는 신경 경로는 /
→ 부사절(대조) → 관계절

become faster and more automatic, / [while the ones {that
더 빠르고 더 자동적으로 이루어지게 된다 / 반면 아이가 자주 사용하지 않는
→ 수동태

the child doesn't use regularly} / are pruned away]. //
경로는 / 제거된다 //

전문 해석 교육 심리학자 Susan Engel에 따르면, 호기심은 네 살 정도의 어린 나이에 줄어들기 시작한다. 우리가 어른이 될 무렵, 질문은 더 적어지고 기본값은 더 많아진다. Henry James가 말했듯이, "흥미를 유발하지 않는 호기심은 없어지고, 정신의 고랑과 경로가 자리 잡는다." 호기심의 감소는 유년 시절을 통한 뇌의 발달에서 원인을 찾을 수 있다. 비록 성인의 뇌보다 작지만, 유아의 뇌는 수백만 개 더 많은 신경 연결을 가지고 있다. 그러나 연결 상태는 엉망이어서, 유아의 뉴런 간의 전달은 성인 뇌의 그것들 사이에서보다 훨씬 덜 효율적이다. 결과적으로 세상에 대한 아기의 인식은 매우 풍부하면서도 상당히 무질서하다. 아이들이 그들 주변의 세상으로부터 더 많은 증거를 흡수함에 따라, 특정한 가능성들이 훨씬 더 커지게 되고 더 유용하게 되며 지식이나 믿음으로 굳어진다. 그러한 믿음을 가능하게 하는 신경 경로는 더 빠르고 더 자동적으로 이루어지게 되는 반면, 아이가 자주 사용하지 않는 경로는 제거된다.

해설 주어진 문장은 아이들이 주변 세상에서 더 많은 증거를 흡수하면서 특정한 가능성들이 훨씬 더 커지게 되고 더 유용하게 되면서 지식이나 믿음으로 굳어진다는 내용이다. 따라서 주어진 문장 앞에는 세상에 대한 아기의 인식이 매우 풍부하면서도 상당히 무질서하다는

내용의 문장이 있어야 하고, 바로 뒤에는 그러한 믿음을 가능하게 하는 신경 경로가 더 빠르고 자동적으로 이루어지게 된다는 내용의 문장이 이어져야 한다. 따라서 주어진 문장이 들어가기에 가장 적절한 곳은 ⑤이다.

오답분석

오답선지	①	②	③	④
선택비율	7.8%	21.5%	21.5%	21.5%

②, ③, ④번을 동일한 비율로 선택했다는 것은 결국 글의 흐름을 제대로 이해하지 못한 채 아무런 근거 없이 답을 선택한 학생들이 많았다는 거야. 그런데 ⑤번 뒤의 those beliefs가 가리키고 있는 것이 무엇일지 생각해 봤어? 혹시 ⑤번 앞 문장에서 찾을 수 있어? 만약 찾지 못했다면 ⑤번 자리에 논리적으로 공백이 있음을 알 수 있지 않았을까? 이 유형의 문제는 지시어, 대명사 등이 가리키는 대상을 확인하는 것이 중요하다는 거 잊지 마!

5

정답 ②

소재 음식의 분류와 건강에 대한 인식

직독직해

명사절(believe의 목적어): that 생략 →
Nearly eight of ten U.S. adults believe / [(that) there are
미국 성인 10명 중 거의 8명이 믿는다 / '좋은 음식'과
→ 부사절(조건)

"good foods" and "bad foods."] // [Unless we're talking
'나쁜 음식'이 있다고 // 우리가 상한 스튜, 독버섯,
→ 전치사구

{about spoiled stew, poison mushrooms, or something
또는 이와 유사한 것에 대해 이야기하고 있지 않는 한 /
→ 수동태

similar}], / however, / no foods can be labeled / as either
하지만 / 어떤 음식도 분류될 수 없다 /
either ~ or ...: ~든 …든 →

good or bad. // There are, however, combinations of foods /
좋거나 나쁨으로 // 하지만, 음식들의 조합이 있다 /
→ 관계절 → 결국 ~이 되다 → 명령문

[that add up to a healthful or unhealthful diet]. // Consider
결국 건강에 좋은 식단이나 건강에 좋지 않은 식단이 되는 //
→ 관계절

the case of an adult / [who eats only foods thought of as
성인의 경우를 생각해 보라 / '좋은 것'으로 생각되는 음식만 먹는 /

"good" / — for example, / raw broccoli, apples, orange
'좋은' / 예를 들어 / 생브로콜리, 사과, 오렌지 주스, 삶은 두부,
→ 부사절(양보)

juice, boiled tofu, and carrots]. // [Although all these foods
그리고 당근 // 비록 이 모든 음식은 영양이 풍부하지
→ all these foods를 가리킴

are nutrient-dense], / they do not add up to a healthy diet /
만 / 그것들은 결국 건강한 식단이 되지 않는다 /
→ 부사절(이유)

[because they don't supply a wide enough variety of the
그것들이 충분히 다양한 영양소를 공급하지 않기 때문에 /
→ 관계절(관계사 생략)

nutrients / {we need}]. // Or take the case of the teenager /
우리가 필요로 하는 // 또는 십 대의 경우를 예로 들어 보자 /
→ 관계절 → 대등한 연결

[who occasionally {eats fried chicken}, / but otherwise /
튀긴 치킨을 가끔 먹는 / 하지만 그렇지 않으면 /

{stays away from fried foods}]. // The occasional fried
튀긴 음식을 멀리하는 / 가끔 먹는 튀긴 치킨은 /
→ 궤도에서 벗어나

chicken / isn't going to knock his or her diet off track. //
그나 그녀의 식단을 궤도에서 벗어나게 하지 않을 것이다 //

But the person [who eats fried foods every day, / {with
하지만 매일 튀긴 음식을 먹는 사람은 /
┌─관계절─┐   ┌전치사구┐

few vegetables or fruits}, / and loads up on supersized soft
채소나 과일을 거의 먹지 않으면서 /   그리고 간식으로 초대형 탄산음료, 사탕, 그리고
                              └~로 배를 가득 채우다

drinks, candy, and chips {for snacks}] / has a bad diet. //
감자 칩으로 배를 가득 채우는 (사람은) /   나쁜 식단을 가지고 있다 //
                          └전치사구

전문 해석 미국 성인 10명 중 거의 8명이 '좋은 음식'과 '나쁜 음식'이 있다고 믿는다. 하지만, 우리가 상한 스튜, 독버섯, 또는 이와 유사한 것에 대해 이야기하고 있지 않는 한, 어떤 음식도 좋거나 나쁨으로 분류될 수 없다. 하지만, 결국 건강에 좋은 식단이나 건강에 좋지 않은 식단이 되는 음식들의 조합이 있다. '좋은 것'으로 생각되는 음식, 예를 들어 생브로콜리, 사과, 오렌지 주스, 삶은 두부와 당근만 먹는 성인의 경우를 생각해 보라. 비록 이 모든 음식은 영양이 풍부하지만, 우리가 필요로 하는 충분히 다양한 영양소를 공급하지 않기 때문에 그것들은 결국 건강한 식단이 되지 않는다. 또는 튀긴 치킨을 가끔 먹지만, 그렇지 않으면 튀긴 음식을 멀리하는 십 대의 경우를 예로 들어 보자. 가끔 먹는 튀긴 치킨은 그나 그녀의 식단을 궤도에서 벗어나게 하지 않을 것이다. 하지만 채소나 과일을 거의 먹지 않으면서 매일 튀긴 음식을 먹고, 간식으로 초대형 탄산음료, 사탕, 그리고 감자 칩으로 배를 가득 채우는 사람은 나쁜 식단을 가지고 있다.

→ 일반적인 믿음과 달리, 음식을 좋고 나쁨으로 정의하는 것은 적절하지 않다. 사실, 건강에 좋은 식단은 대체로 그 식단이 무엇으로 구성되는지에 의해 결정된다.

해설 대부분의 미국 성인들이 '좋은 음식'과 '나쁜 음식'이 있다고 믿고 있지만, 음식 그 자체는 좋거나 나쁨으로 단순히 분류될 수 없으며, 음식들의 조합에 따라 건강에 좋거나 좋지 않은 식단이 결정된다는 내용의 글이다. 따라서 빈칸 (A), (B)에 들어갈 말로 가장 적절한 것은 ② '적절한 – 구성되는지'이다.

오답분석

오답선지	선택비율
① 옳지 않은 – 제한되는지	17.4%
③ 잘못된 – 목표가 되는지	9.4%
④ 적절한 – 점검되는지	12.8%
⑤ 옳지 않은 – 조정되는지	11.7%

①번은 글의 전체적인 내용을 제대로 이해하지 못했을 뿐 아니라, (A) 앞의 부정어 not도 고려하지 않은 친구들이 선택한 거야. 답을 고를 때는 꼭 부정어까지 포함해서 전체적인 내용에 부합하는 선택지를 골라야 해. 이 글에서는 음식을 좋고 나쁨으로 정의하는 것이 적절하다고 했어, 아니면 적절하지 않다고 했어? 적절하지 않다고 했잖아(no foods can be labeled as either good or bad). 그러니까 요약문의 not을 고려했을 때, incorrect가 아니라 appropriate가 맞겠지? 그리고 (B)는 글에 제시된 예시들을 잘 읽어 봐. 그러면 답을 찾을 수 있을 거야.

6

정답 ②
소재 광고주의 상품 주장 조절 능력
직독직해

Advertisers often displayed considerable facility / [in
광고주들은 상당한 능력을 자주 보여주었다 /
                                          └전치사구

adapting their claims] / [to the market status of the goods
그들의 주장을 조절하는 것에 /   그들이 홍보하는 상품의 시장 지위에 맞게 //
                        └전치사구   └수동태
                    └관계절(관계사 생략)

{they promoted}]. // Fleischmann's yeast, for instance, / was
                   예를 들어, Fleischmann의 효모는 /

used as an ingredient / [for cooking homemade bread]. //
재료로 사용되었다 /   집에서 만든 빵을 요리하는 //
└~로서   └전치사구

Yet more and more people / [in the early 20th century] /
하지만 점점 더 많은 사람이 /   20세기 초에 /
                        └전치사구

were buying their bread [from stores or bakeries], / so
가게나 빵집에서 빵을 사고 있었다 /   └전치사구

consumer demand for yeast decreased. // The producer
그래서 효모에 대한 소비자 수요는 감소했다 //   Fleischmann의
          └전치사구

[of Fleischmann's yeast] / hired the J. Walter Thompson
효모 생산자는 /   J. Walter Thompson 광고 대행사를 고용했다 /
                                            └to부정사구(~하려고)

advertising agency / [to come up with a different
광고 대행사 /   다른 마케팅 전략을 고안하려고 /
                   └to부정사구

marketing strategy / {to boost sales}]. // No longer the
판매를 촉진하기 위한 //   더 이상 '빵의 영혼'이
                                      turn ~ into ...: ~을 ...으로 바꾸다

"Soul of Bread," / the Thompson agency first turned yeast
아니라 /   Thompson 광고 대행사는 먼저 효모를 비타민의 중요한

into an important source of vitamins / [with significant
공급원으로 바꾸었다 /   상당한 건강상의 이점이
                                      └전치사구

health benefits]. // Shortly thereafter, / the advertising
있는 //   그 직후 /   광고 대행사는 효모를
                                        └transform ~ into ...: ~을 ...으로 바꾸다[변형시키다]

agency transformed yeast / into a natural laxative. //
바꾸었다 /   천연 완하제로 //

[Repositioning yeast] / helped increase sales. //
효모의 이미지 전환을 꾀하는 것은 / 매출을 증가시키는 것을 도왔다 //
└동명사구(주어)

전문 해석 광고주들은 그들이 홍보하는 상품의 시장 지위에 맞게 그들의 주장을 조절하는 것에 상당한 능력을 자주 보여주었다. 예를 들어, Fleischmann의 효모는 집에서 만든 빵을 요리하는 재료로 사용되었다. 하지만 20세기 초에 점점 더 많은 사람이 가게나 빵집에서 빵을 사고 있었고, 그래서 효모에 대한 소비자 수요는 증가했다(→ 감소했다). Fleischmann의 효모 생산자는 판매를 촉진하기 위한 다른 마케팅 전략을 고안하려 J. Walter Thompson 광고 대행사를 고용했다. Thompson 광고 대행사는 먼저 효모를 더 이상 '빵의 영혼(Soul of Bread)'이 아니라 상당한 건강상의 이점이 있는 비타민의 중요한 공급원으로 바꾸었다. 그 직후, 광고 대행사는 효모를 천연 완하제로 바꾸었다. 효모의 이미지 전환을 꾀하는 것은 매출을 증가시키는 것을 도왔다.

해설 Fleischmann의 효모는 원래 집에서 빵을 만드는 재료로 사용되었지만, 사람들이 가게나 빵집에서 빵을 사는 경향이 늘어나면서 그 수요가 감소했는데, 이에 Fleischmann의 효모 생산자가 J. Walter Thompson 광고 대행사를 고용하여 효모의 이미지를 건강에 좋은 비타민의 중요한 공급원과 천연 완하제로 변경하여 매출을 증가시켰다는 내용의 글이다. 따라서 ②의 increased를 decreased와 같은 낱말로 바꾸어야 한다.

오답분석

오답선지	선택비율
① 조절하는 것	12%
③ 촉진하다	13.1%
④ 이점	10.2%
⑤ 이미지 전환을 꾀하는 것	14.7%

⑤는 글의 전반부를 읽으며 제대로 이해하지 못한 친구들이 Repositioning이라는 단어의 뜻을 잘 몰라서 선택한 것으로 보여. reposition이라는 단어는 '위치를 바꾸다'라는 뜻도 있지만, '(제품의) 이미지 전환을 꾀하다'라는 의미도 있거든. 그런데, Thompson 광고 대행사가 효모를 '빵의 영혼(Soul of Bread)'에서 건강에 중요한 비타민의 중요한 공급원과 천연 완하제로 그 이미지를 바꾸는 마케팅 전략을 썼다고 했으므로 ⑤는 적절해. 평소에 하나의 단어가 가지고 있는 다양한 의미도 꾸준히 암기해 둬. 그러면 결정적인 순간에 큰 도움이 될 거야!

2 ④: 문장의 주어 the lines of communication between infant neurons에서 주어의 핵이 the lines이므로, is를 are로 고쳐야 한다.

Daily Review   Day 1

Vocabulary Check-up

1 (1) repetitive (2) expertise (3) admire
2 (1) boost (2) regularly

1 (1) repetitive / 로봇은 특히 매우 반복적인 단순 동작을 잘하기 때문에 교체된 인간 노동자는 로봇의 능력을 넘어선 판단과 결정이 필요한 위치로 옮겨져야 한다.

(2) expertise / 전문직의 전문지식과 특권적 지위는 그들이 봉사하는 사람들을 희생시키고서 그들 자신의 이익을 향상시키기 위해 쉽게 이용될 수 있는 권위와 권한을 부여한다는 것이 오랫동안 인식되어 왔다.

(3) admire / 게다가, 그의 작품을 높이 평가하는 몇몇 비평가들은 예술 창작 과정에서 그의 광범위한 컴퓨터 사용에 관해 거의 신경 쓰지 않는다.

2 (1) boost / 예를 들어 소매업자들은 흔히 조립이나 설치 서비스와 같은 동반 지원을 통해 판매를 북돋운다.

(2) regularly / 조련사가 정기적으로 개에게 먹이 보상을 주는 한, 개는 자신의 '좋은' 행동이 보상을 초래한다는 것을 이해할 수 있다.

Grammar Check-up

1 (1) ① be labeled ② that (2) ① which ② processing
2 ④ → are

1 (1) ① be labeled: 주어인 no foods가 좋거나 나쁜 것으로 분류되는 대상이 되므로, 수동태 be labeled가 적절하다.
② that: 선행사 combinations of foods를 수식하는 관계절을 이끌고 있으므로, 관계사 that이 적절하다.

(2) ① which: 앞, 뒤에 있는 두 절을 이어 줄 수 있는 접속사의 역할과 더불어 materials and textiles를 부연 설명할 수 있어야 하므로, 관계사 which가 적절하다.
② processing: 동사 undergo의 목적어 역할을 해야 하므로, 동명사 processing이 적절하다.

1

정답 ①

소재 관광 산업의 확장

직독직해

┌→ 부사절(~하면서)
[As the social and economic situation of countries got
국가들의 사회적, 경제적 상황이 더 나아지면서 /

better], / wage levels and working conditions improved. //
　　　　　임금 수준과 근로 여건이 개선되었다 //

　　　　　　　　　　　　　　　　　　　┌→ 수동태
Gradually people were given more time off. // At the
점차 사람들은 더 많은 휴가를 받게 되었다 //

　　　　　　　　　　　　　　　　┌→ 동시에 /
　　　　　　　　　　　　　　　┌→ 형식상의 주어
same time, / forms of transport improved / and it became
　　　　　운송 형태가 개선되었다 /　　　그리고 더 빠르고 더

　　　　　　　　　　　┌→ to부정사구(내용상의 주어)
faster and cheaper / to get to places. // England's industrial
저렴해졌다 /　　　　장소를 이동하는 것이 //　영국의 산업 혁명이 /

revolution / led to many of these changes. // Railways, in
　　　　이러한 변화 중 많은 것을 일으켰다 //　　19세기에, 철도가 /

the nineteenth century, / opened up now famous seaside
　　　　　　　　현재 유명한 해안가 리조트가 들어서게 되었다 /

　　　　　　　　　　　　　　　　　　┌→ 전치사구
resorts / such as Blackpool and Brighton. // With the
　　　Blackpool과 Brighton 같은 //　　　　　철도가
　　　　　　　┌→ 동사　┌→ 주어(도치)
railways / came many large hotels. // In Canada, for
생기면서 /　　많은 대형 호텔이 생겨났다 //　　예를 들어, 캐나다에서는 /

example, / the new coast-to-coast railway system made
　　　　새로운 대륙 횡단 철도 시스템이 가능하게 했다 /

┌→ 목적격 보어　┌→ 목적어
possible / [the building of such famous hotels / as Banff
　　　　　그러한 유명한 호텔의 건설을 /　　　로키산맥의

Springs and Chateau Lake Louise in the Rockies]. // Later, /
Banff Springs와 Chateau Lake Louise 같은 //　　이후에 /

　　　　　　　　　　　┌→ 동사구①
the arrival of air transport [opened up more of the world] /
항공 운송의 출현은 세계의 더 많은 곳으로 가는 길을 열어 주었다 /

　　┌→ 동사구②
and [led to tourism growth]. //
그리고 관광 산업의 성장을 이끌었다 //

전문 해석 국가들의 사회적, 경제적 상황이 더 나아지면서, 임금 수준과 근로 여건이 개선되었다. 점차 사람들은 더 많은 휴가를 받게 되었다. 동시에, 운송 형태가 개선되었고 장소를 이동하는 것이 더 빠르고 더 저렴해졌다. 영국의 산업 혁명이 이러한 변화 중 많은 것을 일으켰다. 19세기에, 철도로 인해 Blackpool과 Brighton 같은 현재 유명한 해안가 리조트가 들어서게 되었다. 철도가 생기면서 많은 대형 호텔이 생겨났다. 예를 들어, 캐나다에서는 새로운 대륙 횡단 철도 시스템이 로키산맥의 Banff Springs와 Chateau Lake Louise 같은 유명한 호텔의 건설을 가능하게 했다. 이후에 항공 운송의 출현은 세계의 더 많은 곳으로 가는 길을 열어 주었고 관광 산업의 성장을 이끌었다.

해설 임금 수준과 근로 여건이 나아지면서 사람들이 더 많은 휴가를 받게 되고, 철도로 인해 해안가 리조트와 대형 호텔이 생겨나고, 항공 운송으로 인해 세계 곳곳으로 가게 되면서 관광 산업의 성장이 이루어졌다는 내용의 글이므로, 이 글의 주제로 가장 적절한 것은 ① '관광 산업의 확장을 가져온 요소'이다.

오답선지	선택비율
② 인기 있는 관광지에서의 불편함	5.8%
③ 사회와 경제에서 관광 산업의 중요성	42.2%
④ 관광 산업이 환경에 미치는 부정적인 영향	6.2%
⑤ 다양한 유형의 관광 산업과 그 특징	9.9%

③번은 사회적, 경제적 상황이 언급된 첫 문장을 읽은 후 나머지 내용의 인과 관계를 정확하게 파악하지 못해서 선택한 거야. 지문에서는 관광 산업 때문에 산업 혁명, 운송 형태 개선 등 사회적, 경제적 변화가 일어난 것이 아니라, 그 사회적, 경제적 변화 때문에 관광 산업의 성장이 일어났다고 언급했어. 이 지문에서 관광 산업 자체가 사회에 큰 영향을 미쳤다거나 중요한 역할을 한다는 내용이 나오지 않았지? 지문의 논리적 구조를 정확히 이해해야 해!

2

정답 ①

소재 붉은 여왕 효과

직독직해

In Lewis Carroll's *Through the Looking-Glass*, / the Red
Lewis Carroll의 *Through the Looking-Glass*에서 /　　붉은 여왕은

Queen takes Alice on a race through the countryside. //
Alice를 시골을 통과하는 한 경주에 데리고 간다 //

　　　　　　　　　　　　┌→ 명사절(discovers의 목적어)
They run and they run, / but then Alice discovers / [that
그들은 달리고 또 달린다 /　　그러나 Alice는 발견한다 /
　　　　　　　　　　　┌→ 관계절
they're still under the same tree / {that they started from}]. //
똑같은 나무 아래에 여전히 있음을 /　자신들이 출발했던 //

The Red Queen explains to Alice: / "*here*, you see, / it
붉은 여왕은 Alice에게 설명한다 /　　"'여기서는' 보다시피 /
　　　　　　　　　　┌→ 관계절
takes all the running / [you can do], / to keep in the same
모든 뜀박질을 해야 한다 /　네가 할 수 있는 /　같은 장소에 머물러 있으려면 //

place." // Biologists sometimes use this Red Queen Effect /
　　　　생물학자들은 때때로 이 '붉은 여왕 효과'를 사용해 /
　　　　　　　　　　　　　　　　┌→ evolve to+동사원형: ~하도록 진화하다
to explain an evolutionary principle. // If foxes evolve to
진화 원리를 설명한다 //　　　만약 여우가 더 빨리 달리도록
　　　　　　　　┌→ so (that)+주어+can ~: ~가 …하도록
run faster / [so they can catch more rabbits], / then only
진화한다면 /　　더 많은 토끼를 잡기 위해 /　　　　그러면 오직

the fastest rabbits will live long enough / to make a new
가장 빠른 토끼만이 충분히 오래 살아 /　　　새로운 세대의 토끼를
　　　　　　　　　┌→ 관계절　　┌→ 관계절: 앞 내용 보충 설명
generation of bunnies / [that run even faster] / — [in which
낳을 텐데 /　　　훨씬 더 빨리 달리는 /　　물론 이 경우

case, of course, / only the fastest foxes will catch enough
　　　　　가장 빠른 여우만이 충분한 토끼를 잡아 /
　　　　　　　　　　　　　　　　　　┌→ 부사절(양보)
rabbits / to thrive and pass on their genes]. // [Even though
번성하여 자신들의 유전자를 물려 줄 것이다 //　　그 두 종이 달린다

they might run], / the two species just stay in place. //
해도 /　　　그 둘은 제자리에 머무를 뿐이다 //

전문 해석 Lewis Carroll의 *Through the Looking-Glass*에서 붉은 여왕은 Alice를 시골을 통과하는 한 경주에 데리고 간다. 그들은 달리고 또 달리지만, 그러다가 Alice는 자신들이 출발했던 똑같은 나무 아래에 여전히 있음을

발견한다. 붉은 여왕은 Alice에게 "'여기서는' 보다시피 같은 장소에 머물러 있으려면 네가 할 수 있는 모든 뜀박질을 해야 한단다."라고 설명한다. 생물학자들은 때때로 이 '붉은 여왕 효과'를 사용해 진화 원리를 설명한다. 만약 여우가 더 많은 토끼를 잡기 위해 더 빨리 달리도록 진화한다면, 그러면 오직 가장 빠른 토끼만이 충분히 오래 살아 훨씬 더 빨리 달리는 새로운 세대의 토끼를 낳을 텐데, 물론 이 경우 가장 빠른 여우만이 충분한 토끼를 잡아 번성하여 자신들의 유전자를 물려 줄 것이다. 그 두 종이 달린다 해도 그 둘은 제자리에 머무를 뿐이다.

해설 이 글에 따르면 Alice와 붉은 여왕은 계속 달려도 같은 장소에 머무르게 되었다. 이것을 진화 원리에 대입할 때, 여우가 더 빨리 달리도록 진화하면, 여우보다 더 빠른 토끼만 살아남아 빨리 달리는 토끼를 낳고, 결국 가장 빠른 여우만이 그 토끼를 잡아먹고 살아남아 자신의 유전자를 물려 줄 것이다. 결국 여우나 토끼 모두 더 빨리 달리도록 진화하므로, 그 둘이 달린다 해도 그것들은 제자리에 머무를 것이므로, 빈칸에 들어갈 말로 가장 적절한 것은 ①이다.

오답분석

오답선지	선택비율
② 결국 천천히 걷게 된다	11.0%
③ 절대 서로 마주치지 않는다	20.2%
④ 변화에 적응할 수 없을 것이다	12.9%
⑤ 그들의 부모보다 더 빨리 달릴 수 없다	13.2%

③번은 여우가 빨리 달리고 토끼도 빨리 달려 도망가는 상황만을 생각하는 바람에 잘못 선택했을 거야. 하지만 여우와 토끼의 사례가 등장하게 된 게 진화 이론을 설명하기 위해서임을 잊으면 안 돼. 결국 여우와 토끼 각자의 세대에 빨리 달리는 유전자를 남기게 되어서 결국 둘 다 같은 상황이 된다는 글의 전체적인 맥락을 생각해 봐.

3

정답 ②

소재 아이디어의 설계

직독직해

Everything in the world around us / was finished in the
우리 주변 세상의 모든 것은 /　　　수동태→　그것을 만들어 낸 사람의

mind of its creator / before it was started. // The houses [we
마음속에서 완성되었다 / 　시작되기 전에 // 　우리가 사는 집 /
　　　　　　　　└관계절

live in], / the cars [we drive], / and our clothing — / all of
우리가 운전하는 자동차 / 　그리고 우리의 옷 / 　이 모든
　　└관계절

these began with an idea. // Each idea was then [studied], /
것이 아이디어에서 시작했다 // 　각각의 아이디어는 그런 다음 연구되고 /
　　　　　　　　　　　　　　　　　　└과거분사①

[refined] / and [perfected] / [before the first nail was driven /
다듬어지고 / 그리고 완성되었다 / 　첫 번째 못이 박히기 전에 /
└과거분사② 　└과거분사③ 　└부사절(시간)　　　　　　　└수동태

or the first piece of cloth was cut]. // [Long before the idea
또는 첫 번째 천 조각이 재단되기 (전에) // 　그 아이디어가 바뀌기 훨씬 전에 /
　　　　　　　　　　　　　　　　　└부사절(시간)

was turned / into a physical reality], / the mind had clearly
물리적 실체로 /　　　　　　　　　　　　마음은 완제품을 분명하게
└수동태

pictured the finished product. // The human being designs
그렸다 // 　　　　　　　　　　인간은 자신의 미래를 설계한다 /

his or her own future / through much the same process. //
　　　　　　　　거의 같은 과정을 통해 //
　　　　　　　　　　　　　　　　└명사절(about의 목적어)

We begin / with an idea about [how the future will be]. //
우리는 시작한다 / 미래가 어떨지에 대한 아이디어로 //

Over a period of time / we refine and perfect the vision. //
일정 기간에 걸쳐서 / 　　우리는 그 비전을 다듬어 완성한다 //

Before long, / our every thought, decision and activity / are
머지않아 / 　우리의 모든 생각, 결정, 활동은 /
　　　　선행사를 포함하는 관계사 what이 이끄는 명사절→

all working in harmony / to bring into existence / [what we
모두 조화롭게 작용하게 된다 / 　생겨나게 하려고 / 　　우리가

have mentally concluded about the future]. //
미래에 대해 머릿속에서 완성한 것을 //

전문 해석 우리 주변 세상의 모든 것은 시작되기 전에 그것을 만들어 낸 사람의 마음속에서 완성되었다. 우리가 사는 집, 우리가 운전하는 자동차, 우리의 옷, 이 모든 것이 아이디어에서 시작했다. 각각의 아이디어는 그런 다음, 첫 번째 못이 박히거나 첫 번째 천 조각이 재단되기 전에, 연구되고, 다듬어지고, 완성되었다. 그 아이디어가 물리적 실체로 바뀌기 훨씬 전에 마음은 완제품을 분명하게 그렸다. 인간은 거의 같은 과정을 통해 자신의 미래를 설계한다. 우리는 미래가 어떨지에 대한 아이디어로 시작한다. 일정 기간에 걸쳐서 우리는 그 비전을 다듬어 완성한다. 머지않아, 우리의 모든 생각, 결정, 활동은 우리가 미래에 대해 머릿속에서 완성한 것을 생겨나게 하려고 모두 조화롭게 작용하게 된다.

해설 모든 창작물이 마음속에서 생각한 후 물리적 실체로 바뀌게 되는 것처럼, 인간의 미래 역시 미래에 대한 아이디어를 생각한 후 실현하게 된다는 내용의 글이므로, 빈칸에 들어갈 말로 가장 적절한 것은 ②이다.

오답분석

오답선지	선택비율
① 성취할 수 있는 잠재력조차 없는	10.8%
③ 우리의 마음속에 상상할 수 없었던	18.1%
④ 부주의하고 무책임한 것으로 간주한	10.3%
⑤ 일부 전문가에서 관찰한 바 있는	11.4%

③번은 글의 전체적 주제를 고려하지 않고 문장 단위로만 생각했기 때문에 선택한 거야. 미래에 대한 아이디어라고 하면 상상할 수 없었던 물건을 만들어 낸다거나 하는 경우를 떠올리니까. 하지만 지문의 포인트는 마음속에서 이미 생각했던 것을 실현해 내는 과정을 설명하고 있다는 것을 명심해야 해!

4

정답 ④

소재 공동체 생활에서의 분업과 협업

직독직해

In the Old Stone Age, / small bands of 20 to 60 people
구석기 시대에는 / 　　　20~60명의 작은 무리가 돌아다녔다 /
　　　　　　　　　　　　　　　　　　　　└부사절(시간)

wandered / from place to place / in search of food. // [Once
이곳저곳을 / 　식량을 찾아 // 　일단

people began farming], / they could settle down / near their
농사를 짓기 시작하면서 / 　사람들은 정착할 수 있었다 / 　자신들의 농경지

farms. // As a result, / towns and villages grew larger. //
근처에 //   그 결과   도시와 마을이 더 커졌다 //

[Living in communities] / allowed people to organize
공동체 생활은 /   사람들로 하여금 자신들을 조직할 수 있게 했다 /

themselves / more efficiently. // They could divide up / the
더 효율적으로 //   그들은 나눌 수 있었다 /

work of producing food and other things / [they needed]. //
식량과 다른 것들을 생산하는 일을 /   자신들에게 필요한 //

[While some workers grew crops], / others built new
어떤 노동자들은 농작물을 재배한 반면 /   다른 노동자들은 새로운 집을

houses / and made tools. // Village dwellers also learned
짓고 /   도구를 만들었다 //   마을 거주자들은 또한 함께 일하는 것도 배웠다 /

to work together / to do a task faster. // For example, /
일을 더 빨리 하기 위해 //   예를 들어 /

toolmakers could share / the work of [making stone axes
도구 제작자들은 함께 할 수 있었다 /   돌도끼와 돌칼을 만드는 작업을 //

and knives]. // By working together, / they could make
함께 일함으로써 /   그들은 더 많은 도구를

more tools / in the same amount of time. //
만들 수 있었다 /   같은 시간 안에 //

전문 해석 구석기 시대에는 20~60명의 작은 무리가 식량을 찾아 이곳저곳을 돌아다녔다. 일단 농사를 짓기 시작하면서, 사람들은 자신들의 농경지 근처에 정착할 수 있었다. (C) 그 결과, 도시와 마을이 더 커졌다. 공동체 생활을 통해 사람들은 자신들을 더 효율적으로 조직할 수 있었다. 그들은 식량과 자신들에게 필요한 다른 것들을 생산하는 일을 나눌 수 있었다. (A) 어떤 노동자들은 농작물을 재배한 반면, 다른 노동자들은 새로운 집을 짓고 도구를 만들었다. 마을 거주자들은 또한 일을 더 빨리 하기 위해 함께 일하는 것도 배웠다. (B) 예를 들어, 도구 제작자들은 돌도끼와 돌칼을 만드는 작업을 함께 할 수 있었다. 함께 일함으로써, 그들은 같은 시간 안에 더 많은 도구를 만들 수 있었다.

해설 사람들이 농사를 짓기 시작하면서 자신의 농경지 근처에 정착할 수 있었다는 주어진 문장에 이어, 그 결과 도시와 마을이 더 커지고 생산에 필요한 일을 나눌 수 있게 되었다는 내용의 (C)가 나오고, 그 뒤를 이어 어떤 노동자는 농작물을 재배하고 다른 노동자는 집짓기와 도구 만들기를 했다는 내용의 (A)가 온다. 또한 (A)에서 분업뿐 아니라 협업을 하는 것도 배우게 되었다고 언급하므로, 그 예시로 도구 제작자들이 돌도끼와 돌칼 만들기를 함께 하여 같은 시간 안에 더 많은 도구를 만들 수 있었다는 내용의 (B)가 이어지는 것이 자연스럽다.

오답분석

오답선지	선택비율
① (A) - (C) - (B)	13.1%
② (B) - (A) - (C)	32.9%
③ (B) - (C) - (A)	9.1%
⑤ (C) - (B) - (A)	12.3%

②번은 연결어 For example로 이어지는 내용을 정확하게 파악하지 못해서 선택할 거야. 농경지 근처에 정착을 한다는 것의 예시가 도구 제작자들이 협업을 한다는 것이 될 수는 없어. (B)는 생산성 향상을 위한 협업에 관한 예시거든. 그리고 (A)에서 언급된 'work together to do a task faster'는 (B)에서 'share the work,' 'make more tools in the same amount of time'으로 풀어서 쓰여 있다는 것도 유의해.

5

정답 ⑤

소재 기대가 인상과 행동 및 관계에 미치는 영향

직독직해

People commonly make the mistaken assumption / [that
흔히 사람들은 잘못된 가정을 한다 /   어떤

because a person has one type of characteristic, / then
사람이 한 가지 유형의 특성을 가지고 있기 때문에 /   그러면

they automatically have other characteristics / {which
자동적으로 다른 특성을 가지고 있다는 /   그것과

go with it}]. // In one study, / university students were
어울리는 //   한 연구에서 /   대학생들은 들었다

given / descriptions of a guest lecturer / before he spoke
초청 강사에 대한 설명을 /   그 강사가 그 (대학생)

to the group. // Half the students received a description /
집단에게 강연을 하기 전에 //   학생들의 절반은 설명을 들었고 /

[containing the word 'warm'], / the other half were told /
'따뜻하다'라는 단어가 포함된 /   나머지 절반은 들었다 /

the speaker was 'cold'. // The guest lecturer then led a
그 강사가 '차갑다'는 말을 //   그리고 나서 그 초청 강사가 토론을 이끌었고 /

discussion, / [after which the students were asked / to give
그 후에 학생들은 요청받았다 /   그(강사)에

their impressions of him]. // As expected, / there were large
대한 그들의 인상을 말해 달라고 //   예상한 대로 /   큰 차이가 있었다 /

differences / between the impressions / [formed by the
인상 간에는 /   학생들에 의해 형성된

students], / depending upon their original information of
그 강사에 대한 학생들의 최초 정보에 따라 //

the lecturer. // It was also found / [that those students / {who
또한 밝혀졌다 /   학생들은 /   그

expected the lecturer to be warm} / tended to interact with
강사가 따뜻할 것이라 기대한 /   그와 더 많이 상호 작용하는 경향이

him more]. // This shows / [that different expectations /
있다는 것이 //   이것은 보여 준다 /   서로 다른 기대가

not only affect the impressions / {we form} / but also our
인상에 영향을 미칠 뿐만 아니라 /   우리가 형성하는 /   우리의 행동 및

behaviour and the relationship / {which is formed}]. //
관계에도 영향을 미친다는 것을 /   형성되는 //

전문 해석 흔히 사람들은 어떤 사람이 한 가지 유형의 특성을 가지고 있기 때문에, 그러면 자동적으로 그것과 어울리는 다른 특성을 가지고 있다는 잘못된 가정을 한다. 한 연구에서, 대학생들은 초청 강사가 그 (대학생) 집단에게 강연을 하기 전에 그 강사에 대한 설명을 들었다. 학생들의 절반은 '따뜻하다'라는 단어가 포함된 설명을 들었고 나머지 절반은 그 강사가 '차갑다'는 말을 들었다. 그러고 나서 그 초청 강사가 토론을 이끌었고, 그 후에 학생들은 그(강사)에 대한 그들의 인상을 말해 달라고 요청받았다. 예상한 대로, 학생들에 의해 형성된 인상 간에는 그 강사에 대한 학생들의 최초 정보에 따라 큰 차이가 있었다. 또한, 그 강사가 따뜻할 것이라 기대한 학생들은 그와 더 많이 상호 작용하는 경향이 있다는 것이 밝혀졌다. 이것은 서로 다른 기대가 우리가 형성하는 인상뿐만 아니라 우리의 행동 및 형성되는 관계에도 영향을 미친다는 것을 보여 준다.

해설 주어진 문장은 '그 강사가 따뜻할 거라고 기대한 학생들이 강사와 더 많이 상호 작용하는 경향이 있다는 것이 또한 밝혀졌다'는 내용이다. 학생들이 강사의 성격에 대해 어떤 정보를 미리 들었는지에 따라 그 강사에 대한 인상과 그 강사를 대하는 행동에 차이가 있었다는 내용의 글로, ⑤ 앞 문장에서 예상한 대로 학생들이 강사에 대해 어떤 정보를 들었는지에 따라 그 강사에 대한 인상이 달라졌다는 점이 밝혀졌다고 했고, 주어진 문장의 내용은 추가적으로 밝혀진 행동과 관계에 대한 사항을 설명하는 것이므로, 주어진 문장이 들어가기에 가장 적절한 곳은 ⑤이다.

오답분석

오답선지	①	②	③	④
선택비율	6.1%	10.4%	19.2%	21.5%

④번은 주어진 문장의 'also'를 놓쳤기 때문에 선택한 거야. 주어진 문장의 내용은 실험 결과에 대한 언급이지만 '또한'이라는 말이 있기 때문에 추가적인 언급이지. 따라서 실험 결과에 대해 언급한 문장의 앞이 아니라 다음에 들어가야 해!

6

정답 ④

소재 사업의 중심이 된 고객

직독직해

The major philosophical shift in the idea of selling /
판매 개념에 주요한 철학적 변화가 /
　　　　　　　　　　↱ 부사절(시간)　　　　　　　↱ 주격 보어①
came / [when industrial societies became {more affluent}, /
일어났다 /　산업 사회가 더 부유하고 /
↱ 주격 보어②　　　　　　　↱ 주격 보어③
{more competitive}, / and {more geographically spread
더 경쟁적이고 /　　　　　 더 지리적으로 퍼져 나가게 되면서 /
　　　　　　　　　force+목적어+to부정사: ~로 하여금 …하게 하다 ↲
out} / during the 1940s and 1950s]. // This forced business /
1940년대와 1950년대 동안 //　　　　　이것은 기업으로 하여금 ~하게 했다 /

to develop closer relations with buyers and clients, /
구매자 및 고객과 더 긴밀한 관계를 발전시키도록 /
↱ 관계절: 앞의 내용 부연 설명　　명사절(realize의 목적어)
[which in turn / made business realize / {that it was not
이것은 결과적으로 /　기업이 깨닫게 했다 /　　충분하지 않다는 것을 /
　　　　　　　　　사역동사(made)+목(business)+목·보(realize)↲
enough / to produce a quality product / at a reasonable
양질의 제품을 생산하는 것으로는 /　　합리적인 가격에 //
　　　　　　　　　↱ 형식상의 주어
price}]. // In fact, / it was equally essential / [to deliver
　　　　사실 /　마찬가지로 매우 중요했다 /　　제품을 내놓는
　　　　　　↳ 관계절　　　　　　　to부정사구(내용상의 주어)
products / {that customers actually wanted}]. // Henry Ford
것이 /　고객이 실제로 원하는 //　　　　　　　Henry Ford는

produced his best-selling T-model Ford / in one color only
자신의 가장 많이 팔렸던 T-모델 Ford를 생산했다 /　 단 하나의 색상(검은색)으로만 /

(black) / in 1908, / but in modern societies / this was no
　　　　1908년에 /　그러나 현대 사회에서는 /　이것이 더 이상

longer possible. // The modernization of society / led to
가능하지 않았다 //　사회의 현대화는 /　　　　　　마케팅
　　　　　　　　↳ 관계절　　　　　　↳ 동격
a marketing revolution / [that destroyed the view / {that
혁명으로 이어졌다 /　　　견해를 파괴하는 /　　　　생산이

production would create its own demand}]. // Customers, /
그 자체의 수요를 창출할 것이라는 //　　　　　　　고객과 /
　　↱ the desire+to부정사: ~하고자 하는 욕망
and the desire to meet their diverse and often complex
그들의 다양하고 흔히 복잡한 욕구를 충족하고자 하는 욕망이 /

needs, / became the focus of business. //
　　　　기업의 초점이 되었다 //

전문 해석 산업 사회가 1940년대와 1950년대 동안 더 부유하고, 더 경쟁적이고, 더 지리적으로 퍼져 나가게 되면서 판매 개념에 주요한 철학적 변화가 일어났다. 이로 인해 기업은 구매자 및 고객과 더 긴밀한 관계를 발전시켜야 했고, 이것은 결과적으로 기업이 합리적인 가격에 양질의 제품을 생산하는 것으로는 충분하지 않다는 것을 깨닫게 했다. 사실, 고객이 실제로 원하는 제품을 내놓는 것이 마찬가지로 매우 중요했다. 1908년에 Henry Ford는 자신의 가장 많이 팔렸던 T-모델 Ford를 단 하나의 색상(검은색)으로만 생산했지만, 현대 사회에서는 이것이 더 이상 가능하지 않았다. 사회의 현대화는 생산이 그 자체의 수요를 창출할 것이라는 견해를 강화하는(→ 파괴하는) 마케팅 혁명으로 이어졌다. 고객과 그들의 다양하고 흔히 복잡한 욕구를 충족하고자 하는 욕망이 기업의 초점이 되었다.

해설 산업 사회가 경쟁적이 되면서 기업이 합리적 가격으로 양질의 제품을 생산하는 것만으로는 충분하지 않게 되고, 고객이 정말 원하는 제품을 내놓는 것이 중요하게 되었다는 내용의 글이다. 즉, 고객의 수요가 중요하게 되어, 사회의 현대화가 생산이 그 자체의 수요를 창출할 것이라는 생산 중심의 견해를 파괴하는 마케팅 혁명으로 이어졌으므로, ④의 strengthened는 destroyed와 같은 낱말로 바꾸어야 한다.

오답분석

오답선지	① 더 긴밀한	② 중요한	③ 가능한	⑤ 충족하다
선택비율	12.4%	16.0%	26.9%	8.5%

③번은 Ford사가 T-model Ford의 자동차를 한 가지 색상으로만 생산했다는 것이 무슨 의미인지 정확하게 파악하고, 문장 안에 있는 no longer를 놓치지 않아야 오답임을 알고 피할 수 있어. 현대 사회에서는 고객의 수요를 파악하는 것이 중요하게 되었다고 했고, 고객에게는 다양하고 흔히 복잡한 욕구가 있다고 했지? 따라서 한 가지 색상이 아니라 여러 가지 색상을 생산해서 그 수요를 맞춰 주어야겠지. 한 가지 색상만 생산하는 것은 더 이상 가능하지 않을 거야. no longer가 '더 이상 ~않다'라는 의미이니 가능하다는 의미의 possible은 적절하겠지?

Daily Review　　　　　　　　　　Day 2

Vocabulary Check-up

1 (1) improve (2) principle (3) reasonable
2 (1) assumption (2) evolved

1 (1) improve / Jean은 초보자들에게 좋은 본보기가 되기 위해 열심히 연습했고 그녀의 기술은 매일 믿을 수 없을 정도로 개선되었다.

(2) principle / 이것은 아이들이 오프라인 세계에서도 배우는 기본 원칙과 관련이 있다: '다른 사람들이 당신에게 하기를 원하지 않는 것을 다른 사람들에게 하지 마라.'

(3) reasonable / 마침내, 그들은 거래를 성사시켰고, 그는 합리적인 가격에 그 조각품을 구입한 것을 기뻐했고 Bob에게 감사했다.

2 (1) assumption / 현재 다원주의적 사고에서 흔히 볼 수 있는 오류는 '이기적인 유전자'가 진화의 원동력이라는 <u>가정</u>이다.

(2) evolved / Atitlán Giant Grebe는 훨씬 더 널리 퍼져 있고 작은 Pied-billed Grebe에서 <u>진화한</u> 크고 날지 못하는 새였다.

Grammar Check-up

1 (1) ① it ② possible (2) ① to develop ② that
2 ③ → after which

---

1 (1) ① it: to get to places가 내용상의 주어이므로 형식상의 주어 역할을 할 수 있는 it이 적절하다.
② possible: 동사 made 뒤에 목적어와 목적격 보어가 도치된 문장이므로 목적격 보어 역할을 할 수 있는 형용사 possible이 적절하다.

(2) ① to develop: 동사 force는 목적어 뒤에 to부정사가 오므로 to develop이 적절하다.
② that: 동사 realize 뒤에 목적어 역할을 하는 명사절을 이끄는 접속사가 와야 하므로 that이 적절하다.

2 ③: 관계사 뒤에 완전한 절이 이어지고, 맥락상 토론 이후에 학생들이 인상을 말해 달라고 요청받았다는 내용이므로 after which로 고쳐야 한다.

1

정답 ③

소재 중요한 일은 엄청난 노력을 필요로 한다는 전제

직독직해

Our language helps to reveal our deeper assumptions. //
우리의 언어는 우리의 더 깊은 전제를 드러내는 것을 돕는다 //
                                                           ┌→ 부사절(시간)
Think of these revealing phrases: / [When we accomplish
이것을 잘 드러내는 다음과 같은 문구들을 생각해 보라 / 우리가 중요한 무언가를 성취할 때 /
                     ┌→ 형용사
something important], / we say / it took "blood, sweat,
우리는 말한다 / 그것이 '피, 땀, 그리고 눈물'을
                                   ┌→ 명사절(say의 목적어): 접속사 that 생략
and tears." // We say / [important achievements are
필요로 했다고 //   우리는 말한다 / 중요한 성과는 '힘들게 얻은' 것이라고 //
"hard-earned]." // We recommend a "hard day's work" /
우리는 '힘든 하루 동안의 일'이라는 말을 권한다 /
when "day's work" would be enough. // When we talk of
'하루 동안의 일'이라는 말로도 충분할 때 //   우리가 '쉬운 돈'이라는
                                       ┌→ 명사절(implying의 목적어): 접속사 that 생략
"easy money," / we are implying [it was obtained through
말을 할 때 /   우리는 넌지시 드러내고 있다 / 그것이 불법적이거나 의심스러운
illegal or questionable means]. // We use the phrase "That's
수단을 통해 얻어졌다는 것을 //   우리는 '말은 쉽지'라는 문구를 사용한다
easy for you to say" / as a criticism, / usually when we are
                       비판으로   보통 우리가 누군가의 의견이
seeking to invalidate someone's opinion. // It's like / we all
틀렸음을 입증하려고 할 때 //   이는 마치 /   우리
                        ┌→ 명사절(accept의 목적어)
automatically accept / [that the "right" way is, inevitably, /
모두가 자동적으로 받아들이는 것과 같다 / '올바른' 방법은 반드시 /
the harder one]. // In my experience / this is hardly ever
더 어려운 방법이라는 것을 // 나의 경험상 /   이것은 거의 한 번도 의문이
                                    ┌→ 동사 challenge의 의미 강조
questioned. // What would happen / if you do challenge
제기되지 않는다 //   무슨 일이 일어날까 /   만약 여러분이 정말로
                                       ┌→ 명사절(consider의 목적어)
this sacred cow? // We don't even pause to consider / [that
이 신성한 소에 맞선다면 //   우리는 잠시 멈춰 생각해 보지도 않는다 /
                                              ┌→ 보어
something important and valuable could be made easy]. //
중요하고 가치 있는 무언가를 쉬운 것으로 만들 수 있다고 //
                              ┌→ 분사구
What if / the biggest thing [keeping us from doing what
만약 (~라면) 어떨까 / 우리가 중요한 일을 하지 못하게 하는 가장 큰 것이 /
                            keep+목(us)+from -ing: ~가 …하지 못하게 하다
matters] / is the false assumption / [that it has to take huge
잘못된 전제다(라면 어떨까) /   중요한 일은 엄청난 노력을 필요로
              └→ 동격   └→ what matters를 가리킴
effort]? //
한다는 //

전문 해석 우리의 언어는 우리의 더 깊은 전제를 드러내는 것을 돕는다. 이것을 잘 드러내는 다음과 같은 문구들을 생각해 보라. 우리가 중요한 무언가를 성취할 때, 우리는 그것이 '피, 땀, 그리고 눈물'을 필요로 했다고 말한다. 우리는 중요한 성과는 '힘들게 얻은' 것이라고 말한다. 우리는 '하루 동안의 일'이라는 말로도 충분할 때 '힘든 하루 동안의 일'이라는 말을 권한다. 우리가 '쉬운 돈'이라는 말을 할 때, 우리는 그것이 불법적이거나 의심스러운 수단을 통해 얻어졌다는 것을 넌지시 드러내고 있다. 우리가 보통 누군가의 의견이 틀렸음을 입증

하려고 할 때, 우리는 '말은 쉽지'라는 문구를 비판으로 사용한다. 이는 마치 우리 모두가 '올바른' 방법은 반드시 더 어려운 방법이라는 것을 자동적으로 받아들이는 것과 같다. 나의 경험상 이것은 거의 한 번도 의문이 제기되지 않는다. 만약 여러분이 정말로 이 신성한 소에 맞선다면 무슨 일이 일어날까? 우리는 중요하고 가치 있는 무언가를 쉬운 것으로 만들 수 있다고 잠시 멈춰 생각해 보지도 않는다. 만약 우리가 중요한 일을 하지 못하게 하는 가장 큰 것이 중요한 일은 엄청난 노력을 필요로 한다는 잘못된 전제라면 어떨까?

*sacred cow: 지나치게 신성시되어 비판이나 의심이 허용되지 않는 관습이나 제도

해설 우리가 중요한 성과를 '힘들게 얻은' 것이라고 말하고, 올바른 방법이 반드시 더 어려운 방법이라는 것을 자동적으로 받아들이며, 중요한 일은 엄청난 노력을 필요로 한다는 우리의 전제는 잘못된 것일 수도 있다는 내용의 글이다. 밑줄 친 문장에서는 그 전제에 대한 이의를 제기하면 어떨지 말하고 있으므로, 밑줄 친 부분이 글에서 의미하는 바로 가장 적절한 것은 ③ '고된 일만이 가치가 있다는 확고한 신념을 의심한다'이다.

오답분석

오답선지	선택비율
① 어떤 고난도 피하려는 경향에 저항한다	16.3%
② 격식을 차리는 말을 사용하는 중압감에서 벗어난다	23.4%
④ 돈이 항상 우선이라는 낡은 관념을 버린다	8.1%
⑤ 성스러운 동물이 행운을 가져온다는 미신을 깬다	6.4%

②번은 '격식을 차린다'라는 말의 의미를 비약해서 이해했기 때문에 선택한 거야. '힘들게 얻은' 것이라고 말하거나 '쉬운 돈'이라는 말을 할 때 그것이 격식을 차리기 위해 하는 말이라는 언급은 나오지 않았지? 지문에 드러난 의미만 보고 선택해야 해!

2

정답 ②

소재 기술 혁신이 가져온 상호 의존성

직독직해

The best way / [in which innovation changes our lives] /
최고의 방법은 / 혁신이 우리의 삶을 바꾸는 /

is by enabling people to work for each other. // The main
사람들이 서로를 위해 일할 수 있도록 함으로써이다 // 인류 역사의

theme of human history is / that we become steadily
주요한 주제는 / 우리가 꾸준히 더 전문화되는 것이다 /

more specialized / in [what we produce], / and steadily
생산하는 데 / 그리고 꾸준히 더

more diversified / in [what we consume]: / we move away
다양화되는 것이다 / 소비하는 데 / 즉, 우리는 불안정한

from unstable self-sufficiency / to safer mutual
자급자족에서 옮겨간다는 것이다 / 더 안전한 서로 간의

interdependence. // By concentrating on serving other
상호의존으로 // 사람들의 필요를 충족시키는 것에 집중함으로써 /

people's needs / for forty hours a week / — [which we call
일주일에 40시간 동안 / 즉 우리가 직업이라고

a job] — / you can spend the other seventy-two hours / (not
부르는 것 / 여러분은 나머지 72시간을 보낼 수 있다

counting fifty-six hours in bed) / relying on the services /
(잠자는 56시간은 계산에 넣지 않고) / 서비스에 의지하여 /

[provided to you by other people]. // Innovation has made
다른 사람들에 의해 여러분에게 제공되는 // 혁신은 가능하게 했고

it possible / to work for a fraction of a second / in order to
아주 짧은 시간 동안 일하는 것을 / 전등을 한 시간

be able to afford to turn on an electric lamp for an hour, /
동안 켜는 여유를 가질 수 있게 하기 위해 /

providing the quantity of light / [that would have required
그것은 빛의 양을 제공했다 / 하루 종일의 노동을 필요로 했을 /

a whole day's work / if you had to make it yourself / by
만약 여러분이 그것을 스스로 만들어야 했다면 /

collecting and refining sesame oil or lamb fat / to burn in
참기름이나 양의 지방을 모으고 정제함으로써 / 단순한 등을

a simple lamp, / as much of humanity did / in the not so
켜기 위해 / 많은 인류가 했던 것처럼 / 그리 멀지 않은

distant past]. //
과거에 //

전문 해석 혁신이 우리의 삶을 바꾸는 최고의 방법은 사람들이 서로를 위해 일할 수 있도록 함으로써이다. 인류 역사의 주요한 주제는 우리가 생산하는 데 꾸준히 더 전문화되고 소비하는 데 꾸준히 더 다양화되는 것이다. 즉, 우리는 불안정한 자급자족에서 더 안전한 서로 간의 상호의존으로 옮겨간다는 것이다. 일주일에 40시간 동안 사람들의 필요를 충족시키는 것, 즉 우리가 직업이라고 부르는 것에 집중함으로써, 여러분은 다른 사람들에 의해 여러분에게 제공되는 서비스에 의지하여 나머지 72시간(잠자는 56시간은 계산에 넣지 않고)을 보낼 수 있다. 혁신은 전등을 한 시간 동안 켜는 여유를 가질 수 있게 하기 위해 아주 짧은 시간 동안 일하는 것을 가능하게 했고, 그것은 만약 여러분이 그리 멀지 않은 과거에 많은 인류가 했던 것처럼 단순한 등을 켜기 위해 참기름이나 양의 지방을 모으고 정제함으로써 그것을 스스로 만들어야 했다면 하루 종일의 노동을 필요로 했을 빛의 양을 제공했다.

해설 혁신을 통해 생산이 전문화되고 상호의존화되면서, 사람들은 각자 자신의 직업에 집중하고, 나머지 시간에는 다른 사람이 제공하는 서비스를 이용하게 되었다는 내용의 글이다. 따라서 빈칸에 들어갈 말로 가장 적절한 것은 ②이다.

오답분석

오답선지	선택비율
① 옛날의 가치를 존중함	14.1%
③ 창의적으로 생각할 수 있는 기회를 제공함	18.6%
④ 개인화된 서비스로 고객을 만족시킴	19.4%
⑤ 특이한 제품을 소개하고 상품화함	9.5%

④번은 글에서 반복되는 키워드를 파악하지 못해서 선택한 거야. 지문에서 '상호의존(mutual interdependence)', '다른 사람들에 의해 여러분에게 제공되는 서비스에 의지(relying on the services provided to you by other people)' 등을 통해 서로 제공하는 서비스에 의존하는 변화가 일어났다고 반복해서 진술하고 있지? 개인화된 서비스에 대한 지문이었다면 사람마다 다른 서비스를 제공하는 예시가 반복해서 나왔겠지. 짧은 지문 안에서 반복되는 말은 키워드와 연관되어 있음을 기억해야 해!

3

정답 ③

소재 실내 환경에 대한 종의 적응

직독직해

Our homes aren't just ecosystems, / they're unique
우리의 집은 단순한 생태계가 아니라 / 독특한 곳이며 /
└─ 관계절 ─┘
ones, / [hosting species / {that are adapted to indoor
종들을 수용하고 / 실내 환경에 적응된 /
└─ 대등한 연결 ─┘
environments}] / and [pushing evolution in new directions]. //
그리고 새로운 방향으로 진화를 밀어붙인다 //

Indoor microbes, insects, and rats have all evolved / the
실내 미생물, 곤충, 그리고 쥐들은 모두 진화시켜 왔다 / 우리의
└─ 주절의 주어(Indoor ~ rats)를 주어로 하는 분사구 ─┘
ability to survive our chemical attacks, / [developing
화학적 공격에서 살아남을 수 있는 능력을 / 항균제, 살충제,
resistance to antibacterials, insecticides, and poisons]. //
독에 대한 내성을 키우면서 //
┌─ be known+to부정사: ~한 것으로 알려지다
German cockroaches are known to have developed a
독일 바퀴벌레는 포도당에 대한 혐오감을 발달시켜 온 것으로 알려져 있다 /
┌─ 관계절: glucose를 보충 설명
distaste for glucose, / [which is commonly used as bait in
바퀴벌레 덫에서 미끼로 흔히 사용되는 //
┌─ 관계절: Some indoor insects를 보충 설명
roach traps]. // Some indoor insects, / [which have fewer
일부 실내 곤충은 / 먹이를 잡아먹을 더 적은
fewer than ~: ~보다 더 적은 ─┘
opportunities to feed / than their outdoor counterparts], /
기회를 가지는 / 야외(에 사는) 상대방에 비해 /
┌─ 부사절(시간)
seem to have developed / the ability to survive [when food
발달시켜 온 것으로 보인다 / 먹이가 제한적일 때 생존할 수 있는 능력을 //
is limited]. // Dunn and other ecologists have suggested /
Dunn과 다른 생태학자들은 말해 왔다 /
┌─ 명사절(suggested의 목적어)
[that as the planet becomes more developed and more
지구가 점점 더 발전되고 도시화되면서 /
┌─ 관계절(관계사
생략)
urban, / more species will evolve the traits / {they need
더 많은 종들이 특성들을 진화시킬 것이라고 / 실내에서 번성하기
to thrive indoors}]. // Over a long enough time period, /
위해 그들이 필요로 하는 // 충분히 긴 시간에 걸쳐 /
indoor living could drive our evolution, too. // Perhaps my
실내 생활은 또한 우리의 진화를 이끌 수 있었다 // 아마도 실내 생활을
indoorsy self represents the future of humanity. //
좋아하는 내 모습은 인류의 미래를 대변할 것이다 //

전문 해석 우리의 집은 단순한 생태계가 아니라 독특한 곳이며, 실내 환경에 적응된 종들을 수용하고 새로운 방향으로 진화를 밀어붙인다. 실내 미생물, 곤충, 그리고 쥐들은 모두 항균제, 살충제, 독에 대한 내성을 키우면서 우리의 화학적 공격에서 살아남을 수 있는 능력을 진화시켜 왔다. 독일 바퀴벌레는 바퀴벌레 덫에서 미끼로 흔히 사용되는 포도당에 대한 혐오감을 발달시켜 온 것으로 알려져 있다. 야외(에 사는) 상대방에 비해 먹이를 잡아먹을 더 적은 기회를 가지는 일부 실내 곤충은 먹이가 제한적일 때 생존할 수 있는 능력을 발달시켜 온 것으로 보인다. Dunn과 다른 생태학자들은 지구가 점점 더 발전되고 도시화되면서, 더 많은 종들이 실내에서 번성하기 위해 그들이 필요로 하는 특성들을 진화시킬 것이라고 말해 왔다. 충분히 긴 시간에 걸쳐, 실내 생활은 또한 우리의 진화를 이끌 수 있었다. 아마도 실내 생활을 좋아하는 내 모습은 인류의 미래를 대변할 것이다.

해설 실내 환경에 적응된 동물이 살충제에 대한 내성을 키우고 덫의 미끼로 사용되는 포도당에 대한 혐오감을 발달시키는 방향으로 진화하여 살아남을 수 있는 능력을 갖게 되었다고 하였으므로, 빈칸에 들어갈 말로 가장 적절한 것은 ③이다.

오답분석

오답선지	선택비율
① 그들 자신을 보호하기 위한 화학물질을 생산할	16.9%
② 파괴된 서식지로 인해 멸종될	10.6%
④ 자신의 먹이를 찾기 위해 외부 유기체와 경쟁할	14.2%
⑤ 야생동물과 인간의 경계를 허물	11.4%

①번은 지문의 내용을 정확하게 파악하지 못해서 선택한 거야. 지문에서는 화학적 공격에서 살아남을 수 있는 능력을 진화시켜 왔다고 했지만 생물이 스스로 화학물질을 생산한다는 내용은 찾아볼 수 없어. 빈칸에 대한 근거는 항상 지문 속에서 찾아야 함을 명심해!

4

정답 ⑤

소재 너도밤나무 성장 시스템

직독직해

┌─ each+단수명사+단수동사
Each beech tree grows in a particular location / and soil
각각의 너도밤나무는 고유한 장소에서 자란다 / 그리고 토양의
conditions can vary greatly / in just a few yards. // The soil
조건들은 크게 달라질 수 있다 / 단 몇 야드 안에서도 // 토양은 다량의
┌─ 대등한 연결 ─┐
can have [a great deal of water] / or [almost no water]. //
물을 가진다 / 혹은 거의 물이 없을 수도 있다 //
┌─ the soil을 가리킴
It can be full of nutrients or not. // Accordingly, / each tree
그것은 영양분이 가득할 수도 아닐 수도 있다 // 이에 따라 / 각 나무는
┌─ 대등한 연결 ─┐
[grows more quickly or more slowly] / and [produces more
더 빨리 혹은 더 느리게 자란다 / 그리고 더 많은 혹은 더 적은
┌─ expect+목적어+to부정사: ~가 …하리라고 기대하다
or less sugar], / and thus you would expect every tree to be
당분을 생산하는데 / 따라서 여러분은 모든 나무가 다른 정도로 광합성을 할 것이라고
photosynthesizing at a different rate. // However, the rate
기대할 것이다 // 그러나 그 정도는 동일하다 //
┌─ 부사절(양보)
is the same. // [Whether they are thick or thin], / all the
그들이 굵든 가늘든 간에 / 같은 종의
trees of the same species / are using light to produce the
모든 나무들은 / 빛을 사용하여 이파리당 같은 양의 당을
same amount of sugar per leaf. // Some trees have plenty
생산한다 // 어떤 나무들은 충분한 당을 지니고 /
┌─ some trees 나무들 사이의 당의 차이
of sugar / and some have less, / but the trees equalize this
어떤 것들은 더 적게 지닌다 / 하지만 나무들은 그들 사이의 이 차이를
transferring sugar를 가리킴 ─┐
difference between them / by transferring sugar. // This is
균등하게 한다 / 당을 전달함으로써 // 이것은
명사절(주어 역할) ─┘
taking place underground / through the roots. // [Whoever
지하에서 일어나고 있다 / 뿌리들을 통해 / 풍부한
명사절(주어 역할) ─┘
has an abundance of sugar] hands some over; [whoever is
당을 가진 나무가 누구든 간에 일부를 건네주고 / 부족해지는

running short] gets help. // Their network acts as a system /
나무는 누구든 간에 도움을 받는다 // 그들의 연결망은 시스템으로서 역할을 한다 /

→ 명사절(make sure의 목적어)
to make sure [that no trees fall too far behind]. //
그 어떤 나무도 너무 뒤처지지 않는 것을 확실히 하기 위한 //

전문 해석 각각의 너도밤나무는 고유한 장소에서 자라고 토양의 조건들은 단 몇 야드 안에서도 크게 달라질 수 있다. 토양은 다량의 물을 가지거나 거의 물이 없을 수도 있다. 그것은 영양분이 가득할 수도 아닐 수도 있다. (C) 이에 따라, 각 나무는 더 빨리 혹은 더 느리게 자라고 더 많은 혹은 더 적은 당분을 생산하는데, 따라서 여러분은 모든 나무가 다른 정도로 광합성을 할 것이라고 기대할 것이다. (B) 그러나 그 정도는 동일하다. 그들이 굵든 가늘든 간에, 같은 종의 모든 나무들은 빛을 사용하여 이파리당 같은 양의 당을 생산한다. 어떤 나무들은 충분한 당을 지니고 어떤 것들은 더 적게 지니지만, 나무들은 당을 전달함으로써 그들 사이의 이 차이를 균등하게 한다. (A) 이것은 뿌리들을 통해 지하에서 일어나고 있다. 풍부한 당을 가진 나무가 누구든 간에 일부를 건네주고, 부족해지는 나무는 누구든 간에 도움을 받는다. 그들의 연결망은 그 어떤 나무도 너무 뒤처지지 않는 것을 확실히 하기 위한 시스템으로서 역할을 한다.

해설 각각의 너도밤나무가 자라는 토양의 조건은 물과 영양분이 서로 다르다는 내용의 주어진 문장에 이어, 그에 따라 나무가 자라는 속도나 당분 생산량이 달라지고, 그래서 사람들은 광합성 정도도 나무에 따라 다를 것이라고 예상할 것이라는 내용의 (C)가 이어지고, 그렇지만 그 광합성 정도가 동일하다는 내용의 (B)가 However를 통해 이어진다. 이에 따라 나무가 생산하는 당의 양이 서로 다른데, 나무들이 당을 서로 전달함으로써 서로 간의 차이를 균등하게 만들고, 마지막으로 (A)에서 그 일이 뿌리에서 일어나며 서로 나무들이 당을 나눔으로써 그 어떤 나무도 뒤처지지 않도록 한다는 내용이 이어지는 것이 글의 순서로 가장 적절하다.

오답분석

오답선지	선택비율
① (A) − (C) − (B)	12.2%
② (B) − (A) − (C)	11.8%
③ (B) − (C) − (A)	11.7%
④ (C) − (A) − (B)	11.3%

①번은 (A)의 This가 가리키는 바를 정확하게 파악하지 못해서 선택한 거야. 뿌리를 '통해서' 일어나는 일이어야 하고, (A)의 뒤쪽에 언급된 나무가 서로 당을 나누는 일과 관련이 있어야 하니까, (A)는 주어진 문장이 아니라 서로 다른 양의 당을 가진 나무들이 서로 당을 전달한다는 내용의 (B)에 이어져야겠지.

5

정답 ⑤

소재 언어와 사고의 관계

직독직해

should we use 생략
Should we use language to understand mind / or mind to
우리는 사고를 이해하기 위해 언어를 사용해야 하는가 / 아니면 언어를

understand language? // Analytic philosophy historically
이해하기 위해 사고를 사용해야 하는가 // 분석 철학은 역사적으로 가정한다 /

→ 명사절①(assumes의 목적어)   → 명사절②(assumes의 목적어)
assumes / [that language is basic] / and [that mind would
언어가 기본이고 /   그 사고가 이치에 맞을 것이라고 /

make sense / if proper use of language was appreciated]. //
적절한 언어 사용이 제대로 인식된다면 //

→ 명사절(judges의 목적어)
Modern cognitive science, however, rightly judges / [that
그러나 현대 인지 과학은 당연히 판단한다 /

→ of+추상명사: 형용사 의미
language is just one aspect of mind of great importance
언어가 인간에게 매우 중요한 사고의 한 측면일 뿐 /

in human beings / but not fundamental to all kinds of
모든 종류의 사고에 근본적이지는 않다고 //

thinking]. // Countless species of animals manage to
수많은 종의 동물들이 세계를 항해하고 /

→ 대등한 연결
[navigate the world], / [solve problems], / and [learn] /
문제를 해결하고 /   학습해 낸다 /

→ 관계절
without using language, / through brain mechanisms [that
언어를 사용하지 않고 /   인간의 사고 속에 대체로 보존된 두뇌의 메커니즘을

are largely preserved in the minds of humans]. // There
통해 //   가정할

→ 명사절(assume의 목적어)
is no reason to assume / [that language is fundamental
이유는 없다 /   언어가 정신 작용의 기본이라고 /

to mental operations]. // Nevertheless, / language [is
그럼에도 불구하고 /   언어는 인간의 삶에서

→ 대등한 연결
enormously important in human life] / and [contributes
매우 중요하며 /   우리의 능력에 상당히

largely to our ability / to cooperate with each other in
기여한다 /   세계를 다루는 데 있어서 서로 협력하는 //

dealing with the world]. // Our species *homo sapiens* has
우리 종족, '호모 사피엔스'는 놀라운 성공을

→ 관계절: 앞 내용 보충 설명
been astonishingly successful, / [which depended in part on
거두어 왔는데 /   이것은 언어에 부분적으로 의존했다 /

language, / first as an effective contributor to collaborative
처음에는 협력적인 문제 해결에 효과적인 기여 요소로서 /

problem solving / and much later, / as collective memory
그리고 훨씬 나중에는 /   글로 쓰인 기록을 통한 집단

through written records]. //
기억으로서의 //

전문 해석 우리는 사고를 이해하기 위해 언어를 사용해야 하는가 아니면 언어를 이해하기 위해 사고를 사용해야 하는가? 분석 철학은 언어가 기본이고 적절한 언어 사용이 제대로 인식된다면 그 사고가 이치에 맞을 것이라고 역사적으로 가정한다. 그러나 현대 인지 과학은 언어가 인간에게 매우 중요한 사고의 한 측면일 뿐 모든 종류의 사고에 근본적이지는 않다고 당연히 판단한다. 수많은 종의 동물들이 인간의 사고 속에 대체로 보존된 두뇌의 메커니즘을 통해 언어를 사용하지 않고 세계를 항해하고, 문제를 해결하고, 학습해 낸다. 언어가 정신 작용의 기본이라고 가정할 이유는 없다. 그럼에도 불구하고, 언어는 인간의 삶에서 매우 중요하며 세계를 다루는 데 있어서 서로 협력하는 우리의 능력에 상당히 기여한다. 우리 종족, '호모 사피엔스'는 놀라운 성공을 거두어 왔는데, 이것은 처음에는 협력적인 문제 해결에 효과적인 기여 요소로서, 그리고 훨씬 나중에는 글로 쓰인 기록을 통한 집단 기억으로서의 언어에 부분적으로 의존했다.

해설 주어진 문장은 언어가 인간의 삶에서 매우 중요하고 세계를 다루는 데 있어 서로 협력하는 인간의 능력에 상당히 기여한다는 내용이다. '그럼에도 불구하고'로 문장이 시작하므로 내용의 전환이 이루어지는 곳에 들어가야 하는데, ⑤ 앞에서는 수많은 동물이 언어를 사용하지 않고도 문제를 해결하고 학습하므로 언어가 정신 작용의 기본

이라고 가정할 이유가 없다고 하였고, ⑤ 뒤에서는 인간이 언어 덕분에 협력적 문제 해결을 하게 되었고 글로 쓰인 기록을 통해 집단 기억을 할 수 있게 되었다는 내용이 왔으므로 주어진 문장이 들어가기에 가장 적절한 곳은 ⑤이다.

오답분석

오답선지	①	②	③	④
선택비율	4.7%	8.9%	19.0%	24.7%

④번은 그 뒤 문장을 정확하게 해석하지 못해서 선택한 거야. 이 문장은 '언어가 정신 작용의 기본이라고 가정할 이유가 없다'라는 의미인데, 이는 언어가 그다지 중요한 역할을 하지 않는다는 뜻이야. 주어진 문장은 '그럼에도 불구하고 언어는 중요한 역할을 한다'는 의미인데, 주어진 문장이 ④번에 오면, 언어가 중요하다고 했다가 중요하지 않다고 하는 일관성 없는 진술이 되어서 적절하지 않아.

6

정답 ④

소재 인공 지능이 가져올 미래의 변화

직독직해

You may have seen headlines in the news / about some of
↱ may have+과거분사: ~했을 것이다
여러분은 헤드라인들을 뉴스에서 본 적이 있을 것이다 / 몇 가지 일에 대한 /

the things / [machines {powered by artificial intelligence}
분사구
인공 지능으로 구동되는 기계가 할 수 있는 //
관계절(관계사 생략) ↱ 가정법 과거

can do]. // However, / if you were to consider all the tasks /
관계절
하지만 / 모든 작업을 고려한다면 /

[that AI-powered machines could actually perform], / it
AI로 구동되는 기계가 실제로 수행할 수 있는 /

would be quite mind-blowing! // One of the key features of
↱ one(주어의 핵)+of+복수명사
그것은 꽤 놀라울 것이다 // 인공 지능의 핵심 특징들 중 하나는 /
단수동사 ↱ ↱ 명사절(보어 역할)

artificial intelligence / is [that it enables machines to learn
그것은 기계들이 새로운 것을 학습할 수 있게 한다는
enable+목적어+to부정사: ~로 하여금 …할 수 있게 하다 ↱ 형용사구

new things, / rather than requiring programming {specific
것이다 / 새로운 작업에 특화된 프로그래밍을 필요로 하기보다는 //

to new tasks}]. // Therefore, / the core difference / between
그러므로 / 핵심적인 차이점은 / 미래의
between A and B: A와 B 사이의

computers of the future and those of the past / is [that
컴퓨터들과 과거의 그것들 사이의 / 미래의
computers를 가리킴 ↱ ↱ 명사절(보어 역할)

future computers will be able to learn and self-improve]. //
컴퓨터가 학습하고 스스로 개선할 수 있을 것이라는 점이다 //

In the near future, / smart virtual assistants will know
가까운 미래에 / 스마트 가상 비서는 여러분에 대해 더 많이 알게 될

more about you / than your closest friends and family
것이다 / 여러분의 가장 가까운 친구나 가족이 아는 것보다 //
↱ 대동사 do: know about you를 의미함 ↱ 명사절(imagine의 목적어)

members do. // Can you imagine / [how that might change
상상할 수 있는가 / 그것이 우리의 삶을 어떻게
형식상의 주어 ↱

our lives]? // These kinds of changes / are exactly why it
변화시킬지 // 이러한 종류의 변화는 / 정확히 왜 아주 중요한가에
↱ to부정사구(내용상의 주어) ↱ 관계절

is so important / [to recognize the implications / {that new
대한 이유이다 / 영향을 인식하는 것이 / 새로운

technologies will have for our world}]. //
기술들이 우리 세계에 미칠 //

전문 해석 여러분은 인공 지능으로 구동되는 기계가 할 수 있는 몇 가지 일에 대한 헤드라인들을 뉴스에서 본 적이 있을 것이다. 하지만, AI로 구동되는 기계가 실제로 수행할 수 있는 모든 작업을 고려한다면, 그것은 꽤 놀라울 것이다! 인공 지능의 핵심 특징들 중 하나는 그것이 새로운 작업에 특화된 프로그래밍을 필요로 하기보다는 기계들이 새로운 것을 학습할 수 있게 한다는 것이다. 그러므로, 미래의 컴퓨터들과 과거의 그것들 사이의 핵심적인 차이점은 미래의 컴퓨터가 학습하고 스스로 개선할 수 있을 것이라는 점이다. 가까운 미래에, 스마트 가상 비서는 여러분에 대해 여러분의 가장 가까운 친구나 가족이 아는 것보다 더 많이 알게 될 것이다. 그것이 우리의 삶을 어떻게 변화시킬지 상상할 수 있는가? 이러한 종류의 변화는 정확히 새로운 기술들이 우리 세계에 미칠 영향을 인식하는 것이 왜 아주 중요한가에 대한 이유이다.

해설 ④ 비교급 more를 통해 '스마트 가상 비서가 아는 것'과 '여러분의 가장 가까운 친구나 가족이 아는 것'을 비교하고 있는 구문으로, 밑줄 친 are는 know 대신 쓰인 대동사가 되어야 하므로 do로 고쳐야 한다.

① that AI-powered ~ perform은 선행사 all the tasks를 수식하는 관계절이므로 관계대명사 that은 적절하다.

② 동사 is의 주어의 핵은 One이므로 동사 is는 적절하다.

③ those가 앞에 있는 computers를 대신하므로 복수명사를 지칭하는 those는 적절하다.

⑤ why로 시작하는 의문사절에서 형식상의 주어 it과 내용상의 주어 to recognize ~ our world가 쓰였으므로 내용상의 주어 역할을 하는 to부정사는 적절하다.

오답분석

오답선지	① that	② is	③ those	⑤ to recognize
선택비율	6.1%	9.2%	28.0%	11.2%

③번은 those가 가리키는 바를 정확하게 파악하지 못해서 선택한 거야. 지문에서는 내용상 과거의 컴퓨터와 미래의 컴퓨터를 비교하는 맥락이니까 'computers of the future'와 'computers of the past'를 비교한다고 생각하면 되겠지. 뒤의 computers를 사물을 나타내는 복수 대명사인 those로 바꾼 거야.

Daily Review Day 3

Vocabulary Check-up

1 (1) accomplish (2) species (3) specific
2 (1) implies (2) preserve

1 (1) accomplish / 설계 과정은 그 행위자들이 팀의 목표를 성취하기 위해 어떻게 서로 협력하고 조정할 것인지에 집중한다.

(2) species / 마호가니와 티크를 포함한 많은 종의 나무들이 현재 멸종 위기에 처해 있다.

(3) specific / 어떤 경우에는, 번식기에 특유한 필요 사항들 때문에, 생존을 위한 최상의 기회를 제공하는 서식지가 최고의 번식 가능성을 제공하는 서식지와 동일한 곳이 아닐 수도 있다.

2 (1) implies / 이는 환영하는 태도를 육성하기 위해 인식 캠페인보다는 관광 자체에 대한 주요한 구조적 변화가 필요할 수 있음을 <u>넌지시 드러낸다</u>.

(2) preserve / 당신의 기부로, 우리는 전 세계의 연약한 산호초를 <u>보존할</u> 수 있다.

Grammar Check-up

1 (1) ① be made ② that (2) ① it ② did
2 ③ → which

---

1 (1) ① be made: that절의 주어인 something important and valuable이 쉽게 만들어지는 대상이므로 수동태 be made가 적절하다.
② that: the false assumption과 동격인 절을 이끌어야 하므로 접속사 that이 적절하다.

(2) ① it: 동사 made 뒤에 목적어와 목적격 보어가 오는 구조인데, 내용상 목적어가 to부정사구이므로, 형식상의 목적어 역할을 할 수 있는 it이 적절하다.
② did: 참기름이나 양의 지방을 모으고 정제함으로써 그것을 스스로 만드는 행위를 의미하므로 일반동사를 대신할 수 있는 did가 적절하다.

2 ③: 두 개의 절, German ~ glucose와 it ~ traps를 연결하는 접속사가 없으므로 it은 계속적 용법의 관계대명사 which로 고쳐야 한다.

1

정답 ②

소재 인간의 소속에 대한 욕구와 진화

직독직해

For creatures like us, / evolution smiled upon / those [with ─전치사구
우리와 같은 창조물에게 있어 /   진화는 미소를 지었다 /   소속하려는 강한

a strong need to belong]. // Survival and reproduction are
욕구를 가진 것들에 //   생존과 번식은 자연 선택에 의한 성공의
동명사구 주어

the criteria of success by natural selection, / and [forming
기준이고 /   다른 사람들과
both A and B: A와 B 모두, 둘 다

relationships with other people] can be useful / for both
관계를 형성하는 것은 유용할 수 있다 /   생존과 번식

survival and reproduction. // Groups can [share resources], /
모두에 //   집단은 자원을 공유하고 /

[care for sick members], / [scare off predators], / [fight
아픈 구성원을 돌보고 /   포식자를 쫓아버리고 /   적에

together against enemies], / [divide tasks so as to improve
맞서서 함께 싸우고 /   효율성을 향상시키기 위해 일을 나누고 /
                            대등한 연결

efficiency], / and [contribute to survival in many other
                많은 다른 방식에서 생존에 기여한다 //

ways]. // In particular, / if an individual and a group want
특히 /   한 개인과 한 집단이 같은 자원을 원하면 /

the same resource, / the group will generally prevail, /
                    집단이 일반적으로 이기고 /

so competition for resources / would especially favor a
그래서 자원에 대한 경쟁은 /   소속하려는 욕구를 특별히 좋아할 것이다 //

need to belong. // Belongingness will likewise promote
                 마찬가지로 소속되어 있다는 것은 번식을 촉진시키는데 /
                 ┌─ bring ~ into contact with: ~을 …과 만나게 하다

reproduction, / such as by bringing potential mates into
               이를테면 잠재적인 짝을 서로 만나게 해주고 /

contact with each other, / and in particular / by keeping
                          그리고 특히 /   부모가 자녀를
관계절(their children 부연 설명)┐

parents together to care for their children, / [who are
돌보기 위해 함께 있도록 함으로써인데 /   자녀들은
        ┌─ be likely to+동사원형: ~하기 쉽다

much more likely to survive / if they have more than one
훨씬 더 생존하기 쉬울 것이다 /   한 명보다 더 많은 돌보는 이가 있으면 //

caregiver]. //

전문 해석 우리와 같은 창조물에게 있어 진화는 소속하려는 강한 욕구를 가진 것들에 미소를 지었다. 생존과 번식은 자연 선택에 의한 성공의 기준이고, 다른 사람들과 관계를 형성하는 것은 생존과 번식 모두에 유용할 수 있다. 집단은 자원을 공유하고, 아픈 구성원을 돌보고, 포식자를 쫓아버리고, 적에 맞서서 함께 싸우고, 효율성을 향상시키기 위해 일을 나누고, 많은 다른 방식에서 생존에 기여한다. 특히, 한 개인과 한 집단이 같은 자원을 원하면, 집단이 일반적으로 이기고, 그래서 자원에 대한 경쟁은 소속하려는 욕구를 특별히 좋아할 것이다. 마찬가지로 소속되어 있다는 것은 번식을 촉진시키는데, 이를테면 잠재적인 짝을 서로 만나게 해주고, 특히 부모가 자녀를 돌보기 위해 함께 있도록 함으로써

인데, 자녀들은 한 명보다 더 많은 돌보는 이가 있으면 훨씬 더 생존하기 쉬울 것이다.

해설 집단이 일을 나누어 할 수 있고, 다른 개인과의 경쟁에서도 유리하고, 번식을 촉진하기 때문에, 인간에게 있어 소속에 대한 욕구는 진화에 유리하다는 내용의 글이므로, 글의 주제로 가장 적절한 것은 ② '인간 진화에 있어 소속의 유용성'이다.

오답분석

오답선지	선택비율
① 약자들이 현대 생활에서 살아남기 위한 기술	13.8%
③ 사회 집단 간의 경쟁을 피하는 방법	13.1%
④ 아동 교육에서 사회적 관계의 역할	14.6%
⑤ 두 개의 주요 진화 이론 사이의 차이	5.0%

④번은 '사회적 관계'라는 말에만 신경을 쓴 나머지 '아동 교육'이라는 선택지의 또 다른 키워드를 놓쳐서 선택한 거야. 이 글은 생존과 번식, 진화에 관한 글이지 교육에 관한 글이 아니지. 마지막에 있는 부모가 자녀를 돌보는 것에 대한 언급 역시, 부모가 함께 있으면 자녀가 생존하기 더 쉽다는 것이지 자녀를 어떻게 교육시켜야 한다는 언급은 아니야. 마지막 문장을 신경 써서 읽는 건 중요하지만, 글 전체의 맥락과 연결시켜서 읽자!

2

정답 ②

소재 판단력을 빼앗아 가는 로봇

직독직해

명사절(worry의 목적어) ┐   just as+형용사+a/an+명사: 그만큼 ~한 … ┐
We worry / [that the robots are taking our jobs], / but just
우리는 걱정한다 / 로봇이 우리의 직업을 빼앗고 있다고 /   그러나

┌ 명사절(주격 보어)
as common a problem / is [that the robots are taking our
그만큼 흔한 문제는 /   로봇이 우리의 판단력을 빼앗고 있다는 것이다 //

┌ 형용사구
judgment]. // In the large warehouses / [so common behind
거대한 창고에서 /   오늘날의 경제 배후에서 아주

the scenes of today's economy], / human 'pickers' hurry
흔한 /   인간 '집게'는 서둘러서 선반에서

around grabbing products off shelves / and moving them
상품을 집어내고 /   그것들이 포장되고 발송될

┌ 명사절(전치사 to의 목적어) 위치를 나타내는 전치사구+동사+주어(도치) ┐
to [where they can be packed and dispatched]. // In their
수 있는 곳으로 이동시킨다 //   그들의

┌ 동격
ears / are headpieces / : the voice of 'Jennifer', a piece
귀에는 / 헤드폰이 있는데 / 한 소프트웨어 프로그램인 'Jennifer'의 목소리가
의문사+to부정사: 어디서/어떻게/무엇을/언제/어떤 것을 ~할지 ┐
of software, tells them / where to go and what to do, /
그들에게 말한다 /   어디로 갈지와 무엇을 할지를 /

┌ 분사구문
[controlling the smallest details of their movements]. //
그들의 움직임의 가장 작은 세부 사항들을 조종하면서 //

Jennifer breaks down instructions into tiny chunks, /
Jennifer는 지시사항을 아주 작은 덩어리로 쪼갠다 /
┌ to부정사구(~하기 위해) ── 대등한 연결 ──
[to {minimise error} and {maximise productivity} / —
실수를 최소화하고 생산성을 최대화하기 위해 /

for example, / rather than picking eighteen copies of a
예를 들어 /   선반에서 책 18권을 집어내기보다는 /

┌ 수동태
book off a shelf, / the human worker would be politely
인간 작업자는 5권을 집어내라고 정중하게 지시받을 것이다 //

instructed to pick five. // Then another five. // Then yet
그리고 나서 또 다른 5권을 //   그리고 나서

┌ 동명사구
another five. // Then another three. // [Working in such
다시 또 다른 5권을 / 그리고 나서 또 다른 3권을 // 그러한 조건에서 일하는
┌ 분사구
conditions] reduces people to machines [made of flesh]. //
것은 사람을 살로 만들어진 기계로 격하시킨다 //
┌ ask+목적어+to부정사: ~에게 …하라고 요구하다
Rather than asking us to think or adapt, / the Jennifer unit
우리에게 생각하거나 적응하라고 요구하기보다는 /   Jennifer라는 장치는
┌ 대등한 연결
[takes over the thought process] / and [treats workers as an
사고 과정을 가져가고 /   작업자들을 값싼 자원으로 취급한다 /

inexpensive source / of some visual processing and a pair
약간의 시각적인 처리 과정과 한 쌍의 마주 볼 수 있는

of opposable thumbs]. //
엄지손가락을 가진 //

전문 해석 우리는 로봇이 우리의 직업을 빼앗고 있다고 걱정하지만, 그만큼 흔한 문제는 로봇이 우리의 판단력을 빼앗고 있다는 것이다. 오늘날의 경제 배후에서 아주 흔한 거대한 창고에서 인간 '집게'는 서둘러서 선반에서 상품을 집어내고 그것들이 포장되고 발송될 수 있는 곳으로 이동시킨다. 그들의 귀에는 헤드폰이 있는데, 한 소프트웨어 프로그램인 'Jennifer'의 목소리가 그들의 움직임의 가장 작은 세부 사항들을 조종하면서, 그들에게 어디로 갈지와 무엇을 할지를 말한다. Jennifer는 실수를 최소화하고 생산성을 최대화하기 위해 지시 사항을 아주 작은 덩어리로 쪼갠다. 예를 들어, 인간 작업자는 선반에서 책 18권을 집어내기보다는, 5권을 집어내라고 정중하게 지시받을 것이다. 그리고 나서 또 다른 5권을. 그리고 나서 다시 또 다른 5권을. 그리고 나서 또 다른 3권을. 그러한 조건에서 일하는 것은 사람을 살로 만들어진 기계로 격하시킨다. 우리에게 생각하거나 적응하라고 요구하기보다는, Jennifer라는 장치는 사고 과정을 가져가고 작업자들을 약간의 시각적인 처리 과정과 한 쌍의 마주 볼 수 있는 엄지손가락을 가진 값싼 자원으로 취급한다.

해설 큰 창고에서 소프트웨어 프로그램이 지시하는 대로 상품을 옮기는 프로그램에게 우리의 사고 과정을 빼앗긴 채 일한다고 하였으므로, 빈칸에 들어갈 말로 가장 적절한 것은 ②이다.

오답분석

오답선지	① 신빙성	③ 인내력	④ 사교성	⑤ 협력
선택비율	15.6%	11.3%	19.4%	12.3%

④번은 글에서 이야기하고자 하는 작업의 포인트를 잘못 이해한 학생들이 선택했을 거야. 글에서는 기계의 지시를 받으며 일하는 사람들에 대해 설명하고 있긴 하지만, '사람이 기계로 격하된다', '생각하거나 적응하라고 요구하지 않는다', '사고 과정을 가져간다'는 말을 하며 사람에게서 판단력이나 사고가 사라지는 것에 포인트를 맞추고 있어. 외롭다거나, 타인과 어울리지 못한다거나 하는 부분에 대한 언급은 아예 없다는 점에 유의하자!

3

정답 ①

소재 신선함에 대한 요구가 환경에 미치는 영향

직독직해

The demand for freshness / can have hidden
신선함에 대한 요구는 /   숨겨진 환경적인 대가를 지니고

environmental costs. // [While freshness is now being
있을 수 있다 //   현재 신선함이 사용되고 있는 반면에 /

used / as a term in food marketing / as part of a return
식품 마케팅에서 하나의 용어로 / 자연으로의 회귀의 일부로써 /
└→ 주어의 핵(단수)

to nature], / the demand for year-round supplies of fresh
신선한 식품의 연중 공급에 대한 요구는 /
동사 ←┐

produce / such as soft fruit and exotic vegetables / has
부드러운 과일이나 외국산 채소와 같은 / 추운

led to the widespread use of hot houses in cold climates /
기후에서의 광범위한 온실 사용으로 이어져 왔다 /

and increasing reliance on total quality control / —
그리고 총체적인 품질 관리에 대한 의존성의 증가로 /

management by temperature control, / use of pesticides
즉 온도 조절에 의한 관리 / 살충제 사용, 그리고

and computer / satellite-based logistics. // The demand
컴퓨터/위성 기반 물류 // 신선함에 대한 요구는 /
└→ contribute to+명사: ~의 원인이 되다, ~에 기여하다

for freshness / has also contributed to concerns about
또한 식량 낭비에 대한 우려의 원인이 되어 왔다 //
└→ 주어의 핵(단수)

food wastage. // Use of 'best before', 'sell by' and 'eat
'유통 기한', '판매 시한', 그리고 '섭취 시한' 라벨 사용은 /
동사 ←┐

by' labels / has legally allowed institutional waste. //
제도적인 폐기물 생산을 법적으로 허용해 왔다 //

Campaigners have exposed the scandal of over-production
운동가들은 과잉 생산과 폐기물에 대한 추문을 폭로해 왔다 //
┌───── 동격 ─────┐

and waste. // Tristram Stuart, / [one of the global band of
Tristram Stuart는 / 폐기물 반대 세계 연대 소속 운동가 중
└────────┘ 명사절(argues의 목적어)

anti-waste campaigners], / argues / [that, with freshly made
한 명인 / 주장한다 / 신선하게 만들어진 샌드위치와 함께 /

sandwiches, / over-ordering is standard practice across
초과 주문이 소매 산업 분야 전반에서 이루어지는 일반적인 행태이며 /
└→ to부정사구

the retail sector / [to avoid the appearance of empty shelf
판매대가 비어 보이는 것을 막기 위한 /

space], / leading to high volumes of waste / when supply
이것은 엄청난 양의 폐기물로 이어진다고 / 공급이 정기적으로

regularly exceeds demand. //
수요를 초과하면 //

전문 해석 신선함에 대한 요구는 숨겨진 환경적인 대가를 지니고 있을 수 있다. 자연으로의 회귀의 일부로써 현재 신선함이 식품 마케팅에서 하나의 용어로 사용되고 있는 반면에, 부드러운 과일이나 외국산 채소와 같은 신선한 식품의 연중 공급에 대한 요구는 추운 기후에서의 광범위한 온실 사용과 총체적인 품질 관리, 즉 온도 조절에 의한 관리, 살충제 사용, 그리고 컴퓨터/위성 기반 물류에 대한 의존성의 증가로 이어져 왔다. 신선함에 대한 요구는 또한 식량 낭비에 대한 우려의 원인이 되어 왔다. '유통 기한', '판매 시한', 그리고 '섭취 시한' 라벨 사용은 제도적인 폐기물 생산을 법적으로 허용해 왔다. 운동가들은 과잉 생산과 폐기물에 대한 추문을 폭로해 왔다. 폐기물 반대 세계 연대 소속 운동가 중 한 명인 Tristram Stuart는 신선하게 만들어진 샌드위치와 함께, 판매대가 비어 보이는 것을 막기 위한 초과 주문이 소매 산업 분야 전반에서 이루어지는 일반적인 행태이며, 이것은 공급이 정기적으로 수요를 초과하면 엄청난 양의 폐기물로 이어진다고 주장한다.

해설 신선함에 대한 요구 때문에 추운 기후에서의 온실 사용, 온도 조절, 살충제, 컴퓨터/위성 기반의 물류 등에 의존하는 문제를 일으키고, 유통, 판매, 섭취 기한을 명기한 라벨의 사용과 판매대가 비어 보이지 않게 하기 위한 초과 주문 때문에 식량 낭비를 야기하였다는 내용의 글이므로, 빈칸에 들어갈 말로 가장 적절한 것은 ①이다.

오답분석

오답선지	선택비율
② 세계 기아 문제를 악화시킬	17.4%
③ 기술적 진보를 가져올	11.5%
④ 음식의 영양과 질을 향상시킬	19.9%
⑤ 지역 사회의 식단을 다양화할	7.4%

④번을 선택한 학생들은 아마도 지문의 문장을 정확하게 해석하지 않고 단어를 종합해서 유추했을 가능성이 커. 뒤쪽에 'fresh', 'fruit', 'vegetables', 'quality control'이라는 단어가 쓰이기는 했지만, 이 단어들이 쓰인 문장 전체를 정확히 해석해 보면 음식의 영양과 질이 향상된다는 이야기가 아니라는 것을 알 수 있어. 문장을 항상 정확히 해석하는 습관을 들이도록 해야겠지!

4

정답 ⑤

소재 온도에 대한 수치화

직독직해

┌→ associate A with B: A와 B를 연관짓다   명사절(with의 목적어)
We often associate the concept of temperature / with [how
우리는 종종 온도 개념을 연관 짓는다 / 그것이 얼마나
the object를 가리킴 ←┐

hot or cold an object feels / when we touch it]. // In this
뜨겁게 또는 차갑게 느껴지는지와 / 우리가 물건을 만졌을 때 // 이런 식으로 /
└→ provide A with B: A에게 B를 제공하다

way, / our senses provide us with a qualitative indication
우리의 감각은 우리에게 온도의 정성적인 지표를 제공한다 //

of temperature. // Our senses, however, / are unreliable and
그러나, 우리의 감각은 / 신뢰할 수 없으며 종종

often mislead us. // For example, / if you stand in bare feet /
우리를 잘못 인도한다 // 예를 들어 / 여러분이 맨발로 서 있다면 /
└→ 둘 중 하나   └→ 나머지 하나

with one foot on carpet and the other on a tile floor, / the
한쪽 발은 카펫 위에, 다른 한쪽 발은 타일 바닥 위에 놓고 /
└→ 부사절(양보)   ┌→ 카페트와 타일

tile feels colder than the carpet / [even though both are at
카펫보다 타일이 더 차갑게 느껴질 것이다 / '둘 다 같은 온도임에도 불구하고' //

the same temperature]. // The two objects feel different /
그 두 물체는 다르게 느껴진다 /

because tile transfers energy by heat / at a higher rate than
타일이 에너지를 열의 형태로 전달하기 때문에 / 카펫이 전달하는 것보다 더
└→ transfers energy by heat를 의미함

carpet does. // Your skin "measures" the rate of energy
높은 비율로 // 여러분의 피부는 열에너지 전도율을 '측정한다' /

transfer by heat / rather than the actual temperature. //
실제 온도보다는 //
┌→ 명사절(주어 역할)

[What we need] is a reliable and reproducible method /
우리가 필요로 하는 것은 신뢰할 수 있고 재현 가능한 수단이다 /
A rather than B: B보다는 A ←┐

for measuring the relative hotness or coldness of objects /
물체의 상대적인 뜨거움이나 차가움을 측정하기 위한 /

rather than the rate of energy transfer. // Scientists have
에너지 전도율보다는 // 과학자들은 다양한

developed a variety of thermometers / for making such
온도계를 개발해 왔다 / 그런 정량적인 측정

quantitative measurements. //
하기 위해 //

전문 해석 우리는 종종 온도 개념을 우리가 물건을 만졌을 때 그것이 얼마나 뜨겁게 또는 차갑게 느껴지는지와 연관 짓는다. 이런 식으로, 우리의 감각은 우리에게 온도의 정성적인 지표를 제공한다. 그러나, 우리의 감각은 신뢰할 수 없으며 종종 우리를 잘못 인도한다. 예를 들어, 여러분이 맨발로 한쪽 발은 카펫 위에, 다른 한쪽 발은 타일 바닥 위에 놓고 서 있다면, '둘 다 같은 온도임에도 불구하고' 카펫보다 타일이 더 차갑게 느껴질 것이다. 타일이 카펫이 전달하는 것보다 더 높은 비율로 에너지를 열의 형태로 전달하기 때문에 그 두 물체는 다르게 느껴진다. 여러분의 피부는 실제 온도보다는 열에너지 전도율을 '측정한다'. 우리가 필요로 하는 것은 에너지 전도율보다는 물체의 상대적인 뜨거움이나 차가움을 측정하기 위한 신뢰할 수 있고 재현 가능한 수단이다. 과학자들은 그런 정량적인 측정을 하기 위해 다양한 온도계를 개발해 왔다.

해설 우리가 뜨겁다, 차갑다를 느끼는 것은 정성적, 즉 수치화될 수 없는 성격을 가지고 있는데, 이는 신뢰할 수 없으며 우리를 잘못 인도한다는 내용의 글이다. 카펫과 타일에 발을 한쪽씩 올려놓았을 때, 우리의 피부는 실제 온도보다는 열에너지 전도율을 측정하기 때문에 같은 온도이더라도 타일이 더 차갑게 느껴진다는 내용이 오고, 그 뒤에 에너지 전도율이 아니라 실제 온도를 측정할 수 있는 수단이 필요하다는 내용의 주어진 문장이 온 후, 그러한 정량적인 측정을 하기 위해 온도계를 다양하게 발명해 왔다는 내용이 이어지는 것이 자연스럽다. 따라서 주어진 문장이 들어가기에 가장 적절한 곳은 ⑤이다.

오답분석

오답선지	①	②	③	④
선택비율	7.9%	16.5%	18.6%	20.3%

④번은 ⑤번 뒤의 'such'라는 힌트를 놓친 학생들이 선택했을 거야. 피부가 실제 온도보다는 열에너지 전도율을 측정한다는 말은, 피부는 정량적인 측정을 할 수 없다는 말이야. 그런데 그 뒤에 바로 '그런(such) 정량적인 측정'이라는 언급이 이어질 수는 없겠지?

5

정답 ①

소재 효과적인 기부 메시지

직독직해

My colleagues and I ran an experiment / [testing two
나의 동료들과 나는 실험을 실시했다 / (분사구) 두 개의 다른

different messages / {meant to convince thousands of
메시지들을 시험하는 / (분사구) 수천 명의 저항하는
convince+목적어+to부정사: ~에게 …하도록 납득시키다

resistant alumni to make a donation}]. // One message
졸업생이 기부하도록 납득시키는 (둘 중) 하나
것을 의도한 // 하나의 메시지는

emphasized the opportunity to do good: / donating would
좋은 일을 할 기회를 강조했다 / 즉 기부하는 것은 학생들,

benefit students, faculty, and staff. // The other emphasized
교직원, 그리고 직원들에게 이익을 줄 것이다 // 나머지 하나는 좋은 기분을 느끼는

the opportunity to feel good: / donors would enjoy the
기회를 강조했다 / 즉 기부자들은 기부의 따뜻한 온기를

warm glow of giving. // The two messages were equally
즐길 것이다 // 그 두 개의 메시지들은 똑같이 효과적이었다 /

effective: / in both cases, / 6.5 percent of the unwilling
두 경우 모두에서 / 6.5%의 마음 내키지 않은 졸업생이 결국에는
end up -ing: 결국 ~하다 두 개의 메시지를 가리킴

alumni ended up donating. // Then we combined them, /
기부했다 // 그리고 나서 우리는 그것들을 결합했는데
= the two reasons were not better than one

because two reasons are better than one. // Except they
왜냐하면 두 개의 이유가 한 개보다 더 낫기 때문이다 // 그러나 그렇지

weren't. // When we put the two reasons together, / the
않았다 // 우리가 그 두 개의 이유들을 합쳤을 때 /

giving rate dropped below 3 percent. // Each reason alone
기부율은 3% 아래로 떨어졌다 // 각각의 이유가 단독으로는
비교급+than+배수+as ~ as …: …보다 (몇)배만큼 더 ~한

was more than twice as effective as the two combined. //
그 두 개가 합쳐진 것보다 두 배 넘게 더 효과적이었다 //
집합명사(단수 취급)

The audience was already skeptical. // [When we gave
청중은 이미 회의적이었다 // (부사절(시간)) 우리가 그들에게 기부해야

them different kinds of reasons to donate], / we triggered
할 서로 다른 종류의 이유를 주었을 때 / 우리는 그들의 인식

their awareness / [that someone was trying to persuade
을 유발했다 / (동격) 누군가가 그들을 설득하려고 하는 중이라는 /

them] — / and they shielded themselves against it. //
그리고 그들은 그것에 맞서 스스로를 보호했다 //

전문 해석 나의 동료들과 나는 수천 명의 저항하는 졸업생이 기부하도록 납득시키는 것을 의도한 두 개의 다른 메시지들을 시험하는 실험을 실시했다. 하나의 메시지는 좋은 일을 할 기회를 강조했다. 즉, 기부하는 것은 학생들, 교직원, 그리고 직원들에게 이익을 줄 것이다. 나머지 하나는 좋은 기분을 느끼는 기회를 강조했다. 즉, 기부자들은 기부의 따뜻한 온기를 즐길 것이다. 그 두 개의 메시지들은 똑같이 효과적이었다. 두 경우 모두에서, 6.5%의 마음 내키지 않은 졸업생이 결국에는 기부했다. 그리고 나서 우리는 그것들을 결합했는데, 왜냐하면 두 개의 이유가 한 개보다 더 낫기 때문이다. 그러나 그렇지 않았다. 우리가 그 두 개의 이유들을 합쳤을 때, 기부율은 3% 아래로 떨어졌다. 각각의 이유가 단독으로는 그 두 개가 합쳐진 것보다 두 배 넘게 더 효과적이었다. 청중은 이미 회의적이었다. 우리가 그들에게 기부해야 할 서로 다른 종류의 이유를 주었을 때, 우리는 누군가가 그들을 설득하려고 하는 중이라는 그들의 인식을 유발했는데, 그들은 그것에 맞서 스스로를 보호했다.

→ 위에서 언급된 실험에서, 기부하라는 두 개의 다른 이유가 동시에 주어졌을 때, 청중은 자신을 설득시키려는 의도를 알아차릴 수 있었기 때문에 납득될 가능성이 더 작았다.

해설 '기부를 하면 이익이 된다'는 메시지와 '기부를 하면 좋은 기분을 느낄 수 있다'는 메시지를 결합해서 제시했을 때 기부율이 오히려 떨어졌고 청중이 회의적이 되었다고 하였으므로, 요약문의 빈칸 (A)와 (B)에 각각 들어갈 말로 가장 적절한 것은 ① '동시에 – 납득될'이다.

오답분석

오답선지	선택비율
② 따로따로 – 혼란스러울	19.0%
③ 자주 – 짜증이 날	7.9%
④ 따로따로 – 만족할	18.0%
⑤ 동시에 – 기분이 상할	14.8%

②번은 요약문의 'less likely' 때문에 (A)를 separately로 선택한 학생들이 고르지 않았을까? 두 개의 메시지를 결합했는지 그렇게 하지 않았는지에 대한 지문이었으니까. 하지만 (B)에 들어갈 말도 잘 고려해야지. (B)에 'confused'가 들어가는 순간 문장 전체가 틀린 의미가 되겠지? 실험 대상자들이 메시지를 따로따로 받았을 때 혼란을 느꼈다는 내용은 없으니까 말이야.

6

정답 ⑤

소재 허브의 효과

직독직해

→ 형식상의 주어   → 내용상의 주어
It is widely believed / [that certain herbs somehow
널리 믿어진다 /   어떤 허브는 다소 마법처럼 특정 장기의 기능을

magically improve the work of certain organs, / and
향상시킨다 /

"cure" specific diseases as a result]. // Such statements
그리고 그 결과 특정한 질병을 '고친다'고 //   그러한 진술은 비과학적이고

are unscientific and groundless. // Sometimes herbs
근거가 없다 //   때때로 허브는 효과가 있는
→ appear to+동사원형: ~하는 것처럼 보이다   → 부사절(이유)
appear to work, / [since they tend to increase your blood
것처럼 보인다 /   그것들이 혈액 순환을 증가시키는 경향이 있기 때문에 /
                        → an ~ attempt+to부정사: ~하려는 시도
circulation / in an aggressive attempt by your body to
여러분의 신체로부터 그것들을 제거하려는 여러분 몸의 적극적인 시도
→ herbs를 가리킴
eliminate them from your system]. // That can create a
속에서 //   그것은 일시적으로 좋은
                        → 관계절: 앞 문장에 대한 부연 설명
temporary feeling of a high, / [which makes it seem as
기분을 만들어 줄 수 있는데 /   이는 마치 여러분의 건강 상태가 향상된

if your health condition has improved]. // Also, herbs
것처럼 보이게 만든다 //   또한 허브는 위약

can have a placebo effect, / just like any other method, /
효과를 가지고 있다 /   어떤 다른 방법과 마찬가지로 /
                        → 어떤 ~이든
thus helping you feel better. // Whatever the case, / it is
그래서 여러분이 더 나아졌다고 느끼도록 도와준다 // 어떠한 경우든 /   바로
                        it ~ that ...: …하는 것은 바로 ~이다 (강조 구문)
your body / that has the intelligence to regain health, /
여러분의 몸이다 /   건강을 되찾게 하는 지성을 가진 것은 /

and not the herbs. // How can herbs have the intelligence /
허브가 아니라 //   허브가 어떻게 지성을 가질 수 있겠는가 /
→ 분사구
[needed to direct your body into getting healthier]? //
여러분의 몸을 더 건강해지는 방향으로 인도하는 데 요구되는 //
                        명사절(imagine의 목적어)→
That is impossible. // Try to imagine / [how herbs
그것은 불가능하다 //   상상해 보라   어떻게 허브가
                        대등한 연결
might {come into your body} / and {intelligently fix
여러분의 몸 안으로 들어가 /   영리하게 여러분의 문제를 해결할
                        → 부사절(조건)
your problems}]. // [If you try to do that], / you will see
수 있는지를 //   만약 여러분이 그렇게 해 본다면 /   여러분은 그것이
→ 명사절(see의 목적어)
[how impossible it seems]. // Otherwise, / it would
얼마나 불가능하게 보이는지를 알게 될 것이다 //   그렇지 않다면 /   그것은 의미하는
                → 명사절(mean의 목적어)
mean / [that herbs are more intelligent than the human
것이 된다 /   허브가 인간의 몸보다 더 지적이라는 것을 /
                → 관계절: 앞의 that절에 대한 부연 설명
body], / [which is truly hard to believe]. //
                그런데 이는 정말로 믿기 어렵다 //

전문 해석 어떤 허브는 다소 마법처럼 특정 장기의 기능을 향상시키고, 그 결과 특정한 질병을 '고친다'고 널리 믿어진다. 그러한 진술은 비과학적이고 근거가 없다. 때때로 허브는 효과가 있는 것처럼 보이는데, 이는 여러분의 신체로부터 그것들을 제거하려는 여러분 몸의 적극적인 시도 속에서 그것들이 혈액 순환을 증가시키는 경향이 있기 때문이다. 그것은 일시적으로 좋은 기분을 만들어 줄 수 있는데, 이는 마치 여러분의 건강 상태가 향상된 것처럼 보이게 만든다. 또한 허브는, 어떤 다른 방법과 마찬가지로, 위약 효과를 가지고 있는데, 그

래서 여러분이 더 나아졌다고 느끼도록 도와준다. 어떠한 경우든, 건강을 되찾게 하는 지성을 가진 것은 허브가 아니라 바로 여러분의 몸이다. 허브가 어떻게 여러분의 몸을 더 건강해지는 방향으로 인도하는 데 요구되는 지성을 가질 수 있겠는가? 그것은 불가능하다. 어떻게 허브가 여러분의 몸 안으로 들어가 영리하게 여러분의 문제를 해결할 수 있는지를 상상해 보라. 만약 여러분이 그렇게 해 본다면 여러분은 그것이 얼마나 불가능하게 보이는지를 알게 될 것이다. 그렇지 않다면, 그것은 허브가 인간의 몸보다 덜(→ 더) 지적이라는 것을 의미하는 것이 되는데, 이는 정말로 믿기 어렵다.

해설 허브가 질병을 고친다는 말은 근거가 없고, 건강을 회복하게 할 수 있는 지성을 가진 것은 허브가 아니라 몸이라는 내용의 글이다. 허브가 인간의 몸보다 더 지적이라는 것을 의미하는 것은 믿기 어려운 일일 것이므로, ⑤의 less는 more와 같은 낱말로 바꾸어야 한다.

오답분석

오답선지	선택비율
① 증가시키다	8.2%
② 일시적인	11.6%
③ 되찾다	14.3%
④ (문제를) 해결하다	10.7%

③번은 선택지가 없는 뒤 문장에서 근거를 찾아야 해. '허브가 여러분의 몸을 더 건강해지는 방향으로 인도하는 데 요구되는 지성을 가질 수 있다는 것은 불가능하다'고 말하고 있지? 즉, 허브가 건강을 되찾게 하는 지성을 가진 것이 아니라는 거야. 그러면 허브가 아니라 몸이 건강을 되찾게 하는 지성을 가진 것이라는 진술은 글의 내용에 비추어 봤을 때 딱히 틀린 부분이 없어.

Daily Review   Day ④

Vocabulary Check-up

1 (1) predator (2) reliable (3) promote
2 (1) instructed (2) temporary

---

1 (1) predator / 달리기를 위한 말의 효율적인 기제는 육식성 포식자들이 동시에 더 효율적인 공격 방법을 발달시켰다는 사실이 없었다면 결코 진화하지 않았을 것이다.

(2) reliable / 그러한 보고는 사적 투자자가 투자 결정의 기초가 되는 신뢰할 수 있는 정보를 가지도록 보증하는 데 도움이 된다.

(3) promote / 최고의 대회는 단순히 승리하는 것이나 다른 사람을 '패배시키는 것'이 아니라, 탁월함을 촉진한다.

2 (1) instructed / 한 여성이 울부짖었다. "제 남편이 숨을 쉬지 않아요!" 나는 그녀에게 심폐소생술을 시작하라고 지시했다.

(2) temporary / 너무나도 자주 우리는 사소한 일에 사로잡히는데, 그것은 일시적인 노상 장애물일 수도 있지만 그보다는 오히려 콘크리트로 된 산에 더 가깝게 느껴지는 진저리나는 골칫거리와 곤란함이다.

1 (1) ① are headpieces ② controlling
(2) ① impossible ② that
2 ② → does

---

1 (1) ① are headpieces: 위치를 나타내는 전치사구가 문두에 오면 주어와 동사가 도치되어야 하므로 are headpieces가 적절하다.
② controlling: 주절의 주어인 the voice of 'Jennifer'를 의미상 주어로 하는 분사구를 이끌어야 하므로, 능동의 의미를 나타내는 현재분사 controlling이 적절하다.

(2) ① impossible: seems의 주격 보어 역할을 해야 하므로 형용사 impossible이 적절하다.
② that: 동사 mean의 목적어 역할을 해야 하므로 명사절을 이끄는 접속사 that이 적절하다.

2 ②: 맥락상 밑줄 친 부분이 'transfers energy by heat'를 의미하므로, 일반동사를 대신할 수 있는 대동사 does로 고쳐야 한다.

Day 5 Week 1 　　　　本文 26~28쪽

1 ③　**2** ②　**3** ⑤　**4** ⑤　**5** ④　**6** ②

1

정답 ③

소재 선천적 성질에 대한 환경의 보완

직독직해

In a study at Princeton University in 1992, / research scientists looked at two different groups of mice. // One group was made intellectually superior / by modifying the gene for the glutamate receptor. // Glutamate is a brain chemical / [that is necessary in learning]. // The other group was manipulated to be intellectually inferior, / also done by modifying the gene for the glutamate receptor. // The smart mice were then raised in standard cages, / while the inferior mice were raised / in large cages [with toys and exercise wheels] and [with lots of social interaction]. // At the end of the study, / [although the intellectually inferior mice were genetically handicapped], / they were able to perform / just as well as their genetic superiors. // This was a real triumph / for nurture over nature. // Genes are turned on or off / based on [what is around you]. //

(1992년 프린스턴 대학의 한 연구에서 / 연구 과학자들은 두 개의 다른 쥐 집단을 관찰했다 // 한 집단은 지적으로 우월하게 만들어졌다 / 글루타민산염 수용체에 대한 유전자를 변형함으로써 // 글루타민산염은 뇌 화학 물질이다 / 학습에 필수적인 // 다른 집단도 지적으로 열등하도록 유전적으로 조작되었다 / 역시 글루타민산염 수용체에 대한 유전자를 변형함으로써 행해졌다 // 그 후 똑똑한 쥐들은 표준 우리에서 길러졌고 / 반면에 열등한 쥐들은 길러졌다 / 장난감과 운동용 쳇바퀴가 있고 사회적 상호 작용이 많은 큰 우리에서 // 연구가 끝날 무렵 / 비록 지적 능력이 떨어지는 쥐들이 유전적으로 장애가 있었지만 / 그들은 수행할 수 있었다 / 자신들의 유전적인 우월군들만큼 잘 // 이것은 진정한 승리였다 / 천성(선천적 성질)에 대한 양육(후천적 환경)의 // 유전자는 작동하거나 멈춘다 / 여러분 주변에 있는 것에 따라 //)

전문 해석 1992년 프린스턴 대학의 한 연구에서, 연구 과학자들은 두 개의 다른 쥐 집단을 관찰했다. 한 집단은 글루타민산염 수용체에 대한 유전자를 변형함으로써 지적으로 우월하게 만들어졌다. 글루타민산염은 학습에 필수적인 뇌 화학 물질이다. 다른 집단도 역시 글루타민산염 수용체에 대한 유전자를 변형함으로써, 지적으로 열등하도록 유전적으로 조작되었다. 그 후 똑똑한 쥐들은 표준 우리에서 길러졌고, 반면에 열등한 쥐들은 장난감과 운동용 쳇바퀴가 있고 사회적 상호 작용이 많은 큰 우리에서 길러졌다. 연구가 끝날 무렵, 비록 지적 능력이 떨어지는 쥐들이 유전적으로 장애가 있었지만, 그들은 자신들의 유전적인 우월군들만큼 잘 수행할 수 있었다. 이것은 천성(선천적 성질)에 대한 양육(후천적 환경)의 진정한 승리였다. 유전자는 여러분 주변에 있는 것에 따라 작동하거나 멈춘다.

해설 유전적으로 열등하도록 조작된 쥐들도 좋은 환경을 조성해 주면 유전적으로 뛰어난 쥐들만큼 수행을 잘 했다는 내용의 글이므로,

빈칸에 들어갈 말로 가장 적절한 것은 ③이다.

오답선지	선택비율
① 생존을 위해 스스로	13.7%
② 사회적 교류 없이	9.9%
④ 유전적 우위에 따라	28.7%
⑤ 우리들의 즐거움을 유지하도록	7.1%

④번은 'Genes are turned on or off'를 이해하지 못한 학생들이 선택했을 거야. '유전자가 켜지거나 또는 꺼지거나 한다는 것은 작동을 하거나 멈추거나 한다는 뜻인데, 이 글에서는 환경이 잘 조성되면 열등한 유전자의 영향이 발휘되지 않아서 수행이 우수해질 수 있다고 했어. 즉, 유전자 자체의 우위가 중요한 것이 아니라는 거지.

2

정답 ②

소재 기후 변화에 대한 대처가 실패한 이유

직독직해

Researchers are working on a project / [that asks coastal
연구원은 프로젝트를 진행하고 있다 /   해안가 마을들에 묻는 /
 ask+간 · 목(coastal towns)+직 · 목(how ~ levels)

towns / how they are preparing for rising sea levels]. //
     해수면 상승에 어떻게 대비하고 있는지 //

Some towns have risk assessments; / some towns even
어떤 마을은 위험 평가를 한다 /   어떤 마을들은 심지어
 it ~ that ...: …하는 것은 바로 ~이다(강조 구문)

have a plan. // But it's a rare town / [that is actually
계획을 가지고 있다 // 하지만 마을은 드물다 /   실제로 계획을 실행하고
 강조하는 내용   관계절(why 생략)

carrying out a plan]. // One reason / [we've failed to act
있는 //   한 가지 이유는 / 우리가 기후 변화에 대처하는
 동격

on climate change] / is the common belief / [that it is far
데 실패한 /   일반적인 믿음 때문이다 /   그것이 시공간적으로

away in time and space]. // For decades, / climate change
멀리 떨어져 있다는 //   수십 년 동안 /   기후 변화는 미래에 대한

was a prediction about the future, / so scientists talked
예측이었다 /   그래서 과학자들은 미래 시제로
 climate change를 가리킴

about it in the future tense. // This became a habit / — so
그것에 대해 이야기했다 //   이것이 습관이 되었다 /

that even today many scientists still use the future tense, /
그래서 많은 과학자들이 오늘날에도 여전히 미래 시제를 사용하고 있다 /
 부사절(양보)   명사절(know의 목적어)

[even though we know {that a climate crisis is ongoing}]. //
우리가 기후 위기가 진행중이라는 것을 알고 있음에도 //
 분사구

Scientists also often focus on regions / [most affected by
과학자들은 또한 지역에 초점을 맞추고 있다 /   위기의 영향을 가장 많이

the crisis], / such as Bangladesh or the West Antarctic Ice
받는 /   방글라데시나 서남극 빙상처럼 /
 관계절: regions ~ Sheet를 부연 설명

Sheet, / [which for most Americans are physically remote]. //
   그리고 그 지역은 대부분의 미국인들에게는 물리적으로 멀리 떨어져 있다 //

전문 해석 연구원은 해안가 마을들이 해수면 상승에 어떻게 대비하고 있는지 묻는 프로젝트를 진행하고 있다. 어떤 마을들은 위험 평가를 하고 어떤 마을

들은 심지어 계획을 가지고 있다. 하지만 실제로 계획을 실행하고 있는 마을은 드물다. 우리가 기후 변화에 대처하는 데 실패한 한 가지 이유는 그것이 시공간적으로 멀리 떨어져 있다는 일반적인 믿음 때문이다. 수십 년 동안, 기후 변화는 미래에 대한 예측이었기 때문에 과학자들은 미래 시제로 기후 변화에 대해 이야기했다. 이것이 습관이 되어 우리가 기후 위기가 진행중이라는 것을 알고 있음에도, 많은 과학자들이 오늘날에도 여전히 미래 시제를 사용하고 있다. 과학자들은 또한 방글라데시나 서남극 빙상처럼 위기의 영향을 가장 많이 받는 지역에 초점을 맞추고 있으며, 그 지역은 대부분의 미국인들에게는 물리적으로 멀리 떨어져 있다.

해설 기후 변화는 수십 년 동안 미래에 대한 예측이었기 때문에 과학자들이 현재의 일이 아닌 미래 시제로 기후 변화를 이야기하고, 과학자들이 기후 변화의 영향을 가장 많이 받는 지역에 초점을 맞추고 있는데, 대부분 그 지역이 물리적으로 미국과 떨어져 있다는 내용의 글이므로, 빈칸에 들어갈 말로 가장 적절한 것은 ②이다.

오답선지	선택비율
① 그것이 과학과 관련이 없다	13.4%
③ 에너지 효율이 가장 중요하다	12.3%
④ 신중한 계획은 문제를 해결할 수 있다	12.4%
⑤ 그것이 일어나는 것을 막기에는 너무 늦었다	19.6%

⑤번은 뒤쪽의 내용을 제대로 해석하지 않고 future라는 단어만 보고 추론했기 때문에 선택한 거야. 기후 위기가 진행 중이라는 것을 알고 있음에도 미래 시제를 사용해서 기후 위기에 대해 이야기한다는 것은 현재와 상관없는, 아직 먼 미래의 일이라고 생각한다는 뜻이겠지. 즉, 기후 변화를 막기에 너무 늦었다고 생각한다기보다는 아직 오지 않은 일이니 괜찮다고 생각한다는 뜻에 가까울 거야.

3

정답 ⑤

소재 흡혈귀의 존재에 대한 반증

직독직해

     부사절(일단 ~하면)
According to legend, / [once a vampire bites a person], /
전설에 따르면 /   흡혈귀가 사람을 물면 /
 관계절

that person turns into a vampire / [who seeks the blood of
그 사람은 흡혈귀로 변한다 /   다른 사람의 피를 갈구하는 //

others]. // A researcher came up with some simple math, /
   한 연구자가 간단한 계산법을 생각해 냈다 /
 관계절: some simple math를 부연 설명

[which proves / {that these highly popular creatures can't
증명하는 /   이 잘 알려진 존재가 실존할 수 없다는 것을 //
 명사절(proves의 목적어)

exist}]. // University of Central Florida physics professor
     University of Central Florida의 물리학과 교수 Costas Efthimiou의

Costas Efthimiou's work breaks down the myth. //
연구가 그 미신을 무너뜨렸다 //
 명사절(Suppose의 목적어)

Suppose / [that on January 1st, 1600, / the human
가정해 보자 /   1600년 1월 1일에 /   인구가 5억 명이
 부사절(조건)

population was just over five hundred million]. // [If the
약간 넘었다고 //   그날

first vampire came into existence that day / and bit one
최초의 흡혈귀가 생겨나서 /   한 달에 한 명을

person a month], / there would have been two vampires
물었다면 /   1600년 2월 1일까지 흡혈귀가 둘 있었을 것이다 //

by February 1st, 1600. // A month later / there would have
한 달 뒤면 /   넷이 있었을 것이다 /

been four, / the next month eight, / then sixteen, and so
그 다음 달은 여덟 /   그리고 열여섯 등등으로 //

on. // In just two-and-a-half years, / the original human
불과 2년 반 만에 /   원래의 인류는 모두 흡혈귀가
                           with+명사(구)+분사: ~가 …한 상태로┐

population would all have become vampires / with no
되어 버렸을 것이다 /   인간이 한 명도

humans left. // But look around you. // Have vampires
남지 않은 채 //   하지만 주위를 둘러보라 //   흡혈귀가 세상을

taken over the world? // No, / because there's no such
정복하였는가 //   아니다 / 왜냐하면 그러한 것은 존재하지

thing. //
않으니까 //

전문 해석 전설에 따르면, 흡혈귀가 사람을 물면 그 사람은 다른 사람의 피를 갈구하는 흡혈귀로 변한다. 한 연구자가 이 잘 알려진 존재가 실존할 수 없다는 것을 증명하는 간단한 계산법을 생각해 냈다. (C) University of Central Florida의 물리학과 교수 Costas Efthimiou의 연구가 그 미신을 무너뜨렸다. 1600년 1월 1일에 인구가 5억 명이 약간 넘었다고 가정해 보자. (B) 그날 최초의 흡혈귀가 생겨나서 한 달에 한 명을 물었다면, 1600년 2월 1일까지 흡혈귀가 둘 있었을 것이다. 한 달 뒤면 넷, 그다음 달은 여덟, 그리고 열여섯 등등으로 계속 늘어나는 것이다. (A) 불과 2년 반 만에, 원래의 인류는 한 명도 남지 않은 채 모두 흡혈귀가 되어 버렸을 것이다. 하지만 주위를 둘러보라. 흡혈귀가 세상을 정복하였는가? 아니다. 왜냐하면 흡혈귀는 존재하지 않으니까.

해설 한 연구자가 흡혈귀가 실존할 수 없다는 것을 증명하는 계산법을 생각해냈다는 주어진 글에 이어, (C)에서는 그 미신을 무너뜨린 연구를 소개하기 시작하면서, 1600년 1월 1일에 인구가 5억 명이 넘었다고 가정한다. 이어 (B)에서 그날 최초 흡혈귀가 한 달에 한 명을 물었다면 그 수가 계속 불 것이라고 설명하고, (A)에서는 그런 속도라면 불과 2년 반 만에 원래의 인류가 남아있지 않을 것인데, 그렇지 않으므로 흡혈귀는 존재하지 않는다고 하는 것이 자연스럽다.

오답분석

오답선지	선택비율
① (A) - (C) - (B)	5.4%
② (B) - (A) - (C)	12.9%
③ (B) - (C) - (A)	13.3%
④ (C) - (A) - (B)	10.9%

③번을 선택한 학생들은 (C)의 내용을 간과했을 거야. 물론 주어진 글 다음에 (B)가 바로 이어지더라도 그 자체로는 자연스러울 수 있어. 하지만 그럴 경우 (C)가 (B) 뒤에 오게 되는데, 계산법에 필요한 기본적인 가정, 즉 1600년 1월 1일에 인구가 5억 명이 넘는다는 가정을 처음으로 소개하는 부분이 (C)에 있기 때문에 (C)는 (B)의 앞에 올 수 밖에 없어.

4

정답 ⑤

소재 시각 장애인이 꾸는 꿈

직독직해

          ┌분사구
Humans [born without sight] / are not able to collect
선천적으로 시각 장애를 가진 사람은 /   시각적 경험을 수집할 수 없다 /

visual experiences, / so they understand the world /
                      그래서 세상을 이해한다 /

entirely through their other senses. // As a result, /
전적으로 다른 감각을 통해 //   그 결과 /
      ┌전치사구
people [with blindness at birth] develop / an amazing
선천적으로 시각 장애를 가진 사람들은 개발한다 /   세상을 이해하는

ability to understand the world / through the collection
놀라운 능력을 /   경험과 기억의 수집을 통해 /
                              ┌관계절
of experiences and memories / [that come from these
                              이러한 비시각적 감각에서 오는 //
                                              ┌관계절
non-visual senses]. // The dreams of a person [who has
                     선천적으로 시각 장애를 가진 사람이 꾸는 꿈은 /
                     as ~ as …: …만큼 ~한┐
been without sight since birth] / can be just as vivid and
                                  정상 시력을 가진 사람의 꿈처럼
                  ┌the dreams를 가리킴 ┌전치사구
imaginative as those of someone [with normal vision]. //
생생하고 상상력이 풍부할 수 있다 //

They are unique, however, / because their dreams are
그러나 그들은 특별하다 /   그들의 꿈은 비시각적 경험과 기억으로부터

constructed from the non-visual experiences and memories /
구성되기 때문에 /
                ┌관계절   ┌전치사구
[they have collected]. // A person [with normal vision]
그들이 수집한 //   정상적인 시력을 가진 사람은 친숙한 친구에 대해

will dream about a familiar friend / using visual memories
꿈을 꿀 것이다 /   형태, 빛 그리고 색의 시각적 기억

of shape, lighting, and colour. // But, a blind person will
사용하여 //   하지만 / 시각 장애인은 동일한 친구를
         ┌associate A with B: A와 B를 연관 짓다
associate the same friend / with a unique combination
연관 지을 것이다 /   비시각적 감각에서 나온 독특한 경험의
                                              ┌관계절
of experiences from their non-visual senses / [that act to
조합과 /   그 친구를
                                        ┌형용사구
represent that friend]. // In other words, / people [blind at
구현하는 데 작용하는 //   다시 말해 /   선천적 시각 장애인들은
                                              부사절(양보)
birth] have similar overall dreaming experiences / [even
전반적으로 비슷한 꿈을 경험한다 /   비록

though they do not dream in pictures]. //
시각적인 꿈을 꾸지는 않지만 //

전문 해석 선천적으로 시각 장애를 가진 사람은 시각적 경험을 수집할 수 없어서, 세상을 전적으로 다른 감각을 통해 이해한다. 그 결과, 선천적으로 시각 장애를 가진 사람들은 이러한 비시각적 감각에서 오는 경험과 기억의 수집을 통해 세상을 이해하는 놀라운 능력을 개발한다. 선천적으로 시각 장애를 가진 사람이 꾸는 꿈은 정상 시력을 가진 사람의 꿈처럼 생생하고 상상력이 풍부할 수 있다. 그러나 그들의 꿈은 그들이 수집한 비시각적 경험과 기억으로부터 구성되기 때문에 그들은 특별하다. 정상적인 시력을 가진 사람은 형태, 빛 그리고 색의 시각적 기억을 사용하여 친숙한 친구에 대해 꿈을 꿀 것이다. 하지만, 시각 장애인은 그 친구를 구현하는 데 작용하는 비시각적 감각에서 나온 독특한

경험의 조합으로 그 친구를 연관 지을 것이다. 다시 말해, 선천적 시각 장애인들은 시각적인 꿈을 꾸지는 않지만, 전반적으로 비슷한 꿈을 경험한다.

해설 주어진 문장은 시각 장애인은 비시각적 감각에서 나온 독특한 경험의 조합을 통해 그 친구를 연관 짓는 내용이다. 이 문장 바로 앞에는 친구에 대한 언급이 있어야 하는데, ⑤의 앞 문장에서는 정상적 시력을 가진 사람들은 시각적 기억을 사용하여 친숙한 친구에 대한 꿈을 꾼다고 하였고, ⑤의 뒤 문장은 '다시 말해'로 시작하여 선천적 시각 장애인들은 시각적 꿈을 꾸지는 않지만 비슷한 꿈을 꾼다고 하였다. 따라서 주어진 문장이 들어가기에 가장 적절한 곳은 ⑤이다.

오답분석

오답선지	①	②	③	④
선택비율	11.5%	14.7%	20.9%	11.8%

③번을 선택한 학생들은 주어진 문장에서 주어진 'But'과 'the same friend'라는 힌트를 놓쳤던 거야. But이 쓰였기 때문에 주어진 문장은 반대의 내용이 이어지는 부분에 들어가야 하고, the same friend가 쓰였기 때문에 친구에 대한 언급이 한 차례 이루어지고 난 다음에 들어가는 게 적절할 거야. 하지만 ③번은 두 가지 모두에 해당하지 않지.

5

정답 ④

소재 자원 사용량 증가

직독직해

┌ 전치사
Despite all the high-tech devices / [that seem to deny
모든 첨단 기기들에도 불구하고 /   ┌ 관계절   종이의 필요성을 부정하는

┌ 주어의 핵(단수)
the need for paper], / paper use in the United States has
것처럼 보이는 /   미국에서 종이 사용은 최근 거의 두 배로 증가했다 // ┐ 동사

nearly doubled recently. // We now consume more paper
우리는 지금 그 어느 때보다도 더 많은 종이를

than ever: / 400 million tons globally and growing. // Paper
소비한다 /   전 세계적으로 4억 톤을 소비하고 있으며 증가하고 있다 //   종이는

┌ 관계절
is not the only resource / [that we are using more of]. //
유일한 자원이 아니다 /   우리가 더 많이 사용하고 있는 //

Technological advances often come with the promise
기술의 발전은 흔히 더 적은 재료의 사용 가능성을 수반한다 //

of using fewer materials. // However, / the reality is /
┌ 명사절(보어) 그러나 /   현실은 ~이다 /
┌ Technological advances를 가리킴
[that they have historically caused more materials use, /
그것들이 역사적으로 더 많은 재료 사용을 야기하여 /
┌ 동사(making)+목(us)+목·보(dependent)
making us dependent on more natural resources]. // The
우리가 더 많은 천연자원 사용에 의존하게 한다 //
┌ 비교급 more를 수식
world now consumes far more "stuff" / than it ever has. //
세계는 이제 훨씬 더 많은 '것'을 소비한다 /   그 어느 때보다도 //

We use twenty-seven times more industrial minerals, /
우리는 산업 광물을 27배 더 많이 사용한다 /

┌ used의 의미
such as gold, copper, and rare metals, / than we did just
금, 구리, 희귀 금속과 같은 /   단지 1세기 이전에 우리가 ┐ 동사

over a century ago. // We also each individually use more
그랬던 것보다 //   우리는 또한 각각 개별적으로 더 많은 자원을 사용한다 //

┌ due to ~: ~ 때문인
resources. // Much of that is due to our high-tech lifestyle. //
그중 많은 부분은 우리의 첨단 생활방식 때문이다 //

전문 해석 종이의 필요성을 부정하는 것처럼 보이는 모든 첨단 기기들에도 불구하고, 미국에서 종이 사용은 최근 거의 두 배로 증가했다. 우리는 지금 그 어느 때보다도 더 많은 종이를 소비하고 있다. 전 세계적으로 4억 톤을 소비하고 있으며 증가하고 있다. 우리가 더 많이 사용하고 있는 자원은 종이만이 아니다. 기술의 발전은 흔히 더 적은 재료의 사용 가능성을 수반한다. 그러나, 현실은 그것들이 역사적으로 더 많은 재료 사용을 야기하여 우리가 더 많은 천연자원 사용에 의존하게 한다. 세계는 이제 그 어느 때보다도 훨씬 더 많은 '것'을 소비한다. 우리는 금, 구리, 희귀 금속과 같은 산업 광물을 단지 1세기 이전에 사용했던 것보다 27배 더 많이 사용한다. 우리는 또한 각각 개별적으로 더 많은 자원을 사용한다. 그중 많은 부분은 우리의 첨단 생활방식 때문이다.

해설 ④ '우리를 의존하는 상태로 만들다'라는 뜻으로, 동사 make와 목적어 us 뒤에 목적어 us의 상태를 설명해 주는 목적격 보어가 와야 하는 자리이다. 따라서 부사 dependently는 형용사 dependent로 고쳐야 한다.

① 주어의 핵이 단수 명사 use이므로 동사 has는 적절하다.

② that we are using more of는 선행사 the only resource를 수식하는 관계절이므로 관계대명사 that은 적절하다.

③ 전치사 of의 목적어로 쓰였으므로 동명사 using은 적절하다.

⑤ 같은 문장의 동사 use를 대신하는 대동사 do가 과거형으로 쓰인 것이므로 did는 적절하다.

오답분석

오답선지	① has	② that	③ using	⑤ did
선택비율	11.2%	8.3%	7.8%	16.3%

⑤번을 선택한 학생들은 동사 did가 대동사로 쓰였다는 걸 파악하지 못했을 거야. do 동사는 일반동사를 대신할 수 있는 대동사로 쓰이는데, 이 문맥에서는 같은 문장의 앞쪽에 쓰인 일반동사 use를 대신하고 있어. 다만 than 뒤에서는 과거에 사용했던 것에 대해 언급하고 있으니까 과거 시제를 써서 did를 쓴 거야.

6

정답 ②

소재 자신을 있는 그대로 받아들이기

직독직해

Do you sometimes feel like you don't love your life? //
여러분은 가끔 자신의 삶을 사랑하지 않는다고 느끼는가 //

┌ 그것은 ~ 때문이다
Like, deep inside, something is missing? // That's because
마치, 마음 깊은 곳에서 뭔가가 빠진 것처럼 //   그것은 우리가 타인의
┌ allow+목적어+to부정사: ~가 …하도록 허용하다
we are living someone else's life. // We allow other people
삶을 살고 있기 때문이다 //   우리는 타인이 우리의 선택에

to influence our choices. // We are trying to meet their
영향을 주도록 허용한다 //   우리는 그들의 기대감을 만족시키기 위해
┌ 현재분사(능동)
expectations. // Social pressure is deceiving — we are
노력하고 있다 //   사회적 압력은 (우리를) 현혹시킨다 /   우리 모두는

all impacted / without noticing it. // Before we realize /
영향을 받는다 / 그것을 눈치채지도 못한 채 // 우리가 깨닫기도 전에 /

→ 명사절(that 생략): realize의 목적어
[we are losing ownership of our lives], / we end up
우리의 삶에 대한 소유권을 잃고 있다는 것을 /   우리는 결국 다른
                        → 명사절(envying의 목적어)
envying [how other people live]. // Then, we can only
사람들이 어떻게 사는지를 부러워하게 된다 //   그러면, 우리는 더 푸른 잔디만
                              → our grass(우리의 삶을 의미)
see the greener grass / — ours is never good enough. //
볼 수 있게 된다 /   우리의 것(삶)은 만족할 만큼 충분히 좋지 않다 //
                      → to부정사구(~하기 위해)
[To regain that passion for the life you want], / you must
여러분이 원하는 삶에 대한 열정을 되찾기 위해서는 /   여러분의 선택에
                              → 주어부
recover control of your choices. // [No one but yourself]
대한 통제력을 회복해야 한다 //   여러분 자신을 제외한 그 누구도
                      → 명사절(choose의 목적어)
can choose [how you live]. // But, how? // The first step to
여러분이 어떻게 살지를 선택할 수 없다 //   하지만 어떻게 해야 할까 //   기대감을 버리는
    → 동명사구(to의 목적어)
[getting rid of expectations] / is to treat yourself kindly. //
첫 단계는 /   자신을 친절하게 대하는 것이다 //
                              → 부사절(조건)
You can't truly love other people / [if you don't love
다른 사람을 진정으로 사랑할 수 없다 /   자신을 먼저 사랑하지
                              → 명사절(accept의 목적어)
yourself first]. // When we accept [who we are], / there's
않으면 //   우리가 우리의 있는 그대로를 받아들일 때 /   타인의
no room for other's expectations. //
기대감을 위한 여지는 남아 있지 않다 //

전문 해석 여러분은 가끔 자신의 삶을 사랑하지 않는다고 느끼는가? 마치, 마음 깊은 곳에서 뭔가가 빠진 것처럼? 그것은 우리가 타인의 삶을 살고 있기 때문이다. 우리는 타인이 우리의 선택에 영향을 주도록 허용한다. 우리는 그들의 기대감을 만족시키기 위해 노력하고 있다. 사회적 압력은 (우리를) 현혹시킨다. 우리 모두는 그것을 눈치채지도 못한 채 영향을 받는다. 우리의 삶에 대한 소유권을 잃고 있다는 것을 깨닫기도 전에, 우리는 결국 다른 사람들이 어떻게 사는지를 무시하게 된다(→ 부러워하게 된다). 그러면, 우리는 더 푸른 잔디(타인의 더 좋아 보이는 삶)만 볼 수 있게 된다. 우리의 삶은 만족할 만큼 충분히 좋지 않다. 여러분이 원하는 삶에 대한 열정을 되찾기 위해서는 여러분의 선택에 대한 통제력을 회복해야 한다. 여러분 자신을 제외한 그 누구도 여러분이 어떻게 살지를 선택할 수 없다. 하지만 어떻게 해야 할까? 기대감을 버리는 첫 단계는 자신을 친절하게 대하는 것이다. 자신을 먼저 사랑하지 않으면 다른 사람을 진정으로 사랑할 수 없다. 우리가 우리의 있는 그대로를 받아들일 때, 타인의 기대감을 위한 여지는 남아 있지 않다.

해설 타인의 기대감을 만족시키기 위해 사는 삶을 살지 말고 자신의 삶에 대한 소유권을 되찾으라는 내용의 글이다. 사회적 압력의 영향을 받으면 우리는 결국 다른 사람들이 어떻게 사는지에 대해 부러워하게 될 것이므로, ②의 ignoring은 envying과 같은 낱말로 바꾸어야 한다.

오답분석

오답선지	① 영향을 주다	③ 회복하다	④ 친절하게	⑤ 기대감
선택비율	4.6%	14.8%	15.9%	7.9%

④번을 선택한 학생들은 문맥 전체에서 해당 문장을 봐야 해. 이 문장에서 말하는 '기대감'이라는 건 긍정적인 의미가 아니야. 자신에게 압박을 주는 타인의 기대감이기 때문에, 자신에게 친절하게 대함으로써 그 기대감을 버릴 수 있다는 건 문맥상 자연스럽지.

Vocabulary Check-up

1 (1) assessment (2) remote (3) affect
2 (1) inferior (2) imaginative

1 (1) assessment / 의사가 고통을 함께하는 사람으로서 환자와 너무 긴밀하게 공감하면, 그녀는 무엇이 잘못되었는지, 무엇을 할 수 있는지, 그리고 그런 요구를 충족하기 위해 무엇을 해야 하는지를 가장 정확하게 평가하는 데 필수적인 객관성을 잃게 된다.

(2) remote / 이런 식으로 먼 지역의 농부들이 날씨 정보를 얻을 수 있을 것이고, 시골의 어린이들이 온라인 교육을 받을 수 있게 될 것이다.

(3) affect / 감정은 여러분의 식사 동기, 음식 선택, 어디서 누구와 식사할지, 그리고 식사하는 속도를 포함하여, 여러분의 식사의 여러 측면에 영향을 줄 수 있다.

2 (1) inferior / 사람들은 자신에 대해 더 낮다고 느끼기 위해 때때로 아래로 향하는 사회적 비교, 즉 자신을 열등한 혹은 상황이 더 나쁜 사람들과 비교한다.

(2) imaginative / 라디오를 들었던 어린이들은 더 상상력이 풍부한 응답을 했지만, 텔레비전을 시청했던 어린이들은 원래 이야기를 반복하는 말을 더 많이 했다.

Grammar Check-up

1 (1) ① although ② well (2) ① have been ② left
2 ③ → those

1 (1) ① although: 뒤에 주어와 동사로 이루어진 절이 왔으므로 접속사 although가 적절하다.
② well: 동사 perform을 수식하는 부사가 와야 하므로 well이 적절하다.

(2) ① have been: 과거에 대한 서술이므로 '~였을 것이다'라는 의미의 would have been을 만드는 have been이 적절하다.
② left: 맥락상 남겨진 사람이 없다는 의미로, 목적어인 humans와 수동의 관계이므로 과거분사 left가 적절하다.

2 ③: 비교의 맥락상 앞부분의 The dreams를 의미하므로 복수형인 those로 고쳐야 한다.

Day 6

□ generalization	일반화	□ factor	요소	□ deliberately	의도적으로, 일부러
□ engaging	마음을 끄는	□ civilization	문명	□ unfavorable	호의적이지 않은
□ provide	제공하다	□ inspire	영감을 주다	□ frustration	좌절
□ perceive	인식하다	□ commerce	무역, 상업	□ reside	존재하다, 있다, 살다
□ competitive	경쟁력 있는, 경쟁적인	□ rejection	거절	□ miserable	비참한

Day 7

□ excessive	과다한	□ imitate	모방하다	□ kinetic	운동의
□ generate	생산하다	□ molecule	분자	□ conserve	보존하다
□ interval	간격	□ claim	주장	□ extinction	멸종
□ neural	신경의	□ proportion	비율	□ occur	발생하다
□ organism	생물	□ approach	접근하다	□ supplement	보충하다

Day 8

□ relative	상대적인	□ conclusively	결정적으로	□ willingness	기꺼이 하기
□ remove	제거하다	□ stick	계속 남다, 머무르다	□ disagreement	불일치
□ eliminate	제거하다	□ resident	주민	□ reveal	나타내다, 드러내다
□ advantage	이익, 우위	□ approve	승낙하다, 허가하다	□ dismiss	해고하다
□ individual	개인	□ commitment	약속, 전념, 헌신	□ recession	경기 후퇴

Day 9

□ interpret	해석하다	□ negotiate	협상하다	□ disastrous	피해가 막심한, 비참한
□ arrange	배열하다	□ innovation	혁신	□ socializing	사람 사귀기, 교제하기
□ phenomenon	현상	□ availability	이용 가능성	□ inanimate	무생물의
□ maintain	유지하다	□ confront	맞닥뜨리다, 맞서다	□ suffer	상처받다, 괴로워하다
□ consideration	고려	□ essential	필수적인	□ progression	진행, 전진

Day 10

□ process	처리하다; 과정	□ distinguish	구분하다	□ notable	눈에 띄는, 주목할 만한
□ aspect	측면	□ incapable	할 수 없는	□ decline	떨어지다, 감소하다
□ distress	괴로움	□ opportunity	기회	□ empathy	공감, 감정 이입
□ ensure	보장하다	□ overestimate	과대평가하다	□ fundamental	기본적인
□ withhold	주지 않다, 보류하다	□ convince	납득시키다, 확신하게 하다	□ artificial	인공의

1 ②	2 ①	3 ②	4 ⑤	5 ⑤	6 ⑤

1

정답 ②

소재 세부 사항 묘사의 중요성

직독직해

Generalization / without specific examples [that 〈관계절〉
일반화는 / 글을 인간미 있게 하는 구체적인 사례가 없는 /

humanize writing] / is boring to the listener and to the
듣는 사람과 읽는 사람에게 지루하다 //

reader. // Who wants to read platitudes all day? // Who
누가 상투적인 말을 온종일 읽고 싶어 하겠는가 // 위대한,

wants to hear the words great, greater, best, smartest,
더 위대한, 최고의, 제일 똑똑한, 가장 훌륭한, 인도주의적인, 이런 말들을 누가 계속해서

finest, humanitarian, on and on and on / without specific
끊임없이 듣고 싶어 하겠는가 / 구체적인 사례가 없이 //

examples? // Instead of using these 'nothing words,' / [leave
이런 '공허한 말들'을 사용하는 대신에 / 그것들을
〈대등한 연결〉

them out] / and [just describe the particulars]. // There is
빼버리라 / 그리고 세부 사항들만을 서술하라 // 더 끔찍한
↳ nothing words를 가리킴

nothing worse / than reading a scene in a novel / [in which
것은 없다 / 소설에서의 장면을 읽는 것보다 / 〈관계절〉 주인공이

a main character is described up front / as heroic or brave
대놓고 묘사되는 / 영웅적이다, 용감하다,

or tragic or funny, / while thereafter, / the writer quickly
비극적이다, 혹은 웃긴다고 / 그런 다음에 / 작가가 다른 것으로 빠르게

moves on to something else]. // That's no good, / no good
넘어가는 // 그건 좋지 않으며 / 전혀 좋지

at all. // You have to use less one word descriptions / and
않다 // 한 단어 묘사는 덜 사용해야 한다 / 그리고

more detailed, engaging descriptions / [if you want to
세밀하고 마음을 끄는 묘사를 더 많이 (사용해야 한다) / 어떤 것을 실감 나는
〈부사절(조건)〉

make something real]. //
것으로 만들고 싶다면 //
↳ make+목(something)+목·보(real): ~을 …하게 만들다

전문 해석 글을 인간미 있게 하는 구체적인 사례가 없는 일반화는 듣는 사람과 읽는 사람에게 지루하다. 누가 상투적인 말을 온종일 읽고 싶어 하겠는가? 구체적인 사례가 없이 위대한, 더 위대한, 최고의, 제일 똑똑한, 가장 훌륭한, 인도주의적인, 이런 말들을 누가 계속해서 끊임없이 듣고 싶어 하겠는가? 이런 '공허한 말들'을 사용하는 대신에, 그것들을 빼버리고 세부 사항들만을 서술하라. 주인공을 대놓고 영웅적이다, 용감하다, 비극적이다, 혹은 웃긴다고 묘사하고, 그런 다음에 작가가 다른 것으로 빠르게 넘어가는 소설에서의 장면을 읽는 것보다 더 끔찍한 것은 없다. 그건 좋지 않으며, 전혀 좋지 않다. 어떤 것을 실감 나는 것으로 만들고 싶다면, 한 단어 묘사는 덜 사용하고, 세밀하고 마음을 끄는 묘사를 더 많이 사용해야 한다.

해설 구체적인 사례가 없는 일반화는 지루하고 공허하므로, 그러한 말을 사용하는 대신에 세밀하고 마음을 끄는 묘사를 많이 사용하라고 했으므로, 빈칸에 들어갈 말로 가장 적절한 것은 ②이다.

①번은 글의 주제를 고려하지 않아서 선택한 거야. 글에서 위대한, 더 위대한, 최고의, 제일 똑똑한, 가장 훌륭한, 인도주의적인, 이런 말들을 나열하는 게 나쁘다고 했으니까, 비슷한 점만 뽑아서 한 단어로 만드는 게 좋겠다고 생각했을 거야. 하지만 빈칸 추론은 항상 글의 주제와 연관되어 있다는 점을 기억해야 해. 상투적인 말을 나열하는 것을 피하고 글을 더 좋게 만들려면 구체적으로 서술하라는 게 이 글의 메시지야!

2

정답 ①

소재 홈구장 이점의 부담

직독직해

One dynamic / [that can change dramatically in sport] / 〈관계절〉
한 가지 역학은 / 스포츠에서 극적으로 바뀔 수 있는 /
〈관계절(the concept of the home-field advantage 부연 설명)〉

is the concept of the home-field advantage, / [in which
홈구장 이점이라는 개념이다 / 여기에서는

perceived demands and resources seem to play a role]. //
인식된 부담과 자원이 역할을 하는 것처럼 보인다 //

Under normal circumstances, / the home ground would
일반적인 상황에서 / 홈그라운드는 더 많은 인식된 자원을
↳ appear to+동사원형: ~하는 것처럼 보이다

appear to provide greater perceived resources / (fans, home
제공하는 것처럼 보인다 / (팬, 홈 경기장 등) //

field, and so on). // However, / researchers Roy Baumeister
하지만 / 연구원 Roy Baumeister와

and Andrew Steinhilber were among the first to point
Andrew Steinhilber는 처음으로 지적한 사람 중 하나였다 /
↳ 명사절(point out의 목적어)

out / [that these competitive factors can change]; / for
/ 이러한 경쟁력이 있는 요소들이 바뀔 수도 있다고

example, / the success percentage for home teams in
예를 들어 / 우승 결정전이나 (미국 프로 야구) 선수권의 마지막 경기에서 홈 팀들의
seem to+동사원형: ~하는 것처럼 보이다

the final games of a playoff or World Series / seems to
성공률은 / 떨어지는 것처럼

drop. // Fans can become part of the perceived demands /
보인다 // 팬들은 인식된 부담의 일부가 될 수 있다 /

rather than resources / under those circumstances. // This
자원보다는 / 그러한 상황에서 / 이러한
↳ 명사절(explain의 목적어) 〈관계절〉

change in perception can also explain / [why a team {that's
인식의 변화는 또한 설명할 수 있다 / 왜 연초에 고전하는 팀이 길을

struggling at the start of the year} will often welcome a
떠나는 것(원정 경기를 가는 것)을 흔히 반기는지 /
↳ to부정사구(~하기 위해)

road trip / {to reduce perceived demands and pressures}]. //
인식된 부담과 압박을 줄이기 위해 //

전문 해석 스포츠에서 극적으로 바뀔 수 있는 한 가지 역학은 홈구장 이점이라는 개념으로, 여기에서는 인식된 부담과 자원이 역할을 하는 것처럼 보인다. 일반적인 상황에서, 홈그라운드는 더 많은 인식된 자원 (팬, 홈 경기장 등)을 제공하는 것처럼 보인다. 하지만, 연구원 Roy Baumeister와 Andrew Steinhilber

는 이러한 경쟁력이 있는 요소들이 바뀔 수도 있다고 처음으로 지적한 사람 중 하나였다. 예를 들어, 우승 결정전이나 (미국 프로 야구) 선수권의 마지막 경기에서 홈 팀들의 성공률은 떨어지는 것처럼 보인다. 그러한 상황에서 팬들은 자원보다는 인식된 부담의 일부가 될 수 있다. 이러한 인식의 변화는 왜 연초에 고전하는 팀이 인식된 부담과 압박을 줄이기 위해 길을 떠나는 것(원정 경기를 가는 것)을 흔히 반기는지 또한 설명할 수 있다.

해설 홈그라운드의 팬이 인식된 부담이 되어 홈 팀들의 성공률이 떨어지는 경우가 있다는 내용의 글이므로, 빈칸에 들어갈 말로 가장 적절한 것은 ①이다.

오답분석

오답선지	선택비율
② 국제 경기를 피하는지	29.5%
③ 티켓 판매를 늘리는 데 초점을 맞추는지	12.9%
④ 친환경적인 경기장을 갖고 싶어 하는지	10.1%
⑤ 그들의 다가오는 경기를 홍보하려고 노력하는지	28.0%

②번을 선택한 학생들은 글의 내용을 정확하게 대입하지 않고 국가 대항전 같은 경기는 팬의 열기가 뜨거울 테니까 피하려고 한다고 섣불리 추측한 거야. 하지만 이 글의 요점은 홈그라운드의 팬이 부담이 될 수 있다는 거지. 국제 경기는 홈 경기가 될 수도 있고, 원정 경기가 될 수도 있기 때문에 홈 경기를 피하려 한다는 의미를 정확히 나타낼 수 없어.

3

정답 ②

소재 인간과 밤하늘의 관계

직독직해

We are connected to the night sky / in many ways. // It
우리는 밤하늘과 연결되어 있다 / 많은 방식으로 // 그것은
→ the night sky를 가리킴
→ inspire+목적어+to부정사: ~에게 …하도록 영감을 주다
has always inspired people to wonder and to imagine. //
그것은 항상 사람들이 궁금해하고 상상하도록 영감을 주었다 //

Since the dawn of civilization, / our ancestors [created
문명의 시작부터 / 우리 선조들은 신화를 만들었고
→ 대등한 연결
myths] and [told legendary stories] / about the night sky. //
전설적 이야기를 했다 / 밤하늘에 대해 //

Elements of those narratives became embedded / in the
그러한 이야기들의 요소들은 깊이 새겨졌다 / 여러 세대

social and cultural identities of many generations. // On
의 사회적 그리고 문화적 정체성에 //
→ help+목적어+to부정사: ~가
실용적인 수준에서 / 밤하늘은 과거 세대들이 시간을 기록하고 달력을 만들도록
a practical level, / the night sky helped past generations
→ 대등한 연결
to [keep track of time] and [create calendars] / —
도왔다
→ 시간 기록과 달력에 대한 설명
[essential to developing societies / as aids to farming
이는 사회를 발전시키는 데 필수적이었다 / 농업과 계절에 따른 수확의
→ the night sky를 가리킴
and seasonal gathering]. // For many centuries, / it also
보조 도구로서 // 수 세기 동안 / 그것은
→ a useful navigation tool에 대한 부연 설명
provided a useful navigation tool, / [vital for commerce
또한 유용한 항해 도구를 제공하였다 / 무역과 새로운 세계를 탐험하는

and for exploring new worlds]. // Even in modern times, /
데 필수적인 // 심지어 현대에도 /

many people in remote areas of the planet / observe the
지구의 외딴 지역에 있는 많은 사람이 / 밤하늘을 관찰한다 /

night sky / for such practical purposes. //
밤하늘을 / 그러한 실용적인 목적을 위해 //

전문 해석 우리는 많은 방식으로 밤하늘과 연결되어 있다. 그것은 항상 사람들이 궁금해하고 상상하도록 영감을 주었다. 문명의 시작부터, 우리 선조들은 밤하늘에 대해 신화를 만들었고 전설적 이야기를 했다. 그러한 이야기들의 요소들은 여러 세대의 사회적 그리고 문화적 정체성에 깊이 새겨졌다. 실용적인 수준에서, 밤하늘은 과거 세대들이 시간을 기록하고 달력을 만들도록 도왔고 이는 농업과 계절에 따른 수확의 보조 도구로서 사회를 발전시키는 데 필수적이었다. 수 세기 동안, 그것은 또한 무역과 새로운 세계를 탐험하는 데 필수적인 유용한 항해 도구를 제공하였다. 심지어 현대에도, 지구의 외딴 지역에 있는 많은 사람이 그러한 실용적인 목적을 위해 밤하늘을 관찰한다.

해설 주어진 문장은 우리 선조들이 밤하늘에 대한 신화를 만들었고 전설적 이야기를 했다는 내용이므로, 이를 'those narratives'로 받아 그 이야기의 요소가 여러 세대의 사회적, 문화적 정체성에 새겨졌다고 진술하는 문장 앞에 와야 한다. 따라서 주어진 문장이 들어가기에 가장 적절한 곳은 ②이다.

오답분석

오답선지	①	③	④	⑤
선택비율	14.1%	25.9%	17.5%	10.4%

③번은 그 앞의 지시 형용사 those를 놓친 학생들이 선택한 거야. those는 앞서 언급된 것을 지칭할 때 쓰니까, 주어진 문장에 있는 myths와 legendary stories라는 표현이 those narratives보다 먼저 와야겠지.

4

정답 ⑤

소재 거절을 감당하기

직독직해

Rejection is an everyday part of our lives, / yet most
거절은 우리 삶의 일상적인 부분이다 / 그러나
→ rejection을 가리킴 → rejection을 가리킴
people can't handle it well. // For many, / it's so painful /
대부분의 사람은 그것을 잘 감당하지 못한다 // 많은 사람에게 / 거절이 너무 고통스럽기
so ~ that …: 너무 ~해서 …하다
that they'd rather not ask for something at all / than ask
때문에 / 그들은 이에 무언가를 요청하지 않으려 한다 / 요청하고 거절
→ rather+동사원형(A)+than+동사원형(B): B하느니 차라리 A하다
and risk rejection. // Yet, / as the old saying goes, / if you
당할 위험을 감수하기보다는 // 하지만 / 옛말처럼 / 요청하지
→ 동명사구(주어)
don't ask, / the answer is always no. // [Avoiding rejection]
않으면 / 대답은 항상 '아니요'이다 // 거절을 피하는 것은 여러분의

negatively affects many aspects of your life. // All of that
삶의 많은 측면에 부정적인 영향을 미친다 // 그 모든 것은
→ 형용사+enough to부정사: ~할 정도로 …한
happens / only because you're not tough enough to handle
일어난다 / 여러분이 단지 거절을 감당할 만큼 강하지 않기 때문에

it. // For this reason, / consider rejection therapy. // Come
// 이러한 이유로 / 거절 요법을 고려해 보라 // 요청이나

up with a request or an activity / [that usually results in
활동을 생각해 내라 / 일반적으로 거절당할 만한 //

a rejection]. // [Working in sales] is one such example. //
판매 분야에서 일하는 것이 그러한 사례 중 하나이다 //

[Asking for discounts at the stores] will also work. //
매장에서 할인을 요청하는 것 또한 효과가 있을 것이다 //

By deliberately getting yourself rejected / you'll grow a
의도적으로 스스로를 거절당할 상황에 놓이게 함으로써 / 여러분은 더 둔감성을

thicker skin / that will allow you to take on much more
갖게 될 것이다 / 인생에서 훨씬 더 많은 것을 떠맡을 수 있게 해 줄 /

in life, / thus making you more successful at dealing with
그리하여 그것은 호의적이지 않은 상황에 더 성공적으로 대처할 수 있게 해 줄

unfavorable circumstances. //
것이다 //

전문 해석 거절은 우리 삶의 일상적인 부분이지만, 대부분의 사람은 그것을 잘 감당하지 못한다. 많은 사람에게 거절이 너무 고통스럽기 때문에, 그들은 요청하고 거절당할 위험을 감수하기보다는 아예 무언가를 요청하지 않으려 한다. 하지만 옛말처럼, 요청하지 않으면 대답은 항상 '아니요'이다. 거절을 피하는 것은 여러분의 삶의 많은 측면에 부정적인 영향을 미친다. 그 모든 것은 여러분이 단지 거절을 감당할 만큼 강하지 않기 때문에 일어난다. 이러한 이유로 거절 요법을 (시도하는 것을) 고려해 보라. 일반적으로 거절할 만한 요청이나 활동을 생각해 내라. 판매 분야에서 일하는 것이 그러한 사례 중 하나이다. 매장에서 할인을 요청하는 것 또한 효과가 있을 것이다. 의도적으로 스스로를 환영받을 (→ 거절당할) 상황에 놓이게 함으로써 여러분은 인생에서 훨씬 더 많은 것을 떠맡을 수 있게 해줄 둔감성을 갖게 되며, 그리하여 그것은 호의적이지 않은 상황에 더 성공적으로 대처할 수 있게 해 줄 것이다.

해설 판매 분야에서 일하거나 매장에서 할인을 요청하는 등 일반적으로 거절당할 만한 요청이나 활동을 생각해 내어 이를 시도해 본다면, 거절에 둔감해지고 호의적이지 않은 상황에 성공적으로 대처할 수 있게 될 것이라고 하였으므로, ⑤의 welcomed는 rejected와 같은 낱말로 바꾸어야 한다.

오답분석

오답선지	선택비율
① 위험을 감수하다	8.6%
② 부정적으로	14.7%
③ 강한	21.8%
④ 요청	11.0%

③번을 선택한 학생들은 아마도 선택지 바로 앞의 부정어 not을 고려하지 않았을 거야. 거절을 감당할 만큼 강하지 않기 때문에 거절당할 위험을 감수하지 않으려고 한다는 맥락인데, tough 앞에 부정어 not이 있기 때문에 맥락상 적절한 표현이 되었어.

5~6

정답 5 ⑤ / 6 ⑤

소재 타인을 이해하고 사랑하기

직독직해

The longest journey / [we will make] / is the eighteen
가장 긴 여정은 / 우리가 갈 / 우리의 머리에서

inches between our head and heart. // [If we take this
가슴까지의 18인치이다 // 우리가 이 여행을 한다면 /

journey], / it can shorten our misery in the world. //
그것은 세상에서 우리의 비참함을 줄일 수 있다 //

Impatience, judgment, frustration, and anger reside in our
조급함, 비판, 좌절, 그리고 분노가 우리 머릿속에 있다 //

heads. // When we live in that place too long, / it makes us
우리가 그 장소에서 너무 오래 살면 / 그것은 우리를

unhappy. // But when we take the journey from our heads
불행하게 만든다 // 그러나 우리가 머리부터 가슴까지의 여행을 하면 /

to our hearts, / something shifts inside. // What if we were
내면에서 무엇인가 바뀐다 // 만일 우리가 모든 것을

able to love everything / [that gets in our way]? // What if
사랑할 수 있다면 어떻게 될까 / 우리를 가로막는 // 만일 우리가

we tried loving the shopper / [who unknowingly steps in
그 쇼핑객을 사랑하려고 노력한다면 어떨까 / 줄을 서 있는 우리 앞에 무심코 들어온 /

front of us in line], / the driver [who cuts us off in traffic],
차량 흐름에서 우리 앞에 끼어든 그 운전자를 /

the swimmer [who splashes us with water / during a belly
우리에게 물을 튀게 한 수영하는 그 사람을 / 배 쪽으로 다이빙

dive], / or the reader [who pens a bad online review of our
하면서 / 혹은 우리의 글에 대해 나쁜 온라인 후기를 쓴 그 독자를 //

writing]? //

Every person / [who makes us miserable] / is like us —
모든 사람은 / 우리를 비참하게 만드는 / 우리와 같다

a human being, / [most likely doing the best {they can},
인간으로서 / 아마도 분명히 최선을 다하고 있으며 /

deeply loved by their parents, a child, or a friend]. // And
부모, 자녀 혹은 친구로부터 깊이 사랑받으며 // 그리고

how many times have we unknowingly stepped / in front of
우리는 몇 번이나 무심코 들어갔을까 / 줄을 서 있는

someone in line? // Cut someone off in traffic? // Splashed
누군가의 앞에 / 차량 흐름에서 누군가에게 끼어든 적은 // 수영장에서

someone in a pool? // Or made a negative statement about
누군가에게 물을 튀게 한 적은 // 혹은 우리가 읽은 것에 대해 부정적인 진술을 한 적은

something [we've read]? // It helps [to remember / {that a
몇 번이었을까 // 기억하는 것은 도움이 된다 / 우리가

piece of us resides in every person we meet}]. //
만나는 모든 사람 속에 우리의 일부가 있다는 것을 //

전문 해석 우리가 갈 가장 긴 여정은 우리의 머리에서 가슴까지의 18인치이다. 우리가 이 여행을 한다면, 그것은 세상에서 우리의 비참함을 줄일 수 있다. 조급함, 비판, 좌절, 그리고 분노가 우리 머릿속에 있다. 우리가 그 장소에서 너무 오래 살면, 그것은 우리를 불행하게 만든다. 그러나 우리가 머리부터 가슴까지의 여행을 하면, 내면에서 무엇인가 바뀐다. 만일 우리를 가로막는 모든 것을 우리가 사랑할 수 있다면 어떻게 될까? 만일 줄을 서 있는 우리 앞에 무심코 들어온 그 쇼핑객을, 차량 흐름에서 우리 앞에 끼어든 그 운전자를, 배 쪽으로 다이빙하면서 우리에게 물을 튀게 한 수영하는 그 사람을. 우리의 글에 대해 나쁜 온라인 후기를 쓴 그 독자를 우리가 사랑하려고 노력한다면 어떨까? 우리를 비참하게 만드는 모든 사람은 우리와 같다. 아마도 분명히 최선을 다하고 있으며, 부모, 자녀 혹은 친구로부터 깊이 사랑받는 인간으로서 말이다. 그리고 우리는 몇 번이나 무심코 줄을 서 있는 누군가의 앞에 들어갔을까? 차량

흐름에서 누군가에게 끼어든 적은? 수영장에서 누군가에게 물을 튀게 한 적은? 혹은 우리가 읽은 것에 대해 부정적인 진술을 한 적은 몇 번이었을까? 우리가 만나는 모든 사람 속에 우리의 일부가 있다는 것을 <u>부정하는(→ 기억하는)</u> 것은 도움이 된다.

해설 **5** 조급함, 비난, 좌절, 분노가 있는 머릿속에 머무르면 불행해지므로, 머리에서 벗어나 가슴으로 여행을 하여 우리를 비참하게 만드는 타인을 사랑하려고 노력해야 한다는 내용의 글이므로, 제목으로 가장 적절한 것은 ⑤ '불행으로부터 자신을 구하기 위해 타인을 이해하라'이다.

6 우리를 비참하게 만드는 사람도 우리와 같은 사람임을 알고, 나도 타인에게 불편을 끼친 적이 없는지 생각해 보라는 맥락이다. 우리가 만나는 모든 사람 속에 우리의 일부가 있다는 것을 부정하기보다는 기억해야 도움이 될 것이므로, ⑤의 deny는 remember와 같은 낱말로 바꾸어야 한다.

오답분석

오답선지	선택비율
5 ① 다른 사람들을 용서하는 것이 매우 어려운 이유	10.0%
② 심지어 친절한 행동도 누군가에게 상처를 줄 수 있다	10.2%
③ 상심을 치료하는 가장 좋은 것은 시간이다	15.2%
④ 일상 생활에서 행복한 순간들을 경축하라	14.2%
6 ① (a) 비참함	8.1%
② (b) 불행한	9.8%
③ (c) 내면에서	12.5%
④ (d) 같은	18.8%

5 ③번은 '상심(broken heart)'에만 집중한 나머지 선택지 속 다른 키워드인 '시간'을 놓쳐서 선택한 거야. 이 글에서 필자는 시간이 지나면 상처 받은 마음이 낫는다고 말하고 있는 게 아니지. 선택지에 나타난 키워드가 글의 핵심 키워드를 잘 반영하고 있는지 항상 확인해야 해!

6 ④번은 선택지 뒤쪽 내용을 확인하지 않고 문장 자체로만 성급하게 판단해서 선택한 거야. 문장 자체로만 보면 우리를 비참하게 만드는 사람이 우리와 같다는 말이 이상할 수 있지만, 뒷부분을 읽어 보면 그들도 우리처럼 부모에게 사랑받는 자녀이거나 친구일 거라고 설명하고 있어. 또한 우리도 그 사람들과 같은 행동을 한 적은 없는지, 즉 우리가 그들과 같은 사람이 아닌지 질문을 던지고 있지. 항상 문장의 맥락을 파악해야 해.

Daily Review   Day **6**

Vocabulary Check-up

1 (1) perceive (2) factor (3) competitive
2 (1) rejection (2) inspired

1 (1) perceive / 우리는 교실 문을 어느 각도에서 보이든지 간에 사각형으로 <u>인식하는</u> 경향이 있다.

(2) factor / 여성참정권 운동의 성공에서 중요한 <u>요소</u>는 그 운동의 지지자들이 그들의 관점에 있어 '일관성이 있었고' 이것이 엄청난 정도의 사회적 영향력을 창출했다는 것이다.

(3) competitive / 회사가 <u>경쟁력 있는</u> 상태를 유지하도록 제조 원가를 낮추기 위해 로봇이 필요할 수도 있지만, 그러한 원가절감을 위한 계획은 노사가 함께해야 한다.

2 (1) rejection / 평등은 흔히 주장되듯이 무관한 차이들에 대한 <u>거절</u> 뿐 아니라 합법적이고 관련 있는 차이들에 대한 완전한 인정도 포함한다.

(2) inspired / 그것은 Emilia가 가장 좋아하는 그림이었으며 그녀가 화가가 되도록 <u>영감을 주었다</u>.

Grammar Check-up

1 (1) ① them out ② in which (2) ① to provide ② seems
2 ④ → rejected

1 (1) ① them out: leave out의 목적어가 대명사이므로 them out이 적절하다.
② in which: 관계사 뒤가 완전한 문장이므로 in which가 적절하다.

(2) ① to provide: 동사 appear가 '~처럼 보이다'라고 쓰이는 맥락이므로 to부정사인 to provide가 적절하다.
② seems: 주어의 핵이 success percentage로 단수이므로, 동사 seems가 적절하다.

2 ④: 목적어인 yourself는 거절당하는 대상이므로 수동을 나타내는 과거분사 rejected로 고쳐야 한다.

1

정답 ④

소재 기후 변화를 야기하는 소비 행태

직독직해

~에 관해서라면 | blame A for B: B에 대해 A를 탓하다
When it comes to climate change, / many blame / [the
기후 변화에 관해 / 많은 사람들은 탓한다 /

fossil fuel industry for pumping greenhouse gases], / [the
온실가스를 배출하는 것에 대해 화석 연료 산업을 /

대등한 연결
agricultural sector for burning rainforests], / or [the fashion
열대 우림을 태우는 것에 대해 농업 분야를 / 혹은 과다한 의복을

industry for producing excessive clothes]. // But wait, / what
생산하는 것에 대해 패션 산업을 // 하지만 자 / 무엇이

drives these industrial activities? // Our consumption. //
이러한 산업 활동들을 가동시키는가 // 우리의 소비이다 //

each+단수명사
Climate change is a summed product / of each person's
기후 변화는 합쳐진 산물이다 / 각 개인 행위의 //

behavior. // For example, / the fossil fuel industry is a
예를 들어 / 화석 연료 산업은 일반적인 희생양이다 /

popular scapegoat / in the climate crisis. // But why do
기후 위기에 있어서 // 하지만 왜 그들은

they drill and burn fossil fuels? // We provide them /
화석 연료를 시추하고 태울까 // 우리가 그들에게 제공한다 /

strong financial incentives: / some people regularly travel
강력한 금전적인 동기를 / 어떤 사람들은 비행기와 차로 정기적으로
관계절
on airplanes and cars / [that burn fossil fuels]. // Some
여행한다 / 화석 연료를 태우는 // 어떤
분사구
people waste electricity / [generated by burning fuel
사람들은 전기를 낭비한다 / 발전소에서 연료를 태움으로써 생산된 /

in power plants]. // Some people use and throw away
어떤 사람들은 플라스틱 제품을 사용하고 버린다 /
분사구
plastic products / [derived from crude oil] / every day. //
원유로부터 얻어진 / 매일 //
동명사구(주어)
[Blaming the fossil fuel industry / while engaging in these
화석 연료 산업을 탓하는 것은 / 이러한 행위들에 참여하면서 /
동사
behaviors] / is a slap in our own face. //
스스로의 얼굴 때리기이다 //

전문 해석 기후 변화에 관해 많은 사람들은 온실가스를 배출하는 것에 대해 화석 연료 산업을, 열대 우림을 태우는 것에 대해 농업 분야를, 혹은 과다한 의복을 생산하는 것에 대해 패션 산업을 탓한다. 하지만 자, 무엇이 이러한 산업 활동들을 가동시키는가? 우리의 소비이다. 기후 변화는 각 개인 행위의 합쳐진 산물이다. 예를 들어, 화석 연료 산업은 기후 위기에 있어서 일반적인 희생양이다. 하지만 왜 그들은 화석 연료를 시추하고 태울까? 우리가 그들에게 강력한 금전적인 동기를 제공한다. 예를 들어, 어떤 사람들은 화석 연료를 태우는 비행기와 차로 정기적으로 여행한다. 어떤 사람들은 발전소에서 연료를 태움으로써 생산된 전기를 낭비한다. 어떤 사람들은 원유로부터 얻어진 플라스틱 제품을 매일 사용하고 버린다. 이러한 행위들에 참여하면서 화석 연료 산업을 탓하는 것은 스스로의 얼굴 때리기이다.

해설 기후 변화에 대해 사람들은 산업 활동들을 탓하지만, 그 산업 활동을 가동시키는 건 개인의 소비 행위라는 내용의 글이다. 정작 자신은 화석 연료를 태우는 비행기로 정기적으로 여행을 하거나, 원유로부터 얻어진 플라스틱 제품을 매일 사용하고 버리는 행위를 하면서, 화석 연료 산업을 탓하는 것은 스스로의 얼굴 때리기와 같다고 하였으므로, 밑줄 친 부분이 글에서 의미하는 바로 가장 적절한 것은 ④ '기후 변화에 대한 우리의 책임을 인식하지 못하는 것'이다.

오답분석

오답선지	선택비율
① 미래 세대에게 변화의 여지를 주는 것	4.8%
② 천연 자원의 부족에 대해 우리 자신에게 경고하는 것	18.2%
③ 화석 연료 생산의 이점을 인정하기를 거부하는 것	13.5%
⑤ 환경 문제를 개별적으로 다루기 시작하는 것	10.8%

②번은 해당 문장이 의미하는 바를 정확하게 파악하지 못했기 때문에 선택한 거야. 화석 연료 산업을 부추기는 소비 행위에 참여하면서도 기후 변화를 야기한다고 화석 연료 산업을 탓하는 것이 과연 천연 자원의 부족에 대해 우리 자신에게 경고하는 것일까? 자신에 대한 경고라기보다는 현실을 깨닫지 못하고 있는 쪽이 맞겠지.

2

정답 ②

소재 소리 패턴을 기억하는 아기

직독직해

명사절(about의 목적어)
Over time, / babies construct expectations / about [what
시간이 지나면서 / 아기는 기대를 형성한다 / 자신이 어떤 소리를

sounds they will hear when]. // They hold in memory /
언제 들을지에 대한 // 그들은 기억한다 /
관계절
the sound patterns / [that occur on a regular basis]. //
소리 패턴을 / 규칙적으로 발생하는 //

They make hypotheses like, / "If I hear this sound first, /
그들은 ~와 같은 가설을 세운다 / '내가 '이' 소리를 먼저 들으면 /

it probably will be followed by that sound." // Scientists
그것에 아마도 '저' 소리가 따라올 것이다' // 과학자들은
명사절(conclude의 목적어)
conclude / [that much of babies' skill in learning language
결론짓는다 / 언어를 배우는 아기의 기술의 상당 부분이 그들의 통계를 계산하는 능력
부분을 나타내는 말(much of)+단수명사+단수동사
is due to their ability to calculate statistics]. // For babies, /
때문이라고 / 아기에게 있어 /
명사절(means의 목적어)
this means / [that they appear to pay close attention to the
이것은 의미한다 / 그들이 패턴에 세심한 주의를 기울이는 것처럼 보인다는 것을 /
관계절
patterns / {that repeat in language}]. // They remember,
패턴에 / 언어에서 반복되는 // 그들은 체계적인 방식으로
명사절(remember의 목적어)
in a systematic way, / [how often sounds occur, / in what
기억한다 / 소리가 얼마나 자주 발생하는지 / 어떤 순서로

order, / with what intervals, / and with what changes
어떤 간격으로 / 그리고 어떤 음조의 변화를 가지고
allow+목적어+to부정사: ~가 …하도록 해 주다
of pitch]. // This memory store allows them [to track,
이 기억 저장소는 그들이 추적하도록 해 준다 /

{within the neural circuits of their brains}, / the frequency
삽입구 ▶
자신의 뇌의 신경 회로 내에서 /   소리 패턴의 빈도를 /

of sound patterns] / and [to use this knowledge / {to make
대등한 연결 ▶   to부정사구(~하기 위해)
그리고 이 지식을 사용하도록 /   소리 패턴의

predictions about the meaning in patterns of sounds}]. //
의미에 대한 예측을 하기 위해 //

전문 해석 시간이 지나면서 아기는 자신이 어떤 소리를 언제 들을지에 대한 기대를 형성한다. 그들은 규칙적으로 발생하는 소리 패턴을 기억한다. 그들은 '내가 '이' 소리를 먼저 들으면 그것에 아마도 '저' 소리가 따라올 것이다'와 같은 가설을 세운다. 과학자들은 언어를 배우는 아기의 기술의 상당 부분이 그들의 <u>통계를 계산하는 능력</u> 때문이라고 결론짓는다. 아기에게 있어 이것은 그들이 언어에서 반복되는 패턴에 세심한 주의를 기울이는 것처럼 보인다는 것을 의미한다. 그들은 소리가 얼마나 자주, 어떤 순서로, 어떤 간격으로 그리고 어떤 음조의 변화를 가지고 발생하는지를 체계적인 방식으로 기억한다. 이 기억 저장소는 그들이 자신의 뇌의 신경 회로 내에서 소리 패턴의 빈도를 추적하고, 소리 패턴의 의미에 대한 예측을 하기 위해 이 지식을 사용하도록 해 준다.

해설 아기가 규칙적으로 발생하는 소리 패턴의 빈도, 순서, 간격, 음조 변화를 체계적 방식으로 기억하고, 이를 이용하여 소리 패턴의 빈도를 추적하고 소리 패턴의 의미에 대한 예측을 할 수 있다는 내용의 글이므로, 빈칸에 들어갈 말로 가장 적절한 것은 ②이다.

오답분석

오답선지	선택비율
① 사회적 압력의 결여	7.7%
③ 다른 사람과 교류하려는 욕구	13.4%
④ 단순한 소리에 대한 선호	27.7%
⑤ 돌보아주는 이를 모방하는 경향	11.2%

④번은 빈칸 뒤의 내용을 '통계'라는 단어와 연결 짓지 못해서 선택한 거야. 패턴이 반복된다는 점에만 주목해서 그것이 단순할 것이라고 속단한 거지. 하지만 아기가 단순한 소리를 선호한다면 언어를 배우는 데 도움이 될까? 그렇지 않을 거야. 그리고 빈칸 뒤에서 설명하는, 데이터를 모으고 저장하고 체계적 방식으로 파악하는 행위는 바로 '통계'의 행위야.

3

정답 ④

소재 생물 발광의 생존가

직독직해

be known to+동사원형: ~하는 것으로 알려지다 ◀
Some deep-sea organisms are known to use
일부 심해 생물은 생물 발광을 활용한다고 알려져 있다 /

bioluminescence / as a lure, / to attract prey with a
가짜 미끼로써 /   작은 빛으로 먹이를 유혹하기 위해 /

little glow / [imitating the movements of their favorite
분사구 ▶
그들이 좋아하는 물고기의 움직임을 모방하는 /

fish], / or like fireflies, / as a sexual attractant to find
혹은 반딧불이처럼 /   짝을 찾기 위해 성적 유인 물질로써 //

부사절(양보) ▶
mates. // [While there are many possible evolutionary
많은 가능한 진화 이론이 있지만 /

theories / for the survival value of bioluminescence], /
생물 발광의 생존가(생체의 특질이 생존과 번식에 기여하는 유용성)에 대한 /

주어의 핵(단수) ▶   동사 ▶ to부정사구(보어)
one of the most fascinating / is [to create a cloak of
가장 흥미로운 것 중 하나는 /   보이지 않는 망토를 만드는 것이다 /

주어의 핵(단수) ▶
invisibility]. // The color of almost all bioluminescent
거의 모든 생물 발광 분자의 색깔은 청록색이다

동사 ▶   동격 ▶
molecules is blue-green, / [the same color as the ocean
바다 위층과 같은 색인 //

above]. // By self-glowing blue-green, / the creatures
청록색으로 자체 발광함으로써 /   생물은 더 이상

대등한 연결 ▶
no longer [cast a shadow] / or [create a silhouette], /
그림자를 드리우거나 /   실루엣을 만들어 내지 않는다 /

접속사가 생략되지 않은 분사구(= when the creatures are viewed ~) ▶
especially [when viewed from below / against the brighter
특히 아래에서 보일 때 /   위쪽의 더 밝은 물

waters above]. // Rather, / by glowing themselves, / they
배경으로 //   오히려 /   자신을 빛냄으로써 /   그들은

can blend into the sparkles, reflections, and scattered
햇빛 혹은 달빛의 반짝임, 반사 그리고 분산된 청록색 빛에 섞일 수 있다 //

blue-green glow of sunlight or moonlight. // Thus, / they
따라서 / 그들은
not A but B: A가 아니라 B ▶
are most likely making their own light / not to see, but to
자신만의 빛을 분명 만들어 내고 있을 것이다 /   보기 위해서가 아니라

be un-seen. //
보이지 않기 위해서 //

전문 해석 일부 심해 생물은 그들이 좋아하는 물고기의 움직임을 모방하는 작은 빛으로 먹이를 유혹하기 위해 가짜 미끼로써, 혹은 반딧불이처럼 짝을 찾기 위해 성적 유인 물질로써 생물 발광을 활용한다고 알려져 있다. 생물 발광의 생존가(생체의 특질이 생존과 번식에 기여하는 유용성)에 대한 많은 가능한 진화 이론이 있지만 가장 흥미로운 것 중 하나는 <u>보이지 않는 망토를 만드는 것</u>이다. 거의 모든 생물 발광 분자의 색깔은 바다 위층과 같은 색인 청록색이다. 청록색으로 자체 발광함으로써 생물은 특히 위쪽의 더 밝은 물을 배경으로 아래에서 보일 때 더 이상 그림자를 드리우거나 실루엣을 만들어 내지 않는다. 오히려 자신을 빛냄으로써 그들은 햇빛 혹은 달빛의 반짝임, 반사 그리고 분산된 청록색 빛에 섞일 수 있다. 따라서 그들은 보기 위해서가 아니라 보이지 않기 위해서 자신만의 빛을 분명 만들어 내고 있을 것이다.

해설 심해 생물이 바다 위층과 같은 색인 청록색으로 자체 발광함으로써 특히 위쪽의 더 밝은 물을 배경으로 아래에서 보일 때 자신의 모습을 감출 수 있게 된다는 내용의 글이므로, 빈칸에 들어갈 말로 가장 적절한 것은 ④이다.

오답분석

오답선지	선택비율
① 도움을 요청하는 신호를 보내는	10.6%
② 근처의 적들을 위협하는	11.7%
③ 숨은 먹잇감의 베일을 벗기는	15.5%
⑤ 운행 유도 시스템의 역할을 하는	9.7%

③번은 첫 문장의 먹이에 관한 언급만 생각하고 빈칸 뒤쪽의 내용을 정확히 이해하지 못해서 선택한 거야. 생물 발광이 어떤 역할을 하는지 빈칸 뒤쪽에서 본격적으로 설명하고 있거든. 단어만으로 내용을 추측하지 말고 빈칸 주변의 문장을 정확히 해석하는 것이 중요해. ③번 내용이 답이 되려면 발광을 이용해서 먹잇감을 비추어 찾아낸다는 내용이 왔겠지?

4

⑤

소재 문학 텍스트의 함축성

직독직해

A rather than B: B보다는 A

Literary works, / by their nature, / suggest rather than
문학 작품들은 / 그 본질상 / 설명하기보다는 암시한다 /

explain; / they imply / rather than state their claims boldly
그것들은 함축한다 / 자신의 주장을 뚜렷하고 직접적으로 진술하기보다는 //

and directly. // This broad generalization, however, / does
그러나 이 넓은 일반화는 / 의미

명사절(mean의 목적어)
not mean / [that works of literature do not include direct
하지는 않는다 / 문학 작품들이 직접적인 진술을 포함하지 않는다는 것을 //

명사절(on의 목적어)
statements]. // Depending on [when they were written and
그것들이 언제 그리고 누구에 의해 쓰였는지에 따라 /

명사구(contain의 목적어)
by whom], / literary works may contain [large amounts
문학 작품들은 많은 양의 직접적 말하기를 포함할 수도 있다 /

of direct telling / and lesser amounts of suggestion and
그리고 더 적은 양의 암시와 함축을 //

부사절(양보)
implication]. // But / [whatever the proportion of a work's
하지만 / 작품의 말하기 대 보여 주기의 비율이 어떻든지 간에 /

to부정사의 의미상 주어
showing to telling], / there is always something for readers
독자가 해석해야 하는 무언가가 항상 존재한다 //

to interpret. // Thus we ask the question "What does the text
그러므로 우리는 '그 텍스트가 무엇을 암시하는가?'라는 질문을 한다 /

suggest?" / as a way to approach literary interpretation, /
문학적 해석에 접근하는 방법으로써 /

as a way to begin thinking about a text's implications. //
텍스트의 함축에 대해 생각하는 것을 시작하는 방법으로써 //

명사절(주어)   of+추상명사: 형용사 역할
[What a text implies] is often of great interest to us. // And
텍스트가 무엇을 함축하는지는 종종 우리에게 매우 흥미롭다 // 그리고
주어
[our work of figuring out a text's implications] / tests our
텍스트의 함축을 알아내는 우리의 작업은 / 우리의 분석적

명사절(considering의 목적어)
analytical powers. // In considering [what a text suggests], /
능력을 시험한다 // 텍스트가 무엇을 암시하는지를 고려하는 과정에서 /

we gain practice in making sense of texts. //
우리는 텍스트를 이해하는 기량을 얻게 된다 //

전문 해석 문학 작품들은 그 본질상 설명하기보다는 암시하는데, 그것들은 자신의 주장을 뚜렷하고 직접적으로 진술하기보다는 함축한다. (C) 그러나 이 넓은 일반화는 문학 작품들이 직접적인 진술을 포함하지 않는다는 것을 의미하지는 않는다. 그것들이 언제 그리고 누구에 의해 쓰였는지에 따라 문학 작품들은 많은 양의 직접적 말하기와 더 적은 양의 암시와 함축을 포함할 수도 있다. (B) 하지만 작품의 말하기 대 보여 주기의 비율이 어떻든지 간에 독자가 해석해야 하는 무언가가 항상 존재한다. 그러므로 우리는 문학적 해석에 접근하는 방법이자 텍스트의 함축에 대해 생각하는 것을 시작하는 방법으로써, '그 텍스트가 무엇을 암시하는가?'라는 질문을 한다. (A) 텍스트가 무엇을 함축하는지는 종종 우리에게 매우 흥미롭다. 그리고 텍스트의 함축을 알아내는 우리의 작업은 우리의 분석적 능력을 시험한다. 텍스트가 무엇을 암시하는지를 고려하는 과정에서 우리는 텍스트를 이해하는 기량을 얻게 된다.

해설 문학 작품은 직접 진술보다는 함축을 사용한다는 주어진 문장에 이어, 문학 작품이 직접적 진술을 포함하지 않는 것은 아니라는 내용의 (C)가 역접으로 이어지고, 그럼에도 불구하고 문학 작품에서는

독자가 해석해야 하는 무언가가 항상 존재하기 때문에 독자는 그 텍스트가 무엇을 암시하는지에 대한 질문을 한다는 내용의 (B)가 또다시 역접으로 이어진다. 이어 (B)의 질문 내용에 대한 부연 설명으로 텍스트가 무엇을 암시하는지 생각하면서 독자가 텍스트를 이해하는 기량을 얻게 된다는 내용의 (A)가 오는 것이 글의 순서로 가장 적절하다.

오답분석

오답선지	선택비율
① (A) – (C) – (B)	10.4%
② (B) – (A) – (C)	16.2%
③ (B) – (C) – (A)	11.5%
④ (C) – (A) – (B)	17.5%

④번을 선택한 학생들은 (B)의 'But'에 의해 역접으로 연결되어야 하는 내용이 정확히 무엇인지 파악하지 못한 거야. (A)가 (B)의 앞에 온다면 (A)의 마지막에 있는 독자가 텍스트를 이해하는 기량을 얻게 된다는 내용과 (B)의 앞에 있는 독자가 해석해야 하는 무언가가 항상 존재한다는 내용이 '하지만'을 통해 연결되어야 하는데, 이는 부자연스럽지. 글의 마지막 순서까지 정확히 연결해야 정답을 찾을 수 있다는 걸 명심해.

5

정답 ⑤

소재 운동 에너지와 위치 에너지

직독직해

분사구
In general, / kinetic energy is the energy / [associated
일반적으로 / 운동 에너지는 에너지이다 / 운동과 관련

with motion], / while potential energy represents the
있는 / 반면에 위치 에너지는 에너지를 나타낸다 /

관계절
energy / [which is "stored" in a physical system]. //
물리계에 '저장되는' //

Moreover, / the total energy is always conserved. // But
게다가 / 총에너지는 항상 보존된다 //

부사절(대조)   remain+형용사: ~한 채로 있다
[while the total energy remains unchanged], / the kinetic
그러나 총에너지가 변하지 않는 채로 있는 반면 / 총에너지의

and potential parts of the total energy can change / all
운동과 위치 에너지 비율은 변할 수 있다 /

관계절
the time. // Imagine, / for example, / a pendulum [which
항상 // 상상해 보자 / 예를 들어 / 앞뒤로 흔들리는 추를 //

부사절(시간)
swings back and forth]. // [When it swings], / it sweeps
그것이 흔들릴 때 / 그것은 호

out an arc / and then slows down / as it comes closer to
모양으로 쓸어내리듯 움직이다가 / 그리고 나서 속도가 줄어드는데 / 그것이 그 최고점에

관계절(its highest point 부연 설명)
its highest point, / [where the pendulum does not move at
가까워지면서 / 이 지점에서 추는 전혀 움직이지 않는다 /

all]. // So at this point, / the energy is completely given / in
// 그래서 이 지점에서 / 에너지는 완전히 주어지게 된다 /

terms of potential energy. // But after this brief moment of
위치 에너지로 // 하지만 이 짧은 순간의 멈춤 이후에 /

rest, / the pendulum swings back again / and therefore part
그 추는 다시 뒤로 흔들리게 되며 /　　　　　　따라서 총에너지의 일부가
└→ 부분을 나타내는 표현(part of)+단수명사+단수동사

of the total energy is then given / in the form of kinetic
그때 주어지게 된다 /　　　　　　운동 에너지의 형태로 //
　　　　　　　　　　└→ 부사절(시간)

energy. // So [as the pendulum swings], / kinetic and
　　　그래서 그 추가 흔들리면서 /　　　　　운동과

potential energy constantly change into each other. //
위치 에너지는 끊임없이 서로 바뀐다 //

전문 해석 일반적으로 운동 에너지는 운동과 관련 있는 에너지이며 반면에 위치 에너지는 물리계에 '저장되는' 에너지를 나타낸다. 게다가 총에너지는 항상 보존된다. 그러나 총에너지가 변하지 않는 채로 있는 반면 총에너지의 운동과 위치 에너지 비율은 항상 변할 수 있다. 예를 들어 앞뒤로 흔들리는 추를 상상해 보자. 그것이 흔들릴 때 호 모양으로 쓸어내리듯 움직이다가 그러고 나서 그것이 그 최고점에 가까워지면서 속도가 줄어드는데, 이 지점에서 추는 전혀 움직이지 않는다. 그래서 이 지점에서 에너지는 완전히 위치 에너지로 주어지게 된다. 하지만 이 짧은 순간의 멈춤 이후에 그 추는 다시 뒤로 흔들리게 되며 따라서 총에너지의 일부가 그때 운동 에너지의 형태로 주어지게 된다. 그래서 그 추가 흔들리면서 운동과 위치 에너지는 끊임없이 서로 바뀐다.

해설 짧은 순간의 멈춤 후에 추가 다시 흔들리면서 총에너지의 일부가 운동 에너지로 바뀐다는 주어진 문장의 내용은, 추가 호 모양으로 움직이는 과정에서 최고점에 다다르고 그때 추가 움직이지 않기 때문에 에너지가 완전히 위치 에너지로 주어지게 된다는 내용 바로 뒤에 위치해야 한다. 또한 주어진 문장 다음에는 추가 흔들리면서 운동과 위치 에너지가 끊임없이 서로 바뀐다는 내용이 와야 하므로, 주어진 문장이 들어가기에 가장 적절한 곳은 ⑤이다.

오답분석

오답선지	①	②	③	④
선택비율	5.3%	7.4%	13.3%	36.7%

④번을 선택한 학생들은 ④ 다음 문장의 의미를 정확하게 이해하지 못해서 선택한 거야. 에너지가 완전히 위치 에너지로 주어지게 된다는 것은 운동 에너지가 없다는 말이니까, 움직이지 않는다는 뜻이겠지. 추가 움직이는 모습을 이해한다면 최고점일 때 움직이지 않을 테니까, 'at this point'는 앞에서 언급된 at its highest point와 같은 의미일 거야. 따라서 ④의 앞뒤에 있는 문장은 함께 붙어 있어야 해.

6

정답 ⑤

소재 멸종 위기종의 포획 사육

직독직해

　　　　　　　　　└→ 분사구
For species [approaching extinction], / zoos can act /
멸종에 이르고 있는 종에게 /　　　　　　동물원은 작용할 수 있다 /

as a last chance for survival. // Recovery programs
생존을 위한 마지막 기회로 //　　　　회복 프로그램이 수립된다 /

　　　　　　└→ to부정사구(~하기 위해)
are established / [to coordinate the efforts of field
　　　　　　현장 환경 보호 활동가와 야생 동물 당국의 노력을
　　　coordinate A and B: A와 B를 통합하다 ←┘
conservationists and wildlife authorities]. // As populations
통합하기 위해 //　　　　　　그 종의 개체수가

　　　　　　　　　　　　　　└→ 형식상의 주어　　　　　내용상의 주어 ┐
of those species diminish / it is not unusual for zoos [to
감소하면서 /　　　　　　동물원이 포획 사육 프로그램을 시작하는 것은
　　　　　　　　　　　　　　　to부정사구의 의미상 주어

start captive breeding programs]. // Captive breeding
드물지 않다 //　　　　　　포획 사육은 멸종을 막기 위해

acts to protect against extinction. // In some cases /
작용한다 //　　　　　　　어떤 경우에는 /

captive-bred individuals may be released back into the
포획 사육된 개체가 다시 야생으로 방생되어 /
　　　　└→ 분사구(결과)
wild, / [supplementing wild populations]. // This is most
　　　야생 개체수를 보충할 수도 있다 //　　　이는 상황에서 가장
　　　　　　　　　　　　　　　　└→ 관계절
successful in situations / [where individuals are at greatest
성공적이다 /　　　　　개체가 가장 큰 위협에 놓여 있는 /

threat / during a particular life stage]. // For example, /
위협 /　　　특정한 생애 주기 동안에 //　　　예를 들어 /

turtle eggs may be removed from high-risk locations /
거북이 알은 고위험 위치로부터 제거될 수도 있다 /
└→ 부사절(시간)
[until after they hatch]. // This may increase the number
그것이 부화한 이후까지 //　　　이는 거북이 수를 증가시킬 수 있다 /
└→ 관계절
of turtles / [that survive to adulthood]. // Crocodile
성체까지 생존하는 //　　　악어 프로그램

programs have also been successful in protecting eggs and
역시 알과 부화한 유생을 보호하는 데 있어서 성공적이었으며 /
　　　　　　└→ Crocodile programs를 의미상 주어로 하는 분사구
hatchlings, / [releasing hatchlings / once they are better
부화한 유생을 방생한다 /　　　일단 그것이 스스로를 보호하도록
　　　　once+주어+동사: 일단 ~가 …하면 ←┘
equipped to protect themselves]. //
더 잘 갖추어지면 /

전문 해석 멸종에 이르고 있는 종에게 동물원은 생존을 위한 마지막 기회로 작용할 수 있다. 회복 프로그램이 현장 환경 보호 활동가와 야생 동물 당국의 노력을 통합하기 위해 수립된다. 그 종의 개체수가 감소하면서 동물원이 포획 사육 프로그램을 시작하는 것은 드물지 않다. 포획 사육은 멸종을 막기 위해 작용한다. 어떤 경우에는 포획 사육된 개체가 다시 야생으로 방생되어 야생 개체수를 보충할 수도 있다. 이는 개체가 특정한 생애 주기 동안에 가장 큰 위협에 놓여 있는 상황에서 가장 성공적이다. 예를 들어 거북이 알은 그것이 부화한 이후까지 고위험 위치로부터 제거될 수도 있다. 이는 성체까지 생존하는 거북이 수를 증가시킬 수 있다. 악어 프로그램 역시 알과 부화한 유생을 보호하는 데 있어서 성공적이었으며 일단 그것이 스스로를 보호하도록 더 잘 갖추어지면, 부화한 유생을 포획한다(→ 방생한다).

해설 거북이와 악어를 예시로 들어, 멸종을 막기 위해 야생 동물을 포획 사육한 후 다시 야생으로 방생하여 야생 개체수를 보충할 수 있다는 내용을 설명하고 있으므로, ⑤의 capturing은 releasing과 같은 낱말로 바꾸어야 한다.

오답분석

오답선지	① 회복	② 감소하다	③ 특정한	④ 증가시키다
선택비율	6.2%	16.8%	13.7%	33.7%

④번을 선택한 학생들은 그 문장의 This가 가리키는 바와 바로 앞 문장에 있는 근거를 제대로 못 찾은 거야. This는 바로 앞 문장의 내용을 가리키지? 즉, 거북이 알을 고위험 위치에서 제거시키는, 즉 위험을 없애 주는 행위를 말해. 위험을 없애 주면 거북이 알은 안전해질 거고, 당연히 성체까지 생존하는 거북이 수가 많아지겠지? 따라서 '증가하다'라는 의미의 increase는 적절해.

━━━━━━━ **Vocabulary** Check-up ▁▃▅ ━━━━━━━

1 (1) interval　(2) generate　(3) neural
2 (1) extinction　(2) proportions

1 (1) interval / 예를 들어 Conrad의 초창기 한 연구에서, 성인들에게 한 번에 하나씩 3/4초의 간격으로 여섯 개의 글자를 시각적으로 연속으로 보여 줬다.

(2) generate / 그러나 사람들이 과잉 연결되는 것이 안도감이 든다고 느낄지라도, 그들이 주기적으로 (조직을) 벗어나 스스로 생각하여 그다지 성숙하지는 않더라도 다양한 아이디어를 생산하는 것이 조직을 위해 더 좋다.

(3) neural / 이것으로 나는 우리가 얼굴 근육을 조작하는 두 가지 다른 신경계를 갖고 있다는 것을 의미한다.

2 (1) extinction / 이 뱀은 Guam에 있는 대부분의 토종 새의 멸종을 야기한 것으로 악명이 높다.

(2) proportions / 더 부유한 사람들은 자기 소득의 더 적은 비율을 식품에 소비하긴 하지만, 통틀어서는 더 많은 양의 식품, 게다가 더 기름진 식품을 섭취하는데, 이는 여러 종류의 질병과 건강 악화의 원인이 된다.

━━━━━━━ **Grammar** Check-up ▁▃▅ ━━━━━━━

1 (1) ① derived ② is　(2) ① whatever ② for
2 ④ → releasing

1 (1) ① derived: plastic products는 원유로부터 얻어지는 대상이므로 수동의 의미를 나타내는 과거분사 derived가 적절하다.
② is: 동명사구 주어 Blaming the fossil fuel industry는 단수 취급하므로, 동사 is가 적절하다.

(2) ① whatever: 부사절을 만들면서 '~든지 간에'라는 의미를 나타내야 하므로 복합관계사 whatever가 적절하다.
② for: 사람의 성격이나 태도를 나타내는 형용사가 없고, to부정사의 의미상 주어를 나타내야 하므로 for가 적절하다.

2 ④: 접속사가 없어 Crocodile programs를 의미상 주어로 하는 분사구가 필요하므로, 현재분사 releasing으로 고쳐야 한다.

1 ⑤	**2** ①	**3** ⑤	**4** ④	**5** ①	**6** ②

1

정답 ⑤

소재 더러운 것과 깨끗한 것의 체계적 정리와 분류

직독직해

Nothing is trash / by nature. // Anthropologist Mary
어떤 것도 쓰레기는 아니다 / 본래 //　　　　　　인류학자인 Mary Douglas는 /

Douglas / brings back and analyzes / the common saying /
　　　　　소환하여 분석한다 /　　　　　　흔히 하는 말을 /

[that dirt is "matter out of place."] // Dirt is relative, she
더러운 것은 '제자리에 놓여 있지 않은 물체'라는 //　　더러운 것은 상대적이라고,

emphasizes. // "Shoes are not dirty / in themselves, / but
그녀는 강조한다 //　　　"신발은 더럽지 않다 /　　그 자체로는 /

it is dirty / [to place them / on the dining table]; / food is
하지만 더럽다 /　그것을 놓는 것이 /　식탁 위에 /　　　음식은

not dirty / in itself, / but it is dirty / [to leave pots and pans /
더럽지 않다 /　그 자체로 /　그러나 더럽다 /　냄비와 팬을 놓아두는 것이 /

in the bedroom, / or food all over clothing; / similarly, /
침대에 /　　　또는 음식이 옷에 다 묻어 있는 것이 /　유사하게 /

bathroom items in the living room; / clothing lying on
거실에 있는 욕실용품 /　　　　　　의자 위에 놓여 있는 옷 /

chairs; / outdoor things placed indoors; / upstairs things
실내에 있는 실외 물품들 /　　　아래층에 있는 위층

downstairs, / and so on]." // [Sorting the dirty from the
물건들 /　　등등이 (더러운 것이다)." // 더러운 것을 깨끗한 것과 분류하는 것 /

clean / — removing the shoes from the table, / putting the
　즉 식탁에서 신발을 치우는 것 /　　　더러운 옷을 넣는

dirty clothing / in the washing machine —] / involves /
것은 /　　　세탁기에 /　　　　포함한다 /

systematic ordering and classifying. // [Eliminating dirt] /
체계적인 정리와 분류를 //　　　더러운 것을 제거하는 것은 /

is thus a positive process. //
그러므로 긍정적인 과정이다 //

전문 해석 어떤 것도 본래 쓰레기는 아니다. 인류학자 Mary Douglas는 더러운 것은 '제자리에 놓여 있지 않은 물체'라는 흔히 하는 말을 소환하여 분석한다. 더러운 것은 상대적이라고 그녀는 강조한다. "신발은 그 자체로는 더럽지 않지만, 식탁 위에 놓여 있을 때 더러운 것이며, 음식은 그 자체로는 더럽지 않지만, 침실에 냄비와 팬을 놓아둔다면, 혹은 음식이 옷에 다 묻어 있는 것이 더러운 것이고, 유사하게, 거실에 있는 욕실용품, 의자 위에 놓여 있는 옷, 실내에 있는 실외 물품들, 아래층에 있는 위층 물건들 등등이 더러운 것이다." 더러운 것을 깨끗한 것과 분류하는 것, 즉 식탁에서 신발을 치우는 것, 세탁기에 더러운 옷을 넣는 것은 체계적인 정리와 분류를 포함하는 것이다. 따라서 더러운 것을 제거하는 것은 긍정적인 과정이다.

해설 더러운 것은 상대적인 것으로, 물건이 있어야 할 곳에 있지 않을 때 더러운 것이 되며 더러운 것을 깨끗한 것과 분류하는 체계적인 정리와 분류가 긍정적인 과정이라는 내용이므로, 밑줄 친 부분이 이 글에서 의미하는 바로 가장 적절한 것은 ⑤ '정돈되어 있지 않은 것'이다.

오답분석

오답선지	선택비율
① 완전히 망가진 어떤 것	5.1%
② 아무도 알아채지 못하는 작은 먼지	8.7%
③ 더럽지만 재생 가능한 물질	27.0%
④ 쉽게 교체될 수 있는 것	15.4%

③번을 많이 선택했는데, 글의 전체 내용에 대한 명확한 이해가 없는 상태에서 본문에 가장 많이 등장한 dirty라는 단어가 ③번 선택지에만 제시되어 있어서 잘못 판단했기 때문인 것 같아. 밑줄 친 표현 'matter out of place'의 의미를 정확히 모르더라도 뒤에 나오는 다양한 물건의 예시를 꼼꼼하게 살펴본다면, 결국 이 글에서 더러운 것이란 있어야 할 제자리에 있지 않은 것을 의미한다는 것을 추론할 수 있을 거야. 글에 자주 등장하는 단어를 주목하는 건 중요하지만, 글이 전달하고자 하는 주제를 놓치고 소재에만 집중해 생기는 이런 실수는 피하도록 노력해 봐!

2

정답 ①

소재 다른 사람들의 시행착오 경험에서 얻는 이익

직독직해

One big difference [between science and stage magic]
과학과 무대 마술 사이의 한 가지 큰 차이점은 ~이다 /
← 전치사구

is / [that {while magicians hide their mistakes / from
마술사들이 그들의 실수를 숨기는 반면 /
← 명사절(is의 보어)
부사절(대조)

the audience}, / in science / you make your mistakes /
관객으로부터 / 과학에서는 / 실수를 한다(는 것이다) /

in public]. // You show them off / so that everybody can
공개적으로 // 당신은 그것들(실수)을 드러낸다 / 모두가 그것들(실수)에서 배울 수
← so that ~: ~하도록

learn from them. // This way, / you get the advantage /
있도록 // 이런 방식으로 / 당신은 이익을 얻는다 /

of everybody else's experience, / and not just your own
다른 모든 사람들의 경험에서 / 그리고 단지 자신만의 특유한
← not just ~: 단지 ~만이 아니라

idiosyncratic path / through the space of mistakes. // This,
길에서뿐만 아니라 / 실수라는 영역을 거쳐 온 // 그런데

by the way, is another reason / why we humans are so
이것은 또 다른 이유이다 / 왜 우리 인간이 훨씬 더 영리한지에
← 훨씬(비교급 강조)   not A but B: A가 아니라 B

much smarter / than every other species. // It is not [that
대한 / 다른 모든 종보다 // 그것은 우리의 뇌가
← 대등한 연결

our brains are bigger or more powerful], / or even [that
더 크거나 더 강력해서가 아니라 / 또는 심지어 우리가

we have the ability / to reflect on our own past errors], /
능력이 있어서(가 아니라) / 우리 자신의 과거 실수들을 성찰하는 /
← 관계절

but [that we share the benefits / {that our individual brains
그러나 우리가 이익을 공유해서이다 / 우리 개개인의 뇌가 얻어 온
← 명사절(is의 보어)

have earned / from their individual histories / of trial and
그들 개개인의 역사로부터 / 시행착오의 //

error}]. //

전문 해석 과학과 무대 마술 사이의 한 가지 큰 차이점은 마술사들이 그들의 실수를 관객에게 숨기는 반면, 과학에서는 공개적으로 실수를 한다는 것이다. 모두가 실수로부터 배울 수 있도록 실수를 드러낸다. 이런 방식으로, 단지 실수라는 영역을 거쳐 온 자신만의 특유한 길(에서 얻은 이익)뿐만 아니라, 다른 모든 사람들의 경험에서 이익을 얻는다. 그런데 이것은 왜 우리 인간이 다른 모든 종보다 훨씬 더 영리한지에 대한 또 다른 이유이다. 그것은 우리의 뇌가 더 크거나 더 강력해서, 혹은 심지어 우리가 우리 자신의 과거 실수들을 성찰하는 능력이 있어서가 아니라, 우리 개개인의 뇌가 개개인의 시행착오의 역사로부터 얻어 온 <u>이익들을 공유해서이다</u>.

해설 인간 개인의 실수 경험이 단지 개인에게만 이득이 되는 게 아니라, 그것을 공유하여 다른 사람들의 경험을 통해서도 이익을 얻을 수 있다는 내용의 글이다. 마지막 문장에서 인간이 다른 모든 종보다 훨씬 더 영리한 이유에 대해 인간이 다른 사람들의 경험과 시행착오에서 얻은 이익을 공유하기 때문이라고 강조하고 있다. 따라서 빈칸에 들어갈 말로 가장 적절한 것은 ①이다.

오답분석

오답선지	선택비율
② 통찰들을 간과해서	11.8%
③ 창의적인 기술을 발전시켜서	23.4%
④ 성취들을 과장해서	11.6%
⑤ 그 지식을 과소평가해서	13.4%

③번은 인간이 다른 종보다 더 영리한 이유에 관해서 밑줄 친 부분의 뒷부분과 연결될 수 있는 긍정적인 표현을 고려하다 보니 잘못 선택한 것 같아. 다른 선택지들의 '간과'하거나 '과장'하거나 '과소평가'한다는 표현은 인간의 영리함에 대한 근거로 부족하니까 오답 선택지 중에서는 ③번을 가장 많이 선택했을 거야. 하지만 글의 어디에도 'creative skills(창의적인 기술)'에 대한 언급은 찾아볼 수 없어. 답을 고르기 전에 빈칸에 들어갈 말의 근거를 글에서 찾을 수 있는지 꼭 확인해 봐.

3

정답 ⑤

소재 학생이 스스로 답을 찾게 하는 교수법

직독직해

The last two decades of research / [on the science of
지난 20년간의 연구는 / 학습의 과학에 관한 /
← 전치사구

learning] / have shown conclusively / [that we remember
결정적으로 보여 주었다 / 우리가 어떤 것들을 더 잘,
← 명사절(shown의 목적어)

things better, and longer, / {if we discover them ourselves /
그리고 더 오래 기억한다는 것을 / 만약 우리가 그것들을 스스로 발견한다면 /
← 부사절(조건)

rather than being told them}]. // This is the teaching
그것들을 듣는 것보다는 // 이것은 교수법이다
← rather than ~: ~보다, ~ 대신에

method / [practiced by physics professor Eric Mazur]. //
물리학 교수 Eric Mazur에 의해 실천되는 //
← 분사구

He doesn't lecture / in his classes at Harvard. // Instead, /
그는 강의를 하지 않는다 / 하버드의 그의 수업에서 // 대신에 /

he asks students difficult questions, / [based on their
그는 학생들에게 어려운 질문들을 던진다 / 그들의 읽기 과제에
← 삽입 구문

homework reading], / [that require them / to pull together
기반하여 /　　　　　 그들에게 요구하는 /　　 정보의 자료들을
　　　　　　　　　　　└ 관계절(difficult questions를 수식)

sources of information / to solve a problem]. // Mazur
모이도록 /　　　　　　　 문제를 해결하기 위해 //　　 Mazur는

doesn't give them the answer; / instead, / he asks the
그들에게 답을 주지 않는다 /　　　 대신에 /　　 그는 학생들에게
└ to에 연결되는 부정사①　　　　　　 to에 연결되는 부정사②

students / to [break off into small groups] / and [discuss
요구한다 /　 소그룹으로 나누어지기를 /　　　　　 그리고 그들 스스로

the problem among themselves]. // Eventually, / nearly
문제를 토론하기를 //　　　　　　　 결국 /　　　　　 그 수업의
　　　　　　　└ 전치사구

everyone [in the class] / gets the answer right, / and the
거의 모든 학생들이 /　　　　 정답을 맞힌다 /　　　　 그리고 그
　　　　　　　　　　　　　　　　　　　　　　　└ ~에게 계속 남다

concepts stick with them / because they had to find / their
개념들은 그들에게 계속 남는다 /　 그들이 찾아야만 했기 때문에 /

own way to the answer. //
정답으로 가는 자신만의 방법을 //

전문 해석 학습의 과학에 관한 지난 20년간의 연구는 만약 우리가 어떤 것들을 듣는 것보다 스스로 그것들을 발견한다면 그것들을 더 잘, 그리고 더 오래 기억한다는 것을 결정적으로 보여 주었다. 이것은 물리학 교수 Eric Mazur에 의해 실천되는 교수법이다. 그는 하버드에서 하는 자신의 수업에서 강의를 하지 않는다. 그 대신, 그는 읽기 과제에 기반하여, 학생들에게 문제를 해결하기 위해 정보의 자료들을 모이도록 요구하는 어려운 질문들을 던진다. Mazur는 그들에게 답을 주지 않는다. 그 대신, 그는 학생들이 소그룹으로 나누어져 그들 스스로 문제를 토론하도록 요구한다. 결국, 그 수업의 거의 모든 사람들은 정답을 맞히고, 그들이 정답으로 가는 자신만의 방법을 찾아야만 했기 때문에 그 개념들은 그들에게 계속 남는다.

해설 Eric Mazur 교수는 학생들로 하여금 단순히 강의를 듣게 하지 않고, 어려운 질문을 던지고 학생들이 스스로 정보를 모으고 토론하며 답을 찾게 하여 학습한 개념들이 계속 남게 한다는 내용이므로, 빈칸에 들어갈 말로 가장 적절한 것은 ⑤이다.

오답분석

오답선지	선택비율
① 그들은 수업 시간에 반복적으로 배운다	11.3%
② 우리가 어떤 방해도 없이 완전히 그것들에 집중한다	9.7%
③ 과제를 완수하기 위해 평등한 기회가 주어진다	9.4%
④ 어떤 한 주제에 대해 배우는 옳거나 틀린 방법은 없다	17.9%

빈칸 뒤에, 교수가 강의를 하지 않고 학생들에게 어려운 질문을 던지는 교수법을 실천한다는 내용과 학생들이 토론하며 스스로 답을 찾는다는 내용을 보고, 어떤 주제에 대해 배울 때 올바른 특정한 방법이 있는 게 아니라고 생각한 친구들이 ④번을 많이 선택한 것 같아. 하지만 빈칸이 if로 시작하는 조건 부사절이고 we remember things better, and longer라는 표현과 내용상 자연스럽게 연결되는지를 살펴봐야 해. 빈칸에 ④번 표현을 넣어 해석을 해 본다면 문맥상 어색하다는 걸 알 수 있을 거야.

4

정답 ④

소재 작은 요청의 승낙이 이후의 더 큰 요청 수락에 미치는 영향

직독직해

In a study, / a researcher [pretending to be a volunteer] /
한 연구에서 /　　 자원봉사자로 가장한 연구원이 /
　　　　　　　　　　　　　└ 분사구
　　　　　　　　　　　　 ask ~ if ...: ~에게 …인지를 묻다

surveyed a California neighborhood, / asking residents / if
캘리포니아의 한 동네를 설문 조사했다 /　 주민들에게 물으며 /
　　　　　　　　　　　　　　　　　　　　　　└ 분사구

they would allow a large sign / [reading "Drive Carefully"]
그들이 큰 표지판을 허락할지를 /　　　 '운전 조심'이라고 적힌 /
└ to부정사구(allow의 보어)

[to be displayed / on their front lawns]. // To help them
전시되도록 /　　　 그들의 앞마당에 //　　　　　 그들이 이해하도록
　　　　　　　　　└ 명사절(understand의 목적어)

understand / [what it would look like], / the volunteer
돕기 위해 /　　 그것이 어떻게 보일지를 /　　 그 자원봉사자는

showed his participants / a picture of the large sign /
참여자들에게 보여 주었다 /　　 그 큰 표지판의 사진을 /
　　　　　　　　　　　　└ 분사구　　　└ 전치사구

[blocking the view / {of a beautiful house}]. // Naturally,
전망을 막는 /　　　　 아름다운 집의 //　　　　 당연하게도
　　　　　　　　　　　　　　　　　　　└ 전치사구

most people refused, / but [in one particular group], / an
대부분의 사람들은 거절했다 /　 하지만 한 특정 그룹에서 /

incredible 76 percent actually approved. // The reason
놀라운 76퍼센트의 사람들이 실제로 승낙했다 //　 그들이 동의한
　　　　　　　　　　　　　　　　　　　　　　　└ 관계절

[that they agreed] / was this: two weeks earlier, / these
이유는 /　　　　　 이것이었다 /　 2주 전에 /　　　　 이 주민
　　　　　　　　　　　　　　　　　　　　　to부정사구(~하도록)

residents had been asked / by another volunteer / [to make
들은 요청을 받았다 /　　　 다른 자원봉사자에게 /　 작은 약속을
　　　└ 과거완료 수동태　　　　　　　　　　　　└ 관계절

a small commitment / to display a tiny sign / {that read
하도록 /　　　　　 아주 작은 표지판을 전시하겠다는 '안전 운전자가

"Be a Safe Driver" / ⟨in their window⟩}]. // Since it was
되세요"라고 쓰인 /　　 그들의 창문에 //　　　　 그것이 매우 작고
　　　　　　　　　　　└ 전치사구
　　　　　　└ such+a+형용사+명사: 매우 ~한 …　　 └ 동사 agreed의 주어

such a small and simple request, / [nearly all of them]
단순한 요청이었기 때문에 /　　　　 그들 거의 모두가 동의했다 //
　　　　　　　　　　　　　　　　　　　└ 명사절(was의 보어)

agreed. // The astonishing result / was [that the initial
놀라운 결과는 /　　　 처음의 그 작은 약속이 깊게
　　　　　　　　　　　　　　　　　　　　　　　to부정사구

small commitment deeply influenced / their willingness {to
영향을 끼쳤다는 것이었다 /　　　　　 훨씬 더 큰 요청을 기꺼이

accept the much larger request / two weeks later}]. //
받아들이는 것에 /　　　　　　　 2주 후에 //

전문 해석 한 연구에서, 자원봉사자로 가장한 연구원이 캘리포니아의 한 동네를, 주민들에게 그들의 앞마당에 '운전 조심'이라고 적힌 큰 표지판을 전시하는 것을 허락할지를 물으며 설문 조사했다. (C) 그것이 어떻게 보일지에 대한 그들의 이해를 돕기 위해, 그 자원봉사자는 참여자들에게 아름다운 집의 전망을 막는 큰 표지판 사진을 보여 주었다. 당연하게도, 대부분의 사람들은 거절했지만, 한 특정 그룹에서, 놀랍게도 76퍼센트가 실제로 승낙했다. (A) 그들이 동의한 이유는 이것이었다. 2주 전에, 이 주민들은 다른 자원봉사자에게 "안전 운전자가 되세요"라고 쓰인 아주 작은 표지판을 그들의 창문에 (붙여) 전시하겠다는 작은 약속을 하도록 요청을 받았다. (B) 그것이 매우 작고 단순한 요청이었기 때문에, 그들 거의 모두가 동의했다. 놀라운 결과는, 처음의 그 작은 약속이 그들이 2주 후에 훨씬 더 큰 요청을 기꺼이 받아들이는 데 깊은 영향을 끼쳤다는 것이다.

해설 주어진 문장의 a large sign reading "Drive Carefully" to be displayed on their front lawns를 (C)의 it이 지칭하고 있으므로 주어진 문장 뒤에 (C)가 이어져야 한다. (A)의 The reason that they agreed에서 '그들이 동의했다'는 것이 (C)의 an incredible 76 percent actually approved에서 언급한 내용이므로 (C) 뒤에는 (A)가 와야 한다. 마지막으로 (B)의 Since it was such a small and simple request에서 it이 (A)의 to display a tiny sign을 가리키므로 (A) 뒤에는 (B)가 이어지는 것이 글의 순서로 가장 적절하다.

오답분석

오답선지	①	②	③	⑤
선택비율	8.5%	19.3%	19.6%	10.5%

②번과 ③번을 오답으로 선택한 친구들이 많았어. 그 이유는 주어진 문장에서 자원봉사자로 가장한 연구원이 주민들에게 앞마당에 큰 표지판을 전시하는 것을 허락할지를 물었다는 내용이 나오는데, (B)의 it was such a small and simple request에서 it과 request가 주어진 문장에서 언급된 연구원의 요청을 가리키는 것이라고 잘못 판단했기 때문이야. 이 글의 흐름 파악이 까다로운 이유는, 자원봉사자의 요청이, 작은 표지판을 창문에 붙여달라는 작고 간단한 요청(small and simple request)과 집 앞마당에 큰 표지판을 전시해달라고 했던 더 큰 요청(larger request), 두 가지였기 때문이야. 꼼꼼하게 읽지 않으면 언급된 request를 모두 동일한 것으로 파악하고 오답을 선택할 수 있으니 유의해!

5

정답 ①

소재 의견 불일치를 이용한 교수법의 효과

직독직해

Nancy Lowry and David Johnson / conducted an
Nancy Lowry와 David Johnson은 / 실험을 진행했다 /

→관계절
experiment / to study a teaching environment / [where
교수 환경을 연구하려고 / (그 실험
→수동태
fifth and sixth graders / were assigned / to interact on a
에서) 5학년과 6학년 학생들이 / 배정되었다 / 한 주제에 대해 상호 작용을

topic]. // With one group, / the discussion was led / in a
하도록 // 한 그룹에서는 / 토론이 유도되었다 / 방식
→관계절
way / [that built an agreement]. // With the second group, /
으로 / 합의를 도출하는 // 두 번째 그룹에서는 /
→수동태
the discussion was designed / to produce disagreements /
토론이 설계되었다 / 불일치를 낳도록 /
→관계절
about the right answer. // Students [who easily reached an
옳은 정답에 대해 // 쉽게 합의에 도달한 학생들은 /
→주어 Students의 동사구① →동사구②
agreement] / [were less interested / in the topic], / [studied
흥미를 덜 느꼈다 / 그 주제에 대해 / 더 적게
→동사구③ →be less likely to ~: ~할 가능성이 더 낮다
less], / and [were less likely to visit the library / to get
공부했다 / 그리고 도서관을 방문할 가능성이 더 낮다 / 추가적인

additional information]. // The most noticeable difference,
정보를 얻기 위해 // 그러나 가장 눈에 띄는 차이는 /

→수동태 →부사절(시간)
though, / was revealed / [when teachers showed a special
나타났다 / 교사들이 특별한 영화를 보여 줬을 때 /

film / about the discussion topic / — during lunch time]! //
그 토론 주제에 관한 / 점심 시간 동안 //

Only 18 percent of the agreement group / missed lunch
합의 그룹의 18퍼센트만이 / 점심시간을 놓쳤다 /
→전치사구
time / to see the film, / but 45 percent of the students / [from
영화를 보기 위해 / 하지만 45퍼센트의 학생들은 / 불일치

the disagreement group] / stayed for the film. // The thirst
그룹의 / 그 영화를 위해 남았다 // 지식 차이를
→to부정사구 →명사절(find out의 목적어)
[to fill a knowledge gap] / — to find out / [who was right
채우려는 열망은 / 알기 위해 / 누가 옳았는지 /
→전치사구
{within the group}] — / can be more powerful / than the
그룹 내에서 / 더 강할 수 있다 / 미끄럼틀과
→전치사구
thirst [for slides and jungle gyms]. //
정글짐을 향한 열망보다 //

전문 해석 Nancy Lowry와 David Johnson은 교수 환경을 연구하려고 5학년과 6학년 학생들이 한 주제에 대해 상호 작용을 하도록 배정된 실험을 진행했다. 한 그룹에서는 토론이 합의를 도출하는 방식으로 유도되었다. 두 번째 그룹에서는 토론이 옳은 정답에 대해 불일치를 낳도록 설계되었다. 쉽게 합의에 도달한 학생들은 주제에 흥미를 덜 느꼈고 더 적게 공부했으며 추가적인 정보를 얻기 위해 도서관에 갈 가능성이 더 낮았다. 그러나 가장 눈에 띄는 차이는 교사들이 학생들에게 점심시간 동안 그 토론 주제와 관련된 특별한 영화를 보여 주었을 때 나타났다. 합의 그룹의 18퍼센트만이 영화를 보기 위해 점심시간을 놓쳤으나 불일치 그룹의 45퍼센트의 학생들은 그 영화를 위해 남았다. 그룹 내에서 누가 옳았는지 알기 위해 지식 차이를 채우려는 열망은 미끄럼틀과 정글짐을 향한 열망보다 더 강할 수 있다.

→ 위의 실험에 따르면 어떤 주제에 대한 학생들의 흥미는 그들이 의견을 달리하도록 장려될 때 증가한다.

해설 의견의 불일치를 유도한 교수법의 효과를 검증한 실험에 관한 내용의 글이다. 서로 합의에 도달하도록 유도된 토론에 참여한 학생들에 비해, 의견의 불일치를 경험하도록 설계된 토론에 참여한 학생들이 토론 주제에 대해 더 높은 관심과 지식에 대한 열망을 보였다. 따라서 빈칸 (A), (B)에 들어갈 말로 가장 적절한 것은 ① '증가한다 – 의견을 달리하다'이다.

오답분석

오답선지	선택비율
② 증가한다 – 찬성하다	23.2%
③ 증가한다 – 협력하다	20.1%
④ 감소한다 – 참여하다	9.2%
⑤ 감소한다 – 다투다	6.2%

②번을 선택한 학생들이 꽤 많았는데 (B)에 제시된 approve라는 단어의 의미를 정확히 알고 있지 못했기 때문인 것 같아. approve는 '찬성하다, 승인하다, 허락하다' 등의 의미를 나타내는 단어로, 답인 'differ(의견이 다르다)'와는 오히려 의미상 먼 편이라고 할 수 있지. 이 글에서 소개한 실험에서는 두 개의 실험군이 나오는데 하나는 합의를 도출하는 방식으로 토론이 유도된 합의 집단(agreement group)이고 다른 하나는 의견의 불일치가 생기도록 설계된 불일치 집단(disagreement group)이야. '일치 집단'이 주제에 대한 흥미가 더 적었다(were less interested in the topic)고 했고, 집단 내에서 누가 옳았는지 알아내기 위해 '지식 차이를 채우려는 열정(The thirst to fill a knowledge gap)'이 더 강할 수 있다'고 했으니 ②는 답이 될 수 없어.

6

정답 ②

소재 Say의 법칙이라는 경제 이론

직독직해

An economic theory [of Say's Law] / holds / [that
Say의 법칙이라는 경제 이론은 / (전치사구) (명사절(holds의 목적어)) 주장한다 / 만들어진
(관계절)

everything {that's made} / will get sold]. // The money
모든 것은 / 팔릴 것이라고 / 모든 생산된

[from anything {that's produced}] / is used / [to buy
물품으로부터 나오는 돈은 / (전치사구) (관계절) 사용된다 / 다른
(to부정사구(~하기 위해))

something else]. // There can never be a situation / [in which
무언가를 사기 위해 // 상황은 절대 있을 수 없다 / (관계절) 회사가 알게

a firm finds / {that it ⟨can't sell its goods⟩ / and so ⟨has to
되는 / 그것의 제품을 팔 수 없다는 것을 / 그래서 직원들을
(명사절(finds의 목적어)) (주어 it의 동사①) (동사구②)

dismiss workers / and close its factories⟩}]. // Therefore, /
해고해야 하는 / 그리고 그것의 공장들의 문을 닫아야 한다는 것을 // 그러므로 /

recessions and unemployment / are impossible. // Picture
경기 후퇴와 실업은 / 불가능하다 // 지출의

[the level of spending] / like the level of water / in a bath. //
정도를 상상해 보아라 / 물 높이와 같이 / 욕조 안의 //
(명사구(Picture의 목적어))

Say's Law applies / because people use / all their earnings /
Say의 법칙은 적용된다 / 사람들이 사용하기 때문에 / 그들의 모든 수입을 /

[to buy things]. // But what happens / [if people don't
물건들을 사기 위해 // 하지만 무슨 일이 일어나는가 / 만약 사람들이 쓰지
(to부정사구(~하기 위해)) (부사절(조건))

spend / all their money, / {saving some of it instead}]? //
않는다면 / 그들의 돈을 전부 / 대신에 그것의 일부를 저축하면서 //
(분사구문)

Savings are a 'leakage' of spending / from the economy. //
저축은 지출이 '누수'되는 것이다 / 경제로부터 //

You're probably imagining / [the water level now falling, /
당신은 아마 상상하고 있을 것이다 / 물의 높이가 지금 낮아지고 있는 것을 /
(imagining의 목적어)

so there's less spending / in the economy]. // That would
그 결과 지출이 줄어드는 것을 / 경제에서 // 그것은 의미할

mean / firms / [producing less] / and [dismissing some of
것이다 / 회사들이 / 더 적게 생산하는 것을 / 그리고 그들의 일부 직원들을
(의미상 주어) (동명사①) (동명사②)

their workers]. //
해고한다는 것을 //

전문 해석 Say의 법칙이라는 경제 이론은 만들어진 모든 것은 팔릴 것이라고 주장한다. 모든 생산된 물품으로부터 나오는 돈은 다른 물품을 사는 데 사용된다. 한 회사가 물품을 팔 수 없게 되어서 직원들을 해고하고 공장들의 문을 닫아야 하는 것을 알게 되는 상황은 절대 있을 수 없다. 따라서, 경기 후퇴와 실업은 불가능하다. 지출의 정도를 욕조 안의 물 높이와 같이 상상해 보아라. Say의 법칙은 사람들이 그들의 모든 수입을 물건들을 사기 위해 사용하기 때문에 적용된다. 하지만 만약 사람들이 그들의 돈을 전부 쓰지 않고 대신에 돈의 일부를 저축하면 무슨 일이 일어나는가? 저축은 경제로부터 지출이 '누수'되는 것이다. 당신은 아마 물의 높이가 지금 낮아지고 있어서, 그 결과 경제에서 지출이 줄어드는 것을 상상하고 있을 것이다. 그것은 회사들이 더 적게 생산하고 일부 직원들을 해고한다는 것을 의미할 것이다.

해설 ② 선행사 a situation과 관계사 뒤의 절이 주어, 목적어를 모두 갖춘 문장이므로 관계대명사 which를 쓸 수 없다. 문맥상 in a situation을 대신하는 관계사가 와야 하므로 in which(또는 where)를 써야 한다.

① 부사적 용법으로 쓰인 to부정사이므로 to 뒤에 동사원형인 buy가 적절하다.

③ '이유'를 설명하는 완전한 절을 이끌고 있으므로 접속사 because가 적절하다.

④ 셀 수 없는 명사인 money를 가리키는 지시대명사를 사용해야 하므로 it이 적절하다.

⑤ 동명사 형태인 producing과 and로 연결된 병렬 관계이므로 동명사 형태인 dismissing이 적절하다.

오답분석

오답선지	① buy	③ because	④ it	⑤ dismissing
선택비율	8.1%	9.7%	22.5%	11.0%

④번은 대명사의 수 일치를 묻는 부분으로 saving some of it에서 it이 무엇을 가리키는지 확인해 봐야 해. 여기에서는 it은 앞에 나오는 all their money를 가리키고 있어. 이것을 복수형 대명사로 받아야 한다고 잘못 판단한 학생들이 많았던 것 같아. money는 셀 수 없는 명사이니까 단수 대명사 it으로 대신한다는 것, 기억해!

Daily Review   Day ⑧

Vocabulary Check-up

1 (1) advantage (2) eliminate (3) relative
2 (1) approve (2) reveal

1 (1) advantage / 그것은 기업들이 경쟁 우위를 얻는 중요한 자원으로서의 지식에 의해 특징지어지는 세기이다.

(2) eliminate / 연습이나 활동들은 다양한 선택권을 없애고 미리 정해진 결과에 집중하도록 고안된다.

(3) relative / 예를 들어 토요일 오후를 가족과 함께 편안하게 쉬면서 보낼 것인지 아니면 운동을 하면서 보낼 것인지 정하는 것은 가족 대 건강에 대해 여러분이 부가하는 상대적 중요성에 의해 결정될 것이다.

2 (1) approve / 당면한 위험이 없을 때는 간섭하지 말고 아이의 놀이를 인정해 주는 것이 대개 제일 좋다.

(2) reveal / 영화는 우리 현실의 숨겨진 윤곽을 보이게 만드는 능력 때문이 아니라 현실 자체가 가리고 있는 것, 즉 환상의 차원을 드러내는 능력 때문에 가치가 있다.

Grammar Check-up

1 (1) ① that ② that (2) ① to be ② what
2 ④ → was revealed

1 (1) ① that: 「not A but B」 구문의 B에 해당하는 부분으로, 앞에 있는 두 개의 that절(that our brains ~ our own past errors)

과 대등한 연결 위치에 있고, 뒤에 완전한 절이 이어지므로 접속사 that이 적절하다.

② that: have earned의 목적어인 the benefits를 대신하는 관계사가 와야 하므로 that이 적절하다.

(2) ① to be: allow의 보어 자리에는 to부정사가 와야 하므로, to be가 적절하다.

② what: 뒤에 있는 전치사 like의 목적어 역할을 하는 의문사가 와야 하므로 what이 적절하다.

2 ④: 문장의 주어가 the most noticeable difference인데 동사가 없으므로, revealing을 was revealed로 고쳐야 한다.

1

정답 ③

소재 선택적 지각 현상

직독직해

　　　　　　　　　　　　　　　　┌→ to부정사구
We have a tendency / [to interpret events selectively]. //
우리는 경향이 있다 / 　　　　사건을 선택적으로 해석하는 //
　　　　　　　┌→ want ~ to ...: ~가 …하기를 원하다
If we want things to be "this way" or "that way" / we can
만약 우리가 일이 '이런 식으로' 또는 '저런 식으로' 되기를 원한다면 / 　　우리는

most certainly select, stack, or arrange evidence / in a way /
틀림없이 증거를 선택하거나 쌓거나 배열할 수 있다 / 　　　　　방식으로 /
　　　　　　　　　　┌→ 관계절
[that supports such a viewpoint]. // Selective perception / is
그러한 관점을 뒷받침하는 // 　　　　선택적 지각은 /
　　　　　　　┌→ 명사절(is based on의 목적어)
based on / [what seems to us / to stand out]. // However, /
~에 기반을 둔다 / 우리에게 보이는 것 / 　두드러진 것으로 // 　그러나 /
┌→ 명사절(주어)
[what seems to us / to be standing out] / may very well
우리에게 보이는 것은 / 　두드러져 / 　　　　　우리의 목표, 관심사,
┌→ be related to ~: ~와 관련 있다
be related to our goals, interests, expectations, past
기대, 과거의 경험과 매우 관련 있을지도 모른다 /
　　　　　　　　　　　　　　┌→ 전치사구
experiences, / or current demands [of the situation] / —
　　　　　　또는 상황에 대한 현재의 요구와 (매우 관련 있을지도 모른다) /
　　┌→ 전치사구
"[with a hammer in hand], / everything looks like a nail." //
"망치를 손에 들고 있으면 / 　　　모든 것이 못처럼 보인다" //
　　　　　　　　　　　　　　　　　　┌→ 전치사구
This quote highlights / the phenomenon [of selective
이 인용문은 강조한다 / 　　　선택적 지각의 현상을 //
　　　　　　　┌→ 부사절(조건)
perception]. // [If we want to use a hammer], / then the
　　　　　　만약 우리가 망치를 사용하길 원한다면 / 　　그러면 우리
　　┌→ 전치사구　　　　　　　　　　　　　　┌→ as though ~: 마치 ~처럼
world [around us] / may begin to look / as though it is full
주변의 세상이 / 　　　보이기 시작할지도 모른다 / 마치 그것이 못으로 가득 차

of nails! //
있는 것처럼 //

전문 해석 우리는 사건을 선택적으로 해석하는 경향이 있다. 만약 우리가 일이 "이런 식으로" 또는 "저런 식으로" 되기를 원한다면, 우리는 틀림없이 그러한 관점을 뒷받침하는 방식으로 증거를 선택하거나 쌓거나 배열할 수 있다. 선택적인 지각은 우리에게 두드러져 보이는 것에 기반을 둔다. 그러나 우리에게 두드러져 보이는 것은 우리의 목표, 관심사, 기대, 과거의 경험 또는 상황에 대한 현재의 요구와 매우 관련 있을지도 모르는데, "망치를 손에 들고 있으면, 모든 것이 못처럼 보인다." 이 인용문은 선택적 지각의 현상을 강조한다. 만약 우리가 망치를 사용하기를 원한다면, 우리 주변의 세상이 마치 그것이 못으로 가득 차 있는 것처럼 보이기 시작할지도 모른다!

해설 필자는 선택적 지각이 우리에게 두드러져 보이는 것에 기반을 두고 있고 그것이 우리의 목표, 관심사, 기대, 과거 경험, 상황에 대한 현재의 요구와 관련될 수 있다고 말하고 있다. 이것을 토대로 인용문을 살펴보면, 우리의 특정한 관점, 의도에 따라 우리가 보는 세상의 모습이 달라질 수 있다는 의미로 이해할 수 있다. 따라서 밑줄 친 부분이 글에서 의미하는 바로 가장 적절한 것은 ③ '어떤 것을 특정한 방식으로 하려고 의도한다'이다.

오답선지	선택비율
① 두드러지기를 꺼린다	7.6%
② 우리의 노력을 무의미하게 만든다	8.9%
④ 다른 사람들이 우리의 것과 비슷한 관점을 갖기를 바란다	18.2%
⑤ 다른 사람들에게 받아들여지는 사고방식을 갖고 있다	12.4%

많은 친구들이 두 번째 문장(If we want things to be "this way" or "that way" we can most certainly select, stack, or arrange evidence in a way that supports such a viewpoint.)에서 우리가 관점에 따라 사건을 선택적으로 해석한다는 것을 파악하고 '관점(viewpoint)'이라는 키워드에 집중한 나머지 오답인 ④번을 선택한 것 같아. 하지만 글에 타인이 우리와 관점을 같이 해야 한다는 내용은 언급되지 않았음을 유의해!

2

정답 ①

소재 자신이 원하는 것을 고려하여 결정하기

직독직해

In a culture / [where there is a belief / {that you can
문화에서는 / 믿음이 있는 / 당신이 무엇이든

have anything / you truly want}], / there is no problem / in
가질 수 있다는 / 당신이 진정으로 원하는 / 문제가 없다 /

choosing. // Many cultures, however, / do not maintain this
선택하는 것에 // 그러나 많은 문화들은 / 이러한 믿음을 유지하지

belief. // In fact, / many people do not believe / [that life is
못한다 // 사실 / 많은 사람들은 믿지 않는다 / 삶이란 얻는 것에

about getting / {what you want}]. // Life is about doing /
관한 것이라고 / 당신이 원하는 것을 // 삶이란 하는 것에 관한 것이다 /

[what you are *supposed* to do]. // The reason [they have
여러분이 할 '의무가 있는' 것을 // 그들이 선택하는 데 어려움을 겪는

trouble making choices] / is [(that) they believe / that {what
이유는 / 그들이 믿기 때문이다 / 그들이 원하는

they may want} is not related to {what they are supposed to
것이 그들이 해야 하는 것과 관련이 없다고 //

do}]. // The weight [of outside considerations] / is greater /
외적인 고려 사항들의 비중이 / 더 크다 /

than their desires. // When this is an issue / in a group, / we
그들의 욕망보다 // 이것이 논점일 때 / 한 집단에서 / 우리는

discuss / [what makes for good decisions]. // [If a person
토론한다 / 무엇이 좋은 결정을 내리게 하는지 // 만약 어떤 사람이

can be unburdened / from their cares and duties / and,
벗어날 수 있다면 / 그들의 걱정과 의무로부터 / 그리고

just for a moment, / consider / {what appeals to them}], /
잠시 동안 / 고려할 수 있다면 / 자신의 관심을 끄는 것이 무엇인지 /

they get the chance / [to sort out] / [what is important to
그들은 기회를 얻는다 / 가려낼 / 자신에게 무엇이 중요한지 //

them]. // Then they can consider / and negotiate / [with
그러고 나서 그들은 고려할 수 있다 / 그리고 협상할 수 있다 / 그들의

their external pressures]. //
외적인 압력들에 대해 //

전문 해석 당신이 진정으로 원하는 것은 무엇이든 가질 수 있다는 믿음이 있는 문화에서는 선택하는 것에 문제가 없다. 그러나 많은 문화들은 이러한 믿음을 유지하지 못한다. 사실, 많은 사람들은 삶이란 당신이 원하는 것을 얻는 것이라고 믿지 않는다. 삶은 당신이 할 '의무가 있는' 것을 하는 것에 관한 것이다. 그들이 선택을 하는 데 어려움을 겪는 이유는 그들이 원하는 것이 그들이 해야 하는 것과 관련이 없다고 믿기 때문이다. 외적인 고려 사항들의 비중이 그들의 욕망보다 더 크다. 이것이 한 집단에서 논점이 될 때, 우리는 무엇이 좋은 결정을 내리게 하는지에 대해 토론한다. 만약 어떤 사람이 걱정과 의무로부터 벗어나 자신의 관심을 끄는 것이 무엇인지를 잠시 동안 고려할 수 있다면, 그들은 자신에게 무엇이 중요한지를 가려낼 기회를 얻는다. 그러고 나서 그들은 외적인 압력들에 대해 고려하고 협상할 수 있다.

해설 좋은 결정을 내리고자 할 때 걱정과 의무 등의 외적인 압력으로부터 벗어나 자신이 원하는 것, 자신의 관심을 끄는 것을 생각해 보라고 조언하는 내용의 글이다. 많은 문화에서 삶을 자신이 원하는 것을 얻는 것보다 해야 하는 일을 하는 것에 관한 것이라고 믿는 경향이 있다고 말하고 있으므로, 빈칸에 들어갈 말로 가장 적절한 것은 ①이다.

오답선지	② 장점	③ 능력	④ 한계	⑤ 걱정
선택비율	8.0%	23.4%	9.6%	12.3%

③번은 많은 학생들이 사람들이 결정을 내리는 데 어려움을 느끼는 이유로 자신의 'abilities(능력)'보다 외적인 고려 사항들에 더 비중을 두기 때문이라고 생각하고 잘못 선택했어. 빈칸에 '능력'이라는 단어를 넣었을 때, 글의 주제를 고려하지 않고 그 문장 자체의 의미로만 보면 그럴듯하게 보일 수 있어. 하지만 이 글에서 대비하며 말하고 있는 것이 '자신이 원하는 것'과 '자신이 해야 하는 것'임을 놓치면 안 돼. 외적인 고려 사항들(outside considerations)이 what you are supposed to do와 cares and duties, external pressures와 연관되어 있다고 볼 수 있는데, 그럼 빈칸에 들어갈 말은 그와 대비되는 what you want와 what appeals to you에 해당하는 말이겠지?

3

정답 ①

소재 음악의 대중 이용 가능성이 가져온 변화

직독직해

Due to technological innovations, / music can now be
기술 혁신으로 인해 / 음악은 이제 경험될 수 있다 /

experienced / by more people, / for more of the time / than
더 많은 사람들에 의해 / 더 많은 시간 동안 /

ever before. // Mass availability / has given [individuals] /
이전보다 // 대중 이용 가능성은 / 개인들에게 주었다 /

[unheard-of control / over their own sound-environment]. //
전례가 없는 통제권을 / 그들 자신의 음향 환경에 대한 //

However, / it has also confronted them / with the
하지만 / 그것은 또한 그들을 맞닥뜨리게 했다 / 동시 이용

simultaneous availability / [of countless genres of music], /
가능성에 / 무수한 장르의 음악의 /

[in which they have to orient themselves]. // People start /
(그 안에서) 그들은 스스로 적응해야만 한다 // 사람들은 시작한다 //

→ 동명사(목적어①)   → 동명사(목적어②)
[filtering out] and [organizing] / their digital libraries / like
걸러 내고 정리하는 것을 /   자신들의 디지털 라이브러리를 / 그들이
                                            → 전치사구
                    → used to ~: ~하곤 했다
they used to do / [with their physical music collections]. //
이전에 하곤 했던 것처럼 /   자신들의 물리적 형태의 음악 모음집으로 //
                                        → 동격
However, / there is the difference / [that the choice lies
그러나 /   차이가 있다 /   선택권이 그들의 손에 있다는 //
                        → without A nor B: A도 B도 않고
in their own hands]. // Without being restricted / to the
제한되지 않고 /   → 동명사(수동태)①   한정된
                                     → 전치사구
limited collection / [of music-distributors], / nor being
수집에 /   음악 배급자들의 /   또한 안내받지
→ 동명사(수동태)②   전치사구
guided / by the local radio program / as a 'preselector' [of
않고 /   지역 라디오 프로그램에 의해 /   최신 히트곡의 '사전 선택자'
the latest hits], / the individual actively has to choose and
로서의 /   개인은 적극적으로 선택하고 결정해야 한다 /
            → choose and determine의 목적어
determine / [his or her musical preferences]. // The search
            자신의 음악적 선호를 //   적절한 노래를
→ 전치사구   → be associated with ~: ~와 관련되다
[for the right song] / is thus associated with considerable
찾는 것은 /   따라서 상당한 노력과 관련이 있다 //

effort. //

전문 해석 기술 혁신으로 인해, 음악은 이제 이전보다 더 많은 시간 동안 더 많은 사람에 의해 경험될 수 있다. 대중 이용 가능성은 개인들에게 그들 자신의 음향 환경에 대한 전례가 없는 통제권을 주었다. 하지만 그들은 무수한 장르의 음악의 동시 이용 가능성에 맞닥뜨리게 되었고, 그 속에서 그들은 스스로 적응해야만 한다. 사람들은 이전에 물리적 형태의 음악 모음집으로 하곤 했던 것처럼 자신의 디지털 라이브러리를 걸러 내고 정리하기 시작한다. 하지만 선택권이 그들의 손에 있다는 차이가 있다. 음악 배급자의 한정된 수집에 제한되지 않고, 또한 최신 히트곡의 '사전 선택자'로서의 지역 라디오 프로그램에 의해 안내받지 않고, 개인은 적극적으로 자신의 음악적 선호를 선택하고 결정해야 한다. 따라서 적절한 노래를 찾는 것은 상당한 노력과 관련이 있다.

해설 이 글은 음악의 대중 이용성이 개인에게 가져온 변화와 이전의 물리적 형태가 있는 음악 수집과의 차이를 말하고 있다. 음악의 대중 이용 가능성으로 개인이 음악에 대한 통제권을 가지게 되었고 무수한 음악의 동시 이용이 가능해졌으며 선택권이 개인에게 있다고 말하고 있다. 따라서 빈칸에 들어갈 말로 가장 적절한 것은 ① '자신의 음악적 선호를 선택하고 결정해야'이다.

오답분석

오답선지	선택비율
② 녹음 시간의 기술적 측면을 이해해야	12.4%
③ 소셜 미디어에 독특하고 영감을 주는 플레이리스트를 공유해야	21.4%
④ 노래의 배경 지식과 함께 가사를 해석해야	13.7%
⑤ 더 나은 공연을 위해 목소리 전문가의 조언을 얻으려 해야	6.8%

③번은 다른 오답 선택지들과는 달리 개인의 음악 선호와 선택, 대중 이용 가능성과 연관이 가능한 내용이라서 많이 선택한 것 같아. 하지만 이 글에서 'share unique and inspiring playlists on social media'의 근거가 될만한 정보는 전혀 나와 있지 않아. 빈칸에 들어갈 말은 문맥에서 근거를 찾을 수 있어야 한다는 걸 기억해!

4

정답 ③

소재 강의 복잡한 형태가 강의 기능에 미치는 영향

직독직해

                                → 전치사구
Detailed study / [over the past two or three decades] /
상세한 연구는 /   지난 20년 혹은 30년에 걸친 /
              → 명사절(is showing의 목적어)
is showing / [that the complex forms of natural
보여 주고 있다 /   자연계의 복잡한 형태가 /
                                                주어의 핵 →
systems / are essential / to their functioning]. // The
필수적이라는 것을 /   그것의 기능에 //   시도는 /
                        대등한 연결
attempt to / [straighten rivers] and [give them regular
강을 직선화하고 규칙적인 횡단면으로 만들고자 하는 /
cross-sections] / is perhaps the most disastrous example /
아마도 가장 막심한 피해 사례가 될 수 있다 /
→ 전치사구
[of this form-and-function relationship]. // The natural
이러한 형태와 기능 관계의 //   자연 발생적인 강은
                                     → 동사구①   동사구②
river has / a very irregular form: / it [curves a lot], / [spills
가지고 있다 / 매우 불규칙한 형태를 /   즉 그것은 많이 굽이친다 / 범람원을
                                     → 동사구③   분사구문
across floodplains], / and [leaks into wetlands], / [giving
넘쳐흐른다 /   그리고 습지로 스며든다 /   그리고
it an ever-changing and incredibly complex shoreline]. //
그것을 끊임없이 변화하고 엄청나게 복잡한 강가로 만든다 //
            → allow ~ to …: ~가 …하도록 허용하다   전치사구 →
This allows the river / to accommodate variations / [in
이것은 강이 (~하도록) 허용한다 /   변화를 조절하도록 /
                                  → 동명사구(주어)
water level and speed]. // [Pushing the river into tidy
수위와 속도에 있어 //   강을 질서정연한 기하학적 형태에 맞춰 넣는
                    → 동사구①   동사구②
geometry] / [destroys functional capacity] / and [results
것은 /   기능적 수용 능력을 파괴한다 /   그리고 초래한다 /
        → 명사구①(results in의 목적어)
in / {disasters like the Mississippi floods / of 1927 and
    Mississippi 강의 홍수와 같은 재난들을 /   1927년과
                                  → 명사구②(results in의 목적어)
1993} / and, more recently, {the unnatural disaster / of
1993년의 / 그리고, 더 최근에는, 비정상적인 재난을 /
                                          → to부정사구
Hurricane Katrina}]. // A $50 billion plan / [to "let the river
허리케인 Katrina의 //   500억 달러짜리 계획은 /   "강을 자유롭게 흐르게
                                    → 명사절(recognizes의 목적어)
loose" / in Louisiana] / recognizes / [that the controlled
두라"라는 / Louisiana에서의 /   인정하는 것이다 /   통제된 Mississippi 강이 /
Mississippi / is washing away / twenty-four square miles /
                유실시키고 있다(는 것을) / 24제곱마일을 /
→ 전치사구
{of that state} / annually]. //
그 주의 /   매년 //

전문 해석 지난 20년 혹은 30년에 걸친 상세한 연구는 자연계의 복잡한 형태가 그것의 기능에 필수적이라는 것을 보여 주고 있다. 강을 직선화하고 규칙적인 횡단면으로 만들고자 하는 시도는 아마도 이러한 형태와 기능 관계의 가장 막심한 피해 사례가 될 수 있다. 자연 발생적인 강은 매우 불규칙한 형태를 가지고 있다. 즉 그것은 많이 굽이치고, 범람원을 가로질러 넘쳐흐르고, 습지로 스며 들어가서 그것을 끊임없이 변화하고 엄청나게 복잡한 강가로 만든다. 이것은 강이 수위와 속도 변화를 막을(→ 조절할) 수 있게 한다. 강을 질서정연한 기하학적 형태에 맞춰 넣는 것은 기능적 수용 능력을 파괴하고 1927년과 1993년의 Mississippi 강의 홍수와 같은 재난들과 더 최근에는, 허리케인 Katrina의 비정상적인 재난을 초래한다. Louisiana에서의 "강을 자유롭게 흐르게 두라."라는 500억 달러짜리 계획은 통제된 Mississippi 강이 매년 그 주

의 24제곱마일을 유실시키고 있다는 것을 인정하는 것이다.

해설 이 글은 자연 발생적인 강의 복잡한 형태는 강의 기능에 필수적이라고 말하고 있다. This allows the river to prevent variations in water level and speed.에서 This는 '강이 불규칙한 형태를 가진 것'을 의미한다. 이것은 강의 기능에 긍정적인 영향을 미치는 요소이므로 강으로 하여금 수위와 속도의 변화를 조절할 수 있게 한다고 해야 문맥상 자연스럽다. 따라서 ③의 prevent를 accommodate와 같은 낱말로 바꾸어야 한다.

오답분석

오답선지	① 직선화하다	② 불규칙한	④ 파괴하다	⑤ 통제된
선택비율	10.3%	13.7%	16.4%	19.8%

⑤번을 선택한 학생들은, 마지막 문장을 제대로 해석하지 못해 정답을 잘못 판단한 것으로 보여. 강을 자연 상태 그대로 흐르게 두려는 Louisiana 주의 계획을 언급한 주어만 보고 Mississippi 강이 통제되었다(controlled)고 표현한 게 틀렸다고 잘못 판단했을 수 있어. 하지만 이 문장의 뒷부분을 제대로 해석한다면, 강을 자연 상태 그대로 두려는 Louisiana 주의 계획이, 통제된(controlled) Mississippi 강이 매해 땅을 유실시키고 있다는 것을 인정한 결과로 만들어진 것임을 알 수 있을 거야.

5~6

정답 5 ⑤ / 6 ④

소재 사람 사귀기의 어려움 극복을 위한 '점진적 노출 원칙' 활용

직독직해

→ 가정법 과거(if+주어+동사의 과거형, 주어+조동사 과거형+동사원형)
If you were afraid of standing on balconies, / you would
발코니에 서 있는 것을 두려워한다면 / 당신은 더 낮은

→ 동사구① →동사구②
[start on some lower floors] / and [slowly work your way
층에서 시작할 것이다 / 그리고 천천히 올라갈 것이다 /

→형식상의 주어 →to부정사(내용상의 주어)
up / to higher ones]. // It would be easy / [to face a fear /
더 높은 층으로 // 쉬울 것이다 / 두려움을 직면하는 것은 /

→전치사구 →관계절
{of standing on high balconies} / in a way / {that's totally
높은 발코니에 서 있는 / 방식으로 / 완전히 통제된 //

controlled}]. // Socializing is trickier. // People aren't
사람을 사귀는 것은 더 까다롭다 // 사람들은 ~ 같지 않다 /

→전치사구 →관계절
like / inanimate features [of a building] / [that you just
무생물적 특성을 가진 건물과 / 당신이 그저 주변에

→ get used to ~: ~에 익숙해지다
have to be around / to get used to]. // You have to interact
있어야 하는 / 익숙해지기 위해 // 당신은 상호 작용을 해야

with them, / and their responses can be unpredictable. //
한다 / 그리고 그들의 반응은 예측이 불가능할 수 있다 //

→전치사구
Your feelings [toward them] / are more complex too. //
그들에 대한 당신의 느낌은 / 또한 더 복잡하다 //

→수동태
Most people's self-esteem / isn't going to be affected / that
대부분의 사람들의 자존감은 / 영향을 받지 않을 것이다 / 그렇게

→부사절(양보)
much / [if they don't like balconies], / but your confidence /
많이 / 비록 그들이 발코니를 좋아하지 않는다고 해도 / 하지만 당신의 자신감은 /

→부사절(조건)
can suffer / [if you can't socialize effectively]. //
상처받을 수 있다 / 만약 당신이 효과적으로 사람들을 사귈 수 없다면 //

→ 형식상의 주어 →to부정사구(내용상의 주어) →to부정사구
It's also harder / [to design a tidy way / {to gradually
또한 더 어렵다 / 깔끔한 방법을 설계하는 것은 / 많은 사교적

→관계절
face many social fears}]. // The social situations / [you
두려움을 점진적으로 마주하게 할 // 사교적 상황들이 / 당신이

→ the social situations you ~로 ~를 가리킴 →to부정사의 의미상 주어
need to expose yourself to] / may not be available / when
자신을 노출시킬 필요가 있는 / 이용 가능하지 않을지도 모른다 / 당신이

you want them, / or they may not go well enough / for you
그것들을 원할 때 / 또는 그것들은 충분히 잘 진행되지 않을지도 모른다 / 당신이

→ 명사절(sense의 목적어)
to sense / [that things are under control]. // The progression
감지할 만큼 / 상황이 통제 가능하다고 // 한 단계에서 다음 단계로의

→ 전치사구 from A to B: A부터 B까지 →분사구문
[from one step to the next] / may not be clear, / [creating
진행은 / 분명하지 않을 수 있다 / 불가피한 큰

unavoidable large increases / in difficulty / from one to the
증가를 야기하면서 / 어려움에 있어 / 한 단계에서 다음 단계로

→전치사구 →관계절
next]. // People [around you] / aren't robots / [that you can
(진행할 때) // 당신 주변의 사람들은 / 로봇이 아니다 / 당신이 끊임없이

→전치사구
endlessly experiment with / {for your own purposes}]. //
실험해 볼 수 있는 / 당신 자신만의 목적을 위해 //

→ 명사절(say의 목적어) →동명사구(주어)
This is not to say / [that {facing your fears} / is pointless /
이것은 말하는 것은 아니다 / 두려움을 직면하는 것이 / 의미가 없다(는 것을) /

→전치사구
when socializing]. // The principles [of gradual exposure] /
사람을 사귈 때 // 점진적인 노출의 원칙은 /

→ 전치사구
are still very useful. // The process [of applying them] /
여전히 매우 유용하다 // 그것들을 적용하는 과정은 /

→동명사구(주어)
is just messier, / and [knowing that / before you start] / is
그저 더 복잡할 뿐이다 / 그리고 그것을 아는 것은 / 시작하기 전에 /

helpful. //
도움이 된다 //

전문 해석 발코니에 서 있는 것을 두려워한다면, 당신은 더 낮은 층에서 시작해서 천천히 더 높은 층으로 올라갈 것이다. 완전히 통제된 방식으로 높은 발코니에 서 있는 두려움을 직면하는 것은 쉬울 것이다. 사람을 사귀는 것은 더 까다롭다. 사람들은 익숙해지기 위해 그저 주변에 있어야 하는 무생물적 특성을 가진 건물과 같지 않다. 당신은 그들과 상호 작용을 해야 하며 그들의 반응을 예측하기가 힘들 수 있다. 그들에 대한 당신의 느낌도 역시 더 복잡하다. 대부분의 사람들의 자존감은 그들이 비록 발코니를 좋아하지 않는다고 해도 그렇게 많이 영향을 받지 않을 테지만, 당신이 효과적으로 사람들을 사귈 수 없다면 당신의 자신감은 상처 받을 수 있다.

많은 사교적 두려움을 점진적으로 마주하게 할 깔끔한 방법을 설계하는 것 또한 더 어렵다. 자신을 노출시킬 필요가 있는 사교적 상황들은 당신이 원할 때 이용 가능하지 않을 수 있고, 또는 그것들은 당신이 상황이 통제 가능하다고 감지할 만큼 충분히 잘 진행되지 않을지도 모른다. 한 단계에서 다음 단계로의 진행은 분명하지 않을 수 있으며, 한 단계에서 다음 단계로 진행할 때 어려움의 불가피한 큰 감소(→ 증가)를 야기하게 된다. 당신 주변의 사람들은 당신 자신만의 목적을 위해서 끊임없이 실험해 볼 수 있는 로봇이 아니다. 이것은 사람을 사귈 때 당신의 두려움을 직면하는 것이 의미가 없다고 말하는 것은 아니다. 점진적인 노출의 원칙은 여전히 매우 유용하다. 그것들을 적용하는 과정은 그저 더 복잡할 뿐이고, 시작하기 전에 그것을 아는 것은 도움이 된다.

해설 5 필자는 사람을 사귀는 것(socializing)이 발코니 위에 서 있는 것을 두려워할 때 낮은 층에서 천천히 더 높은 층으로 올라가며 두려움을 극복해 가는 상황보다 더 어렵고 까다로운 것이지만, 사람을 사귀는 데에도 점진적 노출의 원칙이 여전히 매우 유용하다고 말하고 있다. 따라서 글의 제목으로 가장 적절한 것은 ⑤ '사회적 긴장을 극

복하는 것은 어렵다; 점진적으로 시도하라!'이다.

6 사람을 사귀는 것이 발코니 위에 서 있는 두려움을 직면하는 것보다 더 까다로운 이유들로, 사람이 무생물이 아니고 반응 예측이 불가능하여 자신감이 상처 입을 수 있고, 사교적 두려움을 직면할 깔끔한 방법의 설계 또한 어렵다는 점을 말하고 있다. 따라서 사교적 상황의 한 단계에서 다음 단계로의 진행은 분명하지 않기 때문에 어려움의 크기가 줄어드는(decrease) 것이 아니라 늘어날(increase) 것이라고 추론할 수 있다. 따라서 문맥상 낱말의 쓰임이 적절하지 않은 것은 ④ '감소'이다.

오답분석

오답선지	선택비율
5 ① 자존감을 높이는 방법	12.6%
② 두려워하는 사람들을 사귀는 것: 좋은가 아니면 나쁜가?	15.6%
③ 휴식이 사회적 두려움의 극복으로 이어질 수 있다	13.6%
④ 사회적 노출이 고소 공포증과 관련이 있는가?	13.7%
6 ① 더 까다로운	9.4%
② 상처 받다	11.3%
③ 이용 가능한	12.1%
⑤ 유용한	7.1%

5 ②번을 선택한 학생들은, 글의 도입부에서 발코니에 서 있는 것에 대한 두려움 극복 과정을 비유로 든 것에서 두려움 극복에 초점을 맞춘 것 같아. 그래서 사람을 사귀는 것의 어려움을 글의 소재로 파악하고 두 가지 키워드가 조합되어 있는 제목을 선택했을 거야. 글에서 주로 언급되고 있는 키워드를 주목하는 건 필요하지만, 글의 주제를 파악하고 그것을 잘 나타낸 제목을 선택해야 해!

6 ③번은 The social situations you need to expose yourself to may not be available when you want them에서 주어가 '당신이 자신을 노출시킬 필요가 있는 사회적 상황들'인데, 원할 때 '이용 가능하지' 않을 수 있다는 내용의 문장에서 쓰인 어휘야. 문장 구조가 다소 복잡해 보여 정확한 해석이 어려웠을 수 있지만, 사람을 사귀는 것이 어려운 이유들 중 하나로 언급된 문장이니까 available이라는 어휘가 문맥상 적절하게 쓰였다는 걸 알 수 있을 거야.

Daily Review
Day **9**

Vocabulary Check-up

1 (1) arrange (2) interpret (3) suffer
2 (1) maintain (2) availability

---

1 (1) arrange / 여러분이 일단 등록하시면, 저희가 여러분을 완벽한 강사와 연결해 드리고, 일정을 정하도록 여러분에게 연락을 드립니다.

(2) interpret / 어떤 한 상황을 해석하려고 하는 사람은 자신이 어떻게 반응해야 하는지 알기 위해 흔히 자기 주변 사람들을 본다.

(3) suffer / 내성적인 사람은 자신의 생각을 즐겨 성찰할 것이고, 이리하여 외부 자극이 없어도 지루함에 시달릴 가능성이 훨씬 더 작을 것이다.

2 (1) maintain / 인간의 진보를 지키고 유지하며, 인간의 욕구를 충족시키고, 인간의 야망을 실현하고자 하는 현재의 여러 노력들은 — 부유한 나라와 가난한 나라에서 공히 — 그야말로 지속 불가

능하다.

(2) availability / 그 결과, 교통 기반 시설과 서비스의 이용 가능성이 관광 산업의 기본적인 전제 조건으로 간주되어 왔다.

Grammar Check-up

1 (1) ① that ② knowing (2) ① is ② giving
2 ② → in which

---

1 (1) ① that: 완전한 문장을 이끄는 접속사의 자리이므로 that이 적절하다.
② knowing: and 뒤에 이어지는 절에서 is의 주어 역할을 해야 하므로, 동명사 knowing이 적절하다.

(2) ① is: 주어의 핵이 The attempt이므로, 단수 명사와 수 일치가 된 동사 is가 적절하다.
② giving: 의미상 and it gives를 대신하는 분사구문이 와야 하므로, 현재분사 giving이 적절하다.

2 ② 'orient oneself in ~'은 '자신을 ~에 적응시키다'라는 의미인데 orient 뒤에 in이 없으므로, which를 in which로 고쳐야 한다.

1 ①	**2** ⑤	**3** ⑤	**4** ②	**5** ②	**6** ③

1

정답 ①

소재 거짓말할 때 느려지는 대화 반응 속도

직독직해

→ be involved in ~: ~에 참여하다
When two people are involved / in an honest and
두 사람이 참여하면 /   솔직하고 진솔한 대화에 /
                                            전치사구 ◄

open conversation, / there is a back and forth flow [of
열린 대화에 /   왔다 갔다 하는 정보의 흐름이 있다 //

information]. // It is a smooth exchange. // Since each one
               그것은 순조로운 주고받기이다 //   각자가 의존하고 있기
→ draw on ~: ~에 의존하다
is drawing / on their past personal experiences, / the pace
때문에 /   자신의 개인적인 과거 경험에 /   주고받는
                        → as ~ as ...: ...만큼 ~한
of the exchange / is as fast as memory. // When one person
속도가 /   기억만큼 빠르다 //   한 사람이 거짓말할 때 /
                                                        → 부사절(이유)
lies, / their responses will come more slowly / [because
      그 사람의 반응이 더 느리게 나올 것이다 /   뇌가 더 많은
                              → to부정사구①
the brain needs more time / {to process the details / of a
시간을 필요로 하기 때문에 /   세부 사항을 처리하는 데 /   새로
                            → to부정사구②
new invention} / than {to recall stored facts}]. // As they
꾸며 낸 이야기의 /   저장된 사실을 기억해 내는 데 비해 //   사람들이

say, "Timing is everything." // You will notice the time
말하듯 "타이밍은 모든 것이다" //   당신은 시간의 지연을 알아차릴 것이다 /

lag / when you are having a conversation / with someone /
      당신이 대화를 하고 있을 때 /   누군가와 /
      → 관계절
[who is making things up / as they go]. // Don't forget /
이야기를 꾸며 내고 있는 /   말을 하면서 /   잊지 마라 /
→ 명사절(forget의 목적어①)
[that the other person may be reading / your body language /
상대방이 읽고 있을지도 모른다는 것을 /   당신의 몸짓 언어를 /
                        → 명사절(forget의 목적어②): 접속사 that 생략
as well] / and [(that) if you seem to be disbelieving
역시 /   그리고 만약 당신이 그 사람의 이야기를 믿지 않고 있는 것처럼 보이면
                                            → to부정사구(~하기 위해)
their story, / they will have to pause / {to process that
그 사람은 잠시 멈춰야 할 것이라는 것을 /   그 정보를 처리하기 위해

information, too}]. //
또한 //

전문 해석 두 사람이 솔직하고 진솔한 대화에 참여하면 정보가 왔다 갔다 하며 흘러간다. 그것은 순조로운 주고받기이다. 각자가 자신의 개인적인 과거 경험에 의존하고 있기 때문에, 주고받는 속도가 기억만큼 빠르다. 한 사람이 거짓말할 때, 그 사람의 반응이 더 느리게 나올 텐데, 그 이유는 뇌가 저장된 사실을 기억해 내는 데 비해 새로 꾸며 낸 이야기의 세부 사항을 처리하는 데에 더 많은 시간이 필요하기 때문이다. 사람들이 말하듯 "타이밍은 모든 것이다." 말을 하면서 이야기를 꾸며 내고 있는 누군가와 이야기를 하고 있을 때 당신은 시간의 지연을 알아차릴 것이다. 상대방이 당신의 몸짓 언어도 역시 읽고 있을지도 모른다는 것과 만약 당신이 그 사람의 이야기를 믿지 않고 있는 것처럼 보이면, 그 사람은 그 정보를 처리하기 위해 또한 잠시 멈춰야 할 것이라는 것을 잊지 마라.

해설 이 글은 솔직하고 진솔한 대화와 그렇지 않은 대화를 대조하면서 거짓을 말할 때 대화의 반응 속도가 더 느려지는 이유를 설명하는

글이므로, 글의 주제로 가장 적절한 것은 ① '거짓말의 표시로서의 지연된 반응'이다.

오답분석

오답선지	선택비율
② 청자가 화자를 격려하는 방법	7.2%
③ 유용한 정보를 찾는 것의 어려움	9.5%
④ 사회적 상황에서의 선의의 거짓말의 필요성	5.7%
⑤ 대화 주제로서 공유된 경험	6.6%

글 전체의 주제를 제대로 파악하지 못한 상태로 ③번을 답지로 잘못 선택한 학생들이 좀 있었어. 그건 '뇌가 세부 정보를 처리하는 데 더 많은 시간이 필요하기 때문에 대화 중 반응이 느려진다(their responses will come more slowly because the brain needs more time to process the details)'는 말이나 마지막 문장의 일부(they will have to pause to process that information, too)에서 '정보를 처리한다'는 표현만 보고, 글 전체의 주제를 제대로 파악하지 못한 채 ③번을 선택한 거야. 이 글에서 중요한 키워드 중 하나는 '거짓말(lie)'임을 잊지 마!

2

정답 ⑤

소재 예측 가능한 환경이 동물에게 주는 안정감

직독직해

→ 주어의 핵   → 전치사구
One [of the most important aspects / of providing good
가장 중요한 측면 중 한 가지는 /   좋은 보살핌을 제공하는
                    → 주어 one과 수 일치   → 명사절   현재진행형의 수동태
care] / is making sure / [that an animal's needs are being
것의 /   반드시 ~하도록 하는 것이다 / 동물의 욕구가 충족되는 것을 필요로 한다 /

met / consistently and predictably]. // Like humans, /
일관되게 그리고 예측 가능하게 //   사람과 마찬가지로 /
                                                → 관계절
animals need a sense of control. // So an animal [who
동물은 통제감이 필요하다 //   그러므로 동물은 [충분한
→ 동사구①   → 동사구②
{may get enough food} / but {doesn't know / when the
음식을 제공 받을 수 있는 /   하지만 모르는 /   언제 음식이
                                      → 동사구③
food will appear} / and {can see no consistent schedule}] /
보일지 /   그리고 일관된 일정을 알 수 없는 /

may experience distress. // We can provide / a sense of
괴로움을 겪을지도 모른다 //   우리는 제공할 수 있다 / 통제감을 /
                          → ~(함)으로써   → 명사절(ensuring의 목적어)
control / by ensuring / [that our animal's environment
          보장함으로써 /   우리 동물의 환경이 예측 가능하도록 /
                                                → 형용사
is predictable]: / there is always water [available] and
즉, 마실 수 있는 물이 늘 있고 늘 같은 곳에 있다 //
                → 전치사구
always [in the same place]. // There is always food /
                              늘 음식이 있다 /
→ 부사절(시간)
[when we get up in the morning] / and after our evening
아침에 일어날 때 /   그리고 저녁 산책을 한 후에
                                              → 명사구
walk. // There will always be [a time and place / {to
          시간과 장소가 늘 있을 것이다 /
→ to부정사   → without ~: ~ 없이   → 전치사구
eliminate}, / without having to hold things in / {to the
변을 배설할 수 있는 / 참을 필요 없이 /   불편한

point of discomfort}]. // Human companions / can display
정도로 //   인간 친구는 /   일관된 정서적

consistent emotional support, / rather than [providing love
지지를 보일 수 있다 /　　　　　　　　　한순간에 애정을 주기보다 /
└─────── 대등한 연결 ───────┘

one moment] / and [withholding love the next]. // When
그리고 그다음에는 애정을 주지 않기(보다는) //　　　　동물이
　　　　　　　　　　　　　　　　　　　　　┌ know의 목적어
animals know / [what to expect], / they can feel [more
알고 있을 때 /　　　무엇을 기대할 수 있는지 /　그것은 자신감과 차분함을 더
　　　　　　　　　　　　　　　　　　　형용사구(feel의 보어)

confident and calm]. //
많이 느낄 수 있다 //

전문 해석 좋은 보살핌을 제공하는 것의 가장 중요한 측면 중에 한 가지는 반드시 동물의 욕구가 일관되게 그리고 예측 가능하게 충족되도록 하는 것이다. 사람과 마찬가지로, 동물은 통제감이 필요하다. 그러므로 충분한 음식을 제공받고 있을지라도 음식이 언제 (눈에) 보일지 모르고 일관된 일정을 알 수 없는 동물은 괴로움을 겪지도 모른다. 우리 동물의 환경이 예측 가능하도록 보장함으로써 우리는 통제감을 제공할 수 있다. 즉, 마실 수 있는 물이 늘 있고, 물이 늘 같은 곳에 있다. 아침에 일어날 때 그리고 저녁 산책을 한 후에 늘 음식이 있다. 불편할 정도로 참을 필요 없이 변을 배설할 수 있는 시간과 장소가 늘 있을 것이다. 인간 친구는 한순간에는 애정을 주다가 그다음에는 애정을 주지 않기보다는 일관된 정서적 지지를 보일 수 있다. 동물이 무엇을 기대할 수 있는지 알고 있을 때, 동물은 자신감과 차분함을 더 많이 느낄 수 있다.

해설 첫 문장에서 동물의 욕구가 일관적이고 예측 가능하게 충족되는 것이 중요하다고 말하면서 일관된 일정(consistent schedule)을 알 수 없는 동물은 괴로움을 겪을 수 있다고 했다. 또한 마실 수 있는 물이 늘 같은 곳에 있는 환경 등을 예로 언급하고 있으므로, 빈칸에 들어갈 말로 가장 적절한 것은 ⑤이다.

오답분석

오답선지	선택비율
① 조용하도록	4.2%
② 자연스럽도록	25.4%
③ 고립되도록	7.2%
④ 역동적이도록	5.6%

②번을 선택한 학생들은 동물의 환경이 '자연스럽도록' 보장한다는 말이 그럴듯하다고 생각했을 거야. 하지만 충분한 음식을 주더라도 일관된 일정을 알 수 없으면 동물들이 괴로워할 수도 있고 일관된 정서적 지지를 보이는 것(display consistent emotional support)이 좋다고 말하고 있어. 그것은 '자연스러움'이 아니라 '예측 가능함'과 관련 있는 말이야.

3

정답 ⑤
소재 실질적 자유의 전제 조건
직독직해

　　┌─ 형식상의 주어　　┌─ to부정사구(내용상의 주어)　　　　┌─ 동명사구①
It is important / [to distinguish / between {being legally
중요하다 /　　　　　　구별하는 것은 /　　어떤 일을 할 수 있도록 법적으로
　　　　　　　　　　　　　　　└─ distinguish between A and B: A와 B를 구별하다
allowed to do something}, / and {actually being able to go
허용되는 것과 /　　　　　　실제로 해 버릴 수 있는 것을 //
　　　　　　　　　　　　　　　　└─ 동명사구②

and do it}]. // A law could be passed / [allowing everyone, /
　　　　　　　법이 통과될 수도 있다 /　　모든 사람을 허용하는 /
　　　　　　　　　　　　　　　└─ allow+목적어(everyone)+목·보(to run): ~가 …하도록 허용하다
if they so wish, / to run a mile in two minutes]. // That
그들이 그렇게 원한다면 /　2분 안에 1마일을 달리도록 //　　그것은
would not, / however, / increase their *effective* freedom, /
~ 않을 것이다 /　그러나 /　　그들의 '실질적' 자유를 증가시키지 /
┌─ 부사절(이유)
[because, / although allowed to do so, / they are
왜냐하면 ~ 때문이다 / 그렇게 하는 것이 허용되더라도 /　　그들이 물리적
　　　　　　　　be incapable of: ~을 할 수 없다　　┌─ 동명사구(주어)　┌─ having의 목적어①
physically incapable of it]. // [Having {a minimum of
으로 그렇게 할 수 없(기 때문)이다 //　최소한의 제약을 두는 것은 /
　　　　　　　　　　　┌─ having의 목적어②
restrictions} / and {a maximum of possibilities}] / is
그리고 최대한의 가능성을 (두는 것은) /
fine. // But in the real world / most people will never have
괜찮다 //　하지만 현실 세계에서 /　대부분의 사람들은 기회를 갖지 못할 것이다 /
　　　　　　　　　　　　　　┌─ either A or B: A이거나 B　　　┌─ 관계절
the opportunity / either [to become all / {that they are
기회를 /　　　　　모든 것이 될 /　　　　자신들이 되도록
└──────── 대등한 연결 ────────┘
allowed to become}], / or [to need to be restrained from
허용된 /　　　　　　또는 모든 것을 하는 것을 저지당해야 할 /
　　　　　　　　　　　　　　　┌─ 관계절
doing everything / {that is possible for them to do}]. Their
　　　　　　그들이 하는 것이 가능한 /
　　　　　　　　　　　　┌─ 동명사구(depends on의 목적어)
effective freedom / depends on / actually [having the
그들의 실질적 자유는 /　　~에 달려 있다 /　사실 그들이 수단과 능력을 갖는
　　　　　　　　　　┌─ 명사절(do의 목적어)
means and ability / to do {what they choose}]. //
것에 /　　　　　　　그들이 선택하는 것을 할 수 있는 //

전문 해석 어떤 일을 할 수 있도록 법적으로 허용되는 것과 실제로 그것을 해 버릴 수 있는 것을 구별하는 것은 중요하다. 원한다면, 모든 사람이 2분 안에 1마일을 달릴 수 있도록 허용하는 법이 통과될 수도 있다. 그러나 그렇게 하는 것이 허용되더라도, 물리적으로 그렇게 할 수 없기 때문에, 그것이 그들의 '실질적' 자유를 증가시키지는 않을 것이다. 최소한의 제약과 최대한의 가능성을 두는 것은 괜찮다. 하지만 현실 세계에서, 대부분의 사람에게는 자신이 되도록 허용된 모든 것이 되거나 자신들이 하는 것이 가능한 모든 것을 하는 것을 저지당해야 할 기회가 없을 것이다. 그들의 실질적 자유는 사실 그들이 선택하는 것을 할 수 있는 수단과 능력을 갖는 것에 달려 있다.

해설 법이 어떤 것을 하도록 허용한다고 해도 실질적 자유는 가능한 범위 내에서 실현이 가능한데, 현실 세계에서 대부분의 사람에게는 자신이 되도록 허용된 모든 것이 될 기회가 없다는 내용이므로, 빈칸에 들어갈 말로 가장 적절한 것은 ⑤이다.

오답분석

오답선지	선택비율
① 다른 사람들의 자유에 대한 권리를 존중하는 것	19.0%
② 도움이 필요한 사람들을 위해 보호하고 제공하는 것	9.7%
③ 사회적으로 용납되는 행동이 무엇인지를 배우는 것	14.8%
④ 다른 사람들로부터 얼마나 기대할 수 있는지 결정하는 것	9.1%

①번을 선택한 친구들은 자유와 권리에 대한 상식적 생각에 근거해서 빈칸에 들어갈 그럴듯한 말을 찾았던 것 같아. 자신이 할 수 있는 걸 모두 하거나 될 수 없는 이유는, 타인의 자유와 권리도 고려하는 범위 내에서 실질적 자유가 보장되어야 하기 때문이라는 생각 말이지. 하지만 이 글에는 사람들의 실질적인 자유(effective freedom)에 대해 말하고 있지, 타인의 자유에 대한 권리에 대해서는 전혀 언급하고 있지 않아. 반드시 빈칸에 들어갈 말을 선택한 후에는 글에서 근거가 있는지 확인해 보도록 해.

4

정답 ②

소재 꾸준한 작은 발전의 중요성

직독직해

→ 형식상의 주어　→ to부정사구(내용상의 주어①)　→ 전치사구
It is so easy / [to overestimate the importance / {of one
매우 쉽다 /　중요성을 과대평가하기는 /　결정적인

→ to가 생략된 부정사구(내용상의 주어②)
defining moment}] / and [underestimate the value / {of
한순간의 /　그리고 가치를 과소평가하기는 /　전치사구 →

making small improvements / on a daily basis}]. // Too
작은 발전을 이루는 것의 /　매일 //　너무

→ convince+목+that ...: ~에게 ...을 확신시키다
often, / we convince ourselves / that massive success
자주 /　우리는 굳게 믿는다 /　거대한 성공에는 거대한 행동이

→ whether A or B: A이든 B이든
requires massive action. // Whether it is losing weight, /
필요하다고 //　체중을 줄이는 것이든

winning a championship, / or achieving any other goal, /
결승전에서 이기는 것이든 /　혹은 어떤 다른 목표를 달성하는 것이든 간에 /

→ to부정사구(~하도록)
we put pressure on ourselves / [to make some earthshaking
우리는 스스로에게 압력을 가한다 /　깜짝 놀랄 만한 발전을 이루도록 /

→ 관계절
improvement / {that everyone will talk about}]. //
　모두가 이야기하게 될 //

→ 동명사구(주어)
Meanwhile, / [improving by 1 percent] / isn't particularly
한편 /　1퍼센트 발전하는 것은 /　특별히 눈에 띄지는 않는다 /

→ 비교급 강조
notable, / but it can be far more meaningful / in the long
하지만 그것이 훨씬 더 의미가 있을 수 있다 /　장기적으로는 //

→ 관계절(목적격 관계대명사 생략)
run. // The difference / [this tiny improvement can make
차이는 /　이 작은 발전이 시간이 지남에 따라 이룰 수 있는 /

→ 명사절
over time] / is surprising. // Here's [how the math works
　놀랍다 //　다음과 같이 계산이 이루어지는데 /

out]: / if you can get 1 percent better / each day for one
　만일 여러분이 1퍼센트씩 더 나아질 수 있다면 /　1년 동안 매일 /

→ 결국 ~하게 되다
year, / you'll end up / thirty-seven times better / by the
여러분은 결국 ~하게 될 것이다 /　37배 더 나아질 /　여러분이

→ by the time+주어+동사: ~가 ...할 때에는　→ 부사절(조건)
time you're done. // Conversely, / [if you get 1 percent
끝마칠 때쯤에는 //　역으로 /　여러분이 1퍼센트씩 나빠지면 /

worse / each day for one year], / you'll decline / nearly
　1년 동안 매일 /　여러분은 떨어질 것이다 / 거의

→ 명사절(주어)　→ 전치사 as의 목적어①
down to zero. // [What starts / as {a small win} or {a minor
0까지 //　시작한 것은 /　작은 승리나 사소한 패배로 /

as의 목적어② →
failure}] / adds up to something much more. //
　쌓여서 훨씬 더 큰 무언가가 된다 //

전문 해석 결정적인 한순간의 중요성을 과대평가하고 매일 작은 발전을 이루는 것의 가치를 과소평가하기는 매우 쉽다. 너무 자주 우리는 거대한 성공에는 거대한 행동이 필요하다고 굳게 믿는다. 체중을 줄이는 것이든, 결승전에서 이기는 것이든, 혹은 어떤 다른 목표를 달성하는 것이든 간에, 우리는 모두가 이야기하게 될 깜짝 놀랄 만한 발전을 이루도록 우리 스스로에게 압력을 가한다. 한편, 1퍼센트 발전하는 것은 특별히 눈에 띄지는 않지만, 장기적으로는 훨씬 더 의미가 있을 수 있다. 시간이 지남에 따라 이 작은 발전이 이룰 수 있는 차이는 놀랍다. 다음과 같이 계산이 이루어지는데, 만일 여러분이 1년 동안 매일 1퍼센트씩 더 나아질 수 있다면, 끝마칠 때쯤에 여러분은 결국 37배 더 나아질 것이다. 역으로, 1년 동안 매일 1퍼센트씩 나빠지면 여러분은 거의 0까지 떨어질 것이다. 작은 승리나 사소한 패배로 시작한 것은 쌓여서 훨씬 더 큰 무언가가 된다.

해설 주어진 문장은 작은 발전이 장기적으로는 의미 있을 수 있다는 내용인데, 'Meanwhile(한편)'이라는 연결어로 시작되고 있으므로 그 앞에는 의미상 다소 대조되는 거대한 행동이나 깜짝 놀랄 만한 발전을 강조한다는 내용이 오는 것이 자연스럽다. 또한 ②번 뒤에 나오는 문장 중 'this tiny improvement'가 가리키는 말이 주어진 문장의 'improving by 1 percent'이므로 주어진 문장이 들어가기에 가장 적절한 곳은 ②이다.

오답분석

오답선지	①	③	④	⑤
선택비율	4.5%	18.2%	20.4%	10.3%

④번을 선택한 학생들이 많았는데, 아마도 1 percent라는 표현이 ④번의 앞과 뒤의 문장에서 계속 나오기 때문에 학생들이 문장의 흐름에 대한 정확한 이해 없이 선택했을 거야. 하지만, ④번의 전후 문장은 1년 동안 매일 1퍼센트 성장하는 경우와 나빠지는 경우를 대조해서 설명하고 있고, 그 흐름이 매우 자연스럽기 때문에 그 사이에 주어진 문장을 넣을 수는 없어.

5

정답 ②

소재 휴대폰의 존재가 관계에 미치는 영향

직독직해

→ ask+목적어+to부정사: ~에게 ...하도록 요청하다
In one study, / researchers asked pairs of strangers / to
한 연구에서 /　연구자들은 여러 쌍의 낯선 사람들에게 요청했다 /

sit down in a room and chat. // In half of the rooms, / a
한 방에 앉아서 이야기하도록 //　절반의 방에는 /

→ 수동태　→ 전치사구
cell phone was placed / [on a nearby table]; / in the other
휴대폰이 놓여 있었다 /　근처 탁자 위에 /　나머지 절반에는 /

half, / no phone was present. // After the conversations
　휴대폰이 없었다 //　대화가 끝난 후 /

had ended, / the researchers asked the participants /
　연구자들은 참가자들에게 물었다 /

→ 간접의문문(의문사+주어+동사)　→ 명사절(주어)
[what they thought of each other]. // Here's [what they
서로에 대해 어떻게 생각하는지를 //　여기에 그들이 알게 된 것이

learned]: / when a cell phone was present / in the room, /
있다 /　휴대폰이 있을 때 /　방에 /

→ 명사절(reported의 목적어)
the participants reported / [(that) the quality of their
참가자들은 보고했다 /　자신들의 관계의 질이 더 나빴다는 것을 /

→ 관계절
relationship was worse / than those {who'd talked in a
　휴대폰이 없는 방에서 대화했던 참가자들보다 //

cell phone-free room}]. // The pairs / [who talked in the
　짝들은 /　휴대폰이 있는 방에서 대화한

→ 전치사구　→ 명사절(thought의 목적어)
rooms {with cell phones}] / thought / [(that) their partners
　생각했다 /　자신의 상대가 공감을 덜 보여

showed less empathy]. // Think of all the times / you've
주었다고 //　모든 순간을 떠올려 보라 /　친구와

→ 대등한 연결
[sat down to have lunch with a friend] / and [set your
점심을 먹기 위해 당신이 자리에 앉았던 /　그리고 탁자 위에

phone on the table]. // You might have felt good about
휴대폰을 놓았던 // 당신은 자신에 대해 잘했다고 느꼈을지 모른다 /

→ 부사절(이유)   → to부정사구(~하려고)
yourself / [because you didn't pick it up / {to check your
          휴대폰을 집어 들지 않았으므로 /   메시지를 확인하려고 /

messages}], / but your unchecked messages / were still
            하지만 확인하지 않은 당신의 메시지는 /   여전히 관계를

→ 전치사구   → 분사구
hurting your connection / [with the person] / [sitting across
상하게 하고 있었다 /   그 사람과의 /   당신의 맞은편에

from you]. //
앉아 있는 //

전문 해석 한 연구에서, 연구자들은 여러 쌍의 낯선 사람들에게 한 방에 앉아서 이야기하도록 요청했다. 절반의 방에는 근처 탁자 위에 휴대폰이 놓여 있었고, 나머지 절반에는 휴대폰이 없었다. 대화가 끝난 후, 연구자들은 참가자들에게 서로에 대해 어떻게 생각하는지를 물었다. 여기에 그들이 알게 된 것이 있다. 휴대폰이 없는 방에서 대화했던 참가자들에 비해 방에 휴대폰이 있을 때 참가자은 자신들의 관계의 질이 더 나빴다고 보고했다. 휴대폰이 있는 방에서 대화한 짝들은 자신의 상대가 공감을 덜 보여 주었다고 생각했다. 친구와 점심을 먹기 위해 자리에 앉아 탁자 위에 휴대폰을 놓았던 모든 순간을 떠올려 보라. 메시지를 확인하려고 휴대폰을 집어 들지 않았으므로 잘했다고 느꼈을지 모르지만, 확인하지 않은 당신의 메시지는 여전히 맞은편에 앉아 있는 사람과의 관계를 상하게 하고 있었다.

→ 휴대폰의 존재는 심지어 휴대폰이 <u>무시되고</u> 있을 때조차 대화에 참여하는 사람들 간의 관계를 <u>약화시킨다</u>.

해설 실험 결과, 휴대폰이 놓여 있는 방에서 대화한 실험 참가자들이 관계의 질이 더 나빴다고 생각했고 휴대폰 메시지를 확인하지 않아도 휴대폰이 있다는 것 자체로 사람들의 관계에 안 좋은 영향을 끼친다는 내용의 글이다. 따라서 (A)와 (B)에 들어갈 말로 가장 적절한 것은 ② '약화시킨다 – 무시되고'이다.

오답분석

오답선지	선택비율
① 약화시킨다 – 응답이 되고	15.2%
③ 다시 새롭게 한다 – 응답이 되고	4.3%
④ 유지한다 – 무시되고	12.7%
⑤ 유지한다 – 업데이트되고	7.3%

①번을 선택한 학생들은 휴대폰의 존재가 대화에 참여하는 사람들 간의 관계에 부정적인 영향을 미친다는 것은 잘 파악했는데 (B)에 들어갈 말을 잘못 추론했어. 마지막 문장의 your unchecked messages were still hurting your connection with the person(확인하지 않은 당신의 메시지는 여전히 사람과의 관계를 상하게 하고 있었다)을 잘 해석했다면, 휴대폰의 메시지를 확인하지 않았다는 것을 다른 말로 표현한 'ignored'를 선택할 수 있었을 거야.

6

정답 ③

소재 가격 하락이 가져올 수 있는 변화

직독직해

→ 부사절(시간)   → 전치사구
[When the price {of something fundamental} drops
기본적인 어떤 것의 가격이 크게 하락할 때 /

greatly], / the whole world can change. // Consider light. //
         온 세상이 바뀔 수 있다 //   조명을 생각해 보라 //

→ Chances are+주어+동사: 아마 ~일 것이다
Chances are / you are reading this sentence / under some
아마 ~일 것이다 / 여러분은 이 문장을 읽고 있다 /   어떤 유형의

kind of artificial light. // Moreover, / you probably never
인공조명 아래에서 //   게다가 /   여러분은 아마 생각해 본 적이

                    → 명사절(about의 목적어)   → 전치사구
thought / about [whether using artificial light {for reading}
없을 것이다 /   독서를 위해 인공조명을 이용하는 것이 그럴 만한 가치가 있는지에 대해 //

                    → so ~ that ...: 너무 ~해서 ~하다
was worth it]. // Light is so cheap / that you use it / without
그럴 만한 // 조명이 너무 싸서 /   여러분은 그것을 이용한다 /

thinking. // But in the early 1800s, / it would have cost
생각 없이 //   하지만 1800년대 초반에는 /   비용이 들었을 것이다

                              → 명사절
you / four hundred times / [what you are paying now /
여러분은 / 400배만큼의 /   당신이 오늘날 지불하고 있는 것의 /

                                        → 동사구①
for the same amount of light]. // At that price, / you [would
같은 양의 조명에 대해 //   그 가격이면 /   여러분은 비용을

              → 동사구②   → 전치사구
notice the cost] / and [would think twice] / [before using
의식할 것이다 /   그리고 다시 한 번 생각할 것이다 / 인공조명을 이용하기

                   → to부정사구(~하기 위해)   → 전치사구
artificial light] / [to read a book]. // The decrease [in the
전에 /   책을 읽기 위해 //   조명 가격의 하락은 /

                                    → Not only+동사+주어(도치구문)
price of light] / lit up the world. // Not only did it turn
//   세상을 밝혔다 //   그것은 밤을 낮으로 바꾸었을

              → allow ~ to ...: ~가 ~하는 것을 가능하게 하다
night into day, / but it allowed us to live and work / in big
뿐 아니라 /   우리가 살고 일할 수 있게 해 주었다 /   큰 건물

                        → 관계절
buildings / [that natural light could not enter]. // Nearly
에서 /   자연광이 들어올 수 없는 //   오늘날

              → 관계절(목적격 관계대명사 생략)
nothing [we have today] would be possible / if the cost of
우리가 가지고 있는 것 중 가능한 것은 거의 없을 것이다 /   만약 인공조명의

artificial light had not dropped / to almost nothing. //
비용이 하락하지 않았더라면 /   거의 공짜 수준으로 //

전문 해석 기본적인 어떤 것의 가격이 크게 하락할 때, 온 세상이 바뀔 수 있다. 조명을 생각해 보라. 아마 여러분은 어떤 유형의 인공조명 아래에서 이 문장을 읽고 있을 것이다. 게다가, 여러분은 독서를 위해 인공조명을 이용하는 것이 그럴 만한 가치가 있는지에 대해 아마 생각해 본 적이 없을 것이다. 조명이 너무 싸서 여러분은 생각 없이 그것을 이용한다. 하지만 1800년대 초반에는, 같은 양의 조명에 대해 오늘날 지불하고 있는 것의 400배만큼의 비용이 들었을 것이다. 그 가격이면, 여러분은 비용을 의식할 것이고 책을 읽기 위해 인공조명을 이용하기 전에 다시 한번 생각할 것이다. 조명 가격의 증가(→ 하락)는 세상을 밝혔다. 그것은 밤을 낮으로 바꾸었을 뿐 아니라, 자연광이 들어올 수 없는 큰 건물에서 우리가 살고 일할 수 있게 해 주었다. 만약 인공조명의 비용이 거의 공짜 수준으로 하락하지 않았더라면 우리가 오늘날 가지고 있는 것 중에 가능한 것은 거의 없을 것이다.

해설 과거에 비해 오늘날에는 조명의 가격이 현저히 낮아졌다고 했고, 조명의 가격이 비쌌다면 가격의 부담으로 인해 많은 사람들이 조명을 사용하기 어려웠을 것이고, 그 결과 세상이 더 밝아지기는 어려웠을 것이라는 내용의 글이다. 따라서 ③의 increase를 decrease와 같은 낱말로 바꾸어야 한다.

오답분석

오답선지	① 싸서	② 의식하다	④ 자연적인	⑤ 가능한
선택비율	9.7%	6.7%	9.3%	10.8%

⑤번이 들어 있는 문장은 인공조명의 가격이 비쌌더라면 현재와 같은 생활이 어려웠을 것이라는 의미인데, ⑤번을 선택한 학생들은 주어가 nothing이라는 걸 놓치고 impossible이 와야 한다고 잘못 판단했던 것 같아. 이미 주어에 부정의 의미가 있으니까 'possible(가능한)'이 오는 것이 문맥상 자연스러워.

━━━━━━━━━━━ **Vocabulary** Check-up ━━━━━

1 (1) distress (2) withholding (3) opportunity
2 (1) incapable (2) declines

1 (1) distress / 건전한 한계를 설정할 수 없을 때 그것은 우리의 관계에 고통을 야기한다.

(2) withholding / 칭찬을 멈추는 것이 적어도 처음에는 이상하게 보일 수 있고, 여러분이 쌀쌀하게 굴고 있거나 무언가를 억누르는 것처럼 느껴질 수 있다.

(3) opportunity / 농구와 축구 같은 단체 스포츠는 학생들이 기술을 개발하고 팀으로서 함께 활동하고 경쟁하는 것을 즐길 수 있는 기회를 제공한다.

2 (1) incapable / 저개발국가에서의 전형적인 시나리오는 극소수의 상업적인 농업전문가들은 기술적으로 진보된 반면에 대다수는 경쟁할 능력이 없는 시나리오이다.

(2) declines / 그러면 그들은 인생에서 즐거움이 줄어들고 균형감이 적어지면서 그들의 일 수행 능력이 실제로 감소한다.

━━━━━━━━━━━ **Grammar** Check-up ━━━━━

1 (1) ① is ② to recall (2) ① was placed ② what
2 ④ → is

1 (1) ① is: 주어 the pace of the exchange 뒤에 동사가 필요하므로 is가 적절하다.
② to recall: to process와 대등한 연결의 위치에 있으므로 to recall이 적절하다.

(2) ① was placed: a cell phone이 place라는 동사의 대상이므로 was placed가 적절하다.
② what: they thought of each other에서 목적어가 빠져 있고 그 자체로 명사절을 이끌며 asked의 목적어 역할을 해야 하므로, what이 적절하다.

2 ④: 주어가 Having이 이끄는 동명사구이므로, are를 is로 고쳐야 한다.

Week 3 Word Preview

Day 11

☐ differential 차등적인, 차별적인	☐ beg 부탁하다, 간청하다	☐ principal 중요한, 주된; 교장
☐ distribution 유통, 분배	☐ sustain 지속하다	☐ external 외부적인
☐ intuitive 직관적인	☐ establish 설정하다, 확립하다	☐ innate 선천적인, 타고난
☐ transportation 교통수단	☐ thrive 번성하다	☐ evolutionary 진화론적인, 점진적인
☐ destination 목적지	☐ purpose 목적, 용도	☐ domestication 가축 사육

Day 12

☐ engage 참여하다	☐ exposed 노출된	☐ coded 암호로 된
☐ infancy 유아기	☐ pregnancy 임신 기간	☐ captivity 포획
☐ behavior 행동	☐ condition 조건화하다, 길들이다	☐ conflict 갈등; 상반[모순]되다
☐ anniversary 기념일	☐ surface 표면	☐ possessor 소유자
☐ peak 최고조에 달하다	☐ reversed 거꾸로 된, 반대의	☐ identify 식별하다

Day 13

☐ successive 잇따른, 연속적인	☐ extraordinary 특별한	☐ rarely 좀처럼 ~하지 않는
☐ humid 습한	☐ insecure 자신이 없는, 불안정한	☐ hypothesis 가정
☐ material 자료	☐ exploit 이용하다	☐ positive 긍정적인
☐ highlight 눈에 띄게 표시하다	☐ constant 지속적인, 변함없는	☐ conform 따르다, 순응하다
☐ equivalent 같은 것, 상당한 것	☐ urge 충동	☐ modify 수정하다

Day 14

☐ temper 화, 기질	☐ spiritual 영적인	☐ cooperation 협동
☐ attentive 주의 깊은	☐ variety 다양성	☐ means 수단
☐ reconcile 화해하다	☐ metaphor 은유	☐ processed 가공한
☐ conscious 알고 있는, 의식하는	☐ measure 측정하다, 재다	☐ ingredient 재료, 성분
☐ awaken 일깨우다, 깨우다	☐ reflect 반영하다	☐ inform 알리다

Day 15

☐ polish 다듬다	☐ profound 심오한	☐ trigger 유발하다
☐ critically 비판적으로	☐ perspective 관점	☐ relevant 관련된, 적절한
☐ obligation 의무	☐ significant 상당한, 중요한	☐ subtle 미묘한
☐ privilege 특권	☐ subjective 주관적인	☐ adequately 적절하게
☐ vulnerable 비난받기 쉬운	☐ minority 소수, 소수의 무리	☐ complement 보완하다

1

정답 ①

소재 소비자들의 공론의 장으로서의 인터넷

직독직해

With the Internet, / everything changed. // Product
인터넷의 등장으로 / 모든 것이 변했다 // 제품 문제 /

problems, / overpromises, / the lack of customer support, /
과잉 약속 / 고객 지원 부족 /

differential pricing / — all of the issues / [that customers
가격 차등 / (이와 같은) 모든 문제가 / 고객들이 실제로

actually experienced / {from a marketing organization}] /
경험했던 / 마케팅 조직으로부터 /

suddenly popped out of the box. // No longer were there /
갑자기 상자 밖으로 튀어나왔다 // 더는 존재하지 않았다 /

[any controlled communications / or even business
어떤 통제된 의사소통이 / 또는 사업 체계조차 //

systems]. // Consumers could generally learn / through the
소비자들은 보통 알 수 있었다 / 인터넷을 통해 /

Web / [whatever they wanted to know / about a company, /
소비자들은 보통 알 수 있었다 / 그들이 알고 싶어 하는 것은 무엇이든 / 한 회사에 대하여 /

its products, / its competitors, / its distribution systems, /
그것의 제품 / 그것의 경쟁사 / 그것의 유통 체계 /

and, most of all, / its truthfulness / when talking about its
그리고 무엇보다도 / 그것의 진정성(에 대해서) / 그 회사의 제품과 서비스에 관해

products and services]. // Just as important, / the Internet
이야기할 때의 // 그만큼이나 중요하게도 / 인터넷은 장(場)을

opened up a forum / for customers to compare / [products,
열었다 / 소비자들이 비교할 / 제품, 경험,

experiences, and values] / with other customers / easily
그리고 가치를 / 다른 소비자들과 / 쉽고

and quickly. // Now the customer had a way / [to talk back
빠르게 // 이제 소비자는 수단이 생겼다 / 마케터에게

to the marketer] / and [to do so / through public forums /
대응하는 / 그리고 그렇게 하는 / 공론의 장을 통해 /

instantly]. //
즉시 //

전문 해석 인터넷의 등장으로 모든 것이 변했다. 제품 문제, 과잉 약속, 고객 지원 부족, 가격 차등과 같은 고객들이 마케팅 조직으로부터 실제로 경험했던 모든 문제가 갑자기 상자 밖으로 튀어나왔다. 어떤 통제된 의사소통이나 사업 체계조차 더는 존재하지 않았다. 소비자들은 한 회사와 그곳의 제품, 경쟁사, 유통 체계 그리고 무엇보다도 그 회사의 제품과 서비스에 관해 이야기할 때의 진정성에 대해 그들이 알고 싶어 하는 것은 무엇이든 인터넷을 통해 보통 알 수 있었다. 그만큼이나 중요하게도, 인터넷은 소비자들이 제품, 경험 그리고 가치를 다른 소비자들과 쉽고 빠르게 비교할 수 있는 장(場)을 열었다. 이제 소비자는 마케터에 대응하고 즉시 공론의 장을 통해 그렇게 하는 수단이 생겼다.

해설 소비자들이 인터넷을 통해 원하는 정보를 빠르게 얻게 되어 마케터에 대응할 수 있는 수단이 생겼다는 내용의 글이다. 인터넷이 생

기기 전에는 소비자들이 알지 못했던 내용들이 인터넷의 등장으로 알려지게 되었다고 했으므로, 밑줄 친 부분이 글에서 의미하는 바로 가장 적절한 것은 ① '더 이상 비밀로 유지될 수 없었다'이다.

오답분석

오답선지	선택비율
② 대중의 관심에서 사라질지도 몰랐다	11.0%
③ 마케터들에게는 더 이상 이용 가능하지 않았다	30.0%
④ 이해하기에 너무 복잡해졌다	8.5%
⑤ 회사의 평판을 향상시키기 시작했다	11.9%

③번을 선택한 학생들은 바로 뒤에 No longer로 시작하는 문장이 나온 것과 글에 marketer라는 단어가 언급된 것만을 보고 잘못 판단한 것 같아. 하지만 밑줄 친 부분의 주어는 all of the issues that customers actually experienced from a marketing organization으로 '고객들이 마케팅 조직으로부터 실제로 겪은 모든 문제'이기 때문에 ③번은 답이 될 수 없어.

2

정답 ②

소재 인간의 이동하려는 욕구

직독직해

There is nothing / more fundamental / to the human
아무것도 없다 / 더 근본적인 / 인간의 정신에

spirit / than the need [to be mobile]. // It is the intuitive
/ 이동하려는 욕구보다 // 그것은 직관적인 힘이다

force / [that {sparks our imaginations} / and {opens
/ 우리의 상상력을 자극하는 / 그리고 길을

pathways / to life-changing opportunities}]. // It is
열어주는 / 삶을 변화시킬 기회로 가는 // 그것은

the catalyst / [for progress and personal freedom]. //
촉매이다 / 진보와 개인의 자유를 위한 //

Public transportation has been vital / [to that progress
대중교통은 필수적인 것이었다 / 그 진보와 자유에

and freedom] / [for more than two centuries]. // The
/ 2세기가 넘는 기간 동안 //

transportation industry / has always done / more than
운송 산업은 / 항상 해 왔다 / 여행자들을 실어

carry travelers / [from one destination to another]. // It
나르는 것 이상의 일을 / 한 목적지에서 다른 목적지로 //

connects / people, places, and possibilities. // It provides
그것은 연결한다 / 사람, 장소, 그리고 가능성을 // 그것은 접근성을

access / to [what people need], / [what they love], /
제공한다 / 사람들이 필요로 하는 것에 대한 / 그들이 좋아하는 것(에 대한) /

and [what they aspire to become]. // In so doing, / it
그리고 그들이 되고자 열망하는 것(에 대한) // 그렇게 하면서 /

[grows communities], / [creates jobs], / [strengthens the
그것은 공동체를 성장시킨다 / 일자리를 창출한다 / 경제를 강화한다

economy], / [expands social and commercial networks], /
/ 사회적 그리고 상업적 네트워크를 확장한다 /

→ 동사구⑤
[saves time and energy], / and [helps millions of people
시간과 에너지를 절약해 준다 /　　　　　　그리고 수백만 명의 사람들을 돕는다 /
→ help의 목적격 보어
{achieve a better life}]. //
더 나은 삶을 누리도록 //

전문 해석 인간의 정신에 이동하려는 욕구보다 더 근본적인 것은 없다. 그것은 우리의 상상력을 자극하고 삶을 변화시킬 기회로 가는 길을 열어주는 직관적인 힘이다. 그것은 진보와 개인의 자유를 위한 촉매이다. 대중교통은 2세기 넘는 기간 동안 그 진보와 자유에 필수적인 것이었다. 운송 산업은 항상 한 목적지에서 다른 목적지로 여행자들을 실어 나르는 것 이상의 일을 해 왔다. 그것은 사람, 장소 그리고 가능성을 연결해 준다. 그것은 사람들이 필요로 하는 것, 좋아하는 것 그리고 되고자 열망하는 것에 대한 접근성을 제공해 준다. 그렇게 하면서 그것은 공동체를 성장시키고, 일자리를 창출하고, 경제를 강화하고, 사회적 그리고 상업적 네트워크를 확장하고, 시간과 에너지를 절약해 주며 수백만 명의 사람들이 더 나은 삶을 누리도록 돕는다.

해설 대중교통이 진보와 개인의 자유를 위해 중요한 역할을 했고, 운송 산업은 여행자들을 실어 나르는 것 이상의 역할을 해 오면서 사람들이 더 나은 삶을 살게 돕는다는 내용이므로, 빈칸에 들어갈 말로 가장 적절한 것은 ②이다.

오답분석

오답선지	선택비율
① 안전하려는	9.6%
③ 탁월하려는	13.9%
④ 경쟁적이려는	18.2%
⑤ 독립적이려는	18.0%

④번을 선택한 학생들이 있었는데, 이 글에서는 인간의 'competitive(경쟁적이려는)' 욕구에 관한 단서를 전혀 찾을 수 없어. 대중교통과 운송 산업이 사람들이 필요로 하고 좋아하는 것, 되고자 열망하는 것에 대한 접근성을 제공해 줌으로써 더 나은 삶을 누릴 수 있도록 돕는다고 했으니까 ④번은 답이 될 수 없지.

3

정답 ③

소재 한 미국 항공사의 장기적 성장 비결

직독직해

→ be faced with ~: ~에 직면하다
Back in 1996, / an American airline was faced / with an
지난 1996년에 / 한 미국 항공사가 직면했다 / 흥미로운

interesting problem. // At a time / when most other airlines
문제에 // 시기에 / 대부분의 다른 항공사들이 손해를 보거나
→ 현재분사① →현재분사②
were [losing money] or [going under], / over 100 cities /
파산하던 / 100개가 넘는 도시가 /
→ beg ~ to ...: ~에게 …할 것을 부탁하다
were begging the company / to service their locations. //
그 회사에게 부탁하고 있었다 / 그들의 지역에 취항할 것을 //
→ 명사절(주어)
However, / that's not the interesting part. // [What's
그러나 / 그것이 흥미로운 부분이 아니다 // 흥미로운
→ 명사절(is의 보어) →동사구①
interesting] is / [that the company {turned down / over 95
것은 ~이다 / 그 회사는 거절했다는 것(이다) / 그러한
→ 동사구②
percent of those offers} / and {began serving / only four
제안의 95퍼센트 넘게 / 그리고 취항을 시작했다는 것(이다) / 단지 네 개의

new locations}]. // It turned down / tremendous growth /
새로운 지역만 // 그 회사는 거절했다 / 엄청난 성장을 /

→ 부사절(이유)
[because company leadership had set / an upper limit /
회사의 지도부가 설정했기 때문에 / 상한치를 /
→ 전치사구
{for growth}]. // Sure, / its executives wanted to grow / each
성장의 // 물론 / 그 경영진들은 성장하기를 원했다 / 매년
→ 전치사구
year, / but / they didn't want to grow / too much. // [Unlike
그러나 / 그들은 성장하기를 원하지 않았다 / 너무 많이 // 다른 유명한

other famous companies], / they wanted / to set their own
회사들과 달리 / 그들은 원했다 / 그들 자신만의 속도를
→ 관계절 → 수동태
pace, / one [that could be sustained / in the long term]. //
정하기를 / 지속될 수 있는 속도 / 장기적으로 //

By doing this, / they established / a safety margin for
이렇게 함으로써 / 그들은 설정했다 / 성장의 안전 여유를 /
→ 관계절
growth / [that helped them continue to thrive / at a time
그들이 계속 번창하는 데 도움이 됐던 / 다른 항공사들이
→ 관계절
{when the other airlines were flailing}]. //
마구 흔들리던 시기에 //

전문 해석 지난 1996년 한 미국 항공사가 흥미로운 문제에 직면했다. 대부분의 다른 항공사들이 손해를 보거나 파산하던 시기에, 100개가 넘는 도시가 그 회사에 그들의 지역에 취항할 것을 부탁하고 있었다. 하지만, 그것이 흥미로운 부분은 아니다. 흥미로운 것은 그 회사가 그러한 제안 중 95퍼센트 넘게 거절했고 단지 네 개의 새로운 지역만 취항을 시작했다는 점이다. 그 회사는 엄청난 성장을 거절했는데, 그 이유는 회사 지도부가 성장의 상한치를 설정했기 때문이다. 물론, 그 경영진들은 매년 성장하기를 원했지만, 너무 많이 성장하는 것을 원하지는 않았다. 다른 유명한 회사들과 달리, 그들은 장기적으로 지속될 수 있는 속도, 즉 자신만의 속도를 정하기를 원했다. 이렇게 함으로써 그들은 다른 항공사들이 마구 흔들리던 시기에 그들이 계속 번창하는 데 도움이 됐던 성장의 안전 여유를 설정했다.

해설 다른 항공사들이 손해를 보던 시기에도 성장을 했던 미국의 한 항공사에 관한 이야기로, 그 지도부가 엄청난 성장보다는 자기 회사만의 성장 속도를 정하기를 원했고 그것이 손해의 위험을 줄이는 '성장의 안전 여유(safety margin for growth)'를 설정했다는 내용의 글이다. 따라서 빈칸에 들어갈 말로 가장 적절한 것은 ③이다.

오답분석

오답선지	선택비율
① 회사가 심각한 재정 위기에 직면하고 있었기	12.4%
② 마케팅에 관한 구체적인 장기 계획이 없었기	14.4%
④ 그곳의 임원들이 경쟁 항공사의 미래에 대해 걱정했기	23.7%
⑤ 그 회사가 이익보다는 도덕적인 의무를 강조했기	15.6%

④번을 선택한 학생들은, 임원들이 '경쟁 항공사의 미래(the competing airlines' future)'에 대해 걱정했다'는 말을 항공사의 경쟁력 있는 미래를 고민했다는 말로 잘못 이해한 것 같아. 선택지의 구문을 해석할 때 의미를 꼼꼼하게 따져보며 해석하도록 해 봐.

4

정답 ③

소재 생체 시계를 재설정하는 다양한 요인들

직독직해

→ 관계절
Daylight isn't the only signal / [that the brain can use /
햇빛은 유일한 신호는 아니다 / 뇌가 사용할 수 있는 /

for the purpose / of biological clock resetting], / [though it
목적으로 / 생체 시계 재설정의 / 비록 그것은
= when (daylight is) present ◄
is the principal and preferential signal, / {when present}]. //
중요하고 우선되는 신호지만 / (햇빛이) 있을 때는 //
→ ~하는 한(조건)
So long as they are reliably repeating, / the brain can also
확실하게 반복되는 한 / 뇌는 또한 다른 외부적인
→ 예를 들어(~와 같은)
use other external cues, / such as food, exercise, / and
신호를 사용할 수도 있다 / 예를 들면 음식, 운동 /
even regularly timed social interaction. // All of these
그리고 심지어 정기적으로 시간이 맞추어진 사회적 상호 작용(과 같은) // 이 모든 경우는 /
→ to부정사구
events / have the ability / [to reset the biological clock], /
능력을 가지고 있다 / 생체 시계를 재설정하는 /
→ 분사구문
[allowing it to strike a precise twenty-four-hour note]. //
그것(그 능력)이 정확한 24시간 음을 치도록 하면서 //
→ 관계절 → 전치사구
It is the reason / [that individuals {with certain forms of
그것이 이유이다 / 어떤 유형의 시력을 상실한 개인이 /
blindness} / do not entirely lose their circadian rhythm]. //
24시간 주기의 리듬을 완전히 잃지 않는 /
→ 동명사 receiving의 부정 → ~ 때문에
Despite not receiving light cues / due to their blindness, /
빛 신호를 받지 않음에도 불구하고 / 그들의 시력 상실 때문에 /
→ ~로서
other phenomena act / as their resetting triggers. // Any
다른 현상들이 작용한다 / 재설정의 유인 역할로서 // 어떤
→ 관계절
signal / [that the brain uses / for the purpose of clock
신호는 / 뇌가 사용하는 / 시계 재설정을 목적으로 /
→ 수동태 → 전치사구
resetting] / is termed a zeitgeber, / [from the German "time
zeitgeber(자연 시계)라고 불린다 / '시간 제공자' 또는 '동기화 장치'라는
→ 부사절(대조)
giver" or "synchronizer." // Thus, / [while light is the
독일어에서 유래된 // 따라서 / 빛이 가장 신뢰할 수 있고 그래서
most reliable and thus the primary zeitgeber], / there are
주된 자연 시계인 반면 / 많은 요인이
→ 관계절 → daylight에 연결
many factors / [that can be used in addition to, / or {in the
있다 / (햇빛)과 함께 사용될 수 있는 / 혹은 햇빛이
→ 전치사구
absence of}, daylight]. //
없을 때 (사용될 수 있는) //

전문 해석 햇빛이 있을 때는 비록 그것이 중요하고 우선되는 신호지만, 그것은 뇌가 생체 시계 재설정을 목적으로 사용할 수 있는 유일한 신호는 아니다. 확실하게 반복되는 한, 뇌는 또한 음식, 운동 그리고 심지어는 정기적으로 시간이 맞추어진 사회적 상호 작용과 같은 다른 외부적인 신호를 사용할 수도 있다. 이 모든 경우는 생체 시계를 재설정하는 능력이 있어 정확한 24시간 음을 치도록 한다. 그것이 어떤 유형의 시력 상실을 가진 개인이 24시간 주기의 리듬을 완전히 잃지 않는 이유이다. 그들의 시력 상실 때문에 빛 신호를 받지 않음에도 불구하고, 다른 현상들이 재설정의 유인 역할로서 작용한다. 뇌가 시계 재설정을 목적으로 사용하는 어떤 신호는 '시간 제공자' 또는 '동기화 장치'라는 독일어에서 유래한 자연 시계라고 불린다. 따라서, 빛이 가장 신뢰할 수 있어서 주된 자연 시계인 반면, 햇빛과 함께 혹은 햇빛이 없을 때 사용될 수 있는 많은 요인이 있다.

해설 생체 시계를 재설정하는 요인으로 햇빛 외에도 다양한 요인이 있다는 내용의 글로, 주어진 문장은 '어떤 유형의 시력 상실을 가진 개인(individuals with certain forms of blindness)'에 관해 언급하고 있다. 이에 이 문장 뒤에는 '그들의 시력 상실 때문에(due to their blindness)'라는 말이 언급된 문장이 와야 한다. 따라서 주어진 문장이 들어가기에 가장 적절한 곳은 ③이다.

오답선지	①	②	④	⑤
선택비율	6.4%	9.5%	30.5%	12.9%

④번을 선택한 친구들은 주어진 문장에 있는 blindness라는 단어를 단서로 삼아서 그 단어가 언급되어 있는 문장이 주어진 문장의 앞에 와야 한다고 판단한 것 같아. 하지만 주어진 문장이 ④번에 들어갈 경우, 앞에 있는 문장의 their가 가리키는 대상이 불명확해지지. 그리고 앞에 있는 문장은 주어진 문장 내용의 이유가 될 수 없어.

5

정답 ①

소재 내집단을 선호하는 인간의 선천적 경향

직독직해

In their study in 2007 / Katherine Kinzler and her
2007년에 있었던 연구에서 / Katherine Kinzler와 그녀의 하버드 동료들은
→ 명사절(showed의 목적어)
colleagues at Harvard showed / [that our tendency / {to
보여 주었다 / 우리의 경향이 / to부정사구
→ 동사구①
identify with an in-group} / to a large degree / {begins in
내(內)집단과 동일시하려는 / 상당 부분 / 유아기에
→ 동사구②
infancy and {may be innate}]. // Kinzler and her team /
시작된다 / 그리고 선천적일 수 있다(는 것을) // Kinzler와 그녀의 팀은 /
→ 동사구① → 관계절
[took a bunch of five-month-olds / {whose families only
한 무리의 5개월 된 아이들을 데려왔다 / 그들의 가족들이 영어만을
→ 동사구②
spoke English}] / and [showed the babies two videos]. //
말하는 / 그리고 그 아기들에게 두 개의 영상을 보여 주었다 //
In one video, / a woman was speaking English. // In the
한 영상에서 / 한 여성이 영어를 말하고 있었다 // 다른
other, / a woman was speaking Spanish. // Then they
영상에서는 / 한 여성이 스페인어를 말하고 있었다 // 그리고 나서
→ 수동태
were shown a screen / with both women / side by side, /
그들에게 화면을 보여주었다 / 두 여성 모두 / 나란히 있는 /
→ 분사구문 → 전치사구
[not speaking]. // [In infant psychology research], / the
말없이 // 유아 심리학 연구에서 /
→ 전치사구
standard measure / [for affinity or interest] / is attention /
표준 척도는 / 애착이나 관심의 / 주목이다 /
— babies will apparently stare longer / at the things [they
즉, 아기들은 분명 더 오래 쳐다볼 것이다 / 그들이 더 좋아하는 것들을 //
→ 관계절(목적격 관계대명사 생략)
like more]. // In Kinzler's study, / the babies stared at the
Kinzler의 연구에서 / 아기들은 영어 사용자들을 더 오래
English speakers longer. // In other studies, / researchers
쳐다보았다 // 다른 연구들에서 / 연구자들은
→ 명사절(found의 목적어) → be likely to: ~할 가능성이 높다
have found / [that infants are more likely to take a toy /
발견했다 / 유아들은 장난감을 받을 가능성이 더 높다는 것을 /
→ 과거분사구 → 관계절
{offered by someone / ⟨who speaks the same language as
사람에 의해 제공되는 / 자신들과 같은 언어를 말하는 //
them}]. // Psychologists routinely cite / these and other
심리학자들은 일상적으로 인용한다 / 이것들과 다른 실험들을

experiments / as evidence / [of our built-in evolutionary
증거로 / 우리의 내재된 진화론적인 선호의 /

preference / for "our own kind."] //
'우리와 같은 종류'에 대한 //

2007년에 있었던 연구에서 Katherine Kinzler와 그녀의 하버드 동료들은 내(內)집단과 동일시하려는 우리의 경향이 상당 부분 유아기에 시작되고 선천적일 수 있음을 보여 주었다. Kinzler와 그녀의 팀은 가족들이 영어만을 말하는 한 무리의 5개월 된 아이들을 데려와서 그 아기들에게 두 개의 영상을 보여 주었다. 한 영상에서 한 여성이 영어를 말하고 있었다. 다른 영상에서는 한 여성이 스페인어를 말하고 있었다. 그러고 나서 그들에게 두 여성 모두 말없이 나란히 있는 화면을 보여주었다. 유아 심리학 연구에서 애착이나 관심의 표준 척도는 주목인데, 아기들은 분명 그들이 더 좋아하는 것들을 더 오래 쳐다볼 것이다. Kinzler 연구에서 아기들은 영어 사용자들을 더 오래 쳐다보았다. 다른 연구들에서 연구자들은 유아들이 자신들과 같은 언어를 말하는 사람이 제공하는 장난감을 받을 가능성이 더 높다는 것을 발견했다. 심리학자들은 '우리와 같은 종류'에 대한 우리의 내재된 진화론적인 선호에 대한 증거로 이것들과 다른 실험들을 일상적으로 인용한다.

→ 친숙한 언어를 사용하는 사람들에 대한 유아들의 더 호의적인 반응은 내집단 구성원들을 선호하는 선천적인 경향이 있을 수 있음을 보여 준다.

유아들이 자신과 같은 언어를 사용하는 사람들에게 더 호의적인 반응을 보였다는 연구 결과는 '우리와 같은 종류(our own kind)'에 대한 우리의 내재된 진화론적인 선호에 대한 증거라는 내용의 글이다. 따라서 (A)와 (B)에 들어갈 말로 가장 적절한 것은 ① '친숙한 – 선천적인'이다.

오답선지	선택비율
② 친숙한 – 후천적인	26.5%
③ 이질적인 – 문화적인	11.1%
④ 이질적인 – 학습된	13.3%
⑤ 격식을 차린 – 선천적인	2.8%

②번을 선택한 학생들은, 유아들이 친숙한 언어를 사용하는 사람들에 대해 호의적인 반응을 보인다는 부분은 잘 파악했는데 'acquired'라는 표현에 대한 이해가 부족해서 (B)에 들어갈 말을 잘못 선택한 것으로 보여. acquired는 '후천적인, 습득된'이라는 뜻의 단어로 글에 제시되어 있는 'innate(선천적인)'와는 반대되는 의미야.

6

③

사육으로 인한 동물과 인간의 뇌 구조 변화

Recent research suggests / [that evolving humans'
최근의 연구는 시사한다 / 진화하는 인간의 개와의 관계가 바뀌

relationship with dogs changed / {the structure of both
었다는 것을 / 두 종 모두의 뇌 구조를 /

species' brains}]. // One of the various physical changes /
다양한 신체적 변화 중 하나는

[caused by domestication] / is a reduction / [in the size
사육에 의해 야기된 / 감소이다 / 뇌 크기에

of the brain]: / 16 percent for horses, / 34 percent for
있어서의 / 말은 16퍼센트 / 돼지는 34퍼센트 /

pigs, / and 10 to 30 percent for dogs. // This is because /
그리고 개는 10에서 30퍼센트 (감소했다) // 이것은 ~때문이다 /

[once humans started to take care of these animals], /
일단 인간이 이러한 동물들을 돌보기를 시작하면서 /

they no longer needed / various brain functions / in order
그들은 더는 필요하지 않았다 / 다양한 뇌 기능을 / 생존하기

to survive. // Animals [who were fed and protected / by
위하여 // 먹여지고 보호되는 동물들은 /

humans] / [did not need / many of the skills / {required
인간에 의해 / 필요로 하지 않았다 / 많은 기술들을 / 그들의 야생

by their wild ancestors}] / and [lost the parts of the brain /
조상들이 필요로 했던 / 그리고 뇌의 부분들을 잃어버렸다 /

{related to those capacities}]. // A similar process occurred
그런 능력들과 관련되어 있는 // 유사한 과정이 인간에게 나타났다 /

for humans, / [who seem to have been domesticated / by
길들여진 것으로 보이는 /

wolves]. // About 10,000 years ago, / [when the role of
늑대들에 의해 // 약 만 년 전 / 개의 역할이 확실하게

dogs was firmly established / in most human societies], /
정해졌을 때 / 대부분의 인간 사회에서 /

the human brain also shrank / by about 10 percent. //
인간의 뇌도 줄어들었다 / 약 10퍼센트 정도 //

최근의 연구는 진화하는 인간의 개와의 관계가 두 종 모두의 뇌 구조를 바꿨다는 것을 시사한다. 사육으로 인해 야기된 다양한 신체적 변화 중 하나는 뇌 크기의 감소인데, 말은 16퍼센트, 돼지는 34퍼센트 그리고 개는 10에서 30퍼센트 감소했다. 이는 일단 인간이 이 동물들을 돌보기 시작하면서 그것들이 생존하기 위해 다양한 뇌 기능을 더는 필요로 하지 않았기 때문이다. 인간이 먹이를 주고 보호해 주는 동물들은 그것들의 야생 조상들이 필요로 했던 기술 중 많은 것들을 필요로 하지 않았고 그러한 능력들과 관련된 뇌의 부분들을 잃어버렸다. 유사한 과정이 인간에게 나타났는데, 그들은 늑대에 의해 길들여진 것으로 보인다. 약 만 년 전, 개의 역할이 대부분의 인간 사회에서 확실하게 정해졌을 때, 인간의 뇌도 약 10퍼센트 정도 줄어들었다.

(A)는 사육으로 인해 말, 돼지, 개의 뇌의 크기가 줄어들었다고 했으므로, '신체적인(physical)' 변화가 생겼다고 하는 것이 자연스럽다. (B)는 인간이 동물을 돌보면서 동물은 생존을 위한 다양한 뇌 기능이 필요 없게 되었으므로 그런 능력과 관련된 뇌의 부분들을 '잃어버렸다(lost)'고 하는 것이 문맥상 적절하다. (C)는 늑대에게 인간이 길들여진 상황을 묘사하고 있으므로 인간의 뇌도 '줄어들었다(shrank)'라고 표현하는 것이 자연스럽다. 따라서 문맥에 맞는 낱말로 가장 적절한 것은 ③ '신체적인 – 잃어버렸다 – 줄어들었다'이다.

오답선지	선택비율
① 신체적인 – 발달시켰다 – 확대되었다	13.4%
② 신체적인 – 잃어버렸다 – 확대되었다	21.6%
④ 정신적인 – 발달시켰다 – 줄어들었다	9.7%
⑤ 정신적인 – 잃어버렸다 – 줄어들었다	9.2%

②번을 선택한 학생들은 (A)와 (B)에 들어갈 낱말을 바르게 추론했는데, 아쉽게도 (C)에 들어갈 말을 잘못 판단했어. 동물들이 사육을 통해 뇌 크기가 줄고 뇌의 기능을 잃게 된 것처럼 인간도 유사한 과정이 나타났다고 말했으니까 인간이 늑대에게 길들여지고 개의 역할이 인간 사회에서 확실하게 정해졌을 때 인간의 뇌의 크기가 '확대되었다'는 것은 문맥상 맞지 않아.

Vocabulary Check-up

1 (1) destination (2) thrive (3) innate
2 (1) sustain (2) differential

1 (1) destination / 각각의 선택은 어떤 길이 여러분의 목적지로 데려다줄지에 대한 불확실성을 포함한다.

(2) thrive / 여러분이 여러분의 의견과 생각에 관련하여 약간만 여는 법을 배운다면 여러분은 양쪽 세계에서 번창할 수 있을 것이다.

(3) innate / 우리는 우리가 한 행동을 변호하고 싶어 하며, 우리의 타고난 완고함은 우리가 받고 있는 비판을 받아들이도록 허용하는 것을 거부한다.

2 (1) sustain / 지역 네트워크의 반대(개념)로서의 범세계적인 네트워크는 결속력을 거의 주지 못하고 구성원들을 위로하고 지탱할 능력이 거의 없다.

(2) differential / 후자가 관련이 없을 때 평등은 균일하거나 똑같은 대우를 내포하고, 그것이 관련이 있을 때 그것은 차등적인 대우를 필요로 한다.

Grammar Check-up

1 (1) ① were ② whatever (2) ① allowing ② do
2 ③ → were shown

1 (1) ① were: 주어가 any controlled communications or even business systems이므로 were가 적절하다.
② whatever: learn의 목적어인 명사절을 이끄는 역할과 그 명사절 안에서 know의 목적어 역할을 해야 하므로, 관계사 whatever가 적절하다.

(2) ① allowing: 의미상 and they allow를 대신하는 분사구문이 와야 하므로 현재분사 allowing이 적절하다.
② do: that절에서 주어의 핵이 individuals이므로, 동사 do가 적절하다.

2 ③: 주어인 they가 a bunch of five-month-olds를 가리키며 의미상 동사 show의 대상이므로, showed는 수동태 were shown으로 고쳐야 한다.

Day 12 Week 3   본문 58~60쪽

1 ②	2 ③	3 ①	4 ⑤	5 ③	6 ④

1

정답 ②

소재 어린이의 발달에서의 놀이의 역할

직독직해

→ A as well as B: B뿐만 아니라 A도
Animals as well as humans / engage in play activities. //
인간뿐만 아니라 동물도 / 놀이 활동에 참여한다 //

In animals, / play has long been seen / as a way / [of
동물에게 있어 / 놀이는 오랫동안 여겨져 왔다 / 방식으로 / 관계절

learning and practicing skills and behaviors / {that are
기술과 행동을 학습하고 연마하는 / 필요한 /

necessary / for future survival}]. // In children, too, / play
미래 생존을 위해 // 아이들에게 있어서도 / 놀이는

has important functions / during development. // [From
중요한 기능을 한다 / 발달하는 동안 // 가장

its earliest beginnings / in infancy], / play is a way / [in
초기부터 / 유아기의 / 놀이는 방식이다 / 관계절

which children learn / about the world and their place in
아이들이 배우는 / 세상과 그 안에서의 그들의 위치에 대해 //

→ serve as: ~로서 역할을 하다
it]. // Children's play / serves as a training ground / for
아이들의 놀이는 / 훈련의 토대로서 역할을 한다 /

developing physical abilities / — skills like walking,
신체 능력을 발달시키기 위한 / 즉 걷기, 달리기, 그리고
관계절

running, and jumping / [that are necessary for everyday
점프하기와 같은 기술들을 / 매일의 삶에 필요한 //
to부정사구①(allows의 목적격 보어)

living]. // Play also allows children / [to try out and learn
놀이는 또한 아이들이 ~하게 하다 / 사회적 행동을 시도하고 배우게
to부정사구②(allows의 목적격 보어)

social behaviors] / and [to acquire values and personality
/ 그리고 가치와 성격적 특성을 습득하게 /
관계절

traits / {that will be important in adulthood}]. // For
/ 성인기에 중요할 //
명사구①

example, / they learn / [how to compete and cooperate
예를 들어 / 그들은 배운다 / 다른 사람들과 경쟁하고 협력하는 방식을 /
명사구②   명사구③

with others], / [how to lead and follow], / [how to make
/ 이끌고 따르는 방식을 / 결정하는 방식 등을 //

decisions], and so on. //

전문 해석 인간뿐만 아니라 동물도 놀이 활동에 참여한다. 동물에게 있어 놀이는 오랫동안 미래 생존에 필요한 기술과 행동을 학습하고 연마하는 방식으로 여겨져 왔다. 아이들에게 있어서도 놀이는 발달하는 동안 중요한 기능을 한다. 유아기의 가장 초기부터, 놀이는 아이들이 세상과 그 안에서의 그들의 위치에 대해 배우는 방식이다. 아이들의 놀이는 신체 능력, 즉 매일의 삶에 필요한 걷기, 달리기, 그리고 점프하기와 같은 기술들을 발달시키기 위한 훈련의 토대로서 역할을 한다. 놀이는 또한 아이들이 사회적 행동을 시도하고 배우며, 성인기에 중요할 가치와 성격적 특성을 습득하도록 한다. 예를 들어, 그들은 다른 사람들과 경쟁하고 협력하는 방식, 이끌고 따르는 방식, 결정하는 방식 등을 배운다.

해설 놀이를 통해 어린이가 신체 능력을 키우고, 경쟁하고 협력하는

등의 사회적 행동을 배우며, 어린이의 발달에 있어서 놀이가 다양한 역할을 한다는 내용의 글이므로, 이 글의 주제로 가장 적절한 것은 ② '어린이의 발달에서의 놀이의 역할'이다.

오답분석

오답선지	선택비율
① 창의적인 아이디어를 시험해 보는 것의 필요성	2.9%
③ 인간의 놀이와 동물의 놀이 사이의 차이	8.0%
④ 어린이의 신체적 능력이 놀이에 미치는 영향	25.9%
⑤ 다양한 발달 단계에서의 어린이의 욕구	7.8%

④번을 선택한 학생들은 이 글의 핵심 소재가 '놀이(play)'라는 것을 알고 있는 것 같아. 하지만 어린이의 신체적 능력이 놀이에 미치는 영향이 아니라 반대로 놀이가 아이들의 신체 능력에 미치는 영향에 대해서 언급하고 있고, 놀이가 신체 능력만이 아니라 다양한 사회적 행동 학습에도 영향을 끼친다고 말하는 걸 놓쳤어.

2

정답 ③

소재 뉴스 보도의 양이 사람들의 인식에 미치는 영향

직독직해

[As the tenth anniversary / {of the terrorist attacks of
10주년 추모일이 / 2001년 9월 11일의 테러리스트 공격의 /

September 11, 2001}, / approached], / 9/11-related media
다가오면서 / 9/11 관련 매체 기사들이 /

stories / [peaked / in the days {immediately surrounding
최고조에 달했다 / 추모일 바로 전후의 날들에 /

the anniversary date}] / and then [dropped off rapidly /
그리고는 급격히 줄어들었다 /

in the weeks / thereafter]. // Surveys / [conducted during
몇 주 동안 / 그 후로 / 조사는 / 그 시기 동안 실시된 /

those times] / asked citizens / to choose / two "especially
시민들에게 요청했다 / 선택하도록 / '특히 중요한' 두 가지

important" events / [from the past seventy years]. // Two
사건을 / 지난 70년 동안 있었던 //

weeks prior to the anniversary, / [before the media blitz
추모일 2주 전 / 미디어 대선전이 시작되기 전인 /

began], / about 30 percent of respondents / named 9/11. //
응답자의 약 30퍼센트가 / 9/11을 언급했다 //

But [as the anniversary drew closer, / and the media
그러나 추모일이 더 가까워짐에 따라 / 그리고 미디어 보도가

treatment intensified], / survey respondents started /
증가함에 따라 / 설문 응답자는 시작했다 /

[identifying 9/11 in increasing numbers] / — to a high of
증가하는 숫자로 9/11을 선택하기를 / 65퍼센트까지 /

65 percent. // Two weeks later, though, / [after reportage
그러나 2주 후에 / 보도가 이전 수준으로

had decreased to earlier levels], / once again / only about
줄어든 후에 / 다시 한번 / 참가자의

30 percent of the participants / placed it / [among their two
약 30퍼센트만이 / 그것을 선택했다 / 특히 중요한 두 가지

especially important events / of the past seventy years]. //
사건으로 / 지난 70년 동안의 //

Clearly, / the amount of news coverage / can make a big
명백하게 / 뉴스 보도의 양은 / 큰 차이를 만들 수 있다 /

difference / in the *perceived* significance [of an issue] /
'인식되는' 중요성에 있어 / 문제에 관한 /

among observers / [as they are exposed to the coverage]. //
관찰자들 사이에서 / 그들이 그 보도에 노출될 때 //

전문 해석 2001년 9월 11일 테러리스트 공격의 10주년 추모일이 다가오면서, 9/11 관련 매체 기사들이 추모일 바로 전후로 최고조에 달했고, 그 후 몇 주 동안 급격히 줄어들었다. 그 시기 동안 실시된 조사는 시민들에게 지난 70년 동안 있었던 '특히 중요한' 두 가지 사건을 선택하도록 요청했다. 미디어 대선전이 시작되기 전인 추모일 2주 전, 응답자의 약 30퍼센트가 9/11을 언급했다. 그러나 추모일이 더 가까워지고, 미디어 보도가 증가함에 따라, 더 많은 응답자들이 9/11을 선택하기 시작했고, 그 수가 65퍼센트까지 올랐다. 그러나 2주 후, 보도가 이전 수준으로 줄어든 후, 다시 한번 참가자의 약 30퍼센트만이 그것을 지난 70년 동안의 특히 중요한 두 가지 사건으로 선택했다. 명백하게, 뉴스 보도의 양은 관찰자들이 그 보도에 노출될 때 그들 사이에서 문제에 관한 '인식되는' 중요성에 있어 큰 차이를 만들 수 있다.

해설 시민들에게 지난 70년 동안 있었던 특히 중요한 두 가지 사건을 선택하도록 요청하는 조사에서, 9/11에 대한 미디어 보도가 늘어나면 9/11을 언급하는 사람들의 비율이 증가하고, 보도가 줄면 9/11을 언급하는 사람들의 비율이 감소했다는 내용의 글이므로, 빈칸에 들어갈 말로 가장 적절한 것은 ③이다.

오답분석

오답선지	① 정확성	② 어조	④ 출처	⑤ 유형
선택비율	15.7%	8.3%	14.1%	19.9%

⑤번을 선택한 학생들은, 뉴스 보도의 '유형(type)'이 관찰자들이 그 보도에 노출될 때 그들 사이에서 문제의 중요성을 인식하는 데 있어 큰 차이를 만들 수 있다고 생각했어. 하지만 이 글에서는 '미디어 보도가 증가함(the media treatment intensified)'에 따라 응답자의 9/11에 관한 언급이 증가했고 '보도가 줄어든 후에(after reportage had decreased)' 9/11을 선택한 응답자의 비율도 줄었다고 했으니까, 뉴스 보도의 '유형'이 시민들의 인식에 영향을 끼친 것이 아니라는 걸 알 수 있어.

3

정답 ①

소재 신생아가 흔들어 주는 것을 좋아하는 이유

직독직해

We're often told / [that newborns and infants / are
우리는 종종 듣는다 / 신생아와 유아는 /

comforted by rocking / because this motion is similar /
흔들림에 의해 편안해진다고 / 이러한 움직임이 친숙하기 때문에 /

to {what they experienced in the womb}], / and [that they
그들이 자궁 안에서 경험했던 것과 / 그리고 그들이

must take comfort / in this familiar feeling]. // This may
편안해지는 것이 틀림없다고 / 이런 친숙한 느낌에서 // 이것은 사실

be true; / however, / to date / there are no convincing data /
일지도 모른다 / 그러나 / 현재까지 / 설득력 있는 데이터는 없다 /
└관계절┘
[that demonstrate a significant relationship / between the
상당한 관계가 있음을 입증하는 / 임신 기간 동안
└─────관계절─────┘   between A and B: A와 B 사이에
amount of time {a mother moves during pregnancy} and
엄마가 움직이는 시간의 양과 흔들림에 대한 신생아의 반응 사이에 //

her newborn's response to rocking]. // Just as likely is
생각도 그만큼 가능한

                                           associate A with B: A를 B와 연관시키다
the idea / [that newborns come to associate gentle rocking
법하다 / 신생아가 부드러운 흔들림을 젖을 먹는 것과 연관시키게 된다는 //
                                     명사절(understand의 목적어)
with being fed]. // Parents understand / [that rocking
                 부모들은 알고 있다 / 흔들어 주는 것이

quiets a newborn], / and they very often provide gentle,
신생아를 달래 준다는 것을 / 그리고 그들은 매우 자주 부드럽고 반복적인 움직임을
                                                  부사절(이유)
repetitive movement / during feeding. // [Since the
제공한다는 것을 / 젖을 주는 동안 // 음식의 등장은

appearance of food is a primary reinforcer], / newborns
일차 강화물이기 때문에 / 신생아는 습득
                                           부사절(이유)
may acquire / a fondness for motion / [because they have
할지도 모른다 / 움직임에 대한 선호를 / 그들은 조건화되어 왔기
└현재완료 수동태   └전치사구
been conditioned / through a process / {of associative
때문이다 / 과정을 통해 / 연관 학습의 //

learning}]. //

전문 해석 신생아와 유아가 흔들림에 의해 편안해지는데, 이것은 이런 움직임이 자궁 안에서 그들이 경험했던 것과 유사하기 때문이고, 그들이 이런 친숙한 느낌에서 편안해지는 것이 틀림없다는 말을 자주 듣는다. 이것은 사실일 수 있지만, 현재까지 임신 기간 동안 엄마가 움직이는 시간의 양과 흔들림에 대한 신생아의 반응 사이에 상당한 관계가 있음을 입증하는 설득력 있는 데이터는 없다. 신생아가 부드러운 흔들림을 젖을 먹는 것과 연관시키게 된다는 생각도 그만큼 가능할 법하다. 부모들은 흔들어 주는 것이 신생아를 달래 준다는 것을 알고 있어서, 그들은 젖을 주는 동안 부드럽고, 반복적인 움직임을 매우 자주 제공한다. 음식의 등장은 일차 강화물이기 때문에, 신생아는 움직임에 대한 선호를 습득할 수 있는데, 그 이유는 그들이 연관 학습의 과정을 통해 조건화되어 왔기 때문이다.

해설 신생아가 흔들림에 의해 편안해지는 이유에 관한 글로, 신생아가 먹는 것과 흔들림과의 연관 학습의 과정(process of associative learning)을 통해 조건화되어 움직임을 좋아하게 될 수 있다고 생각할 수 있다고 했으므로, 빈칸에 들어갈 말로 가장 적절한 것은 ①이다.

오답분석

오답선지	선택비율
② 일관된 수유를 원할	20.3%
③ 심한 흔들림을 싫어할	15.5%
④ 음식의 맛을 기억할	19.6%
⑤ 엄마와 유대감을 형성할	19.4%

②번을 선택한 학생들은 빈칸을 포함한 문장 앞에 언급된, 부모가 신생아에게 젖을 줄 때 부드러운 움직임을 제공한다는 내용에 근거해서 빈칸에 들어갈 말을 잘못 추론한 것으로 보여. 하지만 신생아가 일관된 수유를 원한다는 내용과 관련된 말은 글에 전혀 언급되지 않았어.

4

정답 ⑤

소재 거울의 거꾸로 된 이미지를 활용한 암호 메시지

직독직해

Mirrors and other smooth, shiny surfaces / reflect light. //
거울과 부드럽고, 광택이 나는 다른 표면들은 / 빛을 반사한다 //
                    └전치사구   └부사절(이유)
We see reflections / [from such surfaces] / [because the rays
우리는 반사된 상을 본다 / 그런 표면들로부터 / 왜냐하면 빛의 광선이
                                          └전치사구
of light form an image / {on the retina / of our eyes}]. //
이미지를 형성하기 때문에 / 망막에 / 우리 눈의 //
                                            └동사구①
Such images / are always reversed. // [Look at yourself in a
그런 이미지들은 / 항상 거꾸로 되어 있다 // 거울에 비친 당신의 모습을 보라
          └동사구②   seem to ~: ~처럼 보이다
mirror], / [wink your right eye] / and your left eye seems to
오른쪽 눈을 깜박여 보아라 / 그러면 왼쪽 눈이 당신에게 눈을 깜박이는
                                        └to부정사구
wink back at you. // You can use a mirror / [to send a coded
것처럼 보인다 // 당신은 거울을 사용할 수 있다 / 친구에게 암호화된

message to a friend]. // Stand a mirror / upright on the
메시지를 보내기 위해 // 거울을 세워라 / 수직으로 탁자 위에 /
                    so that+주어+can ...: ~가 …할 수 있도록   └수동태
table, / [so that a piece of paper on the table can be clearly
탁자 위에 놓인 한 장의 종이가 명확하게 보일 수 있도록
                                                └관계절
seen / in the mirror]. // Now write a message / [that looks
거울 속에 // 이제 메시지를 적어라 / 정상적으로

right / when you look in the mirror]. // Keep your eyes /
보이는 / 당신이 거울을 볼 때 // 계속해서 보아라 /
     └전치사구(시간)   └부사절(시간)   └전치사구
[on the reflected image / {while you are writing}] / and [not
반사되는 이미지를 / 당신이 쓰고 있는 동안 / 종이를 보는
                                        └형식상의 주어
on your paper]. // After a little practice, / it will be easier /
것이 아니라 // 조금 연습을 하고 나면 / 더 쉬울 것이다 /
└to부정사구(내용상의 주어)   └부사절(시간)
[to write "backwards."] // [When your friend receives such
'거꾸로' 쓰는 것이 // 당신의 친구가 그런 메시지를 받으면
                                         └전치사구
a message] / he will be able to read it / [by holding the
그는 그것을 읽을 수 있을 것이다 / 그 종이를 비춰 봄으로써

paper / up to a mirror]. //
거울에 //

전문 해석 거울과 부드럽고, 광택이 나는 다른 표면들은 빛을 반사한다. 빛의 광선이 우리 눈의 망막에 이미지를 형성하기 때문에 우리는 그런 표면들로부터 반사된 상을 본다. (C) 그런 이미지들은 항상 거꾸로 되어 있다. 거울에 비친 당신의 모습을 보며 오른쪽 눈을 깜박여 보아라. 그러면 왼쪽 눈이 당신에게 눈을 깜박이는 것처럼 보인다. 당신은 거울을 사용하여 친구에게 암호화된 메시지를 보낼 수 있다. (B) 탁자 위에 놓인 한 장의 종이가 거울 속에 명확하게 보일 수 있도록 거울을 탁자 위에 수직으로 세워라. 이제 거울을 볼 때 정상적으로 보이는 메시지를 적어라. (A) 당신이 쓰고 있는 동안 종이가 아니라 반사되는 이미지를 계속 보아라. 조금 연습을 하고 나면, '거꾸로' 쓰는 것이 더 쉬울 것이다. 당신의 친구가 그런 메시지를 받으면, 그는 그 종이를 거울에 비춰 봄으로써 그것을 읽을 수 있을 것이다.

해설 주어진 글에서 사람들이 거울과 같은 표면들로부터 반사된 상을 본다고 했으므로, 이처럼 거울을 통한 이미지는 거꾸로 되어 있다는 내용의 (C)가 주어진 글 다음에 와야 한다. 그 뒤에 거울을 통한 이미지가 거꾸로 보인다는 것을 추가적으로 말하기 위해 탁자 위에 거울을 세워 거울 속에서 정상으로 보이게끔 메시지를 적어 보라고

하는 내용의 (B)가 오는 것이 자연스럽다. 마지막으로, 이렇게 메시지를 썼을 때의 결과를 설명하고 있는 (A)가 오는 것이 적절하다.

오답선지	①	②	③	④
선택비율	7.3%	19.0%	18.2%	17.2%

②번을 선택한 학생들은 (C)의 적절한 위치를 찾지 못했는데, (C)의 Such images가 주어진 문장의 '그러한 표면들로부터 반사된 상(reflections from such surfaces)'을 가리키고 있다는 것을 파악하지 못했기 때문이야. 뿐만 아니라, (C)에서 언급한 거울로부터 반사된 상이 거꾸로 반전되는 현상을 이용해 암호화된 메시지를 쓰는 것의 구체적인 방법을 (B)와 (A)에서 설명하고 있으므로, (C)가 (B)와 (A)의 앞에 오는 것이 자연스러워.

5

정답 ③

소재 침팬지들 간의 호혜주의

직독직해

Reciprocity can be explored / in captivity / by [handing
호혜주의는 탐구될 수 있다 / 포획된 상황에서 / 침팬지 한 마리에게

one chimpanzee / {a large amount of food, / such as a
건네줌으로써 / 많은 양의 먹이를 / ~와 같은

watermelon or leafy branch}], / and then [observing / {what
수박이나 잎이 많은 가지와 같은 / 그리고 나서 관찰함(으로써) /

follows}]. // The owner will be center stage, / [with a
뒤에 일어나는 일을 // 먹이 소유자는 중심에 있게 될 것이다 / 그나 그녀

group of others around him or her], / soon to be followed /
주위에 있는 한 무리의 다른 침팬지들과 함께 / 곧 뒤따르게 될 것이다 /

by newly formed groups / around those / [who obtained
새로이 형성된 무리들에 의해 / 침팬지들 주변으로 / 꽤 큰 몫을 얻은

a sizable share], / [until all food has been distributed]. //
/ 모든 먹이가 다 분배될 때까지 //

Beggars may complain and cry, / but aggressive conflicts
먹이를 구걸하는 침팬지들은 불평하고 울부짖을 수 있다 / 그러나 공격적인 충돌은 드물다 //

are rare. // The few times [that they do occur], / it is the
간혹 그것들이 정말 일어날 때 / 바로 (먹이의)

possessor / who tries to make someone leave the circle. //
소유자다 / 누군가를 무리에서 떠나게 하려는 것은 //

She will [hit them / over their head / with her branch] / or
그녀는 그들을 때릴 것이다 / 그들의 머리를 / 나뭇가지로 / 혹은

[bark at them / in a high-pitched voice] / [until they leave
그들에게 울부짖을 것이다 / 고음으로 / 그들이 자신을 홀로 내버

her alone]. // Whatever their rank, / possessors control the
려 둘 때까지 // 그들의 서열이 무엇이든 간에 / 먹이 소유자가 먹이의 흐름을

food flow. // [Once chimpanzees enter reciprocity mode], /
제어한다 // 일단 침팬지들이 호혜주의 상태에 접어들게 되면 /

their social rank no longer matters. //
사회적 서열은 더 이상 중요한 것이 아니다 //

전문 해석 호혜주의는 포획된 상황에서 침팬지 한 마리에게 수박이나 잎이 많은 가지와 같은 많은 양의 먹이를 건네주고 뒤에 일어나는 일을 관찰함으로써 탐구될 수 있다. 먹이 소유자가 한 무리의 다른 침팬지들에 둘러싸여 중심에 있게 되고, 모든 먹이가 다 분배될 때까지 꽤 큰 몫을 얻은 침팬지들 주변으로 새로이 형성된 무리들이 곧 뒤따르게 될 것이다. 먹이를 구걸하는 침팬지들은 불평하고 울부짖을 수도 있지만 공격적인 충돌은 드물다. 간혹 그러한 일이 정말 일어날 때, 누군가를 무리에서 떠나게 하려는 것은 바로 (먹이) 소유자다. 먹이 소유자는 그들이 자신을 홀로 내버려 둘 때까지 그들의 머리를 나뭇가지로 때리거나 그들에게 고음으로 울부짖을 것이다. 그들의 서열이 무엇이든 간에, 먹이 소유자가 먹이의 흐름을 제어한다. 일단 침팬지들이 호혜주의 상태에 접어들게 되면, 사회적 서열은 더 이상 중요한 것이 아니다.

해설 주어진 문장의 they가 가리키는 것이 '공격적인 충돌(aggressive conflicts)'이라는 것을 파악하는 것이 중요하다. 주어진 문장은 간혹 그러한 일이 일어날 때 소유자가 누군가를 무리에서 떠나게 한다는 내용인데, ③번 앞 문장에서는 공격적인 충돌이 드물다고 했고, 뒤 문장에서는 먹이 소유자가 (공격적인 충돌을 일으키는) 침팬지들의 머리를 나뭇가지로 때리거나 그들에게 고음으로 울부짖는다고 했으므로, 주어진 문장이 들어가기에 가장 적절한 곳은 ③이다.

오답선지	①	②	④	⑤
선택비율	5.9%	14.8%	30.7%	12.1%

④번 위치는 먹이 소유자가 상대를 나뭇가지로 때리거나 고음으로 울부짖는 등 먹이의 흐름을 제어하는 구체적인 사례가 제시된 앞 문장과 자연스럽게 연결되고 있기 때문에 주어진 문장이 들어가기에 적절하지 않아.

6

정답 ④

소재 음식에 대한 평가에 영향을 미치는 음식의 색깔

직독직해

[Although it is obvious / {that part of our assessment of
비록 분명하지만 / 우리의 음식 평가의 일부가 /

food / is its visual appearance}], / it is perhaps surprising /
음식의 시각적 외관인 것은 / 아마도 놀라울 것이다 /

[how visual input can override taste and smell]. // People
어떻게 시각적인 입력 정보가 맛과 냄새에 우선할 수 있는가는 // 사람들은

find it very difficult / [to correctly identify / fruit-flavoured
매우 어렵다는 것을 알게 된다 / 정확하게 식별하는 것이 / 과일 맛이 나는 음료를

drinks / {if the colour is wrong}], / for instance / an orange
/ 색깔이 잘못되어 있다면 / 예를 들어 / 오렌지 음료

drink / [that is coloured green]. // Perhaps even more
/ 초록색인 // 아마도 훨씬 더 충격적인 것은

striking is the experience [of wine tasters]. // One study [of
포도주 맛을 감정하는 사람들의 경험일 것이다 // Bordeaux University

Bordeaux University students / of wine and wine making] /
학생 대상의 한 연구는 / 포도주와 포도주 제조에 관해 공부하는 /

revealed [that they chose tasting notes / {appropriate for
그들이 시음표를 선택했다는 것을 보여 주었다 / 적포도주에 적합한 /

red wines}, / such as 'prune and chocolate'], / when they
'자두와 초콜릿'과 같은 / 그들이 백포도주를
→ 동사(수동태)   → 과거분사구
were given white wine / [coloured with a red dye]. //
받았을 때 /   붉은색 색소로 물들인 //
                                            → 수동태
Experienced New Zealand wine experts / were similarly
숙련된 뉴질랜드 포도주 전문가들도 /   비슷하게 속아서 생각
                        → 명사절(thinking의 목적어)
tricked into thinking / [that the white wine Chardonnay /
하게 되었다 /   백포도주 Chardonnay가 /
                                → 과거완료 수동태
was in fact a red wine], / when it had been coloured with a
실제로 적포도주라고 /   그것이 붉은색 색소로 물들여졌을 때 //

red dye. //

전문 해석 비록 음식에 대한 우리 평가의 일부가 음식의 시각적 외관인 것은
분명하지만, 어떻게 시각적인 입력 정보가 맛과 냄새에 우선할 수 있는가는 놀
라울 것이다. 만약 예를 들어 초록색 빛깔의 오렌지 음료와 같이 색깔이 잘못되
어 있다면, 사람들은 과일 맛이 나는 음료를 정확하게 식별하는 것이 매우 어렵
다는 것을 알게 된다. 아마 포도주 맛을 감정하는 사람들의 경험은 훨씬 더 놀
라울 것이다. 포도주와 포도주 제조에 관해 공부하는 Bordeaux University
학생 대상의 한 연구는 그들이 붉은색 색소로 물들인 백포도주를 받았을 때,
'자두와 초콜릿'과 같은 적포도주에 적합한 시음표를 선택했다는 것을 보여주
었다. 숙련된 뉴질랜드 포도주 전문가들도 마찬가지로 백포도주 Chardonnay
를 붉은색 색소로 물들였을 때, 속아서 그것이 실제로 적포도주라고 생각하게
되었다.

해설 ④ 주어 they는 연구의 대상인 Bordeaux University의 학생
들이므로 그들이 붉은색 색소로 물들인 백포도주를 '받는' 것이므로,
gave를 were given으로 고쳐야 한다.
① 'it is perhaps surprising how visual input can ~'에서의 it이
형식상의 주어이고, how로 시작하는 절이 내용상의 주어이다. how
는 방법, 정도, 상태 등을 물을 때 쓰이는 의문사로 완전한 절을 이끌
므로 how는 적절하다.
② find의 목적격 보어 자리에 형용사가 올 수 있으므로 difficult는
적절하다.
③ 보어인 even more striking이 문장의 앞에 나오면서 주어와 동
사가 도치된 형태의 문장이다. 주어가 the experience of wine
tasters이므로 단수형 동사 is는 적절하다.
⑤ 동명사 thinking의 목적어인 명사절을 이끄는 접속사 that은 적
절하다.

오답분석

오답선지	① how	② difficult	③ is	⑤ that
선택비율	13.0%	10.6%	21.2%	14.5%

③번을 선택한 학생들 중에는 주어인 'the experience of wine tasters'
에서 tasters를 주어의 핵으로 보고 복수형으로 판단한 학생들이 있었을 거
야. of wine tasters는 the experience를 수식하고 있는 전치사구로 the
experience에 동사의 수를 일치시켜야 하니까 is는 어법상 맞게 쓰였어.

Vocabulary Check-up

1 (1) identify (2) engage (3) peak
2 (1) conflict with (2) exposed to

1 (1) identify / 자고 있는 엄마는 그녀 자신의 아기 특유의 울음소
리를 <u>식별할</u> 수 있는 능력을 가지고 있다.

(2) engage / 아리스토텔레스는 모든 인간이 정치 활동에 <u>참여하</u>
<u>도록</u> 허용되어야 한다고 생각하지 않았다.

(3) peak / 사람들이 텔레비전에서 히말라야에 대한 영화를 보고
웅장한 산 정상의 '훼손되지 않은 자연'에 흥분되는지, 또는 사람
들이 일어나 네팔까지 트레킹을 가는지에 관해서는 상당한 차이가
있다.

2 (1) conflict with / 인간에게 시각은 너무나 고도로 발달되어 있
어서 다른 감각들로부터 받은 메시지들이 보이는 것과 <u>충돌하면</u>
무시되는 경우가 흔히 있다.

(2) exposed to / 여기서 '요령'은 개개의 인간이 사회적 구성 그
자체이며 그들이 생애 동안 <u>노출되어</u> 온 사회적, 문화적 영향의 다
양성을 구현하고 반영한다는 것을 인식하는 것이다.

Grammar Check-up

1 (1) ① in which ② to acquire (2) ① peaked ② conducted
2 ② → has been distributed

1 (1) ① in which: 앞에 있는 a way를 수식하는 절을 이끌고 뒤에
완전한 절이 이어지므로, in which가 적절하다.
② to acquire: allow의 목적격 보어 자리이므로, to acquire가
적절하다.

(2) ① peaked: 주어가 9/11 related media stories이고 그 뒤
에 동사가 와야 하므로, peaked가 적절하다.
② conducted: 의미상 surveys가 conduct라는 행위의 대상이
므로, 과거분사 형태의 conducted가 적절하다.

2 ②: all food가 distribute라는 행위의 대상이므로, has
distributed를 현재완료 수동태인 has been distributed로 고쳐
야 한다.

Day 13 Week 3 　　　　　　　　　　　　　　본문 62~64쪽

1 ②	2 ②	3 ⑤	4 ③	5 ③	6 ④

1

정답 ②

소재 털이 적은 것이 달리기에 미치는 영향

직독직해

　　　　　　　　　　　　　　as soon as+주어+동사: ~가 …하자마자 →
Humans are champion long-distance runners. // [As soon
인간들은 최고의 장거리 달리기 선수들이다 //　　　　　　　　한 사람과

as a person and a chimp start running], / they both get hot. //
침팬지가 달리기를 시작하자마자 /　　　　　　그들 둘 다 더위를 느낀다 //
　　　　　　　　　　　　　　　　　　　→ 부사절(이유)
Chimps quickly overheat; / humans do not, [because
침팬지는 빠르게 체온이 오른다 /　　(하지만) 인간들은 그렇지 않다 / 그들이 훨씬

they are much better / at shedding body heat]. // According
더 잘하기 때문이다 　　　신체 열을 떨어뜨리는 것을 //　　유력한 한 이론에
　　　　　　　　　　　　　　　　　　　　→ 부사절(이유)
to one leading theory, / ancestral humans lost their hair /
따르면 /　　　　　　선조들은 그들의 털을 잃었다 /
→ 전치사구
[over successive generations] / [because less hair meant /
잇따른 세대에 걸쳐서 /　　　　　더 적은 털은 의미했기 때문이다 /

cooler, more effective long-distance running]. // That
더 시원하고, 더 효과적인 장거리 달리기를 //　　　　　　그런
　　　　　　　　　　　　　→ let+목적어+목적격 보어(동사원형)
ability let our ancestors / outmaneuver and outrun prey. //
능력은 우리 조상들을 하게 해 주었다 / 먹잇감을 이기고 앞질러서 달리도록 //

Try wearing a couple of extra jackets / — or better yet,
여분의 재킷 두 개를 입어 보라 /　　　　　　　혹은 아니면 털코트를

fur coats — / on a hot humid day / and run a mile. // Now,
(입어 보라) /　　　덥고 습한 날에 /　　　그리고 1마일을 뛰어 보라 // 이제,
→ 동사구①　　　　　　　　　→ 동사구②
[take those jackets off] / and [try it again]. // You'll see /
그 재킷들을 벗어라 /　　　그리고 다시 시도해 보라 //　당신은 알 것이다 /
→ 명사절(see의 목적어)
[what a difference a lack of fur makes]. //
털의 부족이 만드는 차이점이 무엇인지 //

전문 해석 인간들은 최고의 장거리 달리기 선수들이다. 한 사람과 침팬지가 달리기를 시작하자마자 그들은 둘 다 더위를 느낀다. 침팬지는 빠르게 체온이 오르지만, 인간들은 그렇지 않은데, 그 이유는 그들이 신체 열을 떨어뜨리는 것을 훨씬 더 잘하기 때문이다. 유력한 한 이론에 따르면, 털이 더 적으면 더 시원하고 장거리 달리기에 더 효과적인 것을 의미하기 때문에 선조들은 잇따른 세대에 걸쳐서 털을 잃었다. 그런 능력은 우리 조상들이 먹잇감을 이기고 앞질러서 달리게 했다. 덥고 습한 날에 여분의 재킷 두 개를, 혹은 아니면, 털코트를 입고 1마일을 뛰어 보라. 이제, 그 재킷들을 벗고 다시 시도해 보라. 당신은 털의 부족이 만드는 차이점이 무엇인지 알 것이다.

해설 인간이 침팬지보다 장거리 달리기를 잘하는 이유가 인간이 체온을 떨어뜨리는 것을 더 잘하기 때문이라고 했고, 털이 더 적으면 더 시원하고 장거리 달리기에 더 효과적이라고 했으므로, 빈칸에 들어갈 말로 가장 적절한 것은 ②이다.

오답분석

오답선지	선택비율
① 더운 날씨	7.0%
③ 근육의 힘	10.4%
④ 과도한 운동	7.1%
⑤ 종의 다양성	19.6%

⑤번을 선택한 학생들은, 이 글이 침팬지와 인간 간의 서로 다른 종으로서의 차이에 대해 말하고 있다고 생각하고 빈칸에 들어갈 말을 잘못 추론한 것 같아. 빈칸이 들어 있는 문장의 앞에 나온 내용에 대해 종합할 수 있는 말을 선택해야 하는데, 앞의 글에서 덥고 습한 날에 재킷이나 털 코트를 입고 달리는 상황과 벗고 달리는 상황을 비교해서 말하고 있으니 빈칸에 들어갈 말로 '종의 다양성'은 적절하지 않아.

2

정답 ②

소재 친숙함과 아는 것을 착각하는 학생들

직독직해
　　　　　　　　　　　　→ 관계절
One of the main reasons / [that students may think / they
주된 이유 중 하나는 /　　　　학생들이 생각할 수도 있는 /　　그들이
　　　　　　　　　　→ 부사절(시간)　　　→ 명사절(is의 보어)
know the material, / {even when they don't}], / is [that
자료를 알고 있다고 /　　그들이 알지 못할 때조차도 /

they mistake familiarity / for understanding]. // Here is
그들은 친숙함을 착각하는 것이다 /　　이해하는 것으로 //　여기에 그것
→ 명사절(주어)　　　　　　　　　　　　　　　　　　→ 분사구문
[how it works]: / You read the chapter once, / [perhaps
이 작동하는 방식이 있다 / 당신은 그 장을 한 번 읽는다 /　아마도 눈에

highlighting / as you go]. // Then later, / you read the
띄게 표시하면서 /　당신이 읽을 때 //　그리고 나서 나중에 / 당신은 그 장을 다시
　　　　　　　　　　　　　　　　→ 분사구문
chapter again, / [perhaps focusing on the highlighted
읽는다 /　　　아마도 눈에 띄게 표시된 자료에 집중하면서 //

material]. // As you read it over, / the material is familiar /
　　　　　　그것을 거듭 읽으면서 /　　그 자료는 친숙해진다 /
→ 부사절(이유)
[because you remember it / from before], / and this
당신이 그것을 기억하기 때문에 /　이전에 읽은 것으로부터 / 그리고 이러한
　　　　　　　　　　　　　→ lead+목적어+to부정사: ~을 …하도록 이끌다
familiarity might lead you to think, / "Okay, I know that." //
친숙함이 당신을 생각하도록 이끌지도 모른다 /　"좋아, 나는 그것을 알아"라고 //
　　　　　　　　　　　→ 명사절(is의 보어)　　　　　　→ 동사구①
The problem is / [that this feeling of familiarity / {is not
문제는 ~이다 /　　이런 친숙한 느낌이 /　　　　　　　　반드시

necessarily equivalent / to knowing the material} / and
같은 것은 아니라는 것(이다) /　그 자료를 아는 것과 /　　　그리고
→ 동사구②　　　　　　　　　　　　　　　→ ~을 생각해 내다
{may be of no help / when you have to come up with an
아무런 도움이 되지 않을 수도 있다는 것(이다) / 답을 생각해 내야 할 때 /

answer / on the exam}]. // In fact, / familiarity can often
　　　시험에서 //　　　사실 /　　친숙함은 종종 오류를 일으킬 수
　　　　　　　　　　　　　　　　　　　　　→ 부사절(이유)
lead to errors / on multiple-choice exams / [because you
있다 /　　　　선다형 시험에서 /　　　　　왜냐하면 당신이
　　　　　　　　　　　　→ 관계절
might pick a choice / {that looks familiar}], / only to find
선택지를 선택할 수 있기 때문이다 / 친숙해 보이는 /　　결국 나중에 알게
→ 명사절(find의 목적어)　　　　　→ 관계절(목적격 관계대명사 생략)
later / [that it was something / {you had read}], / but it
된다 /　그것은 어떤 것이라는 것을 /　당신이 읽었던 /　　그러나
　　　　　　　　　　　　→ 전치사구
wasn't really the best answer / [to the question]. //
그것이 가장 좋은 해답은 아니었다(는 것을) /　그 질문에 대한 //

전문 해석 자료를 알지 못할 때조차도, 학생들이 알고 있다고 생각할 수도 있는 주된 이유 중 하나는 친숙함을 이해하는 것으로 착각하기 때문이다. 그것이 작동하는 방식이 여기에 있다. 당신은 읽을 때 아마도 (중요한 것을) 눈에 띄게 표

시하면서, 그 장을 한 번 읽는다. 그러고 나서 나중에, 아마도 눈에 띄게 표시된 자료에 집중하면서, 그 장을 다시 읽는다. 그것을 거듭 읽어서, 이전에 읽은 것으로부터 그것을 기억하기 때문에 자료가 친숙하고, 이러한 친숙함으로 인해 "좋아, 나는 그것을 알아."라고 생각하게 될지도 모른다. 문제는 이런 친숙한 느낌이 반드시 그 자료를 아는 것과 같은 것은 아니며 시험에서 답을 생각해 내야 할 때 아무런 도움이 되지 않을 수도 있다는 것이다. 사실, 친숙해 보이는 선택지를 선택할 수 있기 때문에 친숙함은 종종 선다형 시험에서 오류를 일으킬 수 있는데, 그것이 당신이 읽었던 것이지만 그 질문에 대한 가장 좋은 해답은 아니었다는 것을 결국 나중에 알게 된다.

해설 자료에 강조 표시를 하고 자꾸 읽으면서 친숙해지면 자료의 내용을 알지 못할 때조차도 그것을 마치 아는 것으로 착각하게 된다는 내용의 글로 선다형 시험에서 친숙해 보이는 선택지를 정답으로 생각하여 선택할 수 있기 때문에 친숙함은 종종 오류를 일으킬 수 있다. 따라서, 빈칸에 들어갈 말로 가장 적절한 것은 ②이다.

오답분석

오답선지	선택비율
① 당신은 자신이 강조했던 부분을 기억할 수 없었다	10.0%
③ 그 친숙함은 당신의 이해에 근거한 것이었다	22.5%
④ 반복은 당신이 정답을 선택할 수 있게 했다	8.2%
⑤ 그것은 친숙함이 자연스럽게 형성되었음을 보여주었다	10.5%

③번을 선택한 친구들은 '친숙함(familarity)'과 '이해(understanding)'라는 키워드만 주목하고 답을 잘못 판단했을 거야. 친숙한 느낌이 반드시 아는 것과 같은 것이 아니라고 했으니까 오히려 친숙함이 이해에 근거한 것이었다는 말은 글의 내용과 일치하지 않는 말이야.

3

정답 ⑤

소재 인간이 배가 불러도 계속 먹으려는 이유

직독직해

When we compare / human and animal desire / we find
우리가 비교할 때 / 인간과 동물의 욕망을 / 우리는 많은

many extraordinary differences. // Animals tend to eat /
특별한 차이점을 발견한다 // 동물은 먹는 경향이 있다 /
동사 생략(tend to eat)

with their stomachs, / and humans with their brains. //
위장으로 / 그리고 인간은 / 뇌로 (먹는 경향이 있다) //

When animals' stomachs are full, / they stop eating, /
동물이 배가 부르면 / 그들은 먹기를 멈춘다 /
부사절(시간)

but humans are never sure / when to stop. // [When they
그러나 인간은 결코 확신하지 못한다 / 언제 멈출지 / 그들이 먹었을 때 /

have eaten / as much as their bellies can take], / they
배에 담을 수 있을 만큼 많이 / 그들은
전치사구

still feel empty, / they still feel an urge / [for further
여전히 허전함을 느끼고 / 여전히 충동을 느낀다 / 추가적인 만족감에
due to ~: ~ 때문에

gratification]. // This is largely due to anxiety, / to
대한 // 이것은 주로 불안감 때문이다 / 즉
동격

the knowledge / [that a constant supply of food / is
인식[지식] (때문이다) / 식량의 지속적인 공급이 /

uncertain]. // Therefore, / they eat as much as possible /
불확실하다는 // 그러므로 / 그들은 가능한 한 많이 먹는다 /
due to ~: ~ 때문에

while they can. // It is due, also, to the knowledge / [that,
그들이 먹을 수 있을 때 // 그것은 또한 인식 때문이다 /
동격

in an insecure world, pleasure is uncertain]. // Therefore, /
불안정한 세상에서 즐거움은 불확실하다는 // 따라서 /
수동태

the immediate pleasure of eating / must be exploited / to
그 즉각적인 먹는 즐거움은 / 이용되어야 한다 / to
부사절(양보) do violence to: ~에 해를 가하다

the full, / [even though it does violence to the digestion]. //
충분히 / 비록 그것이 소화에 해를 가하더라도 //

전문 해석 인간과 동물의 욕망을 비교할 때 우리는 많은 특별한 차이점을 발견한다. 동물은 위장으로, 인간은 뇌로 먹는 경향이 있다. (C) 동물은 배가 부르면 먹는 것을 멈추지만, 인간은 언제 멈출지 결코 확신하지 못한다. 인간은 배에 담을 수 있는 만큼 많이 먹었을 때, 그들은 여전히 허전함을 느끼고 여전히 추가적인 만족감에 대한 충동을 느낀다. (B) 이것은 주로 불안감, 즉 지속적인 식량 공급이 불확실하다는 인식 때문이다. 그러므로 그들은 먹을 수 있을 때 가능한 한 최대로 많이 먹는다. (A) 또한, 그것은 불안정한 세상에서 즐거움이 불확실하다는 인식 때문이다. 따라서 즉각적인 먹는 즐거움은 소화에 해를 가하더라도 충분히 이용하여야 한다.

해설 주어진 문장은 인간과 동물의 욕망 사이에 특별한 차이점이 있는데 동물은 위장으로, 사람은 뇌로 먹는 경향이 있다는 내용을 담고 있다. 따라서 뒤에 동물은 배부르면 그만 먹고 인간은 배가 불러도 추가적인 만족감을 위해 계속 먹는다고 구체적으로 설명하는 (C)가 이어져야 한다. 이에 대한 이유로서 지속적인 식량 공급이 불확실하다는 인식에 따른 불안감을 언급한 (B)가 와야 하고, 그 뒤에 also라는 연결어로 불안정한 세상에서 즐거움이 불확실하다는 인식 때문이라는 또 다른 이유를 추가적으로 설명하고 있는 (A)가 이어지는 것이 글의 순서로 가장 적절하다.

오답분석

오답선지	①	②	③	④
선택비율	6.4%	8.1%	14.5%	23.1%

④번을 선택한 학생들이 있었는데, (A)는 인간이 배가 불러도 추가적인 만족감을 위해 계속 먹는 이유를 말하고 있는데 also라는 말이 쓰인 것을 보면 그 앞에 또 다른 이유가 언급되어야 한다는 걸 알 수 있기 때문에 (C)의 바로 뒤에 올 수는 없어.

4

정답 ③

소재 문제 해결 과정으로서의 어린이의 언어 학습

직독직해

Our brains / are constantly solving problems. //
우리의 뇌는 / 끊임없이 문제를 해결하고 있다 //
every time+주어+동사: ~가 …할 때마다

[Every time we learn, or remember, or make sense of
우리가 무언가를 배우거나 기억하거나 이해할 때마다 /

something], / we solve a problem. // Some psychologists /
우리는 문제를 해결한다 // 일부 심리학자들은 /

→ characterize A as B: A를 B로 특징짓다

have characterized / all infant language-learning /
특징지었다 / 모든 유아 언어 학습을 /

→ 분사구문
as problem-solving, / [extending to children / such
문제 해결이라고 / 아이들에게 확장하여 /

scientific procedures / as "learning by experiment," or
과학적 절차들을 / "실험을 통한 학습" 또는 "가설 검증"과 같은 //

"hypothesis-testing."] // Grown-ups rarely explain / the
어른들은 거의 설명하지 않는다 /

let alone ~: ~은 말할 것도 없고 ← → 명사절
meaning of new words / to children, / let alone / [how
새로운 단어의 의미를 / 아이들에게 / ~은 말할 것도 없고 /

grammatical rules work]. // Instead / they use the words
문법적인 규칙이 어떻게 작용하는지 // 대신 / 그들은 단어나 규칙을 사용한다 /

→ 형식상의 목적어
or the rules / in conversation / and leave it to children /
대화에서 / 그리고 아이들에게 맡긴다 /

→ to부정사구(내용상의 목적어) → 명사절(figure out의 목적어)
[to figure out / {what is going on}]. // In order to learn
알아내는 것을 / 무슨 일이 벌어지고 있는지 // 언어를 배우기 위해서 /

→ ~을 이해하다
language, / an infant must make sense of the contexts /
유아는 맥락을 이해해야만 한다 /

┌── 관계절 → 수동태
[in which language occurs]; / problems must be solved. //
언어가 사용되는 / 즉 문제는 해결돼야 한다는 것이다 //

→ 현재완료 진행형 → 전치사구
We have all been solving problems / [of this kind] / since
우리는 모두 문제들을 해결해 오고 있다 / 이런 종류의 / 어린

→ 명사절(전치사 of의 목적어)
childhood, / usually without awareness / of [what we are
시절부터 / 보통은 인식하지 않고서 / 우리가 무엇을 하고

doing]. //
있는지에 관해 //

전문 해석 우리의 뇌는 끊임없이 문제를 해결하고 있다. 우리가 무언가를 배우거나, 기억하거나, 이해할 때마다, 우리는 문제를 해결한다. 일부 심리학자들은 모든 유아 언어 학습을 문제 해결이라고 특징지었고, '실험을 통한 학습' 혹은 '가설 검증'과 같은 과학적 절차들을 아이들에게 확장했다. <u>어른들은 아이들에게 문법적인 규칙이 어떻게 작용하는지는 말할 것도 없고, 새로운 단어의 의미를 거의 설명하지 않는다.</u> 대신에 그들은 대화에서 단어나 규칙을 사용하고, 무슨 일이 벌어지고 있는지 알아내는 것을 아이들에게 맡긴다. 언어를 배우기 위해서, 유아는 언어가 사용되는 맥락을 이해해야 하는데, 즉 문제가 해결돼야 한다는 것이다. 우리는 모두 보통 우리가 무엇을 하고 있는지에 대한 인식 없이 어린 시절부터 이런 종류의 문제를 해결해 오고 있다.

해설 주어진 문장은 어른들이 아이들에게 문법 규칙뿐만 아니라 새로운 단어에 대해 거의 설명하지 않는다는 내용으로, 대신에 어른들이 단어나 규칙을 대화에서 사용하고, 무슨 일이 벌어지고 있는지 알아내는 것을 아이들에게 맡긴다는 내용이 이어지는 것이 자연스럽다. 따라서 주어진 문장이 들어가기에 가장 적절한 곳은 ③이다.

오답분석

오답선지	①	②	④	⑤
선택비율	5.7%	10.7%	21.9%	10.8%

④번을 선택한 학생들은 words와 rules라는 어휘를 단서로 삼고, 그 표현이 들어 있는 ④번의 앞 문장과 주어진 문장을 연결하려고 했을 거야. 하지만 대조적인 내용을 연결하는 Instead의 쓰임을 놓쳤기 때문에 오답을 선택했어. 그리고 the words or the rules라는 표현에서 'the'라는 정관사를 사용한 것을 보면 words와 rules가 앞에서 이미 언급된 것임을 알 수 있어. 그러니 주어진 문장이 ④번 위치에는 올 수 없어.

5

정답 ③

소재 유능한 코치와 서툰 코치의 차이점

직독직해

→ 명사절(noticed의 목적어)
Have you noticed / [that some coaches / get the most out
당신은 알아챘는가 / 어떤 코치들은 / 선수들로부터 최상의

→ 부사절(대조)
of their athletes / {while others don't?}] // A poor coach /
결과를 끌어낸다는 것을) / 반면 다른 코치들은 그렇지않다 // 서툰 코치는 /

→ 동사구① → 명사절(tell의 목적어) → 동사구②
will [tell you / {what you did wrong}] / and then [tell you
당신에게 말할 것이다 / 당신이 무엇을 잘못했는지 / 그리고 나서 다시는 그러지

not to do it again: / "Don't drop the ball!"] // What happens
말라고 말할 것이다 / "공을 떨어뜨리지 마라!"고 // 다음엔 무슨 일이 일어

→ 관계절
next? // The images [you see in your head] / are images /
날까 // 당신이 머릿속에서 보게 되는 이미지는 / 이미지이다 /

→ 동명사구
[of you dropping the ball]! // Naturally, / your mind
당신이 공을 떨어뜨리는 / 당연히 / 당신의 마음은

→ 명사절(recreates의 목적어)
recreates / [what it just "saw"] / based on [what it's been
재현한다 / 방금 '본' 것을 / 그것이 들은 것을 바탕으로
명사절(전치사 on의 목적어) ←

told]. // Not surprisingly, / you walk on the court / and
말한 // 놀랄 것도 없이 / 당신은 코트에서 걷는다 /

drop the ball. // What does the good coach do? // He or
그리고 공을 떨어뜨린다 // 좋은 코치는 무엇을 하는가 // 그 또는

→ 동사구① → 명사절(points out의 목적어) → 동사구②
she [points out / {what could be improved}], / but [will
그녀는 지적한다 / 개선될 수 있는 것을 / 하지만 그 후에

then tell you / {how you could or should perform}]: / "I
당신에게 말할 것이다 / 당신이 어떻게 할 수 있는지 또는 어떻게 해야 하는지를 /

→ 명사절(know의 목적어)
know / [you'll catch the ball / perfectly this time."] // Sure
"나는 알아 / 네가 공을 잡을 거라는 걸 / 완벽하게 이번에는" //

→ 동명사구(is의 보어)
enough, / the next image in your mind / is [you *catching*
당연하게도 / 당신의 마음속에 떠오르는 다음 이미지는 / 당신이 공을 '잡고'

the ball and *scoring* a goal]. // Once again, / your mind
'득점하는' 것이다 // 다시 한번 / 당신의 마음은

→ make+목적어(your last thoughts)+목적격 보어(part of reality): ~을 …으로 만들다
makes / your last thoughts / part of reality / — but this
만든다 / 당신의 마지막 생각을 / 현실의 일부로 / 하지만

time, / that "reality" is positive, / not negative. //
이번에는 / 그 '현실'이 긍정적이다 / 부정적이지 않고 //

전문 해석 어떤 코치들은 선수들로부터 최상의 결과를 끌어내는 반면 다른 코치들은 그렇지 않다는 것을 알아챘는가? 서툰 코치는 당신이 무엇을 잘못했는지 말하고 나서 다시는 그러지 말라며 "공을 떨어뜨리지 마라!"고 말할 것이다. 다음엔 무슨 일이 일어날까? 당신이 머릿속에서 보게 되는 이미지는 당신이 공을 떨어뜨리는 이미지이다! 당연히, 당신의 마음은 그것이 들은 것을 바탕으로 방금 '본' 것을 재현한다. 놀랄 것도 없이, 당신은 코트에서 걷다가 공을 떨어뜨린다. 좋은 코치는 무엇을 하는가? 그 또는 그녀는 개선될 수 있는 것을 지적하지만, 그 후에 어떻게 할 수 있는지 또는 어떻게 해야 하는지를 말할 것이다. "이번에는 네가 공을 완벽하게 잡을 거라는 걸 알아." 당연하게도, 다음으로 당신의 마음속에 떠오르는 이미지는 당신이 공을 '잡고' '득점하는' 것이다. 다시 한번, 당신의 마음은 당신의 마지막 생각을 현실의 일부로 만들지만, 이번에는, 그 '현실'이 부정적이지 않고, 긍정적이다.

→ 선수의 <u>실수</u>에 초점을 맞추는 유능하지 않은 코치와 달리, 유능한 코치는 선수들이 성공적인 경기를 <u>상상하도록</u> 격려함으로써 그들이 향상되도록 돕는다.

해설 서투른 코치는 선수들에게 잘못했던 것들을 상기시키면서 다시는 그러지 말 것을 말하는 반면에, 유능한 코치는 선수들에게 좋은 결과를 상상하게 해주고 그런 이미지를 현실이 되게 만든다는 내용의 글이다. 따라서 (A)와 (B)에 들어갈 말로 가장 적절한 것은 ③ '실수 – 상상하도록'이다.

오답분석

오답선지	선택비율
① 점수 – 완성하도록	19.7%
② 점수 – 기억하도록	13.3%
④ 실수 – 무시하도록	9.9%
⑤ 강점 – 달성하도록	7.5%

①번을 선택한 친구들은 글에서, 유능하지 않은(ineffective) 코치들이 선수에게 무엇을 잘못했는지 알려주었다고 한 것을, 선수들의 '점수(scores)'에 초점을 맞춘 것과 같은 의미로 잘못 판단했는데 '점수'는 글에 직접적으로 언급되지 않았어.

6

정답 ④

소재 또래 친구가 우리에게 끼치는 강한 영향력

직독직해

Positively or negatively, / our parents and families /
긍정적이든 부정적이든 / 우리의 부모와 가족은 /

are powerful influences on us. // But [even stronger], /
우리에게 강력한 영향을 미치는 사람들이다 // 하지만 훨씬 더 강력(하다) /

→ 형용사구(are의 보어)

especially when we're young, / are [our friends]. // We
특히 우리가 어렸을 때 / 우리의 친구들이 ~이다 //

→ 주어

often choose friends / [as a way of expanding / {our sense
우리는 자주 친구들을 선택한다 / 확장하는 방법으로 / 우리의 정체성을 /

→ 전치사구   expanding의 목적어

of identity} / beyond our families]. // As a result, / the
/ 가족을 넘어 // 그 결과 /

→ to부정사구 → conform to ~: ~에 순응하다

pressure [to conform to the standards and expectations /
기준과 기대에 순응하려는 압박감은 /

of friends and other social groups] / is likely to be
친구와 다른 사회 집단의 / 강해질 가능성이 있다 //

→ ~할 가능성이 있다

intense. // Judith Rich Harris, / [who is a developmental
Judith Rich Harris는 / 발달심리학자인 /

Judith Rich Harris는

→ 명사절(argues의 목적어)

psychologist], / argues / [that three main forces shape
주장한다 / 세 가지 주요한 힘이 우리의 발달을 형성한다고 /

our development: / personal temperament, our parents,
개인적인 기질, 우리의 부모, 그리고 우리의 또래들 //

and our peers]. // The influence of peers, / she argues, / is
또래들의 영향이 / 그녀는 주장한다 /

→ 비교급 강조   → = the influence   → 관계절

much stronger / than that of parents. // "The world [that
훨씬 더 강하다고 / 부모의 영향보다 // "아이들이 그들의 또래들과
명사절(is의 보어)

children share with their peers]," / she says, / "is [what
공유하는 세상" / 그녀는 말한다 / "그들의 행동을

→ 동사구①   → 동사구②

{shapes their behavior} / and {modifies the characteristics /
형성하는 것이다 / 그리고 특성을 수정하는 것이다 /

→ 관계절(목적격 관계대명사 생략)

⟨they were born with⟩}, / and hence {determines / the sort
그들이 가지고 태어난 / 그러므로 결정하는 것이다 / 그들이 될

→ 주어   → 동사구③

→ 관계절

of people ⟨they will be / when they grow up⟩}]." //
사람의 종류를 / 그들이 자라서" //

전문 해석 긍정적이든 부정적이든, 우리의 부모와 가족은 우리에게 강력한 영향을 미치는 사람들이다. 하지만 특히 우리가 어렸을 때에는, 우리의 친구들이 훨씬 더 강력하다. 가족을 넘어서 우리의 정체성을 확장하는 방법으로 우리는 자주 친구들을 선택한다. 그 결과, 친구와 다른 사회 집단의 기준과 기대에 순응하려는 압박감이 강해질 가능성이 있다. 발달 심리학자 Judith Rich Harris는 우리의 발달을 형성하는 세 가지 주요한 힘이 개인적인 기질, 우리의 부모, 그리고 우리의 또래들이라고 주장한다. 또래들의 영향은 부모의 영향보다 훨씬 더 강하다고 그녀는 주장한다. "아이들이 그들의 또래들과 공유하는 세상은 그들의 행동을 형성하는 것이고, 그들이 가지고 태어난 특성을 수정하는 것이며, 따라서 그들이 자라서 어떤 종류의 사람이 될지를 결정하는 것이다."라고 그녀는 말한다.

해설 ④ 문장 내에서 주어 Judith Rich Harris의 동사가 없으므로 arguing을 argues로 고쳐야 한다.
① 도치된 문장 안에서, are의 보어로 형용사가 와야 하는데, even의 수식을 받으므로 비교급 stronger는 적절하다.
② 전치사 of의 목적어로서 동명사 expanding은 적절하다.
③ 주어의 핵이 the pressure로 단수이므로 동사 is는 적절하다.
⑤ 동사 share 뒤에 목적어가 없고, The world를 수식하는 관계절을 이끌고 있으므로, 관계사 that은 적절하다.

오답분석

오답선지	① stronger	② expanding	③ is	⑤ that
선택비율	10.2%	11.1%	19.3%	11.3%

③번을 선택한 학생들은, 이 문장의 주어를 동사 is 앞에 있는 friends and other social groups라고 생각하고 복수형 동사(are)로 수 일치를 해야 한다고 생각했던 것 같아. 하지만 이 문장의 주어의 핵은 the pressure로서, 그 뒤에 이어지는 'to conform ~ of friends and other social groups'라는 to부정사구는 수식어구이기 때문에 단수형 동사인 is를 쓰는 게 맞아.

Daily Review   Day **13**

━━━ **Vocabulary** Check-up ▂▃▅

1 (1) constant (2) modify (3) equivalent
2 (1) positive (2) insecure

1 (1) constant / 당신이 당신의 생각을 설명하는 모든 사람이 그것을 이해할 때까지 끊임없는 노력을 기울여라.

(2) modify / 실수에 대한 분석은 교사로 하여금 이러한 절차를 가르치는 것을 수정하게 하여, '7, 셋을 세어라'라는 말보다는 '7, 그리고 셋을 더 세어라'라는 말을 사용하게 한다.

(3) equivalent / 코끼리는 단순히 코를 서로의 입안으로 갖다 대면서 인사를 할 수도 있는데, 이것은 아마도 사람들이 뺨에 가볍게

입 맞추는 것과 같을 것이다.

2 (1) positive / 이러한 사례들에서의 자기충족적 효과는 관리자들이 직장의 다른 사람들에게 긍정적이고 낙관적인 접근법을 취해야 한다는 것을 강력하게 제시한다.

(2) insecure / 그들은 자기 분야에서 '따라가는' 능력에 있어서 자신이 없다고 느낄 수도 있고 그들의 흥미를 자극하지 않는 과제를 완수하기 위해 더 중요한 일을 보류할 수밖에 없을 때 좋지 않은 반응을 보일 수 있다.

Grammar Check-up

1 (1) ① knowing ② to find (2) ① that ② exploited
2 ④ → that

---

1 (1) ① knowing: 전치사 to의 목적어로서 동명사 knowing이 적절하다.

② to find: 문장에 동사가 있고, 결과적 용법의 to부정사가 와야 하므로 to find가 적절하다.

(2) ① that: 뒤에 나오는 절(pleasure is uncertain)이 완전한 문장이므로, the knowledge와 동격을 나타내는 접속사 that이 적절하다.

② exploited: the immediate pleasure of eating이 exploit이라는 행위의 대상이므로 수동형인 exploited가 적절하다.

2 ④: the influence를 대신하는 대명사의 자리이므로, those를 that으로 고쳐야 한다.

1

정답 ③

소재 논쟁에서 침착함을 유지하기

직독직해

We all know / [that tempers are one of the first things {lost in many arguments}]. // It's easy / [to say one should keep cool], / but how do you do it? // The point to remember is / [that sometimes in arguments / the other person is trying to get you to be angry]. // They may be saying things / [that are intentionally designed to annoy you]. // They know / [that if they get you to lose your cool / you'll say something {that sounds foolish}]; / you'll simply get angry / and then it will be impossible / for you to win the argument. // So don't fall for it. // A remark may be made / [to cause your anger], / but [responding with a cool answer] / [that focuses on the issue raised] / is likely to be most effective. // Indeed, / any attentive listener will admire the fact / [that you didn't "rise to the bait."] //

전문 해석 많은 논쟁에서 첫 번째로 저지르는 것 중에 하나가 화내는 것이라는 점을 우리 모두 안다. 침착함을 유지하라고 말하는 것은 쉽지만, 어떻게 침착함을 유지하는가? 기억해야 할 점은 때로는 논쟁에서 상대방은 여러분을 화나게 하려고 한다는 것이다. 그들은 여러분을 화나게 하기 위해 의도적으로 고안한 말을 하고 있을지도 모른다. 그들은 만약 자신들이 여러분의 침착함을 잃게 한다면 여러분은 어리석게 들리는 말을 할 것이며, 그저 화를 내고 그러면 여러분이 그 논쟁에서 이기는 것은 불가능할 것이란 것을 안다. 그러니 그것에 속아 넘어가지 마라. 여러분의 화를 불러일으키기 위해 어떤 말을 할지도 모르지만, 제기된 문제에 초점을 맞춘 침착한 답변으로 대응하는 것이 가장 효과적인 것 같다. 정말로, 주의 깊은 청자라면 누구라도 여러분이 '미끼를 물지' 않았다는 사실에 감탄할 것이다.

해설 논쟁에서 상대방이 화를 유발하더라도 침착함을 유지하고 침착한 답변으로 대응해야 한다는 내용의 글이다. 그렇게 화를 내지 않고 대응했을 때 청자가 감탄할 것이라는 맥락이므로, 밑줄 친 부분이 글에서 의미하는 바로 가장 적절한 것은 ③ '화를 내다'이다.

2

정답 ③

소재 화해를 위한 인내

직독직해

→ 명사절(Remember의 목적어)　→ of+추상명사: 형용사
Remember / [that patience is always of the essence]. //
기억해라 /　인내가 항상 가장 중요하다는 것을 //

If an apology is not accepted, / [thank the individual for
사과가 받아들여지지 않더라도 /　그 사람이 여러분의 말을 끝까지 들어
→ 동명사구(for의 목적어)　┌ 대등한 연결 ┐　명사절(for의 목적어)
{hearing you out}] / and [leave the door open for {if and
줬다는 것에 감사하고 /　그 사람이 화해하고 싶을 경우와 시기를 위해 문(가능성)을

when he wishes to reconcile}]. // Be conscious of the
열어 두어라 //　　사실을 알고 있어라 /
┌ 동격 ┐
fact / [that just because someone accepts your apology /
여러분의 사과를 받아들인다고 해서 /
　　　　　　　　　　　　　　　→ 명사절(mean의 목적어)(that 생략)
does not mean {she has fully forgiven you}]. // It can take
그 사람이 여러분을 온전히 용서했다는 뜻이 아니라는 //　시간이 걸릴 수

time, / maybe a long time, / before the injured party can
있다 /　어쩌면 오래 /　상처 받은 당사자가 완전히 떨쳐 버리기까지
┌ 대등한 연결 ┐
[completely let go] / and [fully trust you again]. // There
그리고 여러분을 온전히 다시 믿기까지 //　여러분이
　　　　　　　　　　　　　　　→ 부사절(조건)
is little you can do / to speed this process up. // [If the
할 수 있는 것은 거의 없다 /　이 과정을 빨라지게 하기 위해 //　그 사람이
　→ it is worthwhile+to부정사: ~하는 것은 가치 있다
person is truly important to you], / it is worthwhile / [to
여러분에게 진정으로 중요하다면 /　가치 있다 /　　
　　　　　　　　　　　　　　┌ 분사구
give him or her the time and space {needed to heal}]. // Do
그 사람에게 치유되는 데 필요한 시간과 공간을 주는 것이 //
　→ expect+목적어+to부정사: ~가 …할 것이라고 기대하다　→ 동명사구(to의 목적어)
not expect the person to go right back to [acting normally
그 사람이 즉시 평상시처럼 행동하는 것으로 바로 돌아갈 것이라고 기대하지 마라

immediately]. //

전문 해석 인내가 항상 가장 중요하다는 것을 기억해라. 사과가 받아들여지지 않더라도, 그 사람이 여러분의 말을 끝까지 들어줬다는 것에 감사하고, 그 사람이 화해하고 싶을 경우와 시기를 위해 문(가능성)을 열어 두어라. 여러분의 사과를 받아들인다고 해서 그 사람이 여러분을 온전히 용서했다는 뜻이 아니라는 사실을 알고 있어라. 상처 받은 당사자가 완전히 떨쳐 버리고 여러분을 온전히 다시 믿기까지 시간이 걸릴 수 있고, 어쩌면 오래 걸릴 수 있다. 이 과정을 빨라지게 하기 위해 여러분이 할 수 있는 것은 거의 없다. 그 사람이 여러분에게 진정으로 중요하다면, 그 사람에게 치유되는 데 필요한 시간과 공간을 주는

것이 가치 있다. 그 사람이 즉시 평상시처럼 행동하는 것으로 바로 돌아갈 것이라고 기대하지 마라.

해설 상대방이 사과를 받아들이고 화해를 하기까지 오랜 시간이 걸릴 수 있고, 그 과정을 빠르게 할 수 없으며, 그 사람에게 필요한 시간과 공간을 줘야 한다는 내용의 글이므로, 빈칸에 들어갈 말로 가장 적절한 것은 ③이다.

3

정답 ①

소재 다양성의 중요성

직독직해

　　　　　　　　　　　　　→ to부정사구(~하기 위해)
Say you normally go to a park / [to walk or work out]. //
보통 어떤 공원에 간다고 하자 /　산책이나 운동을 하러 //

Maybe today you should choose a different park. //
어쩌면 오늘 여러분은 다른 공원을 선택하는 편이 좋겠다 //

Why? // Well, who knows? // Maybe it's because you
왜 //　글쎄, 누가 알겠는가 //　어쩌면 여러분이 연결되는 것이 필요하기

need the connection / to the different energy / in the
때문일 것이다 /　다른 기운과 /　다른

other park. // Maybe you'll run into people there / [that
공원에서 //　어쩌면 여러분은 거기서 사람들을 만나게 될 것이다 /　전에
└ 관계절
you've never met before]. // You could make a new best
만난 적이 없는 //　여러분은 새로운 가장 친한 친구를 사귈 수
　　　　　　　　　　　　never[not] A until B: A하는 것은 B하고 나서이다. B해야 비로소 A하다
friend / simply by visiting a different park. // You never
있다 /　그저 다른 공원을 방문함으로써 //　여러분은 절대로
　　　　　　→ 명사절(know의 목적어)
know / [what great things will happen to you] / until you
모른다 /　자신에게 어떤 대단한 일이 일어날지 /　편안함을 느끼는
　　　　　　　　　　　　└ 관계절
step outside the zone [where you feel comfortable]. //
지대 밖으로 나갈 때까지 //
→ 부사절(조건)
[If you're staying in your comfort zone / and you're not
만약 여러분이 안락 지대에 머무르고 있고 /　자신을 밀어붙이지

pushing yourself / past that same old energy], / then you're
않는다면 /　늘 똑같은 기운에서 벗어나도록 /　그러면 자신의
　　　　　　　　　　　　force+목적어+to부정사: ~에게 …하도록 만들다
not going to move forward on your path. // By forcing
진로에서 앞으로 나아가지 못할 것이다 //　자신에게 다른

yourself to do something different, / you're awakening
어떤 것을 하게 만듦으로써 /　여러분은 영적인 차원에서

yourself on a spiritual level / and you're forcing yourself to
자신을 깨우치고 /　어떤 일을 자신이 하게 하고 있다 /

do <u>something</u> / [that will benefit you in the long run]. // As
    ┌─────관계절─────
결국에는 자신을 이롭게 할 //

they say, / variety is the spice of life. //
사람들이 말하듯이 / 다양성은 인생의 향신료이다 //

전문 해석 보통 어떤 공원에 산책이나 운동을 하러 간다고 하자. 어쩌면 오늘 여러분은 다른 공원을 선택하는 편이 좋겠다. 왜? 글쎄, 누가 알겠는가? 어쩌면 여러분이 다른 공원에서 다른 기운과 연결되는 것이 필요하기 때문일 것이다. 어쩌면 여러분은 거기서 전에 만난 적이 없는 사람들을 만나게 될 것이다. 여러분은 그저 다른 공원을 방문함으로써 새로운 가장 친한 친구를 사귈 수 있다. 여러분이 편안함을 느끼는 지대 밖으로 나가고 나서야 비로소 자신에게 어떤 대단한 일이 일어날지 안다. 여러분이 안락 지대에 머무르고 있고, 자신을 밀어붙여 늘 똑같은 기운에서 벗어나도록 하지 않는다면, 자신의 진로에서 앞으로 나아가지 못할 것이다. 자신에게 다른 어떤 것을 하게 만듦으로써, 여러분은 영적인 차원에서 자신을 깨우치고, 결국에는 자신을 이롭게 할 어떤 일을 자신이 하게 하고 있다. 사람들이 말하듯이, 다양성은 인생의 향신료이다.

해설 익숙한 곳에서 벗어나면 자신에게 어떤 대단한 일이 일어날지 알 수 있고, 자신에게 평소와 다른 어떤 것을 하게 되면 영적인 차원에서 자신을 깨우치고 자신을 이롭게 할 일을 할 수 있다는 내용의 글이므로, 빈칸에 들어갈 말로 가장 적절한 것은 ①이다.

오답분석

오답선지	선택비율
② 공상은 현실을 비추는 거울이다	11.0%
③ 실패는 성공보다 더 많은 것을 가르친다	14.6%
④ 게으름은 발명의 어머니이다	7.9%
⑤ 갈등은 관계를 강화한다	12.1%

③번은 평소와 다른 것을 하게 되면 실패할 확률이 높을 거라는 섣부른 추측 때문에 선택한 거야. 이 글은 똑같은 일만 하지 말고 다른 일을 해 보면서 다양성을 추구하면 좋은 결과가 올 것이라고 말하고 있지? 항상 글에 나타난 내용만을 근거로 해야 한다는 걸 명심해야 해.

4

정답 ④

소재 문화마다 다른 시간의 개념

직독직해

There are <u>some cultures</u> / [that can be referred to as
                     ┌────관계절────┐ ┌~라고 불리우다
일부 문화가 있다 /   '시간 밖에서 사는 사람들'이라고 부를 수

"people who live outside of time." // The Amondawa
있는 //   브라질에 사는 Amondawa
      ┌→ The Amondawa tribe를 보충 설명
tribe, [living in Brazil], / does not have a concept of <u>time</u> /
부족은 /   시간이라는 개념이 없다 /
┌───관계절
[that can be measured or counted]. // Rather / they live in a
측정되거나 셀 수 있는 //   오히려 /   그들은 연속되는
                                 ┌→ see A as B: A를 B라고 간주하다
world of serial events, / rather than seeing events / as being
사건의 세상에서 산다 /   사건을 간주하기보다는 /   시간에 뿌리를
                         ┌→ 명사절(found의 목적어)
rooted in time. // Researchers also found / [that no one had
두고 있다고 //   연구자들은 또한 알아냈다 /   나이가 있는 사람이 아무도

an age]. // Instead, / they change their names / to reflect
없다는 것을 //   대신에 /   그들은 이름을 바꾼다 /   자신들의 생애

           ┌─────대등한 연결─────┐
[their stage of life] and [position within their society], /
단계와 사회 내 위치를 반영하기 위해 /

so a little child will [give up their name to a newborn
그래서 어린아이는 자신의 이름을 갓 태어난 형제자매에게 넘겨주고 /
                   ┌───대등한 연결───┐
sibling] / and [take on a new one]. // In the U.S. / we have
새로운 이름을 갖는다 //   미국에는 /   시간과 시간의
                   ┌→ so ~ that ...: 매우 ~해서 ...하다
so many metaphors for time and its passing / that we
흐름에 관한 매우 많은 은유가 있어서 /   우리는 시간을
    ┌→ think of A as B: A를 B로 간주하다
think of time as "a thing," / that is "the weekend is almost
'물건'으로 간주하는데 /   즉 '주말이 거의 다 지나갔다.'라거나 /
                    ┌→명사절(think의 목적어)(that 생략)
gone," / or "I haven't got the time." // We think [such
      '나는 시간이 없다.'라는 식이다 //   우리는 그러한 말들이
                         ┌→ objective 생략
statements are objective], / but they aren't. // We create
객관적이라고 생각한다 /   그러나 그렇지 않다 //   우리는 이런

these metaphors, / but the Amondawa don't talk or think in
은유를 만들어 낸다 /   그렇지만 Amondawa 사람들은 시간에 대한 은유로 말하거나

metaphors for time. //
생각하지 않는다 //

전문 해석 '시간 밖에서 사는 사람들'이라고 부를 수 있는 일부 문화가 있다. 브라질에 사는 Amondawa 부족에게는 측정되거나 셀 수 있는 시간이라는 개념이 없다. 오히려 그들은 사건이 시간에 뿌리를 두고 있다고 간주하기보다는 연속되는 사건의 세상에서 산다. 연구자들은 또한 나이가 있는 사람이 아무도 없다는 것을 알아냈다. 대신에 그들은 자신들의 생애 단계와 사회 내 위치를 반영하기 위해 이름을 바꾸어서 어린아이는 자신의 이름을 갓 태어난 형제자매에게 넘겨주고 새로운 이름을 갖는다. 미국에는 시간과 시간의 흐름에 관한 매우 많은 은유가 있어서 우리는 시간을 '물건'으로 간주하는데, 즉 '주말이 거의 다 지나갔다.'라거나 '나는 시간이 없다.'라는 식이다. 우리는 그러한 말들이 객관적이라고 생각하지만, 그렇지 않다. 우리는 이런 은유를 만들어 내지만, Amondawa 사람들은 시간에 대한 은유로 말하거나 생각하지 않는다.

해설 브라질에 사는 Amondawa 부족은 미국과는 달리 시간을 물건으로 간주하지 않고, 측정되거나 셀 수 있는 시간이라는 개념이 없다는 내용의 글이다. 주어진 문장은 미국에서 시간을 물건으로 간주하여 생겨난 은유적 진술에 관한 내용이고, ④ 뒤에서 우리가 그러한 말들을 객관적이라고 생각하지만 사실은 그렇지 않고, Amondawa 사람들은 시간에 대한 은유로 말하거나 생각하지 않는다고 하였으므로, 주어진 문장이 들어가기에 가장 적절한 곳은 ④이다.

오답분석

오답선지	①	②	③	⑤
선택비율	11.2%	11.1%	12.4%	27.3%

⑤번은 'these metaphors'가 주어진 문장의 metaphors와 연결된다는 것에 치중한 나머지 ⑤번 앞 문장의 'such statements'라는 힌트를 놓쳤기 때문에 선택한 거야. 주어진 문장이 'such statements'에도 걸린다는 걸 고려해서 'these metaphors'와 'such statements'가 모두 자연스럽게 이어질 수 있는 선택지를 골라야겠지? 일치하는 단어만 보고 섣부르게 답을 선택하기 전에 지문을 정확하게 파악해야 해.

5

정답 ①

소재 운전 시 시야 차단

직독직해

┌ 부사절(양보)
[While there are many evolutionary or cultural reasons
협동을 하는 진화적이거나 문화적인 많은 이유가 있지만 /

for cooperation], / the eyes are one of the most important
협동을 위한 / 눈은 가장 중요한 협동 수단 중 하나이고 /

means of cooperation, / and eye contact may be the
시선의 마주침은 가장 강력한 인간의 힘일지도

most powerful human force / [we lose in traffic]. // It is,
모른다 / 우리가 차량 운행 중에 잃는 // 그것은

arguably, / the reason [why / humans, normally a quite
주장하건대 / 이유이다 / 보통은 꽤 협동적인 종인 인간이 /

cooperative species, / can become so noncooperative on
도로에서 그렇게 비협조적이 될 수 있는 //

the road]. // Most of the time / we are moving too fast /—
대부분의 시간에 / 우리가 너무 빨리 움직이고 있다 /

we begin to lose the ability to keep eye contact / around
우리는 시선을 마주치는 능력을 잃기 시작한다 / 시속 20마일

┌ 형식상의 주어 ┌ 내용상의 주어
20 miles per hour /— or it is not safe [to look]. // Maybe
정도에서 / 혹은 (서로를) 보는 것이 안전하지 않다 // 어쩌면 우리의

┌ 수동태
our view is blocked. // Often other drivers are wearing
시야가 차단되어 있을 수도 있다 // 흔히 다른 운전자들이 선글라스를 끼고 있거나 /

sunglasses, / or their car may have tinted windows. //
혹은 그들의 차는 색이 옅게 들어간 창문이 있을 수 있다 //

(And do you really want to make eye contact / with those
그리고 당신은 정말로 시선을 마주치고 싶은가 / 그러한 운전자

drivers?) // Sometimes we make eye contact / through the
들과 // 때로는 우리는 시선을 마주친다 / 백미러를 통해 /

rearview mirror, / but it feels weak, / not quite believable at
그러나 그것은 약하게 느껴진다 / 처음에는 전혀 믿을 수 없게 /

┌ 부사절(이유)
first, / [as it is not "face-to-face."] //
'얼굴을 마주하고 있는 것'이 아니기 때문에 //

전문 해석 협동을 하는 진화적이거나 문화적인 많은 이유가 있지만, 눈은 가장 중요한 협동 수단 중 하나이고, 시선의 마주침은 우리가 차량 운행 중에 잃는 가장 강력한 인간의 힘일지도 모른다. 그것은 보통은 꽤 협동적인 종인 인간이 도로에서 그렇게 비협조적이 될 수 있는 이유라고 주장할 수 있다. 대부분의 시간에 우리가 너무 빨리 움직이고 있어서, 우리는 시속 20마일 정도에서 시선을 마주치는 능력을 잃기 시작하거나, 혹은 (서로를) 보는 것이 안전하지 않다. 어쩌면 우리의 시야가 차단되어 있을 수도 있다. 흔히 다른 운전자들이 선글라스를 끼고 있거나 그들의 차는 색이 옅게 들어간 창문이 있을 수 있다. (그리고 당신은 정말로 그러한 운전자들과 시선을 마주치고 싶은가?) 때로는 우리는 백미러를 통해 시선을 마주치지만, '얼굴을 마주하고 있는 것'이 아니기 때문에 약하게, 처음에는 전혀 믿을 수 없게, 느껴진다.

→ 운전하는 동안, 사람들은 비협조적이 되는데, 왜냐하면 그들이 거의 시선을 마주치지 않기 때문이다.

해설 사람들이 차량 운행 중에는 도로에서 시선의 마주침이 없어지기 때문에 비협조적이 된다는 내용의 글이므로, 요약문의 빈칸 (A)와 (B)에 각각 들어갈 말로 가장 적절한 것은 ① '비협조적인 – 거의 없는'이다.

6

정답 ②

소재 식품 라벨의 정보

직독직해

┌ 명사절(보어)
"You are [what you eat]." // That phrase is often used /
'먹는 것이 여러분을 만든다' // 그 구절은 흔히 사용된다 /

┌ to부정사구(~하기 위해) ┌ 관계절
[to show the relationship / between the foods {you eat}
관계를 보여 주기 위해 / 여러분이 먹는 음식과 여러분의 신체 건강
└ between A and B : A와 B 사이

and your physical health]. // But do you really know [what
사이의 // 하지만 여러분은 자신이 무엇을 먹고
└ 명사절(know의 목적어)

you are eating] / when you buy processed foods, canned
있는 것인지 정말 아는가 / 가공식품, 통조림 식품, 포장 판매 식품을 살 때 //

foods, and packaged goods? // Many of the manufactured
오늘날 만들어진 제조 식품 중 다수가 /

┌ 분사구 ┌ so ~ that ... : 매우 ~해서 …하다
products [made today] / contain so many chemicals and
너무 많은 화학 물질과 인공적인 재료를 함유하고

┌ 형식상의 주어 ┌ 내용상의 주어
artificial ingredients / that it is sometimes difficult / [to
있어서 / 때로는 어렵다 /

know exactly what is inside them]. // Fortunately, / now
정확히 그 안에 무엇이 들어 있는지 알기가 // 다행히도 / 이제는

there are food labels. // Food labels are a good way / to
식품 라벨이 있다 // 식품 라벨은 좋은 방법이다 /

┌ 관계절
find the information about the foods [you eat]. // Labels
여러분이 먹는 식품에 관한 정보를 알아내는 // 식품 라벨은

┌ 분사구
on food are like the table of contents / [found in books]. //
목차와 같다 / 책에서 볼 수 있는 //
└ 명사절(inform의 직접 목적어)

The main purpose of food labels is / to inform you / [what
식품 라벨의 주된 목적은 / 여러분에게 알려 주는 것이다 /
┌ 관계절
is inside the food / {you are purchasing}]. //
식품 안에 무엇이 들어 있는지 / 여러분이 구입하고 있는 //

전문 해석 '먹는 것이 여러분을 만든다.' 그 구절은 흔히 여러분이 먹는 음식과 여러분의 신체 건강 사이의 관계를 보여 주기 위해 사용된다. 하지만 여러분은 가공식품, 통조림 식품, 포장 판매 식품을 살 때 자신이 무엇을 먹고 있는 것인지 정말 아는가? 오늘날 만들어진 제조 식품 중 다수가 너무 많은 화학 물질과 인공적인 재료를 함유하고 있어서 때로는 정확히 그 안에 무엇이 들어 있는지 알기가 어렵다. 다행히도, 이제는 식품 라벨이 있다. 식품 라벨은 여러분이 먹는 식품에 관한 정보를 알아내는 좋은 방법이다. 식품 라벨은 책에서 볼 수 있

는 목차와 같다. 식품 라벨의 주된 목적은 여러분이 구입하고 있는 식품 안에 무엇이 들어 있는지 여러분에게 알려 주는 것이다.

해설 ② '너무 ~해서 …하다'라는 의미의 「so ~ that ...」 구문의 that 절을 이끌어야 하므로, which를 that으로 고쳐야 한다.

① 'be used to + 동사원형'은 '~하기 위해 사용되다'라는 의미이므로 동사원형 show는 적절하다.

③ to부정사는 명사구 a good way와 함께 쓰여 '~하는 좋은 방법'이라는 의미를 나타내므로 to find는 적절하다.

④ like는 전치사로 '~와 같은, 비슷한'이라는 의미를 나타낼 수 있으므로, 명사구 the table of contents found in books 앞의 전치사 like는 적절하다.

⑤ 주어의 핵이 단수 명사 purpose이므로 동사 is는 적절하다.

오답분석

오답선지	① show	③ to find	④ like	⑤ is
선택비율	5.7%	7.0%	20.5%	15.5%

④번은 전치사 like의 용법을 이해하지 못해서 선택한 거야. like는 동사뿐 아니라 전치사로도 쓰이는데, 전치사 뒤에는 명사가 와서 '~와 비슷한'이라는 의미가 돼. 그리고 전치사구는 주격 보어로 쓰일 수 있어. 예를 들어 'This book is about food.'와 같은 문장에서 전치사구 about food가 주격 보어로 쓰인 것처럼 말이야.

Daily Review 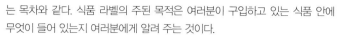 Day 14

━━━━━━━━ **Vocabulary** Check-up ━━━━━━━━

1 (1) attentive (2) ingredient (3) measure
2 (1) reflecting (2) processed

1 (1) attentive / 다시 말해서, 더 낮은 신분의 사람들은 그들의 시선에 있어 <u>주의 깊도록</u> 요구 받는 반면, 더 높은 신분의 사람들은 무관심할 수 있다.

(2) ingredient / 다행히, 희귀 금속들은 전기 자동차, 풍력 터빈, 태양 전지판과 같은 친환경 기술의 핵심 <u>재료들</u>이다.

(3) measure / 정보는 <u>측정되고</u>, 평가되고, 가격이 부여되는 인정받는 실재가 되었다.

2 (1) reflecting / 여기에서 '기술'은 개개의 인간들은 그들의 삶 동안 노출되었던 다양한 사회적, 문화적 영향력을 구체화하고 <u>반영하는</u>, 그들 스스로가 사회적 구조물이라는 것을 아는 것이다.

(2) processed / 그러나, 독자가 문학에서 만나는 세계는 또 다른 사람의 생각에 의해 이미 <u>가공되고</u> 걸러져 있다.

━━━━━━━━ **Grammar** Check-up ━━━━━━━━

1 (1) ① take ② that (2) ① it ② blocked
2 ② → that

1 (1) ① take: 'give up ~ sibling'과 and로 대등하게 연결되어 조동사 will 뒤에 이어지므로 동사원형 take가 적절하다.
② that: 맥락상 '매우 ~해서 …하다'라는 의미의 'so ~ that ...' 구문이 쓰였으므로 접속사 that이 적절하다.

(2) ① it: 맥락상 보는 것이 안전하지 않다는 의미이므로 형식상의 주어를 나타내는 it이 적절하다.
② blocked: our view는 가리는 행위의 대상이므로 수동태를 써야 한다. 따라서 과거분사 blocked가 적절하다.

2 ②: 관계사 뒷부분이 완전한 절이고 the fact와 내용상 동격을 이루므로, which를 접속사 that으로 고쳐야 한다.

Day **15** Week 3

본문 70~72쪽

1 ①	**2** ②	**3** ③	**4** ②	**5** ⑤	**6** ④

1

정답 ①

소재 말하기와 쓰기를 통한 생각 다듬기

직독직해

→ 명사절(say의 목적어)
You can say / [that information sits in one brain /
여러분은 말할 수 있다 / 정보가 한 뇌에 머물러 있다고 /
information을 의미상 주어로 하는 분사구 ←
until it is communicated to another, / {unchanged in
다른 뇌로 전달될 때까지 / 대화 속에서 변하지

the conversation}]. // That's true of *sheer* information, /
않으며 // 이것은 '단순' 정보에 대해서는 사실이다 /
→ 관계절
like your phone number / or the place [you left your
여러분의 전화번호와 같은 / 혹은 여러분이 열쇠를 놓아둔 장소 //

keys]. // But it's not true of knowledge. // Knowledge
하지만 이것은 지식에 대해서는 사실이 아니다 // 지식은 판단에
→ 관계절: judgements를 부연 설명
relies on judgements, / [which you discover and polish /
의존하는데 / 여러분은 그 판단을 발견하고 다듬는다 /

in conversation with other people or with yourself]. //
다른 사람들 혹은 자신과의 대화 속에서 //
→ not A until B: B할 때까지 A하지 못한다, B해야 비로소 A한다
Therefore / you don't learn the details of your thinking /
그러므로 / 여러분은 자신의 사고의 세부 내용을 알지 못한다 /
┌── 대등한 연결 ──────
until [speaking or writing it out in detail] / and [looking
그것을 상세하게 이야기 하거나 쓸 때까지 / 그리고 그 결과를
→ 명사절(주어)
back critically at the result]. // "Is [what I just said]
비판적으로 되돌아볼 때까지 // 내가 방금 이야기한 것이 바보 같은가 /
→ 명사절(주어)
foolish, / or is [what I just wrote] a deep truth?" // In the
혹은 내가 방금 쓴 것이 깊은 진실인가 // 말하거나

speaking or writing, / you uncover your bad ideas, / often
쓸 때 / 여러분은 자신의 형편없는 생각들을 발견하게 된다 /

embarrassing ones, / and good ideas too, / sometimes
종종 당황스러운 것들을 / 또한 좋은 생각들도 / 때로는 유명하게
→ it은 Thinking을 의미함
fame-making ones. // Thinking requires its expression. //
만들어 주는 생각들을 // 사고는 그것의 표현이 필요하다 //

전문 해석 여러분은 정보가 다른 뇌로 전달될 때까지 한 뇌에 머물러 있으며 대화 속에서 변하지 않는다고 말할 수 있다. 이것은 여러분의 전화번호 혹은 여러분이 열쇠를 놓아둔 장소와 같은 '단순' 정보에 대해서는 사실이다. 하지만 이것은 지식에 대해서는 사실이 아니다. 지식은 판단에 의존하는데, 여러분은 다른 사람들 혹은 자신과의 대화 속에서 그 판단을 발견하고 다듬는다. 그러므로 여러분은 그것을 상세하게 이야기하거나 쓰고 그 결과를 비판적으로 되돌아볼 때까지 자신의 사고의 세부 내용을 알지 못한다. "내가 방금 이야기한 것이 바보 같은가, 혹은 내가 방금 쓴 것이 깊은 진실인가?" 말하거나 쓸 때 여러분은 자신의 형편없는 생각들, 종종 당황스러운 것들, 또한 좋은 생각들, 때로는 유명하게 만들어 주는 생각들을 발견하게 된다. 사고는 그것의 표현이 필요하다.

해설 사람들은 자신의 판단과 사고를 타인과의 대화나 글쓰기를 통해 비판적으로 되돌아보고 다듬으며, 말하거나 쓸 때 자신의 틀린 생각이나 좋은 생각을 발견하게 되기 때문에 사고는 글쓰기나 대화를 통한 표현이 필요하다는 내용의 글이므로, 글의 주제로 가장 적절한

것은 ① '생각을 다듬는 데 있어서 말하거나 쓰는 것의 중요한 역할' 이다.

오답분석

오답선지	선택비율
② 사람들에게 여러분의 생각을 전달하는 설득력 있는 방법들	17.2%
③ 여러분의 글에 맞는 올바른 정보를 선택하기 위한 중요한 조언들	18.8%
④ 논리적 사고가 읽기 이해에 미치는 긍정적인 영향	8.9%
⑤ 구어와 문어 사이의 엄청난 차이	8.4%

③번은 문단의 일부만을 해석하고 추론했기 때문에 선택한 거야. 글의 후반부에 있는 '내가 방금 쓴 것이 깊은 진실인가?'라는 문장이나, 'writing,' 'bad ideas' 등만을 보고 넘겨짚은 거지. 하지만 그 표현도 앞뒤를 살펴보거나 그 단어들이 있는 문장을 정확히 해석하면 글에 맞는 정보 선택에 관한 글이 아니라는 걸 바로 알 수 있을 거야. 단어 몇 개만을 가지고 유추하는 건 금물이야.

2

정답 ②

소재 지위에 따라 달라지는 역할 기대

직독직해

People engage in typical patterns of interaction /
사람들은 전형적인 양식의 상호 작용에 참여한다 /
→ between A and B: A와 B 사이의
based on the relationship / between their roles and the
관계에 근거하여 / 자신의 역할과 다른 사람의 역할 사이의 ←
be expected+to부정사: ~하도록 기대된다
roles of others. // Employers are expected to interact
고용주들은 직원들과 특정한 방식으로 상호 작용하도록
as doctors are expected to interact with patients in a certain way(as+동사+주어: 도치) ←
with employees in a certain way, / as are doctors with
기대된다 / 의사들이 환자들과 그러한

patients. // In each case, / actions are restricted / by the
것처럼 // 각각의 경우에 / 행동은 제한된다 / 역할 책임과
→ 분사구
role responsibilities and obligations / [associated with
의무에 의해 / 사회 내의 개인의 지위와

individuals' positions within society]. // For instance, /
관련된 // 예를 들어 /

parents and children are linked / by certain rights,
부모와 자식은 연결된다 / 특정한 권리, 특권, 그리고

privileges, and obligations. // Parents are responsible /
의무에 의해 // 부모는 책임이 있다 /
→ provide A with B: A에게 B를 제공하다
for providing their children with the basic necessities
자기 자녀에게 기본적인 생필품을 제공할 /

of life / — food, clothing, shelter, and so forth. // These
의식주 등 / 이러한
→ so ~ that ...: 매우 ~해서 ...하다 → 동명사구(that절의 주어)
expectations are so powerful / that [not meeting them] may
기대가 너무 강하다 / 그것을 충족시키지 못하는 것은 부모가 비난
→ make+목(the parents)+목·보(vulnerable): ~을 …하도록 만들다
make the parents vulnerable / to charges of negligence or
받기 쉽도록 할지도 모른다 / 태만이나 학대 혐의로 //

abuse. // Children, in turn, / are expected to do / as their
이번에는 아이들이 / 하도록 기대된다 / 자신의 부모

parents say. // Thus, / interactions within a relationship
말하는 대로 // 그러므로 / 관계 내의 상호 작용은 작용이다

are functions / **not only** of the individual personalities of
→ not only A but also B: A뿐 아니라 B도
관련된 사람들 개개의 성격의 작용일 뿐만 아니라 /
→ 분사
the people [involved] / **but also** of the role requirements
역할 요구의 작용이다
└ 분사구 ┘   ┌ 관계절
[associated with the statuses {they have}]. //
그들이 지닌 지위와 관련된 //

전문 해석 사람들은 자신의 역할과 다른 사람의 역할 사이의 관계에 근거하여 전형적인 양식의 상호 작용에 참여한다. 의사들이 환자들과 그러한 것처럼 고용주들은 직원들과 특정한 방식으로 상호 작용하도록 기대된다. 각각의 경우에 행동은 사회 내의 개인의 지위와 관련된 역할 책임과 의무에 의해 제한된다. 예를 들어 부모와 자식은 특정한 권리, 특권, 의무에 의해 연결된다. 부모는 자기 자녀에게 의식주 등 기본적인 생필품을 제공할 책임이 있다. 이러한 기대가 너무 강해서 그것을 충족시키지 못하는 것은 부모가 태만이나 학대 혐의로 비난받기 쉽도록 할지도 모른다. 이번에는 아이들이 자신의 부모가 말하는 대로 하도록 기대된다. 그러므로 관계 내의 상호 작용은 관련된 사람들 개개의 성격의 작용일 뿐만 아니라 그들이 지닌 지위와 관련된 역할 요구의 작용이다.

해설 그 사람이 사회 내에서 어떤 지위를 가지는지에 따라 그 사람에게 기대되는 역할 책임과 의무가 달라지고, 그것에 근거하여 상호 작용이 이루어지는데, 그 예로 부모는 자녀에게 기본적 생필품을 제공하도록 기대되고 아이들은 부모가 말하는 대로 따르도록 기대된다는 내용의 글이다. 상호 작용은 그 사람이 어떤 지위를 가지는지에 따라 요구되는 역할의 작용이므로, 빈칸에 들어갈 말로 가장 적절한 것은 ②이다.

오답분석

오답선지	① 경력	③ 능력	④ 동기	⑤ 관점
선택비율	10.9%	27.6%	15.7%	16.9%

③번은 부모와 아이에 관한 예시를 글의 주제와 연관시키지 못했기 때문에 선택한 거야. 글에서 부모가 의식주 등 기본적인 생필품을 제공해야 하는데 그것을 충족시키지 못하면 태만으로 비난받을 수 있다는 내용이 있지? 이것이 자칫하면 부모의 능력에 관한 내용으로 읽힐 수 있어. 하지만 앞쪽에서 능력에 관한 언급은 없었지? 문단의 앞부분에서 설명한 역할과 지위에 근거한 기대라는 개념에 유의해야 해. 즉, 사회 속에서 부모라는 지위를 가진 사람들에게 기대되는 책임과 의무에 관한 내용인 거야. 항상 글 전체의 주제를 염두에 두자.

3

정답 ③

소재 차이점보다 더 중요한 유사점

직독직해

┌ 동명사구(주어)
[Focusing on the differences among societies] conceals
사회들 사이의 차이점에 집중하는 것은 더 깊은 실체를 숨긴다 /
→ 비교급+than
a deeper reality: / their similarities are **greater** and more
즉 그것들의 유사점은 더 크고 더 심오하다 /
→ 동명사구(Imagine의 목적어)
profound / **than** their dissimilarities. // Imagine / [studying
차이점보다 //   상상해 보라   두 개의 언덕을
→ 접속사+분사구문(동시동작)
two hills / {**while** standing on a ten-thousand-foot-high
유심히 보는 것을 / 만 피트 높이의 고원에 서서 //
└ 분사구문 ┘   ┌ 둘 중 하나
plateau}]. // [**Seen** from your perspective], / one hill
여러분의 관점에서 보면 /   한 언덕이

appears to be three hundred feet high, / and the other
300피트 높이인 것처럼 보이고 /   → 나머지 하나
다른 언덕이 900피트
appears to be nine hundred feet. // This difference may
높이인 것처럼 보인다 //   → seem+형용사: ~하게 보이다
                                이 차이가 커 보일 수 있고 /
                                → 명사절(on의 목적어)
seem large, / and you might focus your attention / on [what
여러분은 자신의 관심을 집중시킬지도 모른다 /   침식과 같은
local forces, such as erosion, / account for the difference in
어떤 국부적인 힘이 /   크기의 차이를 설명하는지에 //
size]. // But this narrow perspective misses the opportunity
그러나 이 좁은 관점은 연구할 기회를 놓치고 있다 /
to study / the other, more significant geological forces /
다른 더 상당한 지질학적인 힘을 /
┌ 관계절
[that created what are actually two very similar mountains, /
사실상 매우 비슷한 두 개의 산인 것을 만들어 낸 /
→ 둘 중 하나   → 나머지 하나
one 10,300 feet high and the other 10,900 feet]. // And
하나는 10,300피트 높이이고 다른 하나는 10,900피트 높이인 //   그리고
when it comes to human societies, / people have been
인간 사회에 관한 한 /   사람들은 만 피트의 고원에
                        people을 의미상 주어로 하는 분사구문
standing on a ten-thousand-foot plateau, / [letting the
서서 /   사회들 사이의
        사역동사(let)+목(the ~ societies)+목·보(mask) 사회들 사이의
differences among societies mask the more overwhelming
차이점이 더 압도적인 유사점을 가리게 두고 있다 //
similarities]. //

전문 해석 사회들 사이의 차이점에 집중하는 것은 더 깊은 실체를 숨긴다. 즉 그것들의 유사점은 차이점보다 더 크고 더 심오하다. 만 피트 높이의 고원에 서서 두 개의 언덕을 유심히 본다고 상상해 보라. 여러분의 관점에서 보면, 한 언덕이 300피트 높이인 것처럼 보이고 다른 언덕이 900피트 높이인 것처럼 보인다. 이 차이가 커 보일 수 있고 여러분은 자신의 관심을 침식과 같은 어떤 국부적인 힘이 크기의 차이를 설명하는지에 집중시킬지도 모른다. 그러나 이 좁은 관점은 하나는 10,300피트 높이이고 다른 하나는 10,900피트 높이인 사실상 매우 비슷한 두 개의 산인 것을 만들어 낸 다른 더 상당한 지질학적인 힘을 연구할 기회를 놓치고 있다. 그리고 인간 사회에 관한 한, 사람들은 만 피트의 고원에 서서 사회들 사이의 차이점이 더 압도적인 유사점을 가리게 두고 있다.

해설 차이점에 집중하다 보면 그보다 더 크고 심오한 유사점을 놓치게 된다는 내용의 글로, 10,300피트 높이의 산과 10,900피트 높이의 산의 사소한 차이점에 집중하다 보면 사실상 매우 비슷한 두 개의 산을 만들어 낸, 더 중요한 힘을 연구할 기회를 놓치게 되는 것처럼, 인간 사회에서 사람들은 만 피트의 고원에 서서 차이점에 집중하기 때문에 더 중요한 유사점을 놓치게 된다는 것이다. 따라서 빈칸에 들어갈 말로 가장 적절한 것은 ③이다.

오답분석

오답선지	선택비율
① 각 사회의 고유성을 증명하게	15.7%
② 문화간 이해를 방해하게	12.9%
④ 다양성이 무엇인지에 대한 그들의 관점을 바꾸게	25.5%
⑤ 그들이 정신적인 틀에서 벗어나도록 격려하게	16.2%

④번은 '차이점'이라는 단어가 반복되는 것에 흔들렸기 때문에 선택한 거야. 즉, 차이점이라는 단어에서 다양성을 연상한 거지. 하지만 글의 전반부에서 글의 주제를 올바르게 파악했다면 차이점보다는 유사점에 초점을 맞추고 있다는 걸 알수 있지? 평소 문장을 정확하게 해석하는 연습을 해서, 글의 주제를 나타내는 문장만큼은 그 뜻을 명확히 이해해야 해.

4

정답 ②

소재 소수 집단과 다수 집단의 건강상 차이

직독직해

Many studies have shown / [that people's health and
많은 연구들이 보여 왔다 /　　　　사람들의 건강과 주관적 웰빙이 민족
　　　　　　　　　　　　　→ 명사절(shown의 목적어)

subjective well-being are affected by ethnic relations]. //
관계에 의해 영향을 받는다는 것을 //

Members of minority groups / in general / have poorer
소수 집단의 구성원들이 /　　　　일반적으로 /　　　더 좋지 않은 건강
　　　　　　　　　　　　　　　비교급+than →

health outcomes / than the majority group. // But that
결과를 보인다 /　　　다수 집단보다 //　　　　그러나 그러한
　　　　　　　　　　　　　　　　　　→ 부사절(시간)

difference remains / [even when obvious factors, / such as
차이가 남아 있다 /　　명백한 요소들이 (~때조차도) /　　　사회 계층과

social class and access to medical services / are controlled
의료 서비스에 대한 접근성 같은 /　　　　　통제될 때조차도 //
　　　　　　　　　　　　　　　　　　　　→ 수동태

for]. // This suggests / [that dominance relations have their
이것은 보여 준다 /　　우세 관계가 자체적으로 영향을 미친다는 것을 /
　　　　　　　→ 명사절(suggests의 목적어)

own effect / on people's health]. // How could that be the
사람들의 건강에 //　　　　그것이 어떻게 사실일 수 있을까 //

case? // One possible answer is stress. // From multiple
하나의 가능한 답은 스트레스이다 //　　　　　다수의 생리학적 연구를

physiological studies, / we know / [that encounters with
통해 /　　　　　　우리는 안다 /　　다른 민족적-인종적 범주의
　　　　　　　　　　　　　→ 명사절(know의 목적어)

members of other ethnic-racial categories, / even in the
구성원들과 마주치는 것이 /　　　　　　　　비교적 안전한

relatively safe environment of laboratories, / trigger stress
실험실 환경에서조차도 /　　　　　　　스트레스 반응

responses]. // Minority individuals have many encounters
유발한다는 것을 //　　소수 집단의 개인들은 다수 집단의 개인들과 많은 마주침을 가지며 /
　　　　　　　　　　　　　　　　　　　　　　　→ 관계절

with majority individuals, / [each of which may trigger
　　　　　　　　　　　　각각의 마주침은 이러한 반응을 유발할지도

such responses]. // [However minimal these effects may
모른다 //　　　　이러한 영향이 아무리 작을지라도
　　　　　　　　→ However+형용사+주어+may be(양보 부사절): 아무리 ~할지라도
　　　　　　　　　　　　　　　　　　　→ 관계절: 앞 문장 보충 설명

be], / their frequency may increase total stress, / [which
　　　그것의 빈번한 발생이 총체적 스트레스를 증가시킬지도 모르며 /　　이는 소수

would account for part of the health disadvantage of
집단 개인들의 건강상 불이익의 일부를 설명할 것이다 //

minority individuals]. //

전문 해석 많은 연구들이 사람들의 건강과 주관적 웰빙이 민족 관계에 의해 영향을 받는다는 것을 보여 왔다. 소수 집단의 구성원들이 일반적으로 다수 집단보다 더 좋지 않은 건강 결과를 보인다. (B) 그러나 사회 계층과 의료 서비스에 대한 접근성 같은 명백한 요소들이 통제될 때조차도 그러한 차이가 남아 있다. 이것은 우세 관계가 사람들의 건강에 자체적으로 영향을 미친다는 것을 보여 준다. 그것이 어떻게 사실일 수 있을까? (A) 하나의 가능한 답은 스트레스이다. 다수의 생리학적 연구를 통해 우리는 비교적 안전한 실험실 환경에서조차도 다른 민족적-인종적 범주의 구성원들과 마주치는 것이 스트레스 반응을 유발한다는 것을 안다. (C) 소수 집단의 개인들은 다수 집단의 개인들과 많은 마주침을 가지며, 각각의 마주침은 이러한 반응을 유발할지도 모른다. 이러한 영향이 아무리 작을지라도 그것의 빈번한 발생이 총체적 스트레스를 증가시킬지

도 모르며 이는 소수 집단 개인들의 건강상 불이익의 일부를 설명할 것이다.

해설 소수 집단의 구성원들이 일반적으로 다수 집단보다 건강이 더 좋지 않다는 주어진 글에 이어, 명백한 요소들이 통제될 때조차도 그러한 차이가 있으며 이는 우세 관계 때문일 것이라고 추측한 후 어떻게 그것이 사실일 수 있는지 묻는 (B)가 오고, 이에 대한 대답으로 스트레스를 제시하며 다른 민족적-인종적 범주의 구성원과 마주치는 것이 스트레스를 유발한다고 설명하는 (A)가 이어진 후, 그러한 마주침에 대한 부연 설명을 하는 (C)가 오는 것이 글의 순서로 가장 적절하다.

오답분석

오답선지	선택비율
① (A) – (C) – (B)	6.5%
③ (B) – (C) – (A)	9.6%
④ (C) – (A) – (B)	12.9%
⑤ (C) – (B) – (A)	34.7%

⑤번은 (B)에 있는 힌트를 놓쳤기 때문에 선택한 거야. (B)에서는 우세 관계 때문에 스트레스가 유발된다고 제안하고, 이에 대한 설명을 시작하기 위한 질문을 던져. (B)가 (C)의 뒤에 이어진다면, (C)에서 이미 (B)에서 묻는 질문에 대한 답이 주어져 있는 셈이지. 그리고 (C)에서 마주침 때문에 스트레스가 유발된다고 설명했는데 (B)에서 역접으로 '사회 계층과 의료 서비스에 대한 접근성 같은 명백한 요소들이 통제될 때조차도'라는 단서가 이어지는 것도 어색해.

5

정답 ⑤

소재 첫 인상의 중요성

직독직해

You've probably heard the expression, / "first impressions
여러분은 아마도 표현을 들어 본 적이 있을 것이다 /　　　'첫인상이 매우 중요하다'라
　　　　　　　　　　　　　수여동사(give)+간접목적어(many people)+직접목적어(a second ~ impression)

matter a lot". // Life really doesn't give many people /
는 //　　　　　　삶은 실제로 많은 사람들에게 주지 않는다 /
　　　　　　　　　　　　　　　　　　　　　　　　형식상의 주어 →

a second chance to make a good first impression. // It
좋은 첫인상을 만들 두 번째 기회를 //
　　　　　　　　　　　　　　　　→ 내용상의 주어

has been determined / [that it takes only a few seconds /
밝혀져 왔다 /　　　　　단지 몇 초만 걸린다는 것이 /
　　　　　　　　　　to부정사구의 의미상 주어 →

for anyone to assess another individual]. // This is very
누군가가 또 다른 개인을 평가하는 데 //　　　　이것은 매우 두드러
　　　　　　　　　　　　　　관계절: recruitment processes 부연 설명

noticeable / in recruitment processes, / [where top
진다 /　　　채용 과정에서 /　　　　　　채용 과정에서

recruiters can predict / the direction of their eventual
최고의 채용 책임자는 예측할 수 있다 / 지원자 누구든지에 대한 자신의 최종 결정의 방향을 /

decision on any candidate / within a few seconds of
　　　　　　　　　　　　(지원자가) 자신을 소개하는 몇 초 안에 //

introducing themselves]. // So, a candidate's CV may
따라서 후보자의 이력서가 지식과 능력을

'speak' knowledge and competence, / but their appearance
'진술'할지도 모른다 /　　　　　　　하지만 그들의 외모와 소개는
　　　　　　　　　　　　　tell of ~: ~을 알리다 →

and introduction may tell of / a lack of coordination,
알려질지도 모른다 /　　　　　신체 조정 능력의 부족, 불안, 그리고

fear, and poor interpersonal skills. // In this way, / quick
형편없는 대인 관계 기술을 // 이런 식으로 / 빠른 판단

judgements are not only relevant in employment matters; /
들이 단지 채용 문제에만 관련된 것은 아니며 /
└ quick judgements를 가리킴

they are equally applicable / in love and relationship
이것들은 똑같이 적용된다 / 또한 사랑과 관계 문제에도 //

matters too. // On a date with a wonderful somebody / [who
멋진 누군가와의 데이트에서 / 여러분이
　　　　　　└─관계절

you've painstakingly tracked down for months], / subtle
몇 달간 공들여 찾아낸 / 미묘한

things / like bad breath or wrinkled clothes / may spoil
것들이 / 입 냄새 또는 구겨진 옷과 같은 / 여러분의 숭고한

your noble efforts. //
노력을 망칠지도 모른다 //

전문 해석 여러분은 아마도 '첫인상이 매우 중요하다'라는 표현을 들어 본 적이 있을 것이다. 삶은 실제로 많은 사람들에게 좋은 첫인상을 만들 두 번째 기회를 주지 않는다. 누군가가 또 다른 개인을 평가하는 데 단지 몇 초만 걸린다는 것이 밝혀져 왔다. 이것은 채용 과정에서 매우 두드러지는데, 채용 과정에서 최고의 채용 책임자는 (지원자가) 자신을 소개하는 몇 초 안에 지원자 누구든지에 대한 자신의 최종 결정의 방향을 예측할 수 있다. 따라서 후보자의 이력서가 지식과 능력을 '진술'할지도 모르지만, 그들의 외모와 소개는 신체 조정 능력의 부족, 불안, 그리고 형편없는 대인 관계 기술을 알려줄지도 모른다. 이런 식으로 빠른 판단들이 단지 채용 문제에만 관련된 것은 아니며 이것들은 또한 사랑과 관계 문제에도 똑같이 적용된다. 여러분이 몇 달간 공들여 찾아낸 멋진 누군가와의 데이트에서, 입 냄새 또는 구겨진 옷과 같은 미묘한 것들이 여러분의 숭고한 노력을 망칠지도 모른다.

해설 채용 과정에서 지원자의 외모와 소개에서 보이는 정보를 바탕으로 몇 초 안에 모집자가 채용 여부를 결정할 수 있다는 내용에 이어, 이런 식의 빠른 판단이 단지 채용뿐 아니라 사랑과 관계 문제에도 똑같이 적용된다는 주어진 문장이 오고, 누군가와의 데이트에서 입 냄새나 구겨진 옷과 같은 미묘한 것이 노력을 망칠 수도 있다는 내용이 오는 것이 적절하다. 따라서 주어진 문장이 들어가기에 가장 적절한 곳은 ⑤이다.

오답분석

오답선지	①	②	③	④
선택비율	4.5%	7.9%	19.0%	32.2%

④번은 그 뒤의 문장에 있는 'interpersonal skills'라는 단어가 사랑과 관계에 관련 있다고 착각했기 때문에 선택한 거야. 하지만 그 문장을 잘 읽어 보면, 채용 후보자의 이력서에 관해서 말하고 있고, 채용 후보자가 갖춰야 하는 여러 능력 중 신체 조정 능력, 심리적 특성과 더불어 대인 관계 기술을 이야기하고 있다는 것을 알 수 있지? 한 단어에 이끌려 문장 전체를 보지 못하는 실수를 하지 말자.

6

정답 ④

소재 비언어적 의사소통의 기능

직독직해

Non-verbal communication is not a substitute / for
비언어적 의사소통은 대체물이 아니다 /

verbal communication. // Rather, / it should function as
언어적 의사소통의 // 오히려 / 그것은 보충으로서 기능해야 한다 /
　　　　　　　　　　　└ it(= non-verbal communication)을 의미상 주어로 하는 분사구

a supplement, / [serving to enhance the richness of the
　　　　　　　　　메시지 내용의 풍부함을 강화시키도록 도와주며 /
　　　　　　　　　　　　└─────┐관계절
content of the message / {that is being passed across}]. //
메시지 내용의 / 전달되고 있는 //

Non-verbal communication can be useful in situations /
비언어적 의사소통은 상황에서 유용할 수 있다 /
　　　　　　　　　　　　　└─관계절
[where speaking may be impossible or inappropriate]. //
말하기가 불가능하거나 부적절한 //
　　　　　　└─ 명사절(Imagine의 목적어)(that 생략)
Imagine / [you are in an uncomfortable position / while
상상해 보라 / 여러분이 불편한 입장에 있다고 /

talking to an individual]. // Non-verbal communication
어떤 개인과 이야기하는 동안 // 비언어적 의사소통은 메시지를 여러분이 그
　　　　　　　　　　　　└ help+목적어+동사원형: ~가 …하도록 돕다
will help you get the message across to him or her / to give
사람에게 건네도록 도와줄 것이다 / 대화에서

you some time off the conversation / to be comfortable
잠깐 벗어날 시간을 여러분에게 달라는 / 다시 편안해지도록 //

again. // Another advantage of non-verbal communication /
　　　　　비언어적 의사소통의 또 다른 장점은 /
　　　└ 명사절(보어)
is [that it offers you the opportunity / to express emotions
여러분에게 기회를 제공한다는 것이다 / 감정과 태도를 적절하게 표현할 //

and attitudes properly]. // Without the aid of non-verbal
　　　　　　　　　　비언어적 의사소통의 도움이 없다면 /

communication, / there are several aspects of your nature
　　　　　　　여러분의 본성과 성격의 여러 측면들이 있다 /
　　　　　　　　　　　　　　└──┐관계절
and personality / [that will not be adequately expressed]. //
　　　　　　　적절하게 표현되지 못할 /
　　　　　└ = non-verbal communication
So, again, / it does not substitute verbal communication /
따라서 다시 말하면 / 그것은 언어적 의사소통을 대체하는 것이 아니라 /
　　└ not A but B: A가 아니라 B　　└ = verbal communication
but rather complements it. //
오히려 그것을 보완한다 //

전문 해석 비언어적 의사소통은 언어적 의사소통의 대체물이 아니다. 오히려 그것은 전달되고 있는 메시지 내용의 풍부함을 강화시키도록 도와주며, 보충으로서 기능해야 한다. 비언어적 의사소통은 말하기가 불가능하거나 부적절한 상황에서 유용할 수 있다. 여러분이 어떤 개인과 이야기하는 동안 불편한 입장에 있다고 상상해 보라. 비언어적 의사소통은 다시 편안해지도록 대화에서 잠깐 벗어날 시간을 여러분에게 달라는 메시지를 여러분이 그 사람에게 건네도록 도와줄 것이다. 비언어적 의사소통의 또 다른 장점은 여러분에게 감정과 태도를 적절하게 표현할 기회를 제공한다는 것이다. 비언어적 의사소통의 도움이 없다면 적절하게 표현되지 못할 여러분의 본성과 성격의 여러 측면들이 있다. 따라서 다시 말하면, 그것은 언어적 의사소통을 대체하는 것이 아니라 오히려 그것을 보완한다.

해설 ④ 의미상 '그것이 여러분에게 감정과 태도를 적절하게 표현할 기회를 제공한다는 것'이라는 뜻이고, what 뒤가 완전한 문장이므로 접속사 that이 적절하다. 선행사를 포함하는 관계대명사 what이 오는 경우 그 뒤에는 불완전한 문장이 이어져야 한다.

① serving은 it을 주어로 하는 분사구이므로 적절하다.

② 관계부사 where는 situations를 선행사로 하며 뒤에 완전한 문장이 오므로 적절하다.

③ help는 목적격 보어로 원형부정사가 올 수 있으므로 get은 적절하다.

⑤「not A but B」 구문에서 A 자리에 does와 함께 substitute가 왔으므로, but 뒤에 it을 주어로 하는 일반동사 complements를 쓴 것은 적절하다.

오답분석

오답선지	① serving	② where	③ get	⑤ complements
선택비율	4.9%	23.2%	11.3%	10.1%

②번은 관계부사의 용법을 제대로 알지 못했기 때문에 선택한 거야. 관계부사는 장소를 나타내는 선행사 뒤에 쓰이고, 관계부사 뒤에는 완전한 문장이 와. 해당 문장에서 where 뒤에는 보어가 쓰인 완전한 문장(speaking may be impossible or inappropriate)이 왔고, 선행사는 장소를 나타내는 situations야. 따라서 관계부사 where는 적절해.

(2) ① It: 뒤에 이어지는 that절이 내용상의 주어이므로 형식상의 주어를 나타낼 수 있는 It이 적절하다.
② where: recruitment processes를 부연 설명하면서, 뒤에 이어지는 부분이 완전한 절이므로 관계부사 where가 적절하다.

2 ②: 언덕(one hill)을 의미상 주어로 하는 분사구문으로, 언덕은 보는 행위의 대상이므로 수동의 과거분사 Seen으로 고쳐야 한다.

Daily Review　　　　　　　　Day 15

Vocabulary Check-up

1 (1) profound (2) polish (3) minority
2 (1) subjective (2) relevant

1 (1) profound / 동시에 과학의 결과는 지구 위의 모든 사람에게 심오한 그리고 때로는 예기치 못한 영향을 미친다.

(2) polish / 그런 다음 여러분은 여러분의 글을 수정하고 다듬는 것으로 돌아갈 수 있다.

(3) minority / 우리가 '주류' 사회적 운동이라고 간주하는 많은 것은 (예를 들어 기독교, 노동조합, 남녀평등주의) 원래 거침없이 말하는 소수의 영향 때문에 생겨난 것이었다.

2 (1) subjective / 과학 실험은 당신의 가설이 틀렸다는 것을 보여 주도록 설계되어야 하고, 결과에 혹시 있을 수 있는 주관적인 영향이 미치지 않으면서 완전히 객관적으로 수행되어야 한다.

(2) relevant / 우리가 생태 공간의 자원을 소비하면서 바로 그 생태 공간 속에서 삶의 수준을 유지할 수 있을까? 이 질문은 우리가 연료비가 치솟고 인간의 탄소 발자국이 끊임없이 커지는 시대에 살고 있기 때문에 특히 적절하다.

Grammar Check-up

1 (1) ① which ② However (2) ① It ② where
2 ② → Seen

1 (1) ① which: 앞, 뒤에 있는 두 절을 이어줄 수 있는 접속사가 없고, many encounters with majority individuals를 부연 설명할 수 있어야 하므로 관계사 which가 적절하다.
② However: 뒤에 명사가 들어갈 자리가 없고 맥락상 '아무리 ~할지라도'라는 의미이므로, 양보 부사절을 만드는 복합관계부사 However가 적절하다.

Week 4 — Word Preview

Day 16

월 일

☐ equate — 동일시하다	☐ vital — 중요한, 생명의	☐ assign — 임무를 주다, 할당하다
☐ proceed — 계속해[되]다, 나아가다	☐ optimist — 낙관주의자	☐ observe — 관찰하다
☐ domain — 분야	☐ transform — 변화시키다, 변하다	☐ tendency — 경향
☐ dwell — 곰곰이 생각하다, 살다	☐ mean — 평균의	☐ struggle — 힘든 일, 투쟁
☐ continually — 끊임없이	☐ randomly — 무작위로	☐ enhance — 향상하다

Day 17

월 일

☐ acquire — 습득하다, 얻다	☐ decisive — 결정적인, 단호한	☐ cautious — 신중한, 조심하는
☐ recognize — 인식하다	☐ advance — 나아가다, 진보하다	☐ conduct — 실시하다
☐ complicated — 복잡한	☐ motive — 이유, 동기, 주제	☐ misleading — 오해의 소지가 있는
☐ analyze — 분석하다	☐ release — 분비	☐ objective — 객관적인
☐ inquiry — 조사	☐ chemical — 화학 물질	☐ typical — 전형적인

Day 18

월 일

☐ poll — 여론 조사, 투표	☐ interconnect — 상호 연결하다	☐ separate — 나누다, 분리시키다
☐ anxiety — 불안감	☐ criterion — (판단을 위한) 기준	☐ boundary — 경계
☐ obstacle — 장애물	☐ appropriate — 적절한	☐ apparent — ~처럼 보이는, 분명한
☐ route — 경로	☐ capacity — 기능, 능력, 수용량	☐ involve — 포함하다, 관련시키다
☐ deterministic — 결정론적인, 이미 정해진	☐ dissipate — 발산하다	☐ supply — 공급하다

Day 19

월 일

☐ distinction — 대비, 구분	☐ polarize — 양극화하다	☐ repetition — 반복
☐ clarify — 분명하게 하다	☐ assurance — 확신	☐ mechanical — 기계 같은, 무감정한
☐ consistent — 일치하는, 시종일관된	☐ extension — 확장	☐ substance — 물질
☐ likelihood — 가능성	☐ core — 핵심(의)	☐ convert — 전환하다, 바꾸다
☐ advocate — 옹호자	☐ notice — 알아차리다	☐ expend — (에너지 등을) 쏟다

Day 20

월 일

☐ exceptionally — 뛰어나게	☐ ultimate — 궁극적인	☐ determine — 결정하다
☐ article — 기사	☐ constitution — 헌법	☐ abuse — 남용(하다)
☐ marble — 구슬	☐ property — 재산	☐ retrieve — 다시 꺼내다
☐ friction — 마찰	☐ overlook — 간과하다	☐ persuasive — 설득력 있는
☐ substantially — 상당히	☐ blame — 비난하다, 탓하다	☐ attribution — 귀착

Day 16 Week 4

본문 76~78쪽

1 ⑤　**2** ③　**3** ①　**4** ③　**5** ①　**6** ⑤

1

정답 ⑤

소재 성공의 정의

직독직해

I believe / [the second decade of this new century
나는 믿는다 / 이 새로운 세기의 두 번째 십 년은 이미 매우 다르다고 //
└ 명사절(believe의 목적어)

is already very different]. // There are, of course, still
물론 여전히 수백만의 사람들이 있다 /

millions of people / [who equate success with money
돈과 권력을 성공과 동일시하는 /
└ 관계절　→ equate A with B: A와 B를 동일시하다

and power] — [who are determined to never get off that
즉 쳇바퀴에서 결코 내려오려 하지 않는 /
└ 관계절(millions of people 수식)

treadmill / despite the cost / in terms of their well-being,
대가를 치르고도 / 자신의 웰빙, 관계, 그리고 행복의 관점에서 //

relationships, and happiness]. // There are still millions /
수백만의 사람들이 여전히 있다 /

[desperately looking for the next promotion, / the next
다음번 승진을 필사적으로 추구하는 / 다음번 고액
└ 분사구

million-dollar payday / that {they believe} will {satisfy
월급을 받는 날을 / 그들이 믿기에 바람을 충족시켜 주거나 /
　　　　　　　　　└ 삽입절(그들이 믿기에)　　　　└ 대등한 연결

their longing / to feel better about themselves}, / or {silence
자신에 대해 더욱 좋게 느끼고자 하는 / 그들의 불만을

their dissatisfaction}]. // But both in the West and in
잠재워줄 것이라고 // 하지만 서구와 신흥 경제 국가 모두에서
　　　　　　　　　　　　→ both A and B: A와 B 모두

emerging economies, / there are more people every day /
사람들이 매일 늘어나고 있다 /

[who recognize {that these are all dead ends} / — {that
이러한 것들은 모두 막다른 길이라는 것을 인식하는 / 즉
└ 관계절　　　└ 명사절(recognize의 목적어)

they are chasing a broken dream}]. // That we cannot find
부서진 꿈을 좇는 것임을 // 정답을 찾을 수 없음을 /

the answer / in our current definition of success alone /
성공에 대한 현재의 정의만으로는 /

because — as Gertrude Stein once said of Oakland —
왜냐하면 언젠가 Gertrude Stein이 Oakland에 대해 말했듯이 /

"There is no there there." //
'그곳에는 그곳이 없기' 때문이다 //

전문 해석 나는 이 새로운 세기의 두 번째 십 년은 이미 매우 다르다고 믿는다. 물론 여전히 돈과 권력을 성공과 동일시하는 수백만의 사람들, 즉 자신의 웰빙, 관계, 그리고 행복의 관점에서 대가를 치르고도 쳇바퀴에서 결코 내려오려 하지 않는 사람들이 있다. 자신에 대해 더욱 좋게 느끼고자 하는 바람을 충족시켜 주거나 그들의 불만을 잠재워줄 것이라고 믿는 다음번 승진, 다음번 고액 월급을 받는 날을 필사적으로 추구하는 수백만의 사람들이 여전히 있다. 하지만 서구와 신흥 경제 국가 모두에서 이러한 것들은 모두 막다른 길이라는 것, 즉 부서진 꿈을 좇는 것임을 인식하는 사람들이 매일 늘어나고 있다. 성공에 대한 현재의 정의만으로는 정답을 찾을 수 없음을. 왜냐하면 언젠가 Gertrude Stein이 Oakland에 대해 말했듯이 '그곳에는 그곳이 없기' 때문이다.

해설 돈과 권력을 성공과 동일시하는 것은 부서진 꿈을 좇는 것이며

그런 식으로는 인생의 진정한 정답을 찾을 수 없다는 내용의 글이다. 따라서 밑줄 친 부분이 글에서 의미하는 바로 가장 적절한 것은 ⑤ '돈과 권력이 반드시 성공으로 이어지는 것은 아니다'이다.

오답분석

오답선지	선택비율
① 사람들은 스스로에게 자신감을 잃고 있다	6.9%
② 꿈이 없다면, 성장의 기회는 없다	18.1%
③ 우리는 타인의 기대에 따라 살면 안 된다	8.5%
④ 어려운 상황에서 우리의 잠재력을 깨닫는 것은 어렵다	9.8%

②번은 밑줄이 있는 문장에 가까이 있는 'broken dream' 때문에 선택한 거야. 하지만 이 글 전체의 주제에 유의해야 해. 이 글에서 broken dream이란 돈과 권력을 인생의 목표로 꿈꾸는 걸 말하는 거야. 즉, 꿈을 꿔서 성장해야 한다는 내용이 아니라, 돈과 권력을 좇지 말라는 내용이야.

2

정답 ③

소재 결과에 대한 합리화

직독직해

In an experiment, / researchers presented participants
한 실험에서 / 연구자들은 참가자들에게 두 장의 얼굴 사진을 제시하고 /
　　　　　　　└ present A with B: A에게 B를 제시하다

with two photos of faces / and asked participants to choose
참가자들에게 사진을 고르라고 요청하였다 /
　　　　　　　　　　　→ ask+목적어+to부정사: ~에게 …하라고 요청하다

the photo / [that {they thought} was more attractive], /
그들 생각에 더 매력적이라고 생각하는 /
└ 관계절　　└ 삽입절

and then handed participants that photo. // [Using a clever
그리고 나서 사진을 참가자들에게 건네주었다 // 무대 마술에 의해
　　　　　　　　　　　　　　　　　　　└ 분사구문

trick {inspired by stage magic}], / [when participants
영감을 얻은 교묘한 속임수를 사용해 / 참가자들이 사진을 받았을 때
　　　└ 분사구　　　　　　　　　　　└ 부사절(시간)

received the photo], / it had been switched to the photo [not
그 사진은 참가자가 선택하지 않은 사진으로 교체되어
　└ the photo를 가리킴　　　　　　　　　　　　　　└ 분사구

chosen by the participant] / — the less attractive photo. //
있었다 / 즉 덜 매력적인 사진 //

Remarkably, / most participants accepted this photo / as
놀랍게도 / 대부분의 참가자들은 이 사진을 받아들였고 /

their own choice / and then proceeded to give arguments /
그들 자신의 선택으로 / 그러고 나서 계속해서 논거를 제시했다 /

for [why they had chosen that face in the first place]. //
왜 처음에 그들이 그 얼굴을 선택했는지에 대한 //
　└ 명사절(for의 목적어)

This revealed a striking mismatch / between our choices
이것은 놀라운 불일치를 드러냈다 / 우리의 선택들과 결과를 합리화
　　　　　　　　　　　　　　　　└ between A and B: A와 B 사이의

and our ability to rationalize outcomes. // This same
하는 우리의 능력 사이의 // 이와 같은

finding has since been observed / in various domains /
결과가 그 이후로 관찰되었다 / 다양한 분야에서 /

including taste for jam and financial decisions. //
잼의 맛과 금전적 결정을 포함한 //

전문 해석 한 실험에서, 연구자들은 참가자들에게 두 장의 얼굴 사진을 제시하고 더 매력적이라고 생각하는 사진을 고르라고 요청한 후에, 그 사진을 참가

자들에게 건네주었다. 무대 마술에 의해 영감을 얻은 교묘한 속임수를 사용해, 참가자들이 사진을 받았을 때, 그 사진은 참가자가 선택하지 않은, 즉 덜 매력적인 사진으로 교체되어 있었다. 놀랍게도, 대부분의 참가자들은 이 사진을 그들 자신의 선택으로 받아들였고, 그러고 나서 계속해서 왜 처음에 그들이 그 얼굴을 선택했는지에 대한 논거를 제시했다. 이것은 우리의 선택들과 결과를 합리화하는 우리의 능력 사이의 놀라운 불일치를 드러냈다. 이와 똑같은 결과가 그 이후로 잼의 맛과 금전적 결정을 포함한 다양한 분야에서 관찰되었다.

해설 참가자들은 자신이 고르지 않은 사진을 자신이 고른 사진으로 받아들이고, 그 사진을 왜 선택했는지에 대한 논거까지 제시했다고 했으므로, 이는 실제 선택과 주어진 결과에 대해 받아들이고 합리화하는 능력 사이의 불일치를 드러내는 것이다. 따라서 빈칸에 들어갈 말로 가장 적절한 것은 ③이다.

오답분석

오답선지	선택비율
① 집중력을 유지하는	19.8%
② 문제를 해결하는	12.0%
④ 우리의 감정을 조절하는	15.9%
⑤ 남의 이목을 끄는	20.1%

⑤번은 실험의 내용이 매력적이라고 생각하는 사진을 고르는 것이었으니 이에 대한 선택지를 골라야 한다고 생각했기 때문에 선택한 거야. 하지만 이 글이 만약 실제 선택과 남의 이목을 끄는 능력 사이의 차이점을 보여주는 실험에 관한 글이었다면, 적어도 참가자들이 얼마나 남의 이목을 끄는 데 능했는지에 대한 설명이 오지 않았을까? 실험 결과에서 말하고자 하는 것은 참가자들이 실제 선택하지 않았음에도 자신의 선택이라고 믿는 것에 대한 논거를 제시했다는 것임을 파악해야 해.

3

정답 ①

소재 생각의 중요성

직독직해

All improvement in your life begins / with an
당신 삶에서의 모든 향상은 시작된다 /　　　　　당신의 머릿속

improvement in your mental pictures. // [If you talk to
그림에서의 향상으로 //　　　　　　　만약 당신이 불행한
　　　　　　　　　　　→ 부사절(조건)

unhappy people / and ask them {what they think about /
사람들과 이야기하면서 /　그들에게 무슨 생각을 하는지 물어본다면 /
　　　　　　→ ask+간접목적어(them)+직접목적어(what ~ time)

most of the time}], / you will find / [that almost without
대부분의 시간에 /　　　발견할 것이다 /　거의 틀림없이 /
　　　　　　　　　　　　　→ 명사절(find의 목적어)

fail, / they think about their problems, their bills, their
그들이 자신의 문제, 고지서, 부정적인 관계에 대해 생각한다는 것을 /

negative relationships, / and all the difficulties in their
　　　　　　　　그리고 그들의 삶에서의 모든 어려움에 대해 //

lives]. // But [when you talk to successful, happy people], /
　　　→ 부사절(시간)
그러나 당신이 성공적이고 행복한 사람들과 이야기할 때는 /

you find / [that they think and talk most of the time / about
알게 된다 /　그들이 대부분의 시간 동안 생각하고 이야기한다는 것을 /　그들이
　　　→ 관계절

the things {that they want to be, do, and have}]. // They
되고 싶고, 하고 싶고 가지고 싶은 것들에 대해 //　　　　그들은

think and talk / about the specific action steps / [they
생각하고 이야기한다 /　구체적인 행동 단계에 대해 /　　　　그것들
　　└ 관계절　　　　→ the things that they want to be, do, and have를 가리킴

can take to get them]. // They dwell continually on vivid,
을 얻기 위해서 취할 수 있는 //　　그들은 생생하고 흥미로운 그림에 대해 끊임없이
　　　　　　　　　　　→ 명사절(of의 목적어)

exciting pictures / of [what their goals will look like / when
깊이 생각한다 /　그들의 목표가 어떻게 보일지에 대한 /
　　　　　　　　└ 대등한 연결

they are realized], / and [what their dreams will look like /
실현되었을 때 /　　그리고 그들의 꿈이 어떻게 보일지 /

when they come true]. //
실현되었을 때 //

전문 해석 당신 삶에서의 모든 향상은 당신의 머릿속 그림에서의 향상으로 시작된다. 만약 당신이 불행한 사람들과 이야기하면서 그들에게 대부분의 시간에 무슨 생각을 하는지 물어본다면, 거의 틀림없이 그들이 자신의 문제, 고지서, 부정적인 관계, 그리고 그들의 삶에서의 모든 어려움에 대해 생각한다는 것을 발견할 것이다. 그러나 당신이 성공적이고 행복한 사람들과 이야기할 때는, 그들이 대부분의 시간 동안 그들이 되고 싶고, 하고 싶고, 가지고 싶은 것들에 대해 생각하고 이야기한다는 것을 알게 된다. 그들은 그것들을 얻기 위해서 취할 수 있는 구체적인 행동 단계에 대해 생각하고 이야기한다. 그들은 그들의 목표가 실현되었을 때 어떻게 보일지, 그리고 그들의 꿈이 실현되었을 때 어떻게 보일지에 대한 생생하고 흥미로운 그림들에 대해 끊임없이 깊이 생각한다.

해설 불행한 사람들은 대부분의 시간에 자신의 부정적인 면과 문제에 대해 생각하고, 성공적이고 행복한 사람들은 자신의 꿈, 실현 방안, 그 결과에 대해 생각한다는 내용의 글이므로, 삶의 향상이 이루어지기 위해서는 생각의 향상이 이루어져야 할 것이다. 따라서 빈칸에 들어갈 말로 가장 적절한 것은 ①이다.

오답분석

오답선지	선택비율
② 신체적 능력	12.0%
③ 협조적인 태도	17.2%
④ 학습 환경	8.5%
⑤ 학문적 성취	7.2%

③번은 빈칸 뒤에 있는 'negative relationships'라는 단서 때문에 선택한 거야. 부정적인 관계가 불행한 사람들에게 영향을 미칠 터이니 협조적인 태도를 가져야 한다고 생각한 거지. 하지만 부정적인 관계에 대한 언급은 부정적인 사람들이 생각하는 내용의 나열 중 한 가지에 불과해. 글 전체에서 부정적인 사람들과 성공적인 사람들과의 대비를 통해 이야기하고자 하는 바를 파악해야 해.

4

정답 ③

소재 성공에 대한 현실적 믿음

직독직해

To be successful, / you need to understand the vital
성공하기 위해 /　　　당신은 중요한 차이를 이해할 필요가 있다 /
　　　　　　　　　→ between A and B: A와 B 사이의

difference / between believing [you will succeed], / and
　　　　　　자신이 성공할 것이라고 믿는 것과 /　　　자신이
　　　　→ 명사절(believing의 목적어)　→ 명사절(believing의 목적어)

believing [you will succeed easily]. // Put another way, /
쉽게 성공할 것이라고 믿는 것 사이의 //　　다시 말해서 /

it's the difference / between being a realistic optimist,
→ between A and B: A와 B 사이의
그것은 차이이다 / 현실적인 낙관주의자가 되는 것과 비현실적인 낙관주의자가

and an unrealistic optimist. // Realistic optimists believe /
되는 것 사이의 / 현실적인 낙관주의자들은 믿는다 /
→ 명사절(believe의 목적어) → 명사절(believe의 목적어)
[they will succeed], / but also believe [they have to make
그들이 성공할 것이라고 / 하지만 또한 성공이 일어날 수 있도록 만들어야
→ 사역동사(make)+목(success)+목·보(happen)
success happen / — through things like careful planning
한다고 믿는다 / 신중한 계획과 적절한 전략을 선택하는 것과 같은 것들을

and choosing the right strategies]. // They recognize the
통해 // 그들은 심각하게 고려할 필요가
→ 명사절(to의 목적어)
need for giving serious thought / to [how they will deal
있다는 것을 인식한다 / 어떻게 그들이 장애물을 다룰지에

with obstacles]. // This preparation only increases their
대해 // 이런 준비는 단지 자신감을 높여 준다 /
→ get+목적어+과거분사: ~가 …되도록 만들다
confidence / in their own ability to get things done. //
일이 수행될 수 있게 만드는 그들 자신의 능력에 대한 //
→ 명사절(believe의 목적어)
Unrealistic optimists, / on the other hand, / believe [that
비현실적인 낙관주의자들은 / 반면에 / 성공이 그들에게
→ 명사절
success will happen to them] / — [that the universe will
일어날 것이라고 믿는다 / 즉 우주가 그들에게 보상할 것이
→ 명사절
reward them / for all their positive thinking], / or [that
라고 / 자신의 모든 긍정적인 사고에 대해 / 혹은 어떤

somehow they will be transformed overnight / into the kind
식으로든 그들이 하룻밤 사이에 변할 것이라고 / 그런 종류의 사람으
→ 관계절
of person / {for whom obstacles don't exist anymore}]. //
로 / 장애물이 더 이상 존재하지 않는 //

전문 해석 성공하기 위해, 당신은 자신이 성공할 것이라고 믿는 것과 자신이 쉽게 성공할 것이라고 믿는 것 사이의 중요한 차이를 이해할 필요가 있다. (B) 다시 말해서, 그것은 현실적인 낙관주의자가 되는 것과 비현실적인 낙관주의자가 되는 것 사이의 차이이다. 현실적인 낙관주의자들은 그들이 성공할 것이라고 믿을 뿐만 아니라, 그들이 신중한 계획과 적절한 전략을 선택하는 것과 같은 것들을 통해 성공이 일어날 수 있도록 만들어야 한다고 믿는다. (C) 그들은 어떻게 그들이 장애물을 다룰지에 대해 심각하게 고려할 필요가 있다는 것을 인식한다. 이런 준비는 단지 일이 수행될 수 있게 만드는 그들 자신의 능력에 대한 자신감을 높여 준다. (A) 반면에, 비현실적인 낙관주의자들은 성공이 그들에게 일어날 것이라고, 즉 우주가 그들에게 자신의 모든 긍정적인 사고에 대해 보상할 것이라고, 혹은 어떤 식으로든 그들이 하룻밤 사이에 장애물이 더 이상 존재하지 않는 그런 종류의 사람으로 변할 것이라고 믿는다.

해설 성공하기 위해, 성공할 것이라고 믿는 것과 쉽게 성공할 것이라고 믿는 것 사이의 중요한 차이를 이해할 필요가 있다는 주어진 글에 이어, 그 차이가 현실적인 낙관주의자가 되는 것과 비현실적인 낙관주의자가 되는 것 사이의 차이라고 설명하면서, 현실적인 낙관주의자가 어떤 사람인지 설명하는 (B)가 이어지고, 그 다음에 (C)에서 현실적인 낙관주의자에 대한 설명을 계속 한 후, '반면에'로 글을 이어 비현실적 낙관주의자에 대한 설명을 하는 (A)로 이어지는 것이 글의 순서로 가장 적절하다.

오답분석

오답선지	선택비율
① (A) – (C) – (B)	9.6%
② (B) – (A) – (C)	24.2%
④ (C) – (A) – (B)	14.5%
⑤ (C) – (B) – (A)	15.5%

②번은 (C)의 They가 가리키는 것이 무엇인지 정확히 파악하지 못했기 때문에 선택한 거야. 현실적인 낙관주의자들은 신중한 계획과 적절한 전략에 대해서도 생각한다고 했지? 그건 목표 성취 과정에 있는 장애물을 어떻게 다룰지에 대한 고민도 포함하는 말일 거야. 비현실적인 낙관주의자들은 어떤 식으로든 장애물이 존재하지 않게 될 거라고 믿는다고 했으니까, (C)에서 설명한 사람과는 어울리지 않지. 따라서 (C)는 현실적인 낙관주의자에 대해 설명한 (B)의 바로 뒤에 와야 해.

5

정답 ①

소재 또래가 청소년의 위험 감수에 미치는 영향

직독직해

In a study, / psychologist Laurence Steinberg of Temple
한 연구에서 / Temple 대학교의 심리학자 Laurence Steinberg와 /
→ 동격
University / and his co-author, psychologist Margo
그의 공동 저자인 심리학자 Margo Gardner는 /
→ divide A into B: A를 B로 나누다
Gardner / divided 306 people into three age groups: /
306명의 사람들을 세 연령 집단으로 나누었다 /
young adolescents, with a mean age of 14; / older
평균 나이 14세인 어린 청소년 / 평균 나이
adolescents, with a mean age of 19; / and adults, aged
19세인 나이가 더 많은 청소년 / 그리고 24세 이상인 성인 //
24 and older. // Subjects played a computerized driving
피실험자들은 컴퓨터 운전 게임을 했다 /
→ 관계절
game / [in which the player must avoid crashing
게임 참가자가 벽에 충돌하는 것을 피해야 하는 /
→ 관계절
into a wall / {that appears, without warning, on the
도로에 경고 없이 나타나는 //
roadway}]. // Steinberg and Gardner randomly assigned
Steinberg와 Gardner는 무작위로 몇몇 참가자들을 배정했다 /
→ 대등한 연결
some participants / to play [alone] / or [with two same-age
혼자 게임하거나 / 혹은 두 명의 같은 나이 또래들이
→ with+목적어+현재분사: ~가 …하는 가운데[채로]
peers looking on]. // Older adolescents scored about 50
지켜보는 가운데 (게임을 하도록) / 나이가 더 많은 청소년들은 약 50퍼센트 더 높은 점수를
→ 부사절(시간)
percent higher / on an index of risky driving / [when
기록했다 / 위험 운전 지수에서 / 그들의
their peers were in the room] / — and the driving of
또래들이 같은 방에 있을 때 / 그리고 어린 청소년들의 운전은
→ 배수+as+형용사: ~배 더 …한
early adolescents was fully twice as reckless / [when
무려 두 배 더 무모했다 / 부사절(시간)
other young teens were around]. // In contrast, / adults
다른 어린 십 대들이 주변에 있을 때 // 대조적으로 / 성인들은
→ 명사절(of의 목적어)
behaved in similar ways / regardless of / [whether they
유사한 방식으로 행동했다 / 상관없이 / 그들이 혼자 있든지
→ whether A or B: A든지 B든지
were on their own / or observed by others]. //
혹은 다른 사람에 의해 관찰되든지 //

전문 해석 한 연구에서, Temple 대학교의 심리학자 Laurence Steinberg와 그의 공동 저자인 심리학자 Margo Gardner는 306명의 사람들을 세 연령

집단(평균 나이 14세인 어린 청소년, 평균 나이 19세인 나이가 더 많은 청소년, 그리고 24세 이상인 성인)으로 나누었다. 피실험자들은 게임 참가자가 도로에 경고 없이 나타나는 벽에 충돌하는 것을 피해야 하는 컴퓨터 운전 게임을 했다. Steinberg와 Gardner는 무작위로 몇몇 참가자들을 혼자 게임하거나 혹은 두 명의 같은 나이 또래들이 지켜보는 가운데 게임을 하게 했다. 나이가 더 많은 청소년들은 그들의 또래들이 같은 방에 있을 때 위험 운전 지수에서 약 50퍼센트 더 높은 점수를 기록했다. 그리고 어린 청소년들의 운전은 다른 어린 십 대들이 주변에 있을 때 무려 두 배 더 무모했다. 대조적으로, 성인들은 그들이 혼자 있든지 혹은 다른 사람에 의해 관찰되든지 상관없이 유사한 방식으로 행동했다.

→ 성인들은 그렇지 않지만, 또래의 <u>존재</u>는, 청소년들이 더 <u>위험을 감수하게</u> 만든다.

해설 어린 청소년, 나이가 더 많은 청소년, 성인의 세 그룹을 대상으로 운전 게임을 했을 때, 청소년 그룹은 혼자 게임을 했을 때보다 또래가 지켜보는 경우 위험을 더 감수하는 경향이 높아졌고 성인은 또래의 존재에 관계없이 똑같이 행동했다고 하였으므로, 요약문의 빈칸 (A)와 (B)에 각각 들어갈 말로 가장 적절한 것은 ① '존재 – 위험을 감수하게'이다.

오답분석

오답선지	선택비율
② 존재 – 조심스럽게 행동하게	23.0%
③ 무관심 – 수행을 잘 못하게	5.6%
④ 부재 – 모험을 즐기게	15.0%
⑤ 부재 – 독립적으로 행동하게	14.0%

②번은 또래의 존재가 원인이라는 것은 파악했지만, 그 결과를 잘못 파악했기 때문에 선택한 거야. 지문에서는 risky나 reckless라는 단어를 통해 청소년이 위험을 감수한다는 의미를 나타냈다. 어떤 학생들은 요약문의 not adults를 보고 그것이 not more likely로 이어지는 것이라고 생각했을 수도 있어. 요약문에 내가 선택한 단어를 넣어 보고 다시 한번 확인하는 습관을 기르도록 해.

6

정답 ⑤

소재 과학기술에 대한 저항

직독직해

Technological development often forces change, /
과학기술의 발전은 흔히 변화를 강요한다 /

and change is uncomfortable. // This is one of the main
그런데 변화는 불편하다 //   이것은 주된 이유 중 하나이다 /
                           ┌ 관계절
reasons / [why technology is often resisted / and why
             과학기술이 흔히 저항을 받고 /   일부 사람들이
    ┌ perceive A as B: A를 B로 인식하다   ┌ 형식상의 주어
some perceive it as a threat]. // It is important / [to
그것을 위협으로 인식하는 //   중요하다 /   내용상의 주어

understand our natural hate of being uncomfortable] /
불편함에 대한 우리의 본능적인 싫어함을 이해하는 것이 /

when we consider the impact of technology on our lives. //
과학기술이 우리 삶에 끼치는 영향력을 고려할 때 //

As a matter of fact, / most of us prefer the path of least
사실 /   우리의 대부분은 최소한의 저항의 길을 선호한다 //
                                    ┌ 명사절(means의 목적어)
resistance. // This tendency means / [that the true potential
          이 경향은 의미한다 /   새로운 과학기술의 진정한
                              ┌ remain+보어(형용사)
of new technologies may remain unrealized / because,
잠재력이 실현되지 않은 채로 남아 있을 수 있다는 것을 /   왜냐하면 많은
        ┌ 명사구(because절의 주어)
for many, / {starting something new} is just too much of a
사람들에게 /   새로운 무엇인가를 시작하는 것이 너무 힘든 일일 뿐이기 때문에 //
              ┌ 주어   ┌ 명사절(about의 목적어)
struggle]. // [Even our ideas about {how new technology
           심지어 새로운 과학기술이 어떻게 우리의 삶을 향상할 수 있는가에

can enhance our lives}] / may be limited / by this natural
관한 우리의 생각은 /   제한될 수 있다 /   편안함을 추구하는 이

desire for comfort. //
자연스러운 욕구에 의해 //

전문 해석 과학기술의 발전은 흔히 변화를 강요하는데, 변화는 불편하다. 이것은 과학기술이 흔히 저항을 받고 일부 사람들이 그것을 위협으로 인식하는 주된 이유 중 하나이다. 과학기술이 우리 삶에 끼치는 영향력을 고려할 때 불편함에 대한 우리의 본능적인 싫어함을 이해하는 것이 중요하다. 사실, 우리의 대부분은 최소한의 저항의 길을 선호한다. 이 경향은 많은 사람들에게 새로운 무엇인가를 시작하는 것이 너무 힘든 일일 뿐이기 때문에 새로운 과학기술의 진정한 잠재력이 실현되지 않은 채로 남아 있을 수 있다는 것을 의미한다. 심지어 새로운 과학기술이 어떻게 우리의 삶을 향상할 수 있는가에 관한 우리의 생각은 편안함을 추구하는 이 자연스러운 욕구에 의해 장려될(→ 제한될) 수 있다.

해설 과학기술의 발전은 변화를 가져오는데, 사람들은 변화를 불편하게 여기기 때문에 과학기술이 흔히 저항을 받는다는 내용의 글이다. 이렇듯 변화가 없는 편안함을 추구하려는 사람들의 욕구 때문에 새로운 과학기술이 어떻게 우리의 삶을 향상할 것인가에 대한 생각이 제한될 수 있을 것이므로, ⑤의 encouraged는 limited와 같은 낱말로 바꾸어야 한다.

오답분석

오답선지	선택비율
① 위협	6.2%
② 싫어함	14.5%
③ 최소한의	16.6%
④ 실현되지 않은	24.6%

④번은 글 전체의 주제, 그리고 앞 문장의 '저항'의 의미를 잘 파악하지 못했기 때문에 선택한 거야. 이 글에서는 사람들이 과학기술을 위협으로 여기는데, 그 이유는 과학기술이 변화를 가져오고 새로운 것을 시작하게 하므로 사람들에게는 너무 힘든 일이기 때문이야. 따라서 우리가 편안함을 추구하므로 아예 새로운 과학기술이 실현되지 않은 상태로 남아있게 될 수도 있는 거지.

Daily Review   Day ⑯

Vocabulary Check-up

1 (1) proceed (2) vital (3) tendency
2 (1) continually (2) transformed

1 (1) proceed / 잘 만들어진 계획이, 실행 과정이 흠 없이 <u>계속될</u>

것이라거나 심지어 그 건설 사업이 그 목표를 달성하는 데 성공할 것이라고 보장하는 것은 아니다.

(2) vital / 인간뿐만 아니라 매우 다양한 동물들이 그것을 먹기 때문에 그것은 이 지역의 생태계에서 <u>중요한</u> 역할을 한다.

(3) tendency / 노년의 정서적 변화를 고려할 때 특히 중요한 것은 긍정 편향, 즉 부정적 정보에 비해 더 긍정적인 정보를 인지하고, 주목하고, 기억하는 <u>경향</u>이 있다는 것이다.

2 (1) continually / Natural Jade 리조트는 투숙객들에게 더 나은 서비스를 제공하기 위해 <u>끊임없이</u> 시설을 개선하고 있다.

(2) transformed / 정보는 이러한 데이터의 출처로부터 추출되거나 습득되며, 이 획득된 정보는 결국 행동이나 결정을 촉발하는 데 사용되는 지식으로 <u>변화된다</u>.

Grammar Check-up ▬▬▬

1 (1) ① that ② them (2) ① was ② been switched
2 ③ → reckless

---

1 (1) ① that: 동사 find의 목적어를 이끌어야 하고, 뒷 절이 완전하므로 접속사 that이 적절하다.
② them: get의 목적어는 앞 문장의 the things that they want to be, do, and have이므로 복수를 나타내는 대명사 them이 적절하다.

(2) ① was: be 동사의 주어는 선행사인 the photo이므로 동사 was가 적절하다.
② been switched: 주어인 it(= the photo)은 바꾸는 행위의 대상이므로 수동형인 been switched가 적절하다.

2 ③: 문장의 동사인 was 뒤에 이어지는 보어 자리이므로 형용사 reckless로 고쳐야 한다.

1

정답 ①

소재 컴퓨터의 창의력

직독직해

　　　　　　　　　　관계절(관계사 생략)
Creativity is a skill / [we usually consider uniquely
창의력은 능력이다 /　　　　　　　우리가 일반적으로 인간만이 유일하게 가지고
　　　　형용사(consider 뒤의 목적격 보어 역할)
human]. // For all of human history, / we have been the
있다고 간주하는 // 인류 역사를 통틀어 /　　　　　　　우리는 지구상에서 가장

most creative beings on Earth. // Birds can make their
창의적인 존재였다 //　　　　　　　새는 둥지를 틀 수 있고 /

nests, / ants can make their hills, / but no other species on
개미는 개미탑을 쌓을 수 있다 /　　　그러나 지구상의 어떤 다른 종도 /
　　　　　　　　　　　　　　　　　관계절
Earth / comes close to the level of creativity / [we humans
창의력 수준에 가까이 도달하지는 못한다 /　　　　우리 인간이 보여

display]. // However, / just in the last decade / we have
주는 //　　하지만 /　　　불과 지난 10년 만에 /　　우리는 능력을

acquired the ability / to do amazing things with computers, /
습득하였다 /　　　　　컴퓨터로 놀라운 것을 할 수 있는 /

like developing robots. // With the artificial intelligence
로봇 개발처럼 //　　　　　　　2010년대의 인공 지능의 급속한 발전으로 /

boom of the 2010s, / computers can now [recognize
　　　　　　　　　　컴퓨터는 이제 얼굴을 인식하고 /

faces], / [translate languages], / [take calls for you], /
　　　언어를 번역하고 /　　　　여러분을 대신해 전화를 받고 /
　　　　　　　　대등한 연결
[write poems], / and [beat players at the world's most
시를 쓸 수 있다 /　　　그리고 세계에서 가장 복잡한 보드게임에서 선수들을 이길 수

complicated board game], / to name a few things. // All of
있다 /　　　　　　　　　몇 가지를 언급하자면 //
　　　　　　　　　　　　　　　　동격
a sudden, / we must face the possibility / [that our ability
갑작스럽게 /　 우리는 틀림없이 가능성에 직면하게 될 것이다 / 우리의 창의력이 경쟁할

to be creative is not unrivaled]. //
상대가 없지 않게 되는 //

전문 해석 창의력은 우리가 일반적으로 인간만이 유일하게 가지고 있다고 간주하는 능력이다. 인류 역사를 통틀어, 우리는 지구상에서 가장 창의적인 존재였다. 새는 둥지를 틀 수 있고, 개미는 개미탑을 쌓을 수 있지만, 지구상의 어떤 다른 종도 우리 인간이 보여 주는 창의력 수준에 가까이 도달하지는 못한다. 하지만, 불과 지난 10년 만에 우리는 로봇 개발처럼, 컴퓨터로 놀라운 것을 할 수 있는 능력을 습득하였다. 2010년대의 인공 지능의 급속한 발전으로, 컴퓨터는, 몇 가지를 언급하자면, 이제 얼굴을 인식하고, 언어를 번역하고, 여러분을 대신해 전화를 받고, 시를 쓸 수 있으며 세계에서 가장 복잡한 보드게임에서 선수들을 이길 수 있다. 갑작스럽게, 우리는 우리의 창의력이 <u>경쟁할 상대가 없지 않게</u> 되는 가능성에 틀림없이 직면하게 될 것이다.

해설 창의력은 일반적으로 인간만의 능력으로 간주되었으나, 인공 지능의 급속한 발전으로 컴퓨터의 능력이 매우 발달하게 되었다는 내용의 글이므로, 인간의 창의력과 컴퓨터의 창의력이 경쟁할 가능성이 있게 될 것이다. 따라서 빈칸에 들어갈 말로 가장 적절한 것은 ① 이다.

오답분석

오답선지	② 배워지지	③ 보편적이지	④ 무시되지	⑤ 도전받지
선택비율	14.1%	16.0%	21.1%	13.3%

④번은 빈칸 앞에 있는 not을 고려하지 않았기 때문에 선택한 거야. 문장 자체의 내용은 우리의 창의력이 도전받게 된다는 내용이어야 하지. 하지만 빈칸 앞에 not이 있기 때문에 도전받지 않는다는 내용이 들어가야 해. 빈칸이 있는 문장에 부정어가 있는 경우에는 특히 더 꼼꼼히 그 전체 의미를 살피는 것을 잊지 마.

2

정답 ③

소재 생각 멈추기와 창의성

직독직해

The mind is essentially a survival machine. // Attack
생각은 본질적으로 생존 기계이다 //　　　　　　　　　　다른 생각에

and defense against other minds, / gathering, / storing, /
대한 공격과 수비 /　　　　　(정보를) 수집하고 / (정보를) 저장
　　　　　　　　　　　　　　　　　　　　→ the mind를 가리킴

and analyzing information / — this is what it is good at, /
하고 / 그리고 정보를 분석하는 것 /　이것은 생각이 잘하는 것이다 /

but it is not at all creative. // All true artists create / from
그러나 그것은 전혀 창의적이지는 않다 //　모든 진정한 예술가들은 창작을 한다 /

a place of no-mind, / from inner stillness. // Even great
생각이 없는 상태 /　　즉 내적인 고요함 속에서 //　　심지어 위대한
　　　　　　　　　　→ 명사절(reported의 목적어)

scientists have reported / [that their creative breakthroughs
과학자들조차도 말했다 /　　그들의 창의적인 돌파구는 생겨났다고 /
　　　　　　　　　　　　　→ 주어(명사구)

came / at a time of mental quietude]. // [The surprising
생겨났다 /　정신적인 정적의 시간에서 //　　놀라운 결과는 /

result / of a nationwide inquiry / among America's most
전국적인 조사의 /　　　아인슈타인을 포함한 미국의 가장

famous mathematicians, including Einstein, / to find out
유명한 수학자들을 대상으로 한 /　　그들의 작업 방식
　　　　　　　　　　　　　→ 명사절(보어)

their working methods], / was [that thinking "plays only
을 알아내기 위한 /　　　생각은 '단지 부수적인 역할만 할 뿐이다'라는 것

a subordinate part / in the brief, decisive phase of the
이다 /　　창의적인 행동 그 자체의 짧고, 결정적인 단계에서 //
　　　　　　　　　　　　　→ 명사절(say의 목적어)

creative act itself]." // So I would say / [that the simple
그래서 나는 말하고 싶다 /　대다수의 과학자들이
　　　　　　　　→ 관계절

reason {why the majority of scientists are *not* creative} / is
창의적이지 '않은' 단순한 이유는 /
→ not because A but because B: A 때문이 아니라 B 때문이다

not because they don't know how to think, / but because
그들이 생각하는 방법을 몰라서가 아니라 /　　생각을 멈추는 방법을

they don't know how to stop thinking]! //
을 모르기 때문이라고 //

전문 해석 생각은 본질적으로 생존 기계이다. 정보를 수집하고, 저장하고, 분석하며, 다른 생각에 대해 공격하고 수비를 하는 것, 이것이 생각이 잘하는 것이지만, 전혀 창의적이지는 않다. 모든 진정한 예술가들은 생각이 없는 상태, 즉 내적인 고요함 속에서 창작을 한다. 심지어 위대한 과학자들조차도 그들의

창의적인 돌파구는 정신적인 정적의 시간에서 생겨났다고 말했다. 아인슈타인을 포함한 미국의 가장 유명한 수학자들을 대상으로 그들의 작업 방식을 알아내기 위한 전국적인 조사의 놀라운 결과는 생각은 '창의적인 행동 그 자체의 짧고, 결정적인 단계에서 단지 부수적인 역할만 할 뿐이다.'라는 것이다. 그래서 나는 대다수의 과학자들이 창의적이지 '않은' 단순한 이유는 그들이 생각하는 방법을 몰라서가 아니라 생각을 멈추는 방법을 모르기 때문이라고 말하고 싶다!

해설 생각을 멈춘 상태에서 창작이 이루어지고 창의적 돌파구가 생긴다는 내용의 글이므로, 빈칸에 들어갈 말로 가장 적절한 것은 ③이다.

오답분석

오답선지	선택비율
① 그들의 생각을 정리하는	13.6%
② 사회적으로 교류하는	6.5%
④ 정보를 수집하는	9.0%
⑤ 그들의 상상력을 이용하는	19.5%

⑤번은 창의력과 상상력을 비슷한 개념으로 연결시켜서 추측했기 때문에 선택한 거야. 하지만 지문에서 상상력에 관한 언급은 찾아볼 수 없지? 생각이 없는 상태에서 창의성이 발현되었고 생각은 창의성에 있어서 부수적 역할만 한다는 내용뿐이야. 단어에 대한 나의 느낌이 아니라 글에서 단서를 찾아야 한다는 걸 기억해.

3

정답 ②

소재 정직한 소년

직독직해

Some years ago / at the national spelling bee in
몇 년 전 /　　　Washington D.C.에서 있었던 전국 단어 철자 맞히기
　　　　　　　　be asked+to부정사: ~하도록 요구받다

Washington, D.C., / a thirteen-year-old boy was asked
대회에서 /　　　한 13세 소년이 'echolalia'의 철자를 말하도록 요구받았
　　　　　　　　　→ 동격　　　　　　　→ 관계절

to spell *echolalia*, / [a word {that means a tendency to
다 /　　　들은 것은 무엇이든 반복하는 경향을 의미하는 단어인 //
　　　　　　　　　　　　　　　　→ 부사절(양보)

repeat whatever one hears}]. // [Although he misspelled
　　　　　　　　　　　그는 철자를 잘못 말했지만 /
　　　　　　　　　　→ 명사절(told의 목적어)

the word], / the judges [misheard him], / [told him {he had
the word], / 심판들은 잘못 듣고 /　철자를 맞혔다고 말했다 /
　　　　　　　　　　　→ 대등한 연결

spelled the word right}], / and [allowed him to advance]. //
　　　　　　　　　　　　그리고 그가 (다음 단계로) 진출하도록 허락했다 //
→ 부사절(시간)　　　　　→ 명사절(learned의 목적어)

[When the boy learned / {that he had misspelled the
그 소년이 알았을 때 /　자신이 단어 철자를 잘못 말했다는 것을 /

word}], / he went to the judges and told them. // So he was
그는 심판들에게 가서 말했다 //　　　그래서 그는

eliminated from the competition / after all. // Newspaper
대회에서 탈락했다 /　　　　결국 //

headlines the next day / called the honest young man a
다음 날 신문기사 헤드라인이 /　그 정직한 소년을 '단어 철자 맞히기 대회 영웅'으로
call+목(the honest young man)+목·보(a "spelling bee hero"): ~을 …라고 부르다

"spelling bee hero," / and his photo appeared in *The New*
알렸다 /　　　　그리고 그의 사진이 'The New York Times'에 실렸다 //

York Times. // "The judges said / [I had a lot of honesty]," /
심판들은 말했어요 / 내가 아주 정직하다고 /
→ 명사절(said의 목적어)

the boy told reporters. // He added / [that part of his motive
라고 그 소년은 기자들에게 말했다 // 그는 덧붙여 말했다 / 그렇게 했던 이유 중 하나가
→ 명사절(added의 목적어)

was, / "I didn't want to feel like a liar]." //
"저는 거짓말쟁이처럼 느끼고 싶지 않았어요"라고 //

전문 해석 몇 년 전 Washington D.C.에서 있었던 전국 단어 철자 맞히기 대회에서, 한 13세 소년이 들은 것은 무엇이든 반복하는 경향을 의미하는 단어인 'echolalia'의 철자를 말하도록 요구받았다. 그는 철자를 잘못 말했지만 심판들은 잘못 듣고 철자를 맞혔다고 말했고 그가 (다음 단계로) 진출하도록 허락했다. 그 소년은 자신이 단어 철자를 잘못 말했다는 것을 알았을 때, 심판들에게 가서 말했다. 그래서 그는 결국 대회에서 탈락했다. 다음 날 신문기사 헤드라인이 그 정직한 소년을 '단어 철자 맞히기 대회 영웅'으로 알렸고, 그의 사진이 'The New York Times'에 실렸다. "심판들은 내가 아주 정직하다고 말했어요."라고 그 소년은 기자들에게 말했다. 그는 그렇게 했던 이유 중 하나를 덧붙여 말했다. "저는 거짓말쟁이처럼 느끼고 싶지 않았어요."

해설 그 소년이 자신이 단어 철자를 잘못 말했다는 것을 심판에게 말했다는 내용의 주어진 문장은 탈락의 원인을 나타내고, ②의 뒤에서는 그 결과 그 소년이 대회에서 탈락했다고 하였으므로, 주어진 문장이 들어가기에 가장 적절한 곳은 ②이다.

오답분석

오답선지	①	②	④	⑤
선택비율	23.2%	23.2%	23.2%	23.2%

①번은 ② 뒤에 있는 논리적 비약을 놓쳤기 때문에 선택한 거야. 주어진 문장이 ①에 들어간다면, 그 소년이 다음 단계로 진출하게 되었다가 대회에서 탈락하는 과정이 'So(그래서)'로 연결되는 논리적 오류가 해결되지 않지. 답을 골랐더라도 나머지 부분에서 논리적 비약이나 어색한 부분이 있으면 더 적절한 곳을 골라야 해.

4

정답 ④

소재 빛의 질이 미치는 영향

직독직해

Bad lighting can increase stress on your eyes, / as can
나쁜 조명은 여러분의 눈에 스트레스를 증가시킬 수 있다 / 너무 밝은
as+조동사+주어(도치): ~가 그러하듯이 ←

light [that is too bright], / or light [that shines directly into
빛이 그럴 수 있듯 / 또는 눈에 직접적으로 비추는 빛이 //
관계절 / 관계절

your eyes]. // Fluorescent lighting can also be tiring. //
형광등 또한 피로감을 줄 수 있다 //
현재분사(능동) ←

[What you may not appreciate] / is [that the quality of
여러분이 모를 수도 있는 것은 / 빛의 질 또한 중요할 수 있다는 것이
→ 명사절(주어) / → 명사절(보어)

light may also be important]. // Most people are happiest
다 // 대부분의 사람들은 밝은 햇빛 속에서

in bright sunshine / — this may cause a release of
가장 행복한데 / 이것이 아마 체내의 화학 물질을 분비시킬지도
관계절

chemicals in the body / [that bring a feeling of emotional
모른다 / 정서적인 행복감을 주는 //

well-being]. // Artificial light, / [which typically contains
인공 조명이 / 전형적으로 단지 몇 개의 빛 파장만
관계절(Artificial light를 부연 설명)

only a few wavelengths of light], / does not seem to
있는 / 분위기에 미치는 효과는 똑같
관계절

have the same effect on mood / [that sunlight has]. // Try
지 않은 것 같이 보인다 / 햇빛(이 미치는 효과)과 //
대등한 연결

experimenting with [working by a window] / or [using full
창가에서 작업하여 실험해 보아라 / 혹은 책상 전등에

spectrum bulbs in your desk lamp]. // You will probably
있는 모든 파장이 있는 전구를 사용하여 // 아마도 알게 될 것이다 /
→ 명사절(find의 목적어)

find / [that this improves the quality of your working
이것이 여러분의 작업 환경의 질을 향상시킨다는 것을 //

environment]. //

전문 해석 너무 밝은 빛이나, 눈에 직접적으로 비추는 빛처럼, 나쁜 조명은 여러분의 눈에 스트레스를 증가시킬 수 있다. 형광등 또한 피로감을 줄 수 있다. 여러분이 모를 수도 있는 것은 빛의 질 또한 중요할 수 있다는 것이다. 대부분의 사람들은 밝은 햇빛 속에서 가장 행복한데, 이것이 아마 정서적인 행복감을 주는 체내의 화학 물질을 분비시킬지도 모른다. 전형적으로 단지 몇 개의 빛 파장만 있는 인공 조명이 분위기에 미치는 효과는 햇빛(이 미치는 효과)과 똑같지 않은 것 같이 보인다. 창가에서 작업하거나 책상 전등에 있는 모든 파장이 있는 전구를 사용하여 실험해 보아라. 이것이 여러분의 작업 환경의 질을 향상시킨다는 것을 아마도 알게 될 것이다.

해설 ④ 문장의 주어는 Artificial light이고, 그 뒤의 which가 이끄는 절은 삽입되었으므로, 동사는 단수 주어인 Artificial light에 맞추어 동사 does가 와야 한다.

① 동사 shines를 수식하는 부사 directly는 적절하다.

② Fluorescent lightning은 사람들을 피곤하게 만드는 주체이므로 능동의 의미를 나타내는 현재분사 tiring은 적절하다.

③ 선행사 chemicals in the body를 수식하는 형용사절을 이끄는 관계사 that은 적절하다.

⑤ 전치사 with 뒤에 동명사구 working by a window와 using full spectrum bulbs in your desk lamp가 or를 통해 대등하게 이어진 구조이므로, 동명사 working과 대등한 구조를 이루는 동명사 using은 적절하다.

오답분석

오답선지	① directly	② tiring	③ that	⑤ using
선택비율	8.3%	24.2%	11.1%	6.4%

②번은 현재분사의 의미를 제대로 알지 못했기 때문에 선택한 거야. 동사 tire는 '피로감을 주다, 피곤하게 만들다'라는 의미인데, 나쁜 조명이 눈에 스트레스를 증가시킬 수 있다는 맥락상 형광등은 사람들에게 피로감을 줄 수 있겠지? 이렇게 능동적인 의미를 나타낼 때는 현재분사를 써. 반면, 과거분사 tired는 '피로감을 느끼는'이라는 의미인데, 형광등이 피로감을 느낄 수는 없겠지?

5~6

정답 5 ② / 6 ④

소재 광고 속 통계 자료의 신뢰도

직독직해

Many advertisements cite statistical surveys. // But we
많은 광고는 통계 조사를 인용한다 // 하지만 우리

should be cautious / [because we usually do not know /
→ 부사절(이유)
는 신중해야 한다 /   우리가 보통 모르기 때문에 /
→ 명사절(know의 목적어)
{how these surveys are conducted}]. // For example, /
이러한 조사들이 어떻게 실시되는지를 //   예를 들면 /

a toothpaste manufacturer once had a poster / [that
→ 관계절
한 치약 제조 업체가 예전에 포스터를 올렸다 /

said, "More than 80% of dentists recommend *Smiley*
'80%보다 많은 치과의사들이 Smiley Toothpaste를 추천한다.'라고 적혀 있는 //
→ 명사절(say의 목적어)
Toothpaste]." // This seems to say / [that most dentists
이것은 말하는 것처럼 보인다 /   대부분의 치과의사들이 다른
→ prefer A to B: B보다 A를 선호하다   형식상의 주어
prefer *Smiley Toothpaste* **to** other brands]. // But it turns
브랜드보다 Smiley Toothpaste를 선호한다고 //   하지만 드러났다 /
→ 내용상의 주어
out / [that the survey questions allowed the dentists to
그 조사 항목이 치과의사들에게 한 가지 이상의 브랜드를 추천할 수 있게 했다는
allow+목적어+to부정사: ~에게 …하게 하다, 허락하다 /
recommend more than one brand, / and in fact / another
것과 /   실제로 /   또 다른
as ~ as …: ~만큼 ~한
competitor's brand was recommended / just as often as
경쟁업체의 브랜드도 추천되었다는 것이 /   Smiley Toothpaste만큼

Smiley Toothpaste]! // No wonder / the UK Advertising
많이 //   당연했다 /   2007년에 영국 Advertising
→ 명사절(ruled의 목적어)
Standards Authority ruled in 2007 / [that the poster was
Standards Authority가 판결을 내린 것은 /   그 포스터가 오해의 소지가 있는

misleading] / and it could no longer be displayed. //
정보를 준다고 /   그리고 그것이 더 이상 게시될 수 없었음은 //

A similar case concerns / a well-known cosmetics firm
유사한 경우가 관련된다 /   주름을 빠른 속도로 줄여 준다는 크림을 판매
→ 분사구   → 관계절
[marketing a cream {that is supposed to rapidly reduce
하는 유명 화장품 회사와 //
→ 분사 명사절(보어)
wrinkles}]. // But the only evidence [provided] / is [that
그러나 주어진 유일한 증거라고는 /   '50명의
→ 명사절(주어)
"76% of 50 women agreed]." // But [what this means] is /
여성 중 76%가 동의했다.'라는 뿐이다 //   하지만 이것이 의미하는 것은 /
→ 명사절(보어)
[that the evidence is based on just the personal opinions /
그 증거가 개인적 의견에만 근거한다는 것이다 /

from a small sample / with no objective measurement
소수의 표본에서 얻은 /   피부 상태에 대한 객관적인 측정 없는 //
told의 간접목적어(we)를 주어로 한 수동태
of their skin's condition]. // Furthermore, / we are not
게다가 /   우리는 듣지 못한
→ 명사절(told의 직접목적어)
told / [how these women were selected]. // Without such
다 /   이 여성들이 어떻게 선별되었는지 //   그런 정보 없이 /
→ 분사
information, / the "evidence" [provided] is pretty much
주어진 '증거'는 아주 쓸모가 없다 //

useless. // Unfortunately, / such advertisements are quite
불행하게도 /   그러한 광고들은 아주 전형적이고 //

typical, / and as consumers / we just have to [use our
소비자로서 /   우리는 스스로 판단해야 하며
대등한 연결
own judgment] / and [avoid taking advertising claims too
광고의 주장을 너무 진지하게 받아들이는 것을 피해야 한다 //

seriously]. //

전문 해석 많은 광고는 통계 조사를 인용한다. 하지만 우리는 보통 이러한 조사들이 어떻게 실시되는지를 모르기 때문에 신중해야 한다. 예를 들면, 한 치

약 제조 업체가 예전에 '80%보다 많은 치과의사들이 Smiley Toothpaste를 추천한다.'라고 적혀 있는 포스터를 올렸다. 이것은 대부분의 치과의사들이 다른 브랜드보다 Smiley Toothpaste를 선호한다고 말하는 것처럼 보인다. 하지만 그 조사 항목이 치과의사들에게 한 가지 이상의 브랜드를 추천할 수 있게 했다는 것과, 실제로 또 다른 경쟁업체의 브랜드도 Smiley Toothpaste만큼 많이 추천되었다는 것이 드러났다! 2007년에 영국 Advertising Standards Authority는 그 포스터가 오해의 소지가 있는 정보를 준다고 판결을 내렸고 그것이 더 이상 게시될 수 없었음은 당연했다.

주름을 빠른 속도로 줄여 준다는 크림을 판매하는 유명 화장품 회사의 경우도 유사하다. 그러나 주어진 유일한 증거라고는 '50명의 여성 중 76%가 동의했다.'라는 것뿐이다. 하지만 이것이 의미하는 것은 그 증거가 피부 상태에 대한 객관적인 측정 없는 소수의 표본에서 얻은 개인적 의견에만 근거한다는 것이다. 게다가, 우리는 이 여성들이 어떻게 선별되었는지 알 수 없다. 그런 정보 없이, 주어진 '증거'는 아주 유용하다(→ 쓸모가 없다). 불행하게도, 그러한 광고들은 아주 전형적이고, 소비자인 우리는 스스로 판단해야 하며 광고의 주장을 너무 진지하게 받아들이는 것을 피해야 한다.

해설 **5** 치약과 크림 광고를 예시로 들어, 광고에 인용된 통계 자료의 신뢰도가 낮을 수 있다고 말하는 내용의 글이므로, 제목으로 가장 적절한 것은 ② '광고의 통계 자료는 신뢰할 수 있는가?'이다.

6 크림에 대한 조사 결과가 주관적인 개인의 의견에 근거하고, 조사 대상의 선별 방식을 알 수 없는 상태에서 제시된 통계 자료는 유용하지 않을 것이므로, ④의 useful은 useless와 같은 낱말로 바꾸어야 한다.

오답분석

오답선지	선택비율
5 ① 광고와 경제의 연관성	9.3%
③ 광고의 통계는 객관적이다!	17.4%
④ 공공 광고의 밝은 면	10.2%
⑤ 품질과 가격 중 어느 것이 더 중요한가?	5.7%
6 ① (a) 신중한	7.4%
② (b) 선호하다	7.4%
③ (c) 오해의 소지가 있는	23.3%
⑤ (e) 피하다	16.5%

5 ③번은 제목에 있는 느낌표가 주는 뉘앙스를 파악하지 못해서 선택한 거야. 이 글에서 필자는 광고에 제시된 통계가 과연 객관적인지, 신뢰할 수 있는 것인지 의문을 표시하고 있어. 반면 ③번의 제목은 광고의 통계가 객관적이라고 단정하는 내용이지. 글의 내용과 정반대의 선택지인 거야.
6 ③번은 바로 앞에 있는 힌트를 놓쳤기 때문에 선택한 거야. 광고에서는 80%보다 많은 치과의사들이 Smiley Toothpaste를 추천한다고 했지만, 사실상 결과를 왜곡했다는 것이 드러났다고 했잖아. 그렇다면 그 포스터에 있는 정보는 오해의 소지가 있는 것이고, 정보가 오해의 소지가 있기 때문에 더 이상 게시될 수 없었겠지.

Daily Review   Day **17**

━━━━━━ **Vocabulary** Check-up ▄ ━━

1 (1) complicated (2) recognize (3) motive
2 (1) acquire (2) conducted

1 (1) complicated / 물의 두 가지 자연적인 본체가 다른 높이에 있을 때, 그들 사이에 운하를 짓는 것은 <u>복잡한</u> 공학적 문제를 제시한다.

(2) recognize / 여러분이 사람의 얼굴을 <u>인식하도록</u> 돕는 세포들은 모양의 세부사항에 대해서는 매우 민감할 필요가 있지만 위치에 대해서는 주의를 덜 기울여도 된다.

(3) motive / 이것이 잘 알려진 인물이나 우월한 자들에 대해 뒷공론을 하는 주된 <u>이유</u>이다.

2 (1) acquire / 스트레스를 주는 사건들은 때때로 사람들이 새로운 기술을 개발하고, 우선순위를 재평가하고, 새로운 통찰을 배우고, 새로운 강점을 <u>습득하게</u> 한다.

(2) conducted / 정보 체계의 도입 이후로, 정보 체계는 사업이 <u>실시되는</u> 방식을 상당히 바꾸었다.

━━━━ **Grammar Check-up** ━━━━

1 (1) ① beat ② that (2) ① surprising ② was
2 ① → concerns

---

1 (1) ① beat: recognize faces, translate languages, take calls for you, write poems와 함께 조동사 can 뒤에 대등하게 연결되어야 하므로 동사원형 beat가 적절하다.
② that: 선택지 뒤의 절이 완전하고 the possibility와 동격을 이루므로 접속사 that이 적절하다.

(2) ① surprising: 맥락상 '놀라운', 즉 '놀라게 하는'이라는 의미이므로 능동의 의미를 나타내는 현재분사 surprising이 적절하다.
② was: 주어부의 핵이 단수 명사인 result이므로 동사 was가 적절하다.

2 ①: 주어가 A similar case, 목적어가 'a well-known ~ reduce wrinkles'인 문장이므로 문장의 동사가 필요하다. 따라서 concerning은 일반동사 concerns로 고쳐야 한다.

Day 18 Week 4   본문 84~86쪽

| 1 ⑤ | 2 ④ | 3 ② | 4 ③ | 5 ③ | 6 ⑤ |

1

정답 ⑤

소재 문화적 변화에 대한 거부

직독직해

　　　→ 형식상의 주어　　　→ 내용상의 주어
It is difficult / [to know how to determine {whether one
어렵다 /　　　한 문화가 다른 문화보다 나은지를 결정하는 방법을 알기는 //
　　　　　　　　　　　　　　명사절(determine의 목적어)
culture is better than another}]. // What is the cultural rank
　　　　　　　　　　　　　　　　문화적인 순위는 어떻게 될까 /
　　　　　　　　　　　　　　　　　　→ ~에 관한 한
order / of rock, jazz, and classical music? // When it comes
　　록, 재즈, 고전 음악의 //　　　여론 조사에 관한 한 /
　　　　　　　　　　　　　→ 명사절(about의 목적어)
to public opinion polls / about [whether cultural changes
　　　　　　　　　　　　　　　문화적 변화가 더 나아지는 것인지 더 나빠지는
　　　　　　　　　　　　　　→ 동명사구(주어)
are for the better or the worse], / [looking forward] would
것인지에 관한 /　　　　　　　　앞을 내다보는 것은 한 가지 대답으로
　　　　　　　　　　　　　　→ 동명사구(주어)
lead to one answer / and [looking backward] would
이어질 것이다 /　　　그리고 뒤돌아보는 것은 아주 다른 대답으로 이어질
가정법(주어+would+동사원형, if+주어+과거동사)
lead to a very different answer. // Our children would
것이다 //　　　　　　　　　　　우리 아이들은 겁이 날 것이다 /
　　　　　　　→ 부사절(가정)
be horrified / [if they were told / they had to go back to
들으면 /　　　　　　조부모의 문화로 되돌아가야 한다고 //
　　가정법(주어+would+동사원형, if+주어+과거동사)
the culture of their grandparents]. // Our parents would
　　　　　　　　　　　　　　　우리 부모님은 겁이 날 것이다 /
　　　　　→ 부사절(가정)
be horrified / [if they were told / they had to participate
들으면 /　　　　　손주의 문화에 참여해야 한다고 //
in the culture of their grandchildren]. // Humans tend to
　　　　　　　　　　　　　　　　인간은 좋아하는 경향이
　　　　명사절(like의 목적어)　　　　　　대등한 연결
like / [what they have {grown up in} and {gotten used
있다 /　　자신이 자라고 익숙해진 것을 //
　　　　　　　　　　　　　　　　　→ 부사절(시간)
to}]. // After a certain age, / anxieties arise / [when sudden
　　　특정한 나이 이후에는 /　　불안감이 생긴다 /　　갑작스러운 문화적
cultural changes are coming]. // Our culture is part of
변화가 다가오고 있을 때 //　　　　우리 문화는 우리의 정체성과 우리의
　　　→ 명사절(of의 목적어)
[who we are] and [where we stand], / and we don't like
입지의 일부이다 /　　　　　　　그리고 우리는 생각하고 싶어
　　　　→ 명사절(think의 목적어)　　　　　→ 명사절(that절의 주어)②
to think / [that {who we are} and {where we stand} are
하지 않는다　　　우리의 정체성과 우리의 입지가 오래가지 못한다고 //
　명사절(that절의 주어)①
short-lived]. //

전문 해석 한 문화가 다른 문화보다 나은지를 결정하는 방법을 알기는 어렵다. 록, 재즈, 고전 음악의 문화적인 순위는 어떻게 될까? 문화적 변화가 더 나아지는 것인지 더 나빠지는 것인지에 관한 여론 조사에 관한 한, 앞을 내다보는 것과 뒤돌아보는 것은 아주 다른 대답으로 이어질 것이다. 우리 아이들은 조부모의 문화로 되돌아가야 한다는 말을 들으면 겁이 날 것이다. 우리 부모님은 손주의 문화에 참여해야 한다고 들으면 겁이 날 것이다. 인간은 자신이 자라고 익숙해진 것을 좋아하는 경향이 있다. 특정한 나이 이후에는 갑작스러운 문화적 변화가 다가오고 있을 때 불안감이 생긴다. 우리 문화는 우리의 정체성과 우리의 입지의 일부이고, 우리는 우리의 정체성과 우리의 입지가 오래가지 못한다

고 생각하고 싶어 하지 않는다.

해설 문화는 정체성과 입지의 일부이고, 사람들은 문화적 변화에 대해 불안감을 느낀다는 내용의 글이므로, 빈칸에 들어갈 말로 가장 적절한 것은 ⑤이다.

오답분석

오답선지	선택비율
① 세대 간 협력을 추구하는	11.9%
② 그들이 경험한 것을 잘 잊어버리는	11.2%
③ 새로운 환경에 빠르게 적응하는	13.5%
④ 자신의 조상이 했던 것을 기억하려고 노력하는	16.0%

④번은 앞을 내다보는 것과 뒤돌아보는 것 모두에 대해 언급한 글의 내용을 놓쳤기 때문에 선택한 거야. 물론 자신의 조상이 했던 것을 기억하려고 노력하는 경향은 익숙한 것을 좇으려는 경향과 결이 같다고 느낄 수 있어. 하지만 지문에서 아이들이 조부모의 문화로 되돌아가야 한다는 말을 들으면 겁을 낼 것이라고 했지? 자신의 앞세대가 했던 것이라고 해서 그것을 좇으려고 하는 게 아니라는 거야. 단지 자기 자신이 자라고 익숙했던 바로 그 세대의 문화를 좋아한다는 의미인 거지.

2

정답 ④

소재 AI 로봇과 보통 로봇의 차이

직독직해

주어
[The basic difference between an AI robot and a normal
AI 로봇과 보통 로봇의 기본적 차이는 /
between A and B: A와 B 사이의

robot] / is the ability of the robot and its software / [to
로봇과 그것의 소프트웨어의 능력이다 /

make decisions, / and learn and adapt to its environment /
결정을 내리고 / 학습하여 환경에 적응하는 /

based on data from its sensors]. // To be a bit more specific, /
센서로부터 얻는 데이터에 기반하여 // 좀 더 구체적으로 말해서 /

the normal robot shows deterministic behaviors. //
보통 로봇은 결정론적인(이미 정해진) 행동을 보인다 //

That is, / for a set of inputs, / the robot will always produce
다시 말해 / 일련의 입력에 대해 / 그 로봇은 항상 똑같은 결과를 만들 것이다 //

the same output. // For instance, / [if faced with the
예를 들어 / 동일한 상황에 직면한다면 /
부사절(조건)
앞에 it(= the robot) is가 생략됨

same situation, / such as running into an obstacle], / then
장애물을 우연히 마주치는 것과 같이 / 그러면

the robot will always do the same thing, / such as go
그 로봇은 항상 똑같은 행동을 할 것이다 / 그 장애물을 왼쪽

around the obstacle to the left. // An AI robot, however, /
으로 돌아서 가는 것과 같이 // 하지만 AI 로봇은 /

can do two things [the normal robot cannot]: / [make
보통 로봇이 할 수 없는 두 가지를 할 수 있다 / 즉 결정
관계절   cannot do

decisions] / and [learn from experience]. // It will adapt to
을 내리는 것 / 그리고 경험으로부터 학습하는 것 // 그것은 환경에 적응할
대등한 연결   an AI robot을 가리킴

circumstances, / and may do something different / [each
것이다 / 그리고 다른 행동을 할 수 있다 / 어떤
부사절(시간)

time a situation is faced]. // The AI robot may try to push
상황에 직면할 때마다 // AI 로봇은 경로에서 장애물을 밀어내려고 할 수

the obstacle out of the way, / or make up a new route, / or
도 있다 / 혹은 새로운 경로를 만들 (수도 있다) /

change goals. //
혹은 목표를 바꾸려고 할 (수도 있다) //

전문 해석 AI 로봇과 보통 로봇의 기본적 차이는 센서로부터 얻는 데이터에 기반하여 결정을 내리고, 학습하여 환경에 적응하는 로봇과 그것의 소프트웨어의 능력이다. (C) 좀 더 구체적으로 말해서 보통 로봇은 결정론적인(이미 정해진) 행동을 보인다. 다시 말해, 일련의 입력에 대해 그 로봇은 항상 똑같은 결과를 만들 것이다. (A) 예를 들어, 장애물을 우연히 마주치는 것과 같이 동일한 상황에 직면한다면 그 로봇은 그 장애물을 왼쪽으로 돌아서 가는 것과 같이 항상 똑같은 행동을 할 것이다. 하지만 AI 로봇은 보통 로봇이 할 수 없는 두 가지, 즉, 결정을 내리고 경험으로부터 학습하는 것을 할 수 있다. (B) 그것은 환경에 적응할 것이고, 어떤 상황에 직면할 때마다 다른 행동을 할 수 있다. AI 로봇은 경로에서 장애물을 밀어내거나 새로운 경로를 만들거나 목표를 바꾸려고 할 수도 있다.

해설 AI 로봇과 보통 로봇의 차이는 데이터에 기반하여 결정을 내리고 학습하여 환경에 적응하는 능력의 차이라는 주어진 문장에 이어, 그 차이에 대해 구체적으로 설명하기 시작하면서 보통 로봇은 일련의 입력에 대해 항상 똑같은 결과를 만든다는 내용의 (C)가 온다. 이에 대한 예시로 장애물을 마주치면 보통 로봇은 항상 똑같은 행동을 한다는 설명의 (A)가 이어지고, (A)의 뒷부분에서 AI 로봇은 결정을 내리고 학습을 할 수 있다고 설명한 후, AI 로봇을 '그것'으로 받아 (B)에서 환경에 적응하고 상황마다 다른 행동을 보이는 AI 로봇의 특징을 설명하는 것이 자연스럽다.

오답분석

오답선지	선택비율
① (A) - (C) - (B)	11.7%
② (B) - (A) - (C)	20.1%
③ (B) - (C) - (A)	12.9%
⑤ (C) - (B) - (A)	7.3%

②번은 (B)의 지시대명사 It이 가리키는 바를 잘못 해석했기 때문에 선택한 거야. (B)가 주어진 문장 바로 뒤에 오려면, 주어진 문장에 It으로 가리킬 수 있는 확실한 명사가 있어야 해. 하지만 주어진 문장에는 AI robot, normal robot, 그리고 둘 모두를 가리킬 수 있는 the robot이라는 명사가 모두 주어져 있어. (B)의 It은 환경에 적응하고 상황에 직면할 때마다 다른 행동을 할 수 있는 능력이 있는 로봇이므로 AI 로봇만을 가리켜야 하는데, 주어진 문장에 바로 이어지기는 어렵겠지?

3

정답 ②

소재 팀원 구성의 기준

직독직해

Most of us have hired many people / based on human
우리 대부분은 많은 사람을 고용해 왔다 / 인적 자원 기준에 근거하여

resources criteria / along with some technical and personal
어떤 전문적인 정보 및 개인 정보와 더불어 /
┌─────관계절   ┌──삽입절
information / [that {the boss thought} was important]. //
사장이 생각하기에 중요한 //
                └→명사절(found의 목적어)
I have found / [that most people like to hire people just
나는 알게 되었다 /   대부분의 사람이 자신과 똑닮은 사람을 고용하고 싶어 한다는 것

like themselves]. // This may have worked in the past, /
을 //   이것이 과거에는 효과가 있었을지도 모른다 /

but today, with interconnected team processes, / we don't
그렇지만 오늘날에는 상호 연결된 팀의 업무 과정으로 인해 /   우리는 전원이
                           ┌──관계절
want all people [who are the same]. // In a team, / some
똑같은 사람이기를 원치 않는다 //   팀 내에서 /   어떤

need to be leaders, / some need to be doers, / some need
사람은 지도자일 필요가 있고 / 어떤 사람은 실행가일 필요가 있으며 / 어떤 사람은

to provide creative strengths, / some need to be inspirers, /
창의적인 역량을 제공할 필요가 있고 /   어떤 사람은 사기를 불어넣는 사람일 필요가

some need to provide imagination, and so on. // In other
있으며 / 어떤 사람은 상상력 등을 제공할 필요가 있다 //   달리 말하자면 /
                                              ┌──관계절
words, / we are looking for a diversified team / [where
우리는 다양화된 팀을 찾고 있다 /   구성원들이
                                              ┌→접속사분사구
members complement one another]. // [When putting
서로를 보완해 주는 //   새로운 팀을 짜거나 팀

together a new team or hiring team members], / we need to
구성원을 고용할 때 /   우리는 각 개인을
                        ┌──── 대등한 연결 ────
look at [each individual] / and [how he or she fits into the
볼 필요가 있다 /   그리고 그 사람이 어떻게 우리의 팀 목적 전반에
   the+비교급 ~, the+비교급 ...: ~할수록 더 …하다 ←┐
whole of our team objective]. // The bigger the team, / the
어울리는지를 (볼 필요가 있다) //   팀이 크면 클수록 /

more possibilities exist for diversity. //
다양해질 가능성이 더욱 더 많이 존재한다 //

전문 해석 우리 대부분은 사장이 생각하기에 중요한 어떤 전문적인 정보 및 개인 정보와 더불어 인적 자원 기준에 근거하여 많은 사람을 고용해 왔다. 나는 대부분의 사람이 자신과 똑 닮은 사람을 고용하고 싶어 한다는 것을 알게 되었다. 이것이 과거에는 효과가 있었을지도 모르지만, 오늘날에는 상호 연결된 팀의 업무 과정으로 인해 우리는 전원이 똑같은 사람이기를 원치 않는다. 팀 내에서 어떤 사람은 지도자일 필요가 있고, 어떤 사람은 실행가일 필요가 있으며, 어떤 사람은 창의적인 역량을 제공할 필요가 있고, 어떤 사람은 사기를 불어넣는 사람일 필요가 있으며, 어떤 사람은 상상력 등을 제공할 필요가 있다는 것이다. 달리 말하자면, 우리는 구성원들이 서로를 보완해 주는 다양화된 팀을 찾고 있다. 새로운 팀을 짜거나 팀 구성원을 고용할 때 우리는 각 개인을 보고 그 사람이 어떻게 우리의 팀 목적 전반에 어울리는지 살펴볼 필요가 있다. 팀이 크면 클수록 다양해질 가능성이 더욱 더 많이 존재한다.

해설 대부분의 사람이 자신과 똑닮은 사람을 고용하고 싶어한다는 것을 알게 되었다는 ②의 앞 내용이 오고, 그렇게 자신과 같은 사람을 고용하는 것이 과거에는 효과가 있었지만 오늘날에는 전원이 똑같은 사람이기를 원하지 않는다는 주어진 문장이 온 후, 팀 내에서 서로 다른 사람들이 서로 다른 역할을 맡는 모습을 부연 설명하는 ② 뒤의 내용이 오는 것이 자연스러우므로, 주어진 문장이 들어가기에 가장 적절한 곳은 ②이다.

오답분석

오답선지	①	③	④	⑤
선택비율	9.6%	24.1%	13.2%	5.4%

③번은 주어진 문장과 ③ 뒤의 내용 연결만을 생각한 나머지 그 앞과의 연결은 놓쳤기 때문에 선택한 거야. 주어진 문장의 뒷부분과 ③ 뒤의 내용은 자연스럽게 연결될 수 있지만, ③ 앞의 내용과 주어진 문장의 앞부분은 연결되지 않아. ③ 앞은 팀 내에서 다양한 사람들이 다양한 역할을 하고 있는 모습에 관한 글이고, 주어진 문장의 앞부분은 그 모습을 '이것'으로 받아 이것이 과거에만 효과가 있었다고 말하고 있거든. 주어진 문장 전체가 자연스럽게 연결될 수 있는 자리를 찾아야 해.

4

정답 ③

소재 운동 시 의류 선택

직독직해
                                    부정사구(~하기 위해) ←┐
Clothing doesn't have to be expensive / [to provide
의류가 비쌀 필요는 없다 /   운동하는 동안
                                              ┌──형용사구
comfort during exercise]. // Select clothing / [appropriate
편안함을 제공하기 위해 //   의류를 선택하라 /   기온과 환경 조건에
                                                           ┌→
for the temperature and environmental conditions / {in
적절한 /
   ┌──관계절   ┌──관계절
which you will be doing exercise}]. // Clothing / [that is
여러분이 운동하고 있을 //   의류는 /   운동과

appropriate for exercise and the season] / can improve
계절에 적절한 /   운동 경험을 향상할

your exercise experience. // In warm environments, /
수 있다 //   따뜻한 환경에서는 /
              ┌──관계절
clothes [that have a wicking capacity] / are helpful in
수분을 흡수하거나 배출할 수 있는 기능을 가진 옷이 /   몸에서 열을 발산하는
                                          ┌→형식상의 주어
dissipating heat from the body. // In contrast, / it is best /
데 도움이 된다 //   반면 /   최선이다 /
┌→ 내용상의 주어
[to face cold environments with layers] / so you can adjust
겹겹이 입어서 추운 환경에 대처하는 것이 /   체온을 조절할 수 있도록
                                              ┌── 대등한 연결 ──
your body temperature / to [avoid sweating] and [remain
여러분의 /   땀을 흘리는 것을 피하고 쾌적한 상태를 유지하기

comfortable]. //
위해 //

전문 해석 운동하는 동안 편안함을 제공하기 위해 의류가 비쌀 필요는 없다. 여러분이 운동하고 있을 기온과 환경 조건에 적절한 의류를 선택하라. 운동과 계절에 적절한 의류는 운동 경험을 향상할 수 있다. 따뜻한 환경에서는 수분을 흡수하거나 배출할 수 있는 기능을 가진 옷이 몸에서 열을 발산하는 데 도움이 된다. 반면, 땀을 흘리는 것을 피하고 쾌적한 상태를 유지하기 위해 체온을 조절할 수 있도록 겹겹이 입어서 추운 환경에 대처하는 것이 최선이다.

해설 (A) the temperature and environmental conditions를 선행사로 하는 관계절로, which 뒤의 문장에서 in이 필요하므로 '전치사+관계대명사'인 in which가 적절하다.
(B) 주어가 clothes이므로 동사 are가 적절하다.
(C) 동사 remain의 보어이므로 형용사 comfortable이 적절하다.

오답선지	선택비율
① which ······ is ······ comfortable	9.6%
② which ······ are ······ comfortable	12.2%
④ in which ······ is ······ comfortably	6.1%
⑤ in which ······ are ······ comfortably	19.5%

⑤번은 동사 remain 뒤에 오는 보어가 형용사여야 함을 알지 못해서 선택한 거야. 우리 말로는 '쾌적하게 유지하다'라고 해석할 수 있어서 부사가 와야 할 것 같지만, you의 상태를 설명해 주는 보어가 오는 자리이기 때문에 형용사 comfortable이 쓰여야 해.

5~6

정답 **5** ③ / **6** ⑤

소재 경쟁과 협력 상황이 그룹 경계에 미치는 영향

직독직해

Researchers brought two groups of 11-year-old boys / to
연구자들은 두 그룹의 11세 소년들을 데려왔다 /

a summer camp at Robbers Cave State Park in Oklahoma. //
Oklahoma에 있는 Robbers Cave 주립 공원의 여름 캠프에 //

The boys were strangers to one another / and upon arrival
그 소년들은 서로 몰랐다 / 그리고 캠프에 도착하자
┌─ The boys를 주어로 함

at the camp, / were randomly separated into two groups. //
마자 / 무작위로 두 그룹으로 나뉘었다 //

The groups were kept apart / for about a week. // They
그 그룹들은 서로 떨어져 있었다 / 약 1주일 동안 // 그들은

swam, camped, and hiked. // Each group chose a name for
수영하고 야영하고, 하이킹을 했다 // 각 그룹은 자기 그룹의 이름을 지었다 /

itself, / and the boys printed their group's name / on their
그리고 소년들은 자신의 그룹 이름을 새겼다 / 모자와

caps and T-shirts. // Then the two groups met. // A series of
티셔츠에 // 그 후 두 그룹이 만났다 // 일련의 운동
┌─ consider+목(the other)+목·보(an enemy)

athletic competitions were set up / between them. // Soon, /
시합이 마련되었다 / 그들 사이에 // 곧 /

each group considered the other an enemy. // Each group
각 그룹은 상대를 적으로 여겼다 // 각 그룹은 상대를

came to look down on the other. // The boys [started food
얕잡아 보게 되었다 // 소년들은 먹을 것을 가지고 싸우기
┌─ 대등한 연결

fights] / and [stole various items from members of the
시작했다 / 그리고 상대 그룹의 구성원으로부터 여러 물건을 훔쳤다 //

other group]. // Thus, / under competitive conditions, / the
그래서 / 경쟁적인 환경에서 /

boys quickly drew sharp group boundaries. //
소년들은 재빨리 뚜렷한 그룹 경계를 그었다 //

The researchers next stopped the athletic competitions /
그런 다음, 연구자들은 운동 시합을 멈추었다 /
┌─ 관계절

and created several apparent emergencies / [whose solution
그리고 몇 가지 비상사태로 보이는 상황을 만들었다 / 그것의 해결에는 두 그룹

required cooperation between the two groups]. // One such
사이의 협력이 필요한 // 그러한 비상사태
┌─ 분사구

emergency involved a leak in the pipe / [supplying water to
중 하나는 파이프가 새는 경우를 포함했다 / 캠프에 물을 공급하는 //
┌─ 분사구

the camp]. // The researchers assigned the boys / to teams
연구자들은 소년들을 배정했다 / 두 그룹의
┌─ 분사구

[made up of members of both groups]. // Their job was /
일원들로 구성된 팀에 // 그들의 임무는 ~이었다 /
┌─ to부정사구(보어)

[to look into the pipe / and fix the leak]. // After engaging
파이프를 조사하고 / 새는 곳을 고치는 것 // 그러한 협력적인 활동

in several such cooperative activities, / the boys started
몇 차례 한 후에 / 소년들은 싸우지 않고 함께
┌─ 부사절(시간)

playing together without fighting. // [Once cooperation
놀기 시작했다 // 일단 협력이 경쟁을 대체하자 /

replaced competition / and the groups ceased to look
그리고 그룹이 서로를 얕잡아 보기를 중단하자 /

down on each other], / group boundaries melted away /
그룹 경계가 사라져 갔다 /
┌─ as ~ as ...: ...만큼 ~하게(한)

as quickly as they had formed. //
형성되었던 것만큼 빠르게 //
└─ group boundaries를 가리킴

전문 해석 연구자들은 두 그룹의 11세 소년들을 Oklahoma에 있는 Robbers Cave 주립 공원의 여름 캠프에 데려왔다. 그 소년들은 서로 몰랐고 캠프에 도착하자마자 무작위로 두 그룹으로 나뉘었다. 그 그룹들은 약 1주일 동안 서로 떨어져 있었다. 그들은 수영하고, 야영하고, 하이킹을 했다. 각 그룹은 자기 그룹의 이름을 지었고, 소년들은 자신의 그룹 이름을 모자와 티셔츠에 새겼다. 그 후 두 그룹이 만났다. 그들 사이에 일련의 운동 시합이 마련되었다. 곧, 각 그룹은 상대를 적으로 여겼다. 각 그룹은 상대를 얕잡아 보게 되었다. 소년들은 먹을 것을 가지고 싸우기 시작하고 상대 그룹의 구성원으로부터 여러 물건을 훔쳤다. 그래서 경쟁적인 환경에서 소년들은 재빨리 뚜렷한 그룹 경계를 그었다.

그런 다음, 연구자들은 운동 시합을 멈추고, 해결에는 두 그룹 사이의 협력이 필요한 몇 가지 비상사태로 보이는 상황을 만들었다. 그러한 비상사태 중 하나는 캠프에 물을 공급하는 파이프가 새는 경우를 포함했다. 연구자들은 소년들을 두 그룹의 일원으로 구성된 팀에 배정했다. 그들의 임무는 파이프를 조사하고 새는 곳을 고치는 것이었다. 그러한 협력적인 활동을 몇 차례 한 후에, 소년들은 싸우지 않고 함께 놀기 시작했다. 일단 협력이 경쟁을 대체하고 그룹들이 서로를 얕잡아 보기를 시작하자(→ 중단하자), 그룹 경계가 형성되었던 것만큼 빠르게 사라져 갔다.

해설 **5** 경쟁 상황에서는 그룹 경계가 뚜렷하게 지어졌지만 협력 상황에서는 그룹 경계가 빠르게 사라졌다는 내용의 글이므로, 제목으로 가장 적절한 것은 ③ '무엇이 그룹 경계를 사라지게 하는가?'이다.

6 경쟁 상태에서는 소년들이 서로의 그룹을 얕잡아 보았다고 했는데, 협력이 경쟁을 대체했다고 하였으므로 소년들은 서로를 얕잡아 보기를 중단했을 것이다. 따라서 ⑤의 started는 ceased와 같은 낱말로 바꾸어야 한다.

오답분석

오답선지	선택비율
5 ① 운동 시합은 어떻게 십 대에게 도움이 되는가?	19.0%
② 대비: 비상사태 예방의 비결	9.5%
④ 팀 내 개인차를 존중하라	12.1%
⑤ 무임승차자: 팀의 골칫거리	3.2%
6 ① (a) 적	9.3%
② (b) 그었다	20.5%
③ (c) 필요로 했다	12.4%
④ (d) 협력적인	13.1%

5 ①번은 첫 문단의 내용만을 대충 읽고 성급히 선택한 거야. 첫 문단에서는 운동 시합에 대한 내용이 나오지만, 경쟁 상태를 만들기 위한 장치일 뿐이고 그것이 십 대에게 도움이 된다는 내용은 나오지 않아. 게다가 두 번째 문단에서는 운동 시합과는 전혀 관계 없는 내용이 나오지. 장문 독해라고 해서 글의 일부만 읽어서는 안 돼.

6 ②번은 해당 문장 시작 단어인 'Thus'가 어떤 내용을 이어주는지를 파악하지 못해서 선택한 거야. 해당 문장 앞에서 각 그룹은 서로를 적으로 여기고 얕잡아 보며 싸움과 절도를 했다고 했지? 그러한 행동은 그룹 경계가 뚜렷해서 내 편과 다른 편이 명확히 나뉘어지게 하잖아. 따라서 해당 문장의 '소년들이 뚜렷한 그룹 경계를 그었다(drew)'라는 내용이 'Thus(그래서)'를 통해서 앞 내용과 이어질 수 있는 거야.

Daily Review Day 18

Vocabulary Check-up

1 (1) anxiety (2) apparent (3) boundary
2 (1) appropriate (2) involves

---

1 (1) anxiety / 연구에 따르면 무력감을 느끼는 사람들이 통제력을 갖지 못할 때, 그들은 불안감과 우울증과 같은 부정적인 감정 상태를 경험한다.

(2) apparent / 그 때 이래로, 널리 효과를 거두는 살충제가 유익한 곤충에 해로운 영향을 미칠 수 있어서 그것이 해충 통제의 효과를 무효화할 수 있으며, 그 지속하는 살충제는 새와 사람 같은, 생태계의 목표 외 생물에게 해를 줄 수 있다는 것이 분명해졌다.

(3) boundary / 그러나 많은 경우에서 좋음과 나쁨의 경계는 시간이 지나면서 변하는 기준점이며 당면한 상황에 의해 결정된다.

2 (1) appropriate / 다른 한편으로 우리는 대량의 비극을 방지하거나 자연재해로부터 잠재적인 손실을 줄이기 위한 적절한 조치를 하지 못할 때가 흔히 있다.

(2) involves / 각각의 선택은 어떤 길이 여러분을 목적지로 데려다줄지에 대한 불확실성을 포함한다.

Grammar Check-up

1 (1) ① be ② to (2) ① where ② bigger
2 ① → whose

---

1 (1) ① be: if절에 과거동사가 쓰였고 맥락상 현재에 대한 가정이므로 주절에 would에 이어서 동사원형 be가 오는 것이 적절하다. ② to: 전치사 to의 목적어가 되는 명사는 선행사를 포함한 관계대명사 what이므로 따로 목적어가 필요하지 않다. 따라서 to가 적절하다.

(2) ① where: 관계사 뒤가 완전한 절이므로 관계사 where이 적절하다.

② bigger: '~할수록 …하다'라는 의미의 'The + 비교급, the + 비교급' 구문이므로 비교급 bigger가 적절하다.

2 ①: 선행사가 several apparent emergencies이고, 관계절의 내용은 그 몇 가지 비상사태의 해결에 협력이 필요했다는 것이므로, 소유격 관계사 whose로 고쳐야 한다.

1 ②	**2** ⑤	**3** ①	**4** ②	**5** ③	**6** ①

1

정답 ②

소재 종에 따른 시야의 차이

직독직해

Interestingly, in nature, / the more powerful species
흥미롭게도 자연에서 / 　　　　더 강한 종은 더 좁은 시야를 가지고 있다 //
　　　　　　　　　　　　　　　　　　between A and B: A와 B 사이의

have a narrower field of vision. // The distinction between
　　　　　　　　　　　　　　　　　포식자와 피식자의 대비는 /
　　　　　　　　　　　　　　　　　첫 문장의 내용

predator and prey / offers a clarifying example of this. //
이에 대한 분명한 예를 제공한다 //
　　　　　　　　　　　　　　　　　　distinguish A from B: A와 B를 구별하다
　　　　　　　　　　　　　　　　　　관계절

The key feature / [that distinguishes predator species from
주요 특징은 / 　　　　포식자 종과 피식자 종을 구별하는 /

prey species] / isn't the presence of claws / or any other
발톱의 존재가 아니다 / 　　　　　　혹은 생물학적 무기
　　　　　　　　　　　분사구

feature [related to biological weaponry]. // The key feature
와 관련된 어떤 다른 특징(의 존재가 아니다) // 　중요한 특징은 '눈의 위치'

is *the position of their eyes.* // Predators evolved / with eyes
이다 // 　　　　　　　　　　포식자는 진화하였다 / 　앞쪽을 향하고
　　　　　　　　　　　　　　　관계절: 앞 절의 내용 부연 설명

facing forward / — [which allows for binocular vision /
있는 눈을 가지도록 / 　　　이것은 양안시(兩眼視)를 허용한다 /
　　　관계절

{that offers accurate depth perception / when pursuing
정확한 거리 감각을 제공하는 / 　　　　　　　사냥감을 쫓을 때 //

prey}]. // Prey, on the other hand, / often have eyes facing
　　　　　피식자는 반면에 / 　　대체로 바깥쪽을 향하는 눈을 가지
　　　　　　　　　　　　　관계절: 앞 절의 내용 부연 설명

outward, / maximizing peripheral vision, / [which allows
고 있다 / 　　주변 시야를 최대화하는 / 　　그런데 이것은
　　　　　　　　　　　　　　　　　　　관계절

the hunted to detect danger / {that may be approaching
사냥당하는 대상이 위험을 감지할 수 있게 한다 / 어떤 각도에서도 접근하고 있을지 모르는 //

from any angle}]. // Consistent with our place at the top of
　　　　　　　먹이 사슬의 꼭대기에 있는 우리의 위치와 일치하여 /
　　　　　　　　　　　　　　　　　　관계절

the food chain, / humans have eyes [that face forward]. //
인간은 앞쪽을 향하는 눈을 가지고 있다 //
　　　　　　　　　　　　　대등한 연결

We have the ability to [gauge depth] and [pursue our
우리는 깊이를 측정하고 목표물들을 추격할 수 있는 능력을 갖추고 있다 /

goals], / but we can also miss important action on our
하지만 또한 우리 주변의 중요한 행동을 놓칠 수도 있다 //

periphery. //

전문 해석 흥미롭게도 자연에서 더 강한 종은 더 좁은 시야를 가지고 있다. 포식자와 피식자의 대비는 이에 대한 분명한 예를 제공한다. 포식자 종과 피식자 종을 구별하는 주요 특징은 발톱이나 생물학적 무기와 관련된 어떤 다른 특징의 존재가 아니다. 중요한 특징은 '눈의 위치'이다. 포식자는 앞쪽을 향하고 있는 눈을 가지도록 진화하였는데, 이것은 사냥감을 쫓을 때 정확한 거리 감각을 제공하는 양안시(兩眼視)를 허용한다. 반면에 피식자는 대체로 주변 시야를 최대화하는 바깥쪽을 향하는 눈을 가지고 있는데, 이것은 어떤 각도에서도 접근하고 있을지 모르는 위험을 사냥당하는 대상이 감지할 수 있게 한다. 먹이 사슬의 꼭대기에 있는 우리의 위치와 일치하여, 인간은 앞쪽을 향하는 눈을 가지고

있다. 우리는 깊이를 측정하고 목표물들을 추격할 수 있는 능력을 갖추고 있지만, 또한 우리 주변의 중요한 행동을 놓칠 수도 있다.

해설 포식자, 즉 더 강한 종은 앞쪽을 향하고 있는 눈을 가졌기 때문에 주변의 행동을 놓칠 수 있고, 반면 피식자는 바깥쪽을 향하는 눈을 가지고 있어서 시야가 넓다는 내용의 글이므로, 빈칸에 들어갈 말로 가장 적절한 것은 ②이다.

오답분석

오답선지	선택비율
① 바깥쪽을 향한 눈은 사냥의 성공과 연결되어 있다	20.2%
③ 인간의 앞을 향한 눈은 그들이 위험을 감지할 수 있도록 한다	15.9%
④ 시력은 약한 종의 멸종과 밀접한 관련이 있다	15.9%
⑤ 동물은 자신의 종의 구성원들을 식별하기 위해 시력을 사용한다	9.7%

①번은 글의 핵심적인 주제를 파악하지 못했기 때문에 선택한 거야. 피식자의 눈은 바깥쪽을 향해 있고, 그 덕분에 사냥당하는 위험을 감지할 수 있으므로 포식자 사냥의 성공률을 낮추는 역할을 할 수는 있을 거야. 하지만 빈칸 뒤의 문장에서 그 앞의 내용은 포식자와 피식자의 대비를 통해 알 수 있는 것이라고 했으니까, 포식자와 피식자를 구별하는 중요한 특징에 대한 내용이 빈칸에 들어가야 함을 알 수 있어.

2

정답 ⑤

소재 토론과 논쟁

직독직해

　　　　　　　　　관계절
The way [we communicate] / influences our ability /
우리가 의사소통하는 방식은 / 　　우리의 능력에 영향을 미친다 /

to build strong and healthy communities. // Traditional
강하고 건강한 공동체를 만드는 // 　　　　　　공동체를 만드는

ways of building communities / have emphasized debate
전통적인 방식은 / 　　　　　　　　토론과 논쟁을 강조해 왔다 //

and argument. // For example, / the United States has a
　　　　　　예를 들어 / 　　　미국은 타운홀 미팅을 활용하는 확고한
　　　　　　　　　　　　　　　to부정사구(~하기 위해)

strong tradition of using town hall meetings / [to deliberate
전통을 갖고 있다 / 　　　　　　　　　공동체 내의 중요한

important issues within communities]. // In these settings, /
쟁점들을 숙고하기 위해 // 　　　　　이러한 환경에서 /
　　　　　　　　　　　　　　　　주어의 핵(복수명사)　　　동사

advocates for each side of the issue / present arguments
쟁점의 각 입장에 있는 옹호자들이 / 　자신의 입장에 대한 논거들을
　　　　　　　　　　　　　　현재완료 수동태

for their positions, / and public issues have been discussed /
제시한다 / 　　　　그리고 공공의 쟁점들이 논의되었다 /
　　　　　　　　　　　　　　　　　　to부정사구의 의미상 주어

in such public forums. // Yet for debate and argument to
그러한 공개적인 토론회에서 // 　그러나 토론과 논쟁이 효력을 잘 발휘하기 위해서는 /

work well, / people need to come to such forums / with
　　　　사람들이 그러한 토론회에 올 필요가 있다 /

similar assumptions and values. // The shared assumptions
비슷한 가정과 가치를 가지고 // 　　공유된 가정과 가치가 역할을 한다

and values serve / as a foundation for the discussion. //
　　　　　　　　　논의를 위한 기반으로서 //

However, / as society becomes more diverse, / the
하지만 / 사회가 더욱 다양해짐에 따라 /
┌─ 동격 ─┐
likelihood [that people share assumptions and values]
사람들이 가정과 가치를 공유할 가능성은 줄어든다 //
┌─ 동사(주어: the likelihood)
diminishes. // As a result, / forms of communication such
결과적으로 / 논쟁과 토론 같은 의사소통의 형태는 /
┌─ 관계절: 앞 절의 내용 부연 설명 ←
as argument and debate / become polarized, / [which may
양극화된다 / 이것은 공동체를
as opposed to ~: ~이 아니라 ─┐   communities를 가리킴 ─┐
drive communities apart / as opposed to bringing them
멀어지도록 몰아갈 수 있다 / 결합하는 것이 아니라 //
together]. //

전문 해석 우리가 의사소통하는 방식은 강하고 건강한 공동체를 만드는 우리의 능력에 영향을 미친다. 공동체를 만드는 전통적인 방식은 토론과 논쟁을 강조해 왔다. 예를 들어, 미국은 공동체 내의 중요한 쟁점들을 숙고하기 위해 타운홀 미팅을 활용하는 확고한 전통을 갖고 있다. 이러한 환경에서 쟁점의 각 입장에 있는 옹호자들이 자신의 입장에 대한 논거들을 제시하고, 공공의 쟁점들이 그러한 공개적인 토론회에서 논의되었다. 그러나 토론과 논쟁이 효력을 잘 발휘하기 위해서는 사람들이 비슷한 가정과 가치를 가지고 그러한 토론회에 올 필요가 있다. 공유된 가정과 가치가 논의를 위한 기반의 역할을 한다. 하지만 사회가 더욱 다양해짐에 따라, 사람들이 가정과 가치를 공유할 가능성은 줄어든다. 결과적으로 논쟁과 토론 같은 의사소통의 형태는 양극화되고, 이것은 공동체를 결합하는 것이 아니라 멀어지도록 몰아갈 수 있다.

해설 주어진 문장은 사회가 다양해짐에 따라 사람들이 가정과 가치를 공유할 가능성이 줄어든다는 내용이 역접으로 시작한다. 이에 이 문장 바로 앞에는 토론과 논쟁이라는 전통적인 방식은 사람들이 비슷한 가정과 가치를 가질 때 효과가 있으며 그때 공유된 가정과 가치가 논의를 위한 기반의 역할을 한다는 ⑤의 앞 내용이 와야 하고, 그 뒤에 주어진 문장이 온 후, 그 결과 논쟁과 토론이 양극화되고 공동체를 분열시킬 수 있다고 설명하는 ⑤ 뒤의 내용이 오는 것이 자연스러우므로, 주어진 문장이 들어가기에 가장 적절한 곳은 ⑤이다.

오답분석

오답선지	①	②	③	④
선택비율	6.5%	12.1%	20.7%	30.6%

④번은 주어진 문장이 들어갔을 때 ④ 뒤에서 일어나는 논리적 비약을 놓쳤기 때문에 선택한 거야. 주어진 문장이 ④에 들어가게 되면, ④ 뒤의 문장인 '공유된 가정과 가치가 논의를 위한 기반의 역할을 한다'와 그 뒤의 '결과적으로 의사소통의 형태가 양극화되고 공동체를 멀어지도록 몰아갈 수 있다'라는 문장이 연결되어야 하는데, 두 내용은 원인과 결과가 아니기 때문에 '결과적으로'를 통해 연결하기 어렵겠지? 주어진 문장을 넣고 난 뒤에는 나머지 부분에서 흐름상 어색한 곳이 없는지 체크해 보자.

3

정답 ①

소재 스포츠 경기의 특성에 따른 마케팅 전략

직독직해

We cannot predict the outcomes of sporting contests, /
우리는 스포츠 경기의 결과를 예측할 수 없다 /

┌─ 관계절: the outcomes of sporting contests를 부연 설명
[which vary from week to week]. // This heterogeneity
그런데 이것은 매주 달라진다 // 이러한 이질성이 스포츠의
┌─ It ~ that ...: …하는 것은 바로 ~이다(강조 구문)
is a feature of sport. // It is [the uncertainty of the result
특징이다 // 바로 그 결과의 불확실성과 경기의 수준이다
강조하고자 하는 내용 ─┘
and the quality of the contest] / that consumers find
소비자들이 매력적으로 여기는 것
attractive. // For the sport marketer, / this is problematic, /
은 // 스포츠 마케팅 담당자에게 있어 / 이것은 문제가 된다 /
┌─ 부사절(이유)
[as {the quality of the contest cannot be guaranteed}, / {no
왜냐하면 경기의 수준이 보장될 수 없고 / 대등한 연결
promises can be made / in relations to the result} / and {no
어떠한 약속도 할 수 없으며 / (경기의) 결과와 관련하여 / 어떠한 확신도
assurances can be given / in respect of the performance of
주어질 수 없기 때문에 / 스타 선수의 경기력에 대해 //
star players}]. // Unlike consumer products, / sport cannot
소비재와 다르게 / 스포츠는 일관성을
and does not display consistency / as a key feature of
보여 줄 수도 없고 보여 주지도 않는다 / 마케팅 전략의 중요한 특징으로 //
marketing strategies. // The sport marketer therefore /
따라서 스포츠 마케팅 담당자는 / must
┌─ 분사구
avoid marketing strategies / [based solely on winning], /
마케팅 전략을 피해야 한다 / 순전히 승리에만 기반한 /
and must instead focus on developing product extensions /
그리고 그 대신에 제품 확장 개발에 집중해야만 한다 /
such as the facility, parking, merchandise, souvenirs, food
시설, 주차, 상품, 기념품, 식음료와 같은 /
┌─ A rather than B: B보다는 A
and beverages / rather than on the core product / (that is,
핵심 제품보다는 / (즉, 시합 그
the game itself). //
자체) //

전문 해석 우리는 스포츠 경기의 결과를 예측할 수 없는데, 이것은 매주 달라진다. 이러한 이질성이 스포츠의 특징이다. 바로 그 결과의 불확실성과 경기의 수준을 소비자들은 매력적으로 여긴다. 스포츠 마케팅 담당자에게 있어, 이것은 문제가 되는데, 왜냐하면 이는 경기의 수준이 보장될 수 없고, (경기의) 결과와 관련하여 어떠한 약속도 할 수 없으며 스타 선수의 경기력에 대해 어떠한 확신도 주어질 수 없기 때문이다. 소비재와 다르게, 스포츠는 마케팅 전략의 중요한 특징으로 일관성을 보여 줄 수도 없고 보여 주지도 않는다. 따라서 스포츠 마케팅 담당자는 순전히 승리에만 기반한 마케팅 전략을 피해야 하고, 그 대신 핵심 제품(즉, 시합 그 자체)보다는 시설, 주차, 상품, 기념품, 식음료와 같은 제품 확장 개발에 집중해야만 한다.

→ 스포츠는 불확실하다는 본질적 속성을 갖고 있는데, 이것은 그것의 마케팅 전략이 단지 스포츠 경기보다는 상품과 서비스를 특징으로 삼도록 요구한다.

해설 스포츠 경기 결과의 불확실성 때문에 마케팅 전략 마련 시 시합 그 자체보다는 제품이나 서비스에 집중해야 한다고 하였으므로, 요약문의 빈칸 (A)와 (B)에 각각 들어갈 말로 가장 적절한 것은 ① '불확실한 – 특징으로 삼도록'이다.

오답분석

오답선지	선택비율
② 불확실한 …… 배제하도록	14.7%
③ 위험한 …… 무시하도록	6.2%
④ 일관된 …… 관여시키도록	19.3%
⑤ 일관된 …… 홍보하도록	18.6%

④번은 지문에 있는 consistency라는 단어를 보고 추측했기 때문에 선택한 거야. 하지만 지문에서는 'does not display consistency'라고 일관성을 부정했고, uncertainty, cannot be guaranteed, no promises, no assurances 등의 표현을 통해 스포츠의 불확실성에 대해 계속 강조하고 있어. 이처럼 서로 다른 표현을 통해 주제가 반복되는 경우가 많으니까, 비슷한 단어만 보고 선택지를 고르는 실수는 하지 말아야겠지?

4

정답 ②

소재 완전한 규칙성과 완전한 무질서

직독직해

We notice repetition among confusion, / and the
우리는 혼돈 속에서 반복을 알아차린다 / 그리고 그

opposite: / we notice a break in a repetitive pattern. // But
반대를 / 즉 반복적인 패턴에서의 단절을 알아차린다 //

how do these arrangements make us feel? // And what
그러나 이러한 배열들은 우리가 어떻게 느끼도록 만들까 // 그리고 '완전한'
[사역동사(make)+목(us)+목·보(feel)]

about "perfect" regularity and "perfect" chaos? // Some
규칙성과 '완전한' 무질서는 어떨까 // 어느 정도
[수여동사(gives)+간접목적어(us)+직접목적어(a sense of security)]

repetition gives us a sense of security, / in that we know
의 반복은 우리에게 안정감을 준다 / 우리가 다음에 무엇이 올지
[명사절(know의 목적어)]

[what is coming next]. // We like some predictability. //
안다는 점에서 // 우리는 어느 정도의 예측 가능성을 좋아한다 //

We arrange our lives / in largely repetitive schedules. //
우리는 우리 생활을 배열한다 / 대체로 반복적인 스케줄 속에 //
[주어의 핵(단수명사)] [동사]

Randomness, in organization or in events, / is more
조직에서 또는 행사에서 임의성은 / 더 힘들고

challenging and more frightening / for most of us. // With
더 무섭다 / 우리 대부분에게 // '완전한'
[동명사구(by의 목적어)]

"perfect" chaos / we are frustrated / by [having to adapt
무질서로 인해 / 우리는 좌절한다 / 몇 번이고 적응하고 대응해야만
[대등한 연결]

and react again and again]. // But "perfect" regularity
하는 것에 // 그러나 '완전한' 규칙성은 아마도 그것의
[비교급 수식: 훨씬~] [비교급+than]

is perhaps even more horrifying in its monotony / than
단조로움에 있어서 훨씬 더 끔찍할 것이다 /
['perfect' regularity를 가리킴]

randomness is. // It implies a cold, unfeeling, mechanical
임의성보다 // 그것은 차갑고 냉혹하며 기계 같은 특성을 내포한다 //

quality. // Such perfect order does not exist in nature; /
그러한 완전한 질서가 자연에는 존재하지 않으며 /
[분사구]

there are too many forces [working against each other]. //
서로 대항하여 작용하는 힘이 너무 많다 //

Either extreme, therefore, / feels threatening. //
그러므로 어느 한쪽의 극단은 / 위협적으로 느껴진다 //

전문 해석 우리는 혼돈 속에서 반복을 알아차리고 그 반대, 즉 반복적인 패턴에서의 단절을 알아차린다. 그러나 이러한 배열들이 우리로 하여금 어떻게 느끼도록 만들까? 그리고 '완전한' 규칙성과 '완전한' 무질서는 어떨까? 어느 정도의 반복은 우리가 다음에 무엇이 올지 안다는 점에서 우리에게 안정감을 준다. 우리는 어느 정도의 예측 가능성을 좋아한다. 우리는 대체로 반복적인 스케

줄 속에 우리 생활을 배열한다. 조직에서 또는 행사에서 임의성은 우리 대부분에게 더 힘들고 더 무섭다. '완전한' 무질서로 인해 우리는 몇 번이고 적응하고 대응해야만 하는 것에 좌절한다. 그러나 '완전한' 규칙성은 아마도 그것의 단조로움에 있어서 임의성보다 훨씬 더 끔찍할 것이다. 그것은 차갑고 냉혹하며 기계 같은 특성을 내포한다. 그러한 완전한 질서가 자연에는 존재하지 않으며 서로 대항하여 작용하는 힘이 너무 많다. 그러므로 어느 한쪽의 극단은 위협적으로 느껴진다.

해설 (A) 어느 정도의 반복은 우리가 다음에 무엇이 올지 안다는 점에서 안정감을 준다고 했으므로, 우리는 어느 정도의 '예측 가능성(predictability)'을 좋아할 것이다. unpredictability는 '예측 불가능성'이라는 뜻이다.

(B) 임의성은 더 힘들고 더 무섭다고 했으므로, 완전한 무질서로 인해 몇 번이고 적응하고 대응해야 하면 '좌절을 느끼는(frustrated)' 상태가 될 것이다. excited는 '신나는'이라는 뜻이다.

(C) 완전한 규칙성은 그 단조로움이 끔찍하다고 했으므로, 차갑고 냉혹하며 기계 같은 특성을 '내포하고(implies)' 있을 것이다. denies는 '부인하다'는 뜻이다.

오답분석

오답선지			선택비율
① 예측 가능성 …… 신나는 …… 부인하다			14.2%
③ 예측 가능성 …… 좌절하는 …… 부인하다			20.1%
④ 예측 불가능성 …… 신나는 …… 내포하다			6.8%
⑤ 예측 불가능성 …… 좌절하는 …… 내포하다			3.0%

③번은 (C)의 완전한 규칙성이 가지는 단조로움의 특성을 이해하지 못해서 선택한 거야. 상식적으로 단조로움이라는 특징 자체가 기계 같은 특성을 내포하고 있어. 또한 그 뒷 문장에서 완전한 질서가 자연에는 존재하지 않으며 서로 대항하여 작용하는 힘이 너무 많다고 했는데, 만약 대항하는 힘이 없다면 일정한 규칙으로만 움직일 것이고, 완전한 질서가 이루어질 것인데, 그건 마치 기계 같지 않을까? 따라서 완전한 질서는 차갑고 냉혹하며 기계 같은 특성을 내포한다고 볼 수 있지.

5~6

정답 5 ③ / 6 ①

소재 식물의 화학 물질 생성

직독직해

Plants are nature's alchemists; / they are expert / at
식물들은 자연의 연금술사들이다 / 그것들은 전문적이다 /
[transform A into B: A를 B로 바꾸다]

transforming water, soil, and sunlight into an array of
물, 토양, 그리고 햇빛을 다수의 귀한 물질들로 바꾸는 데 //

precious substances. // Many of these substances are
이 물질들 중 상당수는 인간의 능력을 넘어선다 /
[부사절(시간)]

beyond the ability of human beings / to conceive. // [While
상상할 수 있는 // 우리가
[대등한 연결]

we were {perfecting consciousness} and {learning to
의식을 완성해 가고 두 발로 걷는 것을 배우는 동안 /

walk on two feet}], / they were, / by the same process
그것들은 / 자연 선택의 동일한 과정에 의해 /

of natural selection, / [inventing photosynthesis / (the
광합성을 발명하고 있었다 /

astonishing trick of converting sunlight into food)] / and
햇빛을 식량으로 전환하는 놀라운 비결인 /
대등한 연결

[perfecting organic chemistry]. // As it turns out, / many
그리고 유기 화학을 완성하고 있었다 // 밝혀진 것처럼 / 화학과

of the plants' discoveries in chemistry and physics /
물리학에서 식물들이 발견한 것 중 상당수가

have served us well. // From plants / come / [chemical
우리에게 매우 도움이 되어 왔다 // 식물들로부터 / 나온다 / 영양분을 공급
전치사구 + 동사 + 주어(도치)
관계절

compounds {that nourish and heal and delight the
하고 치료하고 감각을 즐겁게 하는 화합물들이 //

senses}]. //

Why would they go to all this trouble? // Why should
왜 그것들은 이 모든 수고를 할까 // 왜 식물들은 제조법

plants bother to [devise the recipes / for so many complex
을 고안해 내는 것에 애를 쓰는가 / 그렇게나 많은 복합 분자들의
대등한 연결 분사구

molecules] / and then [expend the energy {needed to
그런 다음에 그것들을 제조하는 데 필요한 에너지를 쏟는 것에 (애를
관계절: 앞 절의 내용을 부연 설명

manufacture them}]? // Plants can't move, / [which
쓰는가 // 식물들은 움직일 수 없는데 / 이는 의미
명사절(means의 목적어) 관계절

means / {they can't escape the creatures (that feed on
한다 / 그것들이 (그것들을 먹이로 하는) 생물체로부터 도망갈 수 없다는 것을 //
plants를 가리킴 관계절

them)}]. // A great many of the chemicals [plants produce]
식물들이 생산해 내는 아주 많은 화학 물질들은 고안되었다 /
compel+목적어+to부정사: ~가 …하도록 강제하다

are designed, / by natural selection, / to compel other
자연 선택에 의해 / 다른 생물체가 식물들을

creatures to leave them alone: / deadly poisons, / foul
내버려 두도록 강제하려고 / 치명적인 독 / 역겨운

flavors, / toxins to confuse the minds of predators. //
맛 / 포식자의 정신을 혼란스럽게 하는 독소와 같이 //
대등한 연결

Plants also can't [change location] / or [extend their
식물들은 또한 위치를 바꿀 수 없다 / 혹은 그것들의 번식 범위를

reproductive range] / without help. // Many other of the
확장할 수 없다 / 도움 없이 // 식물들이 만드는 상당수의
관계절

substances [plants make] draw / other creatures to them /
다른 물질들은 끌어당긴다 / 다른 생물체들을 식물들 쪽으로 /
It ~ that …: …하는 것은 바로 ~이다(강조 구문)

by stirring and gratifying their desire. // It is [this fact of
그것들의 욕구를 자극하고 충족시켜줌으로써 // 바로 식물들의 부동성
강조하는 내용

plants' immobility] / that causes them to make chemicals. //
(不動性)이라는 이러한 사실이다 / 그것들로 하여금 화학 물질을 만들도록 하는 것이 //

전문 해석 식물들은 자연의 연금술사들이고, 그것들은 물, 토양, 그리고 햇빛을 다수의 귀한 물질들로 바꾸는 데 전문적이다. 이 물질들 중 상당수는 인간이 상상할 수 있는 능력을 넘어선다. 우리가 의식을 완성해 가고 두 발로 걷는 것을 배우는 동안 그것들은 자연 선택의 동일한 과정에 의해 광합성(햇빛을 식량으로 전환하는 놀라운 비결)을 발명하고 유기 화학을 완성하고 있었다. 밝혀진 것처럼, 화학과 물리학에서 식물들이 발견한 것 중 상당수가 우리에게 매우 도움이 되어 왔다. 영양분을 공급하고 치료하고 감각을 즐겁게 하는 화합물들이 식물들로부터 나온다.

왜 그것들은 이 모든 수고를 할까? 왜 식물들은 그렇게나 많은 복합 분자들의 제조법을 고안해 내고 그런 다음에 그것들을 제조하는 데 필요한 에너지를 쏟는 것에 애를 쓰는가? 식물들은 움직일 수 없는데, 이는 그것들이 그것들을 먹이로 하는 생물체로부터 도망갈 수 없다는 것을 의미한다. 치명적 독, 역겨운

맛, 포식자의 정신을 혼란스럽게 하는 독소와 같이 식물들이 생산해 내는 아주 많은 화학 물질들은 다른 생물체가 식물들을 내버려 두도록 강제하려고 자연 선택에 의해 고안되었다. 식물들은 또한 위치를 바꾸거나 도움 없이 그것들의 번식 범위를 확장할 수 없다. 식물들이 만드는 상당수의 다른 물질들은 다른 생물체의 욕구를 자극하고 충족시켜줌으로써 그것을 식물들 쪽으로 끌어당긴다. 바로 식물들의 부동성(不動性)이라는 이러한 사실이 그것들로 하여금 화학 물질을 만들도록 한다.

해설 5 식물은 자연의 연금술사로 화학 물질을 만드는 데 전문적인 역할을 하는데, 그 이유는 식물이 포식자로부터 도망갈 수 없고 움직이면서 번식 범위를 확장할 수 없기 때문이라는 내용의 글이므로, 제목으로 가장 적절한 것은 ③ '식물은 어떻게 자연의 화학 물질 생산자가 되었는가'이다.

6 빈칸에 들어갈 말로 식물이 화학 물질을 만드는 이유를 찾아야 하는데, 두 번째 문단에서 식물이 자신을 잡아 먹으려는 생물체로부터 도망갈 수 없기 때문에 독소 따위의 화학 물질을 생산하여 다른 생물체가 자신을 내버려 두도록 만든다고 하였다. 또한 스스로 위치를 바꾸어 번식 범위를 확장할 수 없어서, 화학 물질을 통해 다른 생물체를 자신 쪽으로 끌어당긴다고 하였으므로, 빈칸에 들어갈 말로 가장 적절한 것은 ①이다.

오답분석

오답선지	선택비율
5 ① 식물이 생존하기 위해 광합성이 필요한 이유는 무엇인가	16.5%
② 새로운 화학물질로 원하지 않는 식물을 관리하라	8.4%
④ 적응은 식물에게 있어 필수가 아니라 선택이다	5.4%
⑤ 식물과 동물 사이의 끊임없는 생존 게임	3.3%
6 ② 조급함	15.8%
③ 고립	21.7%
④ 희생	14.7%
⑤ 희소성	8.0%

5 ①번은 첫 문단에 제시된 광합성에만 집중했기 때문에 선택한 거야. 첫 문단에서 식물이 광합성을 해서 햇빛을 식량으로 전환한다는 내용이 나오기는 하지만, 그 광합성이 생존에 왜 필요한지에 대한 이유가 설명되어 있지는 않아. 게다가 두 번째 문단은 광합성 자체와는 상관없는 내용이지. 제목은 두 문단 모두의 내용을 포함해야 한다는 것을 기억해.

6 ③번은 '고립'이라는 단어가 주는 어감 때문에 선택한 거야. 하지만 빈칸이 있는 문장을 자세히 해석해 보자. 식물들은 자신이 어떤 성질을 가졌다는 사실 때문에 화학 물질을 생산한다는 문장이야. 즉, 식물에 내포되어 있는 어떤 성질을 찾아야 하는 것인데, 이 지문에는 식물이 다른 생물체로부터 떨어져서 고립된 상태라던가 하는 내용은 없어. 오히려 다른 포식자 생물의 접근을 막고 싶어 한다는 내용은 있지만 말이야. 게다가 Plants can't move, Plants also can't change location 등으로 빈칸에 대한 직접적인 힌트를 반복해서 주고 있지. 글에서 가장 명확하게 드러난 근거를 찾는 게 중요해.

Daily Review Day ⑲

Vocabulary Check-up

1 (1) distinction (2) consistent (3) convert
2 (1) substances (2) notice

1 (1) distinction / 진정으로 혼자 작업하는 디자이너와 그룹에서 작업하는 디자이너를 <u>구분</u>해야 한다.

(2) consistent / 여러분은 평소에 행동하는 방식과 <u>일치하지</u> 않는 행동을 보였을 가능성이 높다.

(3) convert / 그것들은 태양과 바람과 같은 무료 천연자원을 우리의 삶에 연료를 공급하는 힘으로 <u>전환하는</u> 것을 돕는다.

2 (1) substances / 게다가 열처리 및 다른 물질의 첨가에 의해 물질의 특성이 변경될 수 있다는 것이 발견되었다.

(2) notice / 우리는 그러한 문화적 규범이 우리가 상식, 좋은 판단 또는 사물의 본질이라고 생각하는 것을 위반할 때까지 <u>알아차리지</u> 못하는 경향이 있다.

===== Grammar Check-up =====

1 (1) ① present ② been discussed (2) ① frustrated ② is
2 ③ → draw

---

1 (1) ① present: 주어의 핵이 복수명사 advocates이므로 동사 present가 적절하다.
② been discussed: 주어인 public issues는 논의되는 대상이므로 수동형인 been discussed가 적절하다.

(2) ① frustrated: 맥락상 주어인 '우리'는 좌절감을 느끼는 대상이므로, 수동의 과거분사 frustrated가 적절하다.
② is: 비교의 대상인 "perfect" regularity 뒤에 be동사 is가 쓰여 끔찍함의 정도를 비교하고 있으므로, 같은 be동사 is가 적절하다.

2 ③: 주어가 Many other of the substances plants make이고, other creatures를 목적어로 하는 동사가 필요하므로, drawing을 일반동사 draw로 고쳐야 한다.

---

1 ④	**2** ④	**3** ③	**4** ④	**5** ①	**6** ⑤

1

정답 ④

소재 재미있는 사람이 되기 위한 방법

직독직해

How funny are you? // [While some people are natural
당신은 얼마나 재미있는가 //　　어떤 사람들은 타고난 익살꾼이지만
humorists], / [being funny] is a set of skills / [that can be
재미있다는 것은 일련의 기술이다 /　　배울 수도 있는 //
learned]. // Exceptionally funny people don't depend /
뛰어나게 웃긴 사람들은 의지하지 않는다 /
upon their memory / [to keep track of everything / {they
그들의 기억력에 /　모든 것을 기억하기 위해 /　그들이
find funny}]. // In the olden days, / great comedians carried
재있다고 생각하는 //　예전에는 /　위대한 코미디언들은 공책들을 가지고
notebooks / [to write down funny thoughts or observations]
다녔다 /　재미있는 생각이나 관찰들을 적기 위한 /
and scrapbooks / for news clippings / [that struck them
그리고 스크랩북을 /　오려 낸 기사들을 위한 /　자신들에게 재미있다는
as funny]. // Today, / you can do that easily / with your
생각이 들게 만든 //　오늘날 /　당신은 그것을 쉽게 할수 있다 /　스마트폰으로 //
smartphone. // [If you have a funny thought], / record it /
　　　만약 당신이 재미있는 생각이 있다면 /　그것을 기록해라 /
as an audio note. // [If you read a funny article], / save the
음성기록으로 //　만약 당신이 재미있는 기사를 읽는다면 /　그 링크를
link in your bookmarks. // The world is a funny place / and
당신의 북마크에 저장해라 //　세상은 재미있는 장소이다 /
your existence within it / is probably funnier. // [Accepting
그리고 그 속에서 당신의 존재는 /　아마도 더 재미있을 것이다 //　그 사실을 받아
that fact] / is a blessing / [that gives you everything / {you
들이는 것은 /　축복이다 /　당신에게 모든 것을 주는 /　당신이
need / to see humor and craft stories / on a daily basis}]. //
필요한 /　재미있는 점을 발견하고 이야기를 지어내기 위해 /　매일 //
All [you have to do] / is [document them] / and then [tell
당신이 해야 하는 모든 것은 /　그것들을 기록하는 것이다 /　그리고 그 다음에
someone]. //
누군가에게 말하는 것(이다) //

전문 해석 당신은 얼마나 재미있는가? 어떤 사람들은 타고난 익살꾼이지만, 재미있다는 것은 배울 수도 있는 일련의 기술들이다. 뛰어나게 웃긴 사람들은 그들이 재미있다고 생각하는 모든 것을 기억하기 위해 그들의 기억력에 의존하지 않는다. 예전에는, 위대한 코미디언들은 재미있는 생각이나 관찰들을 적기 위한 공책들과 자신들에게 재미있다는 생각이 들게 만든 오려 낸 뉴스 기사들을 위한 스크랩북을 가지고 다녔다. 오늘날 당신은 스마트폰으로 그것을 쉽게 할 수 있다. 만약 당신이 재미있는 생각이 있다면, 음성 기록으로 그것을 녹음해라. 만약 당신이 재미있는 기사를 읽는다면, 그 링크를 당신의 북마크에 저장해라. 세상은 재미있는 장소이고, 그 속에서 당신의 존재는 아마도 더 재미있을 것이다. 그 사실을 받아들이는 것은 매일 당신이 재미있는 점을 발견하고 이야기를 지어내기 위해 필요한 모든 것을 당신에게 주는 축복이다. 당신이 해야

하는 모든 것은 그것들을 기록하고 그 다음 누군가에게 말하는 것이다.

해설 재미있는 것이 노력에 의한 기술일 수 있다고 하면서 그것을 위한 방법을 설명하고 있는 글이다. 예전의 코미디언들이 재미있는 생각, 기사들을 공책이나 스크랩북에 기록했듯이 오늘날에는 스마트폰을 이용해 기록을 남길 수 있다고 했으므로, 빈칸에 들어갈 말로 가장 적절한 것은 ④이다.

오답분석

오답선지	선택비율
① 신기술을 멀리하는 것	9.9%
② 위험을 무릅쓰고 스스로 도전하는 것	7.7%
③ 친절한 사람들을 당신 가까이에 두는 것	14.8%
⑤ 직장에서의 대인 관계를 개선하는 것	10.5%

③번을 택한 학생들은, 글의 앞부분의 내용을 제대로 파악하지 못한 채 마지막 부분에서 세상이 재미있는 장소라고 한 말이나 축복(blessing)이라는 어휘 등이 나온 것을 보고 대인 관계에 관한 내용으로 막연하게 추측한 것 같아. 하지만 글에는 친절한 사람을 가까이 두는 것에 관한 내용은 전혀 언급되지 않았어.

2

정답 ④

소재 가정하는 것의 이점

직독직해

[If you ask a physicist / {how long it would take a
만약 당신이 물리학자에게 묻는다면 / 구슬이 떨어지는 데 시간이 얼마나 걸리는지 /

marble to fall / from the top of a ten-story building}], / he
10층 건물의 꼭대기에서 /

will likely answer the question / by assuming / [that the
그는 그 질문에 답할 가능성이 있다 / 가정함으로써 / 그 구슬이

marble falls / in a vacuum]. // In reality, / the building is
떨어진다고 / 진공상태에서 // 실제로 / 건물은 공기로 둘러싸여

surrounded by air, / [which {applies friction / to the falling
있다 / (그런데) 그것이 마찰을 가한다 / 떨어지는 구슬에 /

marble} / and {slows it down}]. // Yet the physicist will
그리고 그것의 속도를 떨어뜨린다 // 그러나 물리학자는 지적할 것이

point out / [that the friction on the marble / is so small /
다 / 구슬에 가해지는 마찰이 / 너무 작아서 /

that its effect is negligible]. // [Assuming / {the marble
그것의 효과는 무시할 수 있다는 것을 // 가정하는 것은 / 구슬이 진공상태

falls in a vacuum}] / simplifies the problem / [without
에서 떨어진다고 / 그 문제를 단순화시킨다 / 그 답에 큰

substantially affecting the answer]. // Economists make
영향을 주지 않고 // 경제학자들은 가정을 한다 /

assumptions / for the same reason: / Assumptions can
같은 이유로 / 가정은 복잡한 세상을 단순화

[simplify the complex world] / and [make it easier to
시킬 수 있다 / 그리고 그것을 이해하기 더 쉽게 만든

understand]. // [To study the effects / of international
수 있다 // 효과를 연구하기 위해 / 국제 무역의 /

trade], / for example, / we might assume / [that the world
예를 들어 / 우리는 가정할 수 있다 / 세상이 구성되었고 /

consists / of only two countries] / and [that each country
단지 두 개의 국가로만 / 그리고 각각의 국가들이 생산한다 /

produces / only two goods]. // [By doing so], / we can focus
단지 두 개의 상품만을 // 그렇게 함으로써 / 우리는 우리의 사고를

our thinking / on the essence of the problem. // Thus,
집중시킬 수 있다 / 문제의 본질에 // 그러므로

we are [in a better position] / [to understand international
우리는 더 나은 위치에 있게 된다 / 국제 무역을 이해하는 /

trade / in the complex world]. //
복잡한 세상에서 //

전문 해석 만약 당신이 10층 건물의 꼭대기에서 구슬이 떨어지는 데 시간이 얼마나 걸리는지 물리학자에게 묻는다면, 그는 진공상태에서 구슬이 떨어지는 것을 가정함으로써 그 질문에 답할 가능성이 있다. 실제로 건물은 공기로 둘러싸여 있는데, 그것이 떨어지는 구슬에 마찰을 가하며 속도를 떨어뜨린다. 그러나 그 물리학자는 구슬에 가해지는 마찰이 너무 작아서 그것의 효과는 무시할 수 있다는 점을 지적할 것이다. 구슬이 진공상태에서 떨어진다고 가정하는 것은 그 답에 큰 영향을 주지 않고 그 문제를 단순화한다. 경제학자들도 같은 이유로 가정을 한다. 가정은 복잡한 세상을 단순화하고 그것을 이해하기 더 쉽게 만들 수 있다. 예를 들어, 국제 무역의 효과를 연구하기 위해 우리는 세상이 단 두 국가로만 구성되었고, 각각의 국가들이 두 가지 상품만을 생산한다고 가정할 수 있다. 그렇게 함으로써, 우리는 문제의 본질에 우리의 사고를 집중시킬 수 있다. 따라서 우리는 복잡한 세상에서 국제 무역을 이해하는 더 나은 위치에 있게 된다.

해설 이 글은 물리학자와 경제학자의 이야기를 들어 가정하는 것의 이점을 설명하면서 가정을 통해 복잡한 세상을 단순화하고 이해하는 것을 더 쉽게 만든다고 말하고 있다. 따라서 빈칸에 들어갈 말로 가장 적절한 것은 ④이다.

오답분석

오답선지	선택비율
① 소비자 권리의 침해를 막을	6.8%
② 문화 다양성의 가치를 이해할	16.7%
③ 실험실에서 실험자의 안전을 보장할	6.6%
⑤ 물리학과 경제학의 차이를 깨달을	17.6%

⑤번을 선택한 학생들은, 이 글의 전반부는 물리학자에 관한 예시, 후반부는 경제학자와 관련된 예시가 언급되었기 때문에 이 글에서 말하고자 하는 주제를 파악하지 못한 상태로 오답을 선택했어. 하지만 이 글은 물리학자와 경제학자의 이야기를 예시로 들어 '가정(assumptions)'이 복잡한 세상을 단순화해서 이해하는 것을 더 쉽게 만들 수 있다는 내용이지, 물리학과 경제학의 차이에 관한 이야기가 아니야.

3

정답 ③

소재 자연이 갖는 권리에 대한 인식

직독직해

Water is the ultimate commons. // Once, / watercourses
물은 궁극적인 공유 자원이다 // 한때 / 강들은 끝없는 것처

seemed boundless / and the idea [of protecting water] / was
럼 보였다 / 그리고 물을 보호한다는 발상은 /

considered silly. // But rules change. // Time and again, /
어리석게 여겨졌다 // 그러나 규칙은 변한다 // 반복적으로 /

communities have [studied water systems] / and [redefined
사회는 수계(水系)를 연구해 왔다 /　　　　　　　　그리고 현명한 사용을

wise use]. // Now Ecuador has become the first nation on
재정의해 왔다. //　　이제 에콰도르는 지구상의 첫 번째 국가가 되었다 /

Earth / [to put the rights of nature / {in its constitution}]. //
　　　자연의 권리를 포함시킨 /　　　　헌법에 //

This move has proclaimed / [that rivers and forests / are
이러한 움직임은 주장한다 /　　　　강과 숲이 /

not simply property / but maintain their own right / to
단순히 재산이 아니라 /　　그들 스스로의 권리를 가진다고 /

flourish]. // According to the constitution, / a citizen
번영할 //　　　이 헌법에 따라 /　　　　시민은 소송을

might file suit / on behalf of an injured watershed, /
제기할 수 있다 /　　훼손된 강 유역을 대표해서 /

[recognizing / {that its health is crucial / to the common
인식하며 /　　그것의 건강이 필수적임을 /　　공공의 선에 //

good}]. // More countries / [are acknowledging nature's
　　　　더 많은 나라들이 /　　자연의 권리를 인정하고 있다 /

rights] / and [are expected / to follow Ecuador's lead]. //
　　　그리고 기대된다 /　　에콰도르의 주도를 따를 것으로 //

전문 해석 물은 궁극적인 공유 자원이다. 한때, 강들은 끝없는 것처럼 보였고 물을 보호한다는 발상은 어리석게 여겨졌다. 그러나 규칙은 변한다. 사회는 반복적으로 수계(水系)를 연구해 왔고 현명한 사용을 재정의해 왔다. 현재 에콰도르는 자연의 권리를 헌법에 포함시킨 지구상 첫 번째 국가가 되었다. 이러한 움직임은 강과 숲이 단순히 재산이 아니라 그들 스스로가 번영할 권리를 가진다고 주장한다. (수로 기반 교통 체제를 발달시키는 것은 에콰도르의 교통 기반 시설을 현대화시킬 것이다.) 이 헌법에 따라 시민은 강의 건강은 공공의 선에 필수적임을 인식하며, 훼손된 강 유역을 대표해서 소송을 제기할 수도 있다. 더 많은 나라들이 자연의 권리를 인정하고 있으며 에콰도르의 주도를 따를 것으로 기대된다.

해설 이 글은 에콰도르에서 자연이 갖는 권리를 헌법에 포함시킨 사례를 소개하고 그 의미를 설명하고 있다. 그런데 에콰도르의 수로 기반 교통 체제가 교통 기반 시설을 현대화시킬 거라는 내용은 이러한 자연의 권리와 관련이 없으므로, 전체 흐름과 관련 없는 문장은 ③이다.

오답분석

오답선지	①	②	④	⑤
선택비율	6.4%	10.5%	23.9%	6.1%

④번을 선택한 학생들이 꽤 많았는데 그 문장은 헌법에 자연의 권리가 반영된 이후의 변화에 대한 내용이니까 전체 글의 흐름과 관련 있는 문장이야. its health is crucial이라는 표현 등을 통해 건강의 중요성에 관한 문장으로 잘못 파악하고 ④번을 답으로 착각했을 수 있어. its health는 인간이 아닌 강의 건강을 가리키는 말로 글의 흐름과 관련이 있는 문장이야. 그러니까 문장을 꼼꼼하게 해석하도록 유의해.

4

정답 ④

소재 사회의 문제와 연관된 개인 행동의 문제

직독직해

Have you heard someone say, / "He has no one to blame
당신은 누군가가 말하는 것을 들어 본 적이 있는가 / "그는 자신 외에 다른 누구도 탓할 수

but himself" / for some problem? // In everyday life / we
없다"고 /　어떤 문제에 대해 //　　매일의 삶에서 /

often blame people / for "creating" their own problems. //
우리는 종종 사람들을 비난한다 / 자신의 문제들을 '만든다'고 //

[Although individual behavior / can contribute to social
비록 개인의 행동이 /　　　　사회적 문제의 원인이 되기도 하지만 /

problems], / our individual experiences / are often largely
　　　　우리 개인의 경험은 /　　　종종 주로 우리의 통제

[beyond our own control]. // They are determined by
범위를 넘어선다 //　　　　그것은 사회에 의해 결정된다 /

society / as a whole / — [by its historical development and
　　　전반적으로 /　　　즉 사회의 역사적 발달과 구조에 의해 //

its organization]. // [If a person sinks into debt / {because
　　　　　　　만약 한 사람이 빚을 진다면 /　　　과도한 지출

of overspending or credit card abuse}], / other people often
이나 신용카드의 남용 때문에 /　　　　다른 사람들은 종종 그 문제

consider the problem to be the result / [of the individual's
를 결과라고 여길 것이다 /　　　　개별 인간의 실패의 //

personal failings]. // However, / [thinking about it this
　　　　　　그러나 /　　　그것에 대해 이런 식으로 생각하는

way] / overlooks debt / among people in low-income
것은 /　　빚을 간과한다 /　　저소득 계층에 있는 사람들 사이의 /

brackets / [who have no other way / than debt / {to acquire
　　　　다른 방법이 없는 /　　　빚을 지는 것 외에 / 기초적 생활

basic necessities of life}]. // By contrast, / [at middle- and
필수품을 획득하기 위해 //　　　대조적으로 /　　중간 그리고 상위 소득

upper-income levels], / overspending takes on a variety of
계층에서 /　　　　　과도한 지출은 다양한 의미를 가진다 /

meanings / [typically influenced / by {what people think of
　　　　주로 영향을 받은 /　　　사람들이 자신의 복지를 위해 필수적이

as essential for their well-being}] / and [associated / with
라고 생각하는 것에 의해 /　　　　그리고 관련된 /

the so-called "good life" / {that is so heavily marketed}]. //
이른바 좋은 삶과 /　　　집중적으로 마케팅의 대상이 된 //

But / [across income and wealth levels], / larger-scale
하지만 / 소득과 부의 수준을 넘어 /　　　　더 큰 규모의 경제적

economic and social problems / may affect the person's
사회적 문제들은 /　　　　　개인의 능력에 영향을 미칠지도 모른다 /

ability / [to pay for consumer goods and services]. //
　　　　소비자 재화와 서비스에 대해 지불할 //

전문 해석 당신은 어떤 문제에 대해 "그는 자신 외에 다른 누구도 탓할 수 없다"고 누군가 말하는 것을 들어 본 적이 있는가? 매일의 삶에서 우리는 사람들이 자신의 문제를 '만든다'고 비난한다. 비록 개인의 행동이 사회적 문제의 원인이 되기도 하지만 우리의 개인적 경험은 종종 주로 우리의 통제 범위를 넘어선다. 그것들은 사회 전반, 즉 사회의 역사적 발달과 구조에 의해 결정된다. 만약 한 사람이 과도한 지출이나 신용카드의 남용 때문에 빚을 진다면 다른 이들은 종종 그 문제가 개인적 실패의 결과라고 간주한다. 하지만, 그것에 대해 이런 방식으로 생각하는 것은 기초적 생활필수품을 획득하기 위해 빚을 지는 것 외에 다른 방법이 없는 저소득 계층에 있는 사람들이 진 빚을 간과한다. 대조적으로 중간 그리고 상위 소득 계층에서 과도한 지출은 여러 다양한 의미를 가지는데, 그 의미는 주로 사람들이 자신의 복지를 위해 필수적이라고 생각하는 것에 영향을 받고, 집중적으로 마케팅의 대상이 된 이른바 좋은 삶과 관련된다.

하지만 소득과 부의 수준을 넘어, 더 큰 규모의 경제적, 사회적 문제들은 소비자 재화와 서비스에 대한 개인이 지불하는 능력에 영향을 미칠지도 모른다.

해설 However로 시작된 주어진 문장에서 thinking about it this way(이런 방식으로 생각하는 것)이 경제적인 이유로 부득이하게 빚을 지게 되는 상황을 간과하고 있다고 비판했고, ④ 뒤에서 주어진 문장에서 말한 저소득층과 대조적인 중상위계층에 대한 내용은 By contrast로 시작되는 문장으로 이어서 설명하고 있으므로, 주어진 문장이 들어가기에 가장 적절한 곳은 ④이다.

오답분석

오답선지	①	②	③	⑤
선택비율	6.1%	12.2%	24.1%	6.7%

③번을 선택한 학생들은, 주어진 문장이 However로 시작하고 있고, 이런 방식으로 생각하는 것이 빚을 지는 것 외에 다른 방법이 없는 저소득층 사람들의 빚을 간과한다는 내용이므로 그 앞에는 그와 반대되는 내용이 나와야 하는데, 그 부분을 놓친 거야. ③번 문장은 어떤 문제에 대해 개인의 탓으로 비난하지만 개인적 경험은 사회 전반에 의해 결정된다는 글의 앞부분 내용에 대한 예시이니까 연결이 자연스러워.

5

정답 ①

소재 유인원들의 추론 능력

직독직해

[At the Leipzig Zoo in Germany], / 34 zoo chimpanzees
독일의 Leipzig 동물원에서 / 34마리의 침팬지와 오랑우탄이
and orangutans / [participating in a study] / were each
한 연구에 참여하고 있는 / 각각 한 마리씩
individually tested / in a room, / [where they were put /
실험되어졌다 / 하나의 방에서 / 그들은 놓여졌다
in front of two boxes]. // An experimenter would [place
두 개의 박스 앞에 // 한 실험자가 하나의 물건을 놓았다
an object / inside one box] / and [leave the room]. //
하나의 박스 안에 / 그리고 그 방을 떠났다 //
Another experimenter would [enter the room], / [move
다른 실험자가 그 방에 들어와서
the object into the other box] and [exit]. // [When the
다른 상자로 그 물건을 옮기고 나갔다 // 첫번째 실험자가
first experimenter returned / and tried {retrieving the
돌아왔을 때 / 그리고 첫번째 상자로부터 물건을 꺼내려
object from the first box}], / the great ape would help the
고 했을 때) / 유인원은 그 실험자를 도와주었다
experimenter / [open the second box, / {which it knew / the
두 번째 상자를 열도록 / 자신이 알았던
object had been transferred to}]. // However, / most apes
물건이 옮겨져 있다고 // 그러나 / 연구에서 대부분
in the study / did not help the first experimenter / [open
의 유인원들은 / 첫 번째 실험자를 돕지 않았다
the second box] / [if the first experimenter was still / in
두 번째 박스를 열도록 / 만약 첫 번째 실험자가 계속 있다면
the room / to see {the second experimenter} {move the
그 방에 / 그래서 두 번째 실험자가 물건을 옮기는 것을 봤다(면)

item}]. // The findings show / [the great apes understood /
이 결과는 보여 준다 / 유인원이 이해했다는 것을
{when the first experimenter still thought / the item was /
첫 번째 실험자가 여전히 생각했던 때를 / 그 물건이 있다고
where he or she last left it}]. //
그 또는 그녀가 마지막으로 그것을 둔 장소에 //

전문 해석 독일의 Leipzig 동물원에서 한 연구에 참여하고 있는 34마리의 침팬지와 오랑우탄이 각각 한 마리씩 방에서 실험의 대상이 되었는데, 그 방 안에서 그것들은 두 개의 상자 앞에 놓여졌다. 한 실험자가 하나의 상자에 한 물건을 놓고 방을 떠났다. 또 다른 실험자는 그 방에 들어와 그 물건을 다른 상자에 옮겨 넣고 떠났다. 첫 번째 실험자가 돌아와 처음 상자에서 그 물건을 다시 꺼내려고 했을 때, 그 유인원은 실험자가 두 번째 상자, 즉 물건이 옮겨져 있다고 자신이 알고 있는 상자를 열도록 도와주었다. 하지만 이 실험에서 대부분의 유인원들은 첫 번째 실험자가 방에 계속 있어서 두 번째 실험자가 물건을 옮기는 것을 본 경우에는 첫 번째 실험자가 두 번째 상자를 열도록 돕지 않았다. 이 결과는 첫 번째 실험자가 자신의 물건이 마지막으로 둔 장소에 여전히 있다고 생각했던 때를 유인원이 이해했다는 것을 보여 준다.

→ 이 연구에 따르면 유인원들은 사람들이 현실에 대해 잘못된 믿음을 가지고 있는지 아닌지를 구분할 수 있고, 이 지식을 사람들을 돕기 위해 사용할 수 있다.

해설 독일의 한 동물원에서 한 연구에 참여하고 있는 침팬지와 오랑우탄은 첫 번째 실험자가 물건의 위치가 옮겨진 것을 모른다고 예측한 경우에만 그들을 도우려고 했다. 또한 유인원은 실험자가 물건이 들어 있는 상자를 알고 있다고 생각할 때는 도와주지 않았다. 따라서 (A)와 (B)에 들어갈 말로 가장 적절한 것은 ① '잘못된 – 돕기'이다.

오답분석

오답선지	선택비율
② 윤리적인 …… 복종하기	10.4%
③ 과학적인 …… 모방하기	11.1%
④ 비합리적인 …… 속이기	10.6%
⑤ 널리 퍼진 …… 수정하기	7.8%

③번을 선택한 학생들은 실험의 결과가 암시하는 내용을 잘못 파악했기 때문이야. 유인원이 인간의 '과학적(scientific)' 신념을 판단했다는 내용은 언급되지 않았고 유인원이 실험에서 상황에 따라 인간을 도왔다고 했으니 인간의 행동을 모방하기(imitate) 위한 것도 아니었어.

6

정답 ⑤

소재 사건의 인과관계를 파악하려는 인간의 경향

직독직해

People are innately inclined to look for causes of events, /
사람들은 선천적으로 사건의 원인을 찾는 경향이 있다
[to form explanations and stories]. // That is one reason /
설명과 이야기를 구성하기 위해 // 그것이 한 가지 이유이다
[storytelling is such a persuasive medium]. // Stories
스토리텔링이 그토록 설득력 있는 수단인 // 이야기들은
[resonate with our experiences] / and [provide examples
우리의 경험을 떠올리게 한다 / 그리고 새로운 경우의 사례를 제공한

of new instances]. // [From our experiences and the
다 //   전치사구
우리의 경험과 다른 사람의 이야기로부터 /

stories of others] / we tend to form generalizations /
우리는 일반화하는 경향이 있다 /

about the way / [people behave and things work]. //
방식에 대해   사람들이 행동하고 상황이 작동하는 //
관계절
attribute A to B: A를 B에 귀착시키다
We attribute causes to events, / and as long as these
우리는 사건에 원인을 귀착시킨다 /   그리고 이러한 원인과 결과 쌍이
as long as+주어+동사: ~가 …하는 한

cause-and-effect pairings make sense, / we use them /
이치에 맞는 한 /   우리는 그것들을 사용한다 /
전치사구
[for understanding future events]. // Yet these causal
미래의 사건을 이해하는 데 //   하지만 이러한 인과관계의

attributions / are often mistaken. // Sometimes they
귀착은 /   종종 잘못되기도 한다 //   때때로 그것들은 연관시킨다
전치사구
implicate / the wrong causes, / and / [for some things
         잘못된 원인을 /   그리고 / 발생한 어떤 일에 대해서는 /
관계절
{that happen}], / there is no single cause. // Rather, / there
        단 하나의 원인만 있는 것이 아니다 //   오히려 /   복잡한
관계절
is a complex chain of events / [that all contribute to the
일련의 사건들이 있다 /   모두가 그 결과의 원인이 되는 /
부사절(조건)
result]; / [if any one of the events / would not have
        만약 사건 중 어느 하나라도 /   발생하지 않았다면 /

occurred], / the result would be different. // But / even
         결과는 다를 것이다 //   그러나 / 원인이
stop A from B: A가 B하는 걸 막다
when there is no single causal act, / that doesn't stop
되는 행동이 단 하나만 있지 않을 때조차도 /   그것이 사람들이 막지 못한다 /

people / from assigning one. //
하나(행동)의 탓으로 돌리는 것을 //

전문 해석 사람들은 설명과 이야기를 구성하기 위해 선천적으로 사건의 원인
을 찾는 경향이 있다. 그것이 스토리텔링이 그토록 설득력 있는 수단인 한 가지
이유이다. 이야기는 우리의 경험을 떠올리게 하고 새로운 경우의 사례를 제공
한다. 우리의 경험과 다른 이들의 이야기로부터 우리는 사람들이 행동하고 상
황이 작동하는 방식에 관해 일반화하는 경향이 있다. 우리는 사건에 원인을 귀
착시키고 이러한 원인과 결과 쌍이 이치에 맞는 한, 미래의 사건을 이해하는 데
그것들을 사용한다. 하지만 이러한 인과관계의 귀착은 종종 잘못되기도 한다.
때때로 그것은 잘못된 원인을 연관시키기도 하고 발생하는 어떤 일에 대해서
는 단 하나의 원인만 있는 것이 아니다. 오히려 모두가 그 결과의 원인이 되는
복잡한 일련의 사건들이 있다. 만일 사건 중에 어느 하나라도 발생하지 않았
다면, 결과는 유사할(→ 다를) 것이다. 하지만 원인이 되는 행동이 단 하나만 있
지 않을 때조차도, 그것은 사람들이 하나의 원인이 되는 행동의 탓으로 돌리는
것을 막지는 못한다.

해설 사람들이 사건의 인과관계를 잘못 연결하는 경우가 있다고 했
는데, 하나의 결과에 단 하나의 원인만 있는 것이 아니라 많은 원인이
되는 사건들이 있을 수 있다는 내용의 글이다. 만일 그런 원인이 되는
사건 중 단 하나라도 일어나지 않았다면 결과는 '다를' 것이라고 말하
고 있다. 따라서 ⑤의 similar를 different와 같은 낱말로 바꾸어야
한다.

오답분석

오답선지	① 설득력 있는	② 일반화	③ 쌍	④ 잘못된
선택비율	7.5%	11.9%	15.5%	13.6%

③번을 선택한 학생들이 있었는데, pairing의 의미를 제대로 알고 있지 못했
던 것 같아. '한 쌍', '짝을 연결하기'라는 의미의 단어로, 이 문맥에서는 '원인
(cause)'과 '결과(effect)'를 연결한 것을 가리키고 있으니까 pairing이란 말은
적절하게 쓰였어.

Daily Review   Day **20**

Vocabulary Check-up

1 (1) determine (2) article (3) ultimate
2 (1) overlook (2) blamed

1 (1) determine / 그들은 급경사의 끝으로 가서 밑바닥까지의 모
든 경로를 살펴보고는 그 경사가 그들이 시도하기에는 거무 가파
르다고 **결론을 내릴** 것이다.

(2) article / 영양제 업계에서는 연구 중인 새로운 영양분에 대해
논의하는 **기사**가 흔히 작성된다.

(3) ultimate / 자만심은 내가 다른 사람들보다 낫고 내가 **최고의**
미모와 재능, 해답을 갖고 있으며, 나만이 세상을 지배해야 한다는
생각이다.

2 (1) overlook / 아무리 흥미를 끄는 맛일지라도, 매력적이지 못
한 외양은 **간과하기**가 어렵다.

(2) blamed / 반면에 도시들은 귀중한 자원을 빨아먹는 인공적이
고 혼잡한 장소로서 자주 생태 파괴의 주요 원인으로 **비난받는다**.

Grammar Check-up

1 (1) ① recognizing ② expected (2) ① were ② leave
2 ③ → simplifies

1 (1) ① recognizing: 이 문장에 동사구인 might file이 있으므
로, 분사구문을 이끄는 현재분사 recognizing이 적절하다.
② expected: more countries가 expect라는 행위의 대상이므
로 수동을 나타내는 과거분사 expected가 적절하다.

(2) ① were: 주어가 34 zoo chimpanzees and orangutans
이므로, 복수형 동사인 were가 적절하다.
② leave: would 뒤에 동사원형 place와 접속사 and로 대등하
게 연결되어 있으므로, 동사원형 leave가 적절하다.

2 ③: Assuming the marble falls in a vacuum이 문장의 주어
이고 동사가 필요하므로, simplifying을 simplifies로 고쳐야
한다.

Day 21

□ overcome	극복하다	□ command	명령	□ enormous	막대한
□ tap	두드림; 두드리다	□ violate	위반하다, 어기다	□ inhabitant	거주민
□ time-consuming	(많은) 시간이 걸리는	□ current	흐름, 해류	□ custom	관습
□ content	내용	□ marine	바다의, 해양의	□ texture	질감
□ dimension	차원	□ particle	입자, 조각	□ curiosity	호기심

Day 22

□ academic	학업의, 학문의	□ philosopher	철학자	□ enable	가능하게 하다
□ inspiration	영감	□ superior	뛰어난, 우월한	□ reputation	평판
□ worthwhile	가치 있는	□ purify	정화하다	□ intention	의도, 의사
□ passion	열정	□ hatching	부화	□ subject	주제
□ attempt	시도하다; 시도	□ flexible	유연한	□ branch	분야

Day 23

□ dispose	처리하다	□ alter	변하다, 달라지다	□ implementation	이행
□ interfere	방해하다	□ settlement	합의	□ intense	강렬한
□ dense	빽빽한, 밀집한	□ rational	합리적인	□ emphasize	강조하다
□ guilt	유죄, 죄책감	□ permanent	영구적인	□ appealing	매력적인
□ acceleration	가속화	□ shifting	바뀌는	□ inherently	본질적으로

Day 24

□ colonize	식민화하다	□ arousing	자극적인	□ frustrating	좌절감을 느끼게 하는
□ revolution	혁명	□ inaccurate	부정확한	□ undergo	겪다
□ demonstrate	드러내다, 보여 주다	□ ridiculous	우스꽝스러운	□ vocation	직업
□ vivid	생생한	□ illustrate	보여 주다	□ humanity	인류; 인간애
□ concentrated	집중적인	□ preference	선호(도)	□ inadequate	불충분한, 부적절한

Day 25

□ suppose	생각하다	□ reduction	감소, 삭감	□ additional	추가적인
□ profit	이윤	□ hesitation	주저함	□ routine	습관, 일상
□ rural	시골의, 지방의	□ enthusiastically	열정적으로	□ remind	상기시키다
□ export	수출하다	□ recover	회복하다	□ hardship	어려움, 곤란
□ incentive	격려, 보상금	□ aging	성숙, 노화	□ negative	부정적인

1

정답 ①

소재 좋은 관리자의 특징

직독직해

Good managers have learned / [to overcome the initial
좋은 관리자들은 배워 왔다 / 처음의 불안감을 극복하는 것을 /
→ to부정사구(learned의 목적어)

feelings of anxiety / when assigning tasks]. // They
과업을 맡길 때의 // 그들은
→ 동사구① → 명사절

[are aware / {that no two people act / in exactly the
알고 있다 / 어떤 두 사람도 행동하지 않는다는 것을 / 정확히 똑같은 방식으로
→ 동사구②

same way}] / and so [do not feel threatened / if they see
그래서 두려움을 느끼지 않는다 / 그들이 한 직원이
→ see의 목적어 → see의 목적격 보어

{one employee} {going about a task / differently than
과업을 진행하는 것을 보더라도 / 다른 사람과 다르게 //

another]]. // Instead, / they focus on the end result. //
대신에 / 그들은 최종결과에 초점을 맞춘다 //
→ 부사절(조건) → 수동태 → as long as+주어+동사: ~가 …하는 한

[If a job was successfully done, / as long as people are
만약 어떤 업무가 성공적으로 완료되었다면 / 사람들이 일을 하는 한 /
→ 형용사구

working / in a manner / {acceptable to the organization} /
방식으로 / 조직에 수용될 만한 방식으로 /

(for example, / as long as salespeople are keeping / to the
(예를 들면 / 판매원들이 준수하는 한 / 회사의
→ 부사절(조건)

company's ethical selling policy)], / then that's fine. // [If
윤리적 판매정책을) / 그러면 그것은 괜찮다 //

an acceptable final outcome wasn't achieved], / then such
만약 수용할 만한 최종 결과가 성취되지 않았다면 / 그러면 그러한
→ 동명사구①

managers respond / by [discussing it with the employee]
관리자들은 대응한다 / 그 직원과 그것을 논의하고 상황을 분석함으로써 /
→ 동명사구② → to부정사구(결과)

and [analyzing the situation], / [to find out / {what training
그래서) 알아낸다 / 어떤 훈련이나 추가적
명사절(find out의 목적어)

or additional skills / that person will need / ⟨to do the
인 기술을 / 그 사람이 필요로 할지를 / 그 과업을 수행
to부정사구(~하기 위해)

task / successfully / in the future⟩]. //
하기 위해 / 성공적으로 / 미래에 //

전문 해석 좋은 관리자들은 과업을 맡길 때의 처음의 불안감을 극복하는 것을 배워 왔다. 그들은 어떤 두 사람도 정확히 똑같은 방식으로 행동하지 않는다는 것을 알고 있어서, 한 직원이 다른 사람과 다르게 과업을 시작하는 것을 보더라도 두려움을 느끼지 않는다. 대신에, 그들은 최종 결과에 초점을 맞춘다. 만약 어떤 업무가 성공적으로 완료되었다면, 사람들이 조직에 수용될 만한 방식으로 일을 하는 한(예를 들자면, 판매원들이 회사의 윤리적 판매정책을 준수하는 한) 그것은 괜찮다. 만약 수용할 만한 최종 결과가 성취되지 않았다면, 그러한 관리자들은 그 직원과 논의하고 상황을 분석함으로써 대응하여, 그 사람이 미래에 그 과업을 성공적으로 수행하기 위해 어떤 훈련이나 추가적인 기술을 필요로 할지를 알아낸다.

해설 좋은 관리자들은 직원들이 과업을 수행하는 방식이 다르더라도 어떤 업무의 최종 결과가 성공적이라면 그것에 불안해하지 않는다는 내용의 글이다. 따라서 빈칸에 들어갈 말로 가장 적절한 것은 ①이다.

⑤번을 선택한 학생들이 꽤 많았는데, 글의 앞부분에서 좋은 관리자들이 사람이 똑같은 방식으로 행동하지 않는다는 것을 알고 있고 직원마다 업무를 수행하는 방식이 다르더라도 두려움을 느끼지 않는다고 말한 부분을 읽고 '직원들의 성격'에 초점을 맞춘다고 잘못 생각한 것 같아. 하지만 그렇게 추론할 만한 근거가 글에 전혀 나와 있지 않아. 그리고 빈칸이 있는 문장 뒤의 글에서, 좋은 관리자들은 '최종 결과(final outcome)'가 성취될 수 있도록 직원과 논의하고 지원한다는 내용이 나왔기 때문에 ⑤번은 답이 될 수 없어.

2

정답 ②

소재 많은 시간이 필요 없는 효과적인 변화

직독직해
→ 분사구 → 분사구

There is a very old story / [involving a man / {trying to
매우 오래된 이야기가 있다 / 한 남자와 관련된 / 고장 난
→ 전치사구

fix his broken boiler}]. // [Despite his best efforts / over
보일러를 고치기 위해 애쓰는 // 그의 최선의 노력에도 불구하고 /
→ 동사구①

many months], / he can't do it. // Eventually, he [gives up] /
수개월에 걸친 // 그는 고칠 수 없다 / 결국 그는 포기한다
→ 동사구②

and [decides to call in an expert]. // The engineer arrives, /
그리고 전문가를 부르기로 결심한다 // 기사가 도착한다 /
→ 전치사구

gives one gentle tap / [on the side of the boiler], / and it
가볍게 한번 두드린다 / 보일러의 옆을 / 그리고

springs to life. // The engineer gives a bill to the man, /
그것이 작동하기 시작한다 // 기사는 남자에게 청구서를 준다 /
→ 명사절(argues의 목적어)

and the man argues / [that he should pay only a small fee /
그리고 남자는 주장한다 / 자신이 요금을 적게 지불해야 한다고 /
→ 부사절(이유)

{as the job took the engineer only a few moments}]. //
기사가 그 일을 하는 데 약간의 시간만 걸렸기 때문에 //
not A but B: A가 아니라 B

The engineer explains / that the man is not paying / for
그 기사는 설명한다 / 남자는 지불하는 것이 아니라는 것을 /
→ for의 목적어① → for의 목적어②

[the time he took to tap the boiler] / but rather [the years
자신이 보일러를 두드리는 데 걸린 시간에 대해 / 그러나 오히려 수년의 경험에 대해
→ 분사구 → knowing의 목적어

of experience / {involved in knowing / ⟨exactly where to
(지불하는 것이다) / 아는 것과 관련된 / 정확히 어디를 두드려야
→ 동명사구의 의미상 주어 → 동명사구

tap⟩}]. // Just like the expert engineer [tapping the boiler], /
할지를 // 전문 기사가 보일러를 두드리는 것과 꼭 마찬가지로 /

effective change / does not have to be time-consuming. //
효과적인 변화는 / 시간이 걸릴 필요가 없다 //

In fact, / it is often simply a question / of knowing / exactly
사실 / 그것은 보통 단순한 문제이다 / 아는 것의 / 정확히
→ knowing의 목적어

[where to tap]. //
어디를 두드려야 할지 //

전문 해석 고장 난 보일러를 고치기 위해 애쓰는 한 남자와 관련된 매우 오래된 이야기가 있다. 수개월에 걸친 최선의 노력에도 불구하고, 그는 고칠 수 없다. 결국, 그는 포기하고 전문가를 부르기로 결심한다. 기사가 도착하여 보일러의 옆을 가볍게 한 번 두드리자 보일러가 작동하기 시작한다. 기사는 남자에게 청구서를 주고, 남자는 기사가 그 일을 하는 데 약간의 시간만 걸렸기 때문에 요금을 적게 지불해야 한다고 주장한다. 기사는 자신이 보일러를 두드리는 데 걸린 시간이 아니라, 오히려 정확히 어디를 두드려야 할지를 아는 것과 관련된 수년의 경험에 대해 남자가 돈을 지불하는 것이라고 설명한다. 전문 기사가 보일러를 두드리는 것과 꼭 마찬가지로, 효과적인 변화는 많은 시간이 걸릴 필요는 없다. 사실, 보통 그것은 단지 정확히 어디를 두드려야 할지를 아는 것의 문제이다.

해설 고장 난 보일러를 수리하기 위해 전문 수리 기사를 부른 한 남자의 이야기를 통해 '효과적인 변화는 많은 시간이 걸릴 필요는 없다'는 메시지를 전달하는 글이므로, 빈칸에 들어갈 말로 가장 적절한 것은 ②이다.

오답분석

오답선지	선택비율
① 전문가들 간의 경쟁이 필요하다	10.4%
③ 장비의 개발이 필요하다.	16.4%
④ 이전 경험에서 나오는 것이 아니다.	17.8%
⑤ 종종 행운의 결과로 일어난다.	7.2%

④번을 선택한 학생들은, 빈칸이 있는 문장 앞에서 보일러 수리 기사가 '남자는 자신이 보일러를 두드리는 데 걸린 시간이 아니라, 오히려 정확히 어디를 두드려야 할지를 아는 것과 관련된 수년의 경험(the years of experience)에 대해 돈을 지불하는 것'이라고 설명한 부분을 제대로 해석하지 못한 것 같아. 기사가 수년간의 경험을 가지고 있기 때문에 많은 시간을 들이지 않고 보일러를 수리할 수 있던 거니까 ④번은 답이 될 수 없어.

3

정답 ⑤

소재 대인 메시지의 내용 차원과 관계 차원

직독직해

Interpersonal messages combine / content and
대인 메시지는 결합한다 / 내용과 관계 차원을 //

relationship dimensions. // That is, / they refer [to the
즉 / 그것들은 실제 세계를

real world], / [to something external / {to both speaker
지칭한다 / 외부적인 어떤 것을 / 화자와 청자 모두에게

and listener}]; / at the same time / they also refer to the
동시에 / 그것들은 또한 당사자들 사이의

relationship between parties. // For example, / a supervisor
관계를 지칭하기도 한다 // 예를 들어 / 한 관리자가 수습

may say to a trainee, / "See me after the meeting." // This
직원에게 말할 수 있다 / "회의 후에 저 좀 봅시다"라고 /

simple message has a content message / [that tells the
이 간단한 메시지는 내용 메시지를 담고 있다 / 수습 직원에게 관리자

trainee to see the supervisor / after the meeting]. / It also
를 만나야 한다고 말하는 / 회의 후에 / 그것은

contains a relationship message / [that says something
또한 관계 메시지를 포함한다 / 관계에 대해 무언가를 말해 주는 /

about the connection / {between the supervisor and the
관리자와 수습 직원 사이의 //

trainee}]. // Even the use of the simple command / shows /
이 간단한 명령의 사용도 / 보여 준다 /

[there is a status difference / {that allows the supervisor
지위의 차이가 있다는 것을 / 관리자가 수습 직원에게 명령할 수 있게

to command the trainee}]. // You can appreciate this most
하는 // 너는 이것을 가장 명확하게 이해할 수 있을

clearly / [if you visualize the same command / {being
것이다 / 만약 네가 같은 명령을 상상해 보면 / 수습 직원

made by the trainee / to the supervisor}]. // It appears
에 의해 내려진 / 관리자에게 // 그것은 어색하고

[awkward and out of place], / [because it violates the
상황에 맞지 않아 보인다 / 왜냐하면 그것이 일반적인 관계를

normal relationship / {between supervisor and trainee}]. //
위반하기 때문이다 / 관리자와 수습 직원 사이의 //

전문 해석 대인 메시지는 내용과 관계 차원을 결합한다. 즉, 그것들은 화자와 청자 모두에게 외부적인 어떤 것인, 실제 세계를 지칭한다. 동시에 당사자들 사이의 관계를 지칭하기도 한다. (C) 예를 들어, 한 관리자가 한 수습 직원에게 "회의 후에 저 좀 봅시다."라고 말할 수 있다. 이 간단한 메시지는 수습 직원에게 회의 후에 관리자를 만나야 한다고 말하는 내용 메시지를 담고 있다. (B) 그것은 또한 관리자와 수습 직원 사이의 관계에 대해 무언가를 말해 주는 관계 메시지를 포함하고 있다. 이 간단한 명령의 사용도 관리자가 그 수습 직원에게 명령할 수 있게 하는 지위의 차이가 존재한다는 것을 보여 준다. (A) 만약 수습 직원이 관리자에게 같은 명령을 내린다고 상상해 본다면 당신은 이것을 가장 명확하게 이해할 수 있을 것이다. 관리자와 수습 직원 사이의 일반적인 관계를 위반하기 때문에 그것은 어색하고 상황에 맞지 않아 보인다.

해설 주어진 글에서 대인 메시지가 내용과 관계 차원을 결합한다고 말하면서 메시지가 화자와 청자 모두에게 외부적인 실제 세계를 지칭하면서 동시에 당사자들 간의 관계를 지칭하기도 한다고 했다. (C)는 이에 대한 예시로, 관리자가 수습 직원에게 한 명령이 내용 메시지를 담고 있다는 것을 보여주고 있으므로 주어진 문장의 뒤에 와야 한다. 그 뒤에, 이것이 관리자와 수습 직원 사이의 관계를 말해 주는 관계 메시지도 포함하고 있다는 내용의 (B)가 이어지고, 마지막으로 수습 직원이 관리자에게 같은 명령을 하는 것은 두 사람 사이의 일반적인 관계를 위반하기 때문에 상황에 맞지 않아 보인다는 내용의 (A)로 이어지는 것이 글의 순서로 가장 적절하다.

오답분석

오답선지	①	②	③	④
선택비율	8.3%	8.9%	20.4%	14.7%

③번을 선택한 학생들은, (B)가 주어진 문장의 뒤에 와야 한다고 생각했는데, 'It also contains a relationship message'에서 It이 가리키는 대상이 주어진 문장에 언급되어 있지 않기 때문에 답이 될 수 없어. 그리고 '또한 관계 메시지를 담고 있다'는 말에서 앞에 그것이 '내용 메시지(content message)'를 담고 있다는 말이 와야 할 거라고 추측할 수 있을 거야.

4

정답 ③

소재 미세 플라스틱

직독직해

Plastic [is extremely slow / to degrade] / and [tends to
플라스틱은 매우 느리다 / → 동사구① 분해되는 데 / 그리고 물에 떠다니는 → 동사구②

float], / [which allows it to travel / {in ocean currents /
경향이 있다 / → 관계절 이것은 그것을 돌아다니게 한다 / 해류를 따라 / → 전치사구

for thousands of miles}]. // Most plastics break down /
수천 마일을 // 대부분의 플라스틱은 분해된다 /

into smaller and smaller pieces / when exposed to
점점 더 작은 조각으로 / 자외선에 노출될 때 /

ultraviolet (UV) light, / [forming microplastics]. // These
미세 플라스틱을 형성하면서 / → 분사구문

microplastics are very difficult / to measure / [once they
이 미세 플라스틱은 매우 어렵다 / 측정하기가 / 일단 그것들이 → 부사절(조건)

are small enough to pass through the nets / {typically
그물망을 통과할 만큼 충분히 작아지면 / → 과거분사구 일반적으로

used to collect them}]. // Their impacts / [on the marine
그것들을 수거하는 데 사용되는 // 그것들의 영향은 / → 전치사구 해양 환경과 먹이

environment and food webs] / are still poorly understood. //
그물에 미치는 / → 수동태 아직도 제대로 이해되지 않고 있다 //

These tiny particles are known / [to be eaten / by various
이 작은 입자들은 알려져 있다 / → 수동태 먹힌다고 / 다양한 동물들에

animals] / and [to get into the food chain]. // [Because
에 의해 → 대등한 연결 그리고 먹이 사슬 속으로 들어간다고 // → 부사절(이유) 바닷속에 있는

most of the plastic particles {in the ocean} are so small], /
대부분의 플라스틱 입자들이 매우 작기 때문에 / → 전치사구

there is no practical way / [to clean up the ocean]. // One
실질적인 방법이 없다 / → to부정사구 바다를 청소할 // 하나를

would have to filter / enormous amounts of water / [to
여과해야 할 것이다 / 엄청난 양의 물을 / → to부정사구(~하기 위해)

collect a relatively small amount of plastic]. //
비교적 적은 양의 플라스틱을 수거하기 위해 //

전문 해석 플라스틱은 매우 느리게 분해되고 물에 떠다니는 경향이 있는데, 이는 그것을 해류를 따라 수천 마일을 돌아다니게 한다. 대부분의 플라스틱은 자외선에 노출될 때 점점 더 작은 조각으로 분해되어 미세 플라스틱을 형성한다. 이러한 미세 플라스틱은 일단 그것들을 수거하는 데 일반적으로 사용되는 그물망을 통과할 만큼 충분히 작아지면 측정하기가 매우 어렵다. 그것들이 해양 환경과 먹이 그물에 미치는 영향은 아직도 제대로 이해되지 않고 있다. 이 작은 입자들은 다양한 동물에게 먹혀 먹이 사슬 속으로 들어간다고 알려져 있다. 바닷속에 있는 대부분의 플라스틱 입자들은 매우 작기 때문에 바다를 청소할 실질적인 방법은 없다. 비교적 적은 양의 플라스틱을 수거하기 위해 엄청난 양의 물을 여과해야 할 것이다.

해설 ③ 재귀대명사는 주어와 동일한 사람이나 사물이 목적어가 되는 경우에 쓰이는데, 동사 collect의 목적어가 동사의 주체인 the nets가 아니라 these microplastics이므로, themselves를 them으로 고쳐야 한다.

① 앞 절 내용 전체를 선행사로 하는 관계대명사로서 계속적 용법으로 사용되었기 때문에 which는 적절하다.

② 연속 동작을 나타내는 분사구문으로 forming은 적절하다.

④ 주어부인 most of the plastic particles in the ocean에서 동사의 형태는 the plastic particles에 맞추어야 하므로 동사 are는 적절하다.

⑤ 형용사 small을 수식하므로 부사 relatively는 적절하다.

오답분석

오답선지	① which	② forming	④ are	⑤ relatively
선택비율	6.9%	21.8%	11.6%	15.6%

②번 밑줄 친 부분은 분사구문을 이해하고 있는지에 관해 확인하고 있어. "Most plastics break down ~, forming microplastics."에서 forming 이하는 '연속 동작'을 나타내는 분사구문으로 접속사 and로 연결되는 they form microplastics라는 절로 바꿀 수 있으며, 적절하게 사용되었어.

5~6

정답 5 ① / **6** ②

소재 호기심에서 시작되는 혁신과 발견

직독직해

Hundreds of thousands of people / journeyed far / [to
수십만 명의 사람들이 / 먼 여정을 떠났다 / → to부정사구(~하기 위해)

take part in the Canadian fur trade]. // Many saw / [how
캐나다 모피 무역에 참여하기 위해 // → 명사절(saw의 목적어) 많은 사람들은 보았다 /

inhabitants of the northern regions / stored their food / in
어떻게 북쪽 지역 거주민들이 / 그들의 식량을 저장하는지 /

the winter] / — [by burying the meats and vegetables /
겨울에 / → ~함으로써 즉 고기와 채소를 묻어 둠으로써 /

in the snow]. // But probably few of them had thoughts /
눈 속에 // 그러나 아마도 그들 중 생각을 한 사람은 거의 없었을 것이다 /

about [how this custom might relate to other fields]. //
이 관습이 다른 분야와 어떻게 연관될 수 있는지에 관해 // → 명사절(about의 목적어)

One [who did] / was a young man / [named Clarence
그렇게 한 사람은 / → 관계절 젊은 남자였다 / Clarence Birdseye라는 → 분사구

Birdseye]. // He was amazed to find / [that freshly caught
이름의 // 그는 알고서 놀랐다 / → be amazed to: ~해서 놀라다 갓 잡은 물고기와 오리가 → 명사절(find의 목적어)

fish and duck, / {frozen quickly in such a fashion}, / kept
그런 방식으로 급속히 얼려졌을 때 / → 분사구문

their taste and texture]. // He started wondering: / Why
맛과 질감을 유지한다는 것을 // 그는 궁금해하기 시작했다 / 왜 우리

can't we sell food in America / [that operates on the same
는 미국에서 음식을 팔 수 없을까라고 / → 관계절 같은 기본 원리에 따라 처리한 //

basic principle]? // [With this thought], / the frozen foods
이 생각으로 / → 전치사구 냉동식품 산업이 탄생했다 //

industry was born. // He made / something extraordinary /
그는 만들어 냈다 / 뭔가 특별한 것을 /

from [what, {for the northern folk}, was the ordinary
북부 사람들에게는 평범한 관행이었던 것으로부터 / → 명사절(from의 목적어)

practice / {of preserving food}]. // So, / what went on in
음식을 저장하는 // → 전치사구 그렇다면 / 그의 마음속에 어떤 생각이

his mind / [when he observed / this means of storage]? //
들었을까 /   그가 목격했을 때 /   이 저장 방법을 //

Something mysterious happened / [in his curious, fully
무언가 신비로운 일이 일어났다 /   호기심을 갖고 완전히 몰두한

engaged mind]. // Curiosity is a way [of adding value / to
그의 마음속에 //   호기심은 가치를 더하는 한 방법이다 /

{what you see}]. // In the case of Birdseye, / it was strong
당신이 보는 것에 //   Birdseye의 경우 /   그것(호기심)은 충분히

enough / [to lift him out of the routine way of seeing
강했다 /   그를 사물을 보는 일상적인 관점에서 벗어나게 할 만큼 //

things]. // It set the stage / [for innovation and discovery], /
        그것은 장을 마련해 주었다 / 혁신과 발견을 위한 /

[for coming up with something new]. //
새로운 것을 생각해 내는 //

전문 해석 수십만 명의 사람들이 캐나다 모피 무역에 참여하기 위해 먼 여정을 떠났다. 많은 사람들은 북쪽 지역 거주민들이 겨울에 어떻게 그들의 식량을 저장하는지를 보았는데, 그것은 눈 속에 고기와 채소를 묻어 두는 것이었다. 하지만 아마 그들 중 이 관습이 다른 분야와 어떻게 연관될 수 있는지에 관해 생각한 사람들은 거의 없었을 것이다. 그렇게 한 사람은 Clarence Birdseye라는 이름의 젊은 남자였다. 그는 갓 잡은 물고기와 오리가 그런 방식으로 급속히 얼려졌을 때 맛과 질감을 유지한다는 것을 알고 놀랐다. 그는 '왜 우리는 그와 같은 기본적인 원리에 따라 처리한 음식을 미국에서 팔 수 없을까?'라고 궁금해하기 시작했다. 이 생각에서 냉동식품 산업이 탄생했다. 북부 사람들에게는 음식을 저장하는 평범한 관습이었던 것으로부터 그는 뭔가 특별한 것을 만들어 냈다. 그렇다면 이 저장 방법을 목격했을 때 그의 마음속에 어떤 생각이 들었을까? 호기심을 갖고 완전히 몰두한 그의 마음속에 무언가 신비로운 일이 일어났다. 호기심은 당신이 보는 것에 가치를 더하는 한 방법이다. Birdseye의 경우, 호기심은 사물을 보는 일상적인 관점에서 그를 벗어나게 할 만큼 충분히 강했다. 그것은 새로운 것을 생각해 내는 혁신과 발견을 위한 장을 마련해 주었다.

해설 **5** Clarence Birdseye라는 이름의 한 젊은이가 북쪽 지역 거주민들이 겨울에 식량 저장을 위해 눈 속에 고기와 채소를 묻어 두는 것을 보고 호기심을 가지고 궁금해하던 것에서 냉동식품 산업이 탄생했다는 내용의 글이므로, 글의 제목으로 가장 적절한 것은 ① '냉동식품 산업이 한 남자의 호기심에서 시작했다'이다.

6 북부 사람들에게는 평범했던 음식 저장 관행을 보고 한 남자가 호기심을 갖고 완전히 몰두해서 뭔가 특별한 것을 만들어냈다고 말하고 있으므로, 빈칸에 들어갈 말로 가장 적절한 것은 ②이다.

오답분석

오답선지	선택비율
5 ② 역사상 혁신적인 식품 생산 기술	– %
③ 어떻게 우리 아이들의 호기심을 키울 수 있는가?	– %
④ 급속 냉동: 조상들의 지혜	– %
⑤ 단순한 삶을 사는 비결	– %
6 ① 독특한	30.5%
③ 논리적인	11.7%
④ 극단적인	9.7%
⑤ 부정적인	7.5%

6 ①번을 선택한 학생들이 매우 많았어. 빈칸이 있는 문장의 내용을 Birdseye가 사물을 보는 '독특한' 관점을 가졌다고 대략적으로 해석했던 것 같아. 하지만 그 문장에서 '그를 ~에서 벗어나게 하다(lift him out of ~)'라는 표현을 놓치고 오히려 의미를 반대로 해석했기 때문에 오답을 잘못 선택한 거야. 문장을 부분적으로가 아니라 전체적으로 꼼꼼하게 해석하도록 유의해.

▬▬▬ **Vocabulary** Check-up ▬

1 (1) curiosity (2) current (3) dimension
2 (1) overcome (2) violates

1 (1) curiosity / 호기심을 유일한 안내자로 해서 공원이나 이웃을 답사하는 데 하루를 쓰도록 결정하라.

(2) current / 오늘날의 문제들은 20년 전에 직면했던 것들과는 다르며, 경험으로 알 수 있는 것은 현재의 문제들에 잘 대응하고 나면 새로운 문제가 등장하는 새로운 사회적 상황이 만들어진다는 것이다.

(3) dimension / 영화는 우리의 현실의 숨겨진 윤곽을 보이게 만드는 능력 때문이 아니라, 현실 그 자체가 가리고 있는 것, 즉 환상의 차원을 드러내는 능력 때문에 가치가 있다.

2 (1) overcome: 크기의 불이익을 극복하기 위해 작은 동물들은 야생에서 그들 스스로를 보호하기 위해 독과 같은 유용한 무기를 개발해 왔다.

(2) violates: 그 사람은 자신의 행동이 그 원칙에 위배되면 죄책감을 느끼는 경향이 있을 것이며, 그것과 충돌하는 행동을 하는 다른 사람을 못마땅해 하는 경향이 있을 것이다.

▬▬▬ **Grammar** Check-up ▬

1 (1) ① assigning ② going (2) ① shows ② being made
2 ③ → kept

1 (1) ① assigning: when 뒤에 good managers를 가리키는 주어 they가 생략되어 있고 they가 assign이라는 행위의 주체이므로 현재분사 assigning이 적절하다.
② going: see가 목적격 보어로 동사원형이나 현재분사를 취하므로, going이 적절하다.

(2) ① shows: the use of the simple command가 주어이고 문장에 동사가 필요하므로, shows가 적절하다.
② being made: visualize의 목적어인 the same command가 make라는 행위의 대상이므로, 목적격 보어로 being made가 적절하다.

2 ③: freshly caught fish and duck이 that절의 주어이고 동사가 필요하므로, keeping을 kept로 고쳐야 한다.

1 ③	2 ④	3 ①	4 ⑤	5 ②	6 ①

1

정답 ③

소재 성과가 없어도 계속하게 만드는 열정의 힘

직독직해

┌→ 부사절(이유)

[Since a great deal of day-to-day academic work / is
날마다 해야 하는 많은 학업이 ~하기 때문에 / be motivated to ~: ~하도록 동기 부여되다 ←┘

boring and repetitive], / you need to be well motivated to
지루하고 반복적이다 / 여러분은 그것을 계속하도록 많은 동기 부여가 필요
                                          ┌→ 동사구①

keep doing it. // A mathematician / [sharpens her pencils], /
하다 // 어느 수학자는 / 연필을 깎는다 /

┌→ 동사구②   ┌→ 동사구③   ┌→ 동사구④

[works on a proof], / [tries a few approaches], / [gets
어떤 증명을 해내려고 애쓴다 / 몇 가지 접근법을 시도한다 / 아무런

                  ┌→ 동사구⑤   ┌→ 동사구①

nowhere], / and [finishes for the day]. // A writer [sits down
성과를 내지 못한다 / 그리고 그날을 끝낸다 // 어느 작가는 책상에 앉는다 /

                       ┌→ 동사구②   ┌→ 동사구③

at his desk], / [produces a few hundred words], / [decides
             몇 백 단어의 글을 창작한다 / 그것이 별로

      ┌→ 명사절(decides의 목적어)   ┌→ 동사구④   ┌→ 동사구⑤

{they are no good}], / [throws them in the bin], / and [hopes
라고 판단한다 / 쓰레기통에 그것을 던져 버린다 / 그리고 내일 더

                                  ┌→ to부정사구(주어)

for better inspiration tomorrow]. // [To produce something
나은 영감을 기대한다 // 가치 있는 것을 만들어내는 것은 /

worthwhile] / — if it ever happens — / may require /
              행여라도 그런 일이 일어난다면 / 필요로 할지도 모른다 /

years of such fruitless labor. // The Nobel Prize-winning
여러 해 동안의 그런 결실 없는 노동을 // 노벨상을 수상한 생물학자

                                        ┌→ 명사절(said의 목적어)

biologist Peter Medawar said / [that about four-fifths of his
Peter Medawar는 말했다 / 그의 시간 중 5분의 4 정도가 /

                  ┌→ 수동태   명사절(adding의 목적어) ←┐

time / in science / was wasted], / adding sadly / [that "nearly
    과학에 들인 / 헛되었다고 / (그러면서) 애석해하며 덧붙여 말했다 /

                                      ┌→ 명사절(주어)

all scientific research / leads nowhere."] // [What kept all of
"거의 모든 과학적 연구가 / 성과를 내지 못한다"고 // 이 모든 사람들을 계속하게

these people going / when things were going badly] / was
했던 것은 / 상황이 악화되고 있을 때 /
               Without ~, 주어+조동사 과거형+have p.p.(가정법 과거완료)

their passion / for their subject. Without such passion, /
열정이었다 / 자신들의 주제에 대한 // 그러한 열정이 없었더라면 /

they would have achieved nothing. //
그들은 아무것도 이루지 못했을 것이다 //

전문 해석 날마다 해야 하는 많은 학업이 지루하고 반복적이기 때문에, 여러분은 그것을 계속하도록 많은 동기 부여가 필요하다. 어느 수학자는 연필을 깎고, 어떤 증명을 해내려고 애쓰며, 몇 가지 접근법을 시도하고, 아무런 성과를 내지 못하고, 그날을 끝낸다. 어느 작가는 책상에 앉아 몇백 단어의 글을 창작하고, 그것이 별로라고 판단하며, 쓰레기통에 그것을 던져 버리고, 내일 더 나은 영감을 기대한다. 가치 있는 것을 만들어내는 것은, 행여라도 그런 일이 일어난다면, 여러 해 동안의 그런 결실 없는 노동을 필요로 할지도 모른다. 노벨상을 수상한 생물학자 Peter Medawar는 과학에 들인 그의 시간 중 5분의 4 정도가 헛되었다고 말하면서, "거의 모든 과학적 연구가 성과를 내지 못한다."고 애석해하며 덧붙여 말했다. 상황이 악화되고 있을 때 이 모든 사람들을 계속하게 했던 것은 자신들의 주제에 대한 열정이었다. 그러한 열정이 없었더라면,

그들은 아무것도 이루지 못했을 것이다.

해설 빈칸이 포함된 문장 앞에 제시된 수학자와 작가의 사례는 무언가를 만들어내기 위해 성과 없이 반복되는 일들을 한다는 것을 보여 준다. '그런(such)'이라는 말로 그 앞의 사례들에 대한 내용이 이어지고 있고, 뒤 문장에서는 노벨상 수상자가 연구 시간의 대부분이 연구 성과를 내지 못하고 헛되었다고 말하고 있다. 따라서 빈칸에 들어갈 말로 가장 적절한 것은 ③이다.

오답분석

오답선지	① 협동하는	② 생산적인	④ 위험한	⑤ 불규칙한
선택비율	10.5%	30.8%	5.2%	7.7%

②번을 선택한 학생들이 꽤 많았는데, 그건 수학자와 작가의 사례를, 지루하고 반복되지만 결국 가치 있는 것을 만들어 내기 위한 '생산적인(productive)' 노동인 거라고 상식에 근거해 해석했기 때문일 거야. 하지만 빈칸이 들어있는 문장을 살펴보면, '가치 있는 무언가를 생산해 내는 것(To produce something worthwhile)'이 '그러한(such)'한 노동을 필요로 하는 것일지도 모른다고 했기 때문에 앞에서 언급한 수학자와 작가의 노동을 직접적으로 표현한 말을 빈칸에 들어갈 말로 선택해야 해. 앞에 언급된 사례들은 오히려 생산적이지 못한 노동을 보여 주는 사례들이니까 '생산적인(productive)'이라는 단어는 적절하지 않아.

2

정답 ④

소재 이상적인 사회에 대한 캠핑 여행의 비유

직독직해

                                              ┌→ 전치사구

The philosopher G. A. Cohen / provides an example / [of
철학자 G. A. Cohen은 / 예로 제공한다 /

                  ┌→ 전치사구

a camping trip] / [as a metaphor for the ideal society]. //
캠핑 여행을 / 이상적인 사회에 대한 비유로 //

     ┌→ 전치사구   형식상의 주어   명사절(내용상의 주어)

[On a camping trip], / he argues, / it is unimaginable / [that
캠핑 여행에서 / 그는 주장한다 / 상상할 수 없다고 /

someone would say something like, / "I cooked the dinner /
어떤 사람이 이렇게 말하는 것은 / "내가 저녁 식사를 준비했다

                                       ┌→ 부사절(조건)

and therefore you can't eat it / {unless you pay me /
그러니 너는 저녁을 먹을 수 없다 / 네가 나에게 돈을 지불하지 않으면 /
                     └→ pay ~ for ...: ~에게 …에 대해 돈을 지불하다

for my superior cooking skills."}] // Rather, / one person
나의 뛰어난 요리 솜씨에 대해" // 오히려 / 한 사람은 저녁

cooks dinner, / another sets up the tent, / another purifies
준비한다 / 다른 사람은 텐트를 친다 / 또 다른 사람은 물을 정화

the water, and so on, / each in accordance with his or her
하는 등 / 각자 자신의 능력에 맞추어 (일한다) //
                               ┌→ 수동태

abilities. // All these goods are shared / and a spirit of
           이 모든 재화들은 공유된다 / 그리고 공동체 의식은
                 ┌→ make+목적어+목적격 보어(형용사)

community / makes all participants happier. // A camping
           모든 참여자들을 더 행복하게 만든다 // 캠핑 여행은
       ┌→ 관계절   └→ attempt to ~: ~하려고 시도하다

trip / [where each person attempted to gain / the maximum
     각자 얻으려고 하는 / 최대의 보상을 /

rewards / {from the other campers} / in exchange for
전치사구
캠핑하는 다른 사람들로부터 /
in exchange for ~:
~의 대가로
자신의 재능을 사용하는

the use {of his or her talents}] / would quickly end / [in
대가로
전치사구
곧 끝날 것이다 /

disaster and unhappiness]. // Moreover, / the experience
재앙과 불행으로 //
게다가 /
주어
캠핑 경험은 망쳐질

would be ruined / [if people were to behave / in such a
조동사 과거형+동사원형
것이다 /
부사절(가정) / 사람들이 행동한다면 /
if+주어+were to+동사원형(가정법)
그런 식으로

way]. // So, we would have a better life / [in a more equal
전치사구
그래서 우리는 더 나은 삶을 살게 될 것이다 /
더 평등하고 협력하는

and cooperative society]. //
사회에서 //

전문 해석 철학자 G. A. Cohen은 이상적인 사회에 대한 비유로 캠핑 여행을 예로 제공한다. 캠핑 여행에서, 어떤 사람이 "내가 저녁 식사를 준비했으니 나의 뛰어난 요리 솜씨에 대해 네가 나에게 돈을 지불하지 않으면 저녁을 먹을 수 없어."라고 말하는 것은 상상할 수 없다고 그는 주장한다. 오히려, 한 사람은 저녁 식사를 준비하고, 다른 사람은 텐트를 치고, 또 다른 사람은 물을 정화하는 등, 각자 자신의 능력에 맞추어 일한다. 이 모든 재화들은 공유되며, 공동체 의식은 모든 참여자들을 더 행복하게 만든다. 각자 자신의 재능을 사용하는 대가로 캠핑하는 다른 사람들로부터 최대의 보상을 얻으려고 하는 캠핑 여행은 곧 재앙과 불행으로 끝날 것이다. 게다가 사람들이 그런 식으로 행동한다면 캠핑 경험은 망쳐질 것이다. 그래서 더 평등하고 협력하는 사회에서 우리는 더 나은 삶을 살게 될 것이다.

해설 주어진 문장은 공동체 의식이 결여된 채로 타인에게 보상을 얻으려는 캠핑 여행의 부정적인 결과를 언급하고 있는데, ④ 뒤에서 이런 식의 행동으로 캠핑 경험이 망쳐질 것이라고 부연 설명을 하고 있다. 따라서 주어진 문장이 들어가기에 가장 적절한 곳은 ④이다.

오답분석

오답선지	①	②	③	⑤
선택비율	15%	16.7%	13.7%	6%

②번을 선택한 학생들이 비교적 많았는데, 그건 ②번 앞의 문장에서, 캠핑 여행에서 자신의 재능을 사용한 대가로 타인에게 보상을 얻으려고 하는 사람의 모습을 제시하고 있고, 주어진 문장에서는 각 사람이 그러한 태도로 참여하는 캠핑 여행은 곧 재앙과 불행으로 끝날 것이라는 내용이 나오기 때문에 두 문장이 자연스럽게 연결되어 보였기 때문이지. 하지만 ②번 뒤에 오는 문장은 '오히려 캠핑 여행에 참여한 각 사람이 자신의 능력에 맞추어 일한다'는 내용으로 연결이 매우 어색하지. 그러니 반드시 앞 뒤의 문장을 모두 살펴보고 연결이 자연스러운지 확인해 볼 필요가 있어!

3

정답 ①

소재 까마귀의 의존 기간과 지능과의 관계

직독직해

Crows are a remarkably clever family of birds. // They
까마귀는 놀랄 만큼 영리한 조류이다 //
be capable of ~: ~을 할 수 있다

are capable of solving / many more complex problems /
그들은 해결할 수 있다 /
더 복잡한 많은 문제들을 /

compared to ~: ~와 비교하여
compared to other birds, / such as chickens. // [After
전치사구
다른 새들과 비교하여 /
닭과 같은 //
부화한

hatching], / chickens peck busily / [for their own food]
후에 /
닭은 분주하게 쪼아먹는다 /
전치사구
자신의 먹이를 /

비교급 강조
much faster / than crows, / [which rely on the parent
훨씬 더 빨리 / 까마귀보다 /
관계절: crows를 부연 설명
어미새에게 의존하는
to부정사구

bird / {to bring them food / in the nest}]. // However, /
자신들에게 먹이를 가져다주는 /
둥지로 //
하지만 /

전치사구
[as adults], / chickens have very limited hunting skills /
다 자랐을 때 /
닭은 매우 제한적인 먹이를 찾는 능력을 지닌다 /

비교급 강조
whereas crows are much more flexible / [in hunting
전치사구
까마귀가 훨씬 더 유연한 반면 /
먹이를 찾는 데

end up with ~: 결국 ~하게 되다
for food]. // Crows also end up / with bigger and more
있어서 /
까마귀는 또한 결국 가지게 된다 / 더 크고 더 복잡한 뇌를 //
between A and B: A와 B 사이의

complex brains. // Their extended period / between
그들의 연장된 기간은 /
부화와 둥지를

전치사구
hatching and flight [from the nest] / enables them to
떠나는 것 사이의 /
enable+목적어+목적격 보어(to부정사):
그들에게 지능을 발달시킬
~에게 …을 할 수 있게 하다

develop intelligence. //
수 있게 한다 /

전문 해석 까마귀는 놀랄 만큼 영리한 조류이다. 그들은 닭과 같은 다른 새들과 비교하여 더 복잡한 많은 문제들을 해결할 수 있다. 부화한 후에 닭은, 둥지로 자신들에게 먹이를 가져다주는 어미새에게 의존하는 까마귀보다 훨씬 더 빨리 분주하게 자신의 먹이를 쪼아 먹는다. 하지만, 다 자랐을 때 닭은 매우 제한적인 먹이를 찾는 능력을 지닌 반면, 까마귀는 먹이를 찾는 데 있어서 훨씬 더 유연하다. 까마귀는 또한 결국 더 크고 더 복잡한 뇌를 가지게 된다. 그들은 부화와 둥지를 떠나는 것 사이에 연장된 기간을 가짐으로써 그들에게 지능을 발달시킬 수 있게 한다.

→ 까마귀는 더 긴 의존의 기간을 가지기 때문에 닭보다 더 똑똑하다.

해설 까마귀는 닭이나 다른 새들에 비해서 먹이를 가져다주는 어미새에 의존하는 등 의존 기간이 길어서 더 크고 복잡한 뇌를 가지게 되어 지능이 더 높다는 내용의 글이다. 따라서 (A)와 (B)에 들어갈 말로 가장 적절한 것은 ① '똑똑한 – 의존'이다.

오답분석

오답선지	선택비율
② 수동적인 …… 의존	6.3%
③ 이기적인 …… 경쟁	4.4%
④ 똑똑한 …… 경쟁	23.3%
⑤ 수동적인 …… 사냥	6.6%

④번은 까마귀가 '경쟁(competition)'하는 기간이 길어서 '똑똑하다(intelligent)'는 의미인데, 지문에는 그런 내용이 전혀 나와 있지 않기 때문에 답이 될 수 없어. 이 오답 선택지를 선택한 학생들은 글의 앞부분을 정확하게 해석하지 못한 채 닭이 까마귀보다 훨씬 더 빨리 분주하게 자신의 먹이를 쪼아 먹는다는 말만 대략적으로 이해하고 그것을 '경쟁'으로 오해한 것이 아닌가 싶어. 마지막 문장의 '그들(까마귀)의 부화와 둥지를 떠나는 것 사이에 연장된 기간(Their extended period between hatching and flight from the nest)'이 까마귀로 하여금 지능을 발달시킬 수 있게 한다는 내용에서도 (B)에 들어갈 단어가 dependency(의존)라는 걸 확인할 수 있을 거야.

4

소재 정직한 삶의 필요성

직독직해

Honesty is a fundamental part / [of every strong
정직은 근본적인 부분이다 / → 전치사구
모든 굳건한 관계의 /
→ to one's advantage: ~에게 유리하게 → 동명사구①
relationship]. // Use it to your advantage / by [being open
그것을 여러분에게 유리하게 사용하라 / 자신이 느끼는 것에 대해
→ 명사절(with의 목적어) → 동명사구②
with {what you feel}] / and [giving a truthful opinion /
솔직하게 말함으로써 / 그리고 정직한 의견을 줌(으로써) /
when asked]. // This approach / can help you [escape
질문을 받았을 때 // 이 접근법은 / 여러분이 불편한 사회적 상황에서
└─ 대등한 연결 ─┘
uncomfortable social situations] / and [make friends
벗어나도록 도와줄 수 있다 / 그리고 정직한 사람들과 친구가
→ 전치사구 → 전치사구
{with honest people}]. // Follow this simple policy / [in
될 수 있도록 (도와줄 수 있다) // 이러한 단순한 방침을 따르라 /
→ 부사절(시간)
life] / — never lie. // [When you develop a reputation /
삶에서 / 절대로 거짓말을 하지 말라 // 평판이 생길 때 /
→ 전치사구
{for always telling the truth}], / you will enjoy / strong
항상 진실만을 말한다는 / 여러분은 누릴 것이다 / 굳건한
→ based on ~: ~을 바탕으로 → 형식상의 주어
relationships / based on trust. // It will also be more
관계를 / 신뢰를 바탕으로 // 또한 더 어려워질 것이다 /
→ to부정사구(내용상의 주어) → 관계절
difficult / [to manipulate you]. // People [who lie] / get
(누군가가) 여러분을 조종하는 것도 // 거짓말을 하는 사람들은 /
→ 부사절(시간)
into trouble / [when someone threatens to uncover their
곤경에 처하게 된다 / 누군가가 자신의 거짓말을 폭로하겠다고 위협할 때 //
→ 전치사구
lie]. // [By living true to yourself], / you'll avoid a lot of
자신에게 진실하게 삶으로써 / 여러분은 많은 골칫거리를 피할
be free from ~: ~이 없다 → 전치사구
headaches. // Your relationships / will also be free [from
것이다 // 여러분의 관계는 / 또한 해악이 없을 것이다
→ 전치사구
the poison / {of lies and secrets}]. // Don't be afraid to be
거짓과 비밀이라는 // 친구들에게 정직하게 대하는 것을
→ no matter how ~: 아무리 ~라도
honest with your friends, / no matter how painful the truth
두려워하지 말라 / 진실이 아무리 고통스러울지라도 /
→ 전치사구 → 전치사구
is. // [In the long term], / lies [with good intentions] / hurt
장기적으로 보면 / 선의의 거짓말은 /
→ 비교급 강조
people much more / than telling the truth. //
사람들에게 훨씬 더 많이 상처를 준다 / 진실을 말하는 것보다 //

전문 해석 정직은 모든 굳건한 관계의 근본적인 부분이다. 자신이 느끼는 것에 대해 솔직하게 말하고, 질문을 받았을 때 정직한 의견을 줌으로써 그것을 여러분에게 유리하게 사용하라. 이 접근법은 여러분이 불편한 사회적 상황에서 벗어나고 정직한 사람들과 친구가 될 수 있도록 도와줄 수 있다. 삶에서 이러한 단순한 방침을 따르라. 절대로 거짓말을 하지 말라. 항상 진실만을 말한다는 평판이 생기면, 여러분은 신뢰를 바탕으로 굳건한 관계를 누릴 것이다. (누군가가) 여러분을 조종하는 것도 더 어려워질 것이다. 거짓말을 하는 사람들은 자신의 거짓말을 폭로하겠다고 누군가가 위협하면 곤경에 처하게 된다. 자신에게 진실하게 삶으로써, 여러분은 많은 골칫거리를 피할 것이다. 또한 여러분의 관계는 거짓과 비밀이라는 해악이 없을 것이다. 진실이 아무리 고통스러울지라도 친구들에게 정직하게 대하는 것을 두려워하지 말라. 장기적으로 보면, 선의의 거짓말은 진실을 말하는 것보다 사람들에게 훨씬 더 많이 <u>위안을 준다(→ 상처를 준다)</u>.

해설 정직하게 사는 것의 이점을 강조하는 내용의 글이므로 거짓

말이 사람들에게 '위안을 준다(comfort)'가 아니고, '상처를 준다(hurt)'와 같이 부정적인 영향을 준다는 의미의 낱말을 써야 흐름이 자연스럽다. 따라서 문맥상 낱말의 쓰임이 적절하지 않은 것은 ⑤ '위안을 준다'이다.

오답분석

오답선지	① 정직한	② 개발하다	③ 폭로하다	④ 피하다
선택비율	6.8%	8.1%	19.9%	10.2%

③번이 들어있는 문장 People who lie get into trouble when someone threatens to uncover their lie를 보면, 거짓말을 하는 사람이 곤경에 처하게 되는 상황에 관한 내용을 말하고 있어. 자신의 거짓말을 '폭로하겠다(uncover)'고 누군가가 위협하는 경우, 거짓말을 하는 사람이 곤경에 처한다는 것은 자연스럽지.

5~6

정답 5 ② / 6 ①

소재 훌륭한 과학자들의 공통점

직독직해

→ 관계절
(목적격 관계대명사 생략)
Think of / the most famous scientists / [you know] / —
생각해 보라 / 가장 유명한 과학자들을 / 여러분이 알고 있는 /
Isaac Newton, Louis Pasteur, Albert Einstein, Thomas
Isaac Newton, Louis Pasteur, Albert Einstein, Thomas Edison, Pierre Curie와
Edison, Pierre and Marie Curie, Stephen Hawking, and so
Marie Curie 부부, Stephen Hawking 등을 /
→ have ~ in common: 공통적으로 ~을 가지고 있다
on. // What do all these people have in common? // Well,
이 모든 사람들이 공통으로 가진 것은 무엇일까? //
for one thing, / they're all very smart. // In some cases / they
우선 한 가지는 / 그들이 모두 매우 똑똑하다는 것이다 // 어떤 경우에
→ teach oneself: 독학하다 → 명사절(of의 목적어)
even taught themselves / most of [what they knew / about
그들은 독학하기까지 했다 / 자신이 알고 있는 것 대부분을 /
their particular subject]. // In fact, / Sir Isaac Newton /
자신들의 특정한 주제에 대해 // 사실 / Isaac Newton 경은 /
had to invent / a new branch of mathematics(calculus) /
만들어 내야 했다 / 새로운 수학 분야(미적분학)를 /
→ to부정사구(~하기 위해) → 관계절(목적격 관계대명사 생략)
just [to solve the problems] / [he was trying to do] /
오로지 문제들을 풀기 위해 / 자신이 풀려고 애쓰고 있는 /
→ 전치사구 → 관계절
[in physics]. // There is something else / [they all had
물리학에서 // 다른 것이 있다 / 그들 모두가 공통으로
└ 관계절(something else를 수식)
in common] / [that set them apart from the other smart
지닌 / 그들을 다른 똑똑한 사람들과 구별해 주는 /
→ 전치사구
people / {of their time}] / — their ability to ask questions. //
그들 당대의 / (그것은) 질문을 던지는 그들의 능력이다 //
부분부정 → to부정사구(~하기 위해)
Just having a good brain / isn't always enough. // [To be
단지 좋은 두뇌를 갖는 것이 / 항상 충분하지는 않다 // 훌륭한
a great scientist], / you need to be able to look at a
과학자가 되기 위해서 / 여러분은 문제를 볼 수 있어야 한다 /
→ 관계절
problem / [that hundreds, maybe even thousands, of
수백, 어쩌면 심지어 수천 명의 사람들이 이미 보았던 /

대등한 연결
people {have already looked at} / and {have been unable
그리고 풀 수 없었던 /

to solve}], / and ask the question in a new way. // Then
그리고 새로운 방식으로 질문을 할 (수 있어야 한다) //   그러면

대등한 연결
you [take that question] and [come up with a new way /
여러분은 그 질문을 가지고 새로운 방법을 생각해 내게 된다 /

명사절(is의 보어)
to answer it]. // That is [what made Newton and the
그것에 답하는 //   그것이 Newton과 여타 과학자들을 매우 유명하게 만든 것이다 //

couple A with B: A와 B를 결합하다
others so famous]. // They coupled intelligence with
그들은 지성과 호기심을 결합시켰다 /

관계절
a curiosity / [that said, "I want to know the answer to
호기심에 /   "나는 이것에 대한 답을 알고 싶어."라고 말하는 //

come up with ~: ~을 생각해 내다
this."] // After coming up with the right questions, / they
적절한 질문을 생각해 낸 후에 /   그들은

동사구①
[discovered / ways of answering those questions] / and
발견했다   그 질문들에 답하는 방법을 /   그리고

동사구②
[became famous for their discoveries]. //
자신들의 발견으로 유명해졌다 //

전문 해석 Isaac Newton, Louis Pasteur, Albert Einstein, Thomas Edison, Pierre Curie와 Marie Curie 부부, Stephen Hawking 등 여러분이 알고 있는 가장 유명한 과학자들을 생각해 보라. 이 모든 사람들이 공통으로 가진 것은 무엇일까? 우선 한 가지는 그들이 모두 매우 똑똑하다는 것이다. 어떤 경우에 그들은 자신들의 특정한 주제에 대해 자신들이 알고 있는 것 대부분을 독학하기까지 했다. 사실, Isaac Newton 경은 오로지 자신이 물리학에서 풀려고 애쓰고 있는 문제들을 풀기 위해 새로운 수학 분야(미적분학)를 만들어 내야 했다. 그들을 그들 당대의 다른 똑똑한 사람들과 구별해 주는, 그들 모두가 공통으로 지닌 다른 것이 있는데, 그것은 질문을 던지는 그들의 능력이다. 단지 좋은 두뇌를 갖는 것이 항상 충분하지는 않다. 훌륭한 과학자가 되기 위해서 여러분은 수백, 어쩌면 심지어 수천 명의 사람들이 이미 보고 풀 수 없었던 문제를 보고, 새로운 방식으로 그 질문을 할 수 있어야 한다. 그러면 여러분은 그 질문을 가지고 그것에 답하는 새로운 방법을 생각해 내게 된다. 그것이 Newton과 여타 과학자들을 매우 유명하게 만든 것이다. 그들은 지성과 "나는 이것에 대한 답을 알고 싶어."라고 말하는 호기심을 결합시켰다. 적절한 질문을 생각해 낸 후에 그들은 그 질문들에 답하는 방법을 발견했고, 자신들의 발견으로 유명해졌다.

해설 5 필자는 Isaac Newton과 같은 유명한 과학자들의 공통점을 묻고 나서, 훌륭한 과학자들은 모두 똑똑하다는 것과 스스로 새로운 방식으로 질문을 생각해 내고 그 질문에 답하는 방법을 찾는 능력이 있다는 내용의 글이다. 따라서 글의 제목으로 가장 적절한 것은 ② '훌륭한 과학자가 되기 위해서 필요한 것은 무엇인가?'이다.

6 훌륭한 과학자가 되기 위해서는 좋은 두뇌를 갖는 것만으로는 충분하지 않다고 하면서, 그들을 유명하게 만든 것에는 좋은 두뇌와 더불어 그들의 새로운 방식으로 질문하는 능력과 답을 알고 싶어 하는 호기심이 함께 작용했다고 했으므로, 빈칸에 들어갈 말로 가장 적절한 것은 ①이다.

오답분석

오답선지	선택비율
5 ① 과학: 독인가, 약인가?	- %
③ 당신의 재능을 더 나은 미래를 위해 공유하라	- %
④ 예술 속의 과학, 과학 속의 예술	- %
⑤ 감성이 없으면, 지능도 없다	- %

6 ② 대체했다	14.2%
③ 혼동했다	14.9%
④ 최소화했다	6.4%
⑤ 비교했다	15.8%

6 ⑤번이 들어 있는 문장을 해석하면, 훌륭한 과학자들이 지능과 호기심을 'compared(비교했다)'인데 그와 관련된 내용이 본문에는 전혀 언급되지 않았어. 항상 글을 잘 읽고 본문 내용에 근거해서 정답을 찾아야 해.

Daily Review   Day 22

Vocabulary Check-up

1 (1) attempt (2) reputation (3) passion
2 (1) worthwhile (2) superior

1 (1) attempt / 음악적인 소리의 특정 속성이라는 측면에서 음악이란 무엇인가를 정의하기 위한 많은 <u>시도</u>가 있었다.

(2) reputation / 귀사는 연구기관으로서 훌륭한 <u>평판</u>을 가지고 있고 저에게 매우 매력적인 많은 측면을 가지고 있습니다.

(3) passion / 그들은 이제 조류 관찰자로서의 그녀의 비범한 재능과 <u>열정</u>을 인정했다.

2 (1) worthwhile / 익숙하지 않은 대상이 유용할 가능성도 있으므로, 그것이 즉각적인 위협을 주지 않는다면, 더 자세히 살펴보는 것이 <u>가치가 있을</u> 수도 있다.

(2) superior / 문제 해결에 있어서 집단 작업이 심지어 가장 숙련된 집단 구성원들의 개별 작업보다 <u>우수하기</u> 때문에 학생들이 협력할 때 더 잘 배운다는 것은 놀라운 일이 아닐 것이다.

Grammar Check-up

1 (1) ① adding ② What (2) ① famous ② became
2 ④ → no matter how

1 (1) ① adding: 의미상 and he added를 대신하는 분사구문을 이끌어야 하므로, adding이 적절하다.
② What: 이어지는 절에서 주어가 빠져 있으므로, 주어를 대신하며 선행사를 포함하는 관계사 What이 적절하다.

(2) ① famous: made의 목적격 보어 위치로 형용사가 와야 하므로 famous가 적절하다.
② became: discovered와 접속사 and로 연결된 병렬 관계에 있으므로, 과거 시제의 동사인 became이 적절하다.

2 ④: 뒤에 있는 형용사 painful을 수식해야 하므로, no matter what을 no matter how로 고쳐야 한다.

| **1** ⑤ | **2** ⑤ | **3** ① | **4** ② | **5** ② | **6** ② |

1

정답 ⑤

소재 한정된 주의력 내에서의 집중

직독직해

The often-used phrase "pay attention" / is insightful: /
흔히 사용되는 '주의력을 지불하다'는 어구는 / 통찰력이 있다 /
→ dispose of의 목적어
you dispose of / [a limited budget of attention / {that you
여러분은 소비한다 / 제한된 예산의 주의력을 / 여러분이
부사절(조건)→ go beyond ~: ~을 넘어서다
can allocate to activities}], / and [if you try to go beyond
활동들에 할당할 수 있는 / 그리고 만약 여러분이 예산 한도를 넘어서려고
형식상의 주어
your budget], / you will fail. // It is the mark of effortful
시도한다면 / 실패할 것이다 // 수고스러운 활동의 신호이다 /
→ 내용상의 주어 → interfere with ~: ~을 방해하다
activities / [that they interfere with each other], / which is
활동들이 서로 간섭한다는 것은 / 그리고 이는
→ 명사절 → 형식상의 주어 → to부정사구(내용상의 주어)
[why it is difficult or impossible / {to conduct several at
어렵거나 불가능한 이유이다 / 한꺼번에 여러 일을 수행하기가 //
once}]. // You could not compute / the product of 17×24 /
여러분은 계산할 수 없을 것이다 / 17 곱하기 24를 /
while making a left turn / into dense traffic, / and you
좌회전을 하는 동안에 / 빽빽이 들어선 차량 속으로 / 그리고 분명히
certainly should not try. // You can do several things / at
시도해서도 안 된다 // 여러분은 여러 일을 할 수 있다 /
once, / but only if they are easy and undemanding. // You
한 번에 / 그 일들이 쉽고 벅차지 않아야 그러하다 //
→ 분사구문
are probably safe / [carrying on a conversation / with a
여러분은 아마 안전할 것이다 / 얘기하면서도 / 승객과 /
passenger / while driving on an empty highway], / and
텅 빈 고속도로에서 운전하면서 / 그리고
→ 전치사구
many parents have discovered, / [perhaps with some guilt], /
많은 부모들은 알게 되었다 / 아마도 약간의 죄책감을 갖고 /
→ 명사절(discovered의 목적어)
[that they can read a story to a child / while thinking of
아이에게 이야기를 읽어줄 수 있다는 것을 / 다른 무언가를 생각하면서 //
something else]. //

전문 해석 흔히 사용되는 '주의력을 지불하다'라는 어구는 통찰력이 있다. 여러분은, 여러분이 활동들에 할당할 수 있는 제한된 예산의 주의력을 소비하고, 만약 여러분이 예산 한도를 넘어서려고 시도한다면, 실패할 것이다. 활동들이 서로 간섭한다는 것은 수고스러운 활동의 신호이고, 이는 한꺼번에 여러 일을 수행하기 어렵거나 불가능한 이유이다. 여러분은 빽빽이 들어선 차량 속으로 좌회전을 하는 동안에 17 곱하기 24를 계산할 수 없을 것이고, 분명히 시도해서도 안 된다. 여러분은 한 번에 여러 일을 할 수 있지만, 오직 그 일들이 쉽고 벅차지 않아야만 그러하다. 여러분은 텅 빈 고속도로에서 운전하면서 승객과 얘기하면서도 아마 안전할 것이며, 많은 부모들은 아마도 약간의 죄책감을 갖고 다른 무언가를 생각하면서 아이에게 이야기를 읽어줄 수 있다는 것을 알게 되었다.

해설 필자는 우리가 제한된 예산의 주의력을 소비하는데 그 한도를 넘으려고 한다면 실패할 것이라고 말하면서, 한 번에 여러 일을 할 수

있는 것은 그 일이 쉽고 벅차지 않은 경우라고 말하고 있다. 따라서 글의 제목으로 가장 적절한 것은 ⑤ '주의력의 한계치 내에 자신을 두어라'이다.

오답분석

오답선지	선택비율
① 이야기하기: 아이들의 주의를 집중시키기 위한 도구	9.7%
② 왜 주의는 자주 정신적인 휴식이 필요한가	9.7%
③ 주의 집중은 불가능을 가능하게 만든다	26.5%
④ 어떻게 수학이 우리를 논리적으로 사고하도록 돕는가	3.6%

③번을 선택한 친구들이 많았는데 이 글의 주제를 오히려 반대의 의미로 잘못 판단했기 때문이야. 물론 이 글의 소재는 주의 집중(paying attention)이 맞지만 주의 집중이 무한해서 집중력을 발휘하면 불가능한 일들을 해낼 수 있는 내용이 아니라 if you try to go beyond your budget (of attention), you will fail이라는 말에서 알 수 있듯이 오히려 집중력을 한정된 예산과 같은 것으로 보고 그걸 넘어서면 실패할 거라고 말하고 있어. 글의 소재만 보고 상식에 근거하여 그럴듯한 선택지를 고르지 말고 주제를 뒷받침하는 세부적인 근거들을 꼼꼼하게 살펴보고 골라야 해!

2

정답 ⑤

소재 내륙 쪽으로 정착한 조상들의 통찰력

직독직해

→ 전치사구
The acceleration [of human migration / toward the
사람들의 이동의 가속화는 / 해안 쪽으로
shores] / is a contemporary phenomenon, / but the
현대적인 현상이다 / 그러나 지식
→ 전치사구
knowledge and understanding / [of the potential risks /
과 이해는 / 잠재적 위험에 대한 /
regarding coastal living] / are not. // Indeed, / even at a
해안 거주와 관련된 / 그렇지 않다 / 참으로 / ~때 조차도 /
→ 관계절
time / [when human-induced greenhouse-gas emissions /
인간이 유발한 온실가스 배출이 /
→ 분사구①
were not exponentially {altering the climate}, / {warming
기하급수적으로 기후를 변화시키지 않았던 / 바다를 온난화
→ 분사구③
the oceans}, / and {leading to rising seas}], / our ancestors
시키지 (않았던) / 그리고 해수면 상승을 이끌지 (않았던) / 우리 조상은 알았다
→ 명사구(knew의 목적어)
knew / [how to better listen to and respect / the many
어떻게 더 잘 듣고 존중할지를 / 많은 움직임과
→ 전치사구 → 분사구문
movements and warnings / {of the seas}], / thus [settling
경고를 / 바다의 / 그래서 더 내륙 쪽으로
→ 전치사구
farther inland]. // For instance, / [along Japan's coast], /
정착했다 // 예를 들어 / 일본 해안가를 따라
hundreds of so-called tsunami stones, / some more than
수백 개의 이른바 쓰나미 스톤이 / 몇몇은 600년이 더 넘은
→ 수동태 → to부정사구(~하기 위해)
six centuries old, / were put in place / [to warn people /
육 세기가 된 / 자리에 놓였다 / 사람들에게 경고하기 위해 /
→ warn ~ not to ...: ~에게 …하지 말라고 경고하다
not to build homes / below a certain point]. // Over the
집을 짓지 말라고 / 특정 지점 아래로 // 전 세계에 걸쳐 /

world, / moon and tides, winds, rains and hurricanes / were
달과 조석, 바람, 비와 허리케인은 /

naturally guiding / humans' settlement choice. //
자연스럽게 안내하고 있었다 / 인간의 정착 선택을 //

전문 해석 해안 쪽으로 사람들의 이동의 가속화는 현대적인 현상이지만, 해안 거주와 관련된 잠재적 위험에 대한 지식과 이해는 그렇지 않다. 참으로, 인간이 유발한 온실가스 배출이 기하급수적으로 기후를 변화시키지 않았고, 바다를 온난화시키지 않았고, 해수면 상승을 이끌지 않았을 때조차도, 우리 조상들은 바다의 많은 움직임과 경고를 어떻게 더 잘 듣고 존중할지를 알고 있어서 <u>더 내륙 쪽으로 정착했다</u>. 예를 들어, 일본 해안가를 따라, 몇몇의 600년이 더 넘는 수백 개의 이른바 쓰나미 스톤이, 특정 지점 아래로 집을 짓지 않을 것을 사람들에게 경고하기 위해 자리에 놓였다. 전 세계에 걸쳐, 달과 조석, 바람, 비와 허리케인은 자연스럽게 인간의 정착 선택을 안내하고 있었다.

해설 해안 거주와 관련된 잠재적 위험에 대한 지식과 이해를 갖추고 있던 조상들은 인간에 의한 기후변화, 바다의 온난화 및 해수면 상승 이전에도 바다의 움직임과 경고를 잘 듣고 존중했다는 내용의 글이다. 따라서 빈칸에는 그러한 조상들이 무엇을 했을지에 관한 내용이 들어가야 한다. 그러므로 빈칸에 들어갈 말로 가장 적절한 것은 ⑤이다.

오답분석

오답선지	선택비율
① 자연 서식지를 파괴했다	20.6%
② 땅을 평평하게 만들었다	11.5%
③ 원시 사회의 미신을 형성했다	14.9%
④ 그들의 조상을 탓했다	8.7%

①번을 선택한 학생들이 많았는데, 글에 나온 온실가스 배출(greenhouse-gas emissions), 바다의 온난화(warming the oceans), 해수면 상승(rising seas), 쓰나미(tsunami) 등의 표현을 보고 빈칸에 들어갈 말로 잘못 판단한 것 같아. 빈칸의 앞부분을 잘 해석했다면 조상들이 바다의 움직임과 경고를 잘 듣고 존중한 결과로 했던 것을 찾았을 거야.

3

정답 ①

소재 타인의 변하는 감정으로부터의 거리감과 분리감 기르기

직독직해

We like to make a show / of [how much our decisions
우리는 보여주고 싶어 한다 / 얼마나 많이 우리의 결정이 이성적 고려에

are based on rational considerations], / but the truth is /
근거하는지를 / 하지만 진실은 /

[that we are largely governed / by our emotions], / which
우리는 주로 지배당하고 있다는 것이다 / 우리의 감정에 의해 / 이것은

continually influence our perceptions. // [What this means]
계속적으로 우리의 인지에 영향을 준다 // 이것이 의미하는 것은 ~이다 /

is / [that the people {around you, / constantly under the
여러분의 주변 사람들이 / 끊임없이 그들 감정의 끌어당김

pull of their emotions}, / change their ideas / by the day or
아래에 있는 / 그들의 생각을 바꾼다는 것이다 / 날마다 혹은 시간

by the hour, / depending on their mood]. // You must never
마다 / 그들의 기분에 따라 / 여러분은 가정해서는

assume / [that {what people say or do / in a particular
안 된다 / 사람들이 말하거나 행동하는 것이 / 특정한 순간에 /

moment} / is a statement / {of their permanent desires}]. //
진술이라고 / 그들의 영구적인 바람에 대한 //

Yesterday they were in love with your idea; / today they
어제 그들이 여러분의 생각에 완전히 빠져 있었다 / 오늘 그들은 냉담해

seem cold. // This will confuse you / and [if you are not
보인다 // 이것이 여러분을 혼란스럽게 할 것이다 / 그리고 만약 여러분이 조심

careful], / you will waste valuable mental space / trying
하지 않는다면 / 여러분은 소중한 정신적 공간을 낭비할 것이다 / 알아내려고

to figure out / [their real feelings], / [their mood of the
노력하는 데 / 그들의 실제 감정을 / 그 순간 그들의 기분을 /

moment], / and [their fleeting motivations]. // It is best /
그리고 그들의 빠르게 지나가는 열의를 / 최선이다 /

[to cultivate / both distance and a degree of detachment /
기르는 것이 / 거리감과 어느 정도의 분리감을 모두 /

{from their shifting emotions}] / so that you are not caught
그들의 변화하는 감정들로부터 / 여러분이 사로잡히지 않도록 하기 위해

up / in the process. //
서는 / 그 과정에 //

전문 해석 우리는 우리의 결정이 얼마나 많이 이성적 고려에 근거하는지 보여주고 싶어 하지만, 진실은 우리는 우리의 감정에 의해 주로 지배당하고 있고, 이것은 계속적으로 우리의 인지에 영향을 준다. 이것이 의미하는 것은 끊임없이 그들 감정의 끌어당김 아래에 있는 여러분의 주변 사람들이 날마다 혹은 시간마다 그들의 기분에 따라 그들의 생각을 바꾼다는 것이다. 여러분은 사람들이 특정한 순간에 말하거나 행동하는 것이 그들의 영구적인 바람에 대한 진술이라고 가정해서는 안 된다. 어제 그들은 여러분의 생각에 완전히 빠져 있었지만, 오늘 그들은 냉담해 보인다. 이것이 여러분을 혼란스럽게 할 것이고, 만약 여러분이 조심하지 않는다면, 여러분은 그들의 실제 감정, 그 순간 그들의 기분, 그들의 빠르게 지나가는 열의를 알아내려고 노력하는 데 소중한 정신적 공간을 낭비할 것이다. 여러분이 그 과정에 사로잡히지 않도록 하기 위해서는 그들의 변화하는 감정들로부터 <u>거리감과 어느 정도의 분리감을 모두 기르는 것</u>이 최선이다.

해설 필자는 주변 사람들의 실제 감정, 순간의 기분, 빠르게 지나가는 열의를 알아내려고 노력하는 데 우리의 소중한 정신 공간을 낭비할 수 있다고 말하고 있다. 따라서 뒤에 이어질 조언의 내용으로 빈칸에 들어갈 말로 적절한 것은 ①이다.

오답분석

오답선지	선택비율
② 그들의 직업에 대한 단서나 힌트를 찾아내는	21.8%
③ 그들에 대해 더 공감하는 것을 배우는	12.4%
④ 그들의 성격에서 정직성을 발견하는	12.7%
⑤ 그들의 불안과 걱정을 덜어 주는	12.6%

②번을 선택한 학생들이 많았는데, 글에서 제시하고 있는 타인의 빠르게 변하는 감정과 말, 행동 속에서 혼란스러워지는 문제 상황에 대한 이해를 하고, 그 문제를 해결하기 위한 조언으로 적절해 보이는 선택지를 고른 것으로 보여. 하지만 타인의 '직업(occupation)'에 관한 내용은 이 글에서 전혀 언급되고 있지 않아.

4

정답 ②

소재 목표를 향해 가는 과정과 목표 달성 후 겪는 다양한 감정

직독직해

→ 부사절(시간)
[When we set a plan], / we are very excited about
우리가 목표를 세울 때 / 우리는 그것에 대해 매우 흥분한다 //

→ 전치사구
it. // [In this stage], / we can even imagine ourselves /
이 단계에서 / 우리는 우리 자신을 상상하기까지 한다 /

→ 전치사구
victoriously dancing / [on the top of that mountain], /
의기양양하게 춤추고 있는 / 그 산의 정상 위에서 /

→ 분사구문
[feeling successful and ultimately happy]. // However, /
성공적이며 궁극적으로 행복하게 느끼면서 // 하지만 /

→ 부사절(시간) → to부정사구(~하기 위해)
[when you start putting the plan into practice / {to
계획을 실천하기 시작하면서 /

achieve your goal}], / the happiness, excitement, and a
여러분의 목표를 성취하기 위해 / 그 행복감, 즐거움, 그리고 많은 에너지원은 /

lot of fuel / suddenly disappear. // That is because / [the
갑자기 사라진다 // 그것은 ~이기 때문이다 /

→ 동격
road to your goal], / [the implementation of the plan] /
여러분의 목표로 향하는 길이 / 즉 계획의 이행이 /

→ as ~ as …: …만큼 ~한
is not as appealing as the plan. // You can easily lose
그 계획만큼 매력적이지 않(기 때문이)다 // 여러분은 쉽게 동기를 잃을 수

→ 부사절(시간) → 전치사구
motivation / [when you face the plain reality / {of the road
있다 / 평범한 현실에 여러분이 직면했을 때 / 성공으로 가는

→ 동사구①
to success}]. // The road [is paved with grey stones] / and
길의 // 그 길은 회색 돌로 포장되어 있다 /

→ 동사구② → 분사구
[offers less intense emotions / than those {imagined at
그리고 덜 강렬한 감정을 제공한다 / 시작할 때 상상했던 것보다 //

→ 부사절(시간) → 대등한 연결
the beginning}]. // [When you {reach the end} / and {look
여러분이 마지막 지점에 도달할 때 / 그래서 그 길을

→ 명사절(realize의 목적어)
back at the road}], / however, you'll realize / [how much
되돌아봤을 때 / 하지만 여러분은 깨달을 것이다 / 얼마나 그것이

more valuable, colorful, and meaningful it was] / than you
훨씬 더 많이 가치 있고, 다채롭고, 의미가 있었는지를 / 그것이 그럴

→ anticipate+목적어+목적격 보어(to부정사): ~이 …할 것이라고 예상하다
anticipated it to be / in the moment. //
것이라고 여러분이 예상했던 것보다 / 그 순간에 //

전문 해석 우리가 목표를 세울 때, 우리는 그것에 대해 매우 흥분한다. 이 단계에서 우리는 성공적이며 궁극적으로 행복하게 느끼면서, 그 산의 정상 위에서 의기양양하게 춤추고 있는 우리 자신을 상상하기까지 한다. 하지만, 여러분의 목표를 성취하기 위해 계획을 실천하기 시작하면서, 그 행복감, 즐거움, 그리고 많은 에너지원은 갑자기 사라진다. 그것은 여러분의 목표로 향하는 길인 계획의 이행이 그 계획만큼 매력적이지 않기 때문이다. 성공으로 가는 길의 평범한 현실에 여러분이 직면했을 때 여러분은 쉽게 동기를 잃을 수 있다. 그 길은 회색 돌로 포장되어 있고, 시작할 때 상상했던 것보다 덜 강렬한 감정을 제공한다. 하지만 여러분이 그 길의 마지막 지점에 도달해서 그 길을 되돌아봤을 때, 여러분은 그것이 그 순간에 그럴 것이라고 예상했던 것보다 얼마나 훨씬 더 많이 가치 있고, 다채롭고, 의미가 있었는지를 깨달을 것이다.

해설 주어진 문장은 목표를 위해 계획을 실천하기 시작하면 행복감, 즐거움, 많은 에너지원이 갑자기 사라진다는 내용이다. 'However' 라는 접속사로 시작했으므로 주어진 문장의 앞에는 목표를 세울 때의 흥분과 즐거움에 대해 설명하는 내용이 나와야 한다. 따라서 주어진

문장이 들어가기에 가장 적절한 곳은 ②이다.

오답분석

오답선지	①	③	④	⑤
선택비율	4.8%	19.7%	9.8%	4.6%

③번을 선택한 학생들이 많았는데, 그 뒤에 나오는 You can easily lose motivation when you face the plain reality of the road to success(성공으로 가는 길의 평범한 현실에 여러분이 직면했을 때 여러분은 쉽게 동기를 잃을 수 있다)라는 문장이 주어진 글과 의미가 통해서 자연스럽게 이어질 수 있다고 생각했기 때문이야. 하지만 ③번의 앞 문장도 놓치지 말고 잘 살펴봐야 해! 앞 문장은 '여러분의 목표로 향하는 길인 계획의 이행이 그 계획만큼 매력적이지 않다'는 내용이므로 However로 시작하는 주어진 문장과는 연결될 수 없는 내용의 문장이야.

5

정답 ②

소재 인식에 따라 달라지는 행동 수정 방식

직독직해

→ 부사절(조건) → 형식상의 주어
[If you want to modify / people's behavior], / is it better /
만약 여러분이 수정하기를 원한다면 / 사람들의 행동을 / (어느 것이) 더 좋을까 /

→ to부정사구(내용상의 주어) → 대등한 연결
[to highlight {the benefits of changing} / or {the costs of
변할 때의 이익을 강조하는 것 / 또는 변하지 않을 때의

not changing}]? // According to Peter Salovey, / one of the
비용(을 강조하는 것 중) // Peter Salovey에 따르면 / 창시자 중

→ 전치사구
originators / [of the concept of emotional intelligence], / it
한 명인 / 감정 지능 개념의 /

→ 명사절(on의 목적어)
depends on / [whether they perceive the new behavior / as
이는 달려 있다 / 그들이 새로운 행동을 인지하는지에 /

→ 부사절(조건) → 명사절(think의 목적어)
safe or risky]. // [If they think / {the behavior is safe}], / we
안전하거나 혹은 위험하다고 // 만약 그들이 생각한다면 / 그 행동이 안전하다고 /

→ 관계절
should emphasize / all the good things / [that will happen
우리는 강조해야 한다 / 모든 좋은 점을 / 일어날 수 있는

→ 부사절(조건) → to부정사구(~하기 위해)
{if they do it}] / — they'll want to act immediately / [to
그들이 그것을 한다면 / 그들은 즉각적으로 행동하기를 원할 것이다 /

→ 부사절(시간)
obtain those certain gains]. // But [when people believe /
그 확실한 이익을 얻기 위해 // 하지만 사람들이 믿을 때 /

→ 명사절(believe의 목적어)
{a behavior is risky}], / that approach doesn't work. //
어떤 행동이 위험하다고 / 그러한 접근법은 효과가 없다 //

They're already comfortable with the status quo, / so the
그들은 이미 현재 상태를 편안하게 느낀다 / 그래서

benefits of change aren't attractive, / and the stop system
변화의 혜택이 매력적이지 않다 / 그리고 정지 시스템이 시작된다 //

kicks in. // Instead, / we need to [destabilize the status
대신 / 우리는 그 현재 상태를 불안정하게 만들 필요가 있다

→ 대등한 연결 → 관계절
quo] / and [emphasize the bad things / {that will
그리고 나쁜 점들을 강조할 (필요가 있다) / 만약 그들이

→ 부사절(조건) → 동명사구(주어)
happen ⟨if they don't change⟩}]. // [Taking a risk] / is
변하지 않으면 발생할 // 위험을 감수하는 것이

more appealing / [when they're faced with a guaranteed
더 매력적이다   → 부사절(시간)   → be faced with ~: ~에 직면하다
     그들이 (발생하는) 보장된 손실에 직면해 있을 때는 /

loss / {if they don't}]. // The prospect of a certain loss /
 → 부사절(조건)
손실 / 만약 그들이 변하지 않으면 // 특정 손실에 대한 예상은 /

brings the go system online. //
작동 시스템을 온라인 상태로 만든다 //

전문 해석 만약 여러분이 사람들의 행동을 수정하기를 원한다면, 변할 때의 이익을 강조하는 것과 변하지 않을 때의 비용을 강조하는 것 중 어느 것이 더 좋을까? 감정 지능 개념의 창시자 중 한 명인 Peter Salovey에 따르면, 이는 그들이 새로운 행동을 안전하거나 혹은 위험하다고 인지하는지에 달려 있다. 만약 그들이 그 행동이 안전하다고 생각한다면, 우리는 그들이 그것을 한다면 일어날 수 있는 모든 좋은 점을 강조해야 한다. 그들은 그 확실한 이익을 얻기 위해 즉각적으로 행동하기를 원할 것이다. 하지만 사람들이 어떤 행동이 위험하다고 믿을 땐, 그러한 접근법은 효과가 없다. 그들은 이미 현재 상태를 편안하게 느껴서 변화의 혜택이 매력적이지 않고, 정지 시스템이 시작된다. 대신, 우리는 그 현재 상태를 불안정하게 만들고, 만약 그들이 변하지 않으면 발생할 나쁜 점들을 강조할 필요가 있다. 만약 그들이 변하지 않으면 발생하는 보장된 손실에 직면해 있을 때는 위험을 감수하는 것이 더 매력적이다. 특정 손실에 대한 예상은 작동 시스템을 온라인 상태로 만든다.

→ 사람들의 행동을 수정하는 방식은 그들의 인식에 달려 있는데, 만약 그 새로운 행동이 안전하다고 여겨지면, 보상을 강조하는 것이 효과적이지만, 만약에 위험하다고 간주되면, 변하지 않은 상태로 있는 것의 손실을 강조하는 것이 효과적이다.

해설 사람들의 행동을 수정하려고 할 때, 변할 때의 이익을 강조하는 것과 변하지 않을 때의 비용을 강조하는 것 중 어느 것이 효과적인지에 관해 심리학자가 주장한 내용을 설명하는 글이다. 새로운 행동이 안전하다고 여겨지면, 보상을 강조하는 것이 효과적이고, 위험하다고 간주되면, 현재 상태로 머물려고 할 때 생길 수 있는 나쁜 일이나 손실을 강조하는 것이 효과적이라고 말하고 있다. 따라서 빈칸에 들어갈 말로 가장 적절한 것은 ② '인식 – 변하지 않은 상태로'이다.

오답분석

오답선지	선택비율
① 인식 ⋯⋯ 변화된 상태로	20.2%
③ 인정 ⋯⋯ 변화된 상태로	5.7%
④ 일관성 ⋯⋯ 변하지 않은 상태로	9.6%
⑤ 일관성 ⋯⋯ 집중하고 있는 상태로	4.7%

①번을 답으로 잘못 판단한 것은, 행동 수정 방식이 사람들의 '인식'에 따라 달라진다는 것은 잘 파악했지만, 사람들이 새로운 행동을 위험하다고 인식하는 상황에서의 행동 수정 방식에 대해 언급한 내용은 제대로 이해하지 못했기 때문이야. 사람들이 새로운 행동이 위험하다고 믿을 때는 그들이 변하지 않을 때 발생하는 보장된 손실에 직면하게 되면 위험을 감수하는 것이 훨씬 더 매력적(Taking a risk is more appealing when they're faced with a guaranteed loss if they don't.)이라고 말했으니 '변화된 상태로'라는 표현은 문맥상 적절하지 않다는 걸 알 수 있어.

6

정답 ②

소재 세상 물정에 밝은 사람들의 지적 능력을 간과하는 경향

직독직해

Everyone knows a young person / [who {is impressively
모든 사람은 어떤 젊은이를 알고 있다 / → 대등한 연결   매우 '세상 물정에 밝은' → 관계절
       → 형식상의 주어

"street smart"} / but {does poorly in school}]. // We think [it
   그러나 학교에서는 부진한 // 우리는 낭비라고
     → 관계절   → 명사절(think의 목적어)

is a waste / {that one ⟨who is so intelligent / about so many
생각한다 /   매우 똑똑한 사람이 /   삶에서 많은 것에 대해 /
      → 명사절(내용상의 주어)

things in life⟩ / seems unable to apply that intelligence /
           그 똑똑함을 적용할 수 없는 것처럼 보이는 것이 /
       → 명사절(주어)   → 명사절(is의 보어)

to academic work}]. // [What we don't realize] / is [that
학업에 //   우리가 깨닫지 못하는 것은 /   학교나
                  → at fault for ~: ~에 대한 잘못이 있다

schools and colleges might be at fault / for missing the
대학이 잘못을 하고 있을지도 모른다는 것이다 /   기회를 놓치는 /
          → to부정사구   → 대등한 연결

opportunity / {to ⟨draw such street smarts⟩ and ⟨guide
       그러한 세상 물정에 밝은 사람들을 끌어들일 /   그리고 그들을

them toward good academic work⟩}]. // Nor do we consider
뛰어난 학업으로 안내해 줄 //   또한 우리는 주요한 이유 중
                   → 관계절

one of the major reasons / [why schools and colleges
하나를 고려하지 않는다 /   왜 학교와 대학이 간과하는지에 대한 /

overlook / the intellectual potential of street smarts]: /
       세상 물정에 밝은 사람들의 지적 능력을 /
       → 동격   → associate A with B: A를 B와 연관시키다

the fact [that we associate those street smarts / with
(말하자면) 우리는 이러한 세상 물정에 밝은 사람들을 연관시킨다는 사실이다 /

anti-intellectual concerns]. // We associate / the educated
반지성적인 근심거리와 //   우리는 연관시킨다 /   교육받은 삶, 지성인

life, the life of the mind, / too narrowly / with subjects
의 삶을 /   지나치게 좁게 /   과목과 교과서에 /
           → 관계절

and texts / [that we consider inherently weighty and
        우리가 본질적으로 중요하며 학문적이라고 고려하는 //

academic]. //

전문 해석 모든 사람은 매우 '세상 물정에 밝지'만, 학교에서는 부진한 어떤 젊은이를 알고 있다. 우리는 삶에서 대단히 많은 것에 대해 매우 똑똑한 사람이 그 똑똑함을 학업에 적용할 수 없는 것처럼 보이는 것이 낭비라고 생각한다. 우리가 깨닫지 못하는 것은 학교나 대학이 그러한 세상 물정에 밝은 사람들을 끌어들여 그들을 뛰어난 학업으로 안내해 줄 기회를 놓치는 잘못을 하고 있을지도 모른다는 것이다. 또한 우리는 왜 학교와 대학이 세상 물정에 밝은 사람들의 지적 잠재력을 간과하는지에 대한 주요한 이유 중 하나를 고려하지 않는다. 말하자면 우리는 이러한 세상 물정에 밝은 사람들을 반지성적인 근심거리와 연관시킨다는 사실이다. 우리는 교육받은 삶, 지성인의 삶을 우리가 본질적으로 중요하며 학문적이라고 고려하는 과목과 교과서에 지나치게 좁게 연관시킨다.

해설 이 글은 우리가 삶에서 많은 것에 대해 (A) '똑똑한(intelligent)' 사람이 그 똑똑함을 학업에 적용할 수 없는 것처럼 보이는 걸 낭비라고 생각한다고 말하고 있다. 그리고 필자는 세상 물정에 밝은 사람들의 지적 잠재력을 (B) '간과하는(overlook)' 이유로 우리가 세상 물정에 밝은 사람들을 반지성적 근심거리와 연관시킨다는 것을 언급한다. 마지막으로 세상 물정에 밝은 사람들의 지적 잠재력을 간과하고 과목과 교과서에만 연관시키는 것은 너무 (C) '좁게(narrowly)' 연

관시키는 것이라고 말하고 있다. 따라서 문맥에 맞는 낱말로 가장 적절한 것은 ② '똑똑한 – 간과하다 – 좁게'이다.

오답분석

오답선지	선택비율
① 똑똑한 – 받아들이다 – 널리	10.5%
③ 똑똑하지 않은 – 간과하다 – 널리	23.3%
④ 똑똑하지 않은 – 간과하다 – 좁게	16.8%
⑤ 똑똑하지 않은 – 받아들이다 – 널리	6.0%

③번은 (A)에 들어갈 말로 unintelligent를 선택했는데, 이는 글의 요지와 흐름을 제대로 파악하지 못한 채 단순하게 that이하의 절에 나온 술어부(seems unable to apply that intelligence to academic work)와 연결될 만한 주어를 선택한 것으로 보여. 하지만 이 문장 내에서만 살펴보더라도 that intelligence로 지칭하려면 앞에 intelligent하다는 말이 언급되었어야 해. (C)에서는 세상 물정에 밝은 사람들의 지적 잠재력을 학문적이라고 고려하는 과목과 교과서에 제한시킨다는 의미의 문장이니까 'widely(넓게)' 연관시킨다는 말은 문맥에 맞지 않아.

Daily Review   Day 23

Vocabulary Check-up

1 (1) interfere (2) appealing (3) emphasize
2 (1) permanent (2) rational

1 (1) interfere / 어떤 것이 개입하지 않는다면, 열등한 경쟁자가 패배하여 경쟁적으로 우수한 종이 장악하게 된다.

(2) appealing / 귀엽고 아기 같은 생김새는 선천적으로 사람의 마음을 끌어, 대부분의 인간 속에 있는 보살피려는 반응을 불러일으킨다.

(3) emphasize / 정의가 규칙, 경쟁, 높은 기량을 강조할 때 많은 사람이 참여에서 배제되거나 '이류'로 정의되는 다른 신체 활동을 피하게 될 것이다.

2 (1) permanent / 그러나 직업는 영구적이지 않을 수 있으며 여러분은 무수하게 많은 이유로 인해 일자리를 잃을지도 모르는데, 여러분은 그 이유 중 몇몇에 대해서는 심지어 책임이 없을 수 있을 수 있다.

(2) rational / 이런 관점에서 보면, 개인은 합리적인 행위자라는 것, 즉 그들은 특정한 지역에 남는 것의 혜택뿐 아니라 비용을, 떠나는 것의 비용과 편익에 대조해 자신들이 평가한 것을 기반하여 이주 결정을 내리는 것으로 추정된다.

Grammar Check-up

1 (1) ① is ② respect (2) ① imagined ② to be
2 ② → change

1 (1) ① is: 주어의 핵이 the acceleration이므로, 동사 is가 적절하다.

② respect: how to 뒤의 better listen to와 and에 의해 대등하게 연결되어 있으므로, 동사원형인 respect가 적절하다.

(2) ① imagined: emotions를 가리키는 those가 imagine이라는 행위의 대상이므로, 수동의 의미를 나타내는 과거분사 imagined가 적절하다.

② to be: anticipated의 목적격 보어는 to부정사가 와야 하므로, to be가 적절하다.

2 ②: that절에서 동사가 필요하므로, changing을 change로 고쳐야 한다.

1 ①	**2** ③	**3** ②	**4** ③	**5** ④	**6** ③

1

정답 ①

소재 영국 영어 억양이 미국 영어 억양과 다른 이유

직독직해

Why doesn't the modern American accent / sound
왜 현대 미국 영어의 억양은 ~하지 않는가 / 영국 영어
┌ similar to ~: ~와 비슷한
similar to a British accent? // After all, / didn't the British
의 억양과 비슷하게 들리지 // 어쨌든 / 영국이 미국을 식민화하지
　　　　　　　　　　　　　　　　　　　명사절(believe의 목적어①) ←┐
colonize the U.S.? // Experts believe / [that British
않는가 // 전문가들은 믿는다 / 영국 거주자들과
　　　　　　　　　　　　　　　└관계절┐
residents and the colonists / {who settled America} / all
식민지 개척자들 / 미국에 정착한 / 모두
　　　　　　　　　　　　　　명사절(believe의 목적어②) ←┐
sounded the same / back in the 18th century], / and [they
모두 발음이 똑같았다고 / 18세기 무렵에는 / 그리고 아마도
probably all sounded / more like modern Americans / than
모두 들렸을 것이라고 / 더 현대 미국 영어 발음처럼 / 현대
　　　　　　　　　　　　　└관계절┐
modern Brits]. // The accent / [that we identify as British
영국 영어 발음보다는 // 억양은 / 우리가 오늘날 영국 영어라고 인식하는 /
　　　　　　┌수동태　　　　　　　└전치사구
today] / was developed / around the time [of the American
발생하였다 / 미국 독립혁명 즈음에 /
　　　　　　└전치사구　　　　　　　　　　　└관계절
Revolution] / [by people of low birth rank / {who had
하층계급의 사람들에 의해 / 부유해진 /
become wealthy / during the Industrial Revolution}]. //
　　　　　　　산업혁명 기간에 //
┌ to부정사구(~하기 위해)
[To distinguish themselves from other commoners], /
그들 자신과 다른 평민들을 구분하기 위해 /
　　　　　　　　　　　　　　　to부정사구 ←┐
these people developed / new ways of speaking / [to {set
이 사람들은 개발해 냈다 / 새로운 말하기 방식을 / 자신들을
　　　　　　　　└대등한 연결┐
themselves apart} / and {demonstrate their new, elevated
분리시키기 위한 / 그리고 그들의 새롭고, 높아진 사회적 지위를 드러내기 위한 //
　　　　　　└전치사구
social status}]. // [In the 19th century], / this distinctive
19세기에 / 이 독특한 억양은 /
┌수동태　　　└과거분사구①
accent / was [standardized / as Received Pronunciation]
표준화되었다 / 영국 표준 발음으로 /
　　　　　　└과거분사구② ←┐
and [taught widely / by pronunciation tutors / to people
그리고 널리 가르쳐졌다 / 발음 지도 강사들에 의해 / 세련되게 말하
┌관계절
{who wanted to learn to speak fashionably}]. //
는 법을 배우고 싶어 하는 사람들에게 //

전문 해석 왜 현대 미국 영어의 억양은 영국 영어의 억양과 비슷하게 들리지 않는가? 어쨌든 영국이 미국을 식민화하지 않았는가? 전문가들은 영국 거주자들과 미국에 정착한 식민지 개척자들 모두 18세기 무렵에는 발음이 똑같았으며, 아마도 모두 현대 영국 영어 발음보다는 더 현대 미국 영어 발음처럼 들렸을 것이라고 믿는다. 우리가 오늘날 영국 영어라고 인식하는 억양은 산업혁명 기간에 부유해진 하층계급의 사람들에 의해 미국 독립혁명 즈음에 발생하였다. 그들 자신과 다른 평민들을 구분하기 위하여 이 사람들은 자신들을 분리시키고 그들의 새롭고, 높아진 <u>사회적 지위</u>를 드러내기 위한 새로운 말하기 방식을 개발해 냈다. 19세기에, 이 독특한 억양은 영국 표준 발음으로 표준화되었고 세련되게 말하는 법을 배우고 싶어 하는 사람들에게 발음 지도 강사들에 의해 널리 가르쳐졌다.

해설 현대 미국 영어의 억양이 영국 영어의 억양과 비슷하지 않은 이유를 역사적 관점에서 설명하고 있는 글이다. 오늘날의 영국 억양은 산업혁명 기간에 부유해진 하층계급 사람들이 자신을 다른 평민과 구분하기 위해 만들었다고 했으므로, 그들이 '사회적 지위'를 드러내기 위한 새로운 말하기 방식을 개발해 냈다고 보는 것이 적절하다. 따라서 빈칸에 들어갈 말로 가장 적절한 것은 ①이다.

오답분석

오답선지	② 패션 감각	③ 정치적 압박	④ 식민 관여	⑤ 지적 성취
선택비율	9.5%	6.4%	15.7%	11.5%

④번을 답으로 선택한 학생들은 아마도 내용을 정확하게 파악하지 못한 채 글의 앞부분에 나온 '영국이 미국을 식민화하지 않았는가(didn't the British colonize the U.S.?)'라는 말에서 '식민'이라는 단어가 언급된 것을 바탕으로 막연하게 빈칸에 들어갈 말을 추측한 것 같아. 빈칸이 들어있는 문장의 앞 문장을 보면 오늘날 영국 영어의 억양이라고 인식되는 억양이 산업혁명 기간에 부유해진 하층계급의 사람들에 의해 미국 독립혁명 즈음에 발생했다고 했고, 영국의 미국 식민과 관련된 내용은 전혀 언급하지 않았어. 빈칸이 들어있는 문장과 그 문장의 앞뒤 글의 맥락을 정확하게 파악해야 해!

2

정답 ③

소재 과거에 대한 편향된 인식

직독직해

┌ 동명사구(주어)
[Having {extremely vivid memories / of past emotional
매우 생생히 기억하는 것과 / 과거의 정서적 경험을 /
　　　　　　└대등한 연결
experiences} / and {only weak memories / of past
희미하게 기억하는 것은 / 과거의 일상
　　　　　　　　　└명사절(means의 목적어)
everyday events}] / means / [(that) we maintain / a biased
적인 사건을 / 의미한다 / 우리가 유지한다는 것을 / 과거에 대한
perception of the past]. // We tend to view the past / as a
편향된 인식을 // 우리는 과거를 바라보는 경향이 있다 / 집약된
　　　　　　　　　　　　└전치사구
concentrated time line / [of emotionally exciting events]. //
시간 선상으로 / 정서적으로 흥미진진한 사건들의 //
　　　┌ 동사구①
We [remember the arousing aspects of an episode] / and
우리는 에피소드의 자극적인 측면을 기억한다 /
　　　　　　　　　　　　　　　　　　　　　└수동태
[forget the boring bits]. // A summer vacation / will be
그리고 지루한 부분은 잊어버린다 // 여름휴가는 / 기억될
recalled / for its highlights, / and the less exciting parts /
것이다 / 가장 흥미로운 부분이 / 그리고 덜 흥미로운 부분은 /
　　　　　　　　　　　　　　　　　　　　　　　└수동태
will fade away with time, / eventually to be forgotten
시간이 지나면서 희미해진다 / 결국 영원히 잊힐 것이다 /
　　　　　　└부사절(시간)　　└명사절(estimate의 목적어)
forever. // As a result, / [when we estimate / {how our next
그 결과 / 우리가 추정할 때 / 우리의 다음 여름휴가가
summer vacation will make us feel}], / we overestimate
우리로 하여금 어떤 느낌이 들게 하는지를 / 우리는 긍정적인 면을
　　　　　　　　　　　　　　　　　┌ as though ~: 마치 ~인 것처럼
the positive. // It seems as though an imprecise picture of
과대평가한다 // 과거에 대한 부정확한 기억이 하나의 이유인 것처럼 보인다 /

the past is one reason / [for our inaccurate forecasts of the
→ 전치사구
우리가 미래에 대해 부정확한 예측을 하게 하는 //

future]. //

전문 해석 과거의 정서적 경험을 매우 생생히 기억하는 것과 과거의 일상적인 사건을 희미하게 기억하는 것은 우리가 과거에 대한 편향된 인식을 유지한다는 것을 의미한다. 우리는 과거를 정서적으로 흥미진진한 사건들의 집약된 시간 선상으로 바라보는 경향이 있다. 우리는 에피소드의 자극적인 측면을 기억하고 지루한 부분은 잊어버린다. 여름휴가는 가장 흥미로운 부분이 기억되고, 덜 흥미로운 부분은 시간이 지나면서 희미해지다가 결국 영원히 잊힐 것이다. 그 결과, 우리의 다음 여름휴가가 우리로 하여금 어떤 느낌이 들게 하는지를 추정할 때, 우리는 긍정적인 면을 과대평가한다. 과거에 대한 부정확한 기억이 우리가 미래에 대해 부정확한 예측을 하게 하는 하나의 이유인 것처럼 보인다.

해설 우리가 정서적으로 흥미로운 과거의 사건을 일상적인 지루한 사건보다 더 강하게 기억하고 과대평가하는 경향이 있는데, 이러한 우리의 과거에 대한 부정확한 기억(imprecise picture of the past)이 미래에 대한 부정확한 예측을 낳는 이유가 된다는 내용의 글이다. 따라서 빈칸에 들어갈 말로 가장 적절한 것은 ③ '과거에 대한 편향된 인식을 유지한다'이다.

오답분석

오답선지	선택비율
① 미래에 주로 초점을 맞춘다	15.9%
② 우리 인생의 모든 세부적인 것들을 기억한다	12.1%
④ 감정적 문제를 극복하는 데 어려움을 겪는다	9.0%
⑤ 부정적인 정서적 경험을 다른 사람들과 공유한다	5.6%

①번을 답으로 잘못 선택한 이유는, 마지막 문장인 It seems as though an imprecise picture of the past is one reason for our inaccurate forecasts of the future.에서 미래에 대한 예측에 관해 언급한 것에만 집중하고 전체적인 내용 파악을 못했기 때문일 거야. 과거에 대한 부정확한 기억이 미래에 대해 부정확한 예측을 하게 만드는 하나의 이유인 것 같다고 말했지만, 그렇다고 그것이 우리가 미래에 초점을 맞춘다는 것을 의미하는 것은 아니야. 이 글은 주로 과거에 대한 우리의 인식에 대해 말하고 있다는 걸 잊지 마!

3

정답 ②

소재 인과관계 규명의 어려움

직독직해

→ 전치사구
[From a correlational observation], / we conclude /
상관관계의 관찰로부터 / 우리는 결론을 내린다 /
→ 명사절(conclude의 목적어)
[that one variable is related to a second variable]. // But
하나의 변인이 제2의 변인과 연관되어 있다고 // 그러나

neither behavior could be directly causing the other /
어떠한 행동도 직접적으로는 다른 행동을 초래하지 않을 수도 있다 /
→ 비록 ~하더라도
even though there is a relationship. // The following
관련성이 있다 하더라도 // 다음 예는 보여 줄
→ 명사절(illustrate의 목적어)
example will illustrate / [why it is difficult / to make causal
것이다 / 왜 어려운지를 / 인과관계의 진술을 하는

→ on the basis of ~: ~에 근거하여
statements / on the basis of correlational observation]. //
것이 / 상관관계의 관찰에 기초하여 //

The researchers at the U.S. Army / conducted a study /
미 육군 연구원들은 / 연구를 수행했다 /
→ 전치사구 → 분사구문
[of motorcycle accidents], / [attempting to correlate
오토바이 사고에 관한 / 사고의 수를 다른 변인과 연관시키려는

the number of accidents with other variables / such as
시도를 하면서 / 사회경제적인

socioeconomic level and age]. // They found the best
수준과 나이와 같은 // 그들은 최상의 예측 변인이 문신의
→ 관계절
predictor to be the number of tattoos / [the rider had]. //
수라는 것을 발견했다 / 오토바이를 타는 사람이 가진 //
→ 형식상의 주어 → to부정사구(내용상의 주어)
It would be a ridiculous error / [to conclude / {that tattoos
우스꽝스러운 오류가 될 것이다 / 결론 내리는 것은 / 문신이 오토바이
→ 명사절①(conclude의 목적어) → 명사절②(conclude의 목적어)
cause motorcycle accidents} / or {that motorcycle accidents
사고를 초래한다고 / 또는 오토바이 사고가 문신을 초래한다고 //
be related to ~: ~와 관계가 있다
cause tattoos}]. // Obviously, / a third variable is related to
사고를 초래한다고 / 분명하게 / 제3의 변인은 둘 다와 관련이 있다 /
→ 관계절
both / — perhaps preference for risk. // A person [who is
아마도 위험에 대한 선호도(일 것이다) / 위험을 기꺼이 감수하려는
→ 동사구① → 수동태 → 동사구②
willing to take risks] / [likes to be tattooed] / and also [takes
사람은 / 문신 새기기를 좋아한다 / 그리고 또한 오토바이를

more chances on a motorcycle]. //
탈 가능성이 더 높다 //

전문 해석 상관관계의 관찰로부터 우리는 하나의 변인이 제2의 변인과 연관되어 있다고 결론을 내린다. 그러나 관련성이 있다 하더라도 어떠한 행동도 직접적으로는 다른 행동을 초래하지 않을 수도 있다. (B) 다음 예는 상관관계의 관찰에 기초하여 인과관계의 진술을 하는 것이 왜 어려운지를 보여 줄 것이다. 미 육군 연구원들은 사고의 수를 사회경제적인 수준과 나이와 같은 다른 변인과 연관시키려는 시도를 하면서 오토바이 사고에 관한 연구를 수행했다. (A) 그들은 최상의 예측 변인이 오토바이를 타는 사람이 가진 문신의 수라는 것을 발견했다. 문신이 오토바이 사고를 초래한다거나 오토바이 사고가 문신을 초래한다고 결론 내리는 것은 우스꽝스러운 오류가 될 것이다. (C) 분명하게, 제3의 변인은 둘 다와 관련이 있는데, 아마도 위험에 대한 선호도일 것이다. 위험을 기꺼이 감수하려는 사람은 문신 새기기를 좋아하고 또한 오토바이를 탈 가능성이 더 높다.

해설 이 글은 상관관계의 관찰에 기초해 인과관계를 진술하는 것이 어려운 이유를 설명하고 있다. 주어진 글에 언급된 내용을 포함하면서 그것의 예시를 제시하고 있는 (B)가 주어진 글 다음에 와야 한다. (B)의 뒷부분에 미국의 연구자들이 오토바이 사고에 관한 연구를 수행한 이야기가 나오는데, 그 연구자들을 지칭하는 They로 시작되는 글 (A)가 그 뒤에 이어져야 한다. (C)에서 제3의 변인이 둘 다(both)와 연결되어 있다고 했는데, both가 가리키는 지칭 대상이 문신(tattoo)과 오토바이 사고(motocycle accident)라는 두 변인이므로 그 변인들을 언급하고 있는 글 (A)의 뒤에 (C)가 와야 한다.

오답분석

오답선지	선택비율
① (A) - (C) - (B)	5.7%
③ (B) - (C) - (A)	17.4%
④ (C) - (A) - (B)	11.5%
⑤ (C) - (B) - (A)	6.3%

③번을 선택한 학생들은, 주어진 글에서 제시된 인과관계 진술의 어려움을 언급하며 그것의 사례를 든 (B)는 주어진 글의 뒤에 올바르게 배치했지만, 아쉽게도 (A)와 (C)의 순서를 잘못 판단했어. 글 (A)의 첫 단어인 They가 지칭하는 대상을 (C)의 마지막 문장에 나오는 a person who is willing to take risks에서 사람이 언급된 것을 언뜻 보고 그것으로 착각했을 수 있어. 하지만 여기에서 They가 지칭하는 것은 (B)의 the researchers임을 유의하도록 해. 그리고 (C)에서 언급된 both가 (A)에 나오는 다른 2개의 변인(tattoo, motocycle accident)을 가리키고 있다는 것도 놓치면 안 돼!

4

정답 ③

소재 성인의 읽기 학습과 스키 배우기의 유사성

직독직해

┌─ 동명사(주어)
[Reading] / is like skiing. // When done well, / when
읽는 것은 /   스키 타는 것과 같다 //   잘 되었을 때 /   전문가에

done by an expert, / both reading and skiing / are graceful,
의해서 행해졌을 때에는 /   읽는 것과 스키 타는 것은 모두 /   우아하고 조화로운

harmonious activities. // When done by a beginner, / both
활동들이다 //   초보자에 의해서 행해졌을 때에는 /   둘 다
                                          ┌─ 동명사구(주어)
are awkward, frustrating, and slow. // [Learning to ski] / is
어색하고 좌절감을 느끼게 하며 느리다 //   스키 타는 것을 배우는 것은
                                                    ┌─ 관계절
one of the most embarrassing experiences / [an adult can
가장 당혹스러운 경험들 중의 하나이다 /   성인이 겪을 수 있는 //

undergo]. // After all, / an adult has been walking / for a
어쨌든 /   성인은 걸어 왔다 /   오랫동안
                           ┌─ 명사절(knows의 목적어)
long time; / he knows / [where his feet are]; / he knows /
(그래서) 그는 안다 / 자신의 발이 어디에 있는지 /   그는 안다 /
┌─ 명사구(knows의 목적어)   in order to ~: ~하기 위해 ┐
[how to put one foot / in front of the other / in order to get
어떤 식으로 한 발을 놓아야 하는지 / 다른 발 앞에 /   어딘가로 가기 위해 //
                    ┌─ as soon as ~: ~하자마자
somewhere]. // But as soon as he puts skis on his feet,
           하지만 그가 스키를 발에 신자마자 /
┌─ 마치 ~인 것처럼
it is as though he had to learn to walk / all over again. //
그것은 마치 그가 걷는 것을 배워야만 하는 것과 같다 /   처음부터 다시 //
have trouble -ing: ~하는 데 어려움을 겪다 ┐
He slips and slides, falls down, has trouble getting up,
그는 발을 헛디뎌 미끄러지고 넘어지고 일어나는 데 어려움을 겪는다 /

and generally looks — and feels — like a fool. // It is the
그리고 대체로 바보같이 보이고 느껴지기도 한다 //   읽는 것도

same with reading. // Probably you have been reading / for
마찬가지이다 //   아마 여러분도 읽기를 해 왔을 것이다 /
                              ┌─ 동명사구(주어)
a long time, too, / and [starting to learn / all over again]
역시 오랫동안 /   그리고 배우기를 시작하는 것은 /   처음부터 다시 /

would be humiliating. //
창피할 수 있다 //

전문 해석 읽는 것은 스키 타는 것과 같다. 잘 되었을 때, 전문가에 의해서 행해졌을 때에는 읽는 것과 스키 타는 것은 모두 우아하고 조화로운 활동들이다. 초보자에 의해서 행해졌을 때에는, 둘 다 어색하고 좌절감을 느끼게 하며 느리다. 스키 타는 것을 배우는 것은 성인이 겪을 수 있는 가장 당혹스러운 경험들 중의 하나이다. 어쨌든, 성인은 오랫동안 걸어왔으므로, 그는 자신의 발이 어디에

있는지 알고, 그는 어딘가로 가기 위해 어떤 식으로 한 발을 다른 발 앞에 놓아야 하는지 안다. 하지만 그가 스키를 발에 신자마자, 그것은 마치 그가 처음부터 다시 걷는 것을 배워야만 하는 것과 같다. 그는 발을 헛디뎌 미끄러지고, 넘어지고, 일어나는 데 어려움을 겪고, 대체로 바보같이 보이고 느껴지기도 한다. 읽는 것도 마찬가지이다. 아마 여러분도 역시 오랫동안 읽기를 해 왔으므로, 처음부터 다시 배우기를 시작하는 것은 창피할 수 있다.

해설 성인이 읽는 법을 다시 배우는 것은, 평생 걷기를 해 온 성인이 스키를 신고 걷는 법을 다시 배우는 것처럼 당혹스럽고 어려운 일이라는 내용의 글이다. But으로 시작되는 주어진 문장이 스키를 발에 신자마자 겪게 되는 어려움에 관해 진술하고 있으므로, 앞에 그와 상반된 내용이 나와야 한다. 따라서 주어진 문장이 들어가기에 가장 적절한 곳은, 앞 문장에 성인이 오랫동안 걸어 왔기 때문에 걷는 법을 잘 알고 있다는 내용이 나오고, 뒤 문장에서 스키를 신고 걸을 때 성인이 겪는 구체적인 어려움을 언급하고 있는 ③이다.

오답분석

오답선지	①	②	④	⑤
선택비율	5.2%	12.6%	17.9%	3.7%

④번은 그 앞 문장이 스키를 타는 초보자가 겪는 어려움(He slips and slides, falls down, has trouble getting up)을 구체적으로 말하고 있고, 뒤 문장에서는 '읽는 것도 그와 마찬가지이다(It is the same with reading.)'라고 말하고 있으니까, 그 두 문장이 자연스럽게 연결되는 걸 알 수 있지. 그러니 중간에 역접의 접속사 But으로 시작되는 문장은 넣을 수 없어.

5

정답 ④

소재 역사를 공부하는 이유

직독직해

┌─ 동명사구(주어)   ┌─ 동사구①
[Studying history] / [can make you more knowledgeable
역사를 공부하는 것은 /   여러분을 더 유식하거나 재밌는 사람으로 만들어 줄 수
                              ┌─ 동사구②   ┌─ lead to ~: ~으로 이어지다
or interesting / to talk to] / or [can lead to all sorts of
있다 /   함께 말하기에 /   또는 모든 종류의 멋진 직업, 탐구, 그리고

brilliant vocations, explorations, and careers]. // But even
경력으로 이어질 수 있다 //   하지만 훨씬
                         ┌─ 동명사구(주어)
more importantly, / [studying history] / helps us ask and
더 중요하게는 /   역사를 공부하는 것이 /   우리가 묻고 답하는 데 도움을
                                          ┌─ 부사절(조건)
answer / humanity's Big Questions. // [If you want to
준다는 것이다 / 인류의 중요한 질문들(Big Questions)을 //   만약 여러분이 알기
          ┌─ 명사절(know의 목적어)
know / {why something is happening in the present}], /
원한다면 /   무언가가 현재 왜 발생하고 있는지를 /
                                          ┌─ 부사절(조건)
you might ask a sociologist or an economist. // But [if you
여러분은 사회학자나 경제학자에게 물어볼지도 모른다 //   그러나 만약

want to know deep background], / you ask historians. //
여러분이 깊은 배경지식을 알고 싶다면 /   여러분은 역사가에게 질문한다 //
                               ┌─ 관계절   ┌─ 동사구①
That's because they are the people / [who {know and
그것은 그들이 사람이기 때문이다 /   과거를 알고 이해하는
                                  ┌─ 동사구②
understand the past} / and {can explain its complex
                       그리고 현재와 과거의 복합적 상관관계를 설명할

interrelationships with the present}]. //
수 있는 //

전문 해석 역사를 공부하는 것은 여러분을 함께 말하기에 더 유식하거나 재밌는 사람으로 만들어 줄 수 있거나 모든 종류의 멋진 직업, 탐구, 그리고 경력으로 이어질 수 있다. 하지만 훨씬 더 중요한 것은, 역사를 공부하는 것이 우리가 인류의 중요한 질문들(Big Questions)을 묻고 답하는 데 도움을 준다. 만약 여러분이 현재 무언가가 왜 발생하고 있는지 알기를 원한다면, 여러분은 사회학자나 경제학자에게 물어볼지도 모른다. 그러나 만약 여러분이 (그에 대한) 깊은 배경지식을 알고 싶다면, 여러분은 역사가에게 질문한다. (역사가와 같은 직업은 드문 직업이고, 이것이 아마 여러분이 역사가를 만나 본 적이 없는 이유일 것이다.) 그것은 그들이 과거를 알고 이해하며 현재와 과거의 복잡한 상관관계를 설명할 수 있는 사람이기 때문이다.

해설 역사를 공부하는 이유와 관련된 글로서, 역사가는 과거를 알고 이해하기 때문에 현재와 과거의 복잡한 상관관계를 설명할 수 있는 사람이라고 말하고 있다. 우리가 역사가를 만나 본 적이 없는 이유가 역사가가 드문 직업이기 때문이라는 내용은 글의 주제에서 벗어난다. 따라서 전체 흐름과 관계없는 문장은 ④이다.

오답분석

오답선지	①	②	③	⑤
선택비율	5.9%	9.2%	7.5%	4.3%

②번을 답으로 선택한 친구들이 있었는데, 아마도 첫 번째와 두 번째 문장에서 역사를 공부하는 이유에 대해 말하다가 갑자기 사회학자(sociologist)나 경제학자(economist)를 언급하니까 글의 흐름에 맞지 않다고 판단했을 거야. 하지만 성급히 판단하기 전에 꼭 이어지는 뒤 문장의 내용까지 확인해 봐야 해. '깊은 배경지식을 알고 싶으면 역사가에게 질문한다(if you want to know deep background, you ask historians.)'는 내용으로, 앞 문장에서 언급된 사회학자나 경제학자의 역할과 대비하여 역사가의 역할을 강조하고 있는, 글의 흐름과 관련 있는 문장이라는 걸 알 수 있을 거야.

6

정답 ③

소재 이성에 근거해 답을 찾는 철학의 탄생

직독직해

[From the beginning of human history], / people have
인류 역사의 시작부터 / 사람들은 질문해

asked questions / about the world and their place [within
왔다 / 세상과 그 안에 있는 그들의 장소에 관하여 //

it]. // [For early societies], / the answers [to the most
초기 사회에 있어 / 가장 기초적 질문들에 대한 대답은 /

basic questions] / were found in religion. // Some people,
종교에서 발견되었다 // 그러나 몇몇 사람들은 /

however, / found the traditional religious explanations
그 전통적인 종교적 설명이 충분하지 않다는 것을 알게 되었다 /

inadequate, / and they began to search for answers /
그리고 그들은 답을 찾기 시작하였다 /

[based on reason]. // This shift marked the birth [of
이성에 근거하여 // 이러한 변화는 철학의 탄생을 보여 주었다 /

philosophy], / and the first of the great thinkers / [that we
그리고 위대한 사상가들 중 첫 번째 사람은 / 우리가 아는

know of] / was Thales of Miletus. // He used reason [to
Miletus의 Thales였다 // 그는 우주의 본질을 탐구하기

inquire into the nature {of the universe}], / and encouraged
위해 이성을 사용하였다 / 그리고 다른 사람들에게도

others to do likewise. // He passed on to his followers /
마찬가지로 하도록 권장하였다 // 그는 자신의 추종자들에게 전했다 /

not only his answers / but also the process [of thinking
자신의 대답뿐만 아니라 / 이성적으로 생각하는 과정도 /

rationally], / together with an idea / of [what kind of
생각과 함께 / 어떤 종류의 설명이 만족

explanations could be considered satisfactory]. //
스러운 것으로 여겨질 수 있는가에 대한 //

전문 해석 인류 역사의 시작부터, 사람들은 세상과 그 안에 있는 그들의 장소에 관하여 질문해 왔다. 초기 사회에 있어, 가장 기초적 질문들에 대한 대답은 종교에서 발견되었다. 그러나 몇몇 사람들은 그 전통적인 종교적 설명이 충분하지 않다는 것을 알게 되었고, 이성에 근거하여 답을 찾기 시작하였다. 이러한 변화는 철학의 탄생을 보여 주었고, 우리가 아는 위대한 사상가들 중 첫 번째 사람은 Miletus의 Thales였다. 그는 우주의 본질을 탐구하기 위해 이성을 사용하였고, 다른 사람들도 마찬가지로 하도록 권장하였다. 그는 자신의 추종자들에게 자신의 대답뿐만 아니라 어떤 종류의 설명이 만족스러운 것으로 여겨질 수 있는가에 대한 생각과 함께 이성적으로 생각하는 과정도 전했다.

해설 인류가 세상과 그 안에 있는 그들의 장소에 관해 질문을 해 왔는데, 초기 사회에서는 그 답을 종교에서 찾았으나 점차 이성에 근거해 답을 찾기 시작하면서 철학이 탄생하고 발전해가는 과정을 다룬 글이다. (A)는 뒤 문장에서 '몇몇 사람들은 그 전통적인 종교적 설명이 충분하지 않다는 것을 알게 되었다'고 했으므로 '종교(religion)'가 들어가야 한다. (B)는 앞 문장에서 종교가 아닌 이성을 근거로 답을 찾기 시작했다고 했으므로 '변화(shift)'가 생겼다고 해야 한다. (C)에는 Thales가 우주의 본질을 탐구하기 위해 이성(reason)을 사용했다고 했으므로 '이성적으로(rationally)'가 와야 한다. 따라서 문맥에 맞는 낱말로 적절한 것은 ③이다.

오답분석

오답선지	선택비율
① 종교 – 일관성 – 이성적으로	12.7%
② 종교 – 변화 – 비이성적으로	14.2%
④ 과학 – 변화 – 비이성적으로	4.1%
⑤ 과학 – 일관성 – 이성적으로	6.1%

②번을 선택한 학생들은 (A)와 (B)에 들어갈 적절한 어휘를 맞게 추론했는데, 아쉽게도 (C)의 어휘를 잘못 선택했어. (C)의 앞에서 최초의 위대한 사상가로 Thales를 언급하며 그가 우주의 본질을 탐구하기 위해 '이성(reason)'을 사용했다고 했는데, 그가 추종자들에게 '비이성적으로(irrationally)' 생각하는 과정을 전했다고 하는 것은 문맥의 흐름에 맞지 않아.

━━━━━ Vocabulary Check-up ━━━━━

1 (1) demonstrate　(2) frustrating　(3) vivid
2 (1) inaccurate　(2) inadequate

1 (1) demonstrate / 학생들이 과학 프로젝트를 한다면 자신들이 그것을 발표하고 왜 그것이 중요한 기여를 하는지를 <u>보여 주는</u> 것이 좋은 생각이다.

(2) frustrating / 운동선수가 정말 열심히 하지만 자신이 원하는 진전을 이루지 못하는 것은 <u>좌절감을 줄</u> 수 있다.

(3) vivid / Downtown Central Science Museum은 그 <u>생생한</u> 조망을 할 수 있는 최적의 장소이다!

2 (1) inaccurate / 오히려, 정보가 선택적으로 포함되거나 무시되며 유전학적 발견들의 과학적 임상적 함의는 자주 <u>부정확하거나</u> 과장된다.

(2) inadequate / 농업과 물 공급에 대한 점점 증가하는 위협과 주로 부유한 국가들에게만 이득을 주는 국제 무역의 규칙에 직면하여, 이 (가난한) 국가들을 위한 현재의 끈질기게 <u>불충분한</u> 원조와 관련하여 연계된 문제들이 발생한다.

━━━━━ Grammar Check-up ━━━━━

1 (1) ① encouraged ② be considered
(2) ① attempting ② that
2 ③ → recalled

1 (1) ① encouraged: 동사 used와 and로 대등하게 연결되어 있으므로, 과거형 동사 encouraged가 적절하다.
② be considered: what kind of explanations가 consider라는 행위의 대상이므로, 수동태인 be considered가 적절하다.

(2) ① attempting: 의미상 and they attempted를 대신하는 분사구문을 이끌어야 하므로, attempting이 적절하다.
② that: 뒤에 완전한 문장이 나오므로, 명사절을 이끄는 접속사 that이 적절하다.

2 ③: a summer vacation이 recall이라는 행위의 대상이므로, recalling을 과거분사 recalled로 고쳐야 한다.

1

정답 ②

소재 벌을 기르는 장소에 관한 근거 없는 믿음과 진실

직독직해

Many people suppose / [that to keep bees, / it is necessary /
많은 사람들은 생각한다 /　　벌을 기르기 위해 /　　필요가 있다고 /
(→ 명사절(suppose의 목적어))　(→ 형식상의 주어)
{to have a large garden / in the country}]; / but this is a
넓은 정원이 있을 /　　시골에 있는 /　　　그러나 이것은 착각
(→ to부정사구(내용상의 주어))
mistake. // Bees will, of course, do better / [in the midst of
이다 //　　물론 벌은 꿀을 더 잘 만들 것이다 /　　5월의 과일나무 꽃들이
(→ 대등한 연결)
{fruit blossoms in May} / and {white clovers / in June}] /
있는 곳에서 /　　　그리고 6월의 흰 꽃 클로버(가 있는 곳에서) /
than in a city / [where they have to fly a long distance /
도시에서보다 /　　먼 거리를 날아가야만 하는 /
(→ 관계절)
to reach the open fields]. // However, / bees can be kept /
탁 트인 들판에 도달하기 위해 //　　그러나 /　　벌을 키울 수 있다 /
(→ 수동태)
with profit / even under unfavorable circumstances. //
이익을 내며 /　　심지어 불리한 환경에서도 //
Bees do very well / [in the suburbs / of large cities] /
벌은 꿀을 아주 잘 만든다 /　　교외 지역에서 /　　대도시의 /
(→ 전치사구)
[since the series of flowers {in the gardens of the villas} /
빌라의 정원에 있는 일련의 꽃들이 ~하기 때문에 /
(→ 부사절(이유))　(→ 전치사구)
allow a constant supply of honey / {from early spring until
끊임없이 꿀을 공급해 주기 (때문에) /　　이른 봄에서 가을까지 //
(→ 전치사구)
autumn}]. // Therefore, almost every person / — except
그러므로 거의 모든 사람들은 /　　　　벌을 지나
those [who are seriously afraid of bees] — / can keep them /
치게 두려워하는 사람들을 제외한 /　　　벌을 기를 수 있다 /
(→ 관계절)
profitably and enjoyably. //
이윤을 내고 재미를 느끼며 //

전문 해석 많은 사람들은 벌을 기르기 위해 시골에 있는 넓은 정원이 있을 필요가 있다고 생각하는데, 그러나 이것은 착각이다. 물론 탁 트인 들판에 도달하기 위해 먼 거리를 날아가야만 하는 도시에서보다 5월의 과일나무 꽃들과 6월의 흰 꽃 클로버가 있는 곳에서 벌은 꿀을 더 잘 만든다. 그러나 심지어 불리한 환경에서도 벌을 키워 이익을 낼 수 있다. 빌라의 정원에 있는 일련의 꽃들이 이른 봄에서 가을까지 끊임없이 꿀을 공급해 주기 때문에 벌은 대도시의 교외 지역에서 꿀을 아주 잘 만든다. 그러므로 벌을 지나치게 두려워하는 사람을 제외한 거의 모든 사람들은 이윤을 내고 재미를 느끼며 벌을 기를 수 있다.

해설 벌을 기르는 장소에 대한 사람들의 고정관념에 대해 지적하면서 실제로는 시골 지역뿐만 아니라 대도시의 교외 지역과 같이, 불리한 환경에서도 거의 모든 사람들이 벌을 기를 수 있다는 내용의 글이다. 따라서 이 글의 제목으로 가장 적절한 것은 ② '벌을 기르는 장소에 관한 근거 없는 믿음과 진실'이다.

오답선지	선택비율
① 도시에서 꿀 수확을 위한 최적의 계절	10.2%
③ 우리는 어떻게 벌에 대한 공포를 극복할 수 있을까?	9.4%
④ 양봉이 자연에 미치는 혜택들	21.7%
⑤ 벌 농업: 쉬운 일이 아니다	5%

④번을 잘못 선택한 학생들이 꽤 많았어. 이 글은 벌을 기르기 위해서 시골에 있는 넓은 정원이 필요한 게 아니라 빌라의 정원, 대도시의 교외 지역 등 장소에 상관없이 벌을 키울 수 있다고 말하고 있어. 두 번째 문장에서 탁 트인 들판(the open fields)과 과일나무 꽃들(fruit blossoms), 흰 꽃 클로버(white clovers) 등 '자연'이 연상될 만한 표현들이 언급되고 있지만 '양봉이 자연에 미치는 혜택들(Benefits of Bee Farming on Nature)'을 설명하는 글은 아니야.

2

정답 ②

소재 아프리카의 물 부족 현상

직독직해

What do rural Africans think / [as they pass fields of
아프리카의 농촌 사람들은 무슨 생각을 할까 /　　　그들이 황금 작물 밭을 지날 때 /

cash crops / such as sunflowers, roses, or coffee, / while
해바라기, 장미, 또는 커피와 같은 /　　　　　하루에

walking five kilometers a day / to collect water]? // Some
5킬로미터를 걸으면서 /　　　물을 길어 오기 위해 //　　일부

African countries / find it difficult / [to {feed their own
아프리카 국가들은 /　어렵다는 것을 안다 /　자국민들을 먹여 살리거나

people} / or {provide safe drinking water}], / yet precious
또는 안전한 식수를 공급하는 것이 /　　그렇지만 귀한 물은

water is used / [to produce export crops {for European
사용된다 /　유럽 시장에 수출하는 작물을 생산하기 위해 //

markets}]. // But, African farmers / cannot help but grow
하지만 아프리카 농민들은 /　　그러한 작물들을 기를 수밖에 없다 /

those crops / [because they are one of only a few sources
그것들이 그들에게 얼마 되지 않는 소득원 중 하나이기 때문이다 /

of income for them]. // In a sense, / African countries are
어떤 의미로는 /　아프리카 국가들은 물을 수출하고

exporting their water / in the very crops / [they grow]. //
있는 것이다 /　　바로 그 작물을 통해 /　그들이 재배하는 //

They need water, / but they also need to export water /
그들은 물이 필요하다 /　하지만 또한 물을 수출할 필요도 있다 /

through the crops / [they produce]. // Environmental
농작물을 통해 /　그들이 재배하는 //　환경 보호 압력 단체들은

pressure groups argue / [that European customers {who
주장한다 /　아프리카산 커피나 꽃을 구매하는 유럽의 소비자들이 /

buy African coffee or flowers} / are making water shortages
아프리카의 물 부족을 악화시키고 있다고 //

worse in Africa]. //

전문 해석 아프리카의 농촌 사람들은 물을 길어 오기 위해 하루에 5킬로미터를 걸으면서 해바라기, 장미, 또는 커피와 같은 현금 작물 밭을 지날 때 무슨 생각을 할까? 일부 아프리카 국가들은 자국민들을 먹여 살리거나 안전한 식수를 공급하는 것이 어렵다는 것을 알고 있지만 귀한 물이 유럽 시장에 수출하는 작물을 생산하는 데 사용된다. 하지만 아프리카 농민들은 그러한 작물들을 기를 수밖에 없는데, 그 이유는 그 작물들이 그들에게 얼마 되지 않는 소득원 중 하나이기 때문이다. 어떤 의미로는 아프리카 국가들은 그들이 재배하는 바로 그 작물을 통해 물을 수출하고 있는 것이다. 그들은 물이 필요하지만 또한 그들이 재배하는 농작물을 통해 물을 수출할 필요도 있다. 환경 보호 압력 단체들은 아프리카산 커피나 꽃을 구매하는 유럽의 소비자들이 아프리카의 물 부족을 악화시키고 있다고 주장한다.

해설 일부 아프리카 국가들은 자국민을 위한 식수 부족의 어려움을 겪는데도 불구하고 수입원으로 유럽으로 수출하는 작물을 키우기 위해 물을 사용하고 있다는 내용의 글이다. 따라서 환경 보호 압력 단체들이 주장하는 것이 유럽의 소비자들이 아프리카의 물 부족 문제를 악화시키고 있다는 내용일 것이라고 추론할 수 있다. 따라서 빈칸에 들어갈 말로 가장 적절한 것은 ② '물 부족을 악화시키고 있다'이다.

오답선지	선택비율
① 작물의 가격을 낮추고 있다	10.8%
③ 농부들의 수입을 줄이고 있다	10.9%
④ 더 큰 이윤을 남기는 상품들을 생산하고 있다	10%
⑤ 불공정한 물 거래를 비난하고 있다	14%

⑤번은 아프리카의 물 부족 문제와 연관성이 있는 선택지였기 때문에 답으로 착각했을 수 있어. 하지만 유럽으로 수출할 작물 생산에 물을 사용해서 아프리카의 물 부족 문제가 심화되었다는 것이지 물이 불공정하게 거래되었다는 것은 아니라는 점을 유의해!

3

정답 ⑤

소재 방송 광고 노출 전쟁에서 승리하는 법

직독직해

One real concern / [in the marketing industry today] /
한 가지 실질적 관심사는 /　　오늘날 마케팅 산업의 /

is [how to win the battle / for broadcast advertising
전쟁에서 승리하는 방법이다 /　　방송 광고 노출을 위한 /

exposure] / [in the age of the remote control and mobile
리모컨과 이동 통신 수단의 시대에 //

devices]. // [With the growing popularity / of digital video
인기가 증가함에 따라 /　　디지털 영상 녹화 장치의 /

recorders], / consumers can mute, / fast-forward, / and skip
소비자들은 소리를 줄일 수 있다 /　빨리 감을 수 있다 /　그리고 건너뛸

over / commercials entirely. // Some advertisers are trying
수 있다 / 광고를 완전히 //　　어떤 광고주들은 적응하려 노력하고 있다

to adapt / to these technologies, / [by planting hidden
이러한 기술들에 /　　쿠폰을 몰래 숨겨 놓으며 /

coupons / {in frames of their television commercials}]. //
└→ 전치사구
TV 광고 프레임 속에 //

Others are desperately trying to make their advertisements
다른 광고주들은 자신들의 광고를 좀 더 흥미롭고 재미있게 만들기 위해 필사적으로 노력하고
└→ to부정사구(~하려고)
more interesting and entertaining / [to discourage viewers
있다 / 시청자들이 광고를 건너뛰지
discourage ~ from ...: ~가 … 못 하게 하다
from skipping their ads]; / still others are simply giving
못 하게 하려고 / 반면 다른 광고주들은 그저 TV 광고를 완전히
└→ give up on ~: ~을 단념하다
up on television advertising altogether. // Some industry
단념해 버린다 // 일부 산업 전문가들은
└→ 명사절(predict의 목적어)
experts predict / [that cable providers and advertisers /
예상한다 / 유선 방송 공급자와 광고주들이 /
└→ be forced to ~: ~하도록 강요받다
will eventually be forced to provide incentives / in order
결국 유인책을 제공하도록 강요받게 될 것이라고 / 구매자들이
└→ encourage+목적어+목적격 보어(to부정사): ~이 …하도록 장려하다
to encourage consumers to watch their messages]. //
메시지를 보도록 장려하기 위해 //
└→ in order to ~: ~하기 위해
These incentives may come in the form / of [coupons], /
이러한 유인책은 형태를 띨 수 있다 / 쿠폰의 /
└→ 대등한 연결 ─
or [a reduction in the cable bill / for each advertisement
또는 유선 방송 수신료 감면의 / 시청되는 각 광고에 대한 //
└→ 과거분사
{watched}]. //

전문 해석 오늘날 마케팅 산업의 한 가지 실질적 관심사는 리모컨과 이동 통신 수단의 시대에 방송 광고 노출 전쟁에서 승리하는 방법이다. 디지털 영상 녹화 장치의 인기가 증가함에 따라 소비자들은 광고의 소리를 줄이고 빨리 감고 완전히 건너뛸 수 있다. 어떤 광고주들은 TV 광고 프레임 속에 쿠폰을 몰래 숨겨 놓으며 이러한 기술들에 적응하려 노력하고 있다. 다른 광고주들은 시청자들이 광고를 건너뛰지 못하게 하려고 자신들의 광고를 좀 더 흥미롭고 재미있게 만들기 위해 필사적으로 노력하고 있다. 반면 다른 광고주들은 그저 TV 광고를 완전히 단념해 버린다. 일부 산업 전문가들은 결국 구매자들이 메시지를 보도록 장려하기 위해 유선 방송 공급자와 광고주들이 결국 유인책을 제공하도록 강요받게 될 것이라고 예상한다. 이러한 유인책은 쿠폰 또는 시청되는 각 광고에 대한 유선 방송 수신료 감면의 형태를 띨 수 있다.

해설 소비자가 방송 광고의 소리를 줄이거나, 빨리 감거나, 쉽게 건너뛸 수 있는 오늘날의 마케팅 산업의 상황에서 광고업자들이 시청자들을 광고에 더 노출시키기 위해 기울이고 있는 다양한 노력들에 관한 글이다. 따라서 빈칸에 들어갈 말로 가장 적절한 것은 ⑤ '방송 광고 노출 전쟁에서 승리하는'이다.

오답분석

오답선지	선택비율
① 사람들이 현명한 소비자가 되도록 안내하는	10.5%
② TV 광고 비용을 줄이는	15.8%
③ 제품의 품질을 면밀히 살피는	9.1%
④ 어떤 상품이든 언제든지 배송할 수 있게 만드는	8.9%

②번은 이 글의 주요 소재인 'advertising'을 정답 선택지 외에 유일하게 언급하고 있는 선택지야. 그래서 아마 여러 학생들이 이것을 답으로 착각하고 선택한 것 같아. 이 글은 소비자들이 디지털 영상 녹화 장치의 인기로 광고의 소리를 줄이거나 빨리 감기를 하거나 건너뛸 수 있게 된 상황에서, 광고 노출이 점점 줄어드는 문제를 해결하려는 방법에 관한 것이지 TV 광고 비용을 줄이기 위한 마케팅 산업의 시도에 관한 것은 아니라는 걸 기억해!

4

정답 ④

소재 자녀와 함께 음악 즐기기

직독직해

Music appeals powerfully / to young children. // Watch
음악은 강력하게 호소한다 / 어린아이들에게 // 취학 전
└→ 부사절(시간)
preschoolers' faces and bodies / [when they hear rhythm
아동들의 얼굴과 몸을 보라 / 그들이 리듬과 소리를 들을 때 /
└→ 동사구① └→ 동사구②
and sound] / — they [light up] and [move eagerly and
그들은 얼굴이 환해진다 / 그리고 열심히, 열정적으로 움직인다 //
└→ 동사구①
enthusiastically]. // They [communicate comfortably], /
그들은 편안하게 소통한다 /
└→ 동사구② └→ 동사구③
[express themselves creatively], / and [let out all sorts of
창의적으로 스스로를 표현한다 / 그리고 모든 종류의 사고와 감정을
└→ 부사절(시간)
thoughts and emotions / {as they interact with music}]. //
표출한다 / 음악과 상호 작용할 때 /
└→ 명사절(think의 목적어)
In a word, / young children think {music is a lot of fun}, /
한마디로 / 어린아이들이 음악이 매우 재미있다고 생각한다 /
└→ 관계절 └→ to부정사구(~하기 위해)
so do all [you can / {to make the most of the situation}]. //
그러므로 당신이 할 수 있는 모든 것을 해라 / 이 상황을 최대한 활용하기 위해 //
└→ 대등한 연결 ─
[Throw away your own hesitation] / and [forget all your
주저함을 버리라 / 그리고 걱정들을 모두 잊어라 /
concerns / about {whether you are musically talented} /
당신이 음악적으로 재능이 있는지에 대한 /
- 대등한 연결 ─
or {whether you can sing or play an instrument}]. // They
혹은 노래를 하거나 악기를 연주할 수 있는지(에 대한) // 그것들은
└→ 부사절(시간)
don't matter / [when you are enjoying music / with your
문제 되지 않는다 / 당신이 음악을 즐길 때 / 아이와 //
└→ 동사구① 동사구② └→ 동사구③
child]. // Just [follow his or her lead], / [have fun], / [sing
그저 아이들이 이끄는 대로 따르라 / 즐겨라 / 함께
└→ 동사구④
songs together], / [listen to different kinds of music], /
노래하라 / 다양한 종류의 음악을 들어라 /
└→ 동사구⑤
[move, dance, and enjoy]. //
몸을 움직이고 춤추고, 그리고 즐겨라 //

전문 해석 음악은 어린아이들에게 강력하게 호소한다. 취학 전 아동들이 리듬과 소리를 들을 때 그들의 얼굴과 몸을 보라. 얼굴은 환해지고, 몸은 열심히, 열정적으로 움직인다. 그들은 음악과 상호 작용할 때 편안하게 소통하고 창의적으로 스스로를 표현하며 모든 종류의 사고와 감정을 표출한다. 한마디로, 어린아이들이 음악을 매우 재미있게 생각하므로, 이 상황을 최대한 활용하기 위해 당신이 할 수 있는 모든 것을 해라. 주저함을 버리고 당신이 음악적으로 재능이 있는지 혹은 노래를 할 수 있고 악기를 연주할 수 있는지에 대한 걱정들을 모두 잊어라. 당신이 아이와 음악을 즐길 때 그것들은 문제 되지 않는다. 그저 아이들이 이끄는 대로 따르고, 즐기고, 함께 노래하고, 다양한 종류의 음악을 듣고, 몸을 움직이고, 춤추고, 그리고 즐겨라.

해설 이 글은 아이와 음악을 즐기기 위해서 음악적 재능, 노래 실력, 악기 연주 능력과 관계없이 음악을 즐기는 어린 자녀가 이끄는 대로 할 수 있는 모든 것을 하며 즐기라고 말하고 있다. ④ 뒤에 나오는 문장의 주어인 They는 주어진 문장에서 언급된 자신의 음악적 재능, 노래 실력, 악기 연주 능력에 대한 걱정들(concerns)을 가리키고 있다. 따라서 글의 흐름상 주어진 문장이 들어갈 가장 적절한 곳은 ④이다.

⑤번을 선택한 학생들이 꽤 많았어. 그 이유는 주어진 문장을 ⑤에 넣었을 때 그 뒤 문장과 자연스럽게 연결되는 것 같기 때문이었을 거야. 하지만 그렇게 되면 ④번 위치의 앞과 뒤 문장의 연결이 어색하게 되지. They don't matter when you are enjoying music with your child.라는 문장에서 They가 가리키는 말을, 앞에 나오는 문장(In a word, young children think music is a lot of fun, so do all you can to make the most of the situation.)에서 찾을 수가 없거든.

많은 회사들이 나이, 교육, 사회적 배경과 상관없이 근로자들을 고용하고 있다는 내용의 ④는 글의 전체 흐름과 관계가 없다.

③번을 선택한 학생들은 아마도, 필자가 회사들이 성급하게 제품과 서비스를 출시하는 것이 창의적 과정에 끼치는 부정적인 영향에 관해 말하다가 갑자기 포도주(wine)를 언급하며 '적당한 숙성(proper aging)', 즉 '완벽한 풍미와 품질을 만드는 데 걸리는 시간(time to bring out their full flavor and quality)'이 필요하다고 말하는 것이 전체 흐름과 관계 없다고 판단했던 것 같아. 하지만 위대한 아이디어(great ideas)를 훌륭한 포도주에 비유하며 충분한 시간을 확보해야 한다고 했으므로, ③번은 전체 글의 흐름에 자연스럽게 연결돼.

5

정답 ④

소재 회사가 높은 수준의 결과를 얻기 위한 충분한 시간 확보의 필요성

직독직해

I have seen / [many companies] / [rush their products
나는 보았다 / 많은 회사들을 / 시장에 제품 또는 서비스를

or services to market / too quickly]. // There are many
출시하는 것을 / 너무 서둘러 // 많은 이유가 있다 /

reasons / [for taking such an action], / [including the need /
그런 행동을 하는 데는 / 필요를 포함하여 /

to {recover costs} or {meet deadlines}]. // The problem
비용을 만회하려는 / 또는 제출 마감을 맞추려는 // 지나치게 급한 행동의

[with moving too quickly], / however, / is [that it has a
문제점은 / 그러나 / 그것이 해로운 영향을

harmful impact / {on the creative process}]. // Great ideas, /
미친다는 것이다 / 창의적 과정에 / 위대한 아이디어들은 /

[like great wines], / need proper aging: / time [to bring
훌륭한 포도주와 같이 / 적절한 숙성이 필요하다 / 즉 최고의 풍미와 품질을

out their full flavor and quality]. // [Rushing the creative
만드는 데 걸리는 시간이 / 창의적 과정을 서두르는 것은 /

process] / can lead to results / [that are below the standard
결과를 초래할 수 있다 / 탁월한 수준을 밑도는 /

of excellence / {that could have been achieved / with
성취될 수도 있을 / 추가적인

additional time}]. //
시간이 확보되면 //

전문 해석 나는 많은 회사들이 제품 또는 서비스를 시장에 너무 서둘러 출시하는 것을 보았다. 그런 행동을 하는 데는 비용을 만회하거나 제출 마감을 맞추려는 필요를 포함하여 많은 이유들이 있다. 그러나 지나치게 급한 행동의 문제점은 그것이 창의적 과정에 해로운 영향을 미친다는 것이다. 위대한 아이디어들은 훌륭한 포도주와 같이 적절한 숙성, 즉 최고의 풍미와 품질을 만드는 데 걸리는 시간이 필요하다. (그 결과 많은 회사들은 나이, 교육, 사회적 배경과 상관없이 근로자들을 고용하고 있다.) 창의적 과정을 서두르는 것은 추가적인 시간이 확보되면 성취될 수도 있을 탁월한 수준을 밑도는 결과를 초래할 수 있다.

해설 첫 문장은 많은 회사들이 성급하게 제품과 서비스를 시장에 출시한다고 말하며 뒤에 회사가 높은 수준의 성취와 창의적인 결과를 얻으려면 서두르기보다는 충분한 시간을 확보해야 한다고 했으므로,

6

정답 ③

소재 성공하는 사람들의 취침 전 습관

직독직해

Many successful people / tend to keep a good bedtime
많은 성공하는 사람들은 / 좋은 취침 전 습관을 가지는 경향이 있다 //

routine. // They take the time / just before bed / [to reflect
그들은 시간을 가진다 / 잠들기 직전에 / 세 가지 일을

on or write down three things / {that they are thankful
돌아보거나 적어 보는 / 그들이 고마운

for / that happened during the day}]. // [Keeping a diary
낮 동안에 일어났던 // 감사한 일들에 대해 일기를

of things {that they appreciate}] / reminds them of the
쓰는 것은 / 그들에게 발전을 떠올리게 한다 /

progress / [they made that day / {in any aspect of their
그들이 그날 이룬 / 삶의 어떠한 측면에서든 //

lives}]. // It serves as a key way / [to stay motivated], /
그것은 핵심적인 방법으로서 역할을 한다 / 동기를 유지하도록 해주는 /

especially [when they experience a hardship]. // [In
특히 그들이 어려움을 겪을 때 //

such case], / many people / fall easily into the trap / [of
그러한 경우 / 많은 사람들은 / 덫에 쉽게 빠진다 /

replaying negative situations / {from a hard day}]. // But
부정적인 장면들을 되풀이해 떠올리는 / 힘든 하루에서 겪은 // 그러나

[regardless of {how badly their day went}], / successful
그날 하루가 얼마나 힘들었는지와 관계없이 / 성공하는 사람들은

people typically avoid / that trap of negative self-talk. //
대개 피한다 / 부정적인 자기 대화의 그 덫을 //

That is because they know [it will only create more stress]. //
그들은 그것이 더 많은 스트레스를 유발할 뿐이라는 것을 알기 때문이다 //

전문 해석 많은 성공하는 사람들은 좋은 취침 전 습관을 가지는 경향이 있다. 그들은 잠들기 직전, 낮 동안에 일어났던 고마운 세 가지 일을 돌아보거나 적어 보는 시간을 가진다. 감사한 일들에 대해 일기를 쓰는 것은 삶의 어떠한 측면에서든 그들이 그날 이룬 발전을 떠올리게 한다. 그것은 특히 그들이 어려움을 겪을 때 동기를 유지하도록 해주는 핵심적인 방법으로서 역할을 한다. 그러한 경

우. 많은 사람들은 힘든 하루에서 겪은 부정적인 장면들을 되풀이해 떠올리는 덫에 쉽게 빠진다. 그러나 그날 하루가 얼마나 힘들었는지와 관계없이, 성공하는 사람들은 대개 부정적인 자기 대화의 그 덫을 <u>피한다</u>. 왜냐하면 그들은 그것이 더 많은 스트레스를 유발할 뿐이라는 것을 알기 때문이다.

해설 (A) 뒤에 이어지는 문장에서 '감사한 일들에 대해 일기를 쓰는 것'에 대해 말하고 있으므로 '고마운' 일들에 대해 돌아본다고 해야 하므로 thankful이 적절하다.
(B) 뒤 문장에서 많은 사람들이 힘든 날 부정적인 상황을 되풀이해서 생각하기 쉽다고 했으므로 성공하는 사람들은 '어려움' 속에서도 동기를 유지한다고 해야 하므로 hardship이 문맥상 적절하다.
(C) 성공하는 사람들이 부정적인 자기 대화가 더 많은 스트레스를 유발할 뿐이라는 걸 알기 때문에 그것을 '피한다'고 해야 하므로 avoid를 써야 문맥에 맞는다.

오답분석

오답선지	선택비율
① 후회스러운 – 어려움 – 피하다	7%
② 후회스러운 – 성공 – 이용하다	4%
④ 고마운 – 성공 – 피하다	15%
⑤ 고마운 – 어려움 – 이용하다	11.7%

④번을 선택한 친구들은 (A)와 (C)에 들어갈 낱말은 바르게 선택했는데 (B)의 낱말을 잘못 추론했어. (B)의 뒤 문장이 많은 사람들이 어려움을 겪을 때 보통 어떻게 반응하는가와 관련된 진술이니까 (B)가 있는 문장에서 성공하는 사람들이 '성공(success)' 속에서도 동기를 유지한다고 말하는 것은 글의 흐름상 어색하지.

Daily Review   Day 25

Vocabulary Check-up

1 (1) hardship (2) incentive (3) rural
2 (1) negative (2) reductions

1 (1) hardship / 동물의 지속적인 애정은 <u>역경</u>을 견뎌내고 있는 사람들에게는 결정적으로 중요해지는데 왜냐하면 반려동물이 그들에게 그들의 중심적인 본질은 손상되지 않았다는 것을 확신시켜주기 때문이다.

(2) incentive / 사람들은 더 많은 농작물을 생산하여 비축하는 일에 특별히 의욕이 넘치지 않았는데, 약탈로부터 안전하리라는 보장이 거의 없는 상황에서 그렇게 할 <u>유인책</u>이 없다시피 했기 때문이었다.

(3) rural / 농경에 기반을 둔 <u>시골의</u> 사회가 좀 더 발전함에 따라, 새로운 삶의 패턴에 적합한 전통적인 형태가 급속하게 나타났다.

2 (1) negative / 그러한 때에, 슬픔과 같은 <u>부정적인</u> 감정은 사랑과 존경의 진실성에 대한 일종의 증거를 제공한다.

(2) reductions / 로봇들은 회사가 경쟁력을 유지하기 위해서 제조 비용을 줄이는 데 필요할지도 모르지만, 그러한 비용 <u>감소</u>를 계획하는 것은 노사가 공동으로 해야 한다.

Grammar Check-up

1 (1) ① where ② be kept (2) ① produce ② grow
2 ④ → Rushing / To rush

1 (1) ① where: in the city를 대신하는 관계부사가 와야 하므로, where가 적절하다.
② be kept: 주어 bees가 keep이라는 행위의 대상이므로, 수동태인 be kept가 적절하다.

(2) ① produce: to는 전치사가 아니라 '~을 하기 위해'라는 의미로 사용되는 to부정사의 to이므로, 동사원형 produce가 적절하다.
② grow: '~하지 않을 수 없다'는 의미의 표현이 'cannot help but＋동사원형'이므로, grow가 적절하다.

2 ④: 동사 can lead의 앞에 문장의 주어가 와야 하므로 Rush를 동명사 Rushing 또는 부정사 To rush로 고쳐야 한다.

하루 6개
1등급
영어독해

전국연합학력평가 기출 고1

정답과 해설

변별력 갖춘 공정 수능! EBS 모의고사로 최종 대비!

수능 모의고사 시리즈 영역

다음 문제를 읽고 빈칸에 알맞은 답을 적으시오.

1. 최다 분량, 최다 과목 가장 많은 수험생이 선택한 과목별 8절 모의고사는?

FINAL ☐☐☐☐☐☐

5월 발행 국어, 수학, 영어, 한국사, 생활과 윤리, 한국지리, 사회·문화, 물리학Ⅰ, 화학Ⅰ, 생명과학Ⅰ, 지구과학Ⅰ

2. 수능과 동일한 형태의 시험지와 OMR 카드로 실전 훈련을 할 수 있는 모의고사는?

☐☐☐☐☐ 봉투모의고사

7월 발행 국어, 수학, 영어, 한국사, 생활과 윤리, 사회·문화, 화학Ⅰ, 생명과학Ⅰ, 지구과학Ⅰ

만점마무리 봉투모의고사 ☐☐☐

8월 발행 국어, 수학, 영어

3. 국어·수학·영어 모의고사가 한 봉투에! 논스톱 실전 훈련을 위한 모의고사는?

만점마무리 봉투모의고사 ☐☐☐☐☐ Edition

8월 발행 합본(국어 + 수학 + 영어)

4. 마지막 성적 상승의 기회! 수능 직전 성적을 끌어올리는 마지막 모의고사는?

수능 ☐☐☐☐ 클리어 봉투모의고사

9월 발행 국어, 수학, 영어, 생활과 윤리, 사회·문화, 생명과학Ⅰ, 지구과학Ⅰ

EBS

고1~2 내신 중점 로드맵

과목	고교 입문	기초	기본	특화	+ 단기

국어 / 영어 / 수학

고교 입문: 고등 예비 과정 / 내 등급은?

기초 (국어): 윤혜정의 개념의 나비효과 입문편/워크북 / 어휘가 독해다!

기초 (영어): 정승익의 수능 개념 잡는 대박구문 / 주혜연의 해석공식 논리 구조편

기초 (수학): 50일 수학 / 매쓰 디렉터의 고1 수학 개념 끝장내기

인공지능: 수학과 함께하는 고교 AI 입문 / 수학과 함께하는 AI 기초

기본 (기본서): 올림포스 / 올림포스 전국연합학력평가 기출문제집

기본 (유형서): 올림포스 유형편

기본 (한국사 사회 과학 기본서): 개념완성 / 개념완성 문항편

특화 (국어 특화): 국어 독해의 원리 / 국어 문법의 원리

특화 (영어 특화): Grammar POWER / Reading POWER / Listening POWER / Voca POWER

특화 (고급): 올림포스 고난도

특화 (수학 특화): 수학의 왕도

특화 (한국사 사회 과학): 고등학생을 위한 多담은 한국사 연표

단기: 단기 특강

과목	시리즈명	특징	수준	권장 학년
전과목	고등예비과정	예비 고등학생을 위한 과목별 단기 완성	●	예비 고1
	내 등급은?	고1 첫 학력평가+반 배치고사 대비 모의고사	●	예비 고1
국/수/영	올림포스	내신과 수능 대비 EBS 대표 국어·수학·영어 기본서	●	고1~2
	올림포스 전국연합학력평가 기출문제집	전국연합학력평가 문제 + 개념 기본서	●	고1~2
	단기 특강	단기간에 끝내는 유형별 문항 연습	●	고1~2
한/사/과	개념완성 & 개념완성 문항편	개념 한 권+문항 한 권으로 끝내는 한국사·탐구 기본서	●	고1~2
국어	윤혜정의 개념의 나비효과 입문편/워크북	윤혜정 선생님과 함께 시작하는 국어 공부의 첫걸음	●	예비 고1~고2
	어휘가 독해다!	학평·모평·수능 출제 필수 어휘 학습	●	예비 고1~고2
	국어 독해의 원리	내신과 수능 대비 문학·독서(비문학) 특화서	●	고1~2
	국어 문법의 원리	필수 개념과 필수 문항의 언어(문법) 특화서	●	고1~2
영어	정승익의 수능 개념 잡는 대박구문	정승익 선생님과 CODE로 이해하는 영어 구문	●	예비 고1~고2
	주혜연의 해석공식 논리 구조편	주혜연 선생님과 함께하는 유형별 지문 독해	●	예비 고1~고2
	Grammar POWER	구문 분석 트리로 이해하는 영어 문법 특화서	●	고1~2
	Reading POWER	수준과 학습 목적에 따라 선택하는 영어 독해 특화서	●	고1~2
	Listening POWER	수준별 수능형 영어듣기 모의고사	●	고1~2
	Voca POWER	영어 교육과정 필수 어휘와 어원별 어휘 학습	●	고1~2
수학	50일 수학	50일 만에 완성하는 중학~고교 수학의 맥	●	예비 고1~고2
	매쓰 디렉터의 고1 수학 개념 끝장내기	스타강사 강의, 손글씨 풀이와 함께 고1 수학 개념 정복	●	예비 고1~고1
	올림포스 유형편	유형별 반복 학습을 통해 실력 잡는 수학 유형서	●	고1~2
	올림포스 고난도	1등급을 위한 고난도 유형 집중 연습	●	고1~2
	수학의 왕도	직관적 개념 설명과 세분화된 문항 수록 수학 특화서	●	고1~2
한국사	고등학생을 위한 多담은 한국사 연표	연표로 흐름을 잡는 한국사 학습	●	예비 고1~고2
기타	수학과 함께하는 고교 AI 입문/AI 기초	파이선 프로그래밍, AI 알고리즘에 필요한 수학 개념 학습	●	예비 고1~고2